A STUDY ON
THE FOURTEENTH
FIVE-YEAR PLAN FOR
ECONOMIC AND SOCIAL DEVELOPMENT
OF SHANGHAI

上海"十四五"发展战略思路研究

张道根 朱国宏 等 / 著

上海社会科学院出版社
SHANGHAI ACADEMY OF SOCIAL SCIENCES PRESS

课 题 组

— 组 长 —

张道根　朱国宏

— 副组长 —

唐忆文

— 总协调 —

于 蕾　邓智团

— 专题报告负责人 —

（按姓氏笔画顺序）

王 振	王如忠	邓智团	刘 亮
汤蕴懿	李小年	李 伟	李 健
李 骏	杨亚琴	吴璟桉	沈开艳
周冯琦	周海旺	赵蓓文	唐忆文
黄凯锋			

FOREWORD

前　言

"十四五"时期到2035年的十五年，是我国由全面建成小康社会迈向全面建设社会主义现代化国家的关键时期，站在"两个一百年"的历史交汇期，制定好上海"十四五"经济社会发展规划，对于加快建设具有世界影响力的社会主义现代化国际大都市，意义重大而深远。经历40多年改革开放，尤其是浦东开发开放以来不断探索创新，上海已经站在更高的新的历史起点。"十三五"时期，上海按照习近平总书记对上海工作的指示要求，把握"四个放在"，以当好排头兵、先行者的勇气和智慧，抓好"三大任务一大平台"，围绕建设"五个中心"和具有世界影响力的社会主义现代化国际大都市发展战略目标，进一步开拓了改革发展新局面，为上海谋划"十四五"发展战略与规划奠定了好的基础，指明了发展方向，揭示了前进逻辑。

上海社会科学院作为国家高端智库和上海哲学社会科学研究重镇，始终坚持哲学社会科学理论研究与服务决策咨询智库研究双轮驱动发展，2018年和2019年，我院承担了市委市政府领导指示交办的上海未来5—10年发展战略研究、"十四五"规划平行研究等重要任务。为高质量完成市委市政府交办的重要任务，我院专门成立时任院长张道根研究员任组长的"上海发展战略研究项目"课题组以及时任院长张道根研究员任顾问、副院长朱国宏研究员任组长的"上海'十四五'规划前期重大问题研究"课题组，就上海未来发展战略思路进行全面系统深入研究，组织设计了30多个专题研究子课题，全院近100名科研骨干参加了课题研究。

两个重大课题前后跨三个年头，在课题研究过程中，我们还组织召开了十多次专题讨论会，邀请市内外和我院不同领域的资深专家参与研讨，就国际国内形势长期发展变化、构筑上海长期战略优势、"十四五"规划发展主线、新阶段"五个中心"建设、未来经济布局空间优化、完善大都市社会治理体系、促进绿色转型发展和深度融入长三角一体化等 30 多个专题开展调查研究，提出发展思路建议，形成一系列研究成果，多项阶段性专题成果报送市委市政府参阅，两大课题主要研究报告获得市委市政府主要领导肯定性批示。

本书主要是以上述两项重大课题研究成果为基础，由课题组主要成员共同研究讨论后集体撰写的，反映了我院专家学者对上海未来 5—15 年发展战略的深入研究思考，供对上海未来发展有兴趣的各界人士参阅。

CONTENTS

目 录

前言 /i

第一编 发展背景 /1

第一章 百年未有之大变局 /3
 第一节 百年未有：大变局中的世界与中国经济 /3
 第二节 首当其冲：外向型经济给上海带来的挑战 /11
 第三节 以"转"应"变"：上海的机遇 /20

第二章 迈向新征程的上海 /40
 第一节 "十三五"期间上海经济社会改革发展重点 /40
 第二节 把握上海迈向新征程的新要求 /47
 第三节 迈向新征程的上海要强化底线思维 /49
 第四节 迈向新征程的上海需处理好改革、发展、稳定的关系 /59
 第五节 迈向新征程的上海需激发主体活力 /62

第二编 发展思路 /69

第三章 强化"四大功能" /71
 第一节 新时期上海强化"四大功能"的重大意义 /71
 第二节 上海"四大功能"的理念演变和建设基础 /76
 第三节 新时期上海强化"四大功能"的基本内涵 /91

第四节 新时期上海强化"四大功能"的主要任务 / 96

第五节 "十四五"时期上海强化"四大功能"的路径 / 107

第四章 构筑长期战略优势 / 119

第一节 未来5—10年是上海长期战略优势调整转换关键时期 / 120

第二节 上海需要聚焦三个方面构筑长期战略优势 / 136

第三节 上海构筑长期战略优势的思路建议 / 149

第五章 发展阶段与发展思路 / 155

第一节 "十四五"时期上海发展阶段特征 / 155

第二节 "十四五"时期上海发展主线选择 / 171

第三节 "十四五"时期上海发展战略思路 / 188

第三编 城市功能 / 197

第六章 全面建设具有全球影响力的科创中心 / 199

第一节 上海科创中心发展的良好基础 / 199

第二节 上海科创中心发展存在的主要问题 / 209

第三节 "十四五"时期上海科创中心发展的机遇与挑战 / 215

第四节 "十四五"时期上海科创中心发展的基本思路 / 218

第五节 "十四五"时期上海科创中心发展的对策建议 / 221

第七章 全面增强上海国际金融中心功能 / 231

第一节 上海国际金融中心建设的历史回顾 / 231

第二节 当前上海国际金融中心发展的现状与问题 / 237

第三节 "十四五"时期上海国际金融中心发展的机遇与挑战 / 244

第四节 "十四五"时期增强上海国际金融中心功能的战略思路 / 250

第五节 "十四五"时期增强上海国际金融中心功能的重要举措 / 256

第八章　全面增强上海国际航运中心功能 / 269
　　第一节　新形势下上海国际航运中心建设面临的新任务 / 269
　　第二节　当前上海国际航运中心建设的现状和突出矛盾 / 274
　　第三节　"十四五"时期推进上海国际航运中心建设发展的
　　　　　　战略思路 / 281
　　第四节　"十四五"时期推进上海国际航运中心建设的重大举措 / 283

第九章　全面增强上海国际贸易中心功能 / 302
　　第一节　国际贸易中心发展的历史沿革及其主要模式 / 303
　　第二节　上海国际贸易中心建设的基本现状 / 308
　　第三节　上海国际贸易中心建设面临的主要问题 / 317
　　第四节　"十四五"时期提升上海国际贸易中心功能的基本
　　　　　　原则 / 324
　　第五节　"十四五"时期上海提升国际贸易中心功能的抓手和
　　　　　　举措 / 326

第十章　加快建设国际文化大都市 / 334
　　第一节　"十三五"时期上海国际文化大都市建设的主要成效 / 335
　　第二节　当前上海国际文化大都市建设存在的问题和不足 / 356
　　第三节　"十四五"时期上海国际文化大都市建设的总体形势
　　　　　　分析 / 364
　　第四节　"十四五"时期上海国际文化大都市建设的基本思路 / 370

第四编　发展重点 / 377

第十一章　优化城市经济发展空间 / 379
　　第一节　上海经济空间格局演变的历史过程与主要规律 / 379
　　第二节　"十四五"时期上海经济空间发展的新要求与新挑战 / 386

第三节 "十四五"时期上海经济空间优化的总体思路 / 393

第四节 "十四五"时期上海经济空间优化的关键举措 / 399

第十二章 全面提升制造业能级 / 409

第一节 上海制造业发展的历程、特点和主要问题 / 409

第二节 "十四五"时期上海制造业发展的基本思路 / 418

第三节 "十四五"时期上海制造业发展的政策建议 / 422

第十三章 超大城市社会治理新思路 / 424

第一节 上海社会治理40年历史回顾 / 424

第二节 "十四五"时期上海社会治理的形势与判断 / 434

第三节 "十四五"时期上海超大城市社会治理的瓶颈问题 / 438

第四节 "十四五"时期上海超大城市社会治理的思路与建议 / 448

第十四章 以人为本推动民生发展 / 460

第一节 "十三五"以来上海重点民生领域发展情况 / 461

第二节 "十四五"时期面临的发展形势与亟待解决的民生问题 / 472

第三节 "十四五"时期促进上海民生发展的基本思路和对策建议 / 486

第十五章 构建特大城市现代化新基建 / 498

第一节 "十五"以来上海基础设施建设重点与展望 / 499

第二节 上海城市基础设施建设的现状与问题 / 502

第三节 全球城市现代化基础设施建设的新方向 / 507

第四节 "十四五"时期上海现代化基础设施建设的新要求 / 514

第五节 "十四五"时期上海现代化基础设施体系推进思路 / 519

第十六章 构筑绿色发展底线 / 527

第一节 "十三五"时期上海绿色发展回顾 / 527

第二节 "十四五"时期上海绿色发展问题研判 / 531

第三节 "十四五"时期上海绿色发展目标与制约因素 / 545

第四节 "十四五"时期上海绿色发展路径措施 / 553

第五编　国家任务 / 561

第十七章　创新自贸区新片区发展 / 563
- 第一节　制度平台：新片区与传统自由贸易区在功能定位上的异同 / 563
- 第二节　协同发展：上海自贸区新片区与上海自贸区的关联性 / 574
- 第三节　联动枢纽：拓展上海自贸区新片区的产业新业态 / 582
- 第四节　离岸金融：上海自贸区新片区金融创新的又一探索 / 588

第十八章　科创板与试点注册制 / 595
- 第一节　从审批制到注册制——中国证券发行制度的演变 / 595
- 第二节　主要发达国家（地区）注册制比较研究 / 599
- 第三节　中国科创板的注册制创新效果分析 / 614
- 第四节　科创板支持上海科创中心建设的思路研究 / 623

第十九章　深化长三角一体化发展 / 631
- 第一节　长三角一体化发展的基本评价 / 631
- 第二节　长三角一体化发展新趋势 / 636
- 第三节　上海在实施国家战略中需要发挥的龙头带动作用 / 639
- 第四节　上海发挥好龙头带动作用的制约瓶颈 / 643
- 第五节　上海发挥好龙头带动作用的对策建议 / 647

第二十章　放大进博会效应 / 658
- 第一节　以进博会为抓手，推动长三角更高质量一体化发展 / 659
- 第二节　以进博会为推手，加速改善、优化营商环境 / 665
- 第三节　以进博会为平台，对接上海自贸区新片区建设 / 671
- 第四节　以进博会为动力，加速推进上海科创中心建设 / 680
- 第五节　借进博会之力，全面助推上海国际会展之都建设 / 686

CHAPTER

01

第一编

发展背景

第一章
百年未有之大变局

"十四五"规划是中国开启全面建设社会主义现代化国家新征程的第一个五年规划重要时期，是上海基本建成社会主义现代化国际大都市、深入推进具有全球影响力的现代化国际大都市的重要时期。国内外环境极其复杂多变，机遇转瞬即逝、挑战前所未有。研究编制上海"十四五"规划，要更加注重深入系统研究重大战略性问题，把握大势大局，加快构筑新时代上海发展的战略优势。

第一节　百年未有：大变局中的世界与中国经济

当今世界处于百年未有之大变局。当代中国步入加快社会主义现代化的重要时期。察形判势，把握大势大局，是前瞻未来、研究战略、制订规划的基础。研究制订中长期发展战略规划，必须准确把握未来国内外环境演进趋势，深刻认识自身发展的阶段、条件和优势等重要变化，紧紧抓住发展中务必集中精力解决的重大问题。

一、全球经济增长总体减缓，进入深度结构调整、长周期波动时期

21世纪头20年，全球经济加快回升，先扬后抑，经历了2008年国际

金融危机、2012年欧债危机等冲击，贸易保护主义、单边主义、民粹主义抬头，逆全球化趋强。世界经济近20年保持近4%的年均增速，目前处于振荡调整、曲折复苏，未来5—10年全球经济增长整体放缓，前低后高，结构性调整加快。

世界经济尚未走出谷底，可能步入相对低速平稳增长平台。2001—2018年，全球经济平均增速3.8%。2021—2030年，预计全球经济增速进一步降低，年均增速3%左右（根据国内外多家机构预测）。从康德拉基耶夫长周期看，2008年国际金融危机意味着世界经济繁荣期结束，进入为期10年左右衰退期。目前逐渐走出衰退萧条，如果不发生重大突发性全局性危机冲击，未来10年，世界经济步入回升，在较低增长平台上需2—3年缓慢复苏，增速有望加快。世界经济增速整体有所放缓，但落差不大，波动更小，呈前低后高平稳上升趋向（见图1-1-1）。然而，新冠肺炎疫情全球大流行，极大打乱了世界经济增长复苏和国际经济分工协作秩序，世界经济将面临更复杂深刻的调整变动，可能陷入L形滞胀局面。

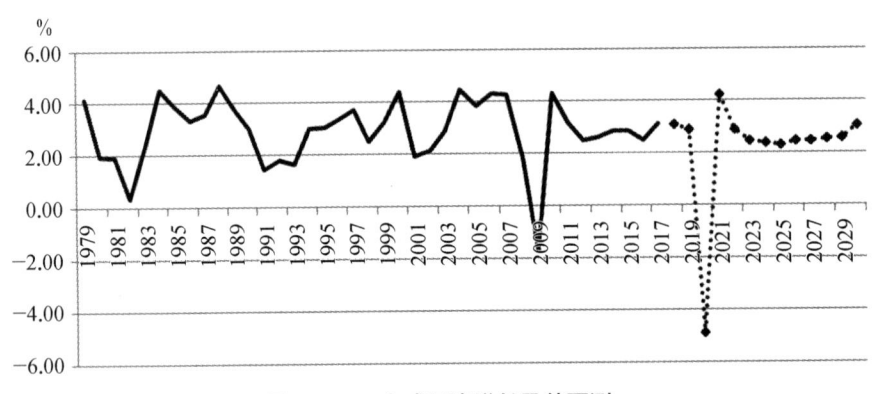

图1-1-1 全球经济增长及其预测

数据来源：1979—2019年数据来自世界银行数据库，2018—2030年数据根据世界银行、OECD、IMF、美国农业部等机构对未来世界经济增长展望的综合判断绘制。

全球贸易投资增速继续放慢。未来10年，国际贸易很难像21世纪头20年那样成为推动世界经济增长的重要力量。2001—2018年的近20年间，全球对外贸易年均增速在4.5%左右。伦敦《经济学人》预测，2018—2025年，全球贸易增速3.6%左右，OECD国家增速3.2%左右，非OECD国家增速 4.6% 左右。受世界经济低迷、总体需求不足、贸易保护主义以及周期性因素等影响，未来 10 年，全球贸易增速减缓难以改变。同时，全球投资增长难保持进入 21 世纪以来 10 多年高增长势头。世界银行估计，投资增速将滑落到 21 世纪初始加速的水平，不可能出现 2007 年前后的高峰（见图 1-1-2）。全球量化宽松货币政策和相当多国家债务率已至天花板，难再支撑大规模投资增长。为应对新冠肺炎疫情全球大流行对经济的严重冲击，各国货币政策和财政政策大放水、大刺激，将对中长期各国经济发展带来难以预判的风险挑战。从经济周期看，康德拉季耶夫长周期虽走出衰退萧条，世界经济仍处于库兹涅茨周期（18—20 年）下降期和朱格拉周期复苏起步前段（8—10 年）。未来 10 年，全球固定资产投资增速比 21 世纪头 20 年会有减缓，但各国人为刺激稳增长，投资增速不会大幅下滑。

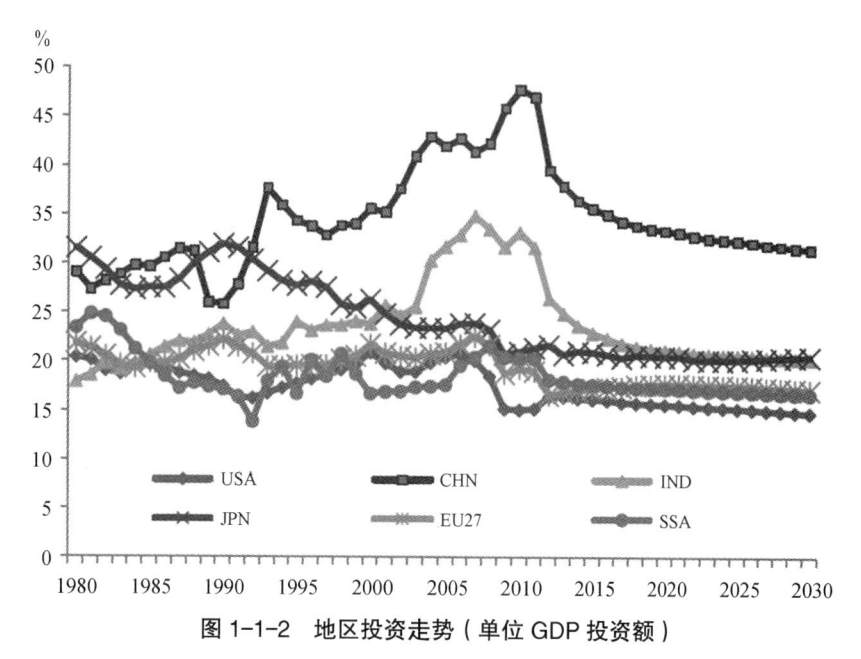

图 1-1-2　地区投资走势（单位 GDP 投资额）

数据来源：D. Gros, C. Alcidi. "The Global Economy in 2030: Trends and Strategies for Europe", CEPS Paper, No.NJ-30-13-614-EN-C, 2013。

国家或地区经济实力继续发生相对变化。世界经济重心继续东移，亚太地区，尤其是亚洲新兴经济体保持较快发展，经济大国格局将有重要变化。未来 10 年，IFS（国际金融中心）预测，按市场汇率计算，2028 年，中国

GDP 超越美国，全球第一。CEBR（经济与商业研究中心，英国智库）预测，2030 年，中国 GDP 超越美国。按美国农业部保守预计，2030 年，中国 GDP 经济总量接近美国 90%，超越所谓大国博弈老二国家 GDP 达到首位国家 GDP60% 的遏制关口。[①] 2030 年，中国、印度、日本、印度尼西亚 4 个亚洲国家共同进入全球经济体量前 5 位，亚洲权重超过欧美，成为全球经济增长中心。同时，发达国家和发展中新兴经济体国家总体经济力量对比发生深刻变化。国际货币基金组织测算，按购买力平价，2014 年左右 E7[②] 已超过 G7。如果不发生突发重大的趋势性逆转因素，没有颠覆性国际经济技术区域格局变革，未来 10 年，这个趋势延续，前十大经济体结构发生变化，E7 国家增加 6 个，数量超过西方发达国家，新兴经济体国家将成为世界经济主要力量。

二、国际秩序进入新旧转换期，全球政治格局进一步发生重要变化

21 世纪头 20 年，世界政治经济格局总体呈现经济全球化深入拓展、世界多极化趋势明显的态势，为我国发展创造了稳定和平的外部环境。近年来，经济全球化出现一些曲折矛盾，大国关系发生深刻变化，全球治理结构调整重构拉开新一轮序幕。未来 10 年，世界政治格局和国际关系与秩序将延续近年来的基本态势，步入深度调整转换期。

全球经济政治格局从"一超多强"相互制约渐变为美国优先的大国竞争，主要是美国全面遏制中国。美国同中国之间关系从合作与竞争转变为竞争与合作，美国把中国确定为战略竞争对手。中国和平发展的外部环境发生不利于我的一系列改变，中国内生发展的整体优势依然突出，市场规模大、需求强、经济韧性足、回旋余地大等没有变，经济可望继续保持快增长，

---

① 很多学者研究发现，当一国经济规模超过美国经济总量的 60% 时，美国会对其采取不遗余力的遏制战略。
② E7 是指新七国集团，包括中国、印度、俄罗斯、巴西、印度尼西亚、土耳其、墨西哥。

GDP 总量 2029—2030 年超过美国，与其他经济大国拉开较大差距。中国人均 GDP 仍将远远低于美国，科技实力、军事实力以及软实力仍存在相当的差距，但综合实力有所缩小，部分科技、产业、人才、军事重点领域的差距进一步缩小。同时，多强格局也将发生重要变化，欧美发达国家的强国数量相对减少、影响有所弱化，亚洲为主的发展中国家强国数量逐步增多、影响日渐扩大。世界的超级大国、强国和更多民族主权国家的关联性依存度和相互制约影响依然很强，美国主导的国际政治格局与权利构架不会发生重要变化。

和平与发展仍是时代主题，但地缘冲突、斗争、战争风险明显加大，大国冲突呈现加剧趋向。未来 10 年，经济全球化、世界多极化、发展多样化大势不会逆转，经历近 10 年国际金融危机、债务危机、贸易保护主义等影响，各个国家更加注重把本国自己的事办好。贸易摩擦、国际政治斗争、地缘地区冲突、各种不安全行动可能此起彼伏，但不会对世界和平安全构成整体冲击，世界上绝大多数国家都从两次世界大战中汲取了教训，和平与发展的时代主题没有变。随着中国崛起及在世界经济政治中地位、作用和影响力上升，美国的全球霸权与强权政治受到新的挑战，其他发达国家和我国周边国家也会感到压力加大和不安增多。未来 10 年，中美两个大国矛盾冲突逐渐凸显，中美各种摩擦将呈现广领域、高频率、多样化和长期性特点，尤其是美国可能利用中国与周边东亚和东南亚国家矛盾争端，并借台湾问题等对我发难，中美发生局部性军事冲突的可能性增加。考虑到现代大国战争势必造成两败俱伤并严重威胁周边国家或地区，尤其中国远程和超远距离战略打击能力位居世界前列，策动在中国周边搞大规模军事冲突，不是美国利益的首选项。美国更多在科技、经济、政治、软实力等方面遏制中国，编织限制中国发展的国际关系网。

国际治理与国家治理问题相互交织，矛盾突出，全球治理将出现更多"真空区"。21 世纪第二个 10 年临近结束之际，在主张美国优先、推崇双边抛弃多边的特朗普主义冲击下，联合国安理会等全球政治安全机制达不成共识、改革毫无进展，全球与地区合作机制受到显著冲击。国际权力竞争、边界主权争端、地区军备竞赛、核扩散等传统安全挑战与资源争夺、恐怖主义、难民危机等非传统安全挑战交相浮现，长期得不到解决。未来 10 年，不管谁担任总统，美国都可能奉行美国优先政策，集中人力、物力、财力着力发展自身国力和综合实力，提升其霸主能力，而不是优先关注全球治理及重视提供全球公共产品。欧盟由于英国脱欧等问题自顾不暇，不得不聚焦解决欧洲自身治理问题。全球区域性大国或多或少都面临内在难题和自身挑战，对推动地区治理力不从心。印度面临印巴冲突的持久挑战，南非受到种族关系与经济低迷困扰，埃及尚未从"阿拉伯之春"的后遗症中走出。未来 10 年，全球治理协同继续弱化，加强和改进各国自身治理更加普遍、更为重要，全球性和地区性治理将有更多"真空区"，局部战争、地缘冲突、非传统安全挑战显著增多。

三、世界科技革命与产业变革逐渐加速，全球产业分工与产业链结构进入新一轮重塑

21 世纪头 20 年是新一轮科技革命与产业变革的酝酿突破期，以互联网和信息技术为代表的科技创新在全球范围逐步兴起，以信息技术、生物医药、新能源和新材料为重点的产业变革日渐拓展。未来 10 年，以人工智能、生物医药技术、新能源、新材料为代表的科技革命全面展开，推动新一轮绿色发展、智慧发展、高端发展、制造与服务融合发展的产业革命到来。

新一轮科技革命逐步加速，持续深化。经历了 21 世纪头 20 年科技创新探索和新技术积累，尤其是最近 10 年世界经济长周期调整和产业结构升级与布局结构重组，新一轮科技革命方向更加清晰，路径更加明确。各种新技术层出不穷，信息技术飞速发展、人工智能方兴未艾、5G 技术正从实验室走向产业化、生物科技、新材料与新能源技术成为各国角逐的重点。此次科技创新呈现多点爆发、互为依托、逐次展开、渐进拓展的特点。未来 10 年

可望形成整体突破的创新浪潮，推动世界新一轮科技革命。

世界产业变革的重点与方向更趋清晰，新一轮产业革命逐步展开。21世纪头20年，新技术突破方向是数字化、网络化、智能化、绿色化，全球各国制造业转型升级和服务业提质增效更多沿此路径前行，不少产业领域已达到大规模运用。未来10年，数字化技术、智能化制造、绿色发展、新能源与新材料及生物医药产业革命，将在更大范围、更深层次上有力拓展，引发带动新一轮产业革命。

全球产业分工格局进一步调整重构。21世纪头20年，世界产业结构调整和布局重构力度大、范围广、程度深，总体呈现发达国家产业高端化、服务化，中低端产业向发展中国家转移，制造业产业配套更多由发展中国家提供。发达国家在全球竞争重要产业领域加强新技术、新材料、新能源等研发，掌握未来技术创新主导权，并谋划向产业链更高端转型升级。发展中国家尤其是新兴经济体大国，特别是中国制造业规模能级持续提升、产业体系更加完备，成为世界规模最大的制造业大国。未来10年，美国等发达国家提出再制造业化发展战略，全球产业链呈现远距离扩展向区域范围邻近性收缩，发达国家向外大规模转移制造业浪潮已经过去。但全球制造业按价值链、产业链转型升级、布局重组的总趋势不会根本改变，美国等发达国家全面再制造业化的比较优势和基础条件不复存在。逆势而动，同发展中国家争抢一般制造业既不利于其强化高科技战略优势，也不能解决其就业大幅度提高和中产阶级萎缩的问题。新一轮多点爆发的科技革命，发达国家尤其是美国、欧盟、日本等总体占据先发主导优势，有可能引领带动全球科技创新和扩散，但没有某个或某几个国家有绝对垄断独占和压倒一切的可能。

四、我国经济发展仍处于增速换挡、结构调整、动能转换期，由高速增长阶段转向高质量发展阶段

21世纪头20年是我国经济持续快速发展和启动实施创新驱动发展、产

业转型升级的重要时期。未来10年，我国经济增长将继续减速，但不会失速直线下降；产业结构、区域结构将继续深度转型调整，但将进一步升级和更加协调平衡；支撑高速增长的传统比较优势明显弱化，但新的比较优势与制度优势继续增强。

经济增长继续降挡减速，国民经济依然保持平稳持续健康发展。近20年，我国经济增长总体呈现前高后低、换挡下行的基本走势。目前我国经济仍然实现6%以上年均增长，作为世界第二大经济体有这样的速度已经不低。未来几年我国经济下行压力仍大，增速继续换挡减缓，水落石出后各种矛盾和长期积累的问题凸显并增多。但我国经济发展的基本面没有变化，支撑经济发展的人口规模、市场需求、产业体系、资本资源和要素供给依然有力，尤其是40多年改革开放的制度优势凸显，抗波动、防风险、稳增长的能力明显增强。只要外部环境没有重大逆转性突变，我国经济仍然可保持较长时间5%左右增速，发展质量持续提高。

产业结构深度调整、整体升级向纵深推进，构建现代化经济体系进入关键时期，区域和城乡布局优化、协调联动发展更加重要和更显急迫。21世纪头20年，我国经济总量跃居世界第二、三次产业比例由2001年的14.4∶45.2∶40.4提升到2018年的7.1∶40.7∶52.2。制造业规模持续9年全球第一，220多种工业品产量世界第一。但我国三次产业比例明显低于人均生产总值相近的发展阶段的大国，经济大而不强，产业链和价值链整体处于中低端，关键核心技术受制于人问题凸显，地区和城乡之间发展不平衡和差距依然较大。未来10年，我国服务业比重持续上升，制造业产业链、价值链加快提升，农业现代化水平不断进步，产业结构调整力度加大。沿海率先发展带动西部开发、东北振兴、中部崛起的协同发展趋势更加明显。"一带一路"相关地区、京津冀、长江经济带分类施策，共同发展，区域发展格局进一步优化。以超大城市、大城市为核心的大中小城市联动协调的城市群发展和城市带建设进一步加快，城乡一体化融合发展进入攻坚期。

我国资源要素环境持续深刻变化，部分传统有利因素和支撑条件有较大改变，大国优势和新的有利因素仍存，并为创新发展提供有力支撑。21世纪头20年，我国坚定深化改革、扩大开放，充分利用发展中大国长期形成的人口红利、储蓄水平较高和资本供给丰裕等传统优势，抓住世纪之交全球产业转移的机遇，保持了经济40年高速增长。近年来传统的人口红利及相对成本优势对GDP的贡献逐渐下降，2030年后由正转负。长期高增长少不了高投资、高储蓄、高负债支撑，未来10年，边际储蓄率走低，国家、企业、居民负债率上升，要素成本优势逐步消失。未来10年，我国人口总量将继续缓慢增长，老龄化程度持续上升，有劳动能力人的年龄延长，新增劳动力受教育年限不断提高，经过城市文明和现代产业培育锻炼的亿万农民工经验、技能和知识普遍提升。人口规模、劳动力总量优势依然存在，人口质量和劳动力素质进一步提高。目前我国每年高等教育毕业生达1 200万人，各类知识和技能人才超过1.5亿人。我国常住人口城镇化率虽近60%，但实际城镇化率不足50%。未来10年，我国着力扩大内需、有效拓展外需，用好有利因素和相对优势，推动新型工业化、信息化、城镇化、农业现代化同步发展，一定能保持经济持续平稳健康发展。

上海是中国最大的经济中心城市，是正在加快建设的国际经济、金融、贸易、航运和科创中心。谋划上海发展，必须正确把握经济全球化大背景大趋势，正确把握全面发展的大势大局。综观大变局中的世界与中国经济，"十四五"时期上海加快"五个中心"建设面临的外部环境变化挑战前所未有，但机遇也前所未有，关键要坚决按照中央对上海发展的战略定位，不断提升城市能级和核心竞争力，发挥好上海全球资源配置、科技创新策源、高端产业引领、开放枢纽门户的四大功能。

第二节　首当其冲：外向型经济给上海带来的挑战

从全球形势判断，长、中、短三大周期叠加影响下，除美国等少数发达经济体通过科技创新、产业转移呈现复苏迹象以外，"十四五"时期世界经济增长的下行压力远超"十三五"时期。上海因外向度极高，受世界经济影响和危机冲击较大，经济增长先行趋缓。据本报告预测，上海经济增长率将从 2019 年的 6.0% 下降至 2025 年的 5.03%，"十四五"时期上海平均增长率约为 5.35%，较"十三五"期间上海平均增速（6.45%）下滑近 1.09 个百分点，也略低于"十四五"期间全国平均增速（5.67%）。上海能否妥善把握制度优势和科技创新的机遇，像美国一样先行完成调整，于"十四五"中后期走出一波上升趋势十分关键。

一、全球产业转移形成新格局，中国低端制造业外移

2009 年欧美实施"再工业化"战略之后，全球高端制造业出现向发达经济体回归之势。全球产业链出现区域性收缩：高端产业链向发达经济体转移，低端产业链向低成本国家转移。以美国为首的发达经济体占据了产业链的制高点，进而封锁中国的高端产业。

以美国为例，1980—2019 年，美国制造业不断优化升级，体现制造业"攀升"之势，其中如计算机和电子产品、航空航天及其他运输设备、汽车及零部件、机械等高端制造业发展迅速。尤其是 2009 年欧美实施"再工业化"战略之后，全球高端制造业出现向发达国家回归之势。

传统低端制造业未来将会不断转移至东南亚国家。从全球 FDI 流量来看，2015—2018 年间，东南亚国家如菲律宾、泰国、马来西亚等国吸引的外国直接投资增速显著高于我国，成为全球产业转移的重点区域，如表 1-1-1 所示。东南亚代表性国家如马来西亚、印度尼西亚、泰国和菲律宾等国的劳动密集型和资源密集型制造业（如纺织、服装、食品、基本金属制造、机械设备等）呈现向上发展之势，因为近 5 年（2014—2019 年）此类制造业工业生产指数都明显高于 2008—2013 年的时间段。

在此背景下，中国原先的低端产业已向低成本国家转移，高端产业的发展又受到美国等发达经济体的制约，希望借助发达经济体发展高端产业的规划受到严重挑战。

计算机和电子产品

时段	数值
1980—1989	3.16
1990—1999	12.09
2000—2009	57.92
2010—2019	107.05

航空航天及其他运输设备

时段	数值
1980—1989	76.29
1990—1999	77.99
2000—2009	80.79
2010—2019	99.90

汽车及零部件

时段	数值
1980—1989	50.58
1990—1999	77.52
2000—2009	98.69
2010—2019	112.71

机械

时段	数值
1980—1989	64.20
1990—1999	78.56
2000—2009	87.07
2010—2019	91.04

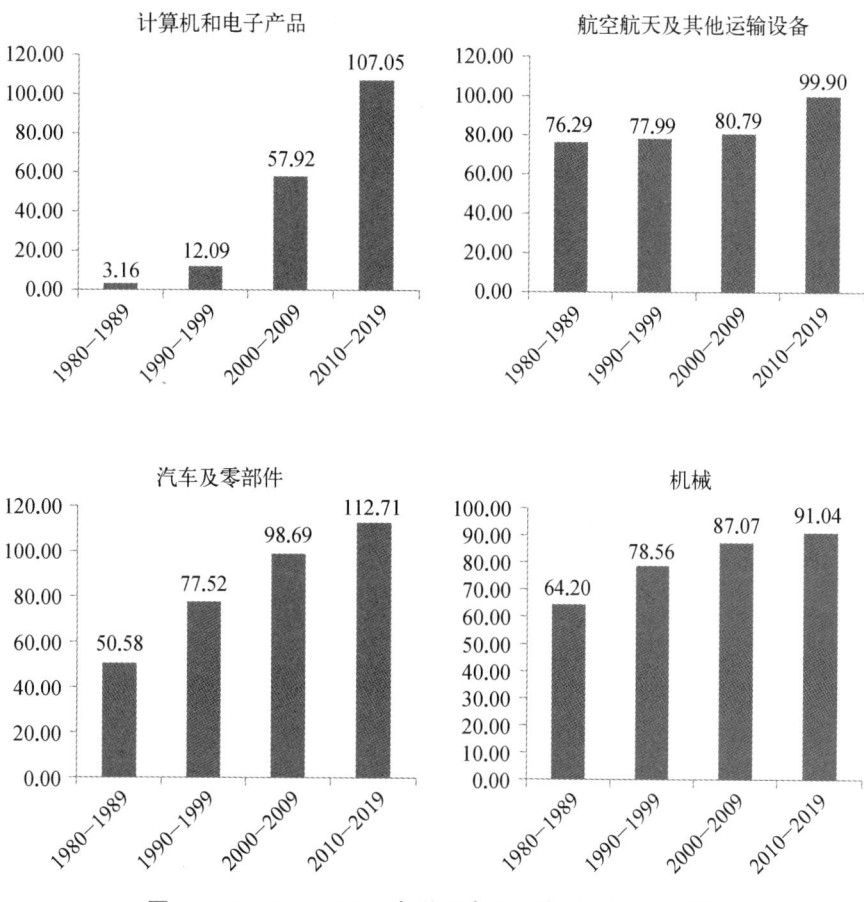

图 1-1-3　1980—2019 年美国高端制造业工业生产指数

注：图中数据分别是 1980—1989 年、1990—1999 年、2000—2009 年、2010—2019 年四个时间段的工业产业指数均值。

表 1-1-1　中国及主要东南亚国家 FDI 流量变化　　单位：百万美元

	中国	印度尼西亚	菲律宾	泰国	马来西亚
2007—2014 年均流入量	112 380.38	211 999.13	14 237.71	2 472.33	8 765.37
2015—2018 年均流入量	135 606.55	367 122.25	15 780.43	6 630.38	6 102.30
2015—2018 的年均增长率（%）	0.84	−18.64	9.72	13.24	23.11

注：本表数据来源于 wind 数据库，经作者计算而得。

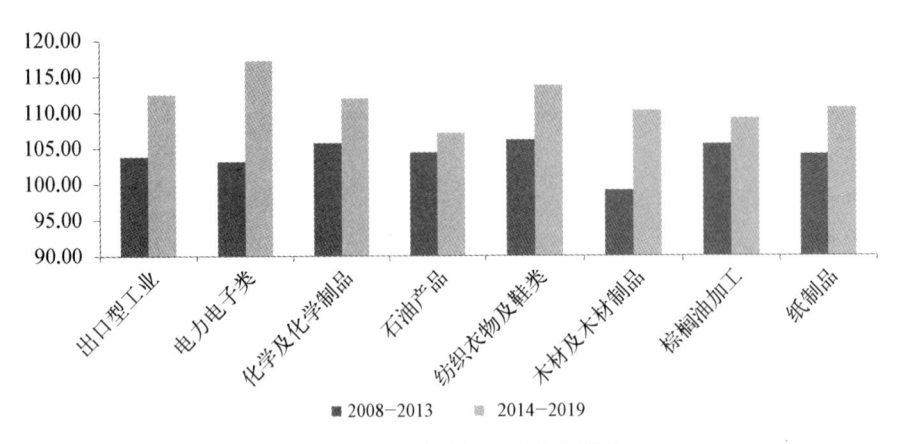

图 1-1-4　马来西亚工业生产指数

注：图中数据分别是 2008—2013 年、2014—2019 年制造业工业生产指数均值。

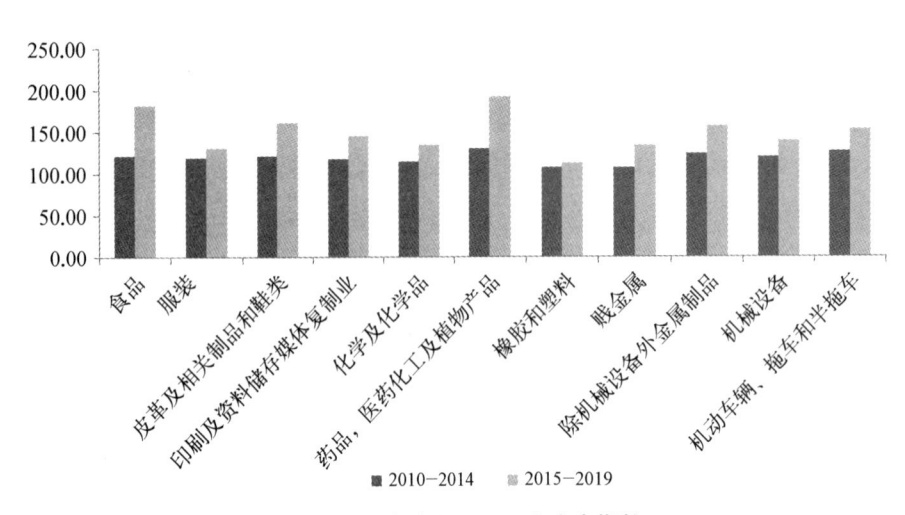

图 1-1-5　印度尼西亚工业生产指数

注：本图数据来源于 wind 数据库，经作者计算而得。图中数据分别是 2010—2014 年、2015—2019 年制造业工业生产指数均值。

上海作为中国制造业的中心，受土地瓶颈等制约因素的影响，低端产业在"十二五""十三五"期间已经逐步向其他省市转移，"十四五"时期仍有部分中低端产业有向外转移的趋势。如何把握全球产业转移的机遇，实施上海产业发展的腾笼换鸟已经成为"十四五"规划的重中之重。

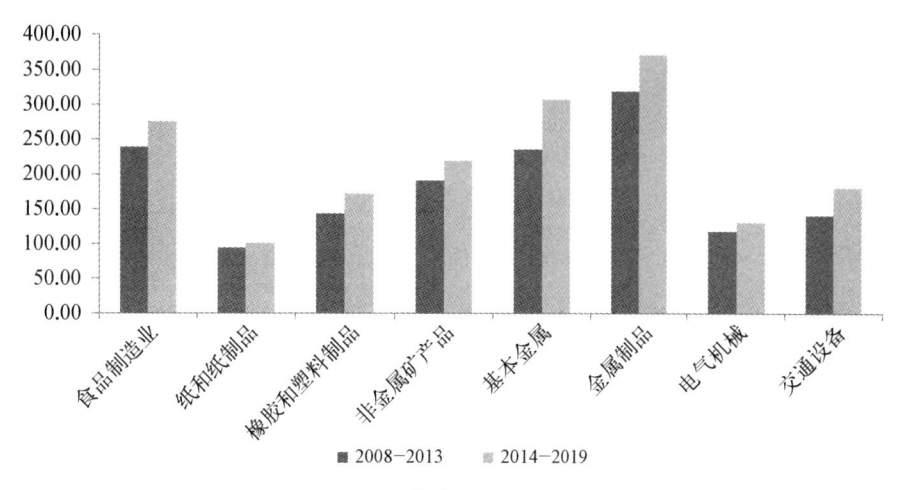

图 1-1-6　菲律宾工业生产指数

注：本图数据来源于 wind 数据库，经作者计算而得。图中数据分别是 2008—2013 年、2014—2019 年制造业工业生产指数均值。

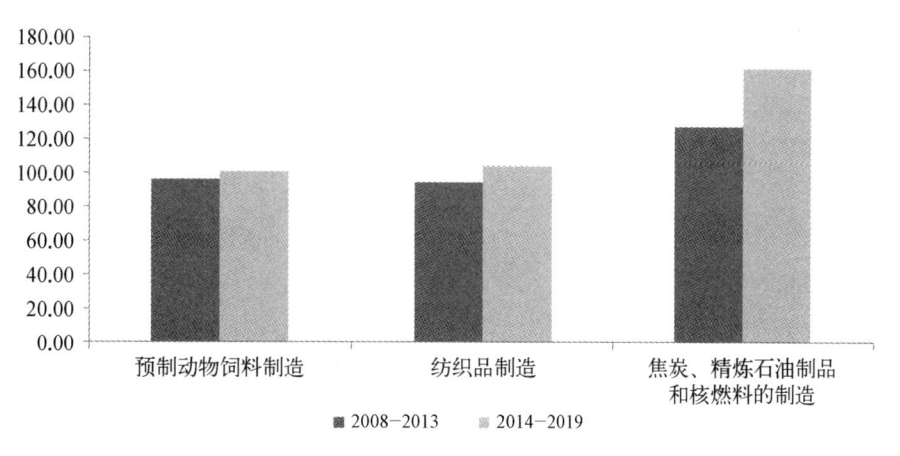

图 1-1-7　泰国工业生产指数

注：本图数据来源于 wind 数据库，经作者计算而得。图中数据分别是 2008—2013 年、2014—2019 年制造业工业生产指数均值。

二、全球投资贸易环境恶化，上海外资外贸压力陡增

目前，全球跨境投资政策环境出现显著变化：一是美欧等部分发达经济体加强了对外资的安全审查和政治考量；二是美国的对外投资态度由中立转向鼓励海外投资回流，并力图重构全球经济治理体系；三是周边国家愈加重视吸引和利用外资，其优惠条件和相对较低的劳动力价格对中国引资形

成分流。

根据联合国世界投资报告,2016年,中国首次成为全球第二大对外投资国;2018年,中国连续两年蝉联全球第二大外资流入国;美国作为全球第一大外资流入国和对外投资国,中国和美国的双向投资趋势正在发生微妙的变化。从两国40年来双向投资的规模变化趋势来看,美国稳居全球第一大外资流入国的高位,但2018年的对外投资规模出现大幅度跳水,这可能与美国推进促进制造业回归的"再工业化"战略有关。中国在双向投资的规模上稳居第二位,这一趋势在"十四五"时期不会发生根本性改变。

受中美贸易摩擦影响,外向度极高的上海外资外贸压力陡增。"十四五"时期,上海外资外贸必须加快实现转型升级。

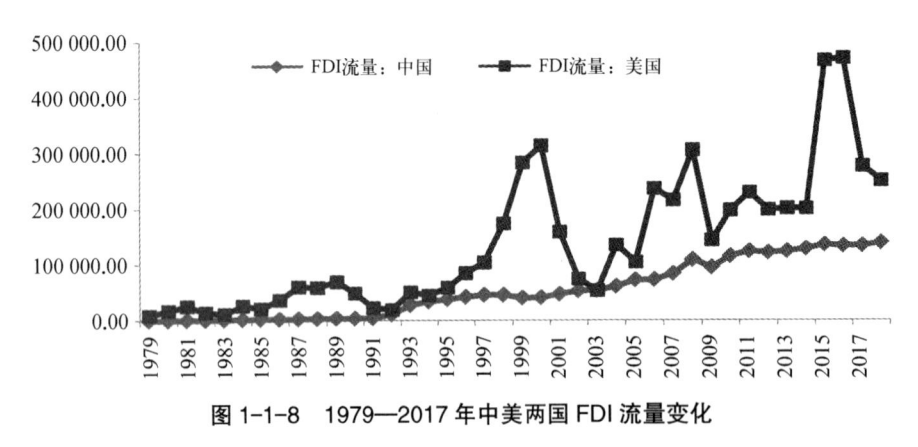

图 1-1-8　1979—2017 年中美两国 FDI 流量变化

注:本图数据来源于 wind 数据库。

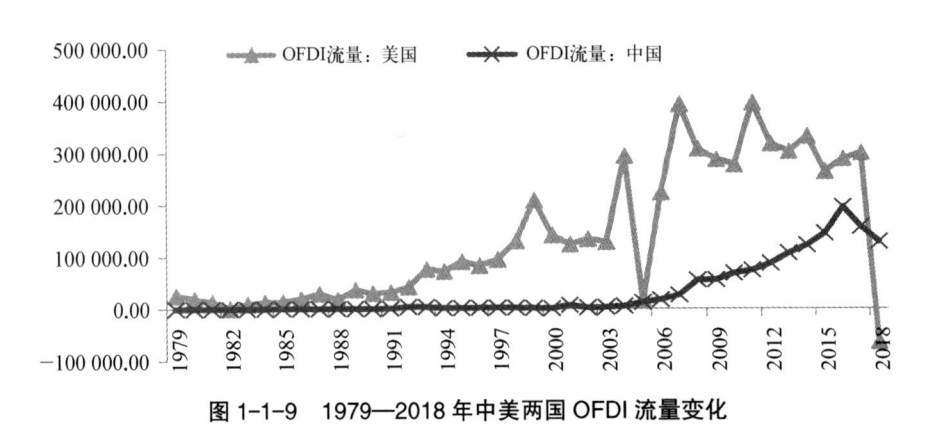

图 1-1-9　1979—2018 年中美两国 OFDI 流量变化

注:本图数据来源于 wind 数据库。

三、全球科技竞争激烈，5G已成中美竞争焦点

根据熊彼特的研究，经济大致每60年会经历一个长波周期，每一次工业革命都是一次科技创新的高潮，而每一次长波都包含一次工业革命。从长周期的视角看，世界经济迄今为止已经历了四次长波，发生了四次工业革命。目前正处于第五次长波的中期阶段，正经历第五次工业革命，可能将迎来第六次工业革命。世界经济历次长周期及相应的关键要素如表1-1-2所示。

表1-1-2 关键要素在工业革命与长周期中的作用

长波	阶段		工业特征	关键要素
第一波	18世纪80年代—19世纪40年代	繁荣 1782—1802	纺织业机械化时代	棉花
		衰退 1815—1825		
		萧条 1825—1836		
		复苏 1836—1845		
第二波	19世纪40—90年代	繁荣 1845—1866	蒸汽与铁路时代	煤炭、铁
		衰退 1866—1873		
		萧条 1873—1883		
		复苏 1883—1892		
第三波	19世纪90年代—20世纪40年代	繁荣 1892—1913	电气化与铁路时代	钢
		衰退 1920—1929		
		萧条 1929—1937		
		复苏 1937—1948		
第四波	20世纪40—90年代	繁荣 1948—1966	大规模生产时代	石油、塑料
		衰退 1966—1973		
		萧条 1973—1982		
		复苏 1982—1991		
第五波	20世纪90年代—？	繁荣 1991—2007	电子和网络时代	芯片
		衰退 2007—？		
		萧条		
		复苏		
第六波	？—？	？	绿色技术	

第一波是 18 世纪 80 年代—19 世纪 40 年代，关键投入要素为棉花，经济的支柱产业是纺织业。在这一阶段，棉纺机械的发明大大提高了棉纺织业的生产效率，棉纺业产值在工业中的比重日益上升。棉纺织品价格的下跌提高了英国出口竞争力，"1820 年，英国棉纺织品出口占总产出的 60%，成为 19 世纪最大的单一贸易商品"。

第二波是 19 世纪 40—90 年代，关键投入要素为铁和煤炭，支柱产业为铁和煤的开采业、铁路运输业、蒸汽机的制造业等。在这一阶段，蒸汽机的发明带动了铁路运输的发展，而包括火车在内的运输业发展又使得煤炭的价格大幅下跌，并间接降低了铁的价格。

第三波是 19 世纪 90 年代—20 世纪 40 年代，关键要素为钢，支柱产业为炼钢业和电力工业。这一阶段，钢材生产技术的提高，使得其价格大幅下跌。

第四波是 20 世纪 40—90 年代，关键要素为石油和塑料，支柱产业为石油产业、汽车工业。这一时期，石油产业得到了很大的发展，石油价格以 1991 年为基年计，从 1860 年的 30 美元/桶下降到 1940 年的 8 美元/桶，1970 年更下降到 3 美元/桶。而石油产量持续增加，从 1939 年的 21 亿桶增加到 1991 年的 226 亿桶。

第五波是 20 世纪 90 年代至今，关键要素为芯片，支柱产业为电子信息产业。这一阶段，电子通信产业得到了极大的发展。OECD 成员国计算机装机量从 1965 年的 3 万台增加到 1985 年的 100 万台，而 1 美元成本所获得的运算次数则从 60 年代的 1 000 万次增加到 80 年代的 100 亿次。光线电缆的发明使"海底电缆每语音信道的年成本从 1970 年的 10 万美元迅速下降至 2000 年的几十美元"。[①]

通过以上对历次长周期的梳理，可以发现一个显著的规律就是，在每个长周期的经济繁荣时期，"某种价格低廉的关键要素的密集使用"这一特征非常显著。根据这个规律，当前世界经济正处于第五波长周期的下行阶段，

---

① 刘辉峰：《长周期变动中的技术革命与产业演进》，《中国科技论坛》2009 年第 4 期。

主导本轮长周期的关键投入要素是以芯片为代表的信息技术创新。

从未来 5—10 年需要重点关注的技术趋势来看，一是人工智能技术在未来 5—10 年将得到更广泛的应用。美国知名 IT 研究与顾问咨询公司高德纳（Gartner）公司发布的《2018 年技术成熟周期报告》指出，人工智能技术目前正处于期望膨胀期，在未来 10 年，将广泛应用于社会大众的日常生活。目前，人工智能领域的相关技术有：AI 平台即服务（PaaS）、强人工智能、自动驾驶（4 级和 5 级）、自动移动机器人、对话式 AI 平台、深度神经网络、飞行自动驾驶汽车、智能机器人和虚拟助手等。区块链、量子计算、增强分析和人工智能在未来 5 年将推动颠覆和新商业模式。二是对 5G 的商用应保持冷静客观的态度。目前，诸多国内外运营商都在加速 5G 布局。但我们应注意 5G 技术认识的三点误区：第一，市场的预期和实际有误差。尽管 5G 或将很快实现商用，但是 Gartner 认为 2022 年前不会有大规模 5G 商用案例，并建议此前阶段应该专注对 4G 的升级部署和演进。第二，物联网与 5G 没有必然联系。现在一大误区是很多企业和运营商都把物联网作为 5G 的重要用途之一，但目前只有 1%—5% 物联网应用基于 5G 或者依赖于 5G。Gartner 的建议是，物联网应用可考虑更多如借助窄带物联网、LPWA 技术实现，而非仅专注开发基于 5G 的物联网。5G 用户面临的一个主要问题是通信服务提供商（CSP）缺乏准备。第三，5G 给运营商带来的新增值空间目前仍有限，现在没有人愿意为 5G 多付钱，但 5G 相关部署及服务投资很大，运营商需要考虑做增值服务提升 5G 的价值。

未来预计 5G 会在 2025 年推广，在推广的过程中会出现很多成熟技术，当端到端的时延降低之后，才会有大规模的应用产生。应用更多集中在两点：一是高清视频或者 AR、VR 这种需要大带宽的媒体文件的传输；二是把 5G 作为一种固定网络的传输方式。

目前，大国间科技竞争态势日趋激烈。在特朗普政府"美国优先"理念的影响下，美国因素成为影响全球科技、经济、军事格局最突出的变量。随着美国民主党和共和党过早地把中国作为主要战略竞争者，科技领域已经成为中美竞争的核心环节。

其中，5G产业是中美之间无法绕开的竞争焦点。原因在于：当前世界经济正处于第五波长周期的下行阶段，主导本轮长周期的关键投入要素是以芯片为代表的信息技术创新。人工智能技术在未来5—10年将得到更广泛的应用；区块链、量子计算、增强分析和人工智能在未来5年将推动颠覆和创造新商业模式。

随着美国对华政策的整体战略转向，导致美国多个政府部门纷纷对华竖起科技壁垒。美国对华科技交流的资本、技术、人员三个渠道全面收紧，上海科技创新需要的高端人才难以引进，千人计划等人才项目受到严重冲击。鉴于5G的产业周期和网络部署才刚刚开始，5G最关键的垂直行业应用还处在探索期，人才短缺将成为"十四五"时期上海高科技发展的一大制约，对上海全球科创中心的建设产生深远影响。

第三节 以"转"应"变"：上海的机遇

从浦东开发开放到"三大任务一大平台"，上海始终在国家大战略中承担着重要使命。"十四五"时期是全球经济的转型时代、中国经济的转型时代、上海经济的转型时代。一方面，受国内外环境变化，特别是中美贸易摩擦的影响，上海的经济总量和增速在"十四五"时期可能呈现下降趋势；另一方面，全球贸易中心向亚洲转移、上海"五大中心"建设的协同发展等为上海提供了难得的机遇。因此，"十四五"是上海内在功能"转型"的关键时期。

一、WTO改革前景与中国国内经济体制改革新主题

（一）全球化逆转加剧，美国优先改变中国开放环境，上海需探索新形势下的国家竞争战略

自2008年全球金融危机后，世界经济的走势中逐步显示出"逆全球化"现象。此轮逆全球化浪潮因民族主义上升而发生，因中美贸易摩擦而激化。在扩大市场准入的基础上，国际社会进一步对中国提出了进行全面体制性改

革的要求。例如，在中美双方于 2020 年 1 月 15 日签署的《中华人民共和国政府和美利坚合众国政府经济贸易协议》中，中国不仅就食品和农产品、工业制成品、能源产品和服务进口做出承诺，同时美国要求中国在知识产权、技术转让、金融服务、宏观经济政策和汇率等领域进行结构性调整。

特别是进入 2020 年后，新冠肺炎疫情在全球范围内的快速蔓延进一步将全球化的逆转推向高潮。从机制上看，新冠肺炎疫情致使要素流动受限、外部需求降低，跨国公司对外贸易和投资行为纷纷延缓或取消，全球价值链和区域价值链"断供"风险加大，处于价值链中心的中国、德国、美国所受到的冲击最为巨大。从政策上看，新冠肺炎疫情的冲击直接引发多种形式的贸易保护主义政策，包括边境关闭、停航停运、禁止进口，以及针对医疗物资、粮食、矿产品、能源等的出口管制。全球价值链体系和国际经济治理体系均面临巨大的不确定性。

"十四五"时期，上海可考虑从扩大市场准入和进行制度性改革两方面双管齐下，探索新形势下的国家竞争战略。在扩大市场准入方面，上海可积极打造中国国际进口博览会的长期效应，推动高端制造业产业装备升级，提升行业生产效率，实现高端装备奠基作用；借助外压促进国内企业对接国际高标准，倒逼国内产业结构转型升级，实现竞争促进效应；加快形成自有品牌建设，实现产业配套作用。此外，上海可依托中国国际进口博览会等国际平台的溢出效应，加快推动芯片等关键产业的"产学研"融合，弥补中国在全球产业链布局中的短板环节，培育新型竞争优势。在制度性改革方面，上海现有制度环境的开放性、透明度、法制性、规范度决定了上海具备在未来国内制度改革中脱颖而出的实力，上海仍将成为跨国公司、外商直接投资的首选目的地。

（二）世贸组织谈判形成更大制度性约束，上海在国家履行对外义务中继续承担率先制度探索责任

自 2019 年 12 月以来，世贸组织争端解决、多边贸易谈判和贸易政策监督职能纷纷受阻，主要经济体之间的贸易冲突不断，成员间分歧拉大，世贸组织现有机制难以正常运转，对现行世贸组织进行改革以形成更大的制度性约束势在必行。然而，目前中国立场与美欧等发达国家的改革方案存在一定分歧。如中国认为滥用国家安全例外及单边主义措施是危及世贸组织生存的紧迫问题，而美国认为非市场经济发展模式是破坏现有体制的"罪魁祸首"；在国有企业议题上，美欧等发达国家关切国有企业的非市场优势及在国内市场的非市场行为，而中国则提出不应对国有企业设立特殊的、歧视性纪律；在外资审查议题上，美欧等国达成共识将对外国投资进行国家安全审查，中国要求保证外资安全审查的公正性、透明度和程序适当原则；在发展议题上，美欧等国要求中国等新兴经济体从发展中国家群体中"毕业"并完全执行承诺，中国强调改进对发展中国家特殊和差别待遇的准确性、有效性和可操作性。

上海要当好全国改革开放排头兵、创新发展先行者，在履行对外义务中继续承担制度探索责任。由目前世贸组织改革方案及"中美第一阶段经贸协议"推知，对国企改革、政企关系、政府透明度、外商投资、补贴等相关问题进行结构性改革既是中国内在发展诉求，也是外部改革压力。一方面，上海可在自贸区相关领域进行先行先试，进而形成可复制、可推广的经验，为我国在制度领域对接世贸组织改革进行积极探索与准备；另一方面，上海应依托现有制度优势，同时利用此轮世贸组织改革契机，形成不可复制、不可推广的发展经验，最终形成不可替代的上海特色。

（三）中国国内经济改革持续推进，政府职能约束增大，上海规范性优势有利开放，各种补贴及不透明做法将受到约束

2019年3月，十三届全国人大二次会议表决通过了《中华人民共和国外商投资法》（以下简称《外商投资法》）。该法确立了对外资的全面准入前国民待遇加负面清单的模式，同时确立了外资在中国进行公平竞争的环境，即竞争中立原则。此外，该法还进一步加强了对外资企业权益的保护，包括对外资企业知识产权的保护、规定企业技术合作基于商业和自愿的原则等。2019年10月30日，国务院出台了《关于进一步做好利用外资工作的

意见》，进一步从扩大开放、投资促进、投资便利、投资保护四个方面提出了 20 条意见（以下简称"国发 20 条"）。

早在 2013 年 9 月 30 日上海自贸区建立伊始就宣布了我国第一版负面清单，在自贸区内代替了"外资三法"，并实践对外资的准入前国民待遇。《外商投资法》的部分重要条款正出自"上海实践"。为贯彻国家战略，鼓励外商来沪投资兴业，推进形成全方位开放新格局，根据"国发 20 条"精神和市领导指示，市商委会同市发展改革委、市经济信息化委等部门开展《本市贯彻〈国务院关于进一步做好利用外资工作的意见〉若干措施》（以下简称《若干措施》）的制订工作，并广泛征求吸收了相关部门和各区商务（投资促进）部门的意见。2020 年 3 月 30 日，《若干措施》经市政府第 80 次常务会议审议通过。在全球跨国直接投资持续低迷的情况下，2019 年上海新设外资项目 6 800 个，同比增长 21.5%；合同外资 502.53 亿美元，同比增长 7.1%；实到外资 190.48 亿美元，同比增长 10.1%，继续保持"三升"态势。同时，上海在信息服务业、科技服务业等高附加值行业的利用外资比重明显提高。截至 2020 年 3 月底，上海累计引进外商实际投资 2 642 亿美元；累计引进跨国公司地区总部 730 家（含大中华、亚洲、亚太及更大区域总部 121 家）、研发中心 466 家，是内地跨国公司地区总部和外资研发中心数量最多的城市。一批首创性项目加快落地，比如特斯拉既是上海最大的外资制造业项目，也是我国第一个外商独资新能源汽车制造项目。近 6 万家外商投资企业贡献了全市超过 1/4 的 GDP、超过 1/3 的税收、约 2/3 的进出口和规模以上工业总产值、1/5 的就业人数，以及约五成的规模以上工业企业研发投入，成为上海经济社会发展的重要组成部分。

未来，上海在改善营商环境方面还可从以下几点着力：进一步厘清市场与政府的关系；坚持公平、中性原则；有效加强与营商环境优化密切相关的政策供给。同时，积极推进简政放权优化服务相关改革。围绕简政放权放管结合优化服务，深化商事制度改革，打破行政性垄断，防止市场垄断，加快要素价格市场化改革，放宽服务业准入限制，完善市场监管体制。

（四）国家间协议性一体化方向受阻，城市间合作需求增大，上海可能发挥政府优势推动与外国地方政府合作

特朗普就任美国新任总统和英国脱欧事件是国家间协议性一体化发展受阻的两大标志性事件。一方面，美国总统特朗普上任仅4天即宣布退出"跨太平洋伙伴关系协定"（TPP协定），同时无限期搁置"跨大西洋贸易与投资伙伴协议"（TTIP协定）和"服务贸易总协定"（TISA协定）谈判，更多次宣称将退出世贸组织。此后，美国相继退出多个组织或协议。另一方面，2016年6月，英国全民公投决定"脱欧"，2020年1月30日，欧盟正式批准英国"脱欧"，英国成为第一个退出欧盟的国家。英国退欧让欧盟解体成为不可逆转的潮流，欧盟内部实体经济受到的打击堪比2008年金融危机。

然而，随着价值链贸易的发展和全球生产网络的形成，国家及城市间合作的需求不断增加，特别是进入新冠肺炎疫情后时代，疫情对世界经济的负面冲击效用将逐渐降低，世界经济经历"触底反弹"。可以预见，在"十四五"时期，价值链贸易和全球生产网络将继续向纵深发展，生产制造与服务的不同工序与任务将进一步细分并切割，在全球不同城市间根据要素禀赋和价格差异进行资源的最优配置，内嵌于全球价值链上下游生产环节的国家及城市间的依存度将不断提升。特别是随着"一带一路"建设的不断推进，全球产业链布局向"一带一路"沿线国家扩散的态势加速，中国应成为衔接"一带一路"区域价值链和全球价值链的核心枢纽国，具有"承上启下"的巨大作用。对内，中国可主导"一带一路"区域价值链；对外，中国可承接、转化、应用发达地区的先进技术和产品，从而将"一带一路"区域价值链作为整体嵌入全球价值链。

上海应充分发挥桥梁中介作用，发挥政府优势推动与外国地方政府合作。在产业布局上，长三角城市群是"一带一路"建设与长江经济带的重要交汇地带，而上海则是长三角城市群的引领者。因此，上海应充分发挥资源配置中心、科技创新高地、服务业和先进制造业中心的作用，协助欠发达地区和发展中国家突破"俘获式困境"，与发达国家之间形成良性公平的竞争

与合作，并对现有全球价值链形成制衡与补充。在制度话语权上，上海作为亚太地区重要国际门户，应积极发挥媒介作用，构建发展中国家和发达国家的平等对话平台，以集团式模式协助"一带一路"沿线国家提高在规则制定、产品定价等方面的话语权。

（五）民营经济和新产业、新业态持续发展，上海"五个中心"功能发展面临新需求

十八届三中全会提出"积极发展混合所有制经济""推动国有企业完善现代企业制度"，此后中共中央、国务院《深化国有企业改革的指导意见》（下称《意见》）进一步做出了详细规划，国企改革两大主攻方向为"以管资本为主完善国资管理体制"和"以发展混合所有制经济转变国企经营机制"，这对国企公平参与竞争提出了要求，要求构建更清晰的政企关系、更良性互动的"国民"关系。这有利于促进"国"与"民"的公平竞争和协调发展。

我国 90% 以上的企业是民营经济，它们贡献了 60% 以上的国内生产总值，缴纳了 50% 以上的税收，贡献了 70% 以上的技术创新成果，提供了 80% 以上的城镇就业岗位和 90% 以上的新增就业岗位。特别是，民营企业在优化产业结构、推动技术创新、促进转型升级等方面力度大、成效好。然而 2016 年以来，民营经济发展遇到了一系列挑战，如市场需求不旺、生产要素成本上升过快、融资难融资贵、税费负担重、制度性交易成本高等，特别是民间投资出现了方向不明、意愿不强、动力不足的情况。民营经济高质量发展仍然面临诸多难题。

党的十八大以来，中央高度重视民营经济发展。党的十八大、十八届三中全会多次提出平等保护非公有制经济，消除各种隐性壁垒。随后相继出台"鼓励社会投资 39 条""激发民间有效投资活力 10 条""促进民间投资 26 条"及《关于深化投融资体制改革的意见》等一系列促进民间投资和民营经济发展的政策措施，为民营经济发展营造了更加公平、开放、宽松的政策环境。

对上海而言，紧紧抓住改革发展新机遇、进一步优化布局结构、提升国有资本的整体功能和效率是未来一个时期的目标。同时要重视弘扬企业家精神、发挥企业家作用，营造尊重企业家、尊重纳税人、尊重创新创业者的良好环境，有效激发市场主体活力和民营经济创新能力，促进经济社会平稳健康可持续发展。

二、全球贸易中心或落户亚洲为上海国际贸易航运中心建设提供机遇

（一）产业结构"转型"升级

全球产业投资新布局或会改变上海原有成熟的生产供应链，阻碍上海先进制造业产业升级，部分缺乏比较优势的产业会随之改变或消失，但无法改变外资投资上海的意愿，也不会改变以上海为核心的长三角地区在新材料、生物医药、高端装备制造、汽车产业和信息产品制造业等方面的突出竞争力。上海吸引外资的结构必须从传统的制造业和服务业转向"智造"和"制造＋服务"为主的战略新兴产业。

（二）承接全球价值链中创新环节的"转移"

目前，全球贸易增量主要在亚洲，全球价值链中的创新环节正在向亚洲转移。与周边主要发展中国家相比，中国的贸易量远远超过其他国家。2019年，中国的出口额为24 984.1亿美元，排名第二的印度，其出口额为3 241.6亿美元，仅为中国出口额的1/8；泰国的出口额为2 462.44亿美元，更是仅为中国出口额的1/10，上海拥有亚洲乃至全球贸易中心的实力。目前，上海正在积极建设卓越的全球城市，"五大中心"互动关联，具有全球影响力科创中心的建设使得上海具有承接全球价值链创新环节的机遇。

（三）从过去承接国外产业链向创造自己的产业链"转型"

上海应把握发达经济体收缩高端产业链、中国低端产业链向外转移的机

遇，实现产业链的腾笼换鸟。

（四）从发展商品贸易向发展服务贸易"转型"

通过发展数字贸易实现"弯道超车"，实现传统贸易业态向新型贸易业态的"转型"。

三、新冠肺炎疫情后国际金融格局与上海国际金融中心建设

新冠肺炎疫情在全球范围内爆发，引发了国际金融市场剧烈动荡，各国为应对疫情和重启经济循环，纷纷重走量化宽松老路，以美国为代表的发达经济体更是考虑采用财政赤字货币化的方式来应对疫情冲击下的经济衰退，全球经济金融运行由下行周期模式切换至危机应对模式。美元国际货币地位的下滑趋势在短期内因避险情绪的需要而有所减缓，而全球各国债务危机在可以预见到的将来会再度高企，这使得疫情后的国际金融格局变化充满不确定性。而同时，中美关系恶化进一步加剧，2020年5月底，特朗普宣布取消香港作为单独海关和旅游地区所享有的优惠待遇，更是直接挑明了其金融战的用意。理论上，大国关系的调整本就牵动着世界经济和全球金融的利益格局，而如果美国执意"脱钩"中国，香港国际金融中心地位必然首当其冲。在此发展趋势下，上海国际金融中心建设之于中国的改革开放、人民币国际化、金融开放等战略的重要性进一步凸显。

（一）疫情下全球金融治理格局趋势性重塑

疫情暴发前一段很长的时期内，全球金融治理格局已经出现了金融科技加大金融治理难度、经济体量与金融治理的权利义务不对等加剧和金融治理供给缺位三大趋势：

一是以金融科技为代表的金融产业生产力的爆发式增长颠覆了传统金融治理的深度和广度，使得诸多金融领域内出现新问题衍生出更多的不确定性。事实上，自20世纪下半叶开始，电子科技开始加速融入金融体系，先

后出现互联网金融、移动互联网金融、金融科技和数字金融等概念。这些微观金融层面的变化已经持续了数十年，其核心是金融生产力的快速提升，本质是数字经济的发展需要金融科技的服务而催生金融效率的提升。由此而体现出来的宏观层面的全球金融治理反应偏慢。全球大多数主权国家都没有将数字金融管理作为其主要任务和目标；世界银行，国际货币基金组织等虽然已经开始重视数字金融，相关规则已经进入议程。疫情暴发后，社交隔离催生线上经济快速发展，金融科技的重要性进一步显现。未来我国进入"十四五"时期，积极参与甚或主导全球金融科技治理有其必要性，我国可以在自身已有的数字经济和金融科技基础上进行相关的建制优化，特别是上海在数字经济和数字金融领域已走在世界前列。

二是经济体量与金融治理的权利义务不对等加剧。自布雷顿森林体系解体以来，世界经济增长的重心慢慢移向发展中国家，更具体的是指移向亚洲。而全球金融的主要治理规则是由发达国家在"二战"之后基本确立的，从诞生伊始就内置了"保障资本主义国家利益"的默认功能。这样就形成了经济增长体之间的"权利和义务不对等"。近年来，要求治理体系改革的呼声不绝于耳，但改革的动作却迟迟不见落地。全球金融治理格局中，最初的规则制定者还将与当前全球经济增长的主要贡献者就各自的利益进行博弈。但改革的方向是明确的，即追求一个权责对等的治理体系。然而，新冠肺炎疫情的爆发可能使得这种偏向的趋势短暂地让位于危机应对。美国作为全球金融治理最大的供给方，其本身对于金融治理体系的改革非常抵触，而由于前期的"疏忽大意"，美国疫情成为全球之最，疫情下各种社会矛盾爆发，民族主义和民粹主义情绪上升，美国更没有动力推进金融治理体系改革，而治理体系的改革少了美国的参与又难以形成切实的成效。"十四五"时期，中国可能要思考在美国不配合情况下，全球金融治理体系如何改革的问题，而上海国际金融中心建设必然融于其中，也可能是破题的关键部分。

三是国际金融可能进入"修昔底德陷阱"和"金德伯格陷阱"相互交织的状态。当前及未来一段时间，中美关系难以发生实质性好转，其中的一个主要原因是民粹主义引发的单边主义盛行，使得美国国内的"孤立主义"抬头。而另一方面，随着中国经济实力的增长，在接近美国经济总量2/3的阶段，中美可能已经走入了以往被多次印证的"修昔底德陷阱"之中，双方之间的"规锁"与"反规锁"日趋白热化。[①] 美国对中国的抑制已经从贸易领域上升到了科技和金融领域。而世界两大经济体进入"修昔底德陷阱"给全球金融治理带来的不确定性不言而喻。另一方面，美国的单边主义盛行使得其对全球金融治理供给的意愿显著下降。而与此同时，全球范围内暂未有大国可以取美国而代之，成为新的治理体系供给者，全球金融治理领导权可能出现一段真空期，由此进入"金德伯格陷阱"。

（二）新冠肺炎疫情加速全球金融周期探底

2008年金融危机爆发之后，全球主要央行不约而同实施宽松的货币政策刺激经济，短期内取得了一定成效。然则，金融领域内固有的顽疾并没有得到根本解决，反而在充裕的流动性环境下积累更大的金融风险。2015年之后，全球金融市场可以明显感觉到金融周期进入下行通道，金融风险不断爆发。2020年年初，新冠肺炎疫情在全球范围内爆发，全球金融市场受到重创，美股10日内四次熔断，全球资本市场一片哀号，随后各国央行加大力度执行量化宽松。然而，即便是量宽也可能很难抵消金融下行周期带来的流动性坍塌。全球风险偏好的下降使得货币乘数效应下降，美元回流"救济"。而这一情况很可能覆盖我国"十四五"时期的前半段，即全球金融周期都将处于探底状态，主要的特征为：

一是世界经济发展充满不确定性。最主要的不确定性来自中美关系和新冠肺炎疫情的发展。中美之间摩擦表面看是贸易，实际是政治。疫情加速了美国对中国的制约行为，下一阶段贸易摩擦升级为全面摩擦的概率加大。中美双方博弈的状态将持续一段不短的时间。这将涉及全球贸易、投资和资本

[①] 张宇燕在《理解百年未有之大变局》中指出，理解百年未有之大变局的一个重点是"主要大国之间'规锁'与'反规锁'日趋白热化"，参见张宇燕：《理解百年未有之大变局》，《国际经济评论》2019年第5期。

流动。同时，新冠肺炎疫情在美国肆虐，美国联邦政府和州政府就抗疫和经济重启方案已经出现分歧，叠加种族矛盾愈演愈烈，更加剧了美国经济的不确定性，美国是否会再次走入"大萧条"犹未可知。

二是全球流动性周期处于收紧状态。2019年年初以来，全球主要央行转向鸽派立场，似乎预示着全球范围内的"缩表"结束。而新冠肺炎疫情的到来彻底宣告了"缩表"的结束，不少发达国家甚至走向了财政赤字货币化。然而，即便如此，全球流动性周期可能仍然会处于收紧状态。这是因为，全球流动性主要是美元流动性，虽然美联储进行"无限度"量宽。但在前期全球范围内的流动性宽裕和传导机制不畅时期，金融领域内自循环严重，已经形成了严重的脱实向虚，累积了较高的债务风险，新冠疫情的爆发使得这些风险逐个暴露，全球避险情绪加剧，由此引发流动性坍塌，进而形成"黑洞"，不仅吸收了美联储投放的流动性，还会吸收回流的美元流动性，而这一情况的改善需要美国经济重启和新冠肺炎疫情得到彻底解决，这两者在短期内都难以预见。

三是全球债务周期见顶，流动性风险加剧。前期流动性的宽裕累积全球债务高企，而当前在前期债务尚未消化之时，各国为应对疫情冲击，又需要全方位举债，形成了"旧债还未还完又欠新债"，最后只能"借更大的新债还旧债"的恶性循环。未来一个时期内债务集中到期引发偿债风险概率正快速上升。国际金融协会数据显示，到2019年三季度末，全球债务规模已经达到了252.6万亿美元，全球债务与GDP比重创下历史新高，达322%。其中，发达经济体债务总体规模为180.1万亿美元，新兴市场债务总体规模为72.5万亿美元。疫情过后，这一数值可能快速增长。而另一方面，全球各国的财政资源已经非常有限，刺激经济手段捉襟见肘。据IMF估计，疫情过去之后，发达国家公共债务占GDP之比可能从105%提高到122%，美国财政赤字规模将达到GDP的15%，抑或更高。未来5年内，可以预想的是全球债务集中到期且无力偿还，这一事实可能引发进一步的流动性风险。再则，美联储不可能一直执行零利率政策，一旦利率上行，巨额存量债务将是沉重的利息负担。

（三）疫情下国际货币体系调整

一直以来，国际货币体系中，美元长期占据主导地位，欧元次之，其他国际货币的使用占比非常小。新冠肺炎疫情冲击下，因为避险需求，美元国际货币地位得到短暂稳固。但一个很自然的问题是，全球各国都已经意识到，因为美元的地位，各国都在用"真金白银"为美国的错误买单。疫情暴发前，美元的国际地位已经出现下降，疫情暂缓了这一进程，但中长期来看，美国过度透支其美元信用，财政赤字货币化更使得美元发行纪律受损，国际货币体系将面临重大调整。

一是美元的国际地位下降。疫情暴发前，IMF公布的2019年一季度全球外汇储备构成数据显示，以美元计价的外汇储备规模降至6.62万亿美元，在全球央行外汇储备中的占比下滑至61.7%，为2013年以来的最低水平。2001年的高峰时期，美元曾占全球储备的72.7%。这标志着美元国际货币地位的进一步衰弱，而这背后是全球经济主体对美国国家信用的质疑，疫情结束后这一质疑可能加剧，主要来自三个方面：首先是当前美国疫情后经济恢复情况，现在普遍预计美国经济于三季度重启，但从疫情的发展趋势和美国国内混乱程度来看，其国内局势难以快速平稳，经济重启也就无从谈起。其次是财政压力陡增，赤字率暴涨，疫情一方面损耗财政存量资源，另一方面又阻碍了财政的增量资源，疫情结束后美国赤字率可能达到一个天量级别。再次是量宽货币政策下美元超发严重，影响币值预期。最后也是最重要的，美国利用美元国际地位和清算体系，制裁其不满意的国家和地区，侵害各国利益。虽然短期来看美元还将处于国际货币的核心地位，但各国对于美元的不满已经表露无遗。

二是国际货币多元化趋势加强。一边是全球各国对美国利用美元制裁的不满，另一边是对美元信心的下降，加之全球经济发展的不均衡，主要经济体或集团之间的经济实力此消彼长，对于非美元货币作为国际通货的需求越来越强烈。特别是当前美国单边主义崛起，美国利益至上的大环境下，各国越来越迫切地感到自有清算体系的重要性。2018年8月，欧盟开始筹备规避美元限制的替代型 SWIFT 的支付系统。2019 年 2 月初，法国、德国、英国三国宣布联合建立一个独立于美国与伊朗进行贸易的机制 INSTEX·SAS。同时，俄罗斯在和伊朗的能源贸易中也将全部支持本币结算。人民币跨境国际支付系统（CIPS）于 2015 年 10 月上线，目前交易规模还较小，但发展速度很快。截至 2019 年 4 月，全球已有 865 家银行加入了 CIPS 系统。

三是人民币国际化迎来了难得的窗口期。2015 年 8 月，人民币汇率出现一波趋势性贬值，外汇储备由最高峰的近 4 万亿美元降至 3 万亿美元左右，之后趋于平稳。近期，由于中美关系，人民币汇率走势似有贬值压力。然而，需要看到的是，一国货币的国际化最核心、最根本的因素是该国的经济总量，总量大意味着与世界交往需要该国货币的需求越强。前述美元地位下降和国际货币多元化趋势确立的情况下，我国最早走出疫情，且在大疫之后经济总量仍可能保持正增长，这是其他国家所不具备的优势条件，同时国内金融供给侧改革提速，积极促进"一带一路"建设，扩大金融开放，人民币的国际使用将逐步得到认可，人民币为非居民应用的场景将越来越多。"十四五"阶段将是人民币国际化推进难得的窗口期。

（四）上海国际金融中心建设迎来机遇期

疫情后，在国际金融环境巨变下，上海国际金融中心建设的需求更加迫切。上海既是中国的金融中心，也是中国参与全球金融治理和对外开放的前沿阵地。2019 年年初，中国人民银行、发改委、科技部、工业和信息化部、财政部、银保监会、证监会、外汇局印发的《上海国际金融中心建设行动规划（2018—2020）》（简称《行动规划》）指出，"2018—2020 年是上海基本'建成与我国经济实力以及人民币国际地位相适应的国际金融中心'的决胜阶段"，这应该算是一个较为明确的目标。2020 年，突如其来的新冠肺炎疫情给全球经济和金融系统带来了巨大的冲击，但仅就《行动规划》中上海国际金融中心建设的目标而言，上海逆势而上，已经"基本"完成目标。按照《行动规划》的愿景，中国经济为全球第二，人民币国际使用综合排名在第五至第六位，而根据英国智库 Z/Yen 集团发布的第 27 期全球金融中心指数（GFCI）显示，上海已经晋升为全球第四，说明上海国际金融中心建设任务至少完成甚至超越了与人民币国际化地位相适应。

同时也应该清醒地认识到，未来一段不短的时间内，美国可能还是对全球综合影响力最大的国家，美元仍将处于国际货币体系的核心地位，这都决定着纽约国际金融中心的地位难以动摇。然则，随着世界经济发展的重心由西方转到东方和货币体系的多元化，国际金融中心将出现多元化和分化。多元化指的是以新兴市场国家为代表的重要城市将逐渐成为全球城市，形成区域性的金融中心，进而发展成为国际金融中心，比如说上海。分化指的是传统国际金融中心的地位和作用将下降，例如纽约、伦敦。一方面，疫情后，经济活动首先于东方恢复，东方的金融中心建设先行一步，且东方经济增速本就比西方快，这使得东方国际金融中心的发展有经济层面的支撑，而相较之下，以西方为主的金融中心业务量将可能逐渐萎缩。事实上，上海已经是全球第一大港口城市，成为世界经济的中心，同时也是中国的金融中心，近期进一步的金融开放和自贸区新片区推动在岸离岸统筹发展，更是明确了上海建设国际金融中心的路径和方法。另一方面，纵观全球的国际金融中心发展历程，其基本规律为：本国经济中心，本国金融中心，区域经济中心，区域金融中心，全球经济中心，国际金融中心。其中往往因为某城市已经是本国金融中心，再加上开放力度加大，提升了该城市全球投资和资本的吸引力，从而使其逐渐发展成为国际金融中心。研究可知，上海国际金融中心发展所处的阶段较为特殊。纵向看，上海是我国金融中心和世界经济中心，金融地位和经济地位不匹配，这是以往各大国际金融中心发展阶段所没有经历的。横向看，亚洲境内的国际金融中心至少有东京、中国香港和新加坡，上海还未能完全确立区域性金融中心的地位。

比较可知，纽约、伦敦、东京发展至本国金融中心时，比当前上海少了世界经济中心地位的支持，但是其金融系统市场化程度高，金融为实体经济发展提供了高端要素，使得其迅速成为世界经济中心。而随着纽约、伦敦、东京最后成为世界经济中心，三者的金融水平又随之分化，纽约和伦敦成为超一流国际金融中心，东京沦为二流，其主要原因在于对金融系统的开放度，纽约、伦敦对本国金融市场的开放远超东京。"十四五"时期上海已经是世界经济中心，但金融服务经济的能力还不强，这是金融开放政策的用意所在。再则，新加坡和香港，因其特殊的地理位置和制度，对于上海可参考的成分不多。

以上因素的存在，为上海国际金融中心的崛起创造了条件。同时，疫情后的"十四五"时期，中国进一步推动金融开放和上海自贸区新片区的建设将推动上海国际金融中心的确立。一是"十四五"时期，在党中央的金融和区域政策红利、"制造业高质量发展"战略下，结合全球科创中心建设，上海将加快布局"产业＋金融""长三角＋高端制造业投资"的创新投资领域，提高在沪外资投资于服务产业链的中高端水平，上海将会形成与卓越全球城市发展相适应的增长极。二是高端服务业是国际化大都市经济发展的重要引擎，上海自贸区和自贸区新片区的建设、科创板的设立和运行，为新金融业态的发展提供制度创新的便利，全球科创中心的建设为上海发展科技金融提供了条件。上海国际金融中心建设通过与其他产业的相互融合，实施金融和实体经济的协同发展战略，在全球范围内集聚资源和辐射能量，为上海城市功能的提升提供内在的需求。三是"一带一路"建设资金融通的现实需求，将极大促进上海国际金融中心建设。"一带一路"建设涉及国家众多，相关项目具有投资规模大、周期长、涉及币种多样等特点，多元化金融需求十分旺盛。随着"一带一路"建设的深入推进，必然涉及多个国家、多个币种、多种业务的跨境合作。"十四五"时期，"一带一路"建设资金融通的现实需求，为上海国际金融中心建设指明了新方向、提出了新要求、提供了新抓手，将极大促进上海国际金融中心建设。四是推动人民币国际化需要上海成为人民币全球循环的重要平台。虽然短期内美元地位得到加强，但国际货币多元化趋势已经形成，各国对于美元的使用多少有"无奈"的成分，而此时上海若能打造完整便捷的人民币进出循环机制、完善人民币国际金融市场、丰富人民币金融产品，拓宽上海人民币金融港的港口"深度"，这将为推动人民币国际化和上海国际金融中心建设产生深远的影响。

四、5G 技术是上海抢占网络信息技术制高点的重要机遇

一是科技进步迎来新一轮产业化高潮，中国与世界处于同一起跑线，上海将在多个产业中发挥作用。

新技术革命将给大量处在后发追赶地位的中国企业带来换道超车、迈入前沿的有利条件。制造业数字化、智能化、绿色化将加速传统产业转型升级，"倒逼"出更多的追赶机会。中国已经拥有不少抢占先机、赢得主动的有利条件。

上海科技创新中心建设经过搭框架、打基础，取得了一系列实质性突破，重大成果不断涌现。蛟龙、天宫、北斗、天眼、悟空、墨子和大飞机等重大科技成果，上海都作出了重要贡献。大飞机 C919 飞上蓝天，集成电路先进封装刻蚀机等产品销往海外，高端医疗影像设备填补国内空白，上海产业创新影响力越来越大。目前，上海全社会研发投入占 GDP 比例达 4%，比 5 年前提升 0.35 个百分点。每万人口发明专利拥有量达到 47.5 件，比 5 年前提高了一倍。综合科技进步水平指数始终处在全国前两位，科技对经济发展的贡献稳步提高。

从国家战略来看，5G 技术将是抢占网络信息技术制高点的重要机遇。现在，世界各国都在加快 5G 商用的步伐，抢占 5G 发展红利。在当前 5G 竞赛中，我国处于非常难得的有利位置，要想巩固这一有利位置，就必须尽力避免在商用进程中掉队。上海是国内唯一一个被三大运营商同时列为首批 5G 试点的城市。在迎接 5G 为经济社会发展广泛赋能的新时代，上海正在提前布局。这对提升上海城市能级和核心竞争力，为国家抢占重大发展机遇，具有非常重要的意义。

二是我国在若干核心技术领域存在短板，上海亟待强化全球创新资源配置能力，提升创新策源能力。

从科技发展和产业发展现状看，我国的优势以应用为主，原始创新能力、关键共性技术能力仍存不足。我国面临的主要短板集中在制造、信息、材料、航空航天、海洋工程、生物医药六大领域。

以信息技术为例，尽管我国已经在互联网和新兴技术领域发展迅猛，但短板也依旧存在，主要集中在基础软件和芯片两大领域，前者包括电脑桌面操作系统、移动端操作系统、大型工业软件；后者包括芯片设计、芯片制造、材料、装备等，要真正补齐这些短板，我国还要一二十年的时间。

我国在航空发动机领域还面临不少挑战。在欧盟，军民两用航发产品和技术出口受到限制，发动机实时监控技术、高空试验台、金属基高温复合材料等核心技术都是对中国关闭"大门"的，这也从侧面反映了我们在这些方面存在短板。航空发动机行业是高风险高投入，要有漫长的技术积累，与此同时，技术发展又日新月异，短期内还难以赶上。

三是全球科技产业化进程加快，中国追赶已成良好势头，但上海科技成果转移转化机制仍然存在瓶颈。科技成果转移转化必须有既掌握科技成果的内涵又了解整个市场需求的企业性机构来助推。但目前，整个国内包括上海，这类机构都比较缺乏。此外，既懂市场运营、产业化运作，又了解技术内涵、科技成果内涵的专业人才也比较缺乏，进一步给科技成果转化带来了难度。

四是集成电路、人工智能、生物医药是上海重点发展的三大领域。中美科技竞争或将对这三个领域产生一定的不利影响。

首先，中美科技竞争将对上海集成电路产业目前采取的国际国内合作、自主创新和联合创新并举的发展模式造成一定不利影响。在上海集成电路产业发展历程中，与国际厂商和国内企业合作开发已成为创新发展的重要途径。上海集成电路产业通过与国内外企业合作创新已成为上海集成电路产业发展的一条成功经验。国际政治形势复杂多变、技术进口限制增多和可用资源日趋紧张，或将对现有上海集成电路产业造成不利影响，产业链分工格局或将面临加快重构的风险。

其次，上海生物医药产业发展面临若干瓶颈。上海生物医药产业发展面临三方面不足[①]：一是环境管理制度精细度不足。准入上，环评程序趋严，压缩了环境敏感型产业的发展空间。一些研发项目由于上海环评过于严苛和不

---

① 任姝玮:《生物医药产业的"张江样板"——访上海市人民政府参事吴大器》,《浦东开发》2019年第4期。

可预期，只好落户外省市。监管上，排放处理和环境监管方式滞后，造成因噎废食。二是规划用地制度适配性不足。当前，制造的研发化比重越来越大，越来越多的项目难以界定是制造还是研发，且随着个性化、定制化生产方式的不断推进和发展，研发与制造从空间上也将更加难以分离。这些都对现有规划用地制度提出了挑战。是把工业用地升级成科研设计用地，还是继续保留传统工业用地？规划调整的确进退两难；越来越多的产业项目难以对号入座用地分类。新业态、新产业提出的功能混合和弹性发展的高度不确定性，对用地管理提出新的考验。三是存量更新政策支撑不足。以张江最为核心的1.67平方千米张江药谷地区为例，早在10多年之前就已开发完毕，容积率普遍为1.0—1.5，园区城市功能、城市形态落后，与中国药谷身份极不匹配。从需求看，该地区有极大的更新动力。张江药谷是对张江医药人最具归属感和号召力的符号，哈雷路、蔡伦路一带体现了非常显著的生态效应和边界效应；部分小业主普通工业厂房的租金已接近张江甲级写字楼租金水平。但因小业主产权分散、工业地价预期过高、土地收储有效手段不足、对平台公司要求自持比例过高等，造成实际操作上的动力不足。

再次，上海人工智能发展存在若干瓶颈。上海一直以来缺乏与其地位相匹配的互联网巨头企业，距离全球科创中心的目标尚有很大差距。2017年，上海GDP为3.013万亿元，比北京高出2 000余亿元；与之形成鲜明对比的是，北京信息服务业的增加值为3 169亿元，约为上海的两倍。从2017年科技部公布的独角兽名单可以看出，上海培育了37家独角兽企业，相比北京的70家逊色不少。携程作为上海最大的互联网公司，无法与BAT等领军企业相提并论。上海人工智能产业发展存在以下瓶颈[1]：基础数据开放共享不够，结构化大数据平台尚未建立；核心AI技术有待持续突破，芯片算法需要继续赶超；上海人工智能产业生态圈尚未成熟，产业集聚效应不强；AI综合型专家学者稀缺，人才引进机制配套不足；产学研融合度不够，科研带动AI产业化进程较慢；传统产业转型迟缓，AI企业产品落地能力薄弱。

---

[1] 郑鑫：《上海人工智能发展与领军力量培育》，《科学发展》2019年第4期。

人工智能产业发展将对上海制造业产生复杂影响，必须做好综合规划，及早应对：

人工智能将逐步淘汰某些制造业部门。人工智能会替代某些产品的功能，这类产品所属的行业则会随之不断萎缩直至消失。上海制造业中一些传统机械装备及与之配套的零部件制造可能面临市场萎缩的风险，不具有人工智能功能的传统电子信息产品也将面临巨大的升级压力。

人工智能在大幅提高生产率的同时对就业造成压力。使用更多的智能机器人意味着工厂和车间可以实现更长的作业时间，企业不需要负担多余的加班费用就能够让工厂24小时开工运转，美国、日本、德国等国家都已经出现了不停工的"无人工厂"，这将减少制造业对技术工人的需求。这将对上海产业工人队伍的稳定造成一定压力。

人工智能将重塑全球制造业价值链，形成一套新的国际分工体系，对传统的制造业国际分工产生重大影响。发达国家正在努力抢占人工智能产业的新制高点，上海制造业尽管当前仍然具有劳动力成本优势，但随着人工智能更多应用增加，这一优势将不断被削弱。

目前，集成电路、人工智能、生物医药是上海重点发展的三大领域。中美科技竞争或将对这三个领域产生一定的不利影响。但人工智能将重塑全球制造业价值链，形成一套新的国际分工体系，对传统的制造业国际分工产生重大影响，这也为上海突破传统分工体系实施弯道超车提供了机遇。发达国家正在努力抢占人工智能产业的新制高点，上海制造业凭借原有劳动力成本优势，全球科技创新中心和5个中心协同发展的优势，有希望在5G技术发展中获得突破。

五是新冠肺炎疫情对5G产业发展带来冲击的同时，也产生新的机遇。

新冠肺炎疫情发生后，设备、人员以及整个社会的资源都向抗击疫情倾斜，5G产业链的生产制造、物流运输、安装调试、业务测试、网络建设等环节将会延迟。供给侧的延迟将会进一步导致5G技术用户低于预期，5G手机销售市场受到冲击。

此次疫情让人们认识到获取及时准确的信息对经济和社会发展的重要

性。因此随着我国疫情逐渐得到控制，5G技术将首先在医疗、教育和应急管理领域得到优先发展。在医疗方面，医院的5G网络覆盖将会被提高到第一优先级。随之而来是医疗场景下的5G应用创新将会加速，远程非接触式的5G诊疗应用、提供海量医疗数据分析和处理的边缘计算应用，医疗服务机器人会得到普及应用。在教育领域，远程教育，尤其是提供移动场景下的教育和培训的5G应用创新也会出现。移动端的学习场景需求将会大规模普及，中小学生、成人教育、职业教育、企业培训，都将进入移动学习时代，支持5G的ARVR教育服务将会加速应用。在应急管理领域，5G将会在应急领域加速普及，包括应急资源资产管理、应急指挥调度、应急机器人等场景。

随着各行各业实现全面复工复产，消费群体的购买力也将逐渐回暖，叠加政府的部分消费刺激政策以及5G换机潮的预热，5G产业链下游需求量或将出现反弹。上海5G技术应用布局在全国较为领先，是上海拉动经济增长、抵消疫情对经济负面影响的重要抓手。

执笔人：赵蓓文　周　琢　周大鹏　黎　兵　张广婷
　　　　智　艳　刘　芳　高　疆　邓志超

第二章
迈向新征程的上海

遵循好习近平强调的"四个准确把握"总体原则，处理好不同时期改革、发展和稳定三者之间的关系，准确把握改革发展稳定的平衡点，既是我国改革开放取得巨大成功的基本经验，也是新时代改革进入攻坚期和深水区的内在要求，更是上海改革开放再出发的路径依据。特别是在内外部发展环境更加复杂多变的情况下，"坚持底线思维，增强忧患意识，提高防控能力，着力防范化解重大风险，保持经济持续健康发展和社会大局稳定"，成为决胜全面建成小康社会、夺取新时代中国特色社会主义伟大胜利、实现中华民族伟大复兴的中国梦的坚强保障。

第一节 "十三五"期间上海经济社会改革发展重点

2019年3月1日，上海市统计局正式发布的《2018年上海市国民经济和社会发展统计公报》显示，在国际、国内环境严峻复杂的背景下，上海2018年经济运行总体平稳，结构、质量、效益持续向好。按常住人口计算的人均生产总值达到13.50万元（约1.92万美元），首次达到发达经济体标准。同时，在民生改善、社会事业、城市建设和管理、改革创新等方面也取得了新成绩。在2020年1月召开的上海市十五届人大三次会议上发布的《2020年上海市政府工作报告》指出，在高基数和经济下行压力加大的情况下，上海经济社会延续了总体平稳、稳中有进、进中固稳的发展态势，全市生产总值预计增长 6% 以上，估计人均生产总值将超过 14.3 万元（约 2.73 万美元），相当于 2019 年全球各国和地区人均 GDP 排名的 35 位左右。

一、上海经济发展的韧性活力增强

（一）从投资、消费和进出口三个传统经济增长指标看，"十三五"期间上海经济增长稳定，经济发展韧性增强

固定资产投资上，2016—2019 年间，上海全社会固定资产投资持续稳步增加，2018 年，全社会固定资产投资总额增长 5.2%，第二产业投资在集成电路等一批大项目的带动下持续超过第三产业，为上海制造业转型升级打下了新的基础。

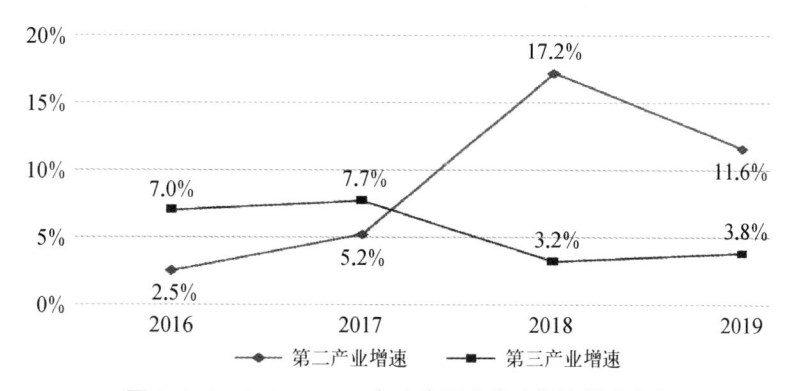

图 1-2-1　2016—2019 年上海固定资产投资增速变化

资料来源：根据上海历年统计年鉴整理。

社会消费品零售总额上，2016—2019 年间，上海社会消费品零售总额从 10 946.57 亿元提高到 13 497.21 亿元，年平均增长率达到 7.6 以上，大于 GDP 平均增长率，消费对经济增长的拉动明显。其中，"上海购物"品牌影响力和辐射力提升，促进新消费创造贸易新供给。根据仲量联行发布的报告，上海在全球十大最具吸引力零售目的地市场中，排名第六位，全球 31% 的主流品牌、22% 的高档品牌、39% 的奢侈品牌已经进入上海市场。国际知名高端品牌集聚度已超过 90%，众多国际高端品牌纷纷选择上海作为其中国地区总部、亚太地区总部的所在地。从对国内消费的辐射力上看，上海口岸

化妆品、服装和汽车进口额分别占到全国的53%、70%和37%，已成为中高端消费品进入中国市场的进口集散地，对国内其他地区消费市场的辐射力继续提升。另外，商业业态和商业模式创新发展，形成生产、零售、消费、体验、服务一体等融合式新型服务模式。2019年，上海无店铺零售同比增长20%以上，成为消费新亮点。

表1-2-1　2016—2019年上海社会消费品零售总额

指　标	2019年	比上年同期增长（%）	2018年	比上年同期增长（%）
社会消费品零售总额（亿元）	13 497.21	6.50	12 668.69	7.90
#批发零售业	12 306.97	6.8	11 568.8	8.2
住宿餐饮业	1 190.25	4.3	1 099.9	4.2
#吃的商品	2 912.69	8.0	2 517.3	5.5
穿的商品	2 962.02	6.8	2 535.5	15.4
用的商品	7 063.48	7.1	6 803.7	5.5
烧的商品	559.03	−7.8	812.13	13.7
指　标	2017年	比上年同期增长（%）	2016年	比上年同期增长（%）
社会消费品零售总额（亿元）	11 830.27	8.10	10 946.57	8.00
#批发零售业	10 804.9	8.1	9 874.2	8.4
住宿餐饮业	1 025.4	7.9	1 072.4	4.7
#吃的商品	2 485.8	8.1	2 399.2	4.0
穿的商品	2 165.3	18.4	1 776.9	11.0
用的商品	6 450.2	5.0	6 205.1	9.9
烧的商品	729.0	8.1	565.4	−1.5

资料来源：根据上海历年统计年鉴整理。

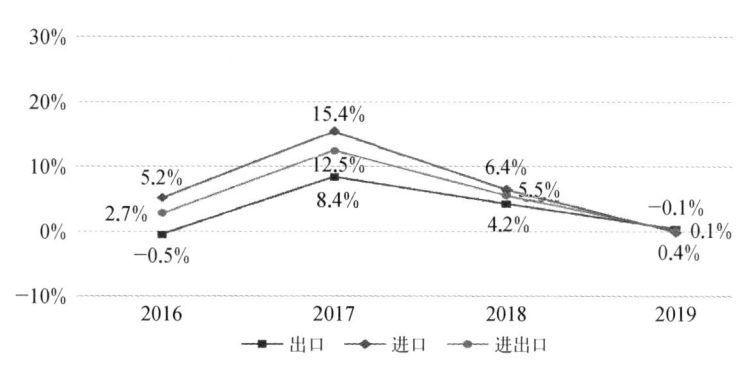

图 1-2-2　2016—2019 年上海进出口增速变化

资料来源：根据上海历年统计年鉴整理。

进出口贸易总额方面，上海 2016 年进出口总额为 28 664.37 亿元，到 2019 年增长到 34 046.82 亿元，特别是从 2018 年起，在全球经济下行压力增大、美国对华持续加征关税的情况下，上海进出口贸易总额保持稳定，没有下降。

（二）从创新、产业和价值三大新经济发展指标看，上海围绕生物医药、信息技术和高端装备等产业领域布局创新链、产业链和价值链，产业国际竞争力加强

一是产业结构更加优化，战略性新兴产业比重大幅提高。2018 年，上海生物医药增长 9.8%，新一代信息技术增长 5.8%，高端装备增长 5.7%，新能源汽车增长 5.4%；新产业、新业态、新模式保持较快增长，新能源产业产值增长 15%。新科技革命变革下的世界经济格局，创新链、产业链和价值链高度契合，服务和制造深度融合，数字和平台成为新生产要素，上海在新经济领域的比重也进一步提高。2018 年，上海互联网业务收入增长 30% 以上。全年完成电子商务交易额 28 938.2 亿元，增长 19.3%；服务贸易进出口总额首次超过 2 000 亿美元。

二是关键技术持续突破，上海产业核心标志逐渐凸显。上海在制造业创新中心建设工程方面以智能制造、集成电路等为重点，加大促进企业、高校、科研机构联合开展产业创新研究，逐渐建立起一批具有辐射力和影响力的国家级和市级制造业创新中心，通过对具有全局性影响、带动性强的关键技术联合攻关，促进科技成果产业化。

表1-2-2　上海三大重点产业高等院校、科研院所、功能平台情况

产业	类别	名　　　　称
集成电路	高等院校	5家：同济大学电子与信息工程学院、上海大学材料学院、复旦大学微电子学院、上海交通大学微电子学院、华东师范大学信息科学技术学院
	科研院所	3家：中国科学院上海微系统与信息技术研究所上海微技术工研院、上海集成电路研发中心、中科院上海高等研究院
	功能平台	13家：国家智能传感器创新中心、国家微电子材料与元器件微分析中心、上海大学微电子研究与开发中心、传感技术联合国家重点实验室、信息功能材料国家重点实验室、上海硅知识产权交易中心、上海市集成电路技术与产业促进中心、国家集成电路创新中心、国家光刻设备工程技术研究中心、国家集成电路设计生产力促进中心、上海市集成电路研发与转化功能型平台、复旦大学专用集成电路与系统国家重点实验室、华岭
生物医药	高等院校	5家：中国人民解放军海军军医大学、复旦大学上海医学院、复旦大学药学院、上海中医药大学、上海交通大学医学院
	科研院所	6家：中科院上海药物研究所、上海生物制品研究所、中国科学院上海生命科学院研究院、上药集团中央研究院、华东理工大学鲁华所、上海生物制造产业技术研究院
	功能平台	36家：药物先导化合物研究企业国家重点实验室、上海医工院医药股份有限公司、医学免疫学国家重点实验室、免疫学国家重点实验室、遗传工程国家重点实验室、医学神经生物学国家重点实验室、创新药物与制药工艺国家重点实验室、分子生物学国家重点实验室、生物反应器工程国家重点实验室、国家生化工程技术研究中心、华东理工生物反应器工程国家重点实验室、神经科学国家重点实验室、细胞生物学国家重点实验室、医学基因组学国家重点实验室、癌基因及相关基因国家重点实验室、微生物代谢国家重点实验室、上海医药临床研究中心实验室、上海医药临床研究中心、申康临床研究功能型平台、国家医疗器械质量监督检验中心、组织工程（上海）国家工程研究中心、新药研究国家重点实验室、国家新药筛选中心、生物芯片上海国家工程研究中心、药物制剂国家工程研究中心、治疗性疫苗国家工程实验室、抗体药物国家工程研究中心、国家抗艾滋病病毒药物工程技术研究中心、抗体药物与靶向治疗企业国家重点实验室、国家中药制药工程技术研究中心、上海南方模式生物研究中心、上海药物代谢研究中心、上海市生物医药科技产业促进中心、张江药谷公共服务平台、国家上海新药安全评价中心、生物医药产业技术功能型平台

（续表）

产业	类别	名称
人工智能	高等院校	3家：复旦大学计算机科学技术学院、华东理工大学信息科学与工程学院、上海交通大学电子信息与电气工程学院等
	科研院所	16家：复旦大学类脑智能科学与技术研究院、公安部第三研究所、同济大学人工智能研究所、上海理工大学上海人工智能研究院、上海交通大学人工智能研究院、上海产业技术研究院、中国电信上海研究院、上海脑科学与类脑研究中心、上海工业自动化仪表研究院、复旦大学脑科学研究院、中国科学院上海分院、复旦大学类脑芯片与片上智能系统研究院、中国科学院上海生命科学研究院、中国科学院上海高等研究院智慧城市研究中心、中国科学院神经科学研究所、华东政法大学人工智能与大数据指数研究院
	功能平台	5家：类脑芯片与片上智能系统平台、同济大学CIMS研究中心、复旦脑科协同创新中心、脑与类脑智能国际创新中心、上海交通大学认知与计算健康研究中心

资料来源：根据上海产业地图整理。

三是基础领域创新能力夯实，创新生态环境日益优化。"十三五"期间，上海全社会研发经费支出相当于全市生产总值的比例保持在4%以上，每万人口发明专利拥有量平均提高到53.5件。平均每个工作日新注册企业1 476户，增长12%。在创新成果方面，年内认定高新技术成果转化项目656项，比上年增长33.1%，其中，电子信息、生物医药、新材料等重点领域项目占86.3%。

四是全球资源配置积聚能力增强，对外开放示范效应凸显。开放发展仍然是世界经济的基本规律和必然趋势，特别是全球跨国公司推动并参与的全球产业链、价值链分工体系。上海市层面出台了一系列总部支持优化政策，引导上海总部经济能级和辐射力进一步提升。2016年至2018年5月底，上海新认定跨国公司地区总部104家，累计落户上海的跨国公司地区总部639家；新认定外资研发中心35家，累计落户上海的外资研发中心431家。在上海认定跨国公司地区总部中有一半已开展离岸服务外包业务，其中32家500强企业在沪设立全球或亚太业务流程共享中心和数据处理中心，2016年和2017年，离岸执行金额为1 000万美元以上的服务外包企业分别为135

家和141家,已提前完成"十三五"规划目标。同时,上海金融法院、中国人寿上海总部、建信金融科技等国内总部型功能性机构也相继落户。

二、社会经济协调发展的能力提升

"十三五"时期,上海制定了经济社会发展的综合目标,在社会领域提出,要在更高水平上全面建成小康社会,让全市人民生活更美好。上海作为常住人口超过2 400万的超大型城市,近年来在社区治理、公共服务供给、民生保障等领域进行了全方位改革探索,实现了国际大都市社会的总体安全稳定。2018年英国《经济学人》杂志把上海评为全球最安全城市之一,安全有序成为上海的金字招牌。

在社会民生方面,2018年,上海按常住人口计算的人均生产总值达到13.5万元,首次达到发达经济体标准。在大规模减税降费总额超过2 022亿元、影响地方收入增幅11个百分点的情况下,地方一般公共预算收入增长0.8%。新增就业岗位58.9万个,城镇登记失业率为3.6%,预计城镇调查失业率为4.3%。《2018年上海社会民生问卷》显示,公众普遍对教育服务公平优质、医疗卫生体制改革、就业政策积极有效、住房保障体系完善等方面给予了充分肯定。

在基层治理方面,上海率先走出了超大城市基层治理的新路。2014年年底,上海出台"创新社会治理,加强基层建设""1+6"文件,明确基层治理"重心下移""权力下沉""权责一致""赋权到位",并启动了以街道党工委为领导的一整套区域化党建体制。连续5年,上海市委每年召开"创新社会治理,加强基层建设"推进会:抓党建引领,抓智能化建设,增强基层队伍本领,打通服务群众的"最后一公里"。上海不断推动城市管理下移,不断激发社会组织和市民的能力,加强回应市民自下而上的需求和诉求的能力,形成了四方面的经验:一是坚持党建引领,注重通过党建工作下沉确保和重构社会秩序;二是坚持政府领导,注重保障和改善民生,回应社会服务需求;三是坚持扩大参与,注重整合政府、市场和社会各种资源；四是坚持与时俱进，注重保持社会治理与超大城市经济转型步伐相协调。①

在城市精细化管理上，上海近年来在城市管理科学化、精细化、智能化方面积极探索，不断创造"新作为"。近年来，上海把智能化作为抓好城市治理的突破口，通过加快推进政务服务一网通办，提高了政府的服务效率，提升了城市的营商环境和市民的满意度；同时通过一网统管建设，加快了政府内部跨部门、跨层级、跨区域的协调联动机制，为解决城市综合问题提供了系统集成方案。

第二节　把握上海迈向新征程的新要求

一、新技术革命与产业新布局

伴随着新一轮技术革命的推进，新一代信息技术推动产业组织和制造方式产生重大变革，新材料、新能源等在制造业领域大规模深度应用，制造业和服务业的融合也在催生新的行业和生产方式。产品结构不断优化的背后是产业结构的持续升级。一方面，上海以新一代信息技术等为代表的新兴产业成为工业结构优化升级的着力点，工业战略性新兴产业增加值增速持续高于规上工业；另一方面，上海传统产业已跨越一般技术瓶颈，逐步摆脱了跟随者的地位。在钢铁、纺织、家电、工程装备等领域产生了一批具有国际竞争力的企业。由于这座城市开放和包容的文化特质，让上海能够吸纳全国乃至全球的各类人才和资本，从而保证了制造业升级中新的行业和生产方式的产生。

同时，还应清醒地看到，我国总体还处于模仿创新和自主创新混合推进的阶段，基础性引领性自主创新比例还比较低，行业的产业链组织不完整，创新链和产业链之间缺乏完整统一性，价值链水平低，大企业的全球

---

① 郭庆松：《上海社会治理创新形成了四方面经验》，http:finance.sina.com.cn/roll/2019-07-06/doc-ihytcitm0188856.shtml。

产业布局能力还不强。后工业化阶段制造业具有高集成、高复杂度制造、进口替代制造、高收入弹性制造等一系列特点，这也是未来"上海制造"的升级空间。"十四五"期间，上海按照中央和市委要求部署，进一步聚焦集成电路、生物医药和人工智能三大重点产业的全产业链升级，力争将三大重点产业打造成具有全球核心竞争力的领域，更好地代表国家参与国际合作竞争。

二、数字社会与城市治理新命题

虽然上海这些年在城市民生改善、社会事业、城市建设和管理、改革创新等方面取得显著成效，但从经济社会协调发展需求方面对提高城市治理水平提出了更高要求。观察近 15 年全球创新城市发展情况发现，在数字经济和新技术驱动下，城市空间、城市产业、城市人口和城市治理均发生了重要的变化。空间布局上，纽约、洛杉矶-硅谷、东京等全球创新城市通过"三重连接"，在产业功能和城市空间上越来越高度重合。第一重是功能上的连接，围绕高校、社区、科研院所和企业，城市在创新链上形成了紧密的产学研合作，如斯坦福等高校与各类企业存在高度的互动联系，包括为初创企业提供低廉的土地，开放并共享实验室及研发设备等，而企业则为学生提供实习机会。第二重是空间上的连接，大学、产业研发区、生态廊道、居住社区、公共空间等紧凑布局，空间结构合理有序。专业便捷的服务网络、优美的生态环境、开放的交往空间、灵活的办公场所，成为激发创新的重要因素。第三是规划上的连接，硅谷等地区通过灵活弹性的规划管控，采用基于形态的功能区划体系，放宽了功能的准入机制，从而为功能复合、研发空间以及新功能的诞生预留了很大弹性，同时，提高了土地利用分区的用地兼容性，为科技创新产业提供全方位便利。

未来 10 年，数字经济将推动城市形态发生更巨大的变化，智能化、可持续和包容性的经济增长成为纽约、伦敦等全球创新城市的新发展目标，特别是在信息技术的催生下，世界正在变平，城市进入人工智能时代，创新城市的核心区越来越承担"智能互联全球指挥中心"的职能：首先，颠覆式创新使得全球创新城市成功实现"再制造化"，智能互联的产品和工厂在全球创新中心形成集聚；其次，整体的、集成的、顾客驱动的、开放的、创新的新制造服务体系开始生成；科学、技术、产品最终改变个人生活，整个社会治理方式将由企业、社区和政府协同组成。上海城市空间的新连接规划、城市产业的新体系建设、城市人口的新服务需求和城市治理的新提供方式将是提升城市能级和核心竞争力的重要发展领域。

三、加快开放与参与全球新竞争

习近平总书记的重要讲话明确了上海的发展定位和肩负的特殊使命，要求把上海未来发展放在中央对上海发展的战略定位上，放在经济全球化的大背景下，放在全国发展的大格局中，放在国家对长江三角洲区域发展的总体部署中来思考和谋划。中国进口博览会是中央交给上海的新任务，不仅是上海发展的内在需求，更是提升中国经济在全球资源中的配置能力。在全球经济增长动能减弱、下行风险上升、自由贸易受阻等情况下，构建开放新格局难度更大。如何更好地推动自贸区新片区建设，设立科创板并试点注册制、推进长三角一体化试点等重要任务落地实施，在落实改革发展新举措中，对内要改革传统的行政管理体制，提升政府治理体系的现代化水平，对外要提升行政便利化水平，使之更加适应社会主义市场经济发展要求，其难度和复杂性可想而知。

第三节 迈向新征程的上海要强化底线思维

一、警惕全球社会风险传导

从全球发展态势看，世界经济论坛在 2020 年 2 月 15 日发布的《2020 全球风险报告》(以下简称《报告》)中发布了对未来 10 年的风险调查。在全球风险的相互联系中，各方预测关联性最大的前五位风险分别为：极端天气事件以及气候变化缓和与调整措施失败；大规模网络攻击和关键信息基础设施和网络故障；结构性失业或不充分就业严重和技术进步的负面影响；重大生物多样性损失及生态系统崩溃以及气候变化缓和与调整措施失败；食品危机和极端天气事件。在各方最为关心的短期风险方面，认为2020年风险将加大的受访者中有78.5%的人认为"经济对抗"风险将加大，78.4%的受访者认为"国内政治极化"的风险将加大，此外还有77.1%、76.2%和76.1%的受访者分别认为在极端热浪、自然资源生态系统破坏和网络攻击等方面的短期风险会加大。

二、维护国内经济稳定安全

从国内经济发展阶段看，"十四五"是我国跨过中等收入陷阱的关键期，关系到我国能否成功跨越中等收入陷阱。2018年，我国人均GDP接近1万美元，迈入中上等收入阶段。未来几年如果继续保持6%以上的经济增长率，到"十四五"末期我国人均GDP有望突破1.5万美元，向高收入国家迈进。

"十四五"时期也是我国进入第四次工业革命的战略机遇期，是我国奠定在未来几十年国际竞争格局中产业智能化水平的关键5年。中国产业发展已进入"三期叠加"阶段，即进入全面工业化的攻坚期、深度工业化的攻关期和产业智能化的奠基期。一是综合判断，我国工业化尚未完成，当前进入工业化后期阶段，整个"十四五"期间也仍将处于工业化后期阶段。二是尽管当前我国工业规模已经跃居世界第一位，但"压缩式的工业化"所带来的工业化脆弱性在中美贸易摩擦等事件中集中反映出来，我国产业发展面临卡脖子技术制约，工业化的根基不牢，亟需加快产业核心技术和关键零部件技术攻关。"以更快的速度、更广的范围整合和重构全球价值链条"，有可能会带来国家之间竞争的"赢者通吃"，重塑未来很长一段时间的产业竞争格局，各国在战略性新兴产业领域方面的竞争将异常严酷。

三、构筑城市改革发展底线

(一)产业升级中的风险

1. 原有重点产业升级困难

上海制造业贸易产品大多处于全球价值链低端,重点产业嵌入全球价值链深度不够,提升全球价值链缺乏核心动力。[①] 国际机构的相关研究中,将全球 100 个著名城市及 54 个代表性都市产业作为样本,上海产业全球竞争地位不高——总指数得分 0.449,排名全球第 45 位。

上海制造业进出口主要是机械、电气和高新技术产品,2010 年以来,机电产品出口占比都超过 70%,高新技术产品也超过 40%。在这两大类中所有 15 类细分产品中,只有生物技术、计算机与通信技术两类产品为上垂直型产业内贸易,机械设备、电器及电子产品两类产品为水平型产业内贸易,其余 11 类产品都属于下垂直型产业内贸易。因此从整体看,上海的机电产品和高新技术产品在全球价值链中处于较为低端的位置。

2013 年以后,上海的生命科学技术、计算机集成制造技术、材料技术、航空航天技术等产业在全球价值链中的地位有较为迅速的下降趋势(见表 1-2-3)。

表 1-2-3 上海 2012 年、2013 年与 2017 年、2018 年机电产品和高新技术产品出口/进口价格指数与贸易类型

产品类型		出口价格/进口价格		贸易类型	出口价格/进口价格		贸易类型
		2012 年	2013 年		2017 年	2018 年	
机电产品	金属制品	0.19	0.2	下垂直型	0.20	0.21	下垂直型
	机械设备	0.83	0.96	水平型	1.08	0.89	水平型

[①] 结合世界经济论坛(World Economic Forun,WEF)的《全球国际竞争力报告》和瑞士洛桑国际管理发展学院(International Institute for Management Development,IMD)的《世界竞争力年鉴》,产业国际竞争力包含三层意义:产业、国际、创造增加值。将全球 100 个著名城市及 54 个代表性都市产业作为样本,上海产业全球竞争地位不高——总指数得分 0.449,排名全球第 45 位。

（续表）

产品类型		出口价格/进口价格		贸易类型	出口价格/进口价格		贸易类型
		2012年	2013年		2017年	2018年	
机电产品	电器及电子产品	0.93	0.97	水平型	0.92	0.95	水平型
	运输工具	0.23	0.2	下垂直型	0.22	0.22	下垂直型
	仪器仪表	0.12	0.16	下垂直型	0.23	0.23	下垂直型
	其他机电产品	0.07	0.09	下垂直型	0.10	0.09	下垂直型
高新技术产品	生物技术	2.14	7.98	上垂直型	1.76	1.53	上垂直型
	生命科学技术	0.35	0.25	下垂直型	0.20	0.24	下垂直型
	光电技术	0.48	0.7	下垂直型	0.73	0.63	下垂直型
	计算机与通信技术	2.49	2.69	上垂直型	2.44	2.25	上垂直型
	电子技术	0.39	0.45	下垂直型	0.40	0.42	下垂直型
	计算机集成制造技术	0.16	0.15	下垂直型	0.13	0.09	下垂直型
	材料技术	0.62	0.37	下垂直型	0.60	0.23	下垂直型
	航空航天技术	0.06	0.03	下垂直型	0.09	0.11	下垂直型
	其他高新技术产品	0.08	0.02	下垂直型	0.11	0.05	下垂直型

数据来源：根据上海海关数据计算所得。

2. 外部遏制的风险加大

"十四五"期间，发达国家与发达国家之间、发达国家与发展中国家之间竞合关系更加深化，发达国家为提升本国产业竞争力，会更加聚焦本国优

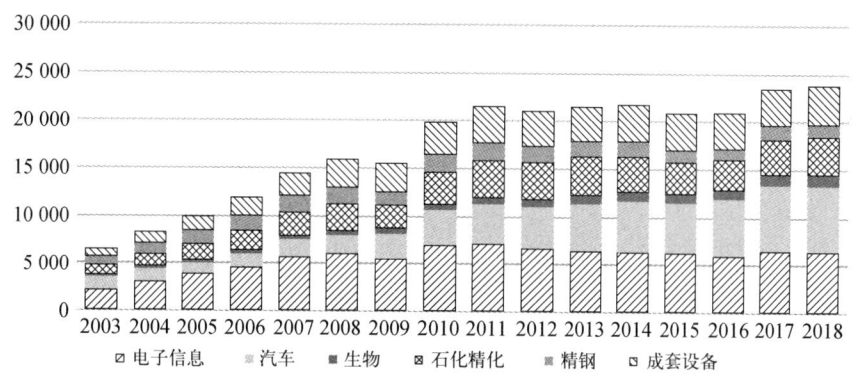

图 1-2-3　2003—2018 年上海六大重点工业行业总产值（单位：亿元）

资料来源：根据上海历年统计年鉴整理。

势产业，加宽加深本国优势产业领域护城河，会抑制我国头部产业赶超和技术升级。

贸易保护主义进一步抬头，尤其是中美贸易摩擦走向诸多不确定性，可能从贸易领域向投资、金融和产业等领域传导，给上海近期发展造成较大影响。虽然目前中美贸易摩擦暂缓，但双方关于贸易不平衡的结构性问题和发展模式上的巨大分歧没有根本改变，美国遏制中国的战略意图趋于强化，特别是在涉及国有企业和竞争中立、知识产权等敏感议题上将出现长期化、复杂化局面，对上海这一开放程度高、外资外企集中的城市产生不利影响。

更重要的是，美国等对中国引进技术和对外投资正在进行"卡脖子"，对先进技术出口和国企对外并购严加限制，这将对上海进一步扩大双向开放，利用外资外企优势技术、品牌促进国内发展造成重大影响。"十三五"后期，上海加大了对生物医药、人工智能、新能源企业等战略性新兴产业的投资力度，一大批重大项目集中落地，后期我们将集中进入"卡脖子高技术"猛攻期，同时也将直面美国等国家的对华技术制约。上海在全球科创中心建设中致力于打通高新产业、技术、人才等全球要素市场，这些正是中美争议的焦点，制度性壁垒不断增厚将对上海产业转型升级产生不利影响。

3. 外资产业外迁风险

近些年来，由于劳动力等成本上升，我国在传统优势产业领域出现了部分企业向外转移的现象。中美贸易摩擦发生以来，跨国企业订单外转加强，大量企业开始考虑产能外转，布局新建海外工厂，企业外迁意愿加强。考虑到工厂搬迁需要一定时间来完成，传统优势产业外迁可能集中在"十四五"时期，并在沿海地区产业转移集中高频发生。据统计，我国沿海地区人工成本是柬埔寨的 4.3 倍、越南的 2.7 倍、印度的 2 倍。2018 年以来，东南亚投资热度快速提升，英特尔、富士康等跨国企业及著名代工企业纷纷到印度、越南等国布局。上海贸易结构中，中美贸易额占比大，进出口产品大类广，中美贸易的大幅萎缩会影响上海整个贸易结构，前期价税的负面冲击效应逐渐显现，不仅企业订单和产能流失加速，同时企业的效益明显降低，企业利润总额增速由两位数跌至个位数。

从目前看，美国对华贸易政策的基本走向没有改变，企业外部发展环境的不确定性增强，企业出于规避出口加征关税和供应链安全性的考虑，可能会加快工厂搬迁和海外布局。

4."脱实向虚"风险

对于发达地区而言，"十四五"时期既要加速培育创新型领军型企业，培育高质量的新兴产业和未来产业，也要巩固制造业的优势和占比底线，防止传统产业转移过快或"二转三"过多导致产业空心化和资本泡沫化。

制造业作为立国之本、强国之基，也是区域经济的稳定剂、经济基础的压舱石和保障就业的聚容器。上海在"十四五"时期保障制造业发展任务依然艰巨。

美国经济学家威廉·鲍莫尔在 1967 年提出的"鲍莫尔病"现象，对于防止城市经济泡沫化具有重要意义。一是城市服务业在数字经济的驱动下，商业模式越来越经济空心化现象会越来越凸显，特别是服务业内部金融在金融市场、金融系统的过度繁荣发展，带来了金融创新、衍生品的越来越复杂，这是一个 Baumol（鲍莫尔）的"成本病"，这些成本不仅降不下来，而且对经济发展没有意义。二是随着人工智能产业的加速推进，人工智能对劳动力的替代也会涉及"鲍莫尔病"问题，包括人工智能的进步会影响企业的工资政策和内部组织，如外包、工资差距、自雇就业、扁平化管理等，可能同时带来摆脱竞争效应、知识扩散效应和商业剽窃效应等并存的局面。[①]

（二）政策系统运行的底线

1. 前后左右政策的碎片化

改革政策供给过多过快，从审批制度改革到管理体制改革，再到"放管服"全面改革，各级政府改革政策供给过多，体系乱、概念杂，来不及研究消化，有些甚至存在冲突，造成思想混乱，难以拿出务实落地举措。一些政策取消了不知道，下放了接不住，接下了难优化，改与法难抉、利与义难全、放与管犹豫、线上与线下徘徊，群众和企业对改革难以形成预期。

部门间难以协同形成合力，导致部门间政策碎片化。理念先进，方法可行，但由于触动部门利益，体制惯性使含金量高的事项，"地方点菜"难下放、"群众点菜"难落实；政策法规、权力下放、联合监管、信息共享、中介组织、诚信体系建设等缺乏部门配套措施，出现中梗阻。

2. 社会系统协同的碎片化

改革不深入，改革举措多以部门视角出发，放权边界不清、行使主体模糊；变相审批、前置条件、审批"体外循环"、以审代管等依然存在，一些互为前置"连环套"依然无解，后置审批依然过多；"放管服"改革中民生改革没能引起足够重视，社会领域改革滞后，基层公共服务成为改革短板，公共服务功能定位不明，难以厘清政府、社会、企业、个人间关系，群众获得感不足；寄予厚望的互联网＋，系统开发不少，但标准不统一、信息不公开、数据不共享，功用发挥不足。

（三）城市可持续发展的底线

十九届四中全会明确提出坚持和完善中国特色社会主义制度、推进国家治理体系和治理能力现代化的总体目标，城市治理是推进国家治理体系和治理能力现代化的重要内容。上海是全国最大的经济中心城市，也是世

[①] 菲利普·阿吉翁：《人工智能与经济增长》，《比较》2018 年第 2 期。

界超大城市的代表,走出一条符合超大城市特点和规律的社会治理新路子,既是关系上海发展的大问题,也是关系国家治理体系中提升城市治理水平的大问题。

上海作为超大城市,城市运行中的风险呈现与一般城市不同的显著特征,对标全球城市加强城市应急管理顶层设计,上海在城市运行应急管理与风险防控方面还存在各方的安全风险意识不足、风险隐患存在底数不清情况不明、缺乏统一的应急管理大数据平台、城市应急的精细化管理有待提高和城市应急管理的立法还比较滞后等问题。如何以常态化机制强化安全风险意识,以大数据手段提高应急管理效能,以跨部门、跨区域联动建设完善应急管理体制机制,以加强立法加快城市风险制度化规范化管理、以协同治理理念搭建多元主体共同参与平台都是今后努力的方向。

1. 重大突发事件与城市安全

2020年伊始的新冠肺炎疫情对于我们如何认识城市安全提供了深度思考。我国公共卫生体系在疫情面前暴露出了长期的系统性问题,包括总体规划和顶层设计仍较薄弱、分工协作机制不全等问题,这导致庞大的公共卫生体系在突发疫情面前未能及时给出应有的应对措施。同时,公民素质和科学素养还需要进一步提高,而这也都需要一个长期的过程。

同时,疫情也给我们提供了很多宝贵的经验,超大型城市如何防控传染性疾病的暴发,专家得出的结论是:在传染病流行的早期,大城市可以通过严格控制传播速度来迅速限制疾病传播。同时,控制本地集聚性病例,是防止输入性病例暴发的关键。[①] 一是紧密结合上海超大城市实际,精准发力,把各项疫情防控工作抓紧抓实抓细抓到位;二是要坚持动态防控、科学防控、精准防控,持续阻断输入性风险,有效控制城市常态运行下的流动性风险,严防复工复产后的集聚性风险;三是高度关注涉外疫情防控,切实保障

---

① 2月24日,预印本平台 MedRxiv 上公开了一篇来自上海专家的论文《疾病防控对上海市新型冠状病毒疫情变化及临床特征影响的描述性研究——大都市流行病防控经验》,该文通过上海公共临床卫生中心收治的265个确诊病例,回顾性研究了上海所采取的一系列防控措施对疫情演变的影响,并得出了上述判断。

生活、工作在上海这座城市的人们生命安全和身体健康。严格做好公共场所防控工作，强化控流和疏导措施，防止人员大量集聚。

> **专栏1-2-1**
>
> 　　第一阶段，上海通过排摸、筛查、隔离等措施，尽快发现输入性病例，锁定密切接触者，以防止疫情的蔓延。上海采取的主要防控策略还包括筑牢"三道防护圈"：一是道口防输入。对机场、火车站及所有进沪公路、水路道口严格管控；二是社区防扩散，运用道口卫生检疫、社区排摸、个人健康主动申报三个渠道以及多源数据排摸重点人员，规范实施居家隔离和集中隔离观察；三是集中力量抓筛查与救治，通过全市设立的110家发热门诊，对来院就诊和重点地区来沪住院患者抓好前端筛查，按照集中患者、集中专家、集中资源、集中救治"四集中"原则，设置定点医院全力救治患者。
>
> 　　第二阶段，上海开始有序复工。上海对复工企业进行严格的管理，包括加强厂区、园区、楼宇卫生消毒，做好安全生产、食堂用餐管理；加强返岗返工人员健康检测，强化复工企业主体责任，建立信息日报制度等。各包干责任主体通过制定下发温馨提示等方式，压实企业的主体责任，指导企业有条件有节奏开展复工复产。
>
> 　　资料来源：《超大型城市如何防控传染性疾病的暴发？请看上海应对》，一财网（https://finance.sina.com.cn/china/gncj/2020-02-26/doc-iimxyqvz6061592.shtml）。

2. 数字化运用与信息安全

随着技术进步和信息技术在生产和生活中扮演的角色越来越重要，新型灾害的危害也越来越大，如通信信息灾害、网络犯罪、新技术事故等。同时随着未来人们对互联网、物联网技术的依赖越来越强，技术创新极有可能对城市的生产、生活方式带来颠覆性影响，因此技术衍生风险具有极强的不可预测性，城市安全要为这些暂时无法预知的其他城市风险留有空间。必须要有发展的眼界和视角，才能保证城市管理在相当长的时间内可以跟上时代。智慧城市的规划其实就是城市整体的智慧建设规划，其风险主要来源于"复杂性问题与不确定性问题"。[①] 智慧城市建设将面临"信息产业整体布局风险""数据安全风险""社会伦理风险""信息安全主体法律问题""核心技术安全风险"等风险因素。[②]

"十四五"期间，上海智慧城市建设的硬件阶段将逐步完善，管理风险是智慧城市建设过程中最应重视，但也最容易被忽略的风险要素，管理需求不仅规模巨大、范围广泛，而且需要系统性、关联性的管理服务，如何在社会中形成共识、如何在政府间高效协同、如何使用监管好市场的"双刃剑"，都是"十四五"时期上海需要面对的重大问题。

3. 可持续发展与城市运行

上海作为人口、经济、资源高度集聚的国际特大城市，城市规模和经济体量的持续增长也可能加剧城市灾害的影响力和破坏力；同时，流动人口管理、公共资源不均衡等长期以来的城市安全隐患也会继续存在下去。

一是自然和资源灾害。20世纪80年代以来，随着全球天气变暖，气候条件逐渐恶化，上海地区的极端天气天数明显增多，极端高温、暴雨等气候灾害层出不穷。同时由于上海自身的水文地质条件影响，海潮、内涝、沉降等海平面上升带来的灾害初见显现，由此导致的防汛、港口安全等一系列问题，对上海的正常经济和生活活动开展产生了巨大的影响。这些由于地理、气候条件引发的传统自然灾害，地处沿江沿海地区，地质条件较差的上海必须面对，同时加上港口大城市固有的海陆界面效应、热岛效应交互作用，在全球气候变化影响下，风灾、雨洪、震灾、地面沉降以及海平面上升引发的次生自然灾害仍然是影响上海未来城市安全的重要防御对象。

二是城市建设安全隐患。上海的大规模城市建设集中于20世纪80年代，经过近40年的运营，很多建筑与基础设施都面临着老化，若不及时更新维修很容易引发其他事故灾害，如火灾、潜在城市环境灾害、通信工程灾

---

① 胡小明：《智慧城市10点反思？》，http://www.sohu.com/a/148906249_654086。
② 邓贤峰：《智慧城市建设不同阶段的风险和应对》，yq.aliyun.com/blog/123410。

害、地下空间与生命线工程灾害等。要保证如此高密度的人流的有序十分考验城市规划和管理者的智慧。一旦发生灾害，人口疏散难度增加，甚至可能因恐慌引发踩踏、骚乱等衍生灾害。

近年来，上海的高楼建设一次次刷新天际线。目前上海超过 300 米以上的超高层建筑已有 5 幢，而 100 米以上的高层建筑多达 1 000 多幢。太高的建筑尤其要注意安全问题。如一旦发生火灾，电梯不能够使用，很难及时疏散；有的高层建筑设计了避难层，但在过高楼层，目前的消防扑救设备仍旧无能为力，即便是直升机也由于可达性和运力的限制很难发挥很大作用。再比如，很多超高层为了减轻自重而大量使用玻璃幕墙，为了保温隔热大量使用空调等设备，都大大增加了能耗，还带来光污染、高空玻璃坠落等安全隐患。

第四节 迈向新征程的上海需处理好改革、发展、稳定的关系

一、准确把握现阶段改革、发展、稳定的辩证关系

全面深化改革是一项复杂的系统工程。习近平总书记强调，改革是经济社会发展的强大动力，发展是解决一切经济社会问题的关键，稳定是改革发展的前提。改革、发展、稳定是我国社会主义现代化建设的三个重要支点，三者相互依存、相互制约、相辅相成，形成有机整体。一方面，积极推进改革，着力解决问题和矛盾，稳定才能长久；以更大的勇气和智慧全面深化改革，发展才更加全面协调可持续，稳定才有根基。另一方面，必须更加保持好改革、发展和稳定三者的动态平衡关系，增强改革措施、发展措施、稳定措施的均衡性，坚持把改革的力度、发展的速度和社会可以承受的程度统一起来。

把握改革、发展、稳定三者关系关键是做好"四个准确把握"。

一是准确把握改革开放稳定的发力点，需要始终坚持发展是第一要务

的宗旨。习近平总书记在进博会期间宣布党中央交给上海三项新的重大任务，为上海推进高水平开放和产业升级提供了重大机遇。同时，新产业革命浪潮快速发展，创新全球化不断深化，有利于上海深化开放内涵、创新开放模式。

二是准确把握近期目标和长远发展的平衡点，需要形成全球视野、长期视野与前瞻性思维。当前全球经济增长已进入长周期，中国经济的内外部风险均超出预期，如中美贸易战升级、国内居民消费疲软、基建投资下滑、民营经济不稳、资本市场信心不振等新情况的出现，在内外部压力之下，2019年中央经济工作会议将强调"六稳"的主基调，即"稳就业，稳金融，稳投资，稳外资，稳外贸，稳预期"成为当前乃至未来一段时间中央重要决策部署。

三是准确把握经济社会发展和改善人民生活的结合点，需要践行以人民为中心的发展理念。党的十八大以来，在社会建设方面，习近平总书记提出以人民为中心的发展思想，改革发展的最终目标，是要切实推动人民群众生活水平稳步提高和生活质量的不断提升。一方面，在理念上，强调不能只求效率，而要坚持效率和公平的有机统一；另一方面，在实践中，推进改革开放的出发点是广大人民群众的根本利益，要激发调动人民参与改革与推动改革的积极性、主动性、创造性。

四是准确把握特定发展阶段的风险点，需要牢固树立风险底线意识，最大限度防范和化解外部环境变化可能造成的不利影响，在风险可控的前提下，上海才能把开放对高质量发展的带头作用发挥出来。

二、准确突破改革、发展、稳定的体制机制瓶颈

（一）改革方面

一是改革动力问题，在增量改革向减量改革、平衡改革转变中，利益的藩篱和观念的束缚成为进一步改革的强大阻力；在改革的二元、多元语境下，改革新共识有待进一步达成。二是系统集成和整体执行力问题，特惠改革比较多见，普惠改革相对较少；单个部门改革较易推进，综合性改革较难

落地；谁改革谁评估的局面比较多见，第三方评估相对较少。三是法治和改革关系问题，改革应该在法治框架下推进，同时法治的滞后性又常常束缚了改革，依法改革应不拘泥于法律的具体条款，还应在法律的原则下进行。四是抓住改革机遇问题，上海并不缺乏改革机遇，在历史发展中正是抓住一次又一次国家重大战略任务而取得突破，但在自贸试验区建设中改革溢出效应并未达到预期，面对三项新的重大任务，如何抓住几项根本性、突破性制度创新尤为重要。

（二）发展方面

一是落实新发展理念还存在短板，创新不足、协调性不够等问题依然存在，生态环境建设在"五位一体"布局中相对较弱，相对较强的硬件建设，营商环境优化还有很长的路要走，亟顺建立以企业获得感为核心的营商环境评价机制。二是对照高质量发展和高品质生活的目标还有差距，经济的活力、创新力有减弱的趋势，大多数领域未能形成国际核心竞争力；超大城市的高品质生活不仅在于政府送幸福上门，而且要共建共享。三是先发优势正在衰弱，上海的发展得益于先发优势，今后依然需要增强先发优势，但在金融等领域囿于中央事权而放不开手，一些领域又因为首创不足而迈不开步。四是发展动能转换问题，土地、人力、资源等成本上升，使得新旧动能转换迫在眉睫，在转换过程中，应科学设计产业结构和布局，服务业的发展方向把重点放在生产服务上，制造业应保持一定的比例，新农村建设相对薄弱，崇明生态岛不应局限于保护，更应在于建设。

（三）稳定方面

一是外部环境问题，国际环境已经走过了最好的时期，中美贸易摩擦对中国、对上海的影响尚未全面显现，"五个中心"建设不仅有待于与国际紧密接轨，而且需要更深刻地把握国际规制，参与国际规制制定。二是内部环境问题，在不断加强城市管理的同时，不能忽略了城市的包容性，防止社会阶层诉求沟通渠道不畅的问题。

第五节　迈向新征程的上海需激发主体活力

正如习近平总书记于2019年1月21日在省部级主要领导干部坚持底线思维着力防范化解重大风险专题研讨班上指出的，"面对波谲云诡的国际形势、复杂敏感的周边环境、艰巨繁重的改革发展稳定任务，我们既要有防范风险的先手，也要有应对和化解风险挑战的高招；既要打好防范和抵御风险的有准备之战，也要打好化险为夷、转危为机的战略主动战"。对于上海而言，牢固树立底线思维，主动把握动能转换节奏，以制度创新为核心，激发各主体活力尤为重要。

一、牢固树立底线思维和风险意识，加强防范风险的先手

城市经济安全，是指一城经济抵御各种内外干扰、侵袭的能力，主要是指城市的经济利益不会遭受突发性重大伤害，是一个城市重大特别是根本经济利益不受破坏和威胁的状态。重大特别是根本的经济利益，指那些事关一个城市经济前途和命运的战略利益，包括基本经济制度，经济主权独立以及经济危机等主要方面。

（一）全球城市经济安全的重要性

城市是由原始社会末期社会出现第三次大分工之后，在社会生产力和商品交换发展的基础上产生的，经历了奴隶社会、封建社会、资本主义社会和社会主义社会，至今已具有5 000多年的悠久历史。城市的产生是社会分工发展和人类文明的象征。

城市经济在经济社会中处于极其重要的地位。第一，城市经济的重要地位表现在城乡分离促进社会分工及商品经济的产生和发展，从而使社会由野蛮走向文明，发生巨大历史变革。今天，城市仍然是商品经济发展的前沿和中心地域。城市经济性质一开始就具有商品经济性质，并很快发展成为典型

的商品生产和商品交换的市场经济区。在这里，商品经济的价值规律及其派生的竞争规律发挥着平等竞争、优胜劣汰的作用，从而激励人们不断进取。城市是社会经济区，是社会再生产过程必经的区域环节，是工业、商业、财政、税收、外贸、金融等几乎全部社会经济部门的集聚点。第二，城市经济在国民经济中所占比重较高。随着社会生产力的发展，加快了世界城市化的进程，由此引起社会人口结果、财务来源和经济结构发生巨大的变化，这集中表现在城市人口的增加和城市经济在国民经济中的比重加大。第三，城市经济是国民经济大系统的组成部分，是条、块关系的集合点。国内外社会经济发展状况表明，任何国家的社会经济体系都是由城乡两大子系统构成的总系统。因此，城市经济又是社会经济总体系中的区域经济单位，它的发展状况如何，一方面是整个国民经济状况的重要反映，另一方面又决定着国民经济的总水平和总趋势。按行业划分，国民经济总体可以分成许多条条，即行业或部门；按地域划分，国民经济总体系又可以分为大小不同的块块，即地域。城市经济是条块的结合点，是纵横经济关系的结合点，这种结合是使国民经济取得平衡发展的客观条件。第四，城市经济变革是整个社会经济变革的中心环节。近些年，我国的经济体制改革发展到以城市改革为中心，城市经济变革关系到整个改革的成败，关系到国家经济政治的安危。

由此可知，发展城市经济，就是发展整个国民经济，削弱城市经济，就是削弱整个国民经济。城市经济是国民经济的中心，它的发展快慢和安危，直接影响整个社会经济发展的速度和秩序。城市经济的重要地位说明了城市经济安全管理的重要地位。抓好城市经济的管理工作，就是基本抓好了国民经济管理，而搞好城市经济的安全管理，则是城市经济全面管理的重要内容。所以，城市经济安全至关重要。

（二）全球城市经济安全的综合性

经济安全不仅要从经济视角分析，更要综合政治、外交、自然环境、文化等方面加以综合考虑，体现多元性、多维度性，并指出经济安全与其他领域之间的密切联系。在新形势下，城市经济安全包括自然环境、国内、国际三个方面：自然环境不存在对经济的危险和威胁；国家内部社会、政治稳定，经济决策有利于经济发展，人心稳定；国际经济政治秩序比较有利，不存在对本国或本城市政治经济的威胁和世界性经济危机。

城市经济安全作为一种客观存在，指主权城市经济发展和经济利益处于不受内部和外部因素破坏和威胁的状态。城市经济安全又可以划分为三个层次：城市经济安全首先是城市经济体系本身的安全和维护这种安全的能力，这是经济安全的核心层次；经济因素对军事政治安全的影响，主要是经济力量和经济能力对国家权力和军事力量的支撑；经济全球化所带来的经济安全问题，主要是非军事政治因素的威胁。

在经济全球化的大背景下，城市经济安全是一座城市生存和发展所面临的国内外环境，参加国际竞争的能力及其带来的相应的国际政治地位和能力。

预警管理是指能够对危险性问题进行早期警报和早期控制的一种管理活动；是将危险性视为一个相对独立的发生发展过程，置入现有管理理论模型中进行统一分析，从而揭示逆境现象的客观活动规律以及逆境同顺境的矛盾转化关系，进而揭示预警管理机制。城市经济发展底线预警管理可以理解为，利用已有的管理知识和手段，对城市经济发展可能出现的问题、障碍与风险进行辨识、分析和预测，设置经济发展的底线，并采取必要的手段加以防范，将可能的损失减少到最低。

二、主动把握动能转换节奏，找准经济发展的着力点

优化产业结构和布局，面向工业4.0，着力提升新兴战略产业国际核心竞争力和在全球的研发地位。控制城市发展成本，坚定不移地减少对土地财政的依赖，提高全球资源配置水平。

（一）全球新一轮"制造业回归"趋势及内涵变化

城市发展不仅是经济总量的增长，更是一个结构不断优化的过程。国际大都市发展历程已经基本证实了第三产业替代第二产业，从制造业中心向服

务中心演进的整体趋势，这种趋势对第二产业尤其是制造业的地位形成了巨大冲击。包括东京、纽约、伦敦等大都市在工业化后期，先后经历了从制造中心向服务中心的城市经济转型演进，期间城市制造产业衰退期跨度为10—15年。

2008年全球金融危机，导致以金融和服务为主导产业的纽约、伦敦等大都市遭遇经济衰退和加重失业及政府财务负担，这些城市开始重新审视制造业在城市经济中的作用。而城市本身在"去工业化"之前积累的制造业固有规模、就业优势和发展潜力使之成为政府拉动经济增长、实现经济结构调整、促进就业的首选。

而面对新兴经济体崛起，占据新一轮经济制高点的长远战略谋划更是这些城市"制造业回归"的战略选择。他们通过大幅增加基础设施、研发、教育、技能培训投入，全力支持生物技术、风力发电、纳米技术、空间技术、电动汽车等为代表的高新技术和高新产业，力图在制造业领域重新建立对新兴经济大国的竞争优势，保持在未来全球产业和经济发展中的游戏规则制定者的地位。

综合各典型城市的制造业回归目标发现：稳定性、多样性、高附加性通常是这些城市在制定回归战略时关注的最新目标。即能创造更多财富，稳定就业机会的知识主导型、高附加值型的制造业，能接纳高技能劳动力，在创新、生产率和优质运作方面享有举世公认声誉的制造业，能够呈现"强大多样性的经济"。其中，制造业的内涵发生了深刻的变化。

第一，国际大都市的"制造业回归"是在全球技术革新和经济格局重塑过程中，实质是要发展以高新技术推进的高端、先进制造业，实现制造业的升级，从制造业的现代化、高级化和清洁化中寻找增长点，以此奠定未来经济长期繁荣和可持续发展的基础。

第二，城市制造业在城市经济中的作用被重新定义，城市制造业的评价标准发生了重大改变。制造业对实际经济增长贡献率成为主要评价指标。

第三，城市制造业回归将帮助城市发展进入"服务制造化"的新阶段，金融、制造、对外贸易将形成区域经济发展中的"三架马车"。

第四，企业规模上，城市从"集聚制造业的城市"向"孵化制造业的城市"转型中，小型、专业、高附加值企业将成为城市制造业新主体。

第五，空间布局上，中心城区制造业门类更加趋向于与服务业相结合，并得到政策鼓励；与区域产业布局或服务城市有关的大型制造企业将在城市外围形成城市副中心和地区中心。

（二）提升上海产业国际竞争力的路径选择

目前，上海经济发展处于深度调整阶段，人口红利基本结束、政策红利效用减退、要素成本居高不下、投资周期正逢低谷。针对全球产业新发展格局，要做到以下几点：

第一，以价值链为核心，引领上海制造业发展。主要是在城市经济发展中，要保持制造业的适度规模（占据稳定的 GDP 比重），同时也要改变以往的制造业发展观，弃"大（量）"求"精（质）"，集聚重点领域、产业链重点环节，集聚优势资源，提升关键领域的自主创新能力，围绕"小、精、尖"，打造制造业核心竞争力。

——"小"，不以量产规模、全产业和全产业链发展为追求目标；

——"精"，焦聚重点领域、产业链重点环节，集聚优势资源，形成核心竞争力，拥有核心掌控力和资源配置能力；

——"尖"，掌控产业价值链的高端，提升重点行业、重大装备、关键领域的自主创新能力，形成自主品牌，增强对外、对市场的影响力。

第二，优化主体结构，完善区域产业格局。

首先，大企业率先转型引领，形成区域制造服务化范式。上海国有大企业要形成的是面向构建平台的战略联盟，基于这样一个互联网＋的竞争态势，瞄准竞争的制高点，通过联盟的方式构建制造服务化平台。围绕这一目标，应加快国有企业内部体制机制改革，特别是改革国有企业考核评价机制，同时鼓励有条件的国企开展创业风险投资。

其次，全力打造隐形冠军，抢占全球价值链高端。高度重视科技型中小企业的发展。在当今科技发展的背景下，草根创新是最重要的创新源头。草根创新和开放型创新可以找到结合点。提供共性技术服务平台和解决方案，打造上海科研院所创新联盟计划，形成重大任务牵引、集中分散结合、若干团队协同的研发模式，打通科学研究、技术开发和产业发展的通道。

以上海为核心，依靠长三角强大的制造业基础、强大的市场需求，和VC/PE的结合，打造全世界创新小企业集聚中心。

第三，着力政策引导，深化互联网对传统产业的改造。

推动"四新经济"对传统产业的改造。顺应全球产业发展在技术利用、模式创新等方面的新趋势，围绕个性化、柔性化、订制化等消费新特征，大力推进信息技术、网络技术、控制技术、供应链技术等在机械、纺织、运输、贸易等传统行业的应用，加快上海产业的生产组织、市场营销、经营管理等环节的创新，实现制造业与服务业的有机融合，促进上海制造业提升经营、服务水平。

首先，互联网服务业的深度发展需要传统经济资源要素的支撑。上海凭借实体经济高度发达、大型高端企业云集、基础产业体系完备、各类生产性要素禀赋充足、市场化资源配置机制完善等优势，极有可能成为新型互联网生产性服务企业首选的聚集地，从技术应用、服务内容、商业模式等方面不断提升，成为下一阶段互联网制造业发展的中心。

其次，上海较高的城市消费能力为新型消费制成品发展提供市场，大型B2C企业积极介入上海市场正是由于上海消费水平较高，同时上海消费者乐于尝试新产品、新事物、新模式，这便为互联网制造业的产品创新提供了可能。

第四，发挥引领提升作用，利用新一轮产业革命打造长三角"制造腹地"。

通过要素市场建设、龙头企业培育、关键能力塑造、功能设施开发等办法，凸显上海产业在创新和市场配置中的核心竞争力，上海产业能够在全国、全球范围内配置产业资源，实现产业链的跨区域、跨国整合，以提升上海产业的比较竞争优势和行业领导力。

上海制造业应该形成整合长三角制造能级的能力。一是实现从重视产品制造研发到重视智能制造系统建设的转变。上海应率先培育类似西门子、通用电气这类提供全流程数字化解决方案的集成企业，重视数据要素的积累和开发，以智能生产取代规模生产。二是实现从国际分工规则执行者到国际分工规则制定者的转变。一方面，通过经营整合全球优势要素，尤其是获得技术、品牌、研发要素等战略性资产，提升全球范围生产布局能力，融入国际创新网络；另一方面，在发展智能制造过程中，积极吸引全球领先企业和高端人才的广泛参与，稳步推进相应技术标准建设和关键模块技术突破。

三、加大体制机制改革力度，以制度创新实现高质量发展

改革是培育和释放市场主体活力、推动经济社会持续健康发展的根本动力。坚持使市场在资源配置中起决定性作用，更好发挥政府作用，坚决扫除经济发展的体制机制障碍。

一是抓住重大战略任务的机遇，实现制度性突破。建立跨部门综合决策机制、沙盒监管机制，完善改革容错纠错机制、试点推进机制和负面清单制度，加快"一网通办"建设步伐。尽快形成全方位开放格局，继续以开放倒逼改革。

二是激发各方活力，形成改革发展与稳定的合力。加强改革授权，激发各行政区、各级政府部门改革探索的积极性主动性。建立健全公平透明、可预期的营商环境，加快混合所有制改革，激发民营经济的活力。坚持问计于民，进一步完善社会治理体系。

三是坚持以人民为中心的发展思想。注重系统优化，把底线约束、内涵发展、弹性适应的理念融入城市规划过程中，在针对一些牵动面广、耦合性强的深层次矛盾的问题时，尤其鼓励发挥公众、企业、社会组织等多元主体在城市管理中的作用，推进自治、共治、德治、法治一体化的系统制度构建。

执笔人：汤蕴懿　邱俊鹏　曹立晨

第二编

发展思路

第三章
强化"四大功能"

2019年11月3日,习近平总书记在上海考察时指出,上海要强化全球资源配置、科技创新策源、高端产业引领、开放枢纽门户等四大功能,这切中了提升城市能级与核心竞争力的关键和要害,也为上海推动经济高质量发展指明了路径和方向。作为我国最大的经济中心城市和改革开放前沿窗口,近年来,国家交给上海的战略目标和重大任务包括:"五个中心""四大品牌""三大任务一大平台""一带一路""桥头堡"等。这些战略和任务推进所取得的成就构成新时期上海强化"四大功能"的基础,而与此同时在实施过程中也会遇到一些问题亟待通过"四个功能"建设来破解。面对后疫情时代的新挑战,能否增强"四大功能",也是上海做好"六稳"工作、落实"六保"任务,大力发展在线新经济、新业态新模式、新型基础设施,在战"疫"突围中危中求机,培育新动能、构筑新优势的关键着力点。

第一节 新时期上海强化"四大功能"的重大意义

一、强化"四大功能"是上海应对后疫情时代全球治理挑战的需要

当前世界经济正处在国际金融危机以来形势错综复杂、干扰因素多的关键期,上海作为我国最大的经济中心城市和改革开放的前沿窗口,当前正在

加快建设"五个中心"、卓越的全球城市和具有世界影响力的社会主义现代化国际大都市，面对国际环境深刻变化和不确定因素增多。从短周期看，全球经济动力减弱、风险加大，贸易保护主义抬头，贸易摩擦为全球经济蒙上阴影，西方对华负面声音和动作也有所上升，新冠肺炎疫情在全球的蔓延还在持续，正逐渐推动全球治理体系改革和创新；从长周期看，国际治理理念发生重大变化，全球价值链在冲击下被迫调整，数字经济时代的规则主导权之争可能导致世界格局面临百年以来最大的重构。作为中国改革开放的排头兵与创新发展的先行者，上海强化"四大功能"，是主动发力，积极应对国际环境的不确定性及全球化进程的新变化，提升社会主义现代化国际大都市的城市能级与核心竞争力的必然要求。

第一，只有不断强化全球资源配置功能，才能在全球化发展中更好地吸引和集聚资本、技术、人才、信息等高端生产要素，形成国际性的资源和生产要素的集散配置中心，在主要要素市场获得更加显著的定价权及话语权，在推动要素自由流动和全球化配置方面形成核心竞争力，从而体现并提升上海代表国家参与全球化和国际经济竞争的影响力。

第二，只有不断强化科技创新策源功能，才能打造能够进行原始创新的策源地、引领前沿技术创新的制高点进而推动产业发展的新方向；激发基础性、应用性的研发和创新活动的首展及首发效应；吸引全球顶尖的科学家、创新者和发明家集聚起来并发挥其对科创研发的辐射与带动效应。最终才能够在国家创新驱动发展中率先突破卡脖子技术，在基础研发、应用技术、成果转化以及新产业、新技术、新业态等方面形成国际领先的理念和标准，最终引领全球科创发展新趋势。

第三，只有不断强化高端产业引领功能，才能在先进制造、技术密集型等高效率的制造业及现代生产性服务业的发展上加快布局，体现并引领产业发展新趋势和新方向。尤其是要将重塑"上海制造"品牌作为新时期上海制造业发展的基本出发点，充分利用资源条件优势积极培育具有国际领先水平的高端装备企业，主动承接国家高新技术及核心部件制造，弘扬"上海制造"追求卓越的品质，确立上海在国际高端制造业中的核心地位。

第四，只有不断强化开放枢纽门户功能，才能继续顺应并引领经济全球化的发展规律和发展趋势，直面贸易保护主义和逆全球化的干扰，通过开放市场提升全球资源配置能力，通过深度融入全球开放创新网络培育创新动能，通过观察跟踪全球产业发展趋势高水平规划产业布局，推动本土企业参与全球产业链价值链分工体系，确保上海在构建开放合作、开发创新、开放共享的世界经济中先行一步。

第五，只有在强化"四大功能"指引下，在数据、信息、管理、知识等主要要素市场获得更加显著的定价权及话语权，在推动要素自由流动和全球化配置方面形成核心竞争力，才能全面增强"后疫情"时代上海代表国家参与全球经贸及治理的竞争力和话语权。此次全球疫情无疑将加快国际经贸合作与治理的数字化转型——基于信息通信网络传输的数字服务贸易将成为对外贸易主要形态，传统贸易便利化需依赖"数字清关"和跨境贸易大数据平台；金融、医疗、高端及智能制造等现代化产业离不开数据跨境传输支撑；全球治理机制创新将主要由数据跨境流动推动；政府决策与监管效率取决于信息流动的深度和广度；云协作可能成为跨国公司垂直分工的新模式。因而"十四五"时期亟顺加快探索数据信息自由流动和网络安全的解决方案，应对疫情之下全球数字经济新一轮升级与竞争，这是上海强化"四大功能"，尤其是强化全球资源配置功能的关键。

二、强化"四大功能"是上海带动长三角一体化高质量发展的需要

在世界经历新一轮大发展、大变革、大调整的时代背景下，长三角一体化发展上升为国家战略，也对上海作为长三角区域一体化发展的龙头提出了更高的要求。

第一，只有不断强化全球资源配置功能，才能真正发挥上海作为长三角首位城市对本区域的辐射和带动作用。随着长三角城市快速发展，专业性城市正在兴起，互联网带来的诸多新的发展机遇正在颠覆城市传统形象，重建

城市等级秩序，导致上海正面临失去前端、前沿和前哨位置的压力。由于货物流、人客流、金融流、技术流、创意流、信息流、社会流等"流力量"远比行政力量更能影响区域一体化进程。所以，上海需要对标顶级全球城市，着力强化国际经济、金融、贸易、航运、科技创新中心等城市核心功能，加强对外联通网络和城市综合服务功能建设，把提高对于全球金融、信息、文化、人才、创新等高端资源要素的集聚配置能力作为关键，提升上海在全球城市网络体系中的位势，推动城市软实力与硬实力同步提升，才能够重塑上海在长三角区域中的中心城市功能优势。

第二，只有不断强化科技创新策源功能，上海才能够整合长三角科技资源，引领形成开放互动、优势互补、高效运行的区域创新体系。现阶段，长三角三省一市间知识、信息、人才等创新资源仍处于分离、分割、分散状态，创新要素尚未得到合理的配置使用，而作为区域创新龙头上海的科技服务功能还需进一步加强，同时缺乏具有国际竞争力的创新型企业和高端产品。因此，发挥上海科技创新策源地的引领作用，不仅是提高上海在全球竞争力的重要举措，也是促进长三角地区转型发展的重要手段。只有这样，才能助推带动长三角积极融入全球科技创新网络，集聚更多的国际创新资源，共同培育具有全球影响力的策源型、创新型企业，共同做大做强科技金融及资本市场，使长三角成为我国研发创新领域扩大开放、参与全球竞合的重要载体。

第三，只有不断强化高端产业引领功能，才能构筑和增强上海在产业链、创新链和价值链上的比较优势，形成长三角区域产业协同关系中的高地和势能。长久以来，长三角地区自然资源稀缺，区位条件相近，自然禀赋相似，致使区域内产业发展缺乏有效分工与整合，各城市之间的产业结构相似系数较高，产业布局的"梯次差异"和互补性不强，产业结构趋同现象较为严重。以往上海一马当先、周边省市承接产业转移的区域垂直分工界限已然模糊，部分城市的产业功能甚至超过上海，如杭州的互联网金融和数字经济产业。这就要求上海自身首先要建成强大的、能够辐射出去的高端主导产业，以开发推广新产品、培育新业态、扩大新兴服务业为重要支撑，围绕新经济发展向长三角其他地区积极拓展和延伸产业链，形成合理的产业空间布局，通过产业集群载体将行政边界模糊化，进而促使长三角一体化发展的机制协同。

第四，只有不断强化开放枢纽门户功能，才能实现"内向""外向"融通并举，发挥好上海连接"两个扇面"的枢纽作用。目前，长三角区域一体化面临的一个突出问题便是外向型经济受到世界经济衰退制约，特别是随着全球化布局能力强的跨国企业产能转移、发达国家制造业回流加快，在经贸摩擦导致的政策不确定性等多重因素影响下，长三角区域面临外资减少与内部发展模式难以为继的双重挑战。在以上背景下，上海必须发挥自身高水平开放优势，加强国际通行制度规则衔接，加快提升区域对外开放和贸易便利化水平。只有这样，才能抓住世界经济格局、城市分工和功能的调整机遇，有效带动长三角全面融入全球分工合作，以上海对外开放平台为先锋，逐步外溢对外开放经济要素及服务功能，有力支撑带动长三角其他城市开放平台的建设，从而有力整合长三角区域的对外开放资源条件，形成对外开放的合力与整体优势。

三、强化"四大功能"是上海全面提升自身城市发展能级的需要

当前，上海已领先全国进入中速增长并转向高质量发展阶段，正处于转变发展方式、优化经济结构、转换增长动力的关键期，如何发挥引领示范作用、积极推动经济转型升级是上海"十四五"阶段的主要任务，而强化"四大功能"正是切中了上海推动经济高质量发展的关键和要害。

第一，强化全球资源配置功能把握了上海打造"五个中心"的核心要旨。"五个中心"就是要面向全球集聚、配置资源，并努力成为全球网络中绕不过去的一个高端的、枢纽型的节点，从而一方面延展自身的发展空间、打开发展的"扇面"，另一方面不断提升在全球市场和全球治理体系中的定价权、话语权、标准制定权。

第二，强化科技创新策源功能强调了上海建设全球科创中心的角色担当。打造具有全球影响力的科技创新中心，是中央交给上海的战略使命，尤其是在重点领域、关键环节的方面带头突破，是上海在未来国际合作与竞争中掌握先机、赢得主动的基础，更是上海推动经济发展质量变革、效率变革、动力变革，提高全要素生产率，增强创新引领力、区域辐射力和国际竞争力的具体所在。

第三，强化高端产业引领功能指明了上海应对经济下行压力、争取逆周期表现的关键。上海人均 GDP 即将突破 2 万美元门槛，已进入后工业化、城市化后期、高收入的"两后一高"发展阶段，城市基础设施大规模建设基本完成，产业结构总体框架基本定型，现代服务业占据主导地位，制造业面临结构优化和技术变革。这就要求上海的高质量发展要跳出大规模投资驱动的传统老路，率先实现以现代服务业和高端制造业为导向的产业升级。而称得上升级，必然意味着要瞄准上海急需且适合上海特点的产业种类与环节，认准产业链、价值链高端和对产业具有控制力的核心环节，优化结构、重点发力、体现特色和竞争力。

第四，强化开放枢纽门户功能体现了上海的最大优势。上海作为一座"吃改革饭、走开放路、打创新牌"成长起来的城市，进一步向前的出路只有更加开放。在这种背景下，上海需要成为连接全球、融通全球、覆盖全球、影响全球的重要节点门户，对标国际最高标准、最高水平打造开放发展新高地，才能进一步凸显上海在全国扩大开放中的枢纽、平台和窗口地位，在开放竞争与交流合作方面取得新突破，为中国积极参与乃至引领全球治理改革贡献上海经验。

第二节 上海"四大功能"的理念演变和建设基础

改革开放以来，上海在城市建设和城市功能发展方面始终结合国家和区域发展需要，在实践过程中不断总结经验和开拓进取，自始至终融合体现了

"四大功能";同时,上海在引领中国对外开放和产业发展方面的悠久历史和丰富经验,均是新时期强化"四大功能"的基础。

一、上海"四大功能"理念的演变历程

(一)"四大功能"贯穿于国家对上海战略布局的始终

第一,20世纪90年代初,党和国家开发开放浦东的重大决策,开启了上海全面对接世界的开放枢纽功能。20世纪80年代,东部沿海地区,特别是广东深圳地区是国家开发开放前沿;上海是老工业基地,国有经济占比较重,同时作为国家财政口袋,贡献了整个中央1/4的财政资金,正因如此,20世纪80年代的上海只是改革开放的后卫,经济社会发展总体较慢,全国的经济地位经历了一定程度的下降。在改革开放后10余年,上海的各项经济指标,包括国民生产总值、工业产值、出口总值、财政收入等排在全国第一的领先地位纷纷不保。1990年4月,中共中央政治局通过了浦东开发开放的决策,原则上在浦东实行经济技术开发区和某些经济特区的政策,并将浦东作为今后中国开发开放的重点。2013年9月,中国(上海)自由贸易试验区在浦东挂牌成立,2015年4月,上海自贸试验区正式扩区,拉开了从国家战略高度探索我国新一轮改革开放新路径和新模式的序幕。

第二,90年代以后,全球产业结构和分工面临重大调整,为了适应经济全球化及国家经济社会发展水平不断提高的需要,上海建设代表中国的国际资源配置中心的功能逐渐加重并日益多元。1992年党的十四大报告提出,"尽快把上海建设成为国际经济、金融、贸易中心之一"。1995年6月,国务院给予浦东扩大对外开放方面新的功能性政策,使浦东在金融和贸易等领域取得率先推进改革的试点权,以支持上海国际经济中心城市建设和促进浦东功能开发。2009年3月,国务院常务会议原则通过《关于推进上海加快发展现代服务业和先进制造业、建设国际金融中心和国际航运中心的意见》。作为上海推进"两个中心"建设的核心功能区,将成为这两大国家战略的核心功能区的使命再次交给浦东。从航运与金融的联动发展来看,上海国际

航运中心建设也为积极发展航运金融等高端服务业创造了机会，这将推动上海积极发展船舶融资、海上保险、资金结算等业务，从而掌握行业制高点和话语权，成为国际金融中心建设和国际航运中心建设的有益结合点。通过推进"两个中心"建设，浦东才能更加充分地发挥综合优势，推动上海产业结构升级和发展方式转变，提高上海整体竞争力和服务功能，加快形成更具活力、更富效率、更加开放的体制机制，并对全国经济又好又快发展树立好的典范，为全国又好又快发展服务。上海"十三五"规划明确：到2020年，形成具有全球影响力的科技创新中心基本框架，基本建成国际经济、金融、贸易、航运中心和社会主义现代化国际大都市。自此，上海在中国经济发展历程中国际要素资源配置节点中心的功能日益凸显并强化。

第三，20世纪80年代以来，国家批准上海建立类型多样的开发园区，不断探索产业转型和创新驱动的可持续发展道路，成为上海发展并完善产业引领功能的主要载体。上海在过去40年间对外开放过程中依托各类开发园区建设平台，不仅外资增长率和实到外资规模长期保持全国领先，而且作为中国内地跨国公司地区总部最为集中的城市地位不断巩固。从保税区、出口加工区到自贸试验区，上海不断以开发园区创新为引领，率先构建高层次的开放型经济新体制，充分发挥了先行先试作用，为国家层面对外开放作出了应有贡献。作为我国第一个以"出口加工区"冠名的国家级经济技术开发区，金桥出口加工区运用其独创的市场化运营模式，定位引进先进制造业，并不断推动其快速发展和转型升级，成为展示上海和浦东改革开放成果的重要窗口，其形成的先进制造业和生产性服务业"二元融合""两轮驱动"的"金桥模式"，对我国的现代服务业发展具有重要的示范、引领和带动作用。外高桥保税区是中国政府最早设立、最为开放的海关特殊监管区，全国第一个"港区联动"试点。陆家嘴金融贸易区以成为国际金融中心为规划目标，功能定位于服务上海和浦东开发开放，是中国唯一以"金融贸易"命名的国家级开发区，在国家金融管理部门支持下，以综合配套改革试点为动力，获得了快速发展。正是依托各类开发园区建设平台，上海在过去40年间开发开放过程中在产业集聚、科技引领、土地开发利用等方面突飞猛进，不仅外资增长率和实到外资规模长期保持全国领先，而且作为中国内地跨国公司地区总部和各类高端要素资源最为集中区域的地位不断巩固。

第四，"十三五"以来，国家"创新、协调、绿色、开放、共享"的发展理念和"供给侧结构性改革"的发展主线对上海提出了建设全球影响力的科技创新中心的目标，上海作为科技创新策源地的功能得到强化。1992年，在浦东开发开放浩荡东风的吹拂下，张江高科技园区开始投入建设。1999年，时任上海市市长徐匡迪在全国技术创新大会上提出，上海将集中力量把张江高科技园区建设成申城技术创新的示范基地，"聚焦张江"的战略实施就此拉开。2011年3月，国务院批准张江高新区建设国家自主创新示范区，这又是一个新的发展契机。此后，张江全面启动"十二五"发展规划并制定示范区建设规划，逐步形成"一区十二园"的"大张江"范畴。2015年5月，中共中央总书记习近平在上海考察调研时要求上海着力实施创新驱动发展战略，加快向具有全球影响力的科技创新中心进军，为浦东建设科创中心的核心功能区进一步指明了方向，着力发挥张江国家自主创新示范区、国际人才试验区、综合配套改革试验区等国家战略的叠加效应，推出"张江创新十条"政策，在股权激励、国资创投、财税扶持、人才集聚方面加大创新突破力度。2016年3月，国家发改委、科技部同意上海以张江地区为核心承载区建设综合性国家科学中心，代表国家在更高层次上参与全球科技竞争与合作。

（二）"四大功能"是上海城市目标与功能发展的主线

自上海"十五"规划起，上海城市功能体系经过探索和不断修正，建设思路逐步清晰，各个步骤的建设任务也日渐明确。从"十五"期间提出"建设成为国际上的经济、金融、贸易、航运中心之一"，到"十三五"时期提出"基本建成国际经济、金融、贸易、航运中心和社会主义现代化国际大都市"，上海的几大"中心"建设，始终围绕强化全球资源配置功能和科技创新策源功能，进一步提升要素市场国际化水平，提升参与全球竞争能力（见表2-3-1）。

表 2-3-1 "十五"至"十三五"期间上海城市功能演进

	目标定位	完成情况
"十五"期间	2001年，国务院批复《上海城市总体规划》，将上海的未来发展方向定位为现代化国际大都市，明确提出要将上海建设成为国际上的经济、金融、贸易、航运中心之一。	整体经济布局优化，中心城区信息、金融、商贸实现集聚发展。城市的国际化、市场化、信息化、法治化水平得到明显提高，城市综合竞争力显著增强，国际影响力明显提升，特大型城市的功能得到强化。
"十一五"期间	形成"四个中心"基本框架，取得社会主义现代化国际大都市建设的阶段性进展，生态型城市建设取得全面进展，城市创新体系基本形成，国际金融、贸易、航运中心功能不断完善，经济中心城市集聚辐射能力显著增强。	基本形成了"四个中心"框架，具体体现在：跨境贸易人民币结算等取得重要进展，金融市场直接融资额占国内融资总额比重预计达到25%左右，上海港港口货物吞吐量保持世界第一，经济中心城市的集聚辐射功能明显提升等。
"十二五"期间	"四个中心"和社会主义现代化国际大都市建设取得决定性进展，转变经济发展方式取得率先突破，人民生活水平和质量得到明显提高。落实"四个中心"国家战略，以提高全球资源配置能力为着力点，全力推进国际金融、航运和贸易中心建设，不断提高经济综合实力，全方位提高对内对外开放水平，全面提升经济中心城市的国际地位，为2020年基本建成国际经济、金融、贸易、航运中心奠定坚实基础。	"四个中心"建设步伐明显加快，主要体现在：金融开放取得实质性进展，人民币跨境支付系统上线运行，"沪港通"、跨境ETF启动实施，上海金融市场非金融企业直接融资占全国社会融资规模的比重达到18%左右；钢铁、能源化工等大宗商品"上海价格"加快形成；上海港国际集装箱吞吐量保持世界第一，经济中心城市的集聚辐射功能明显增强，长三角城市群核心城市的服务功能不断强化，服务全国能力进一步提升。
"十三五"期间	上海基本建成"四个中心"和社会主义现代化国际大都市的冲刺阶段，也是创新转型的攻坚期。到2020年，形成具有全球影响力的科技创新中心基本框架，走出创新驱动发展新路，为推进科技创新、实施创新驱动发展战略走在全国前头、走到世界前列奠定基础。基本建成国际经济、金融、贸易、航运中心和社会主义现代化国际大都市。	"五个中心"功能全面提升，体现在：推出"沪伦通"、沪深300股指期权等金融创新产品，野村东方证券等对外开放项目落地，持牌金融机构新增54家，金融市场交易总额增长16.6%；口岸贸易总额继续位居世界城市首位，上海港集装箱吞吐量达到4 330.3万标准箱、连续10年世界第一；深化科技体制机制改革，推动在国家层面制定集成电路等"上海方案"，制定实施智慧城市、数字经济等政策措施，超强超短激光等大科学设施建成运营，海底科学观测网等重点项目开工建设，量子研究中心等新型研发机构相继成立，中以创新园开园运营。

资料来源：上海市人民政府网站。

综上所述，改革开放以来，尤其是1992年浦东开发开放以来，上海的城市定位重新回到了国际化道路和引领全国经济发展的道路上来。当前，上海正处于转变经济增长方式和优化经济产业结构的关键时期，迫切需要转换增长动力，在原有基础上进一步提升城市功能。应该说，习近平总书记对上海提出的"四大功能"建设目标正当其时，这是经过城市功能定位的不断精炼和城市功能建设实践的不断检验后，实现上海未来高质量发展的必由之途。

二、上海"四大功能"建设的现状基础

除了深厚扎实的理论形成基础之外，"四大功能"建设还有着坚实的实践基础，因而是上海继往开来，完成中央寄予的任务和实现自身未来发展的必由之路。

（一）全球资源配置的节点已基本形成

改革开放以来，尤其是浦东开发战略实施以来，上海在配置全球资源方面取得了长足的进步，为强化"四大功能"、建设全球城市打下了坚实基础。具体而言，上海所具备的全球资源配置功能主要体现在以下几个方面：

第一，上海国际金融中心地位稳步提高，全球金融资源的配置能力以及金融市场的国际辐射能力显著提升。根据中国人民银行的报告，上海在2017年就已基本确立了国内金融中心地位，在全球金融中心指数（GFCI）中的排名维持了2018年的全球第5位，居中国大陆的城市首位。2018年，上海金融市场交易总额突破1 600万亿元，"上海金""上海油"等上海价格具有全球影响力。上海金融要素市场体系完备，已拥有股票、债券、货币、外汇、保险、商品期货和金融期货等金融要素市场，证券"沪港通"、黄金国际板、"债券通"、原油期货等相继启动，"沪伦通"正在稳步推进。2018年，上海市持牌金融机构总数1 600多家，其中外资金融机构占30%。作为上海金融中心的核心区域，浦东已经成为中国金融市场体系最健全、金融机

构最密集的区域,且已逐步形成上海国际金融中心建设和上海自贸区建设联动的新格局。但是,在与传统国际金融中心相比较时,上海的国际金融中心功能仍有较大的完善空间。英国智库Z/Yen集团与中国(深圳)综合开发研究院联合2019年发布的全球金融中心指数显示,上海排名在纽约、伦敦、中国香港和新加坡之后。近年来,上海在国际金融中心排名中取得最大改善的方面是营商环境,但是在以平均受教育年限、世界人才排行等指标度量的人力资本指标方面与老牌国际金融中心相比仍处于落后地位。

第二,上海国际航运中心建设已取得一系列成果,海港国际枢纽地位进一步巩固,亚太门户复合航空枢纽地位基本确立,现代航运服务功能不断完善。截至2018年,上海港集装箱吞吐量已连续8年保持世界首位,浦东机场货邮吞吐量连续10年位居全球第三。2018年,上海港靠泊邮轮512艘次,邮轮旅客吞吐量297.29万人次,是全球第四大邮轮母港。作为国际航运中心,近年来上海在全球的地位稳步提高。2014年,从港口条件、航运服务和综合环境三个维度全面反映国际航运中心城市综合发展水平的新华—波罗的海国际航运中心发展指数首次发布时,上海位列第七。到2019年,凭借快速发展的现代航运集疏运体系,不断提升的航运服务能力,自贸区的驱动效应和持续改善的营商环境,上海在这一指数的排名已上升到第四,位列新加坡、中国香港、伦敦之后。为进一步缩小与前三大国际航运中心之间的差距,上海需要进一步在国际航运的高端服务能力上取得新突破。根据上海市政府制定的《上海国际航运中心建设三年行动计划(2018—2020)》,到2020年,上海要基本建成航运资源高度集聚、航运服务功能健全、航运市场环境优良、现代物流服务高效,具有全球航运资源配置能力的国际航运中心。

第三,上海总部经济取得长足进步,已成为中国大陆地区总部经济之都及亚洲重要地区总部,在内地吸引地区总部和外资研发中心数量上一直保持第一。截至2019年7月底,上海累计吸引跨国公司地区总部696家(其中大中华区、亚洲区及更大区域总部104家)、研发中心450家,进一步夯实了在国内的领先地位。近年来,上海不断增强配置全球高端要素资源能力,一方面持续推进高能级地区总部扎根上海，另一方面积极支持跨国公司设立研发中心及开放式创新平台，积极参与科创中心建设。在总部经济的制度建设方面，2018年，上海市商务委牵头组织了旨在提升政府服务效能、优化上海营商环境、更好服务外资企业的政企合作圆桌会议，汇总梳理了涉及市场准入、通关便利、资金管理、市场监管、人才引进、规划环保等多方面内容。2019年8月13日，上海市连续发布《上海市新一轮服务业扩大开放若干措施》和《促进跨国公司地区总部发展的若干意见》，提出放宽服务业外资市场准入限制等八方面40项政策和聚焦提升地区总部能级、促进总部功能发挥的30条政策措施。与其他总部经济全球中心，如纽约、伦敦和新加坡等相比较，上海总部经济存在的不足之处在于，尚未建立统一完备的政策体系，缺乏高端总部经济人才和现代服务业能级较低等。

（二）科技创新策源的框架已基本成型

2014年，习近平总书记作出上海"要加快向具有全球影响力的科技创新中心进军"的重要指示。上海按照党中央部署要求，深入实施创新驱动发展战略，加快建设具有全球影响力的科技创新中心。总体来看，上海科技创新中心建设经过搭框架、打基础，取得了一系列实质性突破。这主要体现在以下几个方面：

第一，领先世界的前沿性和突破性科技创新重大成果不断涌现。面向国家重大战略方面，党的十九大报告列举的6项重大科技成果，蛟龙、天宫、北斗、天眼、墨子和大飞机，上海都作出了重要贡献。面向世界科技前沿方面，全球规模最大、种类最全、功能最强的光子大科学设施集群全面建设。2017年，超强超短激光装置实现10拍瓦激光放大输出，脉冲峰值功率创世界纪录。2018年，诞生国际首个体细胞克隆猴、国际首次人工创建单条染色体的真核细胞。2014—2018年50项全国重大科学进展中，上海参与了11项。面向经济社会主战场方面，大飞机C919飞上蓝天，集成电路先进封装刻蚀机等战略产品销往海外，高端医疗影像设备填补国内空白，产业创新影响力越来越大。在重大科技项目方面，上海近年来以提升原始创新能力和支撑重大科技突破为目标，持续布局建设一批大科学装置。截至 2018 年年底，上海累计牵头承担国家重大科技专项项目 854 项，在"核高基"、集成电路装备、大飞机等领域取得一系列突破。自此，上海在高水平创新基地布局方面已初步成型，形成功能互补、良性互动的协同创新格局。根据 2020 年 1 月发布的《2020 全球科技创新中心评估报告》，上海位列全球科技创新中心 100 强的第 12 位，较上一年上升 4 位，在国内仅次于排在第 7 位的北京。

第二，科技创新中心建设的制度供给不断强化、完善和优化。一是国家授权上海在若干科技体制改革领域先行先试。2016 年国务院授权上海先行先试的 10 项改革举措，目前已基本落地。在海外人才永久居住便利服务制度、天使投资税制等方面形成了一批可复制推广的改革举措。在国务院批复的两批 36 条可复制推广举措中，有 9 条为上海经验，占总数的 1/4。二是推进科技体制地方配套改革。发布超过 70 个地方配套政策，涉及 170 多项改革举措。2019 年发布《关于进一步深化科技体制机制改革 增强科技创新中心策源能力的意见》(也就是科改"25 条")。此外，率先探索优化科创中心建设管理体制，成立"四合一"的上海推进科创中心建设办公室。三是不断加大科技投入。2018 年，上海全社会研发经费投入 1 316 亿元，占全市 GDP 的比例为 3.98%，自 2010 年以来实现连续 7 年持续增长，每万人口发明专利拥有量从 2011 年的 13.3 件提升至现在的 47.5 件。2018 年，上海累计牵头承担国家重大专项项目（课题）854 项，获得中央财政资源支持 316.20 亿元。

第三，上海科创中心建设的多层次功能承载区建设不断推进。一是提升张江科学城集中度和显示度。发布《张江科学城建设规划》，首轮涉及"五个一批"73 个项目已全面开工，32 个项目已完工。同时，谋划推动张江实验室总部研发大楼、绿谷全球糖类科学研发中心等约 80 个新一轮重点项目规划建设。张江科学城正朝着"科学特征明显、科技要素集聚、环境人文生态、充满创新活力"的世界一流科学城加快迈进。二是稳步推进长三角区域协同创新。成立"长三角区域合作办公室"，发布三年行动方案和重点攻关计划。发挥"长三角大仪网"功能，整合区域 4.5 万多台、总价值超过 519 亿元大型科学仪器。探索推进"科技创新券"在长三角区域通用通兑。截至 2018 年年底，上海向江苏、浙江、安徽输出技术超过 3 300 项，成交金额 173 亿元。三是持续深化国际科技合作。设立 5 个"一带一路"沿线国家技术转移中心，启动建设中以（上海）创新园，深入开展中俄战略科技合作。在全基因组蛋白标签、灵长类全脑介观神经连接图谱等领域，探索参与和发起国际大科学计划。

第四，近悦远来的国际化人才聚集新高地正在形成，大力集聚海内外高层次创新人才。制定上海人才"20 条"、人才"30 条"和人才高峰工程行动方案，坚持全球视野、眼光向外、国际标准，建立与国际接轨的海外人才引进政策，率先探索海外人才永久居留的市场化认定标准和便利服务措施，累计办理出入境证件 114 余万证次，在沪工作外国人才达到 21.5 万人，位居全国首位。运用薪酬评价、投资评价和第三方评价等市场化方法引才聚才，每年吸引国内优秀人才和紧缺急需人才落户超过 5 万人。在顶尖科技人才资源方面，上海集聚两院院士 171 人，入选"高被引科学家"人数达 65 人，占全国 11.2%。在沪工作创业的外国人已达 21.5 万人，尤其是高端人才，如近 5 年中到上海工作交流的诺奖级科学家与日俱增，包括 2016 年加盟中科院上海有机化学研究所诺贝尔化学奖得主巴里·夏普莱斯和 2017 年同时在沪申领了中国永久居留证的两位诺奖得主。

（三）高端产业引领的发展已初具规模

上海市的高端产业发展以集成电路、人工智能、生物医药三大产业为引领，重点打造航空航天、新能源汽车、工业互联网、现代服务业等相关产业，并通过"一廊一核九城"总体空间布局的 G60 科创走廊围绕重点领域打造长三角一体化产业集群，引领长三角，乃至全国的现代化产业体系发展。2018 年，上海市工业战略性新兴产业比重提高至 30.6%，增幅达 3.8%，高于全市工业增速 2.4 个百分点。

第一，上海已经形成产业链最为完备、亮点突出、结构均衡的集成电路产业。2018年，上海市拥有集成电路企业约600家，从业人员17万余人，占全国的40%；集成电路产业销售规模达到1 450亿元，增长23%，占全国比重20%以上，位居全国第一。上海集成电路产业主要涵盖芯片设计、芯片制造、设备材料、封装测试等领域，形成了以张江科技园为主，以嘉定区、杨浦区、青浦区、漕河泾开发区、松江经开区、金山区和临港地区为辅的产业格局。上海市集成电路产业有着雄厚的科研基础，复旦大学微电子学院等5所大学为集成电路产业研究提供了丰富的创新资源。此外，上海还拥有中国科学院上海微系统与信息技术研究所上海微技术工研院、上海集成电路研发中心和中科院上海高等研究院等3家实力雄厚的与芯片相关的科研院所。相较于江苏省在封测、深圳在设计上的优势，上海集成电路产业更注重谋求产业结构的完整均衡。在国内以集成电路产业为发展重点的城市当中，上海集成电路产业的产业链最为完备，产业链各个环节均有亮点且无明显短板。这一均衡的产业结构有助于产业链各环节间的协同联动，从而能够形成较好的产业生态。

第二，上海已经形成商业模式与产业技术较为成熟的人工智能产业体系。2019年年底，根据上海市经济和信息化发展研究中心发布的《2019上海市智慧城市发展水平评估报告》，上海市人工智能重点企业已突破1 100家，产值超过1 300亿元；大数据核心企业已突破700家，产值已超过2 000亿元。上海市的人工智能产业已经形成了较成熟的产业技术和商业模式，智能驾驶、智能机器人等领域达到全国领先水平。与国内其他城市相比较，上海作为融合应用型城市在人工智能产业发展上有着明显的竞争优势：在投资项目方面，上海拥有聚焦人工智能创新孵化的空间载体，入驻项目涉及医疗、教育、大资料等多个热门领域，具备极佳的投资环境；在应用质量方面，上海作为全国首个人工智能创新应用先导区，致力于发展无人驾驶、AI+5G、智能机器人、AI+教育、AI+医疗、AI+工业等应用场景；在吸引人工智能人才方面，上海人工智能产业能够依托长三角区位优势，吸引到充足且优质的资源。

第三，上海已经形成产业链与创新链完备、创新优势明显的生物医药产业集群。2018年，上海生物医药制造业产值达到1 176.6亿元，较上一年增长9.8%；生物医药产业经济总量达到3 433.88亿元。上海市生物医药产业已经形成了完备的创新链和产业链条，创新资源密集，研发优势较为明显，监管体制相对规范，要素齐备、开放协同、充满生机的创新生态系统已具雏形。上海生物医药产业整体影响力处于全国领先水平，张江药谷集聚了全市将近80%的医药研发机构，是全国领先、全球瞩目的生物技术和医药产业创新集群，包括拥有300余家研发型科技企业和40余家研发服务外包公司，中科院药物研究所等一批国内顶级药物研发机构，市生物医药科技产业促进中心等一批研发公共服务平台，以及罗氏、诺华等一批外资研发中心。此外，上海生物医药产业空间格局不断优化，形成了以张江为核心，以金山、奉贤、徐汇等园区为重点的"聚焦张江、一核多点"生物医药产业空间格局。

第四，世界先进制造业集群建设迈出坚实步伐。除了上述三大引领性高端产业之外，上海在其他高端产业上也奠定了坚实的发展基础。根据上海社会科学院于2019年11月发布的《2019上海CSSCI指数暨长三角城市群产业国际竞争力报告》，2018年上海重点领域产业国际竞争力，特别是优势产业国际竞争力实现了显著提升，重点产业的综合国际竞争力指数为132.7，实现了自2016年以来的连续增长。报告选取了代表战略性新兴产业、关键产业、数字融合产业、全球城市与流量经济等代表未来发展制高点的12个重点产业，包括新能源汽车业、航运服务业、会展业、电子信息制造业、软件和信息技术服务业、海工装备业、高端装备业、纺织服务业、民用航空业、化工业、新材料业、生物医药业。赛迪顾问智能装备与智能制造产业研究中心发布《2019先进制造业城市发展指数》（下称指数），对全国126个重点城市的先进制造业发展水平进行综合评价，公开发布指数前50名的城市。上海以83.6分排名首位。

（四）开放枢纽门户的平台已全面布局

总体看来，上海已经奠定了中国大陆地区对外开放程度水平第一的地位，在多个开放领域承担了全国试验田和排头兵的作用。

第一，上海已经成为对外开放连接和融通全球的重要载体，成为联通和集成全球化要素资源的功能平台，成为综合运用国际国内市场的重要通道。2018年，上海市的口岸贸易总额继续位居世界城市首位，上海港集装箱吞吐量连续10年世界第一。在对外贸易结构方面，服务出口结构优于服务进口结构，对发达市场服务进出口优于传统市场，新兴服务进出口优于传统服务。2018年上海合同外资项目5 597个，合同外资469亿美元，实到外资173亿美元，分别较上一年增长41.7%、16.8%和1.7%。对外直接投资中方投资额168.7亿美元，签订对外承包工程合同金额119亿美元，分别增长57%和9.6%。

第二，上海不断通过自贸试验区服务国家对外开放总体战略布局，主动服务和融入国家重大战略，打造全方位对外开放的新窗口和新高地。上海自贸试验区从最初的28.78平方公里成长至如今的近120平方公里。上海自贸试验区在改革开放方面一直领跑全国，自2013年以来已取得丰硕成果，从最早的以负面清单为核心推动的外资管理体制变革和以国家贸易"单一窗口"为突破的贸易监管体系改革，到推进"放管服"改革和探索建立现代化政府治理体系，再到自由贸易账户引领金融领域持续开放。在制造业和服务业开放方面，特斯拉新能源整车项目成为新版负面清单颁布后全国首个外商独资新能源汽车项目，穆迪（中国）有限公司则成为在华注册成立的首家外资资信调查和评级服务机构。2019年挂牌的上海自贸区临港新片区将实施具有较强国际市场竞争力的开放政策和制度，将加大开放型经济的风险压力测试，打造更具国际市场影响力和竞争力的特殊经济功能区。

第三，上海正在通过中国国际进口博览会打造深化国际经贸合作的开放型合作新平台。第一届进博会共有172个国家、地区和国际组织代表参会，3 600多家企业参展，超过40万名境内外采购商到会洽谈采购。第二届进博会共有来自103个国家和地区的约1 367家参展商、3 258家采购商进行了多轮"一对一"洽谈，达成成交意向2 160项。进口博览会实现了便利通关政策上的突破，对销售展品参照中西部国际展会给予一次性税收优惠等 20 多项突破性政策措施，已构建完成包括"6+365"线上线下两大平台、四大采购商联盟、18 个交易分团的交易组织体系，溢出效应逐步显现。

第四，上海作为国家"一带一路"建设桥头堡的功能地位日益强化，与"一带一路"沿线国家和地区经贸投资合作逐步深化。2018 年，上海市与沿线国家和地区进出口 6 993 亿元，占全市进出口总额的 20.6%；非金融类直接投资中方投资额为 29 亿美元，占全市中方对外总投资额 17.4%；新签对外承包工程合同额 87.3 亿美元，占全市对外承包工程合同额的 73.4%。在服务国家"一带一路"建设方面，"一带一路"贸易便利化平台能级得到有效提升，"一带一路"国际产能合作建设加快，"一带一路"金融开放和科技创新合作加快推进。

三、上海强化"四大功能"面临的挑战

改革开放以来，特别是 1992 年浦东开发开放至今，上海城市的发展步入快车道，城市功能得到不断完善，已成为重要的全球中心城市之一。但如果与国际其他几个顶级国际城市相比较，上海总体的城市能级还不高，城市功能还有待进一步提升和完善。这主要体现在以下几个方面：

第一，对标国际成熟市场，上海的市场资源配置能级仍存在较大提升空间。这主要表现在市场准入门槛高，市场的决定性作用有持深入，要素市场还存在不平衡、不完善、不到位等问题，市场定价权和话语权不足。在商品和要素流动方面，存在货物流和人员流动较大，而科技流和信息流较小。上海吸引企业总部方面的特点是地区总部或分支机构多，而全球总部少。在金融市场建设方面，上海国际金融中心建设面临的核心瓶颈一方面体现在人民币国际化程度不高，人民币跨境融资、结算、清算业务以及资本项目兑换程度偏低，金融服务业对外开放水平不足，尚未影响资本自由流动的格局；另一方面表现为金融市场对外开放不足，尤其是金融市场对外国投资者开放度较低，与国际金融市场呈现割裂状态。金融市场种类齐全，规模小，国际辐

射能力不足，尤其是金融资本对外输出能力有限、技术输出能力较弱，市场范围主要服务于局部，且定价权弱。

第二，在科技创新方面，上海的全球创新能级不足，创新创业活力弱，仍处在创新型城市建设的初始成长阶段。尽管上海在打造科创中心方面已经取得了很大进展，但如果对标顶级全球城市，上海科创中心的能级与世界一流水平还有一定距离。根据上海市科学学研究所开展的一项大规模调查，如果以美国纽约和旧金山硅谷作为参照（设为100分），目前上海整体科技水平得分为75.6分。此外在过去3年，在受调查的74个技术方向中，上海有69个（占93%）缩小了与国际领先水平的差距，总体仍处于"并跑""跟跑"状态。缺乏科研创新的基本框架，从无到有的技术跨越很少，在全国排第一的也少，缺乏关键技术和核心创新重大成果。

第三，在产业发展方面，上海高端产业的辐射力和影响力不足，高端产业的引领功能相对薄弱。目前，上海市的经济密度指标为每平方公里4亿元，远低于深圳每平方公里11亿元的水平，除此之外，上海的工业经济密度也远低于深圳。未来在高端制造业方面，如果上海不能在关键元器件领域提升能级，则难以与国内外先进制造商相竞争。上海的现代服务业占比已经达到了70%以上，但是社会劳动生产率呈现下降趋势，直接导致上海经济首位度水平下降。这说明上海的服务业能级水平较低，服务创新不够，整体发展存在结构不优、效率不高、动力不足、主体不强、辐射不广等问题。

第四，在开放枢纽方面，上海全球通达能力不足，开放能级有待进一步提升。全球通达能力包括全球航运物流和通信服务能力两个层次，如以多式联运为主的综合运输能力、国际中转能力有待进一步提升，缺乏全球性通信交流平台和企业等。在建设国际航运中心时，上海最突出的短板是高端航运服务配置功能较弱，这体现在虽然上海港务运输量处于世界领先地位，但航运服务不足，高端海事服务，如船长培训等尤其缺乏。此外，由于高能级高附加值的贸易结算功能均在香港和新加坡，因此上海无法开展离岸贸易，只能成为引进来的桥头堡，无法成为走出去的桥头堡。

第三节 新时期上海强化"四大功能"的基本内涵

一、"四大功能"意味着城市能级与核心竞争力的持续提升

上海具有 20 余年国际化大都市的建设经历，已经形成全球城市的基本架构，因此"四大功能"的强化均围绕提升城市的能级和核心竞争力展开。

衡量一座中心城市的竞争力和影响力，最重要的是看其功能，城市核心功能愈强，对各类要素，特别是高端要素的集聚、配置、辐射能力愈强，愈加能在全球范围内产生影响力，经济更高质量发展的基础也就愈加牢固。Freidmann（1995）把世界城市视为全球经济体系的枢纽和全球资本的集聚地。Castells（1996）认为，得益于全球网络枢纽的地位，世界城市成为高等级服务业生产消费中心与辅助性产业联结地。20 世纪 90 年代以来，全球化和城市社会学研究的领军人物 Saskia Sassen 认为需要从功能的角度来定义城市能级与核心竞争力，即该城市必须承担四种职能：作为在世界经济组织中高度集中的控制节点，作为金融和专业化服务公司的关键选址，而这种服务已经取代制造业成为主要的经济部门，作为生产活动的地址，在这些主导产业当中还包括创新活动，作为产品和创新活动的市场；换言之，依次是以高度集中化为主要特点的世界经济控制中心、专业服务业和金融业集聚地、涵盖创新生产的主导产业发展空间、创新和产品的巨大市场。以上观点与建设社会主义现代化国际大都市背景下的上海强化和培育"四大功能"不谋而合。

在经济全球化与信息化的时代，生产要素与商品均是以流量的形式，在经济合作、贸易交流、资源整合等需求驱动下在各国、各城市之间不断积聚和扩散，因而城市的功能便是要成为这些资金流、信息流、人员流、货物流等所建构的网络中的"枢纽"和"节点"。进而城市能级的高低便取决于其作为"节点城市"对各类经济流量的"控制与影响"（Command and Control）的能力，即在多大程度上能够对四面八方的经济流量形成吸引，再对其加

工、充足、再造与增值，并通过网络和平台射到全球各地。根据"节点城市"在全球要素流量网络中作用场的范围和规模大小，可以将节点城市划分成不同等级，如国内地方节点城市、国家级节点城市、国际性区域性节点城市、全球节点城市等。因此，城市功能跃迁和高级化的过程，就是城市参与的国际性要素网络越来越多、影响范围越来越广泛的过程。

综上，从城市能级提升的角度，进一步强化和培育四大功能，实际上是揭示了上海这样的超大型城市如何顺应城市发展的全球化、创新性、高端化等重要特征和趋势，进一步推动和加速城市能级与核心竞争力提升的根本方向。要通过"强化开放枢纽门户"来深度融入全球性、区域性的产品和要素流动网络，要通过"强化全球资源配置"来增强对各类流量在国际范围内进行集聚、配置与辐射的能力，要通过"强化科技创新策源"来充分挖掘并发挥各路资源尤其是高端要素资源的创新潜力，要通过"强化高端产业引领"来提高全要素生产率，以关键核心环节增强对全球产业链的控制力。从现阶段国家对上海的定位来看，无论"五个中心"还是现代化国际大都市，关键问题都在于上海是否能够培育和强化"四大功能"。

二、"四大功能"意味着从经济体量扩张到质量提高的突破

第一，在市场建设方面，尽管上海已经成为全球金融要素市场最完备的城市之一，但是对标国际成熟市场，市场功能仍存在较大提升空间。经过多年发展，上海市场体系完备、规模巨大、功能多元、开放有序，尤其是股票、期货、外汇、黄金等金融市场从无到有、从小到大，交易规模位居世界前列。然而，突出问题表现在市场定价权和话语权不足，整体对外开放程度不足，市场规模不大，影响范围较窄等。例如，股票市场外资持有不足5%，债券市场外资持有不足2%，大多数市场是地区性、全国性的，而不是国际性的，"上海金""上海油"等上海价格在国际市场的话语权和影响力微弱。因此，进一步提升要素市场能级和国际竞争力是当前上海强化"四大功能"建设的一项重要任务。

第二，在创新能力方面，尽管上海于 2020 年形成全球科创中心基本框架，但是科技研发效率、企业创新活力、成果产业转化与策源知识创造等方面依然不容乐观。2019 年，上海研发经费支出相当于全市生产总值的 4%，在若干重点领域，比如生物医药产业、集成电路产业，上海已经能够代表国家参与全球竞争，大飞机、量子卫星、蛟龙号深潜器等重大创新成果持续问世，蓝天梦、中国芯、创新药、智能造、未来车等新兴产业加快发展。然而，比较若干科技创新成效指标（诸如专利技术强度、知识产权总量、科技创新类知识产权人均拥有量、企业科创类知识产权拥有量、专利被引用 H 指数），上海不仅无法对标全球科创城市，甚至在国内也仅仅处于第二梯队。从知识创新这个城市竞争力的硬指标来看，上海依然存在不小差距，综合体现在服务贸易中知识产权进出口的逆差上，2018 年，上海知识产权使用费的出口为 1 亿美元，进口是 69.8 亿美元，存在大规模缺口。

第三，在产业发展方面，2012 年以来，上海结束了持续 30 多年的超高速增长，进入经济服务化和消费主导的增长轨道，但是产业结构高端化依然面临一系列复杂因素叠加的严峻挑战。制造业向知识经济转型面临多种刚性约束，创新型商业模式的培育动力与成效不足，且有脱实向虚趋势的压力叠加。以战略性新兴产业企业为例，其数量占当地注册企业数量的比例为 30.76%，在全国大中城市中仅排第 17 位，显示出上海战略性新兴产业体量还不够大，比重还比较低，支撑力还不够强。此外，上海服务业比重提升是以劳动生产率和城市经济首位度下降为代价的，而对比纽约尽管服务业占比高达 80% 却依然能够保持较高的劳动生产率。

三、"四大功能"意味着从向内吸引到对外控制辐射的转变

第一，以往较为重视将外部的跨国公司和国际性机构向内吸引集聚到上海，而强化"四大功能"则意味着要通过上海提升本土乃至全国企业的对外辐射力和控制力。集聚力、辐射力和控制力是全球城市的核心功能，顶级全球城市都集聚了全球高端要素，并能主导全球战略性资源配置。在全球化与

世界级城市研究小组与网络（Globalization and World Cities Study Group and Network，GaWC）编制的全球城市分级排名中，银行、保险、法律、咨询管理、广告和会计等行业国际性机构在城市中分布得越多、等级越高，城市的得分就越高，越被 GaWC 认为是有影响力的世界城市。2019 年，上海虽然在其中排名靠前（一档二线城市即 Alpha+ 城市，与香港、北京、新加坡、悉尼、巴黎、迪拜和东京并列），但目前主要是外来的跨国企业和全球机构进驻上海，而非上海本土的跨国公司走出去与全球建立关联，换言之，入度（集聚力）较大，出度（辐射力和影响力）很小，入度出度不均衡。而对比欧美主要全球城市，则主要是大量输出本土跨国公司，同时保留总部以主导全球化进程。

第二，以往上海枢纽门户功能主要体现在成为"引进来"的门户，而强化"四大功能"则意味着打造"走出去"的桥头堡。在国际贸易中心建设中，上海转口和离岸贸易的规模及水平普遍不高，贸易活动中较高附加值的结算清算功能依然在新加坡或香港，而上海仅仅在交易量和订单量上保持领先，贸易结算功能、供应链管理中心等方面仍有待突破，整体贸易功能依然体现为内向度较高、外向度不足。在国际航运中心建设中，上海优势也是在货物箱量规模上，高端航运服务配置功能不强的短板仍然存在，难以参与引领全球航运资源的配置。以上问题存在的根本原因依然在于能级不高、核心竞争力不足——能级高才能"走出去"，有核心竞争力才能"带动"和"引领"。因而增强"四大功能"，既要把上海自身功能做强，进而引进大批国际高端企业和要素，更要全面建设各类有形和无形的网络通道，提速增效，互联互通，增强面向国际国内"两个扇面"的集聚和辐射能力，让本土企业、产业、资金、技术、人员能借助上海的网络和通道走向全球，参与全球价值链的竞争和分配。

第三，以往上海较为强调孤立地建设自身全球城市，而增强"四大功能"意味着要在发挥上海对周边及长三角的辐射带动作用过程中，提升城市在全球网络中的能级和竞争力，建设社会主义现代化国际大都市。国际上重要的全球城市周边均有城市群区域为该全球城市服务配套，例如，纽约、伦敦就是将周边城市吸收转变成其全球功能的一部分，发挥"借用规模"的效用。因此，上海的全球城市建设不可能在 6 500 平方公里内完成，一定需要融入长三角一体化发展中才能实现。这便意味着，上海的资源配置功能应该引领长三角三省融入全球价值网络；上海的产业引领功能需要改变以往上海作为产业高地向周边进行产业转移的传统理念，将过去长三角地区垂直、纵向的分工体系转变为水平、协同的分工体系，共同参与全球产业链分工；上海的网络枢纽功能不仅面向全球，同时也要对内开放，更好地服务长三角、长江经济带和全国，进一步发挥上海的龙头带头作用，推动长三角地区实现更高质量一体化发展。

四、"四大功能"意味着经济、科创、文化多功能融合发展

以往上海城市功能主要聚焦于经济发展，诸如国际经济中心、国际贸易中心、国际航运中心、国际金融中心等均为经济功能的多方面体现，全球科创中心建设也是近些年才开始提出和起步。事实上，城市的经济功能越强大，越会集聚更多来自全球的高级管理者、高级经理人、高级白领、专业技术人员等，对高品质文化、人文、艺术的需求越迫切，越容易产生出创新创意的供给，进而构成该城市的文化底蕴和科创基础。

从国际经验来看，典型全球城市大都经历过从单一功能到功能融合的迭代升级过程。20世纪70—80年代，国际城市主要聚焦经济功能；到了90年代，纽约、伦敦、巴黎、东京等不约而同开始重视文化功能，提出经济和文化协同、金融和文化艺术共生；进入21世纪以后，若干次区域性和全球性金融危机使得政府认识到金融空心化对城市带来的伤害，开始提出科创发展战略。这是对城市功能认识的一个重大转折和突破，以往观念中金融中心和科创中心无法协调发展，因为大都市高度商业化会冲击高校科技策源的纯粹性。然而，科技研发本身模式的变化使得其可以有效嵌入商业楼宇和城市街区中，而不需要依靠传统的生产车间或大型实验设备，而且国际大都市本身成熟的金融资源使得创新创业活动能够得到更有效的资本（风投）支持。纽约硅巷、伦敦硅盘等的成功使得越来越多的科创资源向纽约、伦敦集聚。综

上所述,当前,强化"四大功能"要求上海作为世界一线城市不仅要有雄厚的经济实力,还要有文化的多样性、丰厚的人文底蕴,以及强大的创新能力。

第四节 新时期上海强化"四大功能"的主要任务

一、成为全球高端市场及要素的高能级控制节点

数字和信息化时代正在颠覆传统的资源配置方式,不断通过对物理、实物形态的产品和要素进行数字化转换与包装,降低距离成本及物理障碍,加速了资源要素流动。在这种情况下,商品和要素的实体形态"存在于"哪里已经不那么重要,哪里是全球要素及信息网络的功能性枢纽及高端专业服务业的关键所在地,才是某一城市价值与重要性的核心体现。

第一,提升高端要素市场的国际影响力,争取全球性的定价权和话语权。当前城市能级水平的高低越来越依赖于能否成为全球城市网络体系中重要的经济节点、金融节点、贸易节点、国际交往节点,在处理全球经济、社会、政治和人文事务中具有核心地位和主导定价权及话语权。例如,纽约处在全球金融行业的顶端,不仅有包括纽约外汇市场、纽约黄金市场、纽约货币市场和纽约资本市场在内的完整金融体系,更加注重构建最高层次的软实力定价权,包括联邦基金的市场利率是美国乃至全球短期存/贷款利率定价的基准。在美联储每次调整联邦基金利率目标之后,全球各大银行会率先相应调整其优惠利率,纽约也是 10 年期国库券和房贷利率长期利率的主要定价基地。此外,美国的彭博资讯、《华尔街时报》、汤森路透金融数据资讯,以及道琼斯、标准普尔 500、纳斯达克三大股票指数均是无可争议的全球经济金融信息的权威来源。因此,上海打造城市国际核心竞争力不仅要重视各类市场机构的数量、交易规模、各类交易所和交易市场的交易量、市值在全球市场排名,更要按国际化、市场化、专业化的原则,制定能影响定价权和话语权的相关游戏规则。

这其中，重点需要突破人民币交易结算定价创新，建立适应国内外投资者共同参与的、具有较高国际化程度的多层次金融市场体系，逐步成为人民币金融产品的交易、定价和信息中心。打造人民币资产交易、定价和清算中心将为境外投资者投资境内金融市场、境内投资者投资境外金融市场提供高效便捷的交易、支付和清算通道。这样，将使上海真正成为连通境内外金融市场的桥梁和纽带，吸引国内外资金、金融机构、专业服务、金融人才加速向上海集聚，同时推动上海各类金融要素资源向国外辐射。能否实现这一环节的突破，是上海参与全球资本市场资源配置能级提升的关键。

第二，深化以集聚跨国企业全球性总部与结算中心为目标的总部经济建设。现阶段，上海主要集聚的是跨国公司的地区性总部而非全球总部，而且面临来自新加坡在这一领域更为激烈的竞争。几年来，新加坡以其优越的金融和贸易便利化环境、低税率的简单税制、先进的国际教育和医疗水平，以及东西方文化交融等优势，成为众多跨国公司设立地区总部的首选之地，特别是近年来新加坡制定了一系列鼓励地区总部发展的优惠政策，扶持力度非常大。针对这些问题，上海更需要提高投资便利度，放宽投资准入门槛，把上海打造成为全国设立外资投资性公司最便捷、跨国公司投资功能最集中的城市，提高资金使用自由度和便利度，方便公司总部境内外资金统筹运营管理，便利外籍员工合法收入的购付汇和结汇，提高贸易和物流便利度，支持总部企业开展离岸业务，加大总部功能配套保障力度，增加鼓励发展国际教育和涉外医疗的政策措施，打造有利于跨国公司全球总部发展的国际一流营商环境，做好安商、留商、富商、稳商工作。

第三，培育高端生产性服务业，提升服务全球市场的范围和能级。高端生产性服务业作为现代产业的高端形态，是全球资本服务中心的关键产业。高端生产性服务业企业大多具有跨国业务背景，这些企业在地理空间上的集中有利于加深中心城市与其他全球城市之间的联系，强化中心城市在全球城市枢纽网络中的核心地位。在金融和保险服务企业总部方面，英国《银行家》杂志发布的《2018全球银行排名》显示，全球银行50强，纽约拥有4家，总资产为6万亿美元；伦敦拥有5家，总资产为5.5万亿美元；东京拥有 4 家，总资产达到 7.2 万亿美元；上海只有 1 家。从英国品牌评估机构 BrandFinance 发布的《全球保险机构品牌 100 强》来看，在全球保险机构品牌价值 100 强中，东京拥有 7 家，纽约和伦敦分别拥有 5 家。而在中国，北京拥有 4 家，上海和深圳只有 1 家。在管理和信息服务企业方面，2018 年人力资源服务机构 100 强中，伦敦占据了 11 家，纽约和东京则分别拥有 6 家和 7 家，上海则没有入选。因此，上海要实现全球性节点城市的规划目标，必须首先成为跨国公司总部资源集聚地、国际高端资源及跨国先进生产服务企业的"指向地"。为此，上海需要进一步加大对会计企业、广告企业、银行/金融企业、保险企业、法律和管理咨询等先进生产性服务企业总部的吸引力度，以总部为"磁极"，吸引全球的生产、劳动力、资本，通过总部进行资源的调配、计划、指示和建议，进一步影响城市之间的信息流动、知识创新、战略决策。

二、打造范围更广、影响力更强的对外辐射枢纽

第一，推动本土跨国公司和全球性企业的培育及输出，进一步凸显上海在国际市场网络中"进""出"平衡的枢纽型平台地位。要实现自身资源"被配置"到"主动配置"国际资源的转身，必须从单向地吸引外国跨国公司向输入自己的跨国公司转变。当前跨国公司在上海建立总部的目的，主要是配置调度上海及中国资源，而上海利用总部参与国外资源配置的机会和能力则较为薄弱。因此，要通过"走出去"战略打造上海本土的跨国公司与全球性企业，增强要素与资源的输出能力，弥补上海城市发展在要素集聚与扩散方面失衡导致的回路性功能欠缺问题。同时，要注重提升对"内资总部"的重视程度，除了大量吸引国外的总部，上海同样需要强调本国企业总部，包括民营企业总部的集聚，避免国内企业融资机会的外逃。

第二，加快形成更高能级的产业体系，增强整个现代产业体系的国际竞争力和区域辐射力。要以进一步提升巩固实体经济能级为目标基点，在产业链延伸、价值链增强的基础上打造发展高端化、数字化、智能化、个性化的

先进制造业以及新一代信息技术等战略性新兴产业，着力培育以世界一流企业、"独角兽"企业、"隐形冠军"为核心的卓越制造企业群体，增强对全球创新活动和产业价值链的主导性和掌控力。同时，要重点培育发展高端生产性服务业，在生产性服务业细分市场和前沿技术上实现突破，通过促进现代制造业与先进服务业的紧密结合，持续推动制造业向产业链高端迈进，依靠先进技术的渗透提升制造能力，延伸价值链条和产业链条。

第三，加强上海与区域战略框架内国家在投资和贸易上的联系广度与深度，推动上海进入区域网络中心位置。相关数据显示，2018年，上海与"一带一路"区域国家和地区的贸易额仅占到上海对外贸易总额的20%多，与很多地区的贸易往来仍是空白。丝绸之路经济带人口近30亿，各国在贸易和投资领域合作潜力巨大。应建设与沿线国家的"国际贸易标准"，聚集沿线投资贸易机构，加强海关、检验检疫、认证认可、标准计量等方面的合作和交流，提高贸易便利化水平。这其中，可着重为"一带一路"合作框架内国家提供完善的金融等高端服务支撑体系。"一带一路"沿线国家经济发展水平相对落后，建设过程急需金融服务的支撑。亚投行、上合组织融资平台、丝路基金等机构的建立，使上海有足够的优势整合此类金融平台，并为"一带一路"沿线国家提供完善的金融支撑体系。同时，包括医疗、养老、教育、旅游、互联网、物流、金融等在内的高端服务业，也可以作为上海拓展经济辐射能力的切口。

第四，依托长三角一体化及长三角城市群战略，不断提升上海作为开放枢纽联通内外的集聚和辐射功能。上海要成为一个全球城市，首先要考虑到的是带动整个长三角。换言之，上海只有更好地对内开放，强化在国家发展格局中的战略支点作用，才能够更加有效地发挥面向国际与服务国内"两个扇面"的重要作用，更快地建成国际经济、金融、贸易、航运中心和具有全球影响力的科创中心。因此，上海要会同江浙皖更好地实现区域协同，通过重点建设全球城市，聚焦区域内产业功能网络的提升、共守生态安全、共享基础设施，在规划、交通、产业布局、信息网络、社会服务等方面，更好地提升上海在全球和在长江三角洲的资源配置能力，更好地引领长江黄金水道综合运输大通道的建设，把长三角城市群真正建设成世界第六大城市群，成为中国经济的中流砥柱。

三、建设领跑全球的科技策源地和创新发展极

创新是任何一个全球城市布局和发展的灵魂。澳大利亚智库 2thinknow 以 31 个产业和经济部门为基础，借助 162 个创新指标对城市的创新能力进行比较，东京、伦敦、纽约在 2018 年全球 50 个最具创新力的城市中分别位列第 1 位、第 2 位和第 4 位，上海位列第 35 位。普华永道国际会计师事务所旗下管理咨询机构思略特发布的《2018 年全球创新 1000 强》报告显示，全球创新 1000 强企业，东京拥有 15 家，位列全球第 1 位；伦敦拥有 10 家；上海仅有 5 家。近年来，纽约成为继硅谷之后美国第二大创新中心，有"硅巷"之称，这里人才汇集，拥有全美 10% 的博士学位获得者、10% 的美国国家科学院院士以及近 40 万名科学家和工程师，正成为风险资本投资的热土。伦敦拥有全英 1/3 的高校，高科技、高附加值产业，诺贝尔奖获得者数量等科技指标一直位居全球城市前三。东京拥有 130 多所大学，"二战"后有 26 名科学家获得诺贝尔奖，新材料、新能源、生物医药、人工智能、物联网、环境资源等高科技企业快速增加，效益大增，创新能力正重新焕发。

第一，强化上海的国家级重大科技平台和基础设施建设。建设世界级大科学设施集群，在能源、材料、物理、生物医学等若干前沿领域，建设支持多学科、多领域、多主体交叉融合的国际前沿科学综合性研究试验基地形成支撑国家基础研究的重要载体。加快推进"国家重大科研基础设施和大型科研仪器向社会开放试点城市"建设，探索制度创新和市场化运营机制，建成上海科技创新资源数据中心。建设一批具有世界级水平的新型研发机构，建设教育、科研、创业深度融合的高水平、国际化创新型大学，为在若干领域形成全球领先优势奠定基础。

第二，创造性地推进现代创新体系与生态环境的建设。重点发展创客型、孵化型、服务型众创空间，提升上海众创空间的知名度、影响力和竞争

力，增强对创新创业人才的吸引力。建设独立的、任务导向的跨学科国家实验室和跨学科项目，围绕国家和上海重大科技和产业发展使命，依靠跨学科、大协作和高强度资金支持开展战略性研究。进行先进适用技术扩散服务机构探索，促进已经形成的先进适用技术（主要是工艺技术）向广大企业的扩散和应用。要以吸引和打造若干具有"策源能力"、代表国际最先进水平的世界级研发机构总部为发力点，着眼于集聚高层次人才这一核心要素，完善创新文化、创新资本、创新设施和各种专业服务等环境要素，充分发挥企业作为创新主体要素的关键作用。要以培育包容创新文化为着力点，在增强城市创新吸引力上有新进展。要通过进一步优化营商环境，着力为科技创新营造良好的文化环境，培育和倡导创业文化认同，促进资金、人才等要素的集聚和融合，使城市更具活力、更有朝气。

第三，以体制机制突破提升科技成果转移转化效率。针对我国科技成果转移转化的瓶颈性问题，率先推进体制创新，进一步增强上海基础研究支撑能力。可充分授权高校和科研院所，探索多元化的科技成果转移转化渠道和机制。例如，向高校和科研院所下放国有资产处置权，因为不合理的国有资产使用处置管理办法已经成为制约科技成果转移转化的主要障碍，亟待改革。

四、抢占数字信息化时代新一轮产业革命制高点

从 1962 年美国 Fritz.Machlup 教授提出数字经济的概念开启了理论界对数字经济的研究之路至今，经过 50 多年的发展与演变，数字经济以最初的客观衡量信息产业发展态势为起点，逐步发展为承接农业经济、工业经济的第三种人类经济形态。这一历程是信息技术深入渗透和融合到经济社会各领域的过程，从侧面反映了信息产业正逐渐取代工业，成为引领经济社会发展的主动力。2017 年 3 月，数字经济首次写入我国政府工作报告，党的十九大报告指出"要推动互联网、大数据、人工智能和实体经济深度融合"，由此可见，数字经济已上升为国家战略，并成为产业转型升级的重大突破口和经济增长的重要引擎。支持工业经济增长的主要动力来自传统基础设施、生

产商、资金、土地和劳动力等因素，而推动数字经济增长的动力来源已发生深刻变化，正在向信息要素、产业融合、技术创新等因素转变。所以，强化"四个功能"正是构建数字信息时代上海竞争新优势的重要先导力量。

第一，以数字化和信息化为途径着力提升上海产业结构调整的动态性。从产业高端化角度来看，除了信息、互联网与通信技术产业本身，数字经济也带来了与传统产业深度融合所激发出的新变革，推动全产业体系的生产规模、质量和效率提升。以新一代信息技术与制造技术深度融合为特征的智能制造模式正在引发新一轮制造业变革，数字化、虚拟化、智能化技术将贯穿产品的全生命周期，柔性化、网络化、个性化生产将成为制造模式的新趋势，全球化、服务化、平台化将成为产业组织的新方式，网络化协同制造、个性化定制、服务型制造等新模式新业态持续涌现。数字经济也在引领农业现代化，数字农业、智慧农业等农业发展新模式就是数字经济在农业领域的实现与应用。在服务业领域，数字经济的影响与作用已经得到较好体现，推动服务业的"提档升级"。当前，上海经济发展已呈现出工业化后期的阶段特征，上海工业竞争优势总体上主要植根于汽车、装备、化工等传统制造业，与数字技术、互联网、人工智能等融合现代服务业发育发展不足。因此，按照制造业、服务业中的新业态、新技术、新模式，促进上海主导优势产业与新兴技术、新兴商业模式的嫁接，从而提高上海产业结构调整的内生动态性，应成为未来上海产业结构调整的主要方向，要通过信息化和数字化"轻量""柔性"的特征解决上海工业结构"过重"和服务业"过老"的问题。

第二，通过嫁接数字技术探索现代服务业发展的新模式和新方向。上海现代服务业体系建设的战略重点，应当针对上海服务业模式"过老"的问题，以服务业嫁接数字和网络技术、开创新模式为核心，积极推动现代服务业的能级提升。例如，发展基于现代物联网的物流和供应链发展，利用互联网同步信息流与物流，提高采购效率和透明度，推动供应链管理向互联网模式转型；发展多种形式的平台型电子商务，推进国家电子商务示范城市建设，构建完备的电子商务产业链体系；推动互联网和医疗、养老、健身等领域的融合，创新互联网医疗服务模式，推进医疗模式的变革，基于健康物联网和可穿戴设备建立慢性病综合健康管理体系、妇幼保健综合健康服务体系和中医健康保障管理服务体系，建立养护医结合的养老服务体系，满足市民日益增长的养老服务需求等。

第三，持续推动数字经济和信息经济的创新红利不断释放。数字经济是贯彻落实创新驱动发展战略，推动"大众创业、万众创新"的最佳试验场。数字经济创新具有快速迭代试错、用户深度参与、创造消费需求等特点，其创新性主要体现在对产品、组织方式和生产方式的颠覆上。数字经济创新的成本较低，容易产生颠覆性产品，又因为产品被替代的成本较低，使创新成果能在短时间内快速普及。此外，数字经济对企业的组织方式和生产方式也具有颠覆性影响。因此，数字经济是技术、产品、服务、商业模式等多种创新的综合体。能为市场带来巨大变革。现阶段，数字经济的发展孕育了一大批极具发展潜力的新模式、独角兽、"隐形冠军"等，成为激发创新创业的驱动力量，数字经济最能体现信息技术创新、商业模式创新以及制度创新的要求。

第四，积极打造全球人工智能技术和产业高地。作为引领未来的战略性技术，人工智能正全面赋能各行业，成为全球新一轮科技革命和产业革命的先导产业。把握人工智能技术发展的战略机遇，大力发展人工智能，是上海转变产业结构、构建现代化产业体系的重要机遇。要以加快人工智能与实体经济深度融合为主线，以提升人工智能科技创新能力为主攻方向，培育发展人工智能创新体系和产业生态。要依托自身的科教资源、应用场景、海量数据、基础设施等优势，以面向全球、面向未来的视野，聚焦创新策源、应用示范、制度供给和人才集聚，加快建设人工智能发展的"上海高地"。

五、率先突破数据跨境流动的制度性、法律性壁垒

面对数字经济领域的新机遇、新挑战和新竞争，上海应当把握全球数字产业竞争和政策演进趋势，梳理各行业数据跨境流动的总体需求，充分利用自贸区等创新发展试验田的作用，探索建立一个开放、透明且可操作的数据流动监管体系，借助临港新片区探索国际互联网数据快捷联通的政策优势，

可重点从以下几个方面展开：

第一，利用上海自贸区临港新片区的政策创新优势，在确保可监管的前提下探索建设全球数据港。以"数据自由港"为目标试点制定完善数据跨境传输、利用、保护、流转等方面规则体系，依托"一带一路"、上海合作组织、金砖国家、中国-中东欧论坛等多边平台建立以主要贸易伙伴和战略合作对象为核心的数据跨境流动朋友圈，提出数据传输规则及保护标准，将部分国家纳入可自由流动白名单。探索建立一个开放、透明且可操作的跨境数据流动监管体系，通过在特定区域建立数据跨境流动自由区，吸引涉及数据跨境业务的一批企业入驻，从技术和政策等方面完善跨境数据流动的解决方案，推动建设全球数据港，通过探索监管经验，实现开放水平与监管能力的匹配，稳步实现我国其他地区城市的跨境数据流动水平的提升。

第二，探索数据跨境流动的事中、事后监管制度，改革数字经济"一刀切"的事前许可式监管模式。先行先试个案案例指导机制，鼓励产业界、行业协会、学术界及其他自律组织参与安全评估和治理体系。发挥上海数字产业界优势，鼓励龙头企业积极探索跨境数据流动的实践，更多地利用市场化机制提升跨境流动管理效率。政府应当鼓励建立行业性的数据保护的自律机制，鼓励企业加强与国内外监管机构的合作。比如借鉴欧盟 GDPR 条款，要求企业设置数据安全官，负责与监管部门的对接和对话。对企业申请国外监管机构或第三方认证提供帮助和指导。积极推广优秀企业的数据保护和跨境流动最佳实践，带动行业和社会整体保护水平的提升。通过行业协会、第三方机构实施数据跨境流动认证评估，推动优秀企业在市场竞争中能够被广大用户清晰辨识，激发企业严格合规与高度自律的积极性。

第三，分层次、分领域探索跨境数据流动，在新片内放宽跨境商务、高科技产业和科技研发领域的跨境数据流动管控。如生物医药、人工智能、跨境电商等产业数据，保留社交网络和在线视频、音乐、出版等跨境数据流动管控；在监管策略上，对一般性政府及行业数据的跨境流动采取审查许可、登记备案等措施，对不涉及国家机密或国计民生的数据采用约束性公司原则，允许区内的跨国企业经安全评估或经申报批准后进行跨境数据转移，探索建立数字产品贸易监管模式的自主权。

第四，积极参与跨境数据流动国际合作，积极争取和配合国家层面在放开部分数据跨境流动基础上，推动形成针对数字产品和服务的生产、交付、使用等环节的数字贸易规则。探索兼顾安全和效率的数字产品贸易监管模式，完善数据流动和保护法律法规、行业自律机制及监管体系；配合国家层面参与多边和双边谈判，积极推进我国加入 APEC 跨境隐私规则体系，为我国数字贸易发展营造良好环境。

六、提升上海现代化国际大都市的文化承载力

不同于工业化以生产为中心建立的资源配置体系，城市化以人的发展为中心。无论是要素质量升级，还是消费、服务业升级，归根结底是人文的升级。因此，文化在塑造城市形象、提高城市魅力以及创新经济社会发展模式中发挥着不可替代的作用。根据上海交通大学 2019 年 3 月发布的《国际文化大都市评价报告》，排名前五的国际文化大都市为纽约、伦敦、巴黎、东京和旧金山，而这四大城市均在全球化与世界级城市研究组织及网络（GaWC）2018 年对全球城市进行分级排名中排在 Alpha+ 等级以上。

第一，明确并不断突出强化上海文化发展战略顶层设计的关键内核。文化作为重要的战略资源，被纳入顶层设计的情况越来越普遍，而著名国际文化大都市在战略规划中均结合自身优势和禀赋提出了较为明确的定位和方向。例如，英国 1999 年通过的《大伦敦市政府法》规定文化战略属于大伦敦八大发展战略之一，自 2003 年发布首份伦敦文化战略草案《伦敦文化之都——发掘世界级城市的潜力》后，陆续发布了《文化大都市——伦敦市长 2009—2012 年的文化重点》《文化大都市 2014：市长文化战略的成就与前瞻》和《所有伦敦人的文化》四份文化战略，维护伦敦文化的全球领先地位；自 2001 年以来，巴黎市政府以"全球文化与创意之都"建设为目标，确立了"活力、民主和空间"三大发展战略；东京 2011 年启动"酷日本"文化产业战略，举全国之力将时装、设计、漫画和电影等文化商品推广至全

世界。在国内，北京提出建设世界文化名城、世界文脉标志；深圳提出建设国际文化创意先锋城市。相较之下，上海国际文化大都市的目标定位并未完全突出上海城市的特质和方向。

第二，完善适应多样化、多层次需求的高品质、特色化城市文化功能。随着上海现代社会的发展以及生活水平的提高，市民对于文化、体育、健康、教育等公共服务的数量、品质、类型和需求在逐步演化和提升，而人口结构逐步趋向老龄化、少子化、国际化，又催生了一批新的服务需求。只有不断推动城市服务能力和品质提升，才会有效提升城市的活力和吸引力，吸引国际人才和企业入驻，从而提升城市文化软实力和综合竞争力。要以文化作为地区发展的催化剂与引擎，统筹各类服务功能，营造具有全球影响力的文化、艺术、博览空间，培育国际化特色体育、健康、娱乐、休闲、体验功能。要加强重点文化功能区域建设，提升城市文化形象和影响力。例如，黄浦江两岸地区重点发展创意设计、博物博览、传媒等功能，成为世界级滨水文化功能带；延伸延安路-世纪大道文化交流走廊，引导会展、娱乐、演艺类文化设施集聚，提升文化传播和交流水平；加强崇明三岛、金山三岛等岛屿的生态保育，维护城市生态基底，改善生物多样性环境。

第三，推进以人文社区为基础的"文化+"城市创新治理。文化发展的核心是制度建设，建立起能够充分调动社会资源的社会治理架构才是文化繁荣和社会发展的根本保证。要以社区为基本单元，推进文化场所的营造，将文化的发展重心下沉至社区层面，使文化融入生活，服务市民。鼓励公共建筑、公共空间的多样化文化活动利用，形成多样化、无处不在的文体休闲空间与服务，提升公共空间文化艺术内涵和环境品质，使社区居民充分参与到文化发展与建设中。要在公共文化领域引入更多社会力量、市场力量，参照国际化大都市政府相关鼓励政策，研究地方立法设立公共艺术百分比制度，逐步提高公共财政预算中对公共艺术的投入比例，建立企业文化消费免税等政策措施，加大公共艺术投入。拓宽和创新公众参与的途径和方式，鼓励和引导个人和社会组织全过程参与文化资源配置、建设、使用、经营管理的决策与实施，保障公众及时获取规划信息并有效传递意见。

第五节 "十四五"时期上海强化"四大功能"的路径

针对上述城市功能建设当中存在的问题，上海市委第十一届四次全会指出，要对照主攻方向和重点任务，围绕城市核心功能，聚焦关键重点领域，推进国际经济中心综合实力、国际金融中心资源配置功能、国际贸易中心枢纽功能、国际航运中心高端服务能力和国际科技创新中心策源能力取得新突破。其中，具体提出了两个"5年目标"：经过5年的努力，使"五个中心"的核心功能显著增强；在此基础上，再用5年左右，使"五个中心"的核心功能全面提升。"十四五"时期在推动四个功能建设时，上海应当着眼于当前面临的几个重大任务，将四个功能落实细化到各项重大任务的实施过程中。

一、以自贸区建设为抓手带动"四大功能"升级

自贸试验区建设是未来我国深化对外开放的关键一环，同时也是上海升级完善四个功能的突破口。四个功能的建设要求深入贯彻落实国家战略，通过把上海自贸试验区建设成为全方位扩大开放的新高地、高质量发展的新高地、推动长三角一体化发展的新高地、服务国家"一带一路"建设的新高地，发挥中心城市和门户城市的作用，从两个界面全面拓展全球资源配置的空间范围。"本土化"与"国际化"并重，双轮驱动功能性机构集聚，进一步彰显全面深化改革和扩大开放试验田的作用。

第一，着重通过自贸区建设提升上海国际金融中心资源配置能力和国际科技创新中心策源能力。以建设人民币全球服务体系为突破口，采取有效措施吸引国际参与者，推进金融市场高质量发展，不断增强上海金融市场的国际影响力。具体而言包括以下几个方面：

一是集聚和发展一批具有重要市场影响力的资产管理机构。汇聚全球资

源支持创新发展和供给侧结构性改革，借助资管新规出台的契机，积极争取更多银行资管子公司落户上海，把上海打造成为全球资产管理中心，同时，加快上海跨境资管业务发展。

二是不断提高上海资本市场的国际化水平。加快国际金融资产交易平台建设，扩大引入境外长期资金逐步参与股票、债券、基金等证券交易，积极推进"沪伦通"等市场互联互通，支持境外优质上市企业通过 CDR 形式回归，增强中国在全球金融市场上的影响力。

三是发展全球性的人民币债券市场。丰富人民币产品和工具，支持符合条件的境外机构发行"熊猫债"等人民币产品。促进银行间债券市场和交易所债券市场互联互通，推动中国债券市场纳入国际三大债券指数，引导国际各类投资者积极配置人民币资产，拓宽境外人民币的回流渠道，进一步推进人民币国际化。

四是建设以人民币计价的大宗商品市场。打造具有全球影响力的在岸大宗商品定价中心，促进原油期货平稳有序运行。开展大宗商品"期现联动"试点。积极推动人民币跨境使用，发挥上海作为全国流动性管理中心作用，培育上海银行间同业拆放利率（Shibor）、中国国债收益率曲线成为国内金融资产定价的基准价格。此外，加快构建与金融市场发展相适应的评级专业服务和中介服务体系。

五是不断完善金融市场体系和基础设施。在规范基础上，支持上海多层次、多样化资本市场发展。支持创新企业优先在上海证券交易所发行上市。支持上海保险交易所国际再保险平台发展，建设国际保险交易、定价中心。

第二，着力通过自贸区建设加快提升上海高端航运要素集聚和服务能力增强。优化港口集疏运体系，大力推进海铁联运发展，研究促进江海联运发展的方案举措。提升长江口通航能力，推进长江口南槽航道治理一期工程建设。支持河海联运船舶推广应用，支持长三角地区至上海港集装箱河海直达运输发展。推进上海国际海员服务中心试运营，推动上海船员评估示范中心建设。丰富"上海航运指数"体系，继续发展航运金融衍生品业务。打造浦江游览世界级旅游精品项目,加快新型游船设计建造,完成老旧游船更新改造,推进浦江游览信息化平台建设。促进邮轮经济健康发展,基本建成吴淞口国际邮轮码头船舶交通管理中心,深化邮轮船票制度试点,推出电子船票,推进邮轮物资配送中心建设。

第三,着力通过自贸区建设进一步充实完善上海总部经济功能,打造世界一流的营商环境。上海要吸引的是全球功能性机构,是全球性高效平台,这些机构和平台对环境要求更高,它们注重市场是否公平竞争、高度透明、规范有序,发生商事纠纷能否及时有效处理,是否存在不公平的隐性保护、隐性障碍等。这些都要求在制度创新、营商环境改善方面形成新的思路,取得新的突破。

第四,着力通过自贸区建设助力上海加快培育世界级新兴产业集群,继续巩固提升实体经济能级。自贸区的制度创新应最终在产业和其他经济领域落地,体现出制度创新的经济效率。为此,上海应加大科技成果转化力度,聚焦一些最有条件、最具优势的领域,打造一批引领发展潮流、代表未来方向的新兴产业集群,把自贸试验区打造成为具有较强国际竞争力的产业高地。2019年10月,上海自贸区临港新片区管委会发布了促进产业发展若干政策,特别针对集聚发展集成电路、人工智能、生物医药和航空航天四大重点产业的若干支持措施着力提升科技创新和产业融合能力,整体提升区域产业能级,打造以关键核心技术为突破口的世界级前沿产业集群,加快推进建成具有国际市场竞争力的开放型产业体系。

第五,着力通过自贸区建设为上海"四大功能"建设提供高效制度供给保障。自贸区是制度创新的试验田,需要为上海在全球范围内吸纳、凝聚、配置和激活城市经济社会发展所需的战略资源。增强上海全球资源配置功能,需要以高水平制度供给破除制约因素和瓶颈难题,促进全球高端资源要素在这里高效流动、高效配置、高效增值。走创新和开放双轮驱动的发展道路,培育以资本、技术、品牌、质量、服务为核心的竞争新优势,形成一批具有全球竞争力的现代产业,其制度供给体系和治理体系集中于全球金融网络、贸易投资网络、航运资源配置、技术创新网络的构建与保障。

二、以打造科创板为引领提升"四大功能"质量

科技创新中心是上海吸引和配置全球高端资源的核心平台。作为我国新时期资本市场制度创新的重要实践，科创板的设立将通过充分利用金融引擎推动科创发展，实现上海国际金融中心与科创中心的融合联动发展，引导创业资本和创新资源有机结合，培育储备更多上市资源，更好地服务于国家创新驱动发展战略和创新型国家建设。上海需要发挥科创板的创新引领作用，以此为契机更加注重科技创新资源密集、科技创新活动集中、科技创新人才聚集，以及全球新技术和新兴产业的策源地的功能建设，一方面，夯实重大共性技术和关键核心技术攻关，在基础科技领域取得大的进展，在关键核心技术领域实现大的突破；另一方面，将上海打造成为全球学术新思想、科学新发现、技术新发明、产业新方向的重要策源地，积极主动参与全球科技协同创新。

第一，充分发挥科创板对重大科学技术项目研究方向的引领作用，助推上海科创中心打造"科技核"和全球性科技创新示范基地。要坚持战略和前沿导向，聚焦有比较优势、长期可持续、不易被模仿的领域，既要在前沿性原始创新与战略性关键技术上同时大力布局，更要设法使二者互相推动、互相激发。例如推动超强超快光子科学、材料基因组、微纳制造技术等，为能源、生物医药、信息与计算机等战略新兴产业提供关键的前置性技术支撑和平台性研究方法支持，支持高性能计算、海量数据存储与分析等学科的发展，使其与大数据、云计算、机器学习、人工智能、智慧交通、智能城市等交叉融合，此外，磁悬浮与超级高铁、高效氢燃料电池等战略产品，需要材料、化学、信息、装备制造等多领域协同创新支撑。

第二，充分发挥科创板并试点注册制改革落地的先导优势，打造上海高端制造与智能制造产业集群。充分发挥科创板的区位优势和制度优势，进一步发挥科创板的示范效应、集聚效应和规模效应，支持和鼓励更多"硬科技"科创企业上市，孵化并培育高端制造产业集群。尤其要以新一轮产业技术革命为牵引，立足于上海在芯片、半导体、生物制药等领域的优势产业基

础，充分利用设立科创板并试点注册制改革的制度红利和资本驱动力，实现科技与资本的高效对接，打造上海市芯片、半导体、生物制药等先进高端制造与智能制造的产业集群。

第三，充分发挥科创板对资本流动和财政资金投入的导向作用，为上海实现科技与金融协同发展发挥积极作用。科创板对上海构建全球科技创新中心战略目标的实现具有"迭代创新"推进效应，要进一步形成两者的协同机制，充分挖掘和发挥科创企业的成长机制与科创中心建设路径的协同效应，引导科技要素"硬实力"推动经济转型升级，服务国家科技驱动发展战略；积极探索中国资本市场制度改革与国际金融中心的全球化资源配置效率提升路径，引导资源向科创产业配置并实现资源配置效率的帕累托改进，依托科技进步与要素生产率提高实现资源配置优化。同时，应围绕推进科创中心建设，优化财政科技资金投入结构，加强财政资金统筹联动，提高财政科技资金使用管理的绩效，落实科改"25条"相关政策，加快关键核心技术突破和促进科技成果转化，激发各类创新主体活力。充分吸纳国际国内成熟经验，坚持问题导向、效果导向，坚持以精准施策、增强科技创新策源功能为主线，在优化科技投入结构、绩效管理和评价、综合施策、科技投入体系建设上下功夫，更好发挥财政科技资金对上海科创中心建设的保障和促进作用。

第四，充分发挥科创板对创新主体的培育功能，优化创新生态体系打造科创内生基因，构建符合科技发展规律的科创体制机制，通过制度创新与创新激励为科创主体赋能。实施创新驱动发展战略是一项系统工程，尤其要加快制度改革与科技体制创新，优化科技创新环境和生态，破除影响创新要素自由流动的瓶颈和制约，积极探索金融资本与科技创新等多重要素有机结合的新路径，实现科创"软硬要素"的高度融合。其中，在优化创新制度环境方面，要按照创新驱动发展战略的总体要求，破解体制机制障碍，释放创新活力。在打造延展性融资体系方面，要把科创板建设成为服务全国科创企业的重要投融资平台，着力培育一大批优质科创上市资源，并且优化多层次、多元化的金融体系，为"硬科技"发展提供优质的科创金融支持体系。在吸引创新团队与人才方面，要借助国际前沿水平科技创新载体和平台，加强科研院所和高等院校创新条件建设，在引进国际跨国研究机构、国家级研究院、国际顶尖研发团队与人才方面狠下功夫。在科创立法和服务方面，要遵循科创企业的知识产权特性，注重加强知识产权保护，完善知识产权运用和保护机制，同时建立知识产权科学评估体系并推动知识产权交易与流转。

三、以长三角一体化为契机充实"四大功能"内涵

四个功能的完善并非上海自身一个城市所能完成的，需要通过进一步发挥上海的龙头带动作用，实现长三角更高质量一体化发展并更好地引领长江经济带发展。上海需要充分发挥长三角科教水平高和国际产业关联程度高的优势，加强协同创新体系建设，在提升基础设施互联互通过程中，共建数字化贸易平台，加强国际合作园区建设的联动效应，推动长三角更高水平的协同开放。

第一，在重点项目上取得突破，加强长三角地区投资促进统筹。制定《关于加强投资促进工作推进经济高质量发展的若干意见》，上线全市统一的投资促进平台，发布新版上海产业地图（投资促进导引）。加快推进中芯国际、华力二期等一批重大项目建设。建立产业投资项目大数据平台，完善项目早开工早竣工早投产"绿色通道"。加快产业创新转型，持续打响"上海制造"品牌。瞄准产业价值链高端环节，承接国家重大战略，C919首飞、ARJ21商业运营，3.0T磁共振成像系统指标达到国际先进。成功举办2019世界人工智能大会，入选国家新一代人工智能创新发展试验区、创新应用先导区。

第二，促进互联网与产业深度融合，提升长三角地区整体产业水平。上海应当加强统筹推进，联合打造长三角工业互联网一体化发展示范区，建成一批工业互联网标识解析二级节点，打造国家工业互联网检测评估中心。进一步促进应用深化，支持宝钢等打造"5G+AI+工业互联网"融合应用新模式，构建临港新片区、松江G60、嘉定、宝山等为支点的实践基地。此外，还需要优化制度保障，建设工业互联网孵化器，培育工业互联网人才实训基地。

第三，提升创新"软实力"，为长三角产业协同联动培育科技创新生态。

包括鼓励好奇心驱动的科学探索、推进研发与转化功能型平台建设、优化科技创新人才队伍结构和质量、以长三角一体化为契机构筑全球创新网络等。目前上海科技成果转化率约为30%，不到发达国家的一半，必须优化机制、打通环节、消除堵点，引导沪上高校开展学科前沿探索，促进以学科深入为主的科技创新，集成资源以培育形成更多的优势学科，建立完善以企业为主体、市场为导向、产学研深度融合的技术创新体系，培育一批科技服务机构。通过多维度发力提升上海在全球科技创新合作与竞争中的话语权，从而为提升城市能级和核心竞争力提供不竭动力。

四、以办好进博会为窗口优化"四大功能"外延

除了自贸区外，在上海对外开放过程中更具窗口意义的一个抓手是中国国际进口博览会。依托这一对外开放战略平台，上海得以着力提升国际经济、金融、贸易、航运、科技创新"五个中心"的核心功能，提升上海服务长三角、服务全国和引进来、走出去的桥头堡功能及核心平台作用。上海将从引领带动中国开放发展的枢纽门户，转变为引领推动全球新一轮开放发展的枢纽门户，成为连接全球、融通全球、覆盖全球、影响全球的重要载体，成为全球化要素资源互联互通、融合集成的功能平台，成为统筹考虑和综合运用国际国内两个市场、两种资源、两类规则的重要通道。

第一，借助进博会契机，打造"商务-会展-枢纽"深度融合的开放政策环境。一年一度的中国国际进口博览会为上海国际大都市建设带来了流量效应、品牌效应、集聚效应。承接与放大进博会对上海国际贸易中心建设与国际大都市"四大品牌"的建设溢出带动效应，需要在商务金融、会展服务、交通枢纽方面形成更加开放、便利、具有竞争力的政策配套环境，在服务进博会过程中，打造比肩国际一流的营商环境高地。具体措施包括：

一是充分利用自贸试验区成果，服务与放大进博会溢出带动效应。两届进博会的成功举办，很大程度上也是得益于自贸试验区建设带来的进口商品集散、跨境电子商务、保税展销延伸、航运服务保障等一系列营商环境建设

的复制推广。进入自贸区新片区建设的新阶段后，建议围绕服务进博会，在建设虹桥国际开放枢纽过程中，继续有选择复制一批自贸区新片区政策，包括离岸贸易、工作签证、金融开放、教育医疗等开放政策，加速形成商务与会展的集聚效应。更加注重服务贸易对区域的溢出带动效应，引进国际化专业服务、公共服务机构，优化营商环境。

二是增加国际航线布局。进博会带来了国际高端商务客流，尤其是"一带一路"沿线国家的商旅客流大幅增加。国际航线的便利程度也是营商环境的重要考量。结合客流增长需要，提前布局上海与全球城市的直航航线。

第二，加快建设虹桥国际开放枢纽，服务与放大进博会核心溢出带动效应。加快建设虹桥国际开放枢纽，是进一步放大进博会溢出带动效应，提升上海国际贸易中心3.0版能级最直接、最重要的途径。通过常态化、平台化、专业化、市场化的机构与机制，在具体运营层面加强与进博会的沟通对接，聚集核心溢出形成国际贸易中心升级合力，提升溢出带动效应的能级水平。具体措施包括：

一是在虹桥地区设立国家进口贸易促进创新示范区。进博会每年都有新型贸易方式创新，带来新业态、新技术、新模式，在虹桥地区设立国家进口贸易促进创新示范区，可以跟踪前沿需求，就地创新探索转化服务进博会。

二是建设国际贸易信息枢纽，开展精准服务对接。"信息链接"一直是上海国际贸易中心建设的短板。布局国际化信息设施，引进或建设贸易信息的服务平台、服务企业。建设国际贸易信息数据库，通过对贸易信息的采集、分析、发布、撮合、反馈，促进投资贸易发展。聚焦投资促进、进口集散、商贸流通等重点领域建立项目库，跟踪一批与进博会溢出带动效应密切相关的重点项目，对接招商引资推动项目落地。创新发展数字贸易，加大国际组织引进力度，试点楼宇化区域性放开互联网接入服务，通过信息枢纽功能打造，推动虹桥数字贸易国际枢纽港建设。

三是引进多元化总部机构，打造虹桥高端总部中心。发挥国际组织作用，吸引相关国际组织落户上海。破解国际组织落地中的上位法束缚，简化报审流程，为进博会提供国际化专业支持。

第三，主动联动长三角，催化进博会溢出的区域一体化纽带效应。进博会所产生的集聚效应，可以更好形成对上海与长三角区域辐射效应，在长三角形成会展、文旅、商贸的合作互动。具体措施包括：

一是邀请长三角城市共同参与有关平台建设。上海国际贸易中心新平台可以邀请周边城市，通过固定形式共同参与。可支持建设一批长三角及上海常设对接进博会的贸易服务机构平台，梳理承接贸易资源，服务区域经济发展，成为长三角地区直接接受进博会溢出带动效应的窗口与渠道。

二是深化长三角进口集散及交通网络建设。长三角是进口商品的巨大市场腹地。深化长三角区域国际贸易单一窗口合作，优化长三角物流枢纽布局，便利长三角跨境电商发展，有利于提高上海对长三角的辐射影响力。借力长三角机场群，提高上海航空网络覆盖能力。加紧在虹桥周边布局公务机场，提高商务通行便利。

三是形成大虹桥及长三角的会商旅文联动辐射效应。进博会可以与周边商文旅活动形成互动，以国家会展中心为核心打造常态化精品"会商文旅"联动路线，优化交通枢纽、国家会展中心及周边商业、文化、购物、娱乐等交通路线与项目载体配置，突出进博会主题，结合进博商品购物，打造连接虹桥进口商品展示交易中心和绿地环球贸易港的旅游专线，促进消费业态融合集聚。互动长三角一体化示范区，打造"长三角进博会会展系列活动"，丰富参展商的选择空间，提高来中国的参展性价比。

五、以新经济新基建为引擎充实"四大功能"动能

疫情冲击下，上海增强"四大功能"离不开新经济新基建发展的新引擎。

第一，以突出应用场景"新"为原则加载产业新模式。只有建立起新的应用场景、消费场景和生活场景，才能真正推动制度、技术、模式、业态整合落地。成都东部新区在先进制造、智能制造等重点领域，可以推动新经济业态与现代制造业和生产性服务业融合发展，从而构建起服务新经济发展的承载平台、政策体系、创新生态、应用场景，培育塑造起以新经济、新消费、

新功能为主的新驱动力。为此，要通过临港新片区着力聚焦先进制造、智能制造等重点领域，打造现代高端产业集聚区，推动新经济业态与现代制造业和生产性服务业融合发展，构建服务新经济发展的承载平台、政策体系、创新生态、应用场景，培育塑造以新经济、新消费、新功能为主的新驱动力，形成具有全球影响力的新经济高地。重点围绕打造标杆性无人工厂、加快发展工业互联网、推广远程办公模式、优化在线金融服务、深化发展在线文娱、创新发展在线展览展示、拓展生鲜电商零售业态、加速发展"无接触"配送、大力发展新型移动出行、优化发展在线教育、加快发展在线研发设计、提升发展在线医疗十二大重点应用新场景，凸显发展新经济的比较优势。

第二，以强调路径"新"为导向在硬核科技上聚集发力。新经济的核心动力是具有先导性、颠覆性、带动性的"硬核科技"，促进新经济的硬核科技形成高度集成化的"技术集群"，以新经济产业链逻辑催生和壮大新经济。鼓励国内外知名高校、科研机构、龙头企业创设特色学院、联合实验室、信息研发机构和技术转移中心；探索科技创新智库模式，搭建新兴技术和学科交叉研究平台，支持前沿领域技术创新实验和应用在自贸区先行先试；推动创新型、高成长型高科技和新经济企业成长集聚，促进先进制造业和生产型服务业共生共融、协同发展；打造集研发设计、创新转化、场景营造、社区服务等为一体的生产生活服务高品质科创空间，重点打造创新街区、总部创新空间和微创新空间等高品质科创空间，以多元创新空间激发创新活力。以新发展理念为引领，以技术创新为驱动，以信息网络为基础，面向高质量发展需要，提供数字转型、智能升级、融合创新等服务的基础设施体系。

第三，发挥进博会"强心剂"和"新基建"效应，推动产业与企业全面复苏。引导小微及民营企业参与相关产业链供应链；加快探索进博会"互联网+"招商和展会创新模式；推动海外医疗健康类前沿产品技术在进博会亮相并快速在中国市场落地，鼓励无人经济、非接触类、边缘计算、新型基础设施建设等疫情催生兴起的新业态通过参展加速成长。

第四，着眼于生命健康、能源危机等全球性重大挑战，构建"十四五"

期间科技创新和产业引领比较优势。发挥张江综合性国家科学中心科技策源优势、新片区高端产业集群优势、科创板资源配置优势，探索制造业高质量发展试验区，既要做好"国之重器"，又要当好关键时期攻克核心技术难题的"主力军、国家队"。

六、以超大城市治理为切口强化"四大功能"保障

第一，用"以人为本"理念应对超大城市治理复杂性，运用大数据、互联网、物联网、云计算等科技支撑，大力提高社会治理精细化、智能化水平。转变社区"一刀切"治理思路，通过大数据交换和采集分析全市各社区的人群结构、形态功能、产业基础等要素特征，分类施策，提升高品质精准化服务水平，实现发展和治理双轮驱动、同频共振。探索建立以大数据应用为支撑的流动人口数据管理模型，以"人、房、业、网"四大环节为节点打造流动人口信息区块链，保障流动人口合法权益和生产生活，使其深度融入、共享发展成果。

第二，建立公共服务上海标准，用标准化模式解决公共服务不平衡的突出矛盾。逐步完善并推广"一刻钟社区服务圈"等标准化制度体系，以教育、卫生、养老等基本公共服务及停车、娱乐等超大城市迫切需要的非基本公共服务的可及性和可达性形成标准，建立任务清单，有效推动基本公共服务均等化布局和一体化发展。研究制定具有时代特征、中国特色、上海特点的社会治理现代化建设综合评价指标体系，广泛开展试点工作，推出一批市域社会治理现代化示范点。

第三，在"四大功能"战略推进中融入公共安全与公共风险因素。除了建立并完善专门的重大疫情防控体制机制和公共卫生应急管理体系，更需要将公共安全维护与公共风险防范工作具体融入、落实到常态化的国家重大战略任务推进过程中，特别是在科技创新、产业引领、长三角一体化、进博会平台建设等方面体现，将战略规划优势更好地转化为公共安全治理效能。例如，以引领构建长三角公共安全联防联控体系为突破口，加快破解长三角一

体化进程中规划统筹、产业协同、信息互通、公共服务共享等"堵点"的体制性障碍。

参考文献：

1. Friedmann J. The world city hypothesis. Development and Change, 1986, 17(1):69−83.
2. John Friedmann. The Good City: In Defense of Utopian Thinking. Urban Planning Overseas, 2000, 24(2):460−472.
3. Hall P. The global city. International Social Science Journal, 1996, 4(147):15−23.
4. Sassen S. The Global City: New York, London, Tokyo. Princeton:Princeton University Press, 2013.
5. Sassen, Saskia. Global networks, linked cities, 2002.
6. Olds K. Globalization and urban change: capital, culture and Pacific Rim Mega Projects. Oxford: Oxford University Press, 2001.
7. Castells M. The rise of network society. Oxford: Blackwell, 1996.
8. 刘江会、贾高清：《上海离全球城市有多远？——基于城市网络联系能级的比较分析》，《城市发展研究》2014 年第 11 期。
9. 吕康娟：《上海全球城市网络节点枢纽功能、主要战略通道和平台经济体系建设》，《科学发展》2018 年第 4 期。
10. 倪鹏飞、赵璧、魏劭琨等：《城市竞争力的指数构建与因素分析——基于全球 500 典型城市样本》，《城市发展研究》2015 年第 6 期。
11. 洪银兴：《城市功能意义的城市化及其产业支持》，《经济学家》2016 年第 2 期。
12. 上海财经大学课题组、蒋传海：《未来 30 年上海全球城市资源配置能力研究：趋势与制约》，《科学发展》2016 年第 8 期。
13. 袁国敏：《中国城市竞争力的分析范式和概念框架》，《经济学动态》2017 年第 6 期。
14. 张幼文：《未来 30 年上海发展的国际环境与上海全球城市功能建设》，《科学发展》2015 年第 3 期。
15. 周振华：《崛起中的全球城市》，格致出版社 2017 年版。

执笔人：唐忆文　张晓娣

第四章
构筑长期战略优势

上海是中国最重要的经济中心城市，在全国发展大局中占据重要地位，改革开放以来，特别是进入 21 世纪以来，上海着力推动五个中心建设，加快建设社会主义现代化国际大都市，取得了举世瞩目的发展成就。站在新的历史起点上，上海肩负着代表国家参与全球合作与竞争的新使命和新要求。面对复杂多变的国际竞争新态势，以及国内群雄并起的发展格局调整，上海长久繁荣发展既面对重要挑战，也面临重大机遇，需要以面向未来的长远谋划，面向全球的宽广视野，积极进取、创新突破，构筑长期战略优势，为落实国家战略提供新的支撑。

长期以来，上海作为城市型经济体系的战略优势，集中体现在城市核心功能优势、产业体系竞争优势和提供经验示范的引领带动优势三个方面，上海的区位优势、开放优势、要素优势、技术优势、制度优势、人才优势等，需要从这三个方面把握其战略意义和价值，以及在上海不同发展阶段的特征、地位和作用变化。未来 5—10 年，上海代表国家参与全球合作与竞争，同样需要从这三个方面构筑难以被替代的城市功能优势、难以被撼动的产业竞争优势、难以被超越的先发引领带动优势。在上海长期发展中占据重要地位的开放优势，将从贸易投资的开放，转变为经济中心城市功能的全球化扩展和提升；在上海未来发展中占据核心地位的创新优势，将在城市功能优势、竞争优势和引领带动优势三个方面都发挥关键支撑作用。上海需要以"人无我有"的全球城市核心功能优势、"人有我优"和"人优我新"的高质量竞争优势，"人新我先"和"人先我强"的引领带动优势，支撑上海在国际竞争中占据主动地位，实现长久繁荣发展。

第一节 未来5—10年是上海长期战略优势调整转换关键时期

上海的发展优势表现在许多方面，包括区位优势、开放优势、技术优势、要素优势、市场优势等，从上海长期发展进程看，这些优势主要是从城市功能、竞争优势和引领带动优势三个方面为上海长期繁荣发展提供了战略优势支撑，目前，正是这三个方面战略背景的重大变化，使上海面临战略优势重大转变，未来实现上海长期繁荣发展，创造上海新传奇，需要从这三个方面谋划长期战略优势。

一、上海长期以来的繁荣发展，在很大程度上得益于三个方面战略优势的强力支撑

（一）城市功能优势

在区位优势、开放优势和产业优势基础上形成和不断演变的城市功能优势，在上海长期发展中占据重要地位。

不断提炼自身核心功能优势，是上海从开埠至今城市发展的重要脉络。从中华人民共和国成立初期的工业中心，到20世纪90年代的"四个中心"，再到"五个中心"、全球城市和国际大都市，是上海城市定位与核心功能不断相互推进的过程，同时也是不断夯实和提升自身功能优势的过程。

开埠初期，基于特有的区位优势和开放优势，上海形成了西方工业社会与东方非工业社会之间产品、技术、资金、文明等交融汇聚的转口功能优势，确立了上海长期战略优势的重要基石。中华人民共和国成立以来70多年的发展进程中，上海从独立自主工业化国家的工商业中心城市，逐步转变为开放化发展中全国最重要的经济中心城市。随着上海四个中心建设的深入推进，产业、产品、要素、市场等集聚和辐射功能快速提升，上海的经济中

心城市功能不断拓展。从转口功能到工商业中心城市功能，再到经济中心城市功能，城市功能一直是上海最重要的战略优势。

一是上海确立了其作为中心城市的产业功能。改革开放之后，上海在浦东开发开放的大背景下，依靠廉价生产要素大力引进外资，逐步实现了工业再起飞和跨越式发展。上海以六大重点工业为主线的工业体系，带动了工业化初期全国工业体系的构建和完善。到2018年，上海6个重点工业行业——电子信息产品制造业、汽车制造业、石油化工及精细化工制造业、精品钢材制造业、成套设备制造业、生物医药制造业等，完成工业总产值23 870.77亿元，比上年增长1.4%，占全市规模以上工业总产值的比重为68.5%。[①]

表2-4-1　2018年6个重点行业工业总产值及其增长速度

重 点 行 业	绝对值（亿元）	比上年增长（%）
电子信息产品制造业	6 450.23	1.4
汽车制造业	6 832.07	0.8
石油化工及精细化工制造业	4 006.76	−1.5
精品钢材制造业	1 233.42	−6.5
成套设备制造业	4 171.70	4.8
生物医药制造业	1 176.60	9.8

数据来源：《2018上海市国民经济和社会发展统计公报》。

二是上海确立了作为中心城市的服务功能。上海服务业发展一直走在全国前列，上海是国内率先引进服务业外资的城市之一。近年来依托自贸试验区建设，不断放宽服务业准入门槛，这些促进开放的举措，为上海服务全球、服务全国、服务制造的能力奠定了基础。2018年，上海第三产业增加值占上海市生产总值的比重为69.9%，占全国第三产业增加值的比重为4.87%。[②]特别是在生产性服务业领域，上海近年来重点聚焦总集成总承包、供应链

[①] 数据来源于《2018上海市国民经济和社会发展统计公报》。
[②] 数据根据《2018上海市国民经济和社会发展统计公报》及《2018中国国民经济和社会发展统计公报》相关数据计算。

管理、研发设计、检验检测等领域,重点打造"产品+服务""制造+服务"等新模式和新业态,推动制造业迈向中高端。《2018年上海生产性服务业发展报告》显示,上海生产性服务业增加值已从2008年的4 188亿元增长到2018年的13 707亿元,占全市GDP比重也由29.8%跃升至2018年的41.94%,其中服务业占GDP比重达到69.9%,生产性服务业占服务业比重达到60.01%。与发达国家"两个70%"指标相比(即服务业占GDP70%、生产性服务业占服务业70%),上海已双双超过60%,接近发达国家水平。[①]

三是上海确立了其作为中心城市的产品和要素集聚功能。上海从改革开放到党的十八大期间,经历了从"工业中心"到"一龙头、三中心",再到"四个中心"的变化。在这一进程中,依托上海的航运、贸易等功能,不仅进一步在全国范围内实现了资源的集聚和配置功能,更进一步在更大范围内吸引商品、要素和信息的集聚和流动。目前,上海作为中心城市的商品和要素集聚功能持续强化,航运规模、贸易规模和金融交易规模在全球都已名列前茅。在航运方面,上海集装箱吞吐量连续8年保持世界首位,上海机场旅客吞吐量达到1.12亿人次,在全球城市中排名第四;浦东机场货邮吞吐量连续10年排名全球机场第三;国际旅客和货邮吞吐量全国占比分别达1/3和1/2,成为大陆第一空中门户。[②] 在贸易方面,上海口岸贸易近年来占全球和全国的比重稳步上升,货物进出口约占全国的30%,占全球的3%以上,规模已超越香港、新加坡等传统国际贸易中心城市;服务贸易占全国的25%、全球的2%以上。[③] 在金融方面,上海证券市场股票筹资总额位居全球第二,股票交易额和股票市值均位居全球第四,上海黄金交易所场内现货黄金交易量位居全球第一,上海期货交易所螺纹钢、铜、天然橡胶等10个期货品种交易量位居全球第一。[④]

[①] 《上海生产性服务业正向国际追赶"双总"优势凸显》,《上观新闻》2019年6月10日。
[②] 《干货满满!建设国际航运中心,上海将采取这些重点举措》,http://www.cemnet.com/shichang/15007_3.html。
[③] 《市政府新闻发布会介绍上海增强城市核心功能推进上海国际贸易中心建设进展情况》,上海市商务委员会网站,2017年11月14日。
[④] 《上海全国性金融要素市场诞生记:多个首创开金融改革开放先河》,https:www.thepaper.cn/newsDetail_forword_2220203。

（二）国内外产业体系中的竞争优势

要素驱动型规模化发展优势是改革开放以来上海快速增长的重要动力支撑。依托劳动力、土地等初级要素成本优势，上海融入国际产业分工体系，确立了在国际产业体系中的竞争优势；凭借长期积累的国内生产优势、技术优势和人才优势，上海确立了资本技术密集型产业发展中的生产制造优势和产业规模优势，六大重点产业优势明显；在资本投入包括引进外资规模方面长期领先，进一步强化了上海的要素驱动型发展优势。

具体来看，上海过去的竞争优势可以划分为改革开放前和改革开放后两个时间段。

一是1949年前上海作为我国最大的工商业城市和经济中心，工业、交通运输、金融业和内外贸易上的比重在全国举足轻重。上海工业的生产技术和经营管理在国内也处于领先地位。这为1949年后新中国工业化发奠定了良好的基础。但1949年前，上海工业结构极其不合理，轻纺工业占全市工业总产值80%以上，重工业仅高于10%左右，重要生产资料严重依赖进口，许多重要工业部门完全空白。[1]

二是1949年后到改革开放前，经济体制是以政府进行资源配置为主的计划经济。当时中国尚未对外开放，上海无论是制造还是商业发展都不参与国际竞争。改革开放的前30年，中国在经历了长期战乱后，基础设施薄弱，建设基本从零开始。但就在这一时期，中国形成了规模庞大的航空、航天、原子能及门类相对齐全的军工体系，并且获得了世界瞩目的成就。在这一时期，新中国还建立了相对较为完善的工业产业体系，这一时期相对于其他发展中国家，中国的工业门类齐全程度、技术水平和开发能力已经是首屈一指，为改革开放后中国的工业化发展奠定了雄厚的基础。[2] 如大白兔奶糖、上海牌手表、凤凰牌自行车、蝴蝶牌缝纫机、海鸥牌相机、百雀羚面霜、英

---

[1] 孔冰欣：《上海制造再出发》，《新民周刊》2018年6月30日。
[2] 梅宏：《如何正确评价改革开放前后的两个30年》，http://dangshi.people.com.cn/n/2013/0219/c85037-20530313-2.html。

雄钢笔、三枪内衣和回力牌运动鞋等。这些品牌由于其过硬的品质和精细的制造工艺而驰名于全国，上海制造业因此获得了"工匠精神"的美誉。上海的这些老品牌曾是好几代人的回忆，也是当时外地人到上海购买的热门产品。当时虽然没有品牌的概念，但上海制造凭借着它的"工匠精神"打造了自身的品牌，成为高品质产品的代表，也是高水平信誉的保障，更是上海这座城市不可磨灭的印记。正如20世纪六七十年代火遍全国的"三转一响"（即手表、自行车、缝纫机、收音机），四大件在全中国的生产厂家有很多，但代表着精致、洋气和美好只能是"上海制造"。

改革开放前除了上海轻纺工业是全国领先，上海在重工业方面也实施了一系列项目计划。"一五"规划时期，国家规划了156项重点工程，即从苏联与东欧国家引进的156项重点工矿业基本建设项目。在这些项目中，上海电气作为专注于电站设备研发和制造的企业，于1955年就研制出了第一台6 000千瓦汽轮发电机，是中国自主制造发电的先驱者。1958年，上海电气还开创先河地研制了世界上第一台1.2万千瓦3 000转/分双水内冷汽轮发电机。"一五"时期的这些项目为中国初步全面发展工业化奠定了雄厚的经济基础。20世纪70年代，上海已经是名副其实的全国工业中心。当时上海制造的炼钢设备年产量能打到150万吨、生产的火力发电机组能达到30万千瓦、生产的化肥设备年产量能达到15万吨以及煤矿设备年产量能达到75万吨等，不仅如此，上海还生产制造了大型电子计算机、高精度数控机床等精密产品。截至1978年改革开放前，上海的全市工业总产值为207亿元，占全国比重的1/8。上海约200项工业产品的产量位居全国第一，其中有70多项工业产品能够接近或达到当时的国际先进水平。[①]

三是改革开放后，上海借鉴国际工业化发展经验，紧跟国际产业发展前沿，在工业化发展阶段转换中率先转型升级，从"上海质造"向"上海智造"的全面推进，形成了在高端制造领域"人无我有"的生产制造优

---

① 金叶子、缪琦、任绍敏：《上海制造70年变迁：从金字招牌到硬核科技》，http://finance.sina.com.cn/roll/2019-05-27/doc-ihvhiqay1590556.shtml。

势。20世纪80年代后期与90年代初期,上海制造业率先推动资本技术密集型重化工业发展,确立了工业化中期的制造业发展优势。在"调整中发展"和"发展中调整"战略引领下,以上海石化、宝钢、上海大众等项目为标志,加快推动从轻纺工业到重化工业的转型升级,制造业成为这一时期上海经济快速增长的核心支撑,上海与全国相比最早形成先进工业化基础。通过不断引入外资,学习、吸纳和模仿先进技术,上海培育了汽车、电子信息、成套设备、石油化工及精细化工、精品钢材、生物医药六大支柱产业。①

1987年的上汽原本叫做上海汽车拖拉机公司,是一个厂房陈旧、设备老化、破烂不堪的弄堂小厂,有些厂房和设备还是20世纪50年代甚至是解放前留下来的。当时有外方在实地考察之后得出的结论是"上海还不具备生产现代化轿车的能力"。而现在的上汽集团已经是国内汽车产业链布局最完整、体系综合实力最强的汽车企业。原上海汽车工业(集团)总公司总裁陆吉安刚上任时的使命就是将桑塔纳国产化。当时,中国轿车工业几乎为零。从战略的角度看,国产化不仅是为了平衡或减少外汇支出,主要还是要达到规模化生产,以此拉动相关产业的发展,促进汽车工业的转型。国产化任务非常紧迫,如果3年内国产化达不到40%,上海大众就要关门。当时陆吉安的另一个重要职务是上海市轿车国产化协调办公室主任。在市国产办的带动帮助下,组织了全市、全国配套厂,集中一切力量推进。经过两年的努力,国产化突破了40%。除了上汽集团,上海振华也是在贸易开放的重大机遇中发展起来的。当时,全球港机95%的市场份额几乎被日本三菱、德国克虏伯、韩国三星等巨头占领,上海振华不仅不能与这些行业巨头同台竞技,甚至连竞标资格都没有。在改革开放大环境的巨大优势下,刚起步的振华港机从零开始,举步维艰,但最终凭借其过硬的产品质量、准时交货的信誉保证、值得信赖的售后服务,使中国生产的港机在国际市场份额占有一席之

---

① 李伟:《构筑"上海制造"新的战略优势,需要把握哪些重要机遇?》,《上观新闻》2018年1月19日。

地，最终赢得了全球用户的信任。①

改革开放后，中国具备人口红利优势，工业化又伴随着大规模城镇化，土地、工资与环境成本均较低，因此与发达国家相比，上海逐渐形成了对外"人无我有"的价格、土地、环境成本等生产要素竞争优势。在改革开放的大好环境下，上海知名的支柱产业凭借在国际市场上的价格优势、精细的制造、高品质的产品赢得了国外市场的份额，使上海制造在改革开放后再次成为全国工业制造业中心。上海制造对内对外的竞争优势不仅是延续了改革开放前的制造、加工生产的金字招牌竞争优势，还在此基础上有所升级，并形成一定的规模和产业配套。

20世纪90年代中期到21世纪初期，上海在发挥比较优势融入国际产业分工的外向型产业发展中率先突破、创新转型，确立了工业化中后期的发展优势。在浦东开发开放和"四个中心"建设目标的引领下，以发展、调整、提升战略为导向，产业升级取得重要进展。装备、汽车、钢铁、石化和生物医药规模扩张、能级提升，六大重点产业的发展优势不断提升，支撑了上海连续16年的两位数增长。

随着浦东开发开放和"四个中心"建设，上海在其历史文化的积淀、制造和商业发展雄厚基础以及独特的区位优势之上，其竞争优势在新时代也出现了新格局。上海不仅具有"人无我有"的制造优势，更是商业要素集散中心，随着全球化趋势、国际产业分工模式和新产业革命推动生产方式的变革，上海更聚焦于全球资源的配置功能，形成包括"人无我有"的制造优势在内的综合竞争优势。上海在成为全国制造中心的同时，资本和服务业也同时向上海集聚，形成了全国的金融、航运、人才中心。上海还是跨国公司总部的中心，这为上海的现代服务业发展创造了良好的环境和要素基础。

（三）引领带动优势

上海率先引进、学习、模仿国际先进水平的先发优势和实现逆向赶超的

---

① 《一个个率先和首创从上海诞生 听改革开放亲历者讲述上海工业的激荡时刻》，《新民晚报》2018年12月13日。

后发优势，创造了可复制可推广的经验借鉴和典型示范，形成了上海对标国际、确立国内标杆的引领性战略优势。

改革开放以来上海的先发优势既表现在率先引进、学习国际先进技术形成的技术创新先发优势方面，也表现在率先推动市场化改革形成的制度先发优势方面。从宝钢、上汽到中芯国际，上海在引进先进技术方面一直走在全国前列；从土地批租到股票发行，再到自贸区的商事制度改革，上海率先改革的先发优势贡献巨大。同时，上海在学习追赶实现跨越式发展的后发优势方面硕果累累，在引进技术、消化吸收再创新的逆向创新后发优势方面成绩斐然，振华重工、上汽集团等都创造了发挥后发优势、实现后来者居上的发展传奇。

1. 上海率先改革的先发优势

上海始终贯彻着"全国一盘棋"的思维，在改革中努力做到了牵一发而动全身的突破，在要素市场化改革、市场主体培育和民生改革等领域创造了"上海突破、城市推广、全国借鉴"的上海模式。

第一，上海率先全国实现了要素的市场化改革。作为曾经的计划经济体制下最重要的特大型城市，要素配置市场化的转变是上海改革的核心。上海在要素市场化改革中出现了"第一个土地租批、第一张股票发行，第一家证券市场成立"。上海坚持以制度创新和市场化改革为引领，建立起了土地、资本和劳动力等关键生产要素流动市场，形成了改革的蝴蝶效应。

在土地要素方面，上海首先在土地这一最为传统的生产要素上实现了要素改革的破冰。早在1986年，上海便开始土地有偿使用制度的探索。1988年，上海虹桥开发区26号地块有偿出让标志着上海实现了土地作为生产资料回归到它的本性。[①] 土地有偿使用即充分展示了其作为商品属性，又可以作为政府经济政策杠杆。土地资源的配置从传统的行政划拨机制转为市场机制，为上海这个城市的发展提供了新的经济动能，也为中国大陆的土地使用制度改革提供了成功的经验。此后，上海在土地市场化改革中成立了全国第

[①] 万滨：《上海城市土地储备运行制度研究》，同济大学博士学位论文，2007年。

一个土地估价所,第一个土地储备机构和第一个国有土地交易市场,逐步建立起了土地使用权公开、公正、公平的交易市场环境。

在资本要素方面。上海率先激活了金融在经济活动中的血脉作用。邓小平曾经说过:"金融很重要,是现代经济的核心。金融搞好了,一着棋活,全盘皆活。"[1] 交通银行作为全国首家股份制商业银行落户上海,开启了打破国有银行业全面垄断的金融改革局面。随后,浦东开发开放,上海陆家嘴成为我国唯一以金融贸易功能为特色的地标,激发了金融的集聚效应,吸引了中外金融机构和企业不断集聚在陆家嘴,也吸引了众多国家级金融要素市场的落户。上海证券交易所、上海期货交易所、上海金融期货交易所、上海保险交易所等10多家国家级要素市场和功能金融基础设施机构相继成立,发挥了全国金融要素资源的市场配置作用。

在人才要素方面。上海不遗余力地盘活存量人才和吸引外来人才,满足经济发展的需要。从20世纪80年代初到90年代中期,上海人才要素改革上经历了引入市场机制、培育市场机制和完善市场机制三个阶段。[2] 改革开放初期,面对原有计划经济体制下人才的管理模式已经无法适应商品经济蓬勃发展的现状,上海的"星期日工程师"打破了科技人才的兼职束缚,掀起了中国第一次产学研结合的浪潮,同时也拉开了中国科技体制改革的大幕。1988年,上海颁布了《上海专业技术人员辞职暂行办法》,为技术人才流动流通提供了制度保保障,培育了市场机制。到了20世纪90年代中期,上海琳琅满目的各类人才交流会随处可见,意味着上海已经建立起多层次人才交流市场,吸引众多国内外人才进入上海。

第二,上海率先着手市场主体的培育。新中国成立后,依照苏联模式,建立了高度集中统一的计划经济制度。在计划经济制度下,经济的主体通常是政府和国有企业,上海也不例外。改革开放后,中国开始着手社会主义市场经济体系的建设,需要培育与之相适应的产权清晰、管理科学的企业成为市场的主体。在转型背景下,处理好政府与市场的关系是社会主义市场经济

---

[1] 《邓小平文选》(第3卷),人民出版社1993年版,第366页。
[2] 陈国政:《上海人力资源市场发展:经验与展望》,《社会科学》2009年第3期。

体系建设的核心议题，也是改革的敏感区域。上海以敢为人先的精神在这一区域的探索却从不间断。这很大程度得益于上海市政府一直以来对打造服务型政府、优化营商环境的重视。其中最为显著的举措是实施特大城市"两级政府、三级管理"建设管理体制，减少了政府层级，将权限下放，提升区县的积极性，[①]政府公共服务的效率得到了改善。更加值得可圈可点的是上海的行政审批制度改革，通过10多年的努力政府实现自身"瘦身"与"塑形"，将上海打造成为"行政透明度最高、行政效率最高、行政收费最低"的地区。

近年来，随着移动互联网、云计算、大数据以及人工智能等新理念和新技术的兴起，上海首先在政务服务上突破数据汇聚共享瓶颈，创新性地推出了"一网通办"政务服务模式，实现了政府服务从"群众跑"到"数据跑"转变。而"营改增"试点改革则极大减轻了企业的税负，2017年，上海"营改增"试点对企业的减税达到了1 280亿元规模。[②]上海的这些改革都为中国经济社会长远发展的主要领域关键环节的改革创新力度积累了宝贵的经验。

20多年来，通过实施政府与市场关系的一系列改革，上海逐步建立起了"政府是制度供给者，企业是市场的主体"的市场主体分工体系。但是，国有企业作为计划经济体制下的微观支柱，在市场经济中需要从原先的依靠行政指令运行转变为采用市场化、公司化和资本化运作。上海对市场主体培育重点工作之一就是国有企业的改革，上海国有企业经历了"利改税"、"两权（所有权和经营权）分离"、承包经营、公司制改革、建立现代企业制度和上市运行等系列改革，可谓是一路领先、一路凯歌。通过国有企业改革，上海的竞争性行业实现了"腾笼换鸟"，一大批民营企业和外资企业在竞争

---

① 杨章明：《两级政府 三级管理——上海探索特大城市管理体制改革》，《中国特色社会主义研究》1998年第3期。此外，浦兴祖于1998年在《政治学研究》发表的论文《特大城市城区管理体制的改革走向——兼谈"两级政府、三级管理"之提法》对"两级政府、三级管理"具体提法的严密性做了探讨，大多数文献还是采用了"两级政府、三级管理"这样的表述，因此本章将沿用该表述方式。
② 数据来自中国税务总局官方网站的新闻报道，详情请查阅《"营改增"6年，上海税改向经济转型释放红利》，http://www.chinatax.gov.cn/n810219/n810739/c3573187/content.html。

性领域蓬勃发展。目前,非公有制经济在上海市生产总值中的比重从1990年的4.6%上升到了2017年的51.4%。[①] 目前,上海国有企业[②]、外资企业和民营企业对上海市生产总值的贡献比例均等,实现了市场主体多元化、均衡化与开放化的发展。

第三,上海的民生改革为全国城市提供了标杆。"城市,让生活更美好"作为2010年上海世博会的主题,体现了上海这座城市对城市居民生活质量的高度重视。作为中国最大的城市之一,上海的城市发展走在其他城市的前列,同时也意味着在城市发展过程中面临的种种问题。上海在民生领域的改革同样实现了率先突破,如率先探索建立住房公积金制度、率先建立最低生活保障制度、首创"4050"工程破解城市再就业难题、构建从"9073"到"五位一体"养老模式为我国社会化养老服务提供新思路、"四医联动"模式提供困难群体医疗救助新方案,全国第一个实行生活垃圾分类立法的城市。这些都体现了上海在民生领域改革的上下求索。

2. 上海开放的后发优势

作为一个港口城市、一个移民城市,开放赋予了上海强大的生命力,也是上海最大的优势之一。上海通过开放实现了经济从内向型向外向型转变,在学习追赶实现跨越式发展的后发优势方面硕果累累,引领中国其他城市对外发展。

中国通过开放将自身的发展切入全球经济的大环境中,成为世界经济的重要节点,上海无疑是这个节点上最重要的接口和窗口。改革开放40多年来,在国家战略指引、上海政府主导和市场制度建立三轮驱动下,上海实现了战略性、融合性和双向性的开放。

第一,从开放的高度看,国家战略将上海开放定位为面向世界的开放,作为国家开放的高地参与全球经济的竞争。邓小平曾说"浦东面对的是太平洋,是欧美,是全世界"。从决定对浦东进行开发开放那一刻起,上海市政府便明确提出要将陆家嘴金融贸易区打造为一个集中国与世界、现在与未来

---

① 数据来源:上海统计局网站。
② 包括中央国有企业和地方国有企业。

相融合的新地标。如为了对陆家嘴进行地区空间规划，上海专门举行了地标设计国际咨询会，这是中国历史上第一次为地区空间规划举行国际咨询，也是中国第一个汇集国际智慧的规划设计方案。类似的例子在上海的开放过程中数不胜数。上海始终将国际最高标准最好水平作为高度，充分学习和借鉴国际先进经验，对标国际通行规则，提升国际话语权和影响力。2013年，国务院批准了《中国（上海）自由贸易试验区总体方案》，2018年习近平总书记在首届中国国际进口博览会开幕式上宣布将增设中国上海自由贸易试验区的新片区。[①] 上海的开放在改革开放再出发的国家战略背景下进入了新的高地。

第二，从开放的方向看，上海实施了"引进来"和"走出去"的双向型战略。改革开放前30年，上海的开放主要以"引进来"为主，其中最突出表现是外资和技术引进。在外资引进上，为了打破体制束缚、提高办事效率，加大吸引外资的力度，上海组建了外国投资工作委员会（简称"外资委"），开启了外资投资管理上"一个机构、一个窗口、一个图章"政府简政放权的先河，[②] 改善了外资投资环境，激励了外商投资的热情。仅外资委成立后的3年内，上海新设外商投资项目就是过去10年的2.39倍，[③] 截至2017年年底，上海累计引进外资项目9.14万个，吸收外资2 231.4亿美元。外资委的成立既是上海开放的理念创新，更是上海开放的制度创新，影响深远，绵延至今。

在技术引进方面，上海通过合资贸易、合作经营等方式率先实现了将先进技术和管理经验引进来，吸收、消化再创新的突破。在制造业方面，上汽大众（原上海大众）是中国改革开放之初成立的第一家中外合资汽车企业，该项目通过引进德国大众的轿车制造技术，改造了上海轿车厂，建立了中国

---

① 《习近平在首届中国国际进口博览会开幕式上的主旨演讲》，http://www.xinhuanet.com/politics/leaders/2018-11/05/c_1123664692.htm。
② 上海市商务委员会：《改革开放再出发 | 一个机构、一个窗口、一个图章，开创全国外商投资管理体制改革的先河》，http://sww.sh.gov.cn/swdt/245034.htm。
③ 参见上海市委改革办：《东方潮：上海改革开放标志性首创案例选（1978—2018）》，上海人民出版社2018年版。

轿车工业零部件生产体系，实现自主研发品牌汽车的"轿车梦"。在服务业方面，1992年成立的上海第一八佰伴商厦是中国第一家中外合资商业零售企业，商厦成立当初由日本投资方控制和经营，现在已经是上海百联集团有限公司的全资子公司。① 该商厦通过合资打开局面，在合资过程中中国管理人员从中学习了各种管理经验，到最后实现了中方独立经营，创造了中国管理人独立驾驭大型零售企业的奇迹。②

近年来，随着上海企业国际化能力的提升，"走出去"参与对外投资也迅速增长，尤其是共建"一带一路"倡议提出以来，上海政府积极学习香港贸发局的成功经验，与企业并肩携手，构建多层次、宽领域的贸易和投资合作网络，搭建沟通桥梁。

第三，从开放的领域看，上海形成了经济、金融、贸易、航运和科创五位一体的融合性开放，体现了上海在开放上的综合优势。20世纪90年代，上海提出了"四个中心"建设目标。2014年，习近平总书记考察上海时指示上海要加快科技创新中心的建设。③ 总部经济是上海融合性开放的缩影，上海率先抓住了全球化浪潮的机遇。随着全球化推进，跨国企业规模越来越大，企业本体开始发生裂变，出现区域之间的分离、生产和管理职能的分离以及各种管理职能之间的分离，各种亚太总部、资金总部、营销总部、研发总部等总部经济应运而生。上海在开放中精准地选择大力发展以综合服务为核心的总部经济，形成的上下游产业集聚的强磁场，提升了上海城市经济能级。

在改革开放中，上海率先在技术引进、消化和吸收上实现突破，提升生产技术，填补产业空白，切入全球价值链，充分发挥上海城市发展的后发优势，实现超越发展。

---

① 贺映辉：《跨国零售企业在华的竞争优势与我国企业的对策》，《商场现代化》2006年第33期。
② 参见上海市委改革办：《东方潮：上海改革开放标志性首创案例选（1978—2018）》，上海人民出版社2018年版。
③ 《共同推进上海加快建设具有全球影响力的科技创新中心》，http://sh.people.com.cn/n2/2017/0828/c134768-30665641.html。

上海通过技术引进和消化实现了众多工业企业生产技术的改造升级,改变了中国技术落户的面貌,填补了国内生产的空白。1987年,上海颁布了《上海市鼓励引进技术消化吸收暂行规定》,上海技术引进消化工作得到了有序系统地推进。[①] 率先在汽车、照相机、彩电和冰箱等重点产品上实现了国产化,并将这些产品生产迅速地与上海的区位和劳动力要素成本等优势相结合,实现了产品的出口与创汇。

技术与产业之间内在联系紧密。从产业链或者价值链的角度看,改革开放初期,上海凭借与亚洲发达国家和地区之间的加工贸易和投资关系,迅速融入亚洲—北美跨洲生产网络。随着中国的"入世",中国成为亚洲—北美生产网络中间产品的轴心市场,上海成为其中最重要的节点。在这个进程中,上海凭借发展中国国家特有的劳动力要素低成本优势切入了全球价值链,使得这些标有"中国制造"的价廉物美产品销往世界各地,提升了上海作为贸易中心和航运中心的国际地位。

二、上海面临战略优势调整转变的重大挑战

(一)城市功能优势方面

上海目前还是一种非常典型的国内经济中心城市功能,需要基于区位优势和开放优势的新内涵,实现经济中心城市功能的全球化扩展。

全球城市的核心功能,主要是关键资源要素的全球配置能力和全球产业体系的控制力与影响力。在全球城市发展中,上海地理位置意义上的区位优势已经弱化,只有确立上海在全球资源配置体系和产业体系中的节点位置,才能形成具有战略意义的区位优势;上海开埠以来最重要的开放优势,也需要从单纯的引进技术、资本,推动贸易和投资的双向开放,转变为关键资源要素配置和产业体系控制力影响力的全球性扩展,也就是经济中心城市功能的全球性扩展。上海目前在资本要素、创新要素等方面已经形成一定的规

---

① 参见邹荣庚:《上海科技体制改革与创新》,上海人民出版社2004年版。

模集聚能力，但是要素资源的国际化程度较低，尚未形成全球范围的配置功能，比如，中国资本市场占全球资本市场的11.3%，已经成为全球第二大股票市场、第三大债券市场，但上海股票市场外资持股比例不足5%，债券市场外资持有占比不足2%。同时，作为全球产业体系控制力载体的跨国公司全球管理总部和具有全球影响力的平台型企业，在上海尚未形成集聚发展态势。又如，上海在全球话语权不高，难以看到能够影响全球商品价格的"上海价格"以及影响全球生产生活方式的"上海标准"。以全球大宗商品定价权为例，上海在铜、钢铁等商品上已经有了"上海价格"，特别是铜价已经有了一定影响力，但是距离形成"定价权"、形成区域性的交易中心还有很大的差距。再以"上海标准"为例，目前，在国际标准化组织（ISO）及国际电工委员会（IEC）两大国际标准组织中主导制定的国际标准中，95%左右的标准都是由发达国家主导制定的，中国主导制定的约占1%，[1] 上海更是微乎其微。

（二）产业体系竞争优势方面

要素驱动、规模导向发展中形成的竞争优势，已经逐步转化为上海实现创新驱动和高质量发展的瓶颈制约。上海劳动力等初级要素成本上升，商务成本上升，空间约束和环境约束强化，支撑上海融入国际产业分工体系的要素成本优势已经转变为要素成本制约。同时，上海产业投资增长持续低迷，六大重点产业规模收缩，上海曾经拥有的重点产业领域发展优势、规模优势和要素驱动优势已经发生逆转；新兴发展领域虽然不断创新突破，但是尚未形成具有较强竞争优势的规模化增长发展能力。

2008年国际金融危机以来，随着劳动力、土地等资源要素成本快速上升等因素，以往支撑上海发展的竞争优势随着国际国内经济形势的发展逐渐丧失，上海的传统制造优势减弱，部分制造开始外迁，上海进入速度调整和动力转换的新发展阶段。正如纽约、伦敦等全球巨大城市发展的变革，主要

---

[1] 《上海打造对外开放新高地，如何提升全球制度性话语权？》，《上观新闻》2018年7月4日。

依托金融中心和跨国公司总部集聚形成的全球城市的全球资源配置能力和产业体系控制力特征发生改变，新产业革命引发关键要素资源构成和组织形式的变革，资本作为唯一关键要素资源的地位下降，数据资源和创新资源成为与资本并列的新的关键要素；跨国公司的扁平化管理和总部向新兴国家迁移，使全球城市依托跨国公司总部集聚形成的全球产业体系的控制力减弱，互联网、物联网等大大增强了要素的流动性和连接性，提升了平台型企业的产业体系影响力和主导力，具备全球影响力的平台型企业在全球城市的集聚，成为全球城市产业体系控制力的重要载体。

上海也逐渐开始以创新驱动发展、经济转型升级为引领，以战略性新兴产业培育和中高端升级为导向，加快推动从工业化后期到后工业化阶段的升级，实现了后工业化阶段初期的持续稳定增长。从高新技术产业化到发展战略性新兴产业，再到新产业、新技术、新业态和新模式的"四新"经济培育，上海在中高端升级中迈出坚实步伐。2017年以来，上海制造业增速回升势头凸显，中芯国际、和辉光电二期、华力微电子二期等重大项目开工，机器人、船舶海工、新材料等领域的一批重点项目有序推进。"上海制造"成为上海科创中心建设的重要支撑。未来，上海需要把"人无我有"的竞争优势转化为"人有我优""人优我新"的竞争优势，打造上海高品质与创新创造的竞争优势。

（三）引领带动战略优势方面

上海自身形成的率先学习、改革、突破的先发优势，以及跨越式追赶和逆向创新的后发优势空间缩小，使得上海的引领带动战略优势作用减弱。[①]

在先发优势方面，随着上海发展水平提升，上海进一步追赶学习国际一流的空间缩小，而上海作为国内被追赶的目标，与其他地区的差距不断缩小，上海率先学习的先发优势逐步减弱；同时，改革之初率先突破形成的制度改革红利和开放红利，随着上海成功经验的复制推广而逐步减弱，进一步

---

① 刘建军、郭岚：《经济市场化进程中的中国区域经济发展差距》，《南方经济》2004年第9期。

深化改革、扩大开放面临的挑战更多，突破难度更大，而复制推广的速度更快，制度创新先发优势面临重大挑战。

在后发优势方面，从"跟随型"战略向"并跑"和"领跑"战略的转变，将导致合作共赢型全球产业链向竞争替代型全球产业链的转变，先行国家的限制封锁将不断强化，跨越式追赶中的技术引进和逆向创新后发优势将是限制封锁的重点，如何突破技术封锁和限制将成为上海发挥后发优势、进入国际发展前沿的重要目标。

中国已经在经济总量上实现了全球第二大经济体地位，成为世界经济的重要节点，面对世界经济近年来涌现出的新问题和新挑战。中国一边推进多边贸易体制完善，实现与发达国家公平自由贸易；一边通过"一带一路"倡议，倡导与新兴市场国家实现互惠自由贸易，倡导各国共建人类命运共同体。在新的形势下，上海的引领带动优势内涵将更加丰富。改革上，上海作为排头兵要有智慧、有锐气、有勇气找准改革方向，把握改革重点、推动改革的试点，形成可复制的经验。开放上，上海要站在新的高地，为扩大中国开放探索新途径、积累新检验。技术上，上海要率先实现从"跟跑者"向"并跑者"甚至"领跑者"转变，更要在"卡脖子"技术上实现中国突破。价值链的地位上，上海不仅要实现在全球价值链上向高附加值环节的攀升，而且还要精准把握数字经济转型中价值链裂变、聚变和蜕变趋势。

第二节　上海需要聚焦三个方面构筑长期战略优势

上海需要在代表国家参与全球合作与竞争中实现上海自身的长久繁荣与发展，上海的长期战略优势就是代表国家参与全球合作与竞争的战略优势。需要把握城市功能优势、产业体系竞争优势和引领带动优势新的目标要求，突出创新优势在上海未来发展中的关键作用，以及在三个方面战略优势中的引领地位；需要关注在上海长期发展中占据重要地位的开放优势新特征，把握从贸易投资的开放转变为经济中心城市功能的全球化扩展和提升新开放优势；以代表国家参与全球合作与竞争为导向，构筑难以被替代的城市功能优势、难以被撼动的产业竞争优势、难以被超越的先发引领带动优势。

确立和提升全球城市应具备的对全球经济产业体系的控制力和影响力功能优势、支撑上海与世界一流全球城市竞争的战略优势、对长三角和国内其他地区发挥带动作用的引领性优势。上海需要以"人无我有"的全球城市核心功能优势、"人有我优"和"人优我新"的高质量发展竞争优势、"人新我先"和"人先我强"的引领带动优势，支撑上海在国际竞争中占据主动地位，实现长久繁荣发展。

一、聚焦难以被替代的功能优势，构筑"人无我有"的全球城市核心功能优势

上海需要强化关键要素资源的全球配置能力，形成和提升对全球经济产业体系的控制力和影响力，确立其对内发挥"龙头"作用，辐射带动区域经济发展；对外集聚和配置全球要素资源，代表国家参与全球合作竞争的核心功能支撑。打造既不同于国内其他地区，也不同于其他全球城市，充分体现上海特色的"人无我有"的全球城市核心功能优势。

（一）"人无我有"的全球城市核心功能优势的主要特征

从上海的战略功能定位看，在当前乃至今后较长时期内，上海发展的基本目标与使命就是全面建设国际经济、金融、贸易、航运、科技创新中心五个中心，全力打响"上海服务""上海制造""上海购物""上海文化"四大品牌，基本建成与我国综合国力和国际地位相匹配的卓越全球城市，令人向往的创新之城、人文之城、生态之城，具有世界影响力的社会主义现代化国际大都市，具有全球影响力世界级城市群的核心引领城市。2018年11月，习近平总书记交给上海的"三大任务、一大平台"，是新时代党中央对上海工作提出的新要求，对上海发展赋予的新使命。从中央对上海的要求来看，"卓越的全球城市""有世界影响力的国际大都市"，是对五个中心及上海城

市功能能级作出的明确要求，意味着上海必须通过打造全球城市的核心功能优势，确立新的全球城市核心功能，从而保持自己的经济发展地位。

从未来全球城市发展的新特征看，一是全球经济格局变化正在影响全球城市地位。金融危机后发达国家的战略和政策调整、新产业革命、新兴国家的快速崛起，推动国际经济发展重心转移，欧洲衰落中的挣扎，美国与其他国家相比优势减弱，日本的再次雄起意向，新兴国家的发展升级，都是全球经济格局变化的重要表现。在这种背景下，对全球经济体系拥有控制力和影响力的全球经济中心城市地位明显受到全球经济格局变化的影响，一些新兴大国的经济中心城市快速崛起，全球影响力快速提升，上海建设具有全球影响力的经济中心城市面临前所未有的战略机遇。二是数据与平台成为全球城市控制力和话语权的重要支撑。纽约、伦敦等原有全球城市主要依托金融中心和跨国公司总部集聚形成的全球资源配置能力和产业体系控制力特征发生改变，新产业革命引发关键要素资源构成和组织形式的变革，资本作为唯一关键要素资源的地位下降，数据资源和创新资源成为与资本并列的新的关键要素；跨国公司的扁平化管理和总部向新兴国家迁移，使全球城市依托跨国公司总部集聚形成的全球产业体系的控制力减弱，互联网、物联网等大大增强了要素的流动性和连接性，提升了平台型企业的产业体系影响力和主导力，具备全球影响力的平台型企业在全球城市的集聚成为全球城市产业体系控制力的重要载体。

（二）"人无我有"的全球城市核心功能优势的主要内容

上海构筑全球城市核心功能优势，需要聚焦五个中心建设，增强资本、创新、数据三大关键要素资源的全球配置能力，推动跨国公司总部集聚和具有全球影响力的平台型企业集聚，形成和提升上海对全球产业体系的控制力和影响力。

一是依托上海科创中心建设，集聚国际一流科技机构、科技人才、科学设施，推动开放创新和协同创新，扩大与全球科技创新资源的合作交流与互动，增强全球配置创新资源要素的能力。二是把握数字化网络化产业革命新趋势,打造上海数据中心,建设具有全球影响力的数据集中平台、数据分析平台、数据资源交易平台,使上海成为全球数据资源的集聚辐射中心。三是推动具有全球影响力的平台型企业集聚上海,包括消费互联网企业、工业互联网企业、大数据平台企业等,通过平台型企业的数据资源连接性、流动性、整合性,确立对全球产业体系的影响力。四是依托上海国际金融中心建设,提升金融市场定价权,以人民币国际化和金融改革创新开放为动力,增强上海配置全球金融资源的能力,建设资本集聚中心、财富管理中心和金融创新中心,提高国际化程度,打造影响全球商品价格的"上海价格"。五是依托上海国际贸易中心建设,提升贸易便利化水平,打造全球贸易网络枢纽,建立与高标准国际投资和贸易规则衔接的制度体系,全方位提高统筹利用全球市场的能力,大力发展高能级的总部经济,促进跨国公司地区总部、贸易型总部等市场主体的高度集聚。六是依托上海国际航运中心建设,提升航运枢纽港能级,依托"三港三区"优化完善港口功能布局,注重提升高端航运服务功能,基本建成航运资源高度集聚、航运服务功能健全、航运市场环境优良、现代物流服务高效,具有全球航运资源配置能力的国际航运中心。

二、聚焦难以被撼动的竞争优势,构筑"人有我优""人优我新"的高质量发展竞争优势

(一)构筑"人有我优"的高品质竞争优势和品牌优势

上海应该打造高品质产品、高品质服务、高品质消费、高品质生活的上海标识和上海品牌,代表国家水平,体现国家形象,确立质量效益型发展阶段的高端竞争优势。

高品质的竞争优势和品牌优势是一个国家和区域进入成熟发展阶段后提升发展能级和发展水平的集中体现,是进入中高收入发展阶段的重要竞争优势。上海在国内具有长期的品牌发展优势,是众多国内知名品牌的发源地,追求高品质已经成为上海的重要文化基因。随着中国走向国际舞台中

央，上海需要培育打造世界一流的高品质竞争优势和品牌优势，形成像日本的精细制造、德国的精密制造、瑞士的精品制造一样的城市标识和品牌形象。

上海需要在制造产品、服务产品、文化产品等多个领域，打造引领消费潮流，具有时代气息和上海特色的世界顶级品牌；需要进一步传承、深化和提升工匠精神，在芯片制造、飞机制造等高复杂度精细化制造领域打造基于长期工匠经验积累的高品质制造工艺优势；需要把高品质的品牌意识拓展到更广领域，打造服务品牌、文化品牌、城市形象品牌和高层级的交流对话平台品牌。

过去的上海制造具有精细化、高标准、高质量等特点，上海的服务具有效率高、制度优、行业全等特点，但并没有形成品牌效应。从1992年起，上海第三产业开始取代第二产业，在上海地区生产总值中的比重越来越高，从20世纪90年代初的30%，提升到2018年的70%。产业结构调整的过程中，一些传统工业老品牌开始没落。如何继承发扬传统品牌，盘活沉睡的品牌资源，上海也在积极进行探索。眼下，上海正应该以以往上海制造和上海服务的优势为基础，借势而为、再接再厉，打造上海的品牌优势。

在"十四五"时期，上海的购物主要面向高端消费市场，聚焦新消费、新体验，在传承老字号品牌购物的基础上，培育一批具有国际影响力的"上海购物"品牌。根据上海商务委提供的数据，2017年在上海举行全国首发活动的国际国内品牌1 265个，位居全国首位；进入上海的"首店"226家，占全国的近50%；上海时装周新品发布近200场，是全球公认最具活力的时装周。2018年第一季度，在上海开设的品牌首店50家，占全国的51.5%。[①] 打造上海购物品牌还应聚焦购物与服务的全链条一体化模式，例如集新品发布、展示、推广、交易、销售于一体，为上海购物营造一流的消费环境和服务体验。上海的中心城区尤其应该发挥其窗口和名片的优势，进一步优化营商环境，对接国际时尚资讯前沿，成为打造"上海购物"品牌的

---

① 《打响"上海购物"品牌，聚力打造全球新品首发地》，https://baijiahao.baidu.com/s?id=1603341351666757957&wfr=spider&for=pc。

突破口和根据地。未来上海服务发展方面,主要方向仍然是大力发展现代服务业,推动生产性服务业向专业化和高端化拓展,加快培育服务经济新动能,形成一批具有国际影响力的服务业品牌企业和特色集聚区,全面提升服务经济能级。服务民生方面是要创造高品质生活,如打造最优质的教育、医疗资源,提高人民生活质量,推动生活性服务业向精细化和高品质提升,全面提升城市精细化管理服务水平,不断满足人民群众多样化、个性化、高品位的服务需求。在上海文化层面,未来要做强做优文创产业,推动影视、演艺、网络文化等重点领域创新突破,加快建设全球影视创制中心、全球动漫游戏原创中心、国际艺术品交易中心和亚洲演艺之都,以深度融合、整体转型为路径打造新型主流媒体集团,提升上海文化的原创力、辐射力、影响力。而上海制造是要与未来上海精细化服务、高端消费和高端文化产业结合,大力发展高端制造、品质制造、智能制造、绿色制造,超前布局未来前沿产业,加快培育战略性新兴产业,改造提升传统优势产业,着力提升上海制造在质量、标准、研发、设计、管理等方面的核心竞争力,推动"上海制造"成为引领制造强国建设的新标杆,形成一批具有国际竞争力的产业集群和制造品牌。[1]

(二)构筑"人优我新"的创新和创造力优势

上海应该成为新技术、新产业、新业态和新模式的创新策源地,成为新产品、新服务、新消费、新理念和新文化的集聚地,打造勇于创新、富于创造的长期战略优势。

基于原创科学技术的发展能力,是顶级全球城市的核心竞争力。大国兴衰、国际经济中心转移,都是在科技革命背景下,通过创新创造力优势的转移和更替实现的。现有全球城市也是在这种转移和更替中依托超强的创新和创造力优势,确立了在全球经济产业体系中的地位和影响力。

---

[1]《中共上海市委上海市人民政府关于全力打响上海"四大品牌"率先推动高质量发展的若干意见》,http://www.shanghai.gov.cn/nw2/nw2314/nw32419/nw43404/nw43405/u21aw1306312.html。

上海作为后发新兴大国最大的经济中心城市，在学习借鉴国际经验、对标学习国际一流发展经验的过程中发挥了重要的引领带动作用，也确立了自身的发展优势。但是，单靠学习一流很难成就一流，需要在学习对标的基础上，以更强的创造力和创新力优势超越一流，在创造新的一流中成为一流，在超越一流中成为一流。上海需要在原创性科学技术领域形成自己的创造力和创新力优势；上海需要在前沿创新成果工程化开发、商品化示范应用、产业化推广、市场化运作方面形成创造力和创新力优势；上海需要在跨界融合、产业形态模式创新中提升创造力和创新力优势；上海需要培育提升创新理念和创造文化，在城市文化和城市特征层面形成体现上海特色的创造力和创新力优势；上海需要把创造力和创新力优势延伸至大城市管理等领域。

一是上海需要在原创性科学技术领域形成自己的创造力和创新力优势。

上海建立全球城市科学技术创新将成为上海未来重要名片。在我国经济增长进入高质量发展阶段，科技创新能力也成为经济行稳致远的重要动能，现代产业体系的构建离不开科技创新能力的提升。目前，上海全社会研发投入占GDP比例已达4%，比5年前提升0.35个百分点。综合科技进步水平指数始终处在全国前两位，科技对经济发展的贡献稳步提高。近年来，上海新兴产业发展引领力和区域创新辐射带动力提升速度亮眼，年均增长率分别达到15.6%和15.0%，体现了上海近年来率先加速向创新经济转型，在越来越广阔的创新网络中发挥引领、枢纽作用。近年来，上海的创新资源集聚力和创新创业环境吸引力稳步提升，年均增长率分别为13.0%和12.3%，这体现了上海城市创新生态的不断完善优化。当前上海各行业、各领域科技创新能力全球领跑、并跑、跟跑比例约为1:5:3，上海科技创新资源的集聚、配置能力正从亚太级向全球级别跃升。[①]

2016年，上海万人研发人员全时当量达到76人/年，约为全国平均水平的3倍；知识密集型产业从业人员占全市从业人员比重达到26.9%，全市

---

① 《全国三分之一顶尖科研成果出自上海 影响力幅度最大》，https://www.sohu.com/a/194234098_100022601。

每 4 个就业人口就有 1 人从事知识密集型产业。2016 年，上海每万人口发明专利拥有量 35.2 件，同比增长 25%，排名全国第二位。PCT 专利（《专利合作条约》国际专利）申请量 1 560 件，同比增长 47%，均创 2010 年以来最高增幅。2016 年，上海向国内外输出技术合同额占比达到 69%，向外省市技术输出成交金额同比增长 89.6%。在未来构筑原创性科技成果竞争优势上，一方面，上海要继续攻克未来引领世界业态发展和生产模式创新的前瞻产业，需要结合全球科创中心的建设提前布局，如空天海洋、无人汽车等，另一方面，要在发达国家成熟但中国依然空白的领域继续下大功夫，如高端医疗器械、大飞机、重型燃气轮机、豪华邮轮等，另外，要在自身极具优势的产业抢占全球制高点，要在世界各国都已成熟的领域打造出自己的优势和品牌。[1]

除此之外，还要进一步打造支撑科创中心建设的新型研发机构，对接上海科创中心建设，发挥科技创新的正外部效应，激发上海在原创力领域形成创新优势。2018 年李克强总理在政府工作报告中正式提出要"涌现一批具有国际竞争力的创新型企业和新型研发机构"，为此，中央和上海先后出台了促进新型研发机构创新发展的相关规定，上海也由政府牵头组建了首批 18 个新型研发机构，这些机构在集聚创新资源、打通高校科研院所与企业之间的联系，以市场化手段重塑个人与团队、技术与产品等方面发挥了积极作用。但与广东省和江苏省相比，上海新型研发机构活力仍然不足。因此，在"十四五"时期上海应该承载起"核心技术产业化孵化器"的功能，从机构定位、混合所有制改革、产业链、资金链和创新链的融合以及激励机制创新等方面为上海科创中心建设注入新的发展活力和动力。

二是建成世界级新兴产业发展策源地。

在建设上海新兴产业策源地层面，上海需要抓牢关键核心技术、高端产业集群、过硬质量品质三个环节，努力把上海建设成为新兴产业发展的策源

---

[1] 参见《2017 上海科技创新中心指数报告》。

地、先进制造业的产业集群高地,大力推动"互联网+制造业",运用物联网、人工智能等新技术,打造全新制造生态系统,推动传统制造模式转型,要给老品牌注入新内涵,使之焕发新活力。除此之外,上海还应鼓励制定比国家标准、行业标准更严格的企业标准,力争使"上海制造"成为新时代高质量、高品质的代名词;进一步强化创新,加快突破一批"卡脖子"的新技术,一方面重视基础研究和原始创新,另一方面还要构建协同创新链,培育一批引领性的新业态、新模式,打造一批功能性的新载体,推动产业结构升级;进一步扩大开放,大幅度放宽市场准入,着力建好开放合作平台,深入推进长三角一体化,推动长三角区域间的产业协同发展。

在建设上海新兴产业策源地的同时,构筑创新创造优势,上海还要继续推进新产业、新技术、新模式、新业态发展,推动技术创新资源、投入、人才、成果向"四新"企业集聚。目前上海的"四新"企业有三类:"从制造到智造"的新技术模式,如智能机器人、新型显示、3D打印等;"从制造到制造+服务"的制造业服务业相融合的新业态,如卫星导航、车联网、智慧医疗等;"从服务到服务"的跨界融合服务新形态,包括互联网金融、云计算、大宗商品交易平台等。[①] 未来将拓宽培育"四新"发展渠道,优化"四新"发展的市场化支撑体系,创新"四新+基地+基金"的载体建设模式,以及推动政府带头采购,并进一步完善"营改增"政策,支持"四新"企业发展。

三是形成创新链整合能力。

未来构建上海创新创造优势,还需要在创新链、产业链整合方面努力,尤其是在原创成果的产业化开发上。创新链是通过知识创新将大学、科研院所以及具有研发能力的个人等相关主体连接,以实现知识的经济化过程,是创意的源头;产业链是为创业企业提供产业上下游支撑、资源,甚至退出渠道。上海当前在创新链与产业链整合上还存在较大的空间。创新链要围绕产业链布局,并形成创新链与产业链整合的模式。作为我国集成电路行业龙头

---

① 《上海转变经济发展方式 推进"四新"企业发展》,《解放日报》2014年4月1日。

企业，华虹集团一直在"中国芯"的发展中扮演着关键角色。目前，它仍是唯一掌握自主可控芯片主流工艺的全国资企业。华虹集团正是围绕产业链布局创新链的典型案例。集成电路是一个需要生态体系支撑的产业。产业链中，华虹集团这样的制造型企业居于核心，其上下游是芯片设计、封装、测试，以及装备、材料等企业一起构成的互为依存的生态圈。作为全国最大集成电路产业基地之一，上海拥有国内最完备的集成电路产业链。在长三角一体化的机遇下，华虹集团建立了无锡芯片基地。根据华虹集团的定位，未来，它在上海，将以追求芯片极致微小化为目标，努力追赶世界一流工艺；而在无锡，则更强调靠特色工艺提升芯片性能。如此一来，长三角区域内的芯片产业布局，不仅有对接，更有错落。上海华虹集团在江苏无锡打造的研发和制造基地即将进入试产阶段，进而源源不断地为5G、物联网、智能卡等设备提供关键芯片。因而上海要将知识、技术、科学研究和产业化整合起来，形成创新链内外资源的整合力，构筑上海"人有我优"的竞争优势。[1]

四是形成创新成果市场转化能力。

打造未来创新创造竞争优势，还应更加注重创新成果产业化市场能力。上海在区位优势的基础上汇集了大量科研院所和知名高等院校。而这些科学研究机构具备大量的专利，但上海的专利成果的市场化能力远远不足。建立全球科技创新中心还应该关注和推进创新成果的产业化。产业化实质上是一个创新的过程，是一个从技术创新到产品创新，再到工艺创新，然后再进行商业模式创新和市场创新的一个复合创新过程。未来，上海应建立以市场化机制为核心的成果转移扩散机制，通过孵化企业、种子项目融资等方式，推动技术成果转移扩散和首次商业化应用，加快实现产业化。探索采取多种激励方式，鼓励科技人员积极转化科技成果。

五是实现上海的创新精神和创新文化。

未来以创新创造作为上海的竞争优势，还应该将创新创造融入生活，打造创新精神和创新文化。创新精神是创新的源泉，创新文化是创新之魂，培

---

[1] 《当集成电路产业遇上科创板和长三角一体化，会在无锡撞出怎样的火花？》，http://www.sohu.com/a/320683893_120060181。

育创新精神和创新文化，相当于打造创新创造的根基，发挥创新的外溢效应，实现创新创造的跨越式发展。

六是实现创新城市管理。

上海构筑创新创造的竞争优势，需要创新的城市治理予以配合。随着城镇化的加速、城市人口的集聚、工业生产的扩张，城市环境逐渐恶化，出现严重的空气、水资源以及噪声污染，马桶盖出现维修不及时导致的各类事故发生，导致高品质生活和高质量发展产生瓶颈。在城市发展到一定阶段，现代的城市治理制度应该应运而生。智慧城市建设则成为未来城市管理的重要手段。大数据技术及其应用的发展为城市生产生活和城市治理方式带来深刻变革。利用大数据与人工智能等方式能够为钢筋水泥插上灵敏的触角，给城市中枢装上智能的大脑，能够使城市拥有更强大、更智能的新陈代谢效率和自体循环能力，逐步构建新的未来城市生态，更好服务上海全球城市的建设。

三、聚焦难以被超越的引领带动优势，构筑"人新我先"的先发优势和"人先我强"的后发优势

（一）构筑"人新我先"的引领性先发优势

上海需要把率先学习国际一流的先发优势转化为率先创造国际一流的先发优势。

上海既要有创新能力，更要有先人一步、快人一拍的率先创新能力；要以排头兵和先行者的使命感，率先推动制度创新；要以敢为天下先的精神，引领创造最新潮、最前沿、最流行的发展理念、技术趋势、消费潮流、文化文明走向。

一方面，创新已经成为全球城市发挥引擎作用的关键环节，也是决定全球城市核心竞争力与影响力的关键要素。未来全球城市的竞争，必然是创新创意的竞争。在这一趋势下，上海要提升城市能级和核心竞争力，就必须要构筑"人新我先"的先发优势。另一方面，"人新我先"则是上海长期战略优势动态性的体现。"人新我先"的引领性先发优势也是确保上海在全球竞

争中持续保持战略竞争的关键优势。全球经济社会发展进程是动态的，全球城市的地位也会随着这一动态变化而发生变化。如果创新是跟上世界发展趋势的基本要素之一，那么率先创新则是引领世界发展趋势的关键步骤。

"人新我先"的先发优势，意味着上海不仅要实现创新，更要率先创新；不仅要在生产领域带来全球突破性变革，更要在消费领域、服务领域和文化领域引导全球潮流走向；不仅要集聚全球的创新创意资源，更要集聚全球优质的创新创意资源。纽约、伦敦等全球城市之所以能够持续保持较高竞争力的关键，就在于其能够以引导全球潮流走向的生产生活方式吸引全球高质量创新创意资源的集聚，从而确保他们能够在关键领域引领创新。华尔街曾是纽约赖以实现领先的要素集散地之一，2008年金融危机之后，纽约提出从"高度依赖华尔街向依靠科技创新转变，积极建设全球科技创新领袖城市"的战略。伦敦科技城的建设，源自在20世纪90年代末开始发展的数字经济产业集群。目前，伦敦以其科创企业数量、生态系统价值以及企业退出价值数据，成为欧洲最大的科技创业生态系统。[1]

上海构筑"人新我先"的引领性先发优势，一是在新兴前沿创新领域确立先发优势。在数字化、网络化、智能化产业革命进程中，新兴前沿产业领域的技术创新具有赢者通吃特征，只有第一没有第二，不是第一个实现创新就不是成功的创新，上海需要在这些领域确立把握先机、率先创新突破、先人一步确立先发优势的创新能力优势。

二是在国际产业制高点竞争中确立先发优势。需要把握国际产业制高点竞争重构的战略机遇，在发展格局重塑的大变革时代，在新的产业制高点竞争中先下一城、占得先机，在先者为王的制高点竞争中形成影响力和话语权。

三是在制度创新中进一步提升先发优势。在供给侧改革为引领的新的改革进程中，上海需要继续当好改革开放排头兵和创新发展先行者，在一系列关键环节改革中率先突破，以持续的制度创新先发优势支撑上海国际大都市

---

[1]《全球创新城市的经验及启示》，http://www.sohu.com/a/252394555_785179。

建设。

四是要在消费领域、服务领域和文化领域引导全球潮流走向，确立先发优势。要率先引领发展趋势、技术趋势、消费趋势、文化趋势。上海要成为最新发展潮流、消费潮流、文化潮流的率先创造者和引领者，确立永立潮头、领风气之先的引领型先发优势。

（二）构筑"人先我强"的超越发展后发优势

上海需要从逆向追赶为目标的后发优势转变为以突破限制确立产业链主导权为目标的后发优势，要勇于突破先发国家在科技、贸易、投资、金融、安全等领域的打压、封锁、遏制，在突破限制和实施反制的过程中，形成上海超越发展的引领性战略优势。

一是在突破关键核心技术"卡脖子"限制中发挥引领带动作用，强化超越发展优势。上海在国内产业分工体系中的地位决定了上海是全国面对"卡脖子"限制最严重的地区，也是最有能力和条件突破"卡脖子"限制的地区，特别是在芯片制造、航空发动机、数控机床等重要领域，上海需要强力突破，发挥关键作用。

二是在新兴大国与守成大国博弈带来的一系列挑战中强力突破，提升超越发展优势。中国作为新兴大国的快速崛起，必然面对守成大国为保持领导地位所采取的打压、遏制等措施，与守成大国的战略博弈，是新兴大国崛起必须跨越的战略目标。美国已经开始并将继续在贸易、投资、金融、科技、安全等多个领域加快采取措施，以全方位围堵遏制中国发展和快速追赶。上海需要在突破这种战略限制中发挥引领带动作用，这应该是上海构筑长期战略优势的重要内容。

三是在有效应对贸易摩擦和逆全球化趋势中发挥引领带动作用，作出上海应有贡献。在中国崛起过程中，来自先发国家的贸易摩擦，以及所谓公平贸易和逆全球化思潮及贸易保护主义的趋势将成为常态，国际环境中不确定因素提升，贸易摩擦与投资争端将大幅增加，上海作为中国最大的经济中心和贸易中心，作为中国中高端升级的技术前沿，需要确立有效应对这种战略限制的能力和优势。

四是在积极参与国际经济运行规则和秩序重构中确立上海的超越发展优势。目前全球经贸规则制定权之争日益凸显，全球经济治理体系不适应新的国际经济发展格局变化，处于变革调整的关键时期，作为新兴大国的中国需要在国际经济治理体系中发挥更大作用，上海应该代表国家积极参与国际经济治理体系变革，通过国际治理体系解决先发国家的封锁限制问题，在治理体系层面确立超越发展的战略优势。

第三节　上海构筑长期战略优势的思路建议

一、探索建立开放水平最高的国际数据中心

数据资源将成为决定全球城市影响力的关键要素资源，数据资源的全球配置能力将成为全球城市竞争的新焦点，上海需要把握中国数据体量规模最大、数据资源丰富的发展优势，率先建立最开放的数据资源集聚中心，吸引数据平台、数据企业、数据人才集聚，特别要注重打破数据孤岛，实现数据资源的跨城市、跨区域、跨国境流动，以及消费领域、产业领域、社会治理领域等多领域数据的连接与共享。可以利用自贸区扩区的发展机遇，设立特殊的数据资源开放区域，探索特殊的数据开放新模式，开辟和有效应用国际数据通道，探索建立数据自由流动、跨领域跨区域共享、保障数据安全机制。数据资源是决定竞争优势的关键要素资源，数据资源的核心是数据开放，谁能够在保障数据安全的基础上实现数据资源最大限度地开放，谁就可能拥有数据资源的全球配置能力和优势。

二、探索建立离岸"技术集拼式"创新中心

技术集成或技术集拼，主要是指突破境外技术封锁，突破境内技术资源流动限制，在境内关外的特殊区域实现跨境创新资源流动、转移、整合，推

动形成技术集成创新的离岸创新中心新功能。上海可以在自贸区新片区探索建立最高开放程度的离岸创新中心，在境内关外的特殊区域推动跨境"技术集拼式"新兴产业发展，一是跨境技术集成研发产业，包括离岸研发设计服务、跨境技术成果转化及服务业，建立跨境新兴技术产业联合共享与孵化实验室、高端装备产业跨境实验和公共加工平台，打造大型高端装备设备联调联试基地等。二是建立离岸创新中心，主要是将国际离岸研发中心与国内研发创新体系有机整合与对接。三是高精尖产品离岸制造，充分发挥境内关外的离岸优势，尤其在人才、技术等跨境流动便利化方面实施更强的知识产权保护制度，探索突破发达国家对我国高精尖技术封锁的路径，发展高精尖产业离岸制造。四是离岸数据信息服务业：包括离岸软件服务、系统解决方案提供商的国际服务业、全球网络协同制造服务、离岸数据中心建设等。五是跨境医疗健康产业，利用境内关外实验设备、材料和样品跨境流动便利的优势，境内外研发企业在特殊区域实现技术集拼型联合创新研发，推动生物医药研发企业承接离岸服务外包业务和在岸市场研发任务的"双向"联动。

三、在长三角一体化发展中构筑上海长期战略优势

纽约、伦敦等全球城市发展过程中都经历了从独立城市发展向依托城市群的全球城市发展的过程，全球城市核心功能都是在依托城市群的发展过程中形成的，依托城市群打造全球城市是重要的发展经验模式。上海应该把握长三角一体化发展的战略机遇，依托长三角城市群培育长期战略优势，打造全球城市核心功能，同时发挥龙头作用，辐射带动长三角城市群一体化发展。一是上海需要发挥其在全球网络主要节点的功能作用，实现对全球要素的配置。长三角无疑为上海实现要素配置提供了更大的平台和更为密集的流量，巩固上海的功能优势。二是需要发挥创新协同效应。习近平总书记在2016年的网信工作座谈会上指出："我国同国际先进水平在核心技术上差距悬殊，一个很突出的原因，是我们的骨干企业没有像微软、英特尔、谷歌、

苹果那样形成协同效应。"具体到城市发展中，区域间的协同将是协同创新的重点。

四、在自贸区扩区中构筑上海长期战略优势

自贸区扩区是上海扩大开放的重要战略机遇，自贸区扩区将建立最高水平、最大程度开放的制度环境和发展条件。一是扩大开放。推进贸易投资自由化，建立贸易、投资、资金、人员、运输、信息等自由流动和符合国际惯例的制度体系，吸引更多全球性企业、跨国公司落户，巩固上海集聚辐射国内外资源、要素的功能，提升配置全球产业链的能力。二是深化改革，打造你有我优的制度优势。以自贸试验区为载体，强化制度创新，借鉴新加坡、济州岛等国家和地区的经验，探索政企合一的市场化运营管理机构，为企业提供一站式服务，提升自贸区的管理水平，打造良好的营商环境。三是建设最开放的自贸区，打造你优我新的创新优势。充分结合"五大中心"的功能作用，借助上海的大市场体系和发达的海陆空物流走廊，打造更高开放水平的自贸区。

五、大力推进科创板建设，实现金融资源与创新资源的整合

一是通过科创板建设，进一步提升金融市场服务实体经济的能力，夯实上海金融中心和科创中心建设的功能优势。科创板的设立本身就是在构筑"人无我有"的功能优势，对于合力推进金融中心和科创中心建设、融合资本要素与创新要素、实现金融资源和创新资源在同一平台内的整合具有重要意义。科创板是上海服务全国的重要载体，作为"新生事物"，应在充分借鉴发达金融市场经验的基础上，不断完善自身制度建设。更为重要的是，通过科创板制度建设，能够对与创业板和主板市场形成正向反馈，改善中国和上海金融市场的整体发展环境。

二是通过科创板建设，进一步提升上海对全球金融资源和创新资源的吸引

力,提升上海金融中心和科创中心在全球的影响力和控制力。目前科创板已受理企业中,参与国际市场、具备国际竞争能力是显著特点。企业业务的延伸是提升全球城市影响力和控制力的重要载体之一,科创板建设应加强对于企业参与国际市场竞争能力的考察,并鼓励更多境外企业在科创板上市。

三是通过科创板建设,进一步完善金融市场服务创新的体制机制,形成良好的创新生态。纽约、伦敦对于创新资源的吸引力,一定程度上得益于其发达的金融市场体系。科创板的设立是我国在金融市场领域的一次创新,也是推进金融市场服务创新体制机制上的一次创新。在完善科创板自身制度建设的基础上,应进一步完善与之相配套的体制机制,打造以科创板为核心、以金融市场为载体的创新生态。

四是通过科创板建设,支持和培育一批能够形成先发引领优势的企业和平台。科创板的建设,一方面是吸引大量科创企业的集聚,另一方面是吸引创投基金、风投基金等科创平台的集聚,再加上上海科研院所的研究实力,三者在上海的集聚将大大提升上海构筑先发引领优势的可能性和可行性。在此基础上,加强政府、企业、平台及科研院所基于创新链的深度合作,将极大提升上海科技创新的策源能力和科技创新成果产业化能力,促进新兴产业在上海的集聚。

六、把握进博会机遇构筑上海长期战略优势

构筑上海长期战略优势,要将中国(上海)进出口博览会办成国际一流的博览会。这是因为:第一,中国(上海)进出口博览会平台是中国向世界展示一流商品和服务的载体,是打响四大品牌最有力的平台之一;第二,上海建设国际会展之都,将成为商品流、资金流、技术流、信息流、人才流的全球引擎,生产链、销售链、价值链的升级变压器,同时也是市场主体全球性关联建构的国际大平台,与"五个中心"建设的目标互相促进,相辅相成;第三,进出口博览会的建设不仅是全球贸易投资的平台,还是长三角国际化的"大市场",是推动长江中下游三大城市群一体联动"大协同"的关

键,是打通连接东西部的"大通道",能够加强中国与世界贸易投资为基础的全面合作,提升中国的国际竞争地位;第四,进博会是中国更高质量发展、更高水平开放的符号。在第二届进博会开幕式上,习近平总书记提出,要坚持"以开放求发展",共建开放合作、开放创新、开放共享的世界经济,中国也将继续扩大市场开放、继续完善开放格局、继续优化营商环境、继续深化多边合作、继续推进共建"一带一路"。

参考文献:

1. 陈炜:《上海自贸试验区与科创中心战略联动研究》,《科学发展》2018年第12期。
2. 国务院发展研究中心国际经济格局变化和中国战略选择课题组、李伟、隆国强等:《未来15年国际经济格局变化和中国战略选择》,《管理世界》2018年第12期。
3. 国务院发展研究中心国际经济格局变化和中国战略选择课题组、戴建军、熊鸿儒等:《全球技术变革对国际经济格局的影响》,《中国发展观察》2019年第6期。
4. 纪慰华:《德国政府推动科技创新的举措及其对上海建设全球科创中心的启示》,《上海城市管理》2018年第4期。
5. 李双金、刘思弘:《浦东引领上海科创中心建设的思路和对策》,《浦东开发》2015年第6期。
6. 李侠、周正:《关于上海科创中心的基础条件诊断与对策》,《科学与管理》2015年第3期。
7. 李健:《从全球生产网络到大都市区生产空间组织》,华东师范大学,2008年论文。
8. 刘萌萌:《城市规模扩大对区域创新和发展的影响》,《科学管理研究》2018年第5期。
9. 龙宝正:《向全球科技创新引领者迈进》,《北京观察》2019年第4期。
10. 骆建文、王海军、张虹:《国际城市群科技创新中心建设经验及对上海的启示》,《华东科技》2015年第3期。
11. 马弘:《从比较优势到竞争优势:上海经济发展定位》,《上海经济研究》2003年第6期。
12. 牛盼强:《上海产业知识基础配置的格局研究》,《科研管理》2018年第9期。
13. 任少波:《基于制度分析的城市经济理论研究》,浙江大学论文,2012年。
14. 上海市人民政府发展研究中心课题组、王德忠、周国平等:《上海科创中心建设"攻坚突破"的思路和抓手》,《科学发展》2018年第9期。
15. 石崧:《从劳动空间分工到大都市区空间组织》,华东师范大学论文,2005年。
16. 吴滨、李平、朱光:《科创中心与金融中心互动典型模式研究》,《中国科技论坛》

2018 年第 11 期。

17. 刘清、李宏:《世界科创中心建设的经验与启示》,《智库理论与实践》2018 年第 4 期。

18. 江南:《G60 科创走廊:长三角更高质量一体化发展重要引擎》,《江南论坛》2018 年第 6 期。

19. 钱智、史晓琛:《2019 年上海深化科创中心建设思路与举措》,《科学发展》2019 年第 2 期。

20. 任万霞:《按下科创中心建设加速键》,《北京观察》2019 年第 4 期。

21. 唐海燕、霍燃:《共性技术平台,科创中心的催化剂》,《科技中国》2018 年第 8 期。

22. 王丹:《提升上海全球城市科技创新服务功能研究》,《科学发展》2018 年第 8 期。

23. 王海军、骆建文:《基于长三角经济带发展的上海科技创新中心建设对策》,《科技管理研究》2016 年第 8 期。

24. 徐迪时:《从硅谷到漕河泾:全球科创中心城市建设的枢纽与引擎》,《中国战略新兴产业》2018 年第 44 期。

25. 翟青:《科创中心建设背景下上海提升创新的思考——以韩国为借鉴》,《知识经济》2018 年第 221 期。

26. 张贵、梁莹、徐杨杨:《生态系统视阈下区域创新效率的多维溢出效应——对面板数据的空间计量分析》,《科技进步与对策》2016 年第 15 期。

27. 张励:《试论新中国成立初期上海城市功能的转型》,《史林》2015 年第 4 期。

28. 赵增耀、章小波、沈能:《区域协同创新效率的多维溢出效应》,《中国工业经济》2015 年第 1 期。

29. 周海成:《国际大都市科技创新与金融"双中心"建设的经验与启示——以纽约、伦敦为例》,《科学管理研究》2016 年第 1 期。

30. 周静:《依托科创中心建设率先打响"上海制造"的思路与对策》,《科学发展》2018 年第 6 期。

执笔人:李 伟 俞晓晶 贾婷月 郭家堂

第五章
发展阶段与发展思路

发展主线、战略思路是经济社会发展五年规划的重要内容。发展主线是五年规划的灵魂,是作为实现预期奋斗目标而必须实践、始终坚持的任务的提炼归纳。战略思路则是对未来五年整体性、长期性、基本性问题的思考、谋略、方案和对策。

上海"十四五"时期的发展主线与战略思路既要立足现实,又要振奋信心,实现现实性和前瞻性的统一。课题组紧跟国内外的新变化、新趋势、新要求,立足上海的发展定位和肩负的特殊使命,从"四个放在"的高度审视,提出"全面提升上海城市能级和核心竞争力""率先走出一条高质量发展、高品质生活之路""改革开放再出发,创新发展再突破"三大主线方案选择。通过系统分析研究,课题组优先推荐"全面提升上海城市能级和核心竞争力"为"十四五"时期发展规划主线。围绕此主线,提出八大战略思路,以供相关部门决策参考选择。

第一节 "十四五"时期上海发展阶段特征

"十四五"时期中国经济社会发展面临百年未有之大变局。中国经济的快速增长深刻改变了全球经济格局,使全球主要经济体秩序博弈加剧,中美关系已经进入长期全面的战略竞争以及局部对抗的新阶段。2020年新冠肺炎疫情的大流行已使全球经济进入衰退,且不能排除进入萧条的可能性。在全面开启现代化强国新征程的"十四五"时期,中国要在经济下行中寻找新经济增长点。作为改革开放排头兵、创新发展先行者的上海，必须明晰发展阶段任务，落实"三大任务一大平台"国家战略要求，强化全球资源配置、科技创新策源、高端产业引领、开放枢纽门户四大功能。

一、上海"十四五"时期的发展背景

（一）全球经济格局的新变化

改革开放以来，中国经济的快速增长深刻改变了全球经济格局。中国GDP占全球GDP总额的比重在"六五"至"八五"期间不足2%（以美元计算的世界银行数据，下同），在"九五"中期超过3%，"十五"以后中国GDP占比迅速提升，尤其在"十一五"和"十二五"期间，以每年增加近1个百分点的速度增长，2019年占比达到16.58%，GDP总量超过欧元区。

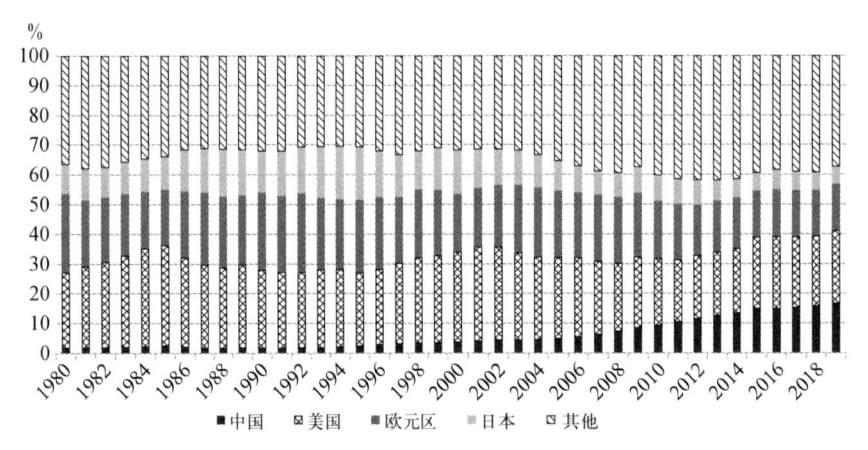

图 2-5-1　1980—2018 年世界主要经济体 GDP 占全球 GDP 总额比重

数据来源：世界银行、国际货币基金组织、中国国家统计局。

美国GDP占比近40年来一直保持在25%左右的水平，在1983—1986年、2000—2002年间一度超过30%，但在2007年以后持续低于25%，2011年甚至降至21.18%的低点，近年来有所提升，2019年占比为24.75%。欧元区GDP占比在20世纪80年代初期、90年代末期和2008年金融危机以后出现了3次明显的下滑，2019年降至15.40%。日本GDP占比在40年间呈现先升后降的态势，在经济泡沫破裂之前的1988年，日本

GDP占比达到15.95%，由于广场协议签订后日元的大幅升值，1995年，日本GDP占比一度高达17.67%，但之后则一路下滑，2006年占比自1980年以来首次跌破10%，2019年降至5.89%。中国已经取代日本，与美国、欧盟三足鼎立。

中国已经成为世界经济增长的引擎，深度融合到全球经济的发展当中。在"六五"至"九五"期间，中国经济增速对世界经济增速的影响非常小，美国、欧盟和日本的经济增速与中国经济增速的关联性也不大。但是在中国加入世贸组织以后，中国经济增速对世界经济增速的拉动作用显著增强，世界主要经济体的增速变动也对中国经济增速产生显著影响，中国经济与世界经济已经形成相互制约、相互依靠的关系。过去40年的发展历程已经证明中国的对外开放促进了全球经济的共同繁荣，全球经济一体化也为中国带来了更多的发展机遇。

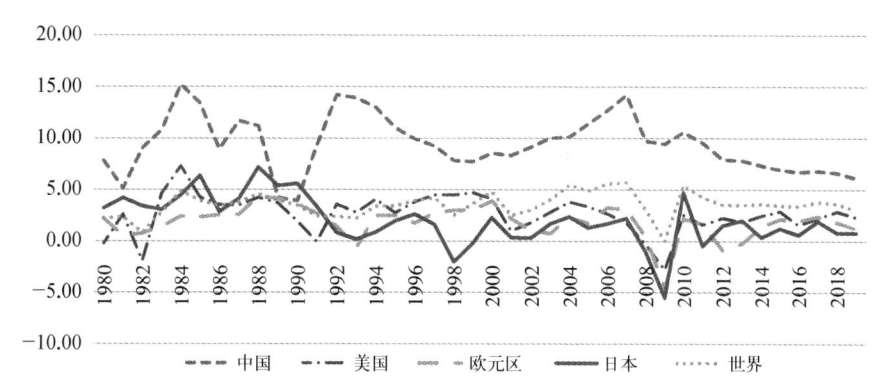

图 2-5-2　1980—2019年世界主要经济体GDP同比增速

数据来源：国际货币基金组织、世界银行、中国国家统计局。

现阶段国际政治形势和外部经贸环境的变化对上海的发展极其不利，逆全球化趋势的实质性到来将使上海处在贸易摩擦的最前沿。由于中国的快速崛起，中国庞大的经济体量已经让"二战"后掌握全球经济话语权的西方世界感到压力。中美贸易谈判无论结果如何，美国对中国的政治经济打压都将常态化，中国自加入WTO以来，对外贸易规模近20年的持续快速增长将在"十四五"时期正式结束。英国正式脱欧以后对欧盟整体发展的影响将持续发酵，欧洲经济的各种不确定因素将拖累世界经济复苏的脚步，西欧各国民粹势力的抬头也将阻碍欧盟在自由贸易上发挥积极作用。在如此复杂多变的国际政治经贸环境中，上海将面临更多严峻的挑战，需要对国际形势的变化做最坏的打算，尤其要对中美贸易战的长期性和艰巨性作充分的准备。

（二）中国经济发展的新态势

中国的 GDP 规模在"六五"初期不足 5 000 亿元，"七五"期间超过 1 万亿元，"八五"期间超过 5 万亿元，"九五"期间超过 10 万亿元，"十五"期间超过 15 万亿元，"十一五"期间超过 40 万亿元，"十二五"期间超过 60 万亿元，而在"十三五"中期已经超过 90 万亿元。中国的经济总量每 5 年都会上一个巨大的台阶，尽管经济增速已经放缓，但是由于规模巨大，现在 6% 左右的增速所带来的增量要远远超过过去 10% 的增速所带来的增量。中央财政收入在 40 年间也由 1 000 多亿元增长至 19 万多亿元，财政收入的增长速度在"九五"至"十一五"期间几乎是同期 GDP 增速的 2 倍左右，"十二五"期间增速已有所放缓，"十三五"期间已低于 GDP 增速，财政收入增速相比于 GDP 增速的变化也反映出中国经济增长动能的转变。

表 2-5-1　"六五"至"十三五"期间中国 GDP，财政收入期初、期末规模及年均增速

	GDP 规模（亿元）		GDP 年均增速（%）	财政收入（亿元）		财政收入年均增速（%）
	期初	期末		期初	期末	
"六五"期间	4 936	9 099	10.70	1 176	2005	11.90
"七五"期间	10 376	18 873	7.98	2 122	2 937	7.98
"八五"期间	22 006	61 340	12.28	3 149	6 242	16.44
"九五"期间	71 814	100 280	8.62	7 408	13 395	16.52
"十五"期间	110 863	187 319	9.78	16 386	31 649	18.82
"十一五"期间	219 439	412 119	11.32	38 760	83 102	21.48
"十二五"期间	487 940	641 281	7.90	103 874	152 269	13.04
"十三五"期间	740 061	990 865	6.55	159 605	190 382	5.73

注：增速为 5 年间每年增速的算术平均值，"十三五"期间为 2016—2018 年数据，表 2-5-4 同。
数据来源：中国国家统计局。

"六五"到"十三五"期间，中国产业结构不断调整优化，三大产业对 GDP 增长的贡献率发生了明显变化。第一产业的贡献率逐期下降，从"六五"时期的 26.54% 下降至"十三五"时期的 4.13%。随着改革开放中国工业化进程的加快，第二产业的贡献率从"六五"时期的 38.78% 快速上升至"八五"时期的 63.56%，"九五"之后随着服务业的崛起，第二产业的贡献率逐步下降，尤其在"十三五"期间跌破 40%，降至 35.35%。第三产业的贡献率则从"九五"时期开始不断增长，"十三五"期间升至 60.50%。服务业已经成为中国经济增长动力的最主要来源。

表 2-5-2 "六五"至"十三五"期间三大产业对中国 GDP 增长的贡献率

	第一产业贡献率（%）	第二产业贡献率（%）	第三产业贡献率（%）
"六五"期间	26.54	38.78	34.72
"七五"期间	16.30	50.66	33.04
"八五"期间	7.50	63.56	28.96
"九五"期间	6.54	59.50	33.92
"十五"期间	4.86	51.20	43.92
"十一五"期间	3.98	51.62	44.42
"十二五"期间	4.44	47.16	48.38
"十三五"期间	4.13	35.35	60.50

注 1：贡献率为 5 年间每年贡献率的算术平均值，表 2-5-3、2-5-6、2-5-7 同。
注 2："十三五"期间为 2016—2019 年数据，表 2-5-3、2-5-6 同。
数据来源：中国国家统计局。

"三驾马车"对中国经济的拉动作用也在"六五"至"十三五"期间发生了显著变化。消费在"六五"至"九五"期间对中国 GDP 增长的贡献最大，而在"十五"和"十一五"期间，投资则成为拉动中国经济增长的主要动力，但从"十二五"时期开始，消费对经济增长的贡献又重新超过 50%，在"十三五"期间升至 64.56%。通过投资贡献率的周期变化可以看出，"十四五"时期投资对中国经济增长的贡献预计仍低于消费。货物和服务净出口的贡献从"十五"开始基本维持在 -5% 以内的水平。

如果将货物贸易与服务贸易分开来看，货物贸易净出口在改革开放以后的绝大多数年份对GDP增长的贡献率为正，但是由于货物贸易顺差在2001年、2009年相较于上一年有较大幅度的缩水，所以2001年和2009年货物贸易净出口对GDP增长贡献率分别为-36.05%和-35.73%，尽管在"十五"和"十一五"期间货物贸易净出口对GDP增长的贡献率在2002年、2005年、2006年、2007年、2008年为正，但是平均下来整体对GDP增长的贡献率为负。而"十三五"期间由于货物贸易顺差持续减少（2016年、2017年和2018年分别为5 097亿美元、4 196亿美元和3 509亿美元），仅在2019年回升至4 219亿美元，货物贸易净出口对GDP增长的贡献率为0.45%。服务贸易逆差规模在2009年以后呈指数型上升，2009年突破100亿美元，2013年突破1 000亿美元，2014年突破2 000亿美元，2018年服务贸易逆差规模达到历史最高的2 582亿美元，这也使得从"十一五"开始服务贸易净出口对GDP增长的贡献率持续为负，但是在2019年服务贸易逆差规模降至2 179亿美元，出现10年以来的首次下降。中国早已脱离单纯依靠货物出口拉动经济增长的阶段，中国已经成为全球高端服务业最主要的需求市场之一。

表2-5-3 "六五"至"十三五"期间三大需求对中国GDP增长的贡献率

	最终消费支出贡献率（%）	资本形成总额贡献率（%）	货物和服务净出口贡献率（%）	货物净出口贡献率（%）	服务净出口贡献率（%）
"六五"期间	71.94	35.38	-7.32	-8.00	0.68
"七五"期间	61.50	4.20	34.30	29.44	4.86
"八五"期间	51.02	45.48	3.50	4.32	-0.82
"九五"期间	66.96	24.50	8.54	3.45	5.09
"十五"期间	47.40	53.70	-1.10	-4.94	3.84
"十一五"期间	46.50	58.60	-5.10	-3.89	-1.21
"十二五"期间	54.46	46.68	-1.14	3.61	-4.75
"十三五"期间	64.56	35.14	0.35	0.45	-0.10

数据来源：中国国家统计局。

"十二五"期间,中国 GDP 增速降至 10% 以内,中国经济正式进入结构性减速阶段,中国经济已经进入新常态,[①] 传统的需求刺激政策已不再适应实际发展的需要,贯彻"创新、协调、绿色、开放、共享"新发展理念,建设现代化经济体系已经成为中国经济发展的主要目标。为了实现经济由高速增长转向高质量发展,推动经济发展实现质量变革、效率变革和动力变革,供给侧结构性改革[②]应运而生。

(三)上海自身的新定位与新任务

"六五"至"十三五"期间上海的经济总量发生了巨大变化,GDP 规模由不足 400 亿元增长至 3 万多亿元,地方财政收入由不足 200 亿元增长至 7 000 多亿元。与全国情况不同,"六五"至"八五"期间,上海的财政收入增速低于 GDP 增速,而从"九五"期间开始财政收入增速则持续高于 GDP 增速,"十三五"期间,财政收入增速也略高于 GDP 增速,而全国财政收入增速则已低于 GDP 增速。

表 2-5-4 "六五"至"十三五"期间上海 GDP,财政收入期初、期末规模及年均增速

	GDP 规模(亿元)期初	GDP 规模(亿元)期末	GDP 年均增速(%)	财政收入(亿元)期初	财政收入(亿元)期末	财政收入年均增速(%)
"六五"期间	325	467	9.12	174	184	1.30
"七五"期间	491	782	5.70	179	170	−1.50
"八五"期间	894	2 499	13.16	176	485	8.28
"九五"期间	2 958	4 771	11.52	288	485	16.58
"十五"期间	5 210	9 248	11.88	609	1 417	23.94
"十一五"期间	10 572	17 166	11.10	1 576	2 874	15.46
"十二五"期间	19 196	25 123	7.46	3 430	5 520	14.08
"十三五"期间	28 179	38 155	6.60	6 406	7 165	6.90

数据来源:上海市统计局。

---

① 习近平总书记于 2014 年 5 月 10 日在河南考察时第一次提出"新常态"。
② 习近平总书记于 2015 年 11 月 10 日主持召开中央财经领导小组第十一次会议时第一次提出"供给侧结构性改革"。

表 2-5-5 "六五"至"十三五"期间上海 GDP、财政收入
目标完成情况及规模占比

	年均经济增速（%）		年均财政收入增速（%）		规模占全国比重（%）	
	目标	完成情况	目标	完成情况	GDP	财政收入
"六五"期间	4.0	9.1	1.5	1.1	5.72	11.43
"七五"期间	7.5	5.7	1.5	−1.6	4.29	6.90
"八五"期间	5.0	13.1	2.0	6.0	4.11	4.48
"九五"期间	10—12	11.5	—	16.4	4.48	3.82
"十五"期间	9—11	11.9	—	23.9	4.86	4.12
"十一五"期间	9.0	11.1	—	15.2	4.42	3.77
"十二五"期间	8.0	7.5	—	13.9	3.73	3.33
"十三五"期间	6.5	6.8	—	8.8	3.79	3.89

注：从"九五"计划起，财政收入指标变为与国民经济保持同步增长。
数据来源：中国国家统计局、上海市统计局、中国及上海历次五年（计）规划。

由于上海 GDP 和财政收入在过去 40 年间的平均增速低于全国，所以上海 GDP 和财政收入占全国的比重整体呈下降趋势，不过在"十五"期间两者占比都有小幅回升。总体来看，GDP 占比从"六五"期间的 5.72% 下降至"十三五"期间的 3.79%，财政收入占比则从"六五"期间的 11.43% 下降至"十三五"期间的 3.89%。从长期来看，这种下降的趋势已有所放缓。从 GDP、财政收入目标完成情况看，"八五"时期的实际完成情况要远远高于制定的目标，而"九五"以后，GDP 实际增速基本与目标保持一致。

改革开放以来，上海经济发展的主要驱动力受到了产业结构优化调整的直接影响。第一产业自"八五"以后对上海经济增速已几无影响。第二产业在"六五"至"八五"期间是上海经济增长的主要动力，从"九五"开始，第三产业一直保持在贡献率第一的位置。但需要注意的是，尽管"十二五"期间第二产业贡献率降至 6.86% 以后又在"十三五"期间的前 3 年恢复

至20%以上，但"十四五"时期上海制造业对经济增速的贡献仍不乐观，第三产业对上海GDP增长贡献率预计在"十四五"时期将保持在80%以上。

从三大需求来看，消费自"九五"开始一直是拉动上海经济增长的最大动力，"十二五"期间消费贡献率达到了68.48%。与全国情况不同的是，"十三五"期间上海的投资贡献率显著提升，货物和服务净出口"十二五"和"十三五"期间仍然保持4%左右的贡献。

表2-5-6 "六五"至"十三五"期间三大产业对上海GDP增长的贡献率

	第一产业贡献率（%）	第二产业贡献率（%）	第三产业贡献率（%）
"六五"期间	7.98	52.55	39.47
"七五"期间	3.98	55.36	40.66
"八五"期间	1.05	51.73	47.21
"九五"期间	0.73	33.99	65.28
"十五"期间	0.30	47.71	51.98
"十一五"期间	0.31	31.44	68.26
"十二五"期间	−0.06	6.86	93.21
"十三五"期间	−0.07	20.31	79.76

数据来源：上海市统计局。

表2-5-7 "六五"至"十三五"期间三大需求对上海GDP增长的贡献率

	最终消费支出贡献率（%）	资本形成总额贡献率（%）	货物和服务净出口贡献率（%）
"六五"期间	47.81	51.20	1.00
"七五"期间	71.64	57.40	−29.04
"八五"期间	40.41	61.82	−2.23
"九五"期间	46.74	22.44	30.81
"十五"期间	51.32	44.21	4.47
"十一五"期间	62.50	42.87	−5.37

(续表)

	最终消费支出贡献率（%）	资本形成总额贡献率（%）	货物和服务净出口贡献率（%）
"十二五"期间	68.48	25.92	5.59
"十三五"期间	49.63	46.74	3.63

注："十三五"期间为2016—2017年数据。
数据来源：上海市统计局。

从具体的进出口国别来看，美国作为上海的第一大出口目的地和第二大进出口来源地，上海对美国在货物贸易上一直维持顺差，这与上海整体货物贸易的逆差形成鲜明对比。上海对美国的出口额在2000年以后不断增长，但在2013年达到506.5亿美元后开始出现下降的趋势，2017年重回增长的态势，2018年对美国出口回升至475.10亿美元。上海从美国的进口在2000年以后则持续增长，在2017年达到305.33亿美元，但在2018年降低至293.77亿美元。上海对美国出口、进口占上海出口总额、进口总额比重则一直分别维持在23%及10%左右的水平。对美贸易顺差在2003年以后快速增长，在2013年达到301.4亿美元的历史高点后开始不断下滑，2017年仅为159.04亿美元，但在2018年回升至181.33亿美元，对美贸易顺差占上海GDP比重在2007年达到12.28%的峰值后也呈震荡下行的态势，2018年降至3.68%。总体来看，由于上海对美国的出口下降而进口上升，上海经济增长对美国货物贸易顺差的依赖度在降低。

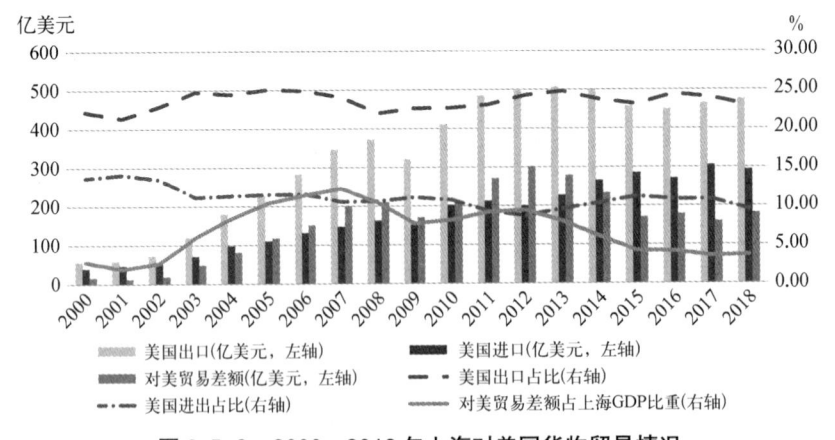

图2-5-3 2000—2018年上海对美国货物贸易情况

数据来源：《上海市统计年鉴》。

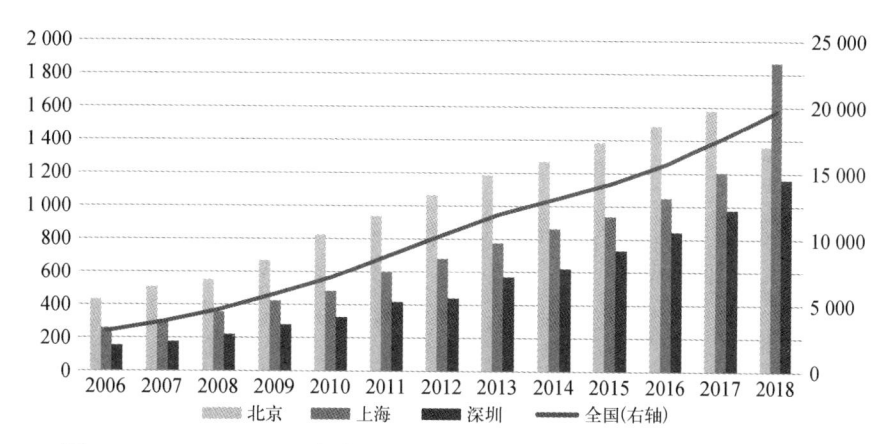

图 2-5-4　2006—2018 年全国、北京、上海、深圳 R&D 经费支出（亿元）
数据来源：中国科技统计年鉴及各城市科委公布数据整理。

从科技创新投入来看，上海的 R&D 经费支出已经从 2006 年的 258.8 亿元增长至 2018 年的 1 359.2 亿元，研发经费投入增速高于 GDP 增速，占 GDP 比重从 2.5% 增长至 4.16%，同一时期，全国 R&D 经费支出从 3 710.2 亿元增长至 19 677.9 亿元，占比从 1.38% 增长至 2.19%，北京从 433 亿元增长至 1 870.8 亿元，占比在 5.5%—6.17% 的区间内波动，深圳从 154 亿元增长至 1 161.93 亿元，占比从 2.65% 增长至 4.80%。上海的 R&D 经费投入规模在全国所有城市中排名第二，仅次于北京，研发投入强度（即 R&D 经费占 GDP 比重）则排名第三，次于北京和深圳。

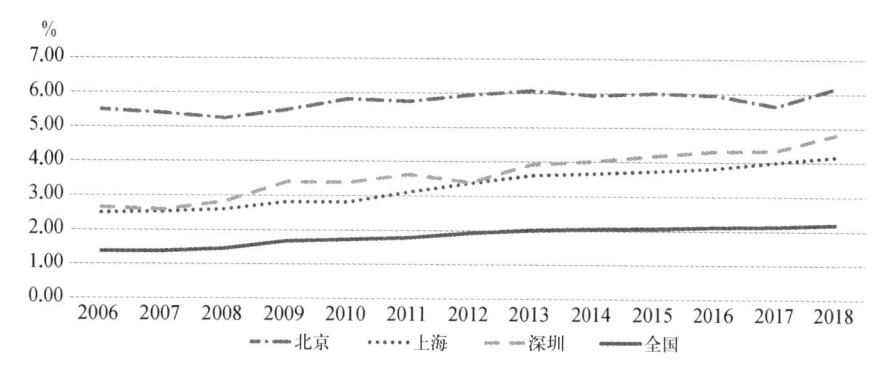

图 2-5-5　2006—2018 年全国、北京、上海、深圳 R&D 经费支出占 GDP 比重
数据来源：中国科技统计年鉴及各城市科委公布数据整理。

从全球经济格局的新变化来看，上海作为国际贸易中心和国际航运中心，相较于全国其他地区的外部风险敞口更大。以贸易产品的结构为例，

2018年，零部件、原材料等中间产品的贸易量已经占到全球货物贸易总量的70%以上，几乎所有的国家都已经成为全球产业链的有机组成部分，深入参与到国际分工当中来。但自由贸易所带来的收益在各个国家之间的分配却极其不平衡，因为全球产业链的控制权在谁的手里，自由贸易就对谁越有利。随着中国拥有越来越多掌控标准、制定规则的企业，当美国发现自身无法从自由贸易中获得最大份额的利润时，提高关税水平和贸易壁垒、加大对本土企业的补贴力度就成了自然而然的选择。美国作为上海最大的出口市场，所采取的各项贸易保护主义措施必然直接冲击上海的国际贸易与国际航运的发展，削弱上海制造业的竞争优势。

服务贸易尤其是数字贸易的飞速发展正在对上海作为国际经济中心、国际金融中心和科技创新中心提出更高的要求。2008—2017年，中国的国际服务贸易总量每3年翻一番，世界服务贸易总量每5年翻一番，而上海的国际服务贸总量在这10年间仅翻了一番，远远落后于世界和中国的平均增速。尽管服务业经过"十一五""十二五"和"十三五"时期的发展已经成为上海经济增长最主要的驱动力，但是服务业的对外开放仍然落后于制造业。随着金融业的全面对外开放以及《外商投资法》实施，上海以金融为代表的高端服务业将失去原有的保护，面临来自全球的更为激烈的竞争。数字贸易作为服务贸易中增长最快的一极，集中体现了科技创新的重要性，但受制于国家对于网络接入等数据通信的管制，不仅使上海本地的研究机构和企业的创新活动受到严重的制约，也直接阻碍了国际创新要素流入上海。"十四五"时期上海建设具有全球影响力的科创中心不能在数字贸易领域缺席。由于缺少上海国际服务贸易分行业数据，而上海的服务贸易逆差几乎占到全国的一半，所以使用全国的数据来分析，发现对于服务贸易逆差贡献最大的是旅行服务和知识产权使用费，两者的逆差在2018年分别达到2 374亿美元和300亿美元，而2018年全国服务贸易逆差总额为2 582亿美元，以上数据表明，上海在高端服务业领域，尤其是旅游、文化、卫生、科技领域的有效供给仍然不足。

从中国经济发展的新态势来看，供给侧结构性改革是一项长期性和系统性的工程。"十三五"期间，去产能、去库存在全国范围内已取得很大进展，但这两者与上海的直接关联并不大。一方面，过剩的落后产能主要集中在传统的重工业部门，上海早已在"十一五"和"十二五"期间就逐步淘汰了高污染高耗能的制造业企业；另一方面，过剩的房地产库存主要集中在三四线城市，棚改货币化安置也与上海无关。全国性的金融体系去杠杆对上海的金融业带来较大影响，在"稳金融"的要求下，上海作为全国最主要的资本要素交易平台受到了更为严格的监管。能够预见的是，在"十四五"时期，供给侧结构性改革的重点将转向"降成本"和"补短板"，而这两者与中央先后赋予上海的新定位与新任务直接相关，上海将走到供给侧结构性改革舞台的中央。

"十四五"时期，在我国基本实现社会主义现代化的进程中，改革开放的排头兵、创新发展的先行者是上海始终不变的定位和要求。全面建成卓越的全球城市和具有世界影响力的社会主义现代化国际大都市是上海面向2050年的远景目标。深入推进"五个中心""四大品牌"建设，将确保基本建成国际经济、金融、贸易、航运中心和社会主义现代化国际大都市，形成科技创新中心基本框架体系成为上海自2021年开始的新定位。"三大任务和一大平台"国家战略是党中央赋予上海的新任务。"十四五"时期，上海GDP增速预计将保持在5%—7%的区间，服务业占比将维持在70%以上，贸易进出口增速大概率进一步放缓，货物贸易逆差将持续增大，美国对中国的技术封锁将对上海的先进制造业与高端服务业发展造成一定影响。

二、"十四五"时期的发展阶段特征

（一）扩大对外开放的攻坚期

"十四五"是两个一百年的历史交汇期，以浦东开发开放第二个30年为契机，以自贸区新片区建设为突破口，以制度创新为抓手，上海扩大对外开放将进入攻坚期。新形势下，上海的对外开放需要再上一个新台阶，通过制度层面的开放彻底消除"弹簧门"和"玻璃门"。上海自贸试验区新片区作为连接国内与国际两大市场的新空间将进一步强化上海改革开放排头兵的角色定位。自贸试验区新片区不仅仅是简单的物理拓区，而是对外开放的深化、城市功能的强化、空间布局的优化和发展动力的转化，更是全方位、深层次、根本性的制度创新。①

上海自贸试验区新片区将有力证明中国作为自由贸易的坚定维护者，无论外部环境如何变化，都将朝着零关税、零壁垒和零补贴的目标不断迈进。上海通过服务国家"一带一路"倡议，发挥"一带一路"桥头堡作用，成为服务长三角、长江经济带和全国的新平台，联动东中西发展、扩大对外开放的新枢纽。上海的对外开放是为全国的改革开放大局服务，以办好中国国际进口博览会为抓手，发挥战略叠加优势，树立中国进口大国的形象，让世界共享中国发展机遇，提高中国在国际贸易规则制定上的话语权。贸易投资的自由化、便利化以及金融业的全面开放将为上海配置全球要素资源、掌握全球产业链顶端优势提供更多的机遇。

（二）全面深化改革的突破期

"十四五"时期是上海进行大改革和大开放的突破期。如果说过去的30年是用开放倒逼改革，那么在逆全球化的大背景下，则是通过深层次的自主改革推动更高水平的开放。主动面向国际市场大幅放宽市场准入门槛，即会打破资本的有形和无形投资壁垒，也会促进统一、开放、竞争、有序的市场秩序的形成。通过加强知识产权保护，完善产权制度和营商环境，促进营商环境的国际化、公开化和法治化，激发创新活力，培育和保护企业家精神。

全面深化改革的核心是制度改革。制度改革已经进入深水区，将进一步触及深层次利益格局的调整和制度体系的变革。② 上海在全面深化改革上仍然面临体制机制和固有意识的制约，教育、医疗、文化等公共服务领域的制度创新仍有待突破，尤其是在国际资源的配置上仍然较为薄弱；科技创新的

---

① 2018年11月14日，李强书记前往自贸区调研"增设上海自贸试验区新片区"时的讲话。
② 习近平总书记于2018年3月28日主持召开中央全面深化改革委员会第一会议时的讲话。

制度基础有待加强，"三新"经济仍然面临许多制度障碍；城市治理瓶颈有待突破，与社会主义国际大都市相匹配的现代城市治理体系仍有待破题。切实形成崇尚改革、支持改革、投身改革的强大合力，不断推动上海改革开放向纵深发展。①

（三）创新驱动发展的发力期

科创中心是上海"五个中心"建设的最大亮点。作为中国最大的经济中心城市，上海始终要以科技创新推动经济中心的发展。经过"十二五"和"十三五"时期的发展，上海在建设具有全球影响力的科创中心上已经取得了较好的成绩，奠定了坚实的基础，"十四五"时期将是上海通过自主创新驱动发展的发力期，也是通过科创中心的建设提升实体经济能级的重要时期。发力的关键是要加强自主创新的有效供给，激发市场主体的创新活力。张江综合性国家科学中心的建设，信息技术、生物医药和高端装备领域的重大科技专项布局，产业创新工程的推进和智能制造模式的广泛应用都将为创新驱动发展提供有力支撑。

上海要在创新驱动发展上发力，人才是根本保障，打造适宜创新的环境是基础，形成对国际创新资源配置的能力是关键。上海的创新优势是集中国有企业的力量进行研发攻关，在人工智能、生物医药和航空航天等领域已经具备了突破和领先的基础，但仍缺乏产业化的能力。科创板的设立将强化金融要素对科技成果转化和实体经济的支持，多层次的资本市场将引导资源要素向实体经济集聚，提高技术创新与市场需求的匹配度，在科技创业投资和科技孵化模式上建立起有效链接，整合上海在价值链、产业链、技术链方面的优势，形成对国际创新资源的配置能力。

（四）高质量发展的关键期

"十四五"时期能否实现高质量发展是决定上海生死存亡的关键，旧动

---

① 李强书记于2019年4月3日在上海市委全面深化改革委员会第二次会议上的讲话。

能对上海经济增长的支撑作用比预期下降得更快,然而新动能与旧体制、旧动能之间的矛盾仍然突出。上海经济增速持续面临常态化的下行压力,但是从高速增长全面转向高质量发展绝对不是不要 GDP,而是不唯 GDP,要追求更高质量的 GDP,[①] 提高经济密度、提升土地效益、降低综合能耗和杜绝环境污染已经成为上海产业发展的全新方向。

高质量发展的关键期也是上海实现新旧动能转换的换挡期。尽管上海在集成电路、人工智能、生物医药、新材料、新能源汽车、航空航天、科技金融、文化创意等领域的新动能可以预见,但是医疗、教育、文化等需求痛点仍有待新动能的完全激发。在守住"四大底线"的基础上,充分挖掘数字经济潜力,通过配置全球资源实现高端产业的崛起。制造业的回归是全球技术革新和经济格局重塑的结果,制造业与服务业的界限已经模糊,抓住制造服务化的大趋势才能确保上海的功能优势和创新优势,上海新旧动能转换已经迫在眉睫。

(五)社会协调发展的完善期

协调既是发展手段又是发展目标,同时还是评价发展的标准和尺度。[②] 上海作为超大城市,市区人口密度已接近稳态,基本达到动态平衡,以更高的标准进行超大城市的精细化管理是上海建设现代化大都市和全球城市的客观要求。人民作为城市管理的核心,既是管理的第一资源,也是服务的第一对象,经过长时间系统实践磨炼出来的高标准常态长效城市管理能力为上海未来 5 年社会协调发展的进一步完善提供了有力保障。

尽管上海人均 GDP 已经达到中等发达国家水平,但是人民日益增长的美好生活需要和不平衡充分发展之间的矛盾仍然存在,具体而言,公共资源配置的不均等、城郊要素分配的不合理问题仍然突出,经济下行压力下,失业、养老等民生问题将更加凸显。上海各区域间的协调可持续发展迫切需要城市公共服务供给和基础设施建设从效率优先转向效率与公平兼顾,切实提

---

① 李强书记于 2019 年 5 月 16 日主持召开部分区委书记座谈会上的讲话。
② 习近平总书记 2019 年 5 月 16 日发表于《求是》第 10 期的重要文章《深入理解新发展理念》。

升人民的满足感、获得感和幸福感是经济发展的根本目的,上海的经济发展成果需要全体人民共享,上海现有的经济发展水平与不断积累的超大城市精细化管理经验为上海全社会的协调发展奠定了坚实的基础,"十四五"时期,践行"人民城市人民建,人民城市为人民"重要理念,上海社会的协调发展将日趋完善。

(六)区域一体化发展的加速期

长三角一体化发展的目的是实现整个长三角的高质量发展。如果说过去的长三角一体化是以交通等基础设施为主的硬件一体化,那么未来的长三角一体化就是以统筹协调制度安排为主的软件一体化,长三角一体化的进程将在制度一体化发展的过程中不断加速。长三角一体化发展示范区其实也是一种试验区,它寄托的是中国各地区之间竞争合作的新模式和新希望。

尽管现有的地方政府竞争模式确实促进了中国各地区的经济增长,但是却带来了环境恶化、土地财政和公共产品供给扭曲等一系列问题,地方保护主义让地区之间为了争夺资金、人才等生产要素产生恶性和盲目竞争。"十四五"时期上海通过带领建设长三角一体化发展示范区,告别过去"抢人"和"抢钱"的旧模式,实现区域一体化的加速发展,为全国其他地区提供区域合作竞争的新样本。

第二节 "十四五"时期上海发展主线选择

"十四五"时期是两个一百年的历史交汇期,是中国全面建成小康社会后开启全面建设社会主义现代化国家的新起点。站在新的历史起点上,作为全国最大的经济中心城市,上海已经迈入全球城市行列,必须当仁不让,勇当排头兵、先行者,不负中央厚望,不负人民期望,以更加强烈的使命感和紧迫感,加快提升城市能级和核心竞争力,建设卓越的全球城市、具有世界影响力的社会主义现代化国际大都市,为推动我国全面参与全球治理、建设社会主义现代化强国作出应有贡献。

一、上海历次五年规划发展主线脉络

发展主线是发展规划的灵魂，是贯穿国民经济和社会发展过程的主要线索，是上海贯彻国家战略、体现上海优势的方向与思路，是未来5年为实现预期目标而必须实践、始终坚持的任务的提炼归纳。本文以改革开放为逻辑起点，重点对"六五"以来上海历次五年规划的主线进行系统性分析。

（一）20世纪80年代上海发展主线

1953—1978年，上海走的是一条以工业发展为主体的经济发展之路。在长期"重生产、轻生活""变消费城市为生产城市"的思想指导下，上海的工业得到了迅速发展，成为全国重要的工业基地。1978年12月，党的十一届三中全会开启了改革开放历史新时期，改革在各个领域逐渐展开，改革开放、以经济建设为重心成为全党全国人民的共识。整个20世纪80年代，是上海历史上十分困难的时期，经济增长速度从1982年连续10年低于全国，财政非常紧张，住房难、上学难、就医难、基础设施差等问题困扰上海。此阶段，上海经济社会的发展主线紧跟国家要求，基于上海城市发展的主要矛盾，还清历史欠债，围绕"恢复、调整、改造、振兴"展开。

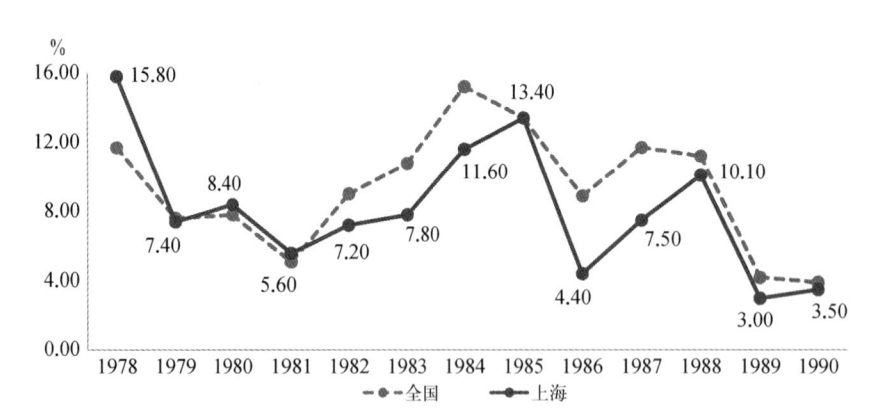

图2-5-6 20世纪80年代全国、上海GDP增速示意

数据来源：中国国家统计局、上海统计局，图2-5-7、2-5-8、2-5-9同。

1. 上海"六五"计划主线选择

面对发展中的困难，如城市基础设施老化、工业技术优势减弱、产业结构不合理等问题，根据党的十一届三中全会作出的把工作重点转移到社会主义现代化建设上来的战略决策，中共上海市委1979年2月召开工作会议，提出要把上海"建设成为先进工业基地、科技基地和出口基地"。同年12月，上海市七届二次人代会明确要积极利用上海有利条件，积极采取措施加快"三个基地"（巩固工业基地和科技基地、着重推进"外贸基地"）建设。在此背景下，1983年4月市八届人大一次会议审议通过《上海市国民经济和社会发展第六个五年计划》，确定的发展主线是"把全部经济工作转到以提高经济效益为中心的轨道上来"。

2. 上海"七五"计划主线选择

上海"六五"期间各项主要指标超额完成、经济高速增长、物价基本稳定、对外贸易快速增长、城乡差距缩小，取得了很大的成就。与此同时，也出现了一些新的困难和问题，如改革措施不配套，宏观经济管理制度的改革跟不上微观搞活的要求，经济体制还未理顺；城市基础设施十分薄弱，工业布局不合理，出口创汇能力不强，地方财力严重不足等。

1984年10月，中共上海市委、市政府和国务院调研组集中各方面意见形成了《关于上海经济发展战略汇报提纲》。1985年2月，国务院批转了这一报告。上海城市发展的思路基本形成，到20世纪末"上海应努力建设成为开放型的、多功能的、产业结构合理的、经济繁荣、文化昌盛、科技发达的社会主义现代化的中心城市"，把发挥对内和对外两个扇面的作用，采用先进技术，改造传统工业，开拓新兴工业，发展第三产业，作为上海发展的战略选择。在此背景下，围绕上海城市发展思路，1986年4月市八届人大五次会议审议通过《上海市国民经济和社会发展第七个五年计划》，确定发展的主线是"改造振兴"。

（二）20世纪90年代上海发展主线

1990年4月18日，党中央、国务院宣布开发开放浦东。1992年10月，党的十四大明确提出"以上海浦东开发开放为龙头，进一步开放长江沿岸城市，尽快把上海建成国际经济、金融、贸易中心之一，带动长江三角洲和整个长江流域地区的新飞跃"。上海在中央的领导下,紧抓浦东开发开放的历史性机遇,充分利用国内外两个市场、两种资源,推动经济体制从传统的计划经济体制向社会主义市场经济体制转变,经济增长方式从粗放型向集约型转变,进行了一系列制度创新以及产业结构的振兴发展。自20世纪90年代起,上海的发展进入了一个新的历史时代,定位也从改革开放的后卫跃居前沿,拉开了连续16年两位数增长的序幕,开始迈向现代化国际大都市。

1."八五"计划主线

进入"八五"后,浦东开发开放为上海带来了巨大机遇,但其发展面临一系列的困难和问题尚未根本扭转,如产业结构不合理状况没有根本改变,国营大中型企业普遍缺乏活力,经济效益下降;地方财政负担沉重,收支平衡困难,资金紧张;资源短缺这个基本矛盾将长期存在,能源原材料供应不足;城市基础设施落后、交通拥挤、住房紧张、环境污染等。在此背景下,1991年4月,上海市九届人大四次会议审议通过《上海市国民经济和社会发展十年规划和第八个五年计划纲要》,提出整个"八五"期间要立足于经济稳定和社会稳定,既要继续进行治理整顿和深化改革,加快结构调整,提高经济效益,又要抓紧重大城市基础设施建设和浦东开发的起步,在治理整顿和深化改革中求发展。

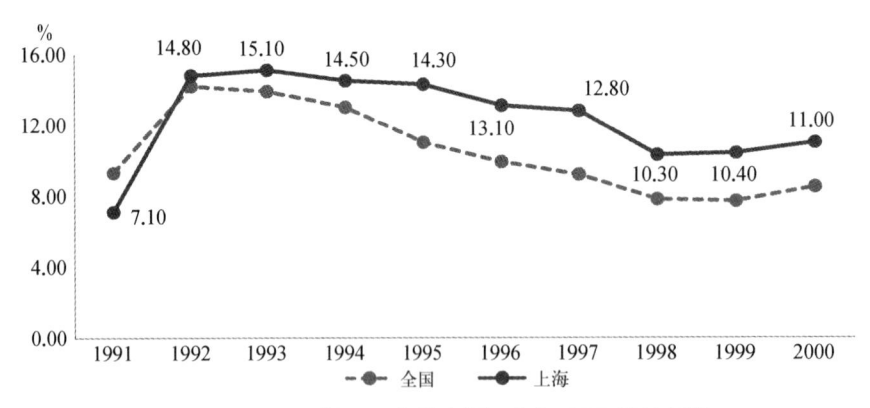

图 2-5-7 20世纪90年代全国、上海GDP增速示意

2."九五"计划主线

当时,上海面临三个问题亟待解决,即传统体制遗留和历史欠账积累的

矛盾、改革开放和发展中出现的新问题、经济环境变化遇到的暂时困难。在此背景下，1996 年 2 月，上海市十届人大四次会议审议通过《上海市国民经济和社会发展"九五"计划与 2010 年远景目标纲要》，提出上海"九五"计划的发展主线是：经济体制和经济增长方式的两个根本性转变。

（三）21 世纪 00 年代上海发展主线

2001 年 5 月，国务院批复原则同意《上海市城市总体规划（1999—2020）》，批复指出，"要把上海建设成为经济繁荣、社会文明、环境优美的国际大都市，国际经济、金融、贸易、航运中心之一"。上海建设社会主义现代化国际大都市目标要求正式由"三个中心"演进为"四个中心"。2001 年 12 月 11 日，中国正式加入世界贸易组织，改革开放进入新时期。

为适应 21 世纪初国际、国内发展环境的变化，顺应上海经济社会发展阶段变动的方向，上海的发展思路有所调整，即从以往的短缺经济与计划经济基础上围绕增加生产能力、扩大经济总量供给、保持国民经济重大比例关系平衡为主，转到适应现代市场经济的发展，围绕提高大都市功能，增强上海综合竞争力、国际竞争力上来。上海进入加快建设国际经济、金融、贸易、航运中心之一的新时期，进入确立社会主义现代化国际大都市地位、全面提高城市综合竞争力的新阶段。

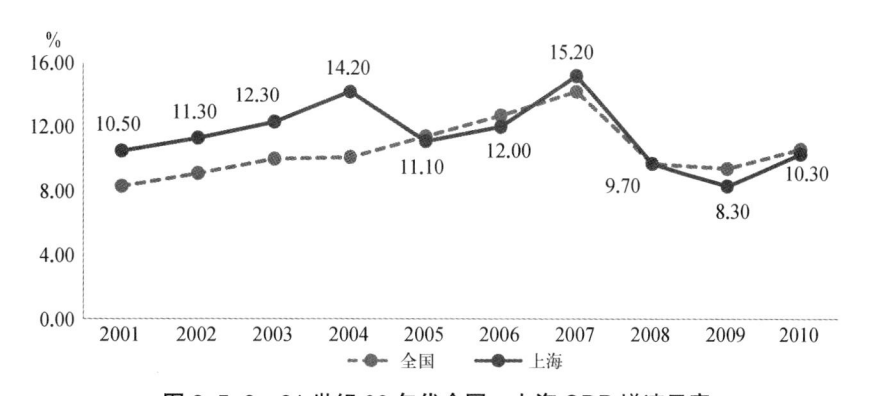

图 2-5-8　21 世纪 00 年代全国、上海 GDP 增速示意

1."十五"计划主线

21 世纪初，上海经济发展率先迈入由工业化后期向后工业时期转换的

阶段。"九五"期末，上海初步完成工业化后期产业结构的战略性调整，居民生活水平总体上越过小康及初步宽裕阶段。同时，上海也面临产业结构优化升级、改善城市生态环境、完善市场法规体系和监管手段等艰巨任务的压力。为此，《上海市国民经济和社会发展第十个五年计划纲要》提出要在加快发展中继续推进经济结构战略性调整，在发展的基础上不断提高城乡人民生活水平，正确处理改革、发展、稳定的关系，全面实施科教兴市和可持续发展战略，坚持依法治市，推动经济发展和社会全面进步；提出上海国民经济和社会发展的奋斗目标是"调整优化经济结构，不断提高城市的信息化、市场化、法治化水平，发挥国际大都市的综合优势，增强城市的综合竞争力"。上海的综合竞争力包括综合经济实力、综合服务功能、综合发展环境、综合创新能力、综合管理水平、市民综合素质六方面内容。

2."十一五"规划主线

"十一五"时期，上海面临加快国际金融中心、国际航运中心建设，推进浦东新区综合配套改革试点，办好中国 2010 年上海世博会，国家规划长三角区域发展等重要机遇。同时，影响世界和平与发展的不稳定因素增多，我国与世界经济的相互联系和影响日益加深，上海作为沿海改革开放地区和特大型经济中心城市，直接面对外部环境波动变化的新挑战。人口、资源、环境、基础设施和社会公共服务的约束更加突出，加强自主创新、转变增长方式、优化产业结构、深化体制改革的任务更加艰巨，确保全市人民共享发展成果、加快构建社会主义和谐城市的工作更加繁重。为此，《上海市国民经济和社会发展第十一个五年规划纲要》提出按照立足科学发展、着力自主创新、完善体制机制、促进社会和谐的要求，全面贯彻落实科学发展观，努力构建和谐社会，以增强城市国际竞争力为发展主线，深入实施科教兴市主战略，走全面协调可持续发展之路。上海的国际竞争力是在全球发展的坐标系中城市综合发展实力和可持续发展能力的集中体现，反映在经济实力和产业结构、基础设施、创新能力、城市管理、教育文化和市民素质等多个方面。

（四）21 世纪 10 年代上海发展主线

从国际看，自国际金融危机后发达国家的"再工业化"和贸易保护主义加剧，世界政治经济形势严峻。从国内看，中国进入全面建设小康社会的关键时期，进入深化改革开放、加快转变经济发展方式的攻坚时期。从上海发展来看，上海的经济发生了回调，传统优势逐步减弱，资源、环境瓶颈约束加剧，制度性障碍重重，增速开始低于全国。上海已经进入经济社会发展转型的关键时期，寻求新发展理念、新发展方式、新发展动力成为时代发展的要求。

1."十二五"发展主线

上海按照中央提出的以科学发展为主题、以加快转变经济发展方式为主线的要求，紧紧围绕建设"四个中心"和社会主义现代化国际大都市的总体目标，坚持科学发展、推进"四个率先"，以深化改革扩大开放为强大动力，以保障和改善民生为根本目的，充分发挥浦东新区先行先试的带动作用和上海世博会的后续效应，创新驱动、转型发展，努力争当推动科学发展、促进社会和谐的排头兵。2011 年 1 月，市十三届人大四次会议审议通过《上海市国民经济和社会发展第十二个五年规划》，确定的发展主线是"创新驱动，转型发展"，力求把创新贯穿于经济社会发展的全过程和各环节，深入推进改革开放，加快产业结构战略性调整，必须更加注重以人为本的社会建设和

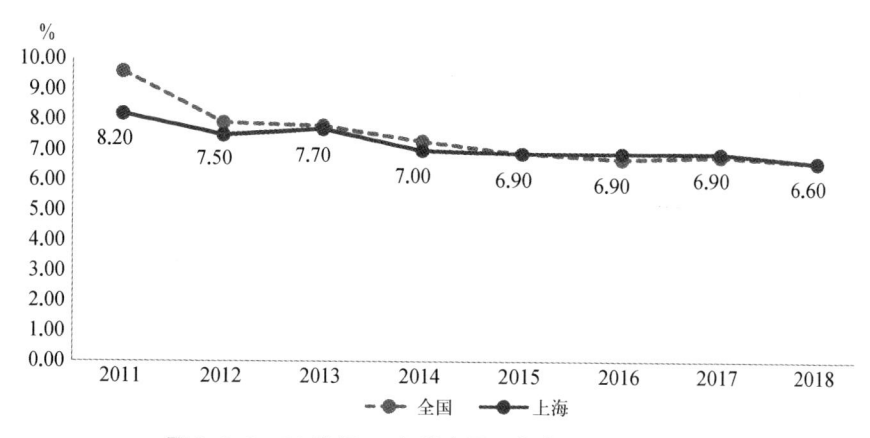

图 2-5-9　21 世纪 10 年代全国、上海 GDP 增速示意

管理，必须着力推动城乡一体化发展，必须加快推进资源节约和环境保护，必须全面落实依法治国基本方略。

2."十三五"发展主线

2014年12月9日的中央经济工作会议提出了"认识新常态、适应新常态、引领新常态，是当前和今后一个时期我国经济发展的大逻辑"。2016年3月，十二届全国人大四次会议通过《中华人民共和国国民经济和社会发展第十三个五年规划纲要》，确定以供给侧结构性改革作为发展主线。

面对外部环境和自身条件的深刻变化，上海加快推进创新转型比以往任何时候都更为迫切，必须主动适应新常态、深刻把握新常态、积极引领新常态，有效应对各种风险挑战，在改革中释放制度新红利，在开放中激发改革新动力，在创新中打造发展新引擎，在转型中保持经济稳定增长，让更多发展成果惠及全体市民。在此背景下，2016年1月，上海市第十四届人民代表大会第四次会议通过《上海市国民经济和社会发展第十三个五年规划纲要》，确定上海"十三五"规划的主线为"以新理念引领新发展"。提出更加注重强动力、增活力、补短板、可持续、促公平，更加注重结构性改革，把创新作为引领发展的第一动力，把协调作为实现更高水平和更高层次发展的内在要求，把绿色作为增强可持续发展能力的必要条件，把开放作为上海的最大优势，把增进市民福祉、促进人的全面发展作为发展的出发点和落脚点。

表 2-5-8 中国及上海历次五年规划主线汇总

时 期	中 国	上 海
"六五"	调整、改革、整顿、提高	国民经济持续、稳定、协调发展，经济工作逐步转到以提高经济效益为中心的轨道上来
"七五"	把改革放在首位	改造振兴
"八五"	到90年代末实现第二步战略发展目标，把国民经济和社会发展提高到一个新的水平	产业结构合理化
"九五"	经济体制由计划经济转向社会主义市场经济，经济增长方式由粗放型转向集约型、质量效益型	经济体制和经济增长方式的两个根本性转变

（续表）

时 期	中 国	上 海
"十五"	以发展作为主题，以结构调整作为主线	增强城市综合竞争力
"十一五"	以科学发展观统领经济社会发展全局，把各方面的发展切实转到科学发展的轨道上	增强城市国际竞争力
"十二五"	以科学发展为主题，以加快转变经济发展方式为主线	创新驱动，转型发展
"十三五"	以提高发展质量和效益为中心，以供给侧结构性改革为主线	以新理念引领新发展

二、上海"十四五"时期发展主线选择依据

在百年未有之大变局的"十四五"时期，在选择发展主线时，上海要贯彻"四个放在"（放在中央对上海发展的战略定位上、放在经济全球化的大背景下、放在全国发展的大格局中、放在国家对长江三角洲区域发展的总体部署中）精神来思考和谋划。上海未来发展必须拥有大视野、大格局，面向全球、面向未来，既要落实中央定位要求，体现国家战略；又要传承历史脉络，紧跟国内外的新变化、新趋势、新要求；还要体现上海时代特征和城市特色，树立长期优势。

（一）体现国家战略，落实发展使命

中国特色社会主义进入新时代，社会经济发展正在向世界强国迈进，国家正面临着全面深刻的战略转型。按照中央对上海的定位和要求，上海要加快建设五个中心和文化大都市，建设具有世界影响力的社会主义现代化国际大都市；要主动服务"一带一路"建设和长江经济带发展，在深化自由贸易试验区改革上有新作为，当好新时代全国改革开放排头兵、创新发展先行者；要加强与周边城市的分工协作，构建上海大都市圈，打造具有全球影响力的世界级城市群；要进一步发挥龙头带动作用，推动长三角地区实现更高

质量一体化发展，更好引领长江经济带发展，更好服务国家发展大局。为此，上海"十四五"规划主线选择，必须要有大局意识、全局观念，聚焦国家战略、落实上海使命。

（二）把握时代特色，传承历史脉络

综观上海历次五年发展规划主线，脉络清晰。主线的选择也是立足当时的发展环境与发展阶段，直面发展问题，传承上一个五年发展规划并进一步深化。

当前，中美摩擦已成定局，而且会长期化与复杂化，"一带一路"成为对外开放合作的新机遇和新空间。同时，全球新一轮科技革命和产业变革又孕育出新突破和新机遇，城市群和首位城市在国际合作与竞争中的作用越来越凸显。"十四五"时期，上海作为长三角世界级城市群的核心城市，既要转型提升、创新发展，全面提升上海城市能级和核心竞争力，又要推动长三角一体化高质量发展，成为全国经济发展强劲活跃的增长极、全国经济高质量发展的样板区、率先基本实现现代化的引领区、区域一体化发展的示范区、新时代改革开放的新高地。为此，上海发展主线的制定必须放在国际大环境、区域大格局、上海新阶段中来思考谋划，要在深化延伸"十二五""十三五"发展主线的基础上，聚焦改革开放、创新发展、高质量、一体化等时代关键词。

（三）树立长期优势，提升核心竞争力

新时代下，"三大任务、一大平台"是上海面向世界、推动长三角地区一体化和长江经济带发展的使命与任务，也是上海以一流的城市环境和一流的服务保障，激发企业发展动力，激发社会活力和创造力，树立"改革开放窗口、创新发展先驱、区域一体化龙头"等长期优势的具体体现。为此，上海"十四五"规划发展主线要把握国际大都市发展规律，立足上海特色，树立长期优势，全面提升城市核心竞争力，推动高质量发展。

三、上海"十四五"时期发展主线选择

上海必须深刻认识并把握国内外形势的新变化、新特点，按照中央确定的战略定位，立足上海的发展阶段与要求，谋划发展思路，制定发展主线。

（一）主线A：全面提升上海城市能级和核心竞争力

2018年6月27日，十一届市委四次全会通过了《中共上海市委关于面向全球面向未来提升上海城市能级和核心竞争力的意见》，提出"提升城市能级和核心竞争力，这是实现新时代上海发展战略目标的集中体现、核心任务和必由之路。"2018年11月6—7日，习近平在上海考察时强调，坚持以新时代中国特色社会主义思想为指导，坚决贯彻落实党中央决策部署，坚定改革开放再出发的信心和决心，坚持稳中求进工作总基调，全面贯彻新发展理念，坚持以供给侧结构性改革为主线，加快建设现代化经济体系，打好三大攻坚战，加快提升城市能级和核心竞争力，更好地为全国改革发展大局服务。2019年7月2日，国务院新闻办公室举行省（区、市）系列新闻发布会，应勇市长强调："上海已站在新的历史起点上，承载着中央的厚望、人民的期待，我们深感使命光荣、责任重大。我们正在深入贯彻落实习近平新时代中国特色社会主义思想和总书记考察上海重要讲话精神，坚定不移推进改革开放再出发，全面提升城市能级和核心竞争力。"

1. "全面提升上海城市能级和核心竞争力"是上海落实党中央要求，勇当排头兵、先行者的使命担当

"十四五"时期是两个一百年的历史交汇期，是中国全面建成小康社会后开启全面建设社会主义现代化国家的新起点。中国正日益走近世界舞台的中心，需要加快建设一个与我国综合实力和国际地位相匹配的全球城市，引领服务全国发展，参与国际合作与竞争。站在新的历史起点上，上海作为全国最大的经济中心城市，已经迈入全球城市行列，必须当仁不让，勇当排头兵、先行者，不负中央厚望，不负人民期望，以更强烈的使命感和紧迫感，加快提升城市能级和核心竞争力，建设卓越的全球城市，为推动我国全面参

与全球治理、建设社会主义现代化强国作出应有贡献。

习近平总书记在上海考察时指出，上海要强化全球资源配置、科技创新策源、高端产业引领、开放枢纽门户等四大功能。四大功能均是围绕提升上海城市能级与核心竞争力而展开，全面、系统指出了上海实现经济高质量发展的动力、手段、方向以及突破口。"强化全球资源配置"是重要条件，"强化科技创新策源"是根本动力，"强化高端产业引领"是重要抓手，"强化开放枢纽门户"是根本方向。全面提升上海城市能级和核心竞争力，在建设高水平全面开放新格局和引领中国经济高质量发展中先行先试，从而提供更多更好的可复制可推广的经验，是上海落实党中央要求，建设与我国综合国力和国际地位相匹配的全球城市、推动向社会主义现代化强国迈进的核心要求和使命任务。

2. "全面提升上海城市能级和核心竞争力"是上海传承发展脉络、全面实现2035年奋斗目标的必然要求

作为改革开放先行者、创新发展排头兵，作为全国首个GDP突破3万亿元的城市，上海已经迈入全球城市行列。一个全球城市的持久繁荣，重点在于其能级和核心竞争力的不断提升。只有把握全球城市发展的规律，顺势而为，乘势而上，持续提升城市能级和核心竞争力，才能不断超越、永葆生机、赢得主动。

上海早在"十五"计划、"十一五"规划中就分别提出"增强城市综合竞争力""增强城市国际竞争力"的发展主线。"十四五"以"全面提升城市能级和核心竞争力"为主线，是对历史发展脉络的传承与发扬，是积极应对百年未有之大变局的必然选择，也是实现2035年"建设卓越的全球城市和具有世界影响力的社会主义现代化国际大都市"的发展目标与"令人向往的创新之城、人文之城、生态之城"战略目标的集中体现、核心任务和必由之路。

3. "全面提升上海城市能级和核心竞争力"是上海发挥龙头带动作用，推动长三角高质量发展的迫切需求

改革开放以来，长三角地区充分发挥区位优势、劳动力优势、政策优势，抓住全球要素分工合作的机遇，拉开了快速城镇化、工业化大潮，发展

成为我国经济规模最大、人口最为集中、综合实力最强的城市群。2018年，实施长江三角洲区域一体化发展上升为国家战略。作为龙头城市的上海必须夯实四个中心、五大品牌建设，发挥上海面向国际国内两个扇面的集聚和辐射能力，全面提升城市能级和核心竞争力。

以"全面提升城市能级和核心竞争力"为主线，紧扣"一体化""高质量"两大核心要求，上海才能充分发挥龙头带动作用，才能引领推动长三角地区成为全国经济发展强劲活跃的增长极，成为全国经济高质量发展的样板区、率先基本实现现代化的引领区和区域一体化发展的示范区，成为新时代改革开放的新高地。这是中央的要求，也是沪苏浙皖优势互补、错位发展的迫切要求及必然选择。

围绕"全面提升城市能级和核心竞争力"的主线，"十四五"时期，上海要深化改革开放高水平"组合拳"，重塑经济发展新优势；系统营造国际一流营商环境，夯实卓越全球城市基础；聚力构筑城市创新生态系统，全面增强自主创新实力；强化全球资源要素配置功能，全面提升"五个中心"能级；加速构建现代化产业体系，壮大经济高质量发展新动能；发挥龙头引领服务作用，推进长三角高质量一体化发展；坚定有序推进社会治理，切实提高民生保障和服务水平；建设美丽宜居家园城市，推行绿色发展的生产生活方式。

（二）主线B：率先走出一条高质量发展、高品质生活之路

2018年1月15日，在《上海市城市总体规划（2017—2035年）》实施动员大会上市委书记李强强调，要把高质量发展和高品质生活作为规划实施的根本落脚点。2019年7月2日，应勇市长强调："必须坚持以人民为中心的发展思想。要始终把人民群众对美好生活的向往作为我们的奋斗目标……努力实现更高质量的发展、创造更高品质的生活，实现上海更高水平的全面小康。"[①] 上海推动高质量发展、高品质生活，是要在国际形势严峻、资源环境

---

① 2019年7月2日下午，在国务院新闻办公室举行省（区、市）系列新闻发布会上，上海市市长应勇围绕"深化改革扩大开放——全面提升上海城市能级和核心竞争力"作介绍并答记者问的讲话。

约束、矛盾转化的新时代下落实五大发展理念目标，承担国家使命，发挥开路先锋、示范引领、突破攻坚作用，打造"创新驱动、转型发展"的升级版。

1. 率先走出一条高质量发展、高品质生活之路是上海积极响应全面建设社会主义现代化国家新征程的要求

中国特色社会主义进入了新时代，我国经济发展也进入了新时代，基本特征就是我国经济已由高速增长阶段转向高质量发展阶段；我国社会主要矛盾已经转化为人民日益增长的美好生活需要和不平衡不充分的发展之间的矛盾。推动高质量发展、创造高品质生活，是当前和今后一个时期确定经济社会发展思路、制定政策、实施宏观调控的根本要求，是决胜全面建成小康社会、开启全面建设社会主义现代化国家新征程的战略路径。

作为全国改革开放排头兵、创新发展先行者，上海无论是经济发展还是社会服务都走在全国前列。为此，以"率先走出一条高质量发展、高品质生活之路"为主线，是贯彻新发展理念，树立中国经济社会持续健康发展的典范，开启全面建设社会主义现代化国家新征程的要求。

2. 率先走出一条高质量发展、高品质生活之路是上海彰显改革开放再出发的新作为

在经济全球化的浪潮下，从1990年浦东开发开放，到2005年浦东综合配套改革试点，再到2013年自由贸易试验区建设，2014年建设具有全球影响力的科创中心，2018年举办首届中国国际进口博览会、领受设立科创板等三项新的重大任务，上海一直是中国改革开放、创新发展的窗口。当前，上海也正处于创新驱动发展、经济转型升级爬坡过坎的关键阶段、社会协调发展的完善期。以"率先走出一条高质量发展、高品质生活之路"为主线，是上海紧抓经济社会服务领域高质量开放机遇，面向全球、面向未来，对标国际最高标准、最好水平，勇立时代潮头、强化使命担当、践行为民宗旨，保持改革开放初期的那股激情，彰显上海改革开放再出发的决心和新作为。

3. 率先走出一条高质量发展、高品质生活之路是上海建设具有世界影响力的社会主义现代化国际大都市的根本要求

将上海建设成现代化国际大都市的理念从20世纪90年代就已经提出。

经过30年的发展，改革开放取得重大成果，创新驱动发展实现关键突破，中心城市功能不断增强，社会治理创新走上新路，民生福祉持续增进，国际文化大都市建设成效明显。但在前进道路上还有诸多风险，存在许多困难与挑战。以"率先走出一条高质量发展、高品质生活之路"为主线，正是上海直面发展中的困难瓶颈，从经济到社会、从发展方式到发展目标全方位提升自身能级和发展内涵，走出一条具有时代特征、中国特色、上海特点的以创新为第一动力、协调为内生特点、绿色为普遍形态、开放为必由之路、共享为根本目的的社会主义现代化国际大都市高质量发展、高品质生活的新路，迈向具有世界影响力的社会主义现代化国际大都市的根本要求。

（三）主线C：改革开放再出发，创新发展再突破

2018年11月6—7日，习近平在上海考察时强调："……坚定改革开放再出发的信心和决心……打好三大攻坚战，加快提升城市能级和核心竞争力，更好为全国改革发展大局服务。"[①]2018年12月11—12日上午，市委书记李强主持会议并强调"把习近平总书记重要讲话精神贯穿于全市各项工作始终，以新的不凡创造推进改革开放再出发、创新发展再突破"。[②] 在多重因素叠加的新时代，上海必须将"改革开放再出发、创新发展再突破"这一主线落到实处，让改革开放、创新发展的效应充分溢出。

---

① 习近平在出席首届中国国际进口博览会开幕式和相关活动后，在上海考察时强调，坚持以新时代中国特色社会主义思想为指导，坚决贯彻落实党中央决策部署，坚定改革开放再出发的信心和决心，坚持稳中求进工作总基调，全面贯彻新发展理念，坚持以供给侧结构性改革为主线，加快建设现代化经济体系，打好三大攻坚战，加快提升城市能级和核心竞争力，更好为全国改革发展大局服务。
② 2018年12月11—12日上午，中共上海市委举行学习讨论会，深入学习贯彻习近平总书记在首届中国国际进口博览会开幕式上的主旨演讲和考察上海时的重要讲话精神，重点围绕落实三项新的重大任务和五方面要求深入研究讨论。市委书记李强主持会议并强调，新时代新形势新使命呼唤我们富于创造，我们要以高度的思想自觉和责任担当，把习近平总书记重要讲话精神贯穿于全市各项工作始终，以新的不凡创造推进改革开放再出发、创新发展再突破，奋力创造激荡人心的上海发展的新传奇。

1."改革开放再出发、创新发展再突破"是上海落实党中央要求,勇当排头兵、先行者的使命担当

当前,改革开放走过 40 多年,进入攻坚期和深水区,从"摸石头过河"到将改革开放进行到底,需要直面的都是牵动全局的敏感问题和重大问题,简单延续和模仿前期改革,难以实现更大进步,必须向着陌生地带、高难领域发起新的改革攻坚。创新是民族进步的灵魂和国家兴旺发达的不竭动力,是引领发展的第一动力,是改革开放的生命。只有勇敢推进理论创新、制度创新、科技创新、文化创新等各方面创新,才能将改革开放进行到底。

新时代下,改革开放先行者、创新发展排头兵的上海,必需要更好为全国改革发展大局服务,勇于挑最重的担子、啃最难啃的骨头,发挥开路先锋、示范引领、突破攻坚的作用,闯出新路,再续新篇。以"改革开放再出发、创新发展再突破"为主线,正是上海响应党中央要求,落实在改革开放和创新发展上再先行一步、突破一步、领先一步,引领中国进一步深化改革,在更深层次、更宽领域,以更大力度推进全方位高水平开放,推动区域乃至世界经济繁荣的这一历史使命的强劲动力。

2."改革开放再出发、创新发展再突破"是上海应对复杂形势、全面实现 2035 年奋斗目标的必然要求

当今世界正在经历新一轮大发展、大变革、大调整,不稳定不确定因素增多,风险挑战加剧。上海也正处于创新驱动发展、经济转型升级爬坡过坎的关键阶段、社会协调发展的完善期。

吃改革饭、走开放路、打创新牌发展起来的上海唯有以开放促创新,以创新促改革,形成改革、开放、创新相互促进的良性循环,才能将改革进行到底,在深度融入经济全球化中服务带动全国改革开放,更好代表国家参与全球合作竞争;才能通过创新,打破旧的路径依赖,实现新旧动能转化,赢得发展的主动权。以"改革开放再出发、创新发展再突破"为主线,正是上海积极应对百年未有之大变局的必然选择,也是实现 2035 年发展目标建设卓越的全球城市和具有世界影响力的社会主义现代化国际大都市,令人向往

的创新之城、人文之城、生态之城的不竭动力。

3."改革开放再出发、创新发展再突破"是上海凝聚全社会力量,振奋干部精神的迫切需求

改革开放 40 多年来,上海探索走出了一条具有中国特色、时代特征、上海特点的超大城市发展新路,成为中国改革开放的重要窗口和发展成就的生动缩影。在改革开放的实践探索中,上海开拓创新、勇于担当、开放包容、兼容并蓄,形成了"海纳百川、追求卓越、开明睿智、大气谦和"的上海城市精神,也成为全国改革开放排头兵、创新发展先行者。

"十四五"是两个一百年的历史交汇期,是中国全面建成小康社会后开启全面建设社会主义现代化国家的新起点,是上海四个中心基本建成后向具有世界影响力的社会主义现代化国际大都市全面迈进的新征程。站在新的历史起点上,上海要坚定理想信念,始终保持创业初期的那股激情;勇立时代潮头,胸怀全局发展,继续走在全国改革开放最前列;强化使命担当,对标全球顶级,更好代表国家参与国际合作与竞争;践行为民宗旨,人人尽责担责,努力让工作、生活在这座城市的人们更幸福。以"改革开放再出发、创新发展再突破"为主线,正是上海牢记改革开放初心、不忘创新发展使命,凝聚全社会力量、振奋干部精神,实现中国梦的迫切需求和持续动力。

(四)推荐主线:全面提升上海城市能级和核心竞争力

三条主线的选择是新时代下基于不同视角对"十四五"时期上海贯彻国家战略、把握时代特色、体现上海优势、建设具有世界影响力的社会主义现代化国际大都市的方向与思路的提炼、升华。主线 A 是战略要求,主线 B 是根本目标,主线 C 是动力路径。同时,三条主线相辅相成,贯彻"改革开放再出发,创新发展再突破"的理念,全面提升上海城市能级和核心竞争力,才能率先走出一条高质量发展、高品质生活之路。当前,谋划战略举措迫在眉睫,课题组推荐方案为"全面提升上海城市能级和核心竞争力"。具体理由,详见主线 A 部分,不再赘述。

第三节 "十四五"时期上海发展战略思路

围绕"全面提升城市能级和核心竞争力"的发展主线,上海要以"对标国际、服务全国、引领长三角"为己任,拿出"改革开放再出发,创新发展再突破"的决心和意志,厘清新时代发展的矛盾,攻克发展难题,树立长期战略优势,率先走出一条高质量发展、高品质生活之路,建设卓越的全球城市、具有世界影响力的社会主义现代化国际大都市。

一、上海"十四五"时期发展必须处理好的几大关系

上海要在"十四五"时期深入推动改革开放,持续推进经济高质量和创新发展,实现高品质生活,不断提升城市竞争力和能级,既需要顺应国内外发展大势,又要结合自身特点与发展阶段,抓住关键矛盾,攻克发展难题。为此,要处理好以下关系。

(一)保证发展质量与保持增长速度的关系

2019年,上海经济总量超3.8亿元,居全国第10位,人均GDP居全国第2位,居民人均可支配收入位居榜首,领跑全国。因此,上海发展既要适应经济发展新阶段要求,推动产业优化转型,加快实现经济发展质量变革、效率变革和动力变革,又要保持一定水平的增长速度,才能在激烈的国内省际经济竞争中巩固经济之都、财税重镇的地位,服务国家经济发展大局。

(二)提升新兴动能与利用传统动能的关系

当前上海正处于投资等传统要素驱动向深度创新驱动转换的关键阶段,一方面,由国有大中型企业带动的投资驱动在经济增长中仍有相当比重,且随着国企体制改革深入推进以及"一带一路"产能向外转移,对经济增长的贡献依然有较大空间可供挖掘,要继续利用好;另一方面,又要充分认识到动能

转换的必然性，加快培育以中小微企业、民营经济为先导的创新创业新动能。

（三）振兴实体经济与加速数字经济的关系

实体经济是上海经济发展的基石和支柱，其中的高端及先进制造业更是保证上海未来发展能量的定海神针。同时，以移动互联网、大数据等为代表的数字经济是产业发展到高级阶段的产物，尤其是 5G 网络将推动各领域发展，引领新时代的来临。数字经济能够从根本上推动实体经济的变革，带来实体经济效率质的提升。因此在推进经济高质量发展过程中，上海既不能偏废实体经济，也不能错失数字经济发展的机遇。

（四）发挥龙头作用与保持自身优势的关系

上海作为长三角"龙头"，需要推动自身优质的基础设施、现代服务业及公共服务资源向周边辐射扩散，为高质量区域一体发展注入强劲支撑力和驱动力。尤其是推动教育、医疗、卫生等流动化和公平化，避免高端人才向核心地区聚集，制约长三角其他地区的拓展空间和发展前景。但同时，又要维持特色优势、保持能级领先，防止与其他地区在发展水平上平均化，确保区域内分工和互补。

（五）改善生态环境和提高经济效益的关系

绿色发展是高质量发展的重要标志，经济发展必须建立在绿色、低碳、循环发展的基础上。上海需要在严守耕地红线绝不能突破、已经划定的城市周边永久基本农田不能随便占用的前提下，以"都市＋绿色"为发力点，探索城市化与农业发展、生态安全之间和谐共存的途径，大力推动建立绿色低碳循环发展产业体系，打造都市现代绿色农业模式，加大环境治理力度，筑牢生态安全屏障，形成人与自然和谐发展现代化建设新格局。

（六）引领改革创新与尊重程序规范的关系

一直以来，上海社会制度比较规范，市场秩序较好，公平度和透明度较高，政府重法治、重责任、守规则，这是上海的传统优势，也是其对资本、人才等的主要吸引力之一。但过度遵守规范有可能意味着在改革创新中不敢迈大步子、有大动作，这一点在上海自贸试验区建设与广东、福建、天津等兄弟自贸区更具胆魄的改革措施对照中，在与江苏、浙江等省更大幅度的机制体制创新对比中，都已经有所体现。未来的上海，需要思考如何在严守中央嘱托、勇担全国重担的基础上，以解放思想的勇气和不惧风险的魄力去闯去试，对现有体制和机制取得更大突破，同时保持弘扬"公正、包容、责任、诚信"的优秀传统。

二、上海"十四五"时期发展战略思路建议

（一）深化改革开放高水平"组合拳"，重塑经济发展新优势

面对世界经济增长的不稳定性、不确定性以及逆全球化的挑战，站在中国经济从高速增长阶段转向高质量发展阶段这一新的历史起点，上海必须拿出"改革开放再出发"的决心和勇气，站在更高起点谋划和推进改革，下大气力破除体制机制弊端，进而在新一轮更高水平开放中重塑开放经济新优势。要打好自贸试验区增设新片区、上海证券交易所设立科创板并试点注册制、长三角一体化发展并上升为国家战略这三项新的重大任务以及中国国际进口博览会国家这"四位一体"的进一步深化改革开放的"组合拳"，为上海在更高起点、更高层次上推进改革开放构筑战略支撑。要在调整深层次利益格局的重点难点改革上啃"硬骨头"，努力实现重大领域和关键环节的改革突破，特别是在现代市场体系建设探索中主动作为、谋篇布局，为推进高水平开放、实现高质量发展提供体制机制保障，为全国全面深化改革开放提供可复制可推广的经验。要在面向世界、面向未来、不断创新发展的自我加压之下，抓紧建设上海自贸试验区新片区，差别化探索和加大压力测试方面体现上海优势、上海特色，实现上海探索、上海突破，实行国内最具竞争力的开放政策，探索更深层次的制度创新，推动形成更具国际市场影响力和竞争力的特殊经济功能区，重新确立改革开放先发优势。

（二）系统营造国际一流营商环境，夯实卓越全球城市基础

统一开放、公平竞争的良好营商环境是现代化市场体系的重要支撑，上海作为世界公认的中国经济中心，必须在营商环境改善的探索中主动作为、谋篇布局。立足上海建设卓越的全球城市的总体要求，瞄准国际一流营商环境的最高标准、最高水平，优化政务服务，持续提升行政效能，打造并彰显开放、创新、包容的城市品格。围绕统一开放、公平竞争、效率优先、创新优先等进行积极探索，打造营商环境新亮点、新标识、新高地，不断提升制度环境"软实力"、降低制度性交易成本，增强对市场主体的吸引力、创造力和竞争力。以更大力度，在更宽范围，以市场主体的实际感受和获得感为衡量标准，加快实现贸易投资最便利、行政效率最高、服务管理最规范、法治体系最完善，营造"四大品牌"建设的良好环境，为建成具有全球资源配置能力的国际经济、金融、贸易、航运中心，形成全球科创中心基本框架，并在2035年基本建成卓越的全球城市提供体制机制保障。

（三）聚力构筑城市创新生态系统，全面增强自主创新实力

"十四五"是上海全面落实中央关于科技体制改革的部署要求，进一步推动科技体制改革向纵深发展，加快向具有全球影响力的科技创新中心进军的关键时期。上海要把创新驱动发展摆在更加突出位置，完善包括知识创新体系、技术创新体系和市场创新体系在内的集成创新体系建设，增强以学术新思想、科技新发现、技术新发明、产业新方向为核心的创新策源能力。搞活科创板，优化服务科技创新的金融体系，构建以科创板为牵引，创业投资、科技信贷、科技保险、财政科技等多种科技金融工具协同联动的科技金融生态，实现上海国际金融中心与科创中心的融合发展、联动发展，发挥资本市场对实体经济尤其是创新型经济的支持作用。遵循"围绕产业链部署创新链，围绕创新链完善资金链"的原则促进金融资本与科技资源的对接，完善科技金融支撑体系，吸纳、集聚、整合国际国内资金、技术和人才等优势要素，建立完备的金融服务体系和科技创新体系，实现创新链、产业链、资

金链、政策链的有机融合。注重现有人才资源的应用与人才梯队培育，加大高端海外及国内人才引进力度，培养造就一大批具有国际水平的战略科技人才、科技领军人才、青年科技人才和高水平创新团队，加快科技体制改革，充分发挥科技人才的积极性，挖掘科技人力资源的潜力。推动产业转型升级，大力发展具有世界级竞争力的先进制造业和战略性新兴产业，着力构建市场机制有效、微观主体有活力、宏观调控有度的现代化经济体制，率先形成现代化经济体系。

（四）强化全球资源要素配置功能，全面提升"五个中心"能级

上海的城市定位要求进一步聚焦和提升"五个中心"的功能，深耕长三角和长江流域，服务国家战略，站在全球高度进行资源战略性配置。大力发展连接国内外的大市场、大平台，建立接轨国际规则的高新技术企业上市制度，推动原油期货、黄金等价格信号成为全球资源配置的风向标，打造具有全球影响力的在岸大宗商品交易定价中心，提高"上海价格""上海指数"的国际影响力和话语权。借中国国际进口博览会平台扩大对全球资源要素的集聚力和辐射力，集中力量建设贸易投资的亚太中心、市场主体全球化的国家基地，带动长三角全面开放、内生性增长和区域协同发展实现新突破，不断增强国际竞争新优势。加快集聚高能级、广辐射的全球机构、跨国企业总部、国际非政府组织、国内外大型金融机构总部、国际知名服务品牌，引进和发展商业、贸易、航运、科技等领域的服务机构，持续扩大贸易、金融、航运、经济和科创中心的带动溢出效应。

（五）加速构建现代化产业体系，壮大经济高质量发展新动能

当前我国经济正处在从高速度发展向高质量发展转换的关键阶段，而上海则需要在经济高质量发展方面再次发挥引领作用，其中，推进新旧动能转换，培育壮大以现代化产业体系为核心的新动能是上海引领经济高质量发展的关键一步。因此，上海必须加快建设实体经济、科技创新、现代金融、人力资源协同发展的高端、高质、高能级产业新体系。聚焦产业能级提升，推

动高端设备制造、高精尖制造业、新能源、绿色产业等为代表的先进制造业，以及信息技术、现代物流、设计创意、管理咨询、金融科技、健康服务为代表的现代服务业高质量发展，在中高端消费、智能制造、绿色经济、智慧城市等领域培育新增长点。掌控重点产业的关键核心技术，显著提高在全球价值链的分工地位，对接国际高新技术和产业前沿，促进产业在更大范围、更高层次、更广领域的深度融合，助力产业迈向全球价值链中高端。加大"高精尖缺"人才培养引进力度，在5G、区块链、工业互联网、人工智能等重点领域，突破一批关键核心技术，加快建设智慧城市、城市大脑、智慧交通等引领性标志性工程，着力培育一批战略性新兴独角兽企业。以此推进质量变革、效率变革、动力变革，促进产业结构不断转型升级、保持产业体系的活力与竞争力，通过培育新动能、发展新经济、营造新生态，打响上海服务、上海制造品牌。

（六）发挥龙头引领服务作用，推进长三角高质量一体化发展

在新的时代背景下，上海服务全国、服务长三角的使命没有改变，但是在服务的内涵、形式、层面上需要有新的思考、新的作为。随着长三角一体化上升为国家战略，上海应更好地发挥龙头地位和引领作用，在长三角更大的范围内寻求产业布局的合理化，更好地发挥产业的集聚和辐射功能，在更好地服务于长三角的同时能够实现更大范围的资源优化配置。作为长三角的龙头城市，上海要发挥总部经济、服务经济和创新策源地的优势，依托中国国际进口博览会的溢出效应，充分发挥集聚和辐射效应，在长三角各省市合理延伸和布局产业链、创新链、价值链，发挥上海生产性服务业的优势，更好地为长三角各省市提供产业发展指导、服务与支撑，进而创造更多数量和密度的产业价值及服务价值。按照区域比较优势和整体布局优化的原则主动地科学规划长三角区域的经济社会发展格局，完善跨区域的协调机制和合作机制，试行"统一规划""统一标准""统一监督""统一执法"等"七个统一"，打破在不同行政区域间合作的体制机制障碍。重点发挥上海作为区域中心城市和改革开放龙头作用，围绕建立统一的市场体系，寻求在城乡土地

制度、土地开发机制、生态保护与补偿机制、户籍与人口制度、劳动人事制度、金融监管制度、教育与人才体制等方面进行深度的改革创新。发挥主导作用，与其他三省协同并进建立行之有效的生态保护协同机制，深入推进跨部门、跨省市联合致力于生态环境保护，建设好长三角生态绿色一体化发展示范区。

（七）坚定有序推进社会治理，切实提高民生保障和服务水平

走出一条符合超大城市特点和规律的社会治理新路子，是关系上海发展的大问题，而破解上海超大型城市治理创新这一"世界级难题"，就要把人民放在心中最高位置。要切实把握社会主要矛盾的转化，认清人民群众日益增长的美好生活需要的新特点，扎实办好重要民生实事，提高民生保障和服务水平。率先破解难题、带头补齐短板，将民生公共服务的底线逐渐抬高，及时感知人民群众的操心事、烦心事、揪心事，准确把握需求的多样化，精准对接群众需求。"民有所呼，我有所应"，对于群众最关心、最期盼也最有利益关联度的问题把得准动向、看得清症结、拿得出办法，尤其是在住房、教育、健康、医疗等重点领域切实满足群众需求，解决社会矛盾。落实"以人民为中心"的城市发展理念，推进教育服务、医疗服务、养老服务及商业消费等公共服务的便利性，改善住房、交通、环境、公共服务等核心指标，提高城市承载力、宜居性和包容性，让人民群众有更多的获得感、幸福感和安全感。依托人工智能、大数据、物联网等新兴技术，以"上海连接""上海枢纽""上海计算""上海感知"为上海打造世界级智慧城市增速、增能、增效、增智，助力人民高品质生活和城市精细化管理。

（八）建设美丽宜居家园城市，推行绿色发展的生产生活方式

要深入贯彻落实国家关于生态环境保护的要求及绿色发展战略，坚持"绿水青山就是金山银山"的理念，以扎实有效的举措，全面推动上海绿色发展，率先实现高质量发展，生态环境保护和生态文明建设迈上新台阶。坚决打好水、大气、土壤污染防治攻坚战，强化能源消费减量替代和结构优

化，建立垃圾减量分类长效体系，按照国内最严、国际接轨的标准，努力建成国际一流的宜居城市。加快构建绿色产业体系，加快发展绿色产业，积极主动地探索建立低碳的绿色产业链，推动人口资源环境相均衡、经济社会生态效益相统一，形成人与自然和谐的绿色发展新格局。积极推进绿色生态技术在经济生产、建筑设施、社会生活、交通出行等诸多领域的应用。锚固城市生态基底，严守生态保护红线以及建设用地总量的"天花板"，加强生态空间的保育、修复和拓展，通过推进集约节约用地和功能适度混合来提升土地利用绩效。以更高标准、更开阔眼界、更高质量建设崇明世界级生态岛，积极实施"生态+"发展战略，打造绿色发展的"上海样本"。[①]

执笔人：唐忆文　邓立丽　李世奇
张晓娣　莫兰琼　陈　柯

[①] 2019年7月2日下午，在国务院新闻办公室举行省（区、市）系列新闻发布会上，上海市市长应勇围绕"深化改革扩大开放——全面提升上海城市能级和核心竞争力"作介绍并答记者问的讲话。

CHAPTER

03
第三编

城市功能

第六章
全面建设具有全球影响力的科创中心

从国际看，疫情冲击带来的世界经济严重衰退、中美经贸摩擦的不断升级等一系列不确定因素，使得中国科技企业国际发展环境出现了一些新情况新变化，上海"全球科创中心"建设在国家"十四五"中的战略地位必将更加凸显。从国内看，在上海亟待转型升级的大背景下，"十四五"时期上海能否继续领先全国，关键就在"全球科创中心"建设。"全球科创中心"建设将成为上海"十四五"规划的最大亮点，成为上海五个中心建设的核心。按照"2020年前形成科创中心基本框架体系、2030年形成具有全球影响力的科创中心的核心功能"的要求，"十四五"将成为上海科创中心建设逐步出功能、突重点、建形象、展实力的重要时期。

第一节　上海科创中心发展的良好基础

总体上看，上海科创中心建设已取得重大进展，基本框架体系逐步形成，集聚了一批大科学设施、研发人才、高校科研院所、外资研发中心等资源，科技创新价值逐步显现，对经济社会发展的支撑作用不断加强。从《上海市科技创新"十三五"规划》预期目标的实现情况来看，除每万人研发人员全时当量这项指标数值难以实现外，大部分指标能够实现预期目标。其中部分指标已经提前达到，甚至超过预期目标，如全社会研发（R&D）经费支出占全市生产总值（GDP）的比例、每万人口发明专利拥有量、PCT国际专利年度申请量等，具体如表3-6-1所示：

表 3-6-1 《上海市科技创新"十三五"规划》指标推进状况

指 标 名 称	目标	2018 年	预期能否实现
全社会研发（R&D）经费支出占全市生产总值（GDP）的比例（%）	4.0	4.0	能
基础研究经费支出占全社会 R&D 经费支出比例（%）	10	7.70	能
每万人研发人员全时当量	75	18.35	不能
每万人口发明专利拥有量	40	47.5	能
PCT 国际专利年度申请量	1 300	2 500	能
知识密集型服务业增加值占 GDP 比重（%）	37	35.20	能
新设立企业数占比（%）	20	15.70	能
向国内外输出技术合同成交金额占比（%）	56	62.44	能

一、张江国家科学中心建设全力推进，集中度和显示度不断提高

"十三五"以来，上海以建设张江综合性国家科学中心为契机，围绕微纳电子、量子信息、脑科学与类脑、海洋科技等世界前沿科技重点领域，加强前瞻性布局，为引领原创成果的重大突破提供基础支撑。

（一）世界级大科学设施集群初具雏形

当前，上海已建成 3 个国家大科学装置，获批筹建和正在建设的有 8 个。其中，上海光源、上海超级计算中心、国家蛋白质科学研究设施、转化医学设施已经投入运行；硬 X 射线自由电子激光装置、上海同步辐射光源（二期）、超强超短激光实验装置、软 X 射线自由电子激光装置、活细胞成像平台等光子科学设施建设进展顺利，全球规模最大、种类最全、综合能力最强的光子大科学装置集聚地初步成型；超强超短激光实验装置，在国际上首次实现了峰值功率 10 帕瓦的激光放大输出；高效低碳燃气轮机试验装置、海底科学观测网装置获得国家发改委批准建设。

（二）一批一流前沿科研机构加快集聚

国际人类表型组创新中心、量子创新中心、国际灵长类脑科学研究中心、医学功能与分子影像中心等一批科研机构和创新平台建设稳步推进；上海朱光亚战略科技研究院正式落户，李政道研究所"前沿基础研究设施"项目获国家发改委批复，实验楼项目获批并启动建设，量子信息科学国家实验室上海分部建设形成初步方案；张江药物实验室、G60脑智科创基地和传染免疫诊疗技术协同创新平台揭牌成立，进一步增强上海生命科学研究领域的创新策源能力。

表 3-6-2　张江大科学设施集群及一流科研机构建设情况

序号	大 科 学 装 置	一 流 科 研 机 构
1	上海光源（运行中）	张江药物实验室（揭牌成立）
2	上海超级计算中心（运行中）	G60脑智科创基地（揭牌成立）
3	国家蛋白质科学研究（上海）设施（运行中）	传染免疫诊疗技术协同创新平台（揭牌成立）
4	硬X射线自由电子激光装置（建设中）	上海脑科学与类脑研究中心（揭牌成立）
5	上海光源二期工程（建设中）	张江实验室（稳步推进中）
6	转化医学国家重大科技基础设施（上海）（建设中）	国际人类表型组创新中心（稳步推进中）
7	超强超短激光装置（建设中）	量子创新中心（稳步推进中）
8	活细胞结构与成像平台（建设中）	国际灵长类脑科学研究中心（稳步推进中）
9	软X射线自由电子激光装置（建设中）	医学功能与分子影像中心（稳步推进中）
10	海底长期科学观测网系统（获批建设）	上海交大张江科学园（稳步推进中）
11	高效低碳燃气轮机试验装置（获批建设）	复旦张江国际创新中心（稳步推进中）
12		上海中科大量子工程卓越中心（稳步推进中）
13		朱光亚战略科技研究院（正式落户）

（续表）

序号	大 科 学 装 置	一 流 科 研 机 构
14		量子信息科学国家实验室上海分布（初步方案形成）
15		李政道研究所［前沿基础研究设施（已批复），实验楼项目（获批建设中）］

（三）张江科学城城区形态日渐显现

张江科学城的建设目标是"科学特征明显、科技要素集聚、环境人文生态、充满创新活力"的世界一流科学城。目前，张江科学城从园区向城区转变的形态日渐显现。科学城规划面积95平方公里，首批推出的一批大科学设施（8个），一批创新转化平台（14个），一批城市功能项目（12个），一批设施生态项目（32个），一批产业提升项目（7个）已全面开工建设，其中27个项目已完工。截至2018年年底，已入驻企业1.8万余家，其中，高新技术企业828家，外资研发机构163家，跨国公司地区总部53家。全球芯片设计10强中有6家在张江科学城设立区域总部、研发中心。中国合格评定国家认可委员会（CNAS）上海服务平台落地张江，是国内除本部外唯一的CNAS服务平台，有助于支持技术机构加快科技研发和产业化进程。

二、重大科技平台和专项加快布局，高质量发展新动能不断增强

"十三五"以来，上海围绕集成电路、生物医药、人工智能等重点产业领域，积极谋划布局一批重大科技平台和科技攻关专项，且形成了一批重大科技创新成果，为传统产业转型升级和战略新兴产业发展注入了新的动能。

（一）技术研发与转化平台加快建设

首批建设的6家功能型平台，上海微技术工业研究院（"超越摩尔"、传

感器领域）、石墨烯产业技术平台、生物医药产业技术平台、集成电路产业研发与转化平台、智能制造研发与转化平台、类脑芯片与片上智能系统研发与转化平台已经建成并运营。第二批机器人、低碳技术、公共安全服务、工业物联网、科技成果转化和科技创新资源数据中心等功能型平台已经开始启动建设。此外，国家集成电路制造业创新中心和国家智能传感器制造业创新中心启动建设。

表 3-6-3　上海已启动建设的 16 个功能型平台

序号	平　台　名　称	承　建　主　体
1	上海微技术工业研究院	上海新微技术研发中心有限公司
2	上海市石墨烯产业技术功能型平台	上海超碳石墨烯产业技术有限公司
3	上海市生物医药产业技术功能型平台	上海市生物医药科技产业促进中心（上海新药研究开发中心）
4	上海市集成电路产业研发与转化功能型平台	上海集成电路研发中心有限公司
5	上海市类脑芯片与片上智能系统研发与转化功能型平台	上海新氦类脑智能科技有限公司
6	上海市智能制造研发与转化功能型平台	上海智能制造功能平台有限公司
7	上海市低碳技术创新功能型平台	上海簇睿低碳能源技术有限公司
8	上海市工业互联网研发与转化功能型平台	工业互联网创新中心（上海）有限公司
9	上海机器人研发与转化功能型平台	上海机器人产业技术研究院有限公司
10	上海工业控制系统安全创新功能平台	上海工业控制安全创新科技有限公司
11	科技成果转移化服务功能型平台	上海东部科技成果转化有限公司
12	上海科技创新资源数据中心	上海科技发展有限公司
13	微软-仪电人工智能创新基础平台	仪电集团、微软亚洲研究院（上海）
14	上海前瞻创新研究院军民融合功能型平台	莘庄工业区、上海交通大学、国盛集团、市科创投集团、上汽集团
15	先进激光产业创新技术功能型平台	中科院上海光机所、上海市激光所、上海集成电路研发中心、嘉定工业区
16	太赫兹技术产业创新功能型平台	上海朱光亚战略研究院、上海理工大学、华太极光光电、杨浦科投、临港管委会

（二）科技重大专项加快布局实施

近年来，上海在发起和参与国际大科学计划、积极承接国家重大科技专项、布局实施市级重大科技专项等方面取得较好成绩。国家层面，2018年，上海市已承接国家10个重大专项854项任务，获中央财政资金支持超过316亿元。全脑介观神经连接图谱等国际大科学计划的筹备工作加快推进。市级层面，本市先后启动硬X射线预研、硅光子、人类表型组、脑与类脑智能、拓扑量子材料、分子机器、智慧天网、全脑神经连接图谱与克隆猴模型研发等8个市级科技重大专项，同时加快布局量子信息等新一轮市级科技重大专项。

（三）重大科技创新成果不断涌现

2018年，上海全社会研发经费支出占GDP约4%，每万人口发明专利拥有量达47件，在市、区各部门通力合作下，上海科技重大原创成果不断涌现，如联影医疗科技研发的国产首台一体化PET/MR获国家食药监局认证，成功打破了国际巨头垄断，具有中国首创意义和国际竞争优势；上海药物研究所主导研发的新药甘露寡糖二酸（GV-971），历经21年顺利完成临床3期试验，其成功上市将填补国际上16年来抗阿尔茨海默症药物空白；中微半导体设备（上海）自主研制的5纳米等离子体刻蚀机经台积电认证，将用于全球首条5纳米制程生产线；上海兆芯集成电路自主研发的KX-6000系列处理器获第20届工博会金奖；上海应用物理研究所研制成功国内首台基于质子同步加速器的质子治疗装置等。

表3-6-4 2018年上海市部分重大科技研发成果

序号	成 果	备 注
1	甘露寡糖二酸（GV-971）完成临床3期试验	GV-971能明显改善患者的认知功能障碍，有望填补16年来无AD治疗药物上市的空白
2	1.1类化药呋喹替尼胶囊（爱优特）上市	由和记黄埔医药（上海）有限公司自主研发

（续表）

序号	成　果	备　注
3	联影一体化高清 TOF PET/MR 获批上市	国产首台一体化 PET/MR 获国家药监局认证，目前在多家三甲医院和影像中心装机投入使用
4	Tubridge 血管重建装置获批上市	国内首个获准上市的国产血流导向装置
5	麝香保心丸完成循证医学研究	从临床上证明了麝香保心丸治疗冠心病稳定性心绞痛长期用药的有效性和安全性
6	自主研制 5 纳米等离子体刻蚀机经台积电验证	微半导体设备（上海）有限公司自主研制得 5 纳米等离子体刻蚀机经台积电验证，将用于全球首条 5 纳米制程生产线
7	自主研发首台 90 纳米工艺 ArF 光刻机、14 纳米工艺刻蚀机等	支持集成电路功能型平台筹建，完成国内自主研发的首台 90 纳米工艺 ArF 光刻机、14 纳米工艺刻蚀机等国产重大高端装备的评价验证服务
8	持续推进华力电子二期、中芯国际 SN1 等重大建设项目	持续推进华力电子二期、中芯国际 SN1 等重大建设项目，其中华力二期 12 英寸先进生产线正式建成投片
9	自主研发的新一代开先 KX-6000 系列处理器获第 20 届工博会金奖	上海兆芯集成电路有限公司自主研发的开先 KX-6000 系列处理器获第 20 届工博会金奖
10	C919 大型客机成功完成 2.5G 极限载荷静力试验，103 架机成功首飞	成功完成 2.5G 极限载荷静力试验，103 架机成功首飞
11	中国首颗高光谱综合观测卫星高分五号卫星发射成	
12	"彩虹鱼"号无人深潜器成功挑战马里亚海沟万米深渊	
13	突破超大型集装箱船舶港池航道水深能级拓展关键技术	成功应用于洋山港四期码头
14	"雪龙 2"号可实现重大突破	"雪龙 2"号可实现原地 360 度自由转动，并可突破极区 20 米当年冰脊，能满足无限航区

三、政府创新改革持续深化，科创中心制度和政策供给不断丰富

"十三五"以来，上海以国家新一轮科技体制改革、机构改革和全面创新改革试验为契机，加快推进创新体制机制改革；同时结合科技创新需求，不断出台各类科创扶持政策，以助力科创中心建设。

（一）全面创新改革试验系统推进

国家层面，2016年，国务院授权上海先行先试的10个方面改革举措，有8项已经落地或推进中，2项正在研究制定方案；2018年，国务院确定向全国复制推广的36项改革举措中，1/4为上海经验，其中创新创业普惠税制、股权激励机制等改革举措收效显著，改革"势能"逐步转化为发展"动能"。市级层面，上海持续在政府创新管理、科技成果转移转化、收益分配、创新投入、创新人才发展、开放合作等6个方面开展改革探索，截至2018年，先后发布9个政策文件、160多项自主改革举措以及70多个配套办法。此外，2018年重组上海推进科技创新中心建设办公室，同时挂张江综合性国家科学中心办公室、张江高新区管委会、张江科学城建设管理办公室、自贸试验区管委会张江管理局四块牌子，实行"四合一"管理，更好地整合各类资源，形成创新合力。

（二）财税政策进一步加强落实

资金补贴方面，对科技创新团队、科技型中小企业、高校技术企业、卓越创新企业等进一步加大资金投入。如2018年，支持团队项目184项，资助金额920万元；支持科技型中小企业1 751家，市区两级创新资金投入3.5亿元。税收政策方面，积极落实研发费用加计扣除、高新技术企业和先进技术型服务企业等3项普惠性税收政策。2018年落实上年度企业减免税收总额334.05亿元，同比增长26.40%，覆盖企业16 374家。其中研发费用加计扣除方面，12 890家企业享受减免税额167.96亿元，同比增长35.36%；

高新技术企业税收优惠方面,3 310家高新技术企业减免所得税额160.97亿元,同比增长13.66%。

(三)人才引进培育政策不断发力

人才培养方面,上海根据人才成长阶段和创新领域特点,逐步形成了"杨帆计划""启明星计划""浦江计划"等分阶段、体系化的科技人才培养体系。如"青年科技启明星计划"1991年启动,2018年入选100人,累计培育出2 665人;"超级博士后激励计划"2018年启动,共资助博士后264人等。人才引进方面,加快出台落实人才"20条""30条"、海外人才25条等政策,进一步集聚高端创新人才。截至2018年年底,全市已集聚两院院士175人,面向全球汇聚顶级科学家近500人;全球高层次人才专家平台集聚了35万全球高层次科技专家,其中外国专家17万名、海外华人5万名、上海专家5万名、国内其他省市专家8万名。

表3-6-5 上海创新人才培养体系

计　　划	内　　容
青年科技英才扬帆计划	2014年启动,2018年入选300人,累计1 058人
上海青年英才开发计划	2015年启动,2018年入选150人,累计540人
东方学者	2007年启动。2018年入选95人,累计835人
领军人才"地方队"培养计划	2005年试点,2018年入选106人,累计1 504人,其中科技系统162人
国家"万人计划"领军人才	2013年启动,2年评选1次,累计196人
浦江人才计划	2005年启动,2 018入选329人,累计3 705人
优秀学术/技术带头人计划	1995年启动,2018年入选100人,累计1 517人
曙光学者	1995年启动,2018年入选57人,累计1 224人
青年科技启明星计划	1991年启动,2018年入选100人,累计2 665人
启动"超级博士后"激励计划	2018年,计划共资助博士后264人,其中30周岁以下的青年人才占比约60%

四、科技领域开放合作全面扩大，科创中心全球影响力不断增强

"十三五"以来，上海积极对接国家战略，在加快构建长三角区域创新共同体、持续深化与"一带一路"沿线国家合作、加强国际科技合作交流、拓展全球创新网络等方面取得积极进展，科技创新国内外辐射影响力不断提升。

（一）长三角区域创新共同体建设进入"快车道"

主要表现为：创新规划布局方面，制定并印发了《长三角科技合作三年行动计划（2018—2020年）》，签署了《长三角地区加快构建区域创新共同体战略合作协议》等，进一步统筹规划长三角创新发展。创新要素联动方面，加快促进大型仪器、科技创新券等各类创新要素的跨区域开放、共享和流动。截至2018年年底，长三角大型科学仪器协作共用网集聚2 086家单位的45 262台（套）大型科学仪器设施，总价值超过519亿元，与浙江、江苏多地实现创新券通用。创新协同攻关方面，聚焦社会公共领域，支持四地检验检疫、食药监、科研等部门开展9项科技攻关任务，并在新型显示、海上风电等领域出一批应用示范案例。创新交流合作方面，联合组织首届长三角国际创新挑战赛、上海-南通科技项目对接洽谈会、沪嘉科技人才交流活动、长三角嵌入式系统协同发展论坛等合作交流活动。

（二）"一带一路"科创合作行动计划有序推进

上海率先在全国启动实施"一带一路"优秀青年科学家国际交流合作项目（5年内资助沿线国家400人次以上优秀青年科学家来沪进行科研工作）和国际联合实验室建设项目（引导共建一批联合实验室、技术创新中心、工程技术中心）。首设"一带一路"技术转移服务领域合作项目，累计布局中英、中美、中以等的国际技术转移渠道21个，拓展"一带一路"沿线国家技术转移中心5个。相继与以色列、立陶宛、克罗地亚、匈牙利、白俄罗斯、越南、柬埔寨等沿线国家签署科技合作备忘录，合作交流机制不断完

善，科技合作网络建设不断推进。

（三）多项国际科技合作交流项目启动建设

近年来，上海集聚全市优质资源，深化国际合作与交流，参与全球协同创新，如推动中以（上海）创新园建设，展开"双向"技术合作与交流，力争建设成为中以创新全面伙伴关系的推动者和示范区；组建张江国际孵化创新联盟，通过多种方式在全球创新活跃的国家和区域布局海外人才预孵化基地。2018年，本市共开展企业国际合作项目20项（上海—以色列7项），政府间国际合作项目30项，国际学术合作交流项目36项。外企方面，特斯拉落户临港，微软、亚马逊等人工智能研究院在沪落地。截至2018年年底，外资在沪全球研发中心已经集聚40家，外资在沪研发中心440家，为全国之首（约占全国1/4）。

第二节 上海科创中心发展存在的主要问题

上海科技创新发展优势主要体现在：综合实力强，有大科学设施、国家重点实验室、研发平台、研发人才、高校科研院所、外资研发中心、创新资本和良好的市场环境等。但与纽约、伦敦、深圳、北京等国内外主要创新城市相比，上海在国际科技创新资源集聚、国有企业科技创新活力激发、体制内外科技创新资源互动、社会化技术服务体系支撑等方面仍存在一定劣势，并制约着具有全球影响力的科创中心发展。

一、国际化的科技创新资源集聚不足

尽管从国内看，上海国际化程度较高（如国内1/4的外资研发中心在上海），但从国际看，美国能吸收全球创新人才，欧盟有集全球之力的大科学计划，香港有离岸的创业和上市环境。与之相比，上海在集聚全球创新资源方面明显短腿。

（一）缺全球科技创新人才

从外籍高端人才看，上海与伦敦、纽约等全球城市差距较大。在沪工作外国人数约21.5万人（约占全市常住人口的0.9%，纽约与伦敦外籍人口占比均在30%以上），其中外国高端人才（A类）仅约1.8万人，而伦敦科技创业企业中外籍雇员比例高达53%，硅谷集结着世界各国的科技人员达100万以上，有近1/4的诺贝尔科学奖获得者、近千名美国科学院院士和7 000多名博士。从国内高端人才看，上海与北京差距较大。2019年，北京拥有中国科学院院士433人、中国工程院院士397人，而上海仅分别拥有102人和77人，只有北京的23.56%和19.4%。汤森路透集团评选的2 017全球"高被引"科学家3 538人次中，中国入选300人次，其中上海入选25人次（以所属第一机构为准），仅相当于北京的1/3。此外，《2017中国区域国际人才竞争力报告》中，"境外来华工作专家规模指数"数据显示，广东（0.82）是引进外国专家最多的省份，上海（0.77）弱于广东。

（二）缺国际创新创业企业

尽管有一批留学生回国创业，但尚未形成"离岸创新制度环境"，国际创新成果与上海研发人才低成本优势（与国际比）还不能大规模、快速结合。从优质科创企业看，上海缺乏本土领军型高科技企业。《福布斯》发布的"2018年全球最具创新力企业百强榜单"中，美国公司51家上榜，上海仅携程1家上榜（28位），且创新溢价53.55分，与第一名的美国SERVICENOW公司（系统软件行业）相差较大（89.22分）。美国三大商业媒体之一的《快公司》（FastCompany）评选出的"2018年全球最具创新力公司Top50榜单"中，上海无一家企业入围。从专利转化效益看，美国顶尖高校每年能够从科技成果转化中获得数千万美元的收入，并能孵化几十家科技创新型企业。而上海各大高校中的专利大部分处于"乏人管理"状态（据统计，上海交大每月有近百项专利被放弃）。

（三）缺国际大科学计划

上海当前发起与参与的大科学计划仅有"国际人类表型组"一项。而美、德、法、俄及欧盟等国家和地区以及国际组织在诸多领域积极组织了国际大洋发现计划、人类基因组计划、国际热核聚变实验堆计划、国际地球观测组织和平方公里阵列射电望远镜等数十个国际大科学计划和大科学工程。如欧盟"2020 地平线规划"，整合欧洲科研资源，发布面向全欧盟的科研项目；吸引世界各地科学家共同参与科技创新，该规划实施以来，每 5 个项目中就有一个项目至少包含一个除欧盟成员国以外的国家的国际合作伙伴。

二、国企较强的所有制结构制约创新

与兄弟省市相比，深圳华为全球有 26 个研发能力中心，拥有在职数学家、物理学家、化学家 1 600 多人。阿里巴巴在浙江办之江实验室和达摩研究院，全球 15 个国家 100 余所科研机构参与阿里 AIR 创新研究计划。与之相比，上海在企业创新方面仍是短板。这主要是由于上海国企较多，但国企体制机制大大制约了创新。

（一）国企受制于领导任期制、资产保值压力，创新动力不足

当前，上海国有经济占比高达 50% 左右，而深圳国企员工仅占全社会劳动力的 4% 左右，创新依靠华为、大疆等一大批民企。国有企业中，由于科技创新项目效益回报周期长、风险大，无法体现阶段性的创新工作成果，因此在任的领导，一方面为了稳妥并凸显业绩，另一方面考虑到国有资产保值增值的考核压力，会避免或慎重考虑科技创新项目的开展。此外，与外资和民营企业相比，国有企业传统的薪酬制度与激励机制使其在高端人才竞争中处于劣势，高端人才更容易被民营和外资企业挖走。

（二）创新意愿较强的民营科技企业难获市场资源

尽管政府出台了一批政策支持民营企业发展，但许多政策落地难，市场对民营企业的公平性仍有待提高。融资方面，在风险投资日趋谨慎的背景下，中小型创新企业面临很大的资金紧缺问题。人才招聘方面，民营企业在缺少落户、影响力等软条件优势下，需要以更高的薪酬水平吸引人才，间接加大了民营企业成本压力。市场准入方面，针对民营企业的行政审批往往更加严格，资源配置也往往有意无意对其忽视。如当大科学装置零配件需求小、利润低、国企不愿接手时，民营企业才有机会研发供货。再如有民企反映参与国企项目竞标时，外企以高于其3倍报价中标，再低价外包给其赚差价。

三、体制内外创新资源互动仍有藩篱

与兄弟省市相比，李克强总理关注的江苏产研院以"市场论英雄"的管理机制，以每年约20亿元研发经费，引进新型研发机构近120家、创投资金约300亿元，启动20余项重大产业技术创新项目，转移转化技术成果2 000多项，衍生孵化科技型企业近400家。值得我们学习。与之相比，上海仍有诸多障碍，限制"体制内"科创能力释放生产力。

（一）体制内技术创新能力难以为产业发展服务，主要表现为：部分机构考核重专利、重论文尚未完全打破

当前，大部分高校、科研院所仍主要以专利数量、获奖数量、论文数量为考核指标，缺少类似江苏产研院以每年有多少技术真正被企业采用，企业付出了多少资金给机构的注重实效的考核机制，导致许多科创资源的使用没有带来相应的产出效益。部分机构重申报、轻结果的资金支持方式尚未改变。当前，政府财政对高校、科研院所科技创新的支持，大多取决于编制与申报项目数量的多少，对于后期创新成果关注较少，易造成资金投入的浪

费。而江苏产研院拥有高效的投入产出，主要原因之一是根据研发团队有多少技术被企业采用，给予财政资金支持，且给予研发团队资金支持要稀释团队股份，防止项目团队过度索要资金支持。

（二）体制内技术创新成果难以充分地流入市场

据统计，上海高校专利转化率为15%—20%，而美国斯坦福、英国剑桥等知名大学专利转化率在60%—80%的水平，斯坦福大学2015—2016年度获专利许可收入达9 422万美元。这主要是由于：对体制内科技成果缺少合理的评估机制，难以做到既符合市场估值，又不引发国资流失争议。科技成果属于典型的无形资产，其价值不仅难以量化，而且只有进入市场后才能体现出来。然而，现有的国有资产管理政策将技术类无形资产等同于有形资产，按统一标准审批、处理，这使得对科技成果价值的评估变得更加困难。为规避"国有资产流失"的风险，一些单位不敢、不愿评估。

（三）体制内技术创新人员难以及时获成果收益

尽管现有政策规定将科技成果处置权、收益权下放，但具体实施细则尚未出台，操作流程复杂、周期长。如国家科技成果转化法明确了"高校、科研院所对研发和成果转化作出主要贡献人员的奖励份额不低于奖励总额的50%"的规定，但学校需把持有的科技成果股份全部增资给学校的投资公司，再由投资公司把奖励过户给课题团队。然而，投资公司需走教育部、财政部两报两批流程，研究人员拿到股权有时要数年。

四、社会化的技术服务体系发育不足

与国际创新城市相比，发达国家更好地发挥了市场配置创新资源的决定性作用。中国有集中力量办大事的体制优势，但社会化、市场化的技术服务体系还未发育成熟，需尽快补上市场机制短板，实现政府支持和市场自发两条腿走路。

（一）科技 NGO 社会组织发育不足

硅谷、波士顿等科创城市存在较多非营利社会组织机构（NGO），包括公益创投、社会创新组织、公益咨询机构等，为科技创新起到了不可替代的作用，而上海科创公共服务多以政府主导为主。如 Code for America（CfA），硅谷一家社会创新机构，其主要工作之一是将硅谷开放创新和以人为本的高科技文化注入政府部门，协助政府利用新技术改善自身的工作；其打造了一个政府和公民通过技术手段一起协同合作、解决社会问题的生态系统。南亚企业家组织（TIE），由硅谷有所成就的印度以及其他南亚国家的企业家（企业经理人）经特许成立的非营利性、指导性的外联组织。TIE 以锻炼企业家能力、培养企业家，在会员之间建立网络联系，帮助会员融入主流社区为主要任务。目前，该组织已经发展到了 30 家分会，拥有 1 万名会员，分会分布在美国、印度等 7 个国家。

（二）科技市场机构发育不足

2018 年，上海科技中介服务企业约 270 家，但大多数均为小型企业，其综合服务能力仍有所欠缺；而早在 2011 年，纽约就已有 300 家科技产业组织，建立了产业互助系统，整合金融、时尚、媒体、广告商等市场资源为科技产业开路。这主要是由于适合市场机构发展的法治环境尚未健全，科技中介难以做大做强，难以诞生类似英国技术集团（BIG）的国际技术服务巨头（提供技术开发—推广转移—再开发及投产的全创新链整体服务）。一方面，我国尚未正式出台关于科技体系社会化、市场化服务机构方面的法律法规，对于技术提供方、技术受让方以及技术中介都缺乏相应的政策保护，易出现诚信危机、合同纠纷等问题，各方权益难以得到切实保护；另一方面，由于对于科技服务尚未有相应的行业准入与服务标准，机构成立门槛与从业人员水平要求不高，导致市场上的科技服务机构质量水平参差不一，缺乏信任度。

(三)世界级创新生态圈发育不足

如波士顿剑桥大街之所以出现了全球1/3的生命科学创新公司,成为全球生命科学最顶尖的地方,就是因为集聚了哈佛、MIT、波士顿大学的三所世界顶级医学院、两所世界顶级药学院,以及全球最高端的医疗资源。而上海目前在多个产业领域都缺乏全球顶尖的要素资源区域,且部分产业资源较分散,如人工智能领域资源分散在上海杨浦、宝山、长宁等6个区。此外,浦江论坛发布的《2018全球科学家"理想之城"调查报告》显示,全球22个创新城市中,上海仅排名第16位,前3名分别是波士顿、旧金山(湾区)、伦敦。其中上海在科学家收入水平、国际交流合作机会和创业环境方面都表现较弱。

第三节 "十四五"时期上海科创中心发展的机遇与挑战

习近平主席出席金砖国家工商论坛时曾指出"当今世界正面临百年未有之大变局"。受疫情影响,世界经济严重衰退,"逆全球化"加剧,外部环境不确定性加大,"十四五"时期,上海科创中心发展将面临前所未有的风险挑战。但只要充分发挥好我国独特的政治和制度、雄厚经济基础、巨大市场潜力、亿万人民智慧等优势,维护和用好我国发展重要战略机遇期,上海可在挑战中找到机遇,推动更高水平、更高能级、更高质量的科技创新中心建设发展。

一、"十四五"时期我国获取全球科创资源难度将加大

以打击华为5G供应链为标志,在美华裔科学家环境恶化,当前美国已明显表现出对华科技遏制意图,中美"科技脱钩"迹象已经出现。未来中国获得全球科创资源难度将加大。迹象一:学术领域出现限制中国参与学术活

动。2019年5月,国际最大工业界学术组织IEEE(电气和电子工程师协会)清理"华为系"审稿人。引世界学术界哗然,后取消了限制。迹象二:教育领域高科技专业学生被迫转专业。原中国留美学生可办5年签证,现对高科技和敏感专业一年一签。大批攻读高科技专业的中国学生,很可能面临转专业。迹象三:研发领域华裔科学家遭受不公正对待。近年,美、加等国出现了一系列华裔科学家遭受不公正对待事件(被迫休假、无理由解雇、虚假指控、逮捕拘留等)。迹象四:产业领域多国企业对华为中断供货。继制裁中兴通讯后,美国又把华为列入"实体清单"。不仅美国企业,全球各国企业(只要产品含美企25%以上软硬件)都受到限制。迫使美、英、日、德等一批企业断供华为。

表3-6-6 2019年华为列入美国"实体清单"后遭受全球断供的主要情况

公司名称	所属国家	断供产品(技术)	是否恢复供货
谷歌	美国	安卓操作系统和专有应用程序(核心技术)	否
ARM	英国	芯片设计授权(核心技术)	否
AMD	美国	部分服务器芯片(技术)	否
高通	美国	芯片及调制解调器(技术)	否
赛灵思	美国	网络可编程芯片(技术)	否
博通	美国	网络机器可撤换芯片(技术)	否
安森美	美国	调谐射频器件和充电器的电源管理集成电路解决方案,以及保护器件等(技术)	否
陶氏	美国	OLED面板材料专利授权(核心技术)	否
东京电子	日本	半导体芯片与平面显示器(技术)	否
英飞凌	德国	微控制器和电力管理集成电路(技术)	是
电信运营商EE	英国	不支持华为5G手机(销售)	否
松下电器	日本	手机零部件(技术)	是
软银集团	日本	不支持华为5G手机(销售)	否
东芝	日本	电子零部件(技术)	是

二、全球外部环境风险中蕴藏着拥抱全球新机遇

科技创新需要集中全人类智慧（如华为研发的海思芯片"备胎"，需向英国ARM公司缴纳芯片构架专利授权费，并与高通公司交叉许可专利），目前全球科技创新已经形成了"你中有我、我中有你"的格局，中国需要把握机遇，集聚全球科创资源，拥抱世界、站在人类文明基础上创新：（1）国际科创人才引进机遇。美国崛起得益于全球人才的集聚，以色列以弹丸之地崛起高科技得益于苏联300万犹太人迁入。当前，上海可借此机会引进一批在国外受不公正待遇的各国科学家。（2）跨国公司研发转移机遇。美国"科技脱钩"将阻碍美国企业获得中国市场。部分美企可能把研发落地中国本土，避免下游中国大客户被纳入美国"实体清单"后，无法向其直接间接提供产品服务，失去中国市场（本市生物医药领域已出现该迹象）。为此，上海应抓住机遇，打造适应科创资源跨境流动、整合、配置的"离岸科创中心"功能，建立一套"离岸的创新创业体系"，以高度开放的体制机制集聚全球科创资源。

三、长三角一体化带来庞大的市场需求和科创资源

随着长三角一体化战略上升为国家战略，长三角科技创新共同体建设加快推进，长三角庞大的市场需求和科技创新资源，为上海科创中心发展提供了强有力支撑。（1）庞大市场需求促进创新产业发展。市场需求是促进产业发展的源动力，而产业发展是激发创新需求和体现创新成效的重要载体。庞大的市场需求将带动产业发展，而产业发展将为科技创新提供土壤。如美国硅谷，融科学、技术、生产于一体，主导电子工业和计算机产业，成为世界著名的信息创新中心。长三角地区以占全国2.2%的土地面积和全国11%左右的人口，贡献了全国GDP的23%，具有明显的产业基础和人口优势。（2）丰富的创新资源提供创新活力。科创资源是科创中心发展的基本要素，集聚科创资源是全球创新城市的基本功能。如纽约、伦敦，都能吸收全球创

新人才、创新资本等各类科创资源。长三角汇集了全国近 1/3 的研究与试验发展经费、1/4 的"双一流"高校、1/3 的重大科技基础设施、1/4 的国家重点实验室、1/4 的国家工程研究中心、1/3 的中科院京外研究单位；拥有上海张江、安徽合肥两大综合性国家科学中心，上海、安徽 2 个全面创新改革试验区，以及上海张江、苏南、杭州、合芜蚌、宁波、温州 6 个国家自主创新示范区，科技创新资源丰富，实力雄厚。为此，上海要充分发挥核心城市功能，扩大对内开放，增强对内辐射影响力，加快开展体制机制创新，促进区域间资源要素自由流动，充分利用长三角资源促进上海科创中心发展。

第四节 "十四五"时期上海科创中心发展的基本思路

从国家层面看，在疫情推动数字经济、新基建等创新领域发展按下"快捷键"的形势下，国家需要上海发挥优势，承担起推动科技创新、抢占新一轮科技革命和产业革命制高点的重任。从上海层面看，综合当前上海发展阶段、发展需求、发展要求看，全球科创中心发展是引领上海建设全球城市的核心。为此，"十四五"时期上海科创中心发展，要明确重大战略定位，把握机遇，结合优势，突破瓶颈，为强化上海科技创新策源功能，实现"建成具有全球影响力的科创中心""建成卓越全球城市"的目标奠定坚实基础。

一、"十四五"时期上海卓越全球城市建设中，全球科创中心建设的重大战略地位

《上海市城市总体规划（2017—2035 年）》提出，到 2035 年，上海要基本建成卓越的全球城市。这需要科创中心、经济中心、金融中心、航运中心、贸易中心以及高端产业等作为支撑，而其中的核心是科创中心建设。主要是由于以下几个方面：

（一）没有科创中心建设引领，就没有四个中心提升发展

从国际看，纽约、伦敦等老牌国际金融、航运、贸易中心城市都已走在科创中心引领发展的道路上。如纽约的"硅巷"已成为硅谷之外的美国第二大科创高地；伦敦发布"科技城"战略打造世界科技中心，吸引了思科、苹果等国际科技巨头以及全球规模前三的人工智能企业总部入驻，带动了数千家中小科技企业发展。"十四五"时期，如果上海全球科创中心不能实现跨越式发展，上海四个中心未来发展就会受限。其他四个中心只有支撑服务科创中心，才能把高质量发展带动起来，把长三角带动起来，把中国带动起来。

（二）没有科创中心建设引领，就没有现代化的产业体系

全球产业革命正在酝酿拉开大幕。各国纷纷出台战略举措，抢占人工智能、5G、量子通信、生物医药等新兴发展高地。全球市值前10位企业已由国际金融危机爆发时的垄断和传统行业为主转变为以高科技企业为主（见表3-6-7）。上海要持续推动高端产业发展，就要依靠科技创新，抓住这一轮产业革命的机遇。

表3-6-7　全球市值前10名企业变化

排　名	2008年	2019年
1	中石油	微软
2	埃克森美孚	苹果
3	通用电气	亚马逊
4	中国移动	谷歌
5	俄罗斯天然气	伯克希尔-哈撒韦
6	中国工商银行	Facebook（脸书）
7	微软	阿里巴巴
8	壳牌	腾讯
9	伯克希尔-哈撒韦	强生
10	AT&T	埃克森美孚公司

（三）没有科创中心建设引领，就没有强大创新动力注入

中国社科院与联合国联合发布的全球城市竞争力排名中，深圳已经赶超上海，位列第5位，上海仅位列第13位。深圳民间创新动能澎湃，涌现了腾讯、华为、大疆无人机、比亚迪等一大批高科技企业。当前，上海正在从以钢铁、汽车、造船、石化为代表的"投资驱动"发展阶段，转向以人工智能、生物医药、集成电路为代表的"创新驱动"发展阶段。要把握历史前进的规律、踏准时代发展的节拍，就要求我们进一步聚焦"创新"，坚定加快转换发展动能步伐。

二、"十四五"时期上海科创中心发展的基本思路

按照"2020年前形成科创中心基本框架体系、2030年形成具有全球影响力科创中心核心功能"的要求，"十四五"将成为上海科创中心建设出功能、突重点、建形象、展实力的重要时期。我们认为，在"十四五"这个发展的关键时期，要举全市之力，用全球要素、集世界资源建设全球科创中心；要建立公平、透明、一视同仁的科技市场制度，建设一个开放度高、自主性强、带动力大的科创中心，让一切科创资源在上海自由流动、充分发挥作用，成为面向国际国内的"自由创新大平台"，为长三角乃至全国科技创新注入新活力、新动力。

（一）坚持"产业化"发展定位：建设一个以技术应用推动生产力发展的科创中心，带动长三角乃至全国的发展

北京市双一流大学是上海的3倍，北京国家重点实验室（含企业）和国家工程技术研究中心是上海的3倍、院士人数是上海的4倍左右，全国的基础研究经费20%以上投在北京。上海在基础研究领域无法与北京匹敌，上海的责任是将企业创新活力和城市创新能力结合，引领中国产业科技创新，尤其是科技应用转化（虽然深圳科技创新以企业为主导、应用性很强，但由

于缺少大科学设施、高校科研院所、国家重点实验室等基础资源,华为等深圳高科技企业已在上海布局研发基地)。

(二)坚持"国际化"发展方式:整合应用全球知识,集全球要素资源建设一个开放度高、自主性强的科创中心

科技创新需要集中全人类智慧,目前全球科技创新已经形成了"你中有我、我中有你"的格局。如华为作为"备胎"研发的海思芯片,就是与芯片巨头高通公司相互交叉许可专利。上海的科技创新一定是国际化的科技创新,是融入与利用经济全球化的技术创新。在中美贸易摩擦深层次遏制加大局面下,上海的科技创新要闯出一条路,集聚全球科创资源、整合应用全球知识,拥抱世界、站在人类文明基础上创新。

(三)坚持"市场化"发展路径:建立公平、透明、一视同仁的科技市场制度,让一切科创资源在上海自由流动

上海的主要优势是产业、科研、人才、市场密集,华为之所以到上海建研发基地,重要的原因之一就是上海拥有丰富的市场化配置的科创资源。建立让一切资源充分流动、发挥作用的市场机制,可以吸引更多像华为那样的创新主体来上海创新,使得上海成为一个自由创新的大平台。

第五节 "十四五"时期上海科创中心发展的对策建议

"十四五"时期,顺应科技创新发展规律,把握市场发展机遇,结合科技创新发展优劣势,上海要按照"产业化"发展定位、"国际化"发展方式、"市场化"发展路径推动科创中心发展。主要从加大民营企业支持、突破国有企业制度瓶颈、集聚全球科创资源、提高资源配置能力、健全市场服务体系等方面着手,推动体制机制改革创新,着力强化上海全球资源配置、科技创新策源功能,提升创新发展能级,为长三角乃至全国科创发展和产业提升

提供源源不断的发展动力。

一、立足"产业化"发展定位建设科创中心

（一）吸引更多民营企业到上海发展创新

推进体制机制改革，加大政策支持力度，让更多资源向民营企业倾斜。（1）加大引进高能级民营企业。把握长三角一体化机遇，建立健全内资招商政策体系，挖掘引进一批长三角科技创新民营龙头企业，并鼓励其在上海建立研发基地、孵化基地，设立产业基金，为更多科技创新型民营企业提供资金、设施以及相关服务支持，以集聚一批具有潜力的创新型民营企业。（2）鼓励在国有企业资源重组中积极引入民营资本。在国有企业资源重组中，鼓励和引导民营企业通过出资入股、收购股权、认购可转债、融资租赁、资产收购等多种形式参与国有企业改制重组。（3）进一步向民营科技企业开放基础资源。健全完善大科学设施、大科学仪器等基础资源共享机制，向全社会开放，支持更多民营科技企业充分利用基础资源开展创新研发。鼓励国有企业与民营企业联合开展基础研究与技术研发，充分发挥民营企业小而精等优势，共同公关重大科技项目与突破关键核心技术。（4）支持中小民营企业做大做强。发挥区自主创新专项资金、服务业引导资金等政策性资金的杠杆作用，引导企业加大创新投入，培育一批独角兽和"隐形冠军"民营企业。建立高新技术企业培育库和科创板企业培育库，加快重点科创企业在科创板上市。

（二）破除体制内创新能力服务产业发展藩篱

以应用为导向，借鉴江苏产研院等新型研发机构经验，探索建立注重应用的考核机制、市场化的激励机制、有约束的支持机制、多元化的用人机制、灵活的技术合作机制。（1）探索建立注重应用的考核机制。逐步取消只以专利数量、获奖数量、论文数量为考核指标的考核机制，探索以机构每年有多少技术真正被企业采用，企业付出了多少资金给研发机构等为考核指

标,提高机构创新成果成功率。(2)探索建立市场化的激励机制。鼓励研究所、高校让科技人员更多地享有技术升值的收益,通过收益分红、期权奖励等方式,让科技人员"名利双收"。(3)探索建立有约束的支持机制。灵活采用合同制、匿薪制、动态考核、末位淘汰等聘请制度,并根据研究所服务企业的科研绩效(从合同科研绩效、纵向科研绩效、衍生孵化企业绩效等方面进行综合计算)决定经费支持额度。(4)探索建立多元化的用人机制。探索全职、兼职双聘等多模式的用人机制,充分利用各类人才资源。如之江实验室既引进全职的科研人员,也通过以在之江实验室工作时间计算酬劳的兼职双聘模式聘请人才(比如约定一年有5个月在之江实验室上班,可能上半年来2个月,下半年3个月,按照具体到地工作时间给科研人员发薪酬),目前共有双聘和流动科研人员200余人,其中院士6人,长江学者、杰青、国家千人等高端人才25人。(5)探索建立灵活的技术合作机制。鼓励各种所有制企业和体制内研究机构开展联合参与国内外重大科学计划、共同出资设立科学计划研究专项、联合设立共性技术研发基金、联合争取重大技术研发项目等多种形式的合作共建。

专栏3-6-1

新型研发机构机制创新
——以江苏产业技术研究院为例

一、以市场论英雄的管理机制

江苏产研院拥有比较灵活的管理、考核、约束机制,提高创新人才的积极性与创新成果的成功率。(1)注重实效的考核机制:产研院对下属研发机构考核,不以专利数量、获奖数量、论文数量为考核指标,主要关心机构每年有多少技术真正被企业采用,企业付出了多少资金给研发机构。(2)市场化的激励机制:产研院下属研发机构科技成果转化成功的,所获得的资金,超过研发投入的部分,可按照股权比例进行收益分红。(3)创新的约束机制:产研院不是按照编制和项目数量拨付支持资金，而是根据下属科研机构有多少技术被企业采用，给予财政资金支持，且给予研发团队资金支持要稀释团队股份，防止项目团队过度索要资金支持。

二、灵活高效的机构运营机制

江苏产研院以灵活的运营机制，形成了较好的科创效益。（1）高效的投入产出机制：产研院每年研发经费约20亿元，目前引进了新型研发机构近120家，创投资金总额约300亿元，启动20余项重大产业技术创新项目，各专业研究所累计转移转化技术成果2 000多项，累计衍生孵化科技型企业近400家。（2）有效的研发需求提出机制：通过产研院原有渠道、总院技术交易市场、联合创新中心（与细分行业的龙头合作建立联合创新中心，不做技术研发而专门做技术需求战略研究）等方式，广泛征集技术开发项目需求。为确保企业提出的技术需求是"真需求"，技术成果能够"真转化"，企业提出技术需求后要给予新型研发机构部分研发经费，然后政府直接拨付支持资金给新型研发机构而非企业，阻断企业提出假需求，获取政府财政资金支持的通道。（3）灵活的技术合作机制：产研院与英国Eight Great Technologies LLP（简称8GT）签署备忘录，双方共同发起成立创投和成长基金，吸引英国优秀创新项目落户中国，并在硅谷、波士顿、哥本哈根、多伦多等地区设立海外代表处，与新加坡国立大学、斯坦福大学等30多个全球高校和研发机构建立战略合作关系，并给每一个合作的机构都设立了一个4 000万元的合作基金，支持他们的科技成果在江苏转化。

二、按照"国际化"发展方式建设科创中心

（一）进一步鼓励外资在上海研发创新

具体包括：（1）多渠道健全保护知识产权的法治环境，让外资敢在中国创新。如探索与上海知识产权法院的试点合作，共同探索建立符合知识产权

案件特点的诉讼制度、审判机制、多元纠纷解决机制等，强化对知识产权侵权的维护。支持科技服务、知识产权服务等专业服务机构发展，加强对创新型企业的知识产权服务。（2）多模式鼓励外资研发机构参与国内研发创新，充分利用外资优势。瞄准当前我国重点关键创新领域，对标东京"亚洲总部特区"政策，给予税收优惠、租金补贴、办公服务、人才入境等优惠政策，加快吸引一批外资研发机构集聚，鼓励其转型升级为全球性研发中心和开放式创新平台。鼓励外资研发中心与高校、科研院所、企业共建实验室和人才培养基地，联合开展产业链核心技术攻关。在确保对等开放、保障安全、利益共享的前提下，支持外资研发机构参与承担政府科技计划，强化相关成果在区域转化的机制。

专栏3-6-2

东京"亚洲总部特区"优惠政策

服务事项	服务对象	具体服务内容
提供免费咨询	意向在特区设立地区总部或创新研发中心的外资企业	（1）配合企业进行战略策划 （2）给予市场调查分析方面的支持 （3）配合寻找合作伙伴等 （4）企业在机构设立计划确定前的咨询
资金援助	特区内设置地区总部、创新研发中心的外国或外资企业（除法人代表外有3名以上正式员工）	（1）滞留日本的签证等费用 （2）机构设置费 （3）各项材料申请费 （4）人才录用费、专家咨询费，不超过实际经费的50%、上限750万日元给予补助
办公场所介绍	意向在特区设立机构的企业及"东京商务受理"介绍的企业	（1）租金减额办公室介绍：向旨在东京开展事业或已在东京开展事业的外国企业、外国创业家提供10%—50%租金折扣的办公室 （2）商务援助：为咨询企业提供相关商务信息，介绍专家（如专业的注册会计师、行政人员等）；进行与业务相匹配的商务活动支持等

（续表）

服务事项	服务对象	具体服务内容
		（3）生活援助：提供与生活相关的各类信息，如医疗、教育、社区信息等 （4）为计划进驻特区设立机构的企业给予进一步的服务，各种业务申请的支援服务；补助金申请、税收待遇优惠的申请等；提供业务交流机会；为计划开展国际化的企业介绍专家团队
税收制度	在特区内设立地区总部和创新研发中心，且满足一定条件的企业	（1）国税（法人税）：投资税额扣除，主要包括设备购置和建筑收购，投资税收抵免分别是12%和6%；不动产取得税（房屋）、固定资产税（房屋和折旧资产）、都市计划税（房屋）全额减免 （2）都税：特别折旧，主要指设备和建筑，分别为购置价款的20%和40%
一站式服务		（1）办理行政手续 （2）在注册及业务开始前建立支持关系和接受与公司设立相关的登记 （3）帮助解决各类保险业务，包括雇用保险、劳动保险、医疗保险和养老保险等
放宽管制	在特区内设立地区总部和创新研发中心，且满足一定条件的企业	（1）加快入境审批、精简提交文件：在企业向东京都提交的有关办理企业认定申请的各类文件里，若用于申请在留资格的文件已由东京都递交给了入国管理局，就不需要进行重复提交；申请在留资格认定证明书的审查期间缩短至10天 （2）加速专利审批：申请专利时的审查和审理期间将缩短至1.9个月左右，对中小企业减半征收专利费和审查费 （3）缩短投资手续：若外国投资人事前提交了申请，外汇及外贸法中规定的30天内不得进行投资的期限将缩短至两周

（二）进一步加强国际科技创新和成果交流

具体包括：（1）推进组织一批国际大科学计划。紧抓长三角一体化机遇，联合长三角各类创新主体，搭建长三角大科学计划合作平台，共同组织、发起与参与国际大科学计划（如国际热核聚变实验堆计划、全脑介观神经连接图谱、国际人类表型组计划等）。同时，由该平台明确创新主体利益和责任分配制度，确保联合申请项目的有序推进以及申请的成功率。（2）吸引国际创新成果落户上海。探索设立国际成果转化基金，为全球科创企业、科创团队在上海开展成果转化提供资金支持，以吸引国际科技成果落户上海。（3）举办多类型国际创新交流活动。着力引进Science、Cell等顶级杂志、期刊、学术机构，并支持其举办期刊年会，集聚一批全球科技人才和顶尖科技成果。举办或承办具有国际知名度的创新论坛、创新大赛，开展企业家沙龙、联谊会等活动，促进国内外科创企业、机构合作交流。

（三）进一步营造国际科创成果"离岸创新"的发展环境

借助自贸区新一轮发展契机和中心城区人才密集优势，联动建立离岸研发中心、离岸实验室和离岸双创基地及其规则体系。让境外人才感到来沪创新创业与国外一样便利和安全，研发、转化、创业、上市所有环节都可在离岸环境中实现。（1）探索建立"离岸创新"试点载体。根据各区资源禀赋，探索建立离岸研发中心（如在黄浦区世博最佳实践区，以单体建筑为载体进行监管探索）、离岸实验室（如依托浦东张江大科学设施探索）、离岸双创基地（如依托杨浦双创基地探索）、离岸人才服务中心（如依托长宁人才服务优势探索）等，分类开展创新机制试点。（2）探索建立"离岸创新"管理体系。探索接轨国际的离岸资金＋人才＋财税＋知识产权＋准入登记＋海关检验等科创规则体系。如试点外籍创业人才6个月特许境内在留资格制度和海外高端人才免雇主担保（"离岸研发中心"统一担保）签证制度；接轨国际的个人所得税政策（按照自贸区政策给予海外人才个税补贴，拉平海外人才与在中国香港、新加坡等地发展的个税差距）；给予离岸型科创企业（机构）的准入登记便利、知识产权保护、研发耗材保税等保障政策。（3）探索建立"离岸创新"要素市场。在"科创板"探索成熟和离岸型创新企业发展壮大基础上，适时建立"离岸科创板"，帮助上海的离岸创新创业企业上市融资。按照国际规则管理，由境外国际资金和离岸资金进行申购、投资交易，发行上海离岸型创新企业的股票（也可适时考虑进一步推广到境外创新企业上市)。(4)探索建立"离岸创新"海外联动机制。在深圳前海海外离岸创新创业基地经验基础上,进一步探索"自贸区+海外"的科创联动制度创新。支持与本土创新生态有关联的人才在海外,利用海外和自贸区科技创新链、供应链和产业链创新创业,孵化成熟后再引回国。

专栏3-6-3

国外海外人才引进政策

一、东京特区外籍创业人才特许制度

东京特区特许外籍创业人才在入境管理局审查之前,由东京都政府对创业项目先行开展评估,并作为例外给予6个月的在留资格,创业人才可以充分利用这6个月在日本国内进行准备工作,进一步提高外籍人员在东京投资创业的便捷性。

二、伦敦科技城免雇主担保签证

为促进伦敦科技城快速发展,2013年,伦敦启动了"天狼星计划"(Sirius Programme),该计划提供1.2万英镑的创业资金与创业培训资源等以留住计划创业的海外学生(要求创业团队必须两人以上,并且成员有一半不是英国居民),且为优秀的科技与数字产业人才提供免雇主担保签证,由科技城出面担保。

三、遵循"市场化"发展路径建设科创中心

(一)探索创新资源长三角跨区域配置机制

具体包括:(1)加强长三角产业园区合作,提高资源配置效率。发挥上海与长三角其他地区各自资源优势,通过"代孕代养"(利用上海园区集聚人才和科技优势,将人才和科技推动性项目放在上海园区内进行培育、成长)、"联动互补"(利用上海资源丰富、专业性服务强等优势,将总部基地、孵化基地等放在上海,生产基地落在长三角其他地区)等模式加强产业园区合作,鼓励长三角企业到上海设立研发机构或总部机构,鼓励上海企业将不适合落

户上海的研发成果落地到长三角其他城市，并在两地间探索形成税收分享机制。（2）创新市场准入制度，促进企业、产品跨区域自由流动。鼓励各地政府协调统一科创产品技术审批审查标准（如新能源汽车、医疗设备零部件技术标准）、企业资质认定标准（如高新技术企业资质），实现相关标准与资质的互认。探索各地行政办公中心开设区域行政服务窗口，通过构建区域行政服务网络平台，实现区域行政审批等事项的跨区域一站式服务。（3）创新跨区域人才制度，促进人才自由流动。在上海、江苏、浙江三地交界的合作示范区内试点创建"人才绿卡"制度，对区域内具有一定资格的高层次创新人才发放"绿卡"，持有"绿卡"者，其相关从业执照、职称、论文等资格认证可在长三角地区实现互认，且在不同地区单位及机构的工作时间、成果也可互认。率先在江浙沪三地交界处（嘉善、青浦、吴江）地区开展跨区社保资金、公积金跨省结算，子女教育和编制划转等配套保障措施的试点工作。

（二）壮大科技创新要素市场和服务体系

具体包括：（1）增强科技要素市场资源配置作用。进一步发挥上海联合知识产权交易中心等要素交易平台作用，促进科创领域知识产权、技术产权、股权、债权等要素所有权市场的自由流动。进一步发挥国家技术转移东部中心等成果转化市场作用，促进技术需求与技术供给的有效对接，以及科技成果的成功转化。（2）支持科技市场服务机构做大做强。探索建立科技市场服务标准，加强科技成果委托研发、转移转让、实施服务等领域的信用体系建设，为科技市场服务机构发展创造良好的市场法治环境。加大对科技中介服务机构的资金、人才等政策扶持力度，支持迈科技等科技中介机构通过市场化方式整合全国乃至全球科创资源，为科创企业提供技术需求和供给对接服务，促进技术成果的转移转化。（3）健全完善科技市场服务体系。采取政府购买服务等方式，支持科创 NGO 社会组织发展，协助政府共同为科技创新型企业提供科技服务。进一步搭建科创企业、科研机构院所、专业服务机构合作交流平台，促进专业服务机构对接服务科创企业人才招聘、商标专利注册申请、知识产权评估等环节。

（三）增强城市服务科创的功能性作用

具体包括：（1）增强制度创新服务功能。发挥自贸区以及新片区自由贸易账户、境外投资和离岸业务政策、境外人才个税补贴、服务业对外开放政策等制度创新优势，为科创资源市场化配置提供便利。（2）增强金融服务功能。围绕科创企业科创板上市的需求，谋划搭建科创企业上市服务咨询平台，推动一批潜力大、示范作用强的科创企业上市。依托金融服务业发达优势，创新科创金融产品，多渠道为科技创新提供融资服务（如宁波有"装备首台套保险"和"新材料首批次保险"）。进一步推进中小微企业融资服务平台建设和征信体系建设，引入市场化、专业化运作的投资机构，通过举办项目融资对接会等方式，打造创投机构和科创企业有效对接的投融资平台。进一步鼓励银行与风投机构加强协同，建立高效风险控制和信贷体系，创新交叉金融产品，开展"投贷联动"。充分发挥政府投资基金引导作用，吸引各类金融机构及社会资本参与投资。（3）增强科技应用服务功能。推进新型城域物联专网、城市光网建设，与运营商签订合作协议，加快推进推动5G应用创新，增强科技创新基础建设支撑。结合城市更新，布局一批人工智能、大数据、区块链等技术应用场景，加快技术应用产业化进程。

执笔人：吴璟桉

第七章
全面增强上海国际金融中心功能

本章总结评估改革开放 40 多年来上海国际金融中心建设的发展历程，尤其是"十三五"期间的主要成效与问题；客观分析"十四五"时期全球经济金融格局变化新趋势，国内区域发展新动向及对上海国际金融中心建设带来的机遇与挑战，跟踪了解全球国际金融中心发展的最新动向，准确把握新时代经济社会发展对上海国际金融中心建设提出的新要求，重点聚焦上海国际金融中心功能提升的短板和突出问题，研究提出"十四五"时期提升上海国际金融中心功能的战略思路和重要举措。

第一节　上海国际金融中心建设的历史回顾

20 世纪 30 年代，上海曾经是远东地区最大的金融中心，鼎盛时期，国内外金融机构达 200 多家，80% 的全国性银行总行设在上海，金融资产占全国一大半，拥有世界第三大股票市场，交易规模仅次于纽约和伦敦。实行计划经济体制后，金融市场消失，金融中心功能逐渐萎缩。随着经济体制改革和城市功能转换，上海重塑国际金融中心功能。纵观改革开放 40 多年发展历程，上海国际金融中心建设总体上经历了探索开创、调整规范、发展提高、拓展功能四个阶段。

一、探索开创阶段（1984—1995 年）：初步构建起全国性金融市场体系框架

20 世纪 80 年代，上海担纲全国改革开放的后卫，发展陷入重重困境，1984—1987 年，上海开展经济发展战略大讨论，明确提出上海要从工业基地城市向经济中心城市转型，适时提出了恢复上海金融中心功能、运用金融市场筹资的思路。为此，上海探索尝试多种筹资功能，金融市场开始萌发。1984 年，上海发行了第一个股票（飞乐音响）；1986 年，国务院原则同意上海利用外资 32 亿美元（"九四专项"政策），创建了全国第一个股票交易柜台，并成立全国第一个有形的短期资金市场；1987 年发起成立了全国第一家商业股份制银行——交通银行，之后又在全国率先建立债券市场、外汇交易中心等。

1990 年，中央作出了开发开放浦东战略决策。1991 年年初邓小平视察上海时明确指出"上海过去是金融中心，是货币自由兑换的地方，今后也要这样搞"，这为上海国际金融中心建设指明了方向。1992 年，党的十四大报告提出要"以上海浦东开发开放为龙头，进一步开发长江沿岸城市，尽快把上海建成国际经济、金融、贸易中心之一"，由此标志着上海国际金融中心建设正式起步，这时上海国际金融中心建设的进展主要表现为以下三个方面：

一是证券、货币、外汇、期货、产权等金融市场迅速崛起。以 1990 年 12 月 19 日上海证券交易所成立和运作为标志，上海证券市场开始区域性试点，1992 年国务院证券管理委员会和中国证券监督管理委员会成立，证券市场纳入统一监管，全国性证券市场逐步发展，除股票发行交易外，还拓展债券交易，1995 年推出国债期货品种。1992—1993 年，上海成立了金属、农资、石油、粮油、化工、建材 6 家交易所，之后合并组建上海商品交易所与金属交易所、粮油商品交易所一并批准为试点期货交易所。为适应城乡集体经济改制需要，1994 年成立了上海城乡产权交易所。1994 年中国外汇体制改革，中国外汇交易中心在沪建立，上海外汇市场发展成为全国性外汇市场。

二是以银行为主体的金融组织体系开始形成。在中央银行的直接领导下，上海初步建立起了以四大专业银行、股份制商业银行为主体，涵盖保险、证券、财务、信托等非银行金融机构、外资金融机构在内的金融组织体系。1993年和1995年成立上海浦发、上海城市合作两个股份制商业银行，1996年全国股份制商业银行在上海设分行达10家，汇丰、渣打、东亚、华侨4家外资银行重新允许对外营业。此外，非银行金融机构也逐渐增多。

三是积极推动外滩金融街和陆家嘴金融贸易区建设。1993年，上海市政府提出在外滩地区恢复金融区功能的规划，并成立了专门从事外滩金融街房屋批租置换的上海市房屋置换公司，之后中外金融机构纷至沓来，抢滩登陆。同时，加快推进陆家嘴金融贸易区基础设施建设，积极组织引导一系列市级和国家级要素市场向陆家嘴集聚。外滩金融街和陆家嘴金融贸易区的建设起到了"筑巢引凤"的作用，由此引起上海金融业"千帆竞发"的局面。

二、调整规范阶段（1996—2000年）：有效提高上海金融市场的抗风险能力

随着金融市场迅速发展和金融体制改革深化，一些体制机制性矛盾逐步显现，尤其是1995年"国债327"期货违规事件爆发后，金融市场运行机制及监管制度的缺损和不完善引起了管理层的高度重视。1997年亚洲金融危机爆发，发展中国家的金融开放与金融监管问题再次引起关注，为此，加强市场监管、注重制度建设、防范金融风险成为上海国际金融中心建设主旋律，具体表现为以下三个方面：

一是确立分业经营、分业监管体制。1997年11月，中国金融监管体系进行了重大改革，从对金融市场统一监管改变为对银行业、证券业、保险业分业经营、分业管理。1998年4月，国务院证券委撤销，建立中国证监会为全国证券期货市场的监管部门，上海证券监管办成为证监会直接领导下的九大分区办之一。1998年中国人民银行机构改革，撤销31个央行省级分行，成立九大区行，上海大区分行管辖上海、浙江、福建。2000年3月，

上海专门成立金融工作委员会，作为市委派出机构，围绕国际金融中心建设总目标，把方向、抓大事、出思路、带团队、搞服务。

二是加强法律法规制度建设。1998年，国家取消了国有银行贷款规模管理方式，实施了资产负债比例管理、贷款质量五级分类制度和审慎会计制度，为此，国有商业银行在调整信贷结构、优化资产质量、降低经营风险等方面推出了一系列措施，银行资产质量监控加强。以1998年《证券法》颁布实施为标志，上海证券市场的法律地位得到确立，证券公司违规操作行为得到遏制。1998年8月，根据国务院《关于进一步整顿和规范期货市场的通知》，上海3家交易所合并重组为上海期货交易所，划归中国证监会垂直领导，1999年国务院发布《期货交易管理暂行条例》，规范管理期货市场发展。信托投资公司也开始全面清理整顿，重新认定资格。

三是推进上海的社会诚信体系建设。上海市委市政府十分重视社会诚信体系建设，20世纪90年代中期，上海市信息委就与人行上海分行一起组织专题调研，提出了建立个人和企业征信系统的设想。银行信贷登记咨询系统、贷款企业信用等级审定等工作更快开展。1999年建设个人信用联合征信服务系统，在信息委专门成立上海信用建设领导小组办公室。2000年7月正式开通，主要采集市民个人信用记录，同年开始建设企业信用联合征信服务系统。

三、发展提高阶段（2001—2008年）：上海金融市场改革开放步伐加快

进入21世纪，尤其是2001年12月加入世界贸易组织后，中国经济社会开始步入全面开放的发展新阶段，伴随着金融市场开放，金融机构集聚加快，金融创新日趋活跃，金融监管方式也在不断深化，上海国际金融中心建设呈现一系列新的发展趋向。

一是金融市场开放步伐进一步加强。中央进一步加大对上海国际金融中心建设的政策支持力度，除了前几年的证券交易所、外汇交易中心、银行间同业拆借中心外，2001年，中央又批准上海设立了黄金交易所、钻石交易

所等。为了推动人民币资金清算中心发展，2002年央行又将中国银联总部迁移到上海。借助于浦东先行先试改革，2002年6月，交通银行和浦发银行试点开办离岸业务，离岸金融市场在上海起步。2003年以后，上海率先放开了对外资银行经营人民币业务的限制，央行优先批准上海第一批外资银行经营人民币业务试点。2005年10月组建了人民银行上海总部，旨在通过不断完善货币政策操作职责和金融市场服务效率，吸引更多金融机构和人才集聚上海，并通过上海总部不断扩大对外金融交流合作，扩大上海金融市场国际影响力。2006年，上海金融期货交易所、上海石油交易所、人行征信中心等机构相继成立，汽车金融、货币经纪、金融资产管理等专业性公司相继成立。

二是金融业的改革发展不断深入。2004年组建了全国第一家农业保险公司——上海安信农业保险股份公司，2005年顺利完成了上海农信社改制，东方、国泰、君安、海通等5家地方证券公司获准成为创新试点证券公司。为解决长期影响我国资本市场健康发展的重大历史遗留问题，2005年4月29日，在国务院统一部署下，上市公司股权分置改革工作正式启动，到2006年年底，上海135家上市公司已全部完成股改或进入股改程序，并围绕"将上市公司资产重组与资产质量提高、产业优化升级、公司规范治理、国有经济战略调整紧密结合起来"展开了新一轮创新重组工作。商业银行改革进一步推进，到2005年年底，上海已设立股份制商业银行11家，634家营业网点，资产规模达9 037亿元，在全市银行业中占到近30%。在沪中资银行经营管理水平不断提高，利润总额显著增加，资产利润率持续稳定上升。

三是金融创新与监管水平继续提高。抓住利率、汇率、股权分置改革等重大机遇，积极推动金融业务、产品创新，先后推出可转债、国债买断式回购、ETF、股票权证、人民币外汇远期、燃料油期货、铂金等一批有重要影响的金融产品。同时，金融监管的法律法规体系不断完善、监管水平也在不断提高。2002年9月成立金融服务办公室，与金融工作党委合署办公，作为实施国际金融中心国家战略、创新地方金融管理体制的重要制度安排。在银监局、证监局、保监局等的指导下，上海逐步建立了金融风险监测、处置及信息通报体系，研究制定了《上海市金融安全工作总体框架》。2005年，专门成立了风险处置协调领导小组,及时处置化解"农凯系""德隆系"、市农信社系等风险。2007年,上海成立推进国际金融中心建设领导小组,加强对国际金融中心建设的领导。2008年,市人大开始研究制定《上海市推进国际金融中心建设条例》,从地方立法角度规范促进金融中心建设。

四、拓展功能阶段(2009—2019年):加强国际金融中心的功能建设

2008年全球金融危机爆发,上海国际金融中心建设进入后金融危机时代,随着中国经济总量快速增长,人民币国际化推进,上海国际金融中心建设有强大而持续发展的实体经济作为支撑,快速赶超了旧金山、芝加哥、苏黎世等大多区域性金融中心,所以这时上海在加快金融改革开放步伐过程中,逐渐聚焦金融中心功能建设。

一是加快上海国际金融中心建设的政策举措密集出台。2009年3月,国务院常务会议通过了《国务院关于推进上海加快发展现代服务业和先进制造业建设国际金融中心和国际航运中心的意见》,首次从国家层面对上海国际金融中心的目标、任务、措施等内容进行了全面部署。2013年9月,上海自贸区挂牌成立开启了新一轮金融改革,明确提出"以资本项目可兑换和金融服务业开放为目标的金融创新制度",开始探索国际金融中心建设与自贸区金融改革的联动发展,国家人民银行等部委出台了相关的指导意见。2018年,为贯彻落实国家进一步扩大开放重大举措,加快建立开放型经济新体制,上海制定"扩大开放100条"行动方案,明确"以更大力度的开放合作提升上海国际金融中心能级",包括大幅度放宽银行业外资市场准入、放宽证券业外资股及业务经营限制、进一步扩大保险业对外开放、推进更高层次的金融市场开放、拓展自由贸易账号的功能和使用等举措。2019年1月22日,人民银行等八部门联合印发《上海国际金融中心建设行动计划(2018—2020年)》(以下简称《行动计划》),同年7月,国务院金融委推出"金融开放11条"。

二是金融市场规模体系和功能建设不断提高。上海金融市场成交活跃，2019年全年成交额1 934.31万亿元，直接融资规模达到12万亿元，占全国直接融资总额的85%以上，与上年相比，上海证券交易所股票成交额增长35.3%，上海期货交易所成交额增长19.3%，中国金融期货交易所成交额增长1.7倍，银行间市场成交额增长15.2%，上海黄金交易所成交额增长33.2%。全市中外资金融机构本外币存款余额13.28万亿元、本外币贷款余额7.98万亿元。上海已成为中外金融机构的重要集聚地，在沪金融机构总数达到1 605家。"债券通""沪港通"、原油期货、黄金国际板、科创板及注册制等相继启动，银行间债券、外汇、货币等市场加快开放。上海自贸试验区成立5年来，共发布9批110个金融创新案例，20多项举措陆续在全国其他地方复制推广。

三是金融风险防控和监管力度日益加强。2017年，全国金融工作会议宣布成立国务院金融稳定发展委员会，强化人民银行宏观审慎管理和系统性风险防范职责，落实金融监管部门监管职责，并强化监管问责，把主动防范化解系统性金融风险放在更加重要的位置，着力防范化解重点领域风险，着力完善金融安全防线和风险应急处置机制。近年来，防范金融风险和保持金融稳定成为上海金融监管部门的核心工作，上海市金融监管机构（包括央行上海总部、银保监局、证监局和上海市金融服务局）加强金融监管工作力度，比如针对2015年以来互联网金融发展风险频发问题，围绕国务院《互联网金融风险专项整治工作实施方案》开展了为期3年的互联网金融整治工作。2018年，上海金融服务办公室改为上海金融工作局，负责推进上海国际金融中心建设、推进金融服务经济社会发展和市属金融国资国企改革发展等任务，对地方金融监管工作力度也在加大。

第二节　当前上海国际金融中心发展的现状与问题

改革开放40多年来，上海国际金融中心建设稳步推进并取得长足发展，业已形成较为完备的金融要素市场体系，集聚了大批国内外金融机构，金融发展环境正在日益优化，成为我国金融对外开放最前沿、金融改革创新先行的地区之一，其全球影响力持续提升。英国独立智库 Z/YEN 集团与中国深圳综合开发研究院最新（2020 年 3 月）发布的"全球金融中心指数"（GFCI27）显示，上海在 108 个全球金融中心榜单中排名全球第四，已超越香港、新加坡，仅次于纽约、伦敦、东京，与第三名的东京仅差 1 分，较 2014 年的 12 位排名进步较大。从图 3-7-1 全球五大金融中心评分指数的变化情况来看，上海国际金融中心地位上升还是较明显的。

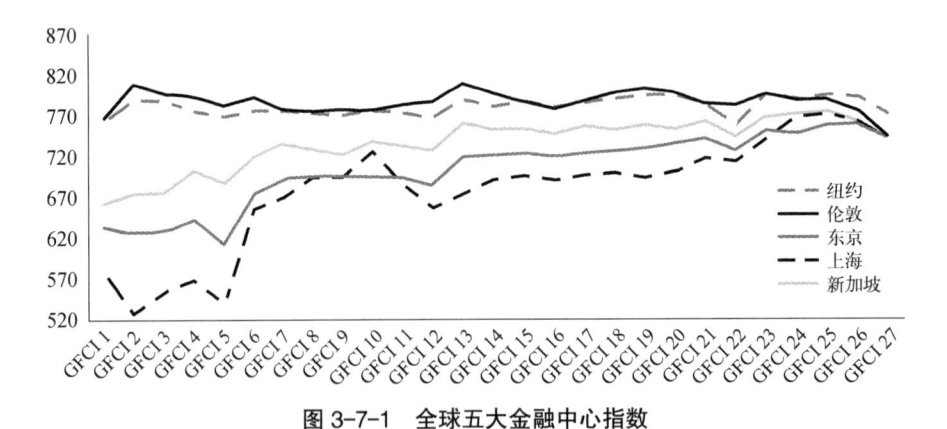

图 3-7-1 全球五大金融中心指数

目前，评价国际金融中心的权威指标主要有全球金融中心指数（GFCI）和"新华国际金融中心发展指数"（IFCD）。根据 GFCI，国际金融中心的评价指标划分为商业环境、金融部门发展、基础设施、人力资本和信誉与其他因素等五大评价标准 20 个二级指标和 102 项特征指标，以此显示国际金融中心竞争力的变化趋势，自 2007 年起已发布 26 期排名评价报告。根据 IFCD，国际金融中心的评价指标划分为营商环境、成长发展、产业支撑、服务水平和国家环境等五大类，自 2010 年以来，已连续 8 年推出评价报告，上海国际金融中心也连续 3 年保持第五位水平，与香港、东京和新加坡不相上下，但落后于伦敦、纽约。

总的来说，当前上海国际金融中心建设已具有一定规模实力，无论从金融市场总量规模和体系结构发展态势看，还是从金融改革开放政策环境的不断完善优化看，更高层面从上海金融服务实体经济、辐射长三角、影响国际金融市场的能力水平看，上海国际金融中心建设的成效都是非常突出和明显的。比如上海金融市场国际地位不断提升，股票市场规模全球排名已从 2008 年的第 7 位上升至 2018 年第 5 位，股票筹资总额在 2018 年位居全球第二，上海黄金交易所的黄金成交额也跃升至全球第 2 位，上海场内现货黄金交易量、多个期货交易品种交易量为全球第一；通过上海国际金融中心建设提供的市场和平台，人民币的支付、投资、储备和计价等功能得到全面提升。但国际金融中心建设是一个动态过程，伴随着国际经济社会和科技发展，其功能作用和质量效能也需要不断对标国际最高水平，最高标准不断地提高和拓展深化。

图 3-7-2　全球金融中心指数（GFCI）的指标体系

商业环境	金融部门发展	基础设施	人力资源	信誉和其他因素
政治稳定性和法治	交易量和交易频率	大楼和办公设施	有技能人力资源的可获得性	城市品牌和吸引力
制度和监管环境	可获得资本的难易程度	交通基础设施	教育培训	创新水平
宏观环境	产业集聚深度和广度	信息通信基础设施	劳动力市场	文化吸引力和多样性
税收和成本竞争力	就业和经济产出	环境保护和可持续性	生活质量	与其他城市的地位比较

图 3-7-3　新华·道琼斯国际金融中心发展指数

金融市场	成长发展	产业支撑	服务水平	国家环境
资本市场	市场成长	产业关联	基础设施	经济环境
外汇市场	经济成长	产业人才	社会管理	政治环境
银保市场	创新成长	产业景气	工作生活	社会环境

但对标全球金融中心发展评价标准看，上海国际金融中心建设中存在不少问题，尤其在营商环境、人力资本、市场发展质量等软实力方面，与国际一流金融中心仍有一定差距（见表 3-7-1）。一是发展环境评价得分还不

高。据 GFCI27 测算，上海营商环境排在第 15 名之后，特别在税负水平、监管水平、商务成本、行政管理水平、投资者保护等方面相对较弱；二是高素质劳动力和高端人才仍是短板，上海人力资本位列第 9 名，高质量人才是上海国际金融中心发展的关键；三是金融机构国际化水平、金融市场的发展质量、交易活跃度等方面仍有一定差距，金融业发展水平位居第 6，声誉位居第 9，远落后于新加坡、中国香港等城市；四是金融市场国际定价权和话语权有待提高，近年来上海少数期货品种已在国际市场形成一定影响力，但全球人民币定价中心的建设目标还远未达到，期货市场和衍生品市场的建设仍任重道远。

表 3-7-1　国际一流金融中心营商环境

排名	商业环境	金融业发展水平	基础设施	人力资本	声誉
1	纽约	纽约	纽约	纽约	纽约
2	伦敦	伦敦	伦敦	伦敦	伦敦
3	香港	香港	新加坡	新加坡	新加坡
4	新加坡	卢森堡	东京	苏黎世	香港
5	法兰克福	新加坡	香港	法兰克福	奥斯陆
6	苏黎世	上海	日内瓦	香港	东京
7	芝加哥	北京	苏黎世	日内瓦	巴黎
8	日内瓦	巴黎	斯特哥尔摩	阿姆斯特丹	都柏林
9	多伦多	芝加哥	上海	上海	上海
10	蒙特利尔	迪拜	旧金山	东京	北京
11	奥斯陆	东京	北京	旧金山	苏黎世
12	爱丁堡	布鲁塞尔	迪拜	巴黎	阿姆斯特丹
13	哥本哈根	旧金山	巴黎	迪拜	法兰克福
14	阿姆斯特丹	法兰克福	悉尼	卢森堡	爱丁堡
15	都柏林	洛杉矶	温哥华	哥本哈根	悉尼

深入分析其评分后面上海国际金融中心发展情况，可发现如下三个突出的功能性问题：

一、金融国际化和市场化程度仍不高

目前上海已是全球金融机构最集中、金融要素市场最齐备的城市之一。截至 2019 年年底，持牌金融机构总数超过 1 600 家，外资金融机构占比超过 30%，全市金融从业人员超过 47 万人，各类金融要素市场的年成交总额突破 1 900 万亿元。但上海各类金融市场对境外投融资机构的开放程度仍较低，外资金融机构进入中国股票、债券、基金、黄金、外汇市场的限制仍较多。如上海证交所尽管有沪港通、沪伦通等创新产品，但没有境外上市企业，境外投资者比率极低，上海证券交易所流通股中境内上市外资股份占比仅为 0.37%，而伦敦、纽约的境外上市公司比例分别为 16% 和 32%；美国股票市场境外投资者比例在 25% 以上，上海则不到 2%；债券市场方面，境外机构在中国发行债券的存量只有 0.03%，而美国为 10%；境外机构对中国债券市场的投资比例近来上升至 2%，而美国单国债一项比例就在 20%；在银行间市场，上海境外投资者的数量占比很小，在本币市场仅为 3%。据世界交易所联合会统计，纽约、伦敦等证券交易所中上市的外国公司占比至少在 20% 以上，境外投资者比例更高。

同时，上海金融市场交易活动规则与标准的国际化程度也不高，金融产品定价机制无法对国际市场产生根本性的影响。如上海国际能源交易中心现已成为全球第三大原油期货市场，交易量仅次于美国纽约西德克萨斯中质原油期货、英国布伦特原油期货，但仍难获得人民币原油定价权。还如上海黄金交易所推出的"上海金"运作两年多，其在全球的影响力仍较小，无法成为全球的定价权威。另外，由于我国金融市场价格管制仍较严格，人民币汇率与资本项目管制直接抑制了人民币衍生品市场的发展，利率管制不利于金融机构的市场化改革，这都与国际金融中心要求开放自由的制度环境存在较多不适应性。

二、集聚度和市场辐射力还不强

上海拥有全球最完备的金融市场体系，已形成了涵盖货币、外汇、证券、商品期货、金融期货、黄金、保险、环境能源、区域性股权等多种类、多层次的市场格局。但总体上看，上海金融市场的集聚度和辐射力还不强，在国内市场的地位也不是太强，上海金融业增加值占全国金融业增加值的8.4%，以全国最早最主要的上海证券市场为例，在全国影响力有变弱趋势，2018年总共上市企业62家，其中江苏14家、浙江10家、上海9家、安徽3家，长三角区域占新上市企业60%，融资额占全国45%，全国仅14个省市有企业在上海上市融资。大批优质科创企业，如小米科技、平安好医生、蔚来汽车、小牛电动、阅文集团等仍远赴美国或香港等境外证券市场上市。深圳交易所后来居上，其上市企业数、股票市值都快速上升，国内大批成长性企业都选择在深交所发行上市，上海证交所服务"半径"较窄，其服务全国企业上市融资的范围甚至不如北京新三板市场（2018年为全国22个省市的企业提供融资服务，且大部分是环渤海以外区域省市企业）。

上海国际金融中心集聚度和辐射力不强的直接原因，是市场结构不合理、产品品种少、业务创新不足，还有各类金融市场之间相互协同和联动发展较弱，金融中介机构活力和竞争力不强，以及金融监管地方分割等，这客观上都直接影响了金融市场深度不足、功能发挥不够。据"全球金融中心指数"（GFCI）分析，上海证交所上市公司IPO数量增长率较低、其债券市场交易量也较低，而中国金融期货交易所和上海期货交易所产品多样性不足、交易不活跃，这些指标在全球主要金融中心的分项排名中都比较落后。深层次的原因是政府行政主导过强抑制了市场机制的有效发挥，对市场集聚和辐射功能产生了一定的负面效应，特别是垂直、分业的金融监管体系，导致权力过度集中、地方行政壁垒较多，市场之间的资金流动、产品创新、信息传递等缺乏有效的协调机制。

三、金融创新和软实力明显不足

当前上海国际金融中心建设中创新不足的问题仍较突出，表现为：金融产品和业务创新不足，金融科技优势不强、市场功能发挥不够。如1996年成立的上海航运交易所至今没有相关金融产品交易，反观伦敦、新加坡等的国际航运交易中金融产品品种和交易都非常活跃；再如近年来成立的上海金融期货交易所、上海保险交易所等，至今仍缺乏有影响力的交易品种。上海金融科技发展与北京、深圳和杭州等国内城市相比，并不具备领先优势。据 GFCI 评价，上海金融科技在全球金融中心中名列第 3，弱于纽约和北京，但与伦敦、新加坡、深圳等相比优势也不十分突出。2018 年国际著名金融科技投资公司 H2 Ventures 和毕马威金融科技（KPMG Fintech）合作发布的第 5 版《2018 年金融科技公司 100 强》中，中国有 11 家企业上榜，上海仅有陆金所、众安保险和点融 3 家企业名列其中，而全球"50 强"中，中国有 3 家企业跻身前 5：蚂蚁金服排名第 1，京东金融位居第 2，百度则排名第 4，上海没有一家企业入围。在国内相关机构发布的《2018 中国金融科技竞争力 100 强榜单》中，属第一阵营的：北京 47 家、上海 21 家、杭州 11 家、深圳 9 家，上海金融科技企业影响力并不强。

表 3-7-2　国际金融中心金融科技情况

中心	GFCI 27 金融科技排名	GFCI 27 金融科技得分	GFCI 26 金融科技排名	GFCI 26 金融科技得分	较上期变化 排名	较上期变化 得分
纽约	1	735	3	759	▲2	▼24
北京	2	729	1	776	▼1	▼47
上海	3	722	2	762	▼1	▼40
伦敦	4	719	6	741	▲2	▼22
新加坡	5	714	8	738	▲3	▼24
深圳	6	709	5	752	▼1	▼43
香港	7	705	7	740	▼1	▼35
广州	8	702	4	753	▼3	▼51
旧金山	9	701	9	730	0	▼29
东京	10	698	12	726	▲2	▼28
华盛顿	11	697	14	723	▲3	▼26
斯图加特	12	696	15	716	▲3	▼20
维尔纽斯	13	695	新	新	新	新
洛杉矶	14	692	13	725	▼1	▼33
芝加哥	15	691	10	729	▼5	▼38

上海国际金融中心硬件基础设施和环境建设推进有力，如人民银行清算总中心上海分中心成立、我国第二代支付系统顺利上线运性、人民币跨境支付系统（CIPS）落户上海、中央国债登记结算公司上海分公司成立、设立上海金融法院等，这都对国际金融中心发展形成了有力支持。但与上海国际金融中心相配套的人才、服务、政策、文化等软实力建设仍较弱，高端金融人才不足、金融中介服务机构不健全、信用和法治环境不够完善、税负水平过高等都直接影响和制约了上海国际金融中心建设。2019年，上海金融从业人员占全市就业总人口5%不到，而香港、新加坡、纽约和伦敦都在10%—25%之间。上海的金融中介服务水平、法治环境、信用环境等在国内处于领先地位，但与纽约、伦敦、新加坡相比，仍有较大差距，特别是律师事务所、会计师事务所、管理咨询等专业服务机构相对短缺。

总之，2020年是上海国际金融中心建设进程中的一个里程碑，《行动计划》明确："到2020年，上海基本确立以人民币产品为主导、具有较强金融资源配置能力和辐射能力的全球性金融市场地位，基本形成公平法治、创新高效、透明开放的金融服务体系，基本建成与我国经济实力以及人民币国际地位相适应的国际金融中心，迈入全球金融中心前列。"站在新时代新起点，面向"十四五"发展新阶段，上海国际金融中心建设应进一步明确发展方向、提升能级水平，增强辐射力和国际影响力。

第三节 "十四五"时期上海国际金融中心发展的机遇与挑战

当今世界处于百年未有之大变局，新冠肺炎疫情是百年未有之大变局的催化剂，不仅强化了国际形势业已显现的若干趋势，加剧了国际关系中既有的各种矛盾，而且还给国际环境带来了更多的不确定因素，使全球面临更多的风险和挑战，世界进入一个更加动荡、充满更多不确定性的时期。当今中国正进入中国特色社会主义新时代，全面小康社会建成后将迈向社会主义现代化建设的重要时期，经济的高质量发展和人民日益增长的美好生活需求成为"十四五"时期发展的主题。为此，必须高度关注、准确研判国内外形势的变化，把上海国际金融中心建设放在经济全球化大背景下谋划、放在全国发展大格局中思考，科学把握其发展的机遇和挑战，顺势而为、乘势而上，争取"十四五"时期上海国际金融中心功能建设取得新成效、再上新台阶。具体可从如下几个方面去分析把握上海国际金融中心建设的机遇和挑战。

一、全球科技革命快速发展对上海国际金融中心功能提升的影响

新一轮全球科技革命和产业变革加速突破，重构全球创新版图、重塑经济结构。金融科技是科技驱动下的金融创新，运用现代科技成果改造或创新金融产品、经营模式、业务流程等，区块链、人工智能、大数据、云计算、物联网等信息技术与金融业务深度融合，为金融发展提供源源不断的创新活力，推动金融提质增效，是金融转型升级的新引擎。当前全球主要国际金融中心都高度重视金融科技发展，2018年，美国财政部发布金融科技纲领性文件《一个创造经济机遇的金融体系——非银机构、金融科技与创新》，中国香港国际金融中心建设进一步要成为"国际金融科技中心"，新加坡不仅在战略层面引导金融科技发展，而且在实践层面以沙盒监管模式为金融科技创新与金融风险管控的平衡提供"安全空间"。

未来5年，金融科技将继续呈现快速发展态势，谋划"十四五"时期上海国际金融中心功能增强，必须密切关注金融科技发展对金融业态、市场结构、金融基础设施等方面影响，抓好机遇，充分发挥金融科技对上海国际金融中心的支撑作用和积极效应。但金融科技也会对国际金融中心建设带来风险和挑战，金融科技发展促使金融业务边界逐渐模糊，金融风险传导突破时空限制，对现行市场交易和监管体系产生一定冲击，给金融市场稳定、金融监管带来新压力。比如信息技术对支付系统、证券结算系统、跨境支付系统等金融基础设施产生革命性影响，欧美在新一轮改革中已逐步开放了交易、清算和结算市场，改变了证券交易行业国家垄断的局面，这是否意味着上

海各类交易所、清算所和证券托管等业务在信息技术推动下要加快改革。再如，区块链技术的应用、数字货币的推出，对金融机构运行、金融市场格局、货币政策等都会产生深刻影响，可能会冲击国际金融中心地理形态的集聚功能，其技术运用上的风险也可能会冲击金融市场稳定。

二、全球经贸投资发展新变化对上海国际金融中心功能提升影响

受国际经济秩序重构、贸易保护主义盛行、地缘政治冲突加剧、环境能源安全威胁等影响，以及各种黑天鹅、灰犀牛事件的发生，全球经济社会发展的不确定不稳定进一步加剧。2019年年底，国际货币基金组织（IMF）曾测算，2019—2024年全球经济平均增长率预计在2.7%，与2009—2018年的2.5%低增长率基本保持一致，低于金融危机前1999—2008年的3.1%，全球经济步入低速增长期。但在全球新冠肺炎疫情影响下，全球经济下行风险日益突出，据IMF在4月中发布的季度《世界经济展望报告》预测，2020年全球经济将萎缩3%，世界银行在发布的半年度《全球经济展望》中表示，2020年全球经济将萎缩5.2%，成为二次世界大战来最严重的经济衰退。

同时，新冠肺炎疫情暴发进一步深化国际秩序变革，加剧世界各国之间的矛盾，强化了保护主义和逆全球化民粹主义的泛滥，全球范围经贸投资活动严重受阻，世贸组织预测2020年全球货物贸易量将下降13%—32%，交通运输、旅游等商业服务业受到直接冲击可能超2008—2009年国际金融危机带来的衰退水平。联合国贸发会议预测，2020—2021年全球外国直接投资下降30%—40%。而据2019年年底联合国贸发局发布的《全球投资趋势监测报告》，自2016年以来全球投资连续3年下降，2018年下降13%，最近10年全球直接投资的年均增长率仅1%，远低于前10年年均8%的增长率。在新一轮产业革命带动下，以及受中美经贸摩擦影响，全球价值链和分工布局正在悄然调整，新冠肺炎疫情在全球范围内蔓延加剧了这一趋势，美、日等国政府要求制造业回流，鼓励企业投资生产本地化、分散化，进一步导致全球

产业链价值链重构,由此最终影响全球经贸格局变化和国际贸易规则调整。

全球经济下行风险突出和经贸投资发展态势的变化,对上海国际金融中心来说,既是外部发展空间受阻、竞争压力加大的挑战,甚至是危机风险的冲击,也是加快转型升级和功能提升的重要契机。为此,一方面,要做好应对经济衰退萎缩背景下因全球经济金融危机可能引起的我国金融市场发展承压、金融机构经营困难、金融体系危机风险等问题的积极防控,另一方面,要跟踪研究全球经贸投资格局变化,特别是产业链、价值链重构的新趋势,把握好国内制造业外移、对外跨国投资发展的机遇,尤其是"一带一路"沿线国家旺盛的投资发展需求,包括基础设施、能源环保,以及大量制造业等发展,推动金融机构走出去做好金融服务工作,也要把握好国内制造业高端化发展、新经济领域投资需求较大的契机,加大改革开放力度,以创新金融服务方式,为跨国公司直接投资、国内高科技企业投融资提供更多的服务,这是加强上海国际金融中心功能建设的有利契机。

三、全球金融发展及治理格局变化对上海国际金融中心发展的影响

2008年金融危机后,国际金融发展主要呈现以下发展趋势:金融市场风险因素累积,因高流动性、高泡沫和全球金融政策不确定引起金融不稳定性进一步上升,全球跨境资本流动频繁、更多地流向虚拟经济,全球债务杠杆率上升到前所未有的高度,据IMF最新的《全球金融稳定报告》称,具有系统重要性金融部门的国家2018年持有的非金融债务总额为167万亿美元(超过GDP的250%);美元仍处于国际货币体系的核心地位,但超主权储备货币的应用范围变得更加广泛,国际货币有逐渐多元化趋势;中央银行的地位作用增大,全球金融监管力度加大,金融治理机制继续变革,新兴经济体在全球金融体系中的地位有质的提升;新科技发展对金融生态和功能的影响前所未见,加剧了金融脆弱性和风险叠加。这些发展动向和变化预示着,未来5年国际金融发展格局仍将呈现动荡不定、风险频发的态势,甚至

有可能爆发"金融战",美国为维持美元霸权,以汇率操纵国打压中国等挑战其美元地位的国家。因此,"十四五"时期上海国际金融中心建设仍将面对一个纷繁复杂、风险叠加的全球金融发展格局,以及处于变革过程中的全球金融治理体系。人民币在国际货币体系中的地位,以及人民币地位提升对国际金融体系的影响都仍然存在较多的难度和不确定性,这都影响着上海国际金融中心功能的发挥。

四、我国进入全面小康社会后国内发展格局变化对上海国际金融中心建设的影响

"十四五"时期,我国进入后全面小康社会,经济高质量发展和区域经济协同发展加快将带动中国发展格局新变革。经济高质量发展取决于现代化经济体系建设的有力支撑,重点体现在以下三方面:一是产业结构转型升级推进,工业和服务业加快向中高端迈进,第三产业增加值占国内生产总值比重逐步提高,可达55%左右,对经济增长贡献率超过60%;二是新动能快速崛起重塑经济增长动力格局,创新驱动发展下新兴高技术产业和高端装备制造业增长,信息化技术推进下新业态、新模式快速成长,以及旅游、文化、健康、养老等国内消费市场的崛起等;三是区域经济发展一体化步伐加快,东西发展差距与南北发展分化,随着长江经济带、京津冀、粤港澳大湾区、长三角一体化等国家战略的实施,以及中国18个自贸试验区改革开放的深化,区域发展不平衡格局将出现好转。

上海是全国最大的经济中心城市,是中国改革开放的领头羊和创新发展先行者,"十四五"时期我国经济高质量发展、区域经济协同发展的格局,对上海国际金融中心功能提升具有积极影响,能更有效地发挥上海的枢纽和龙头作用,提升集聚辐射服务功能和配置国内外资源能力,带动长三角高质量发展,使之成为我国发展强劲活跃的增长极。但客观地讲,我国进入后全面小康社会阶段,经济结构转型和新旧动能转换也会引起很多社会利益矛盾冲突,区域发展之间的竞争也会加剧,特别是粤港澳大湾区、京津冀协同发

展、海南实施全域自贸政策,都会对上海国际金融中心建设构成较大压力,香港、北京、深圳、广州、成都和青岛6座城市都具有金融中心发展的天然优势,其中香港、北京和深圳分别名列国际金融中心排名的第3、7、8位,在对全球金融资源集聚和配置能力方面都有较强的竞争力,特别是在各区域一体化发展中更是发挥金融中心的优势,这显然会对上海国际金融中心功能提升产生一定的竞争压力。

五、我国金融市场化和国际化改革再出发对上海国际金融中心功能提升的影响

经过新中国70年发展、改革开放40多年探索,"十四五"是我国改革开放再出发的关键时期,其中金融市场化和国际化改革趋势将有力促进上海金融中心功能提升。在市场化改革方面,包括加快改革金融机构的法人治理结构,完善商业银行风险定价能力和规范化准入与退出机制;进一步推进利率市场化改革,稳步建立汇率市场化形成机制;全面实现资本市场注册制改革,提升债券市场规模和流动性;增强金融监管政策协调性,减少对金融微观运作过度干预。在国际化改革方面,稳步推进金融市场、金融机构、金融交易和金融监管的日益国际化,核心是推进人民币国际化,包括开放金融业的外资准入,发展离岸金融市场,促进国内金融机构走出去跨国经营,吸引更多外国投资者参与金融业务活动,资本市场日益成为全球投融资平台。由此,上海国际金融中心真正成为全球性的金融中心,一个和国际接轨的国际化的中国金融市场载体,金融开放的中心,吸引一流机构和人才,与金融开放程度相适应相匹配的金融监管能力以维护金融安全。

当然,我国金融市场化和国际化改革再出发的推进力度和发展步伐还要受制于国际经济金融发展形势和我国发展格局变化态势。就上海国际金融中心功能提升角度来看,需重点关注以下三个方面:一是赋予上海自贸区新片区金融改革的政策措施能否落实到位,新片区开展自由贸易账户本外币一体化试点,新片区内资本自由流入流出和自由兑换,这是人民币国际化在上海

的率先探索;二是资本市场科创板实行注册制改革的效果能否推广,资本市场能否实现脱胎换骨的改革,成为中国新一轮发展风向标,在"一带一路"推进中率先发挥投融资功能,再现20世纪90年代上海资本市场发展雄风;三是长三角区域一体化发展能否率先实现金融协同改革创新,包括长三角地区各类资本市场分工协作,资本跨区域有序自由流动,共建区域性股权市场、联建金融风险监测防控体系等。这都将会从根本上推进国际化和市场化改革,提升和拓展上海国际金融中心功能。

第四节 "十四五"时期增强上海国际金融中心功能的战略思路

"十四五"时期增强上海国际金融中心功能,就是要把握好国际秩序变化格局下我国金融开放步伐,尤其是人民币国际化节奏,聚焦"一带一路""长三角区域一体化发展"等,以金融科技发展为动力,以上海自贸区金融开放创新为突破口,全面提升全球金融资源配置功能和辐射力,在与全球主要金融中心的竞争中进一步构筑上海战略优势,真正建成全球资产管理中心、跨境投融资服务中心、全球人民币资产定价和结算中心、金融科技中心、金融风险管理与压力测试中心、高端金融人才培育中心。在这个过程中,要认真研究、密切关注纽约、伦敦、香港、新加坡和东京等国际金融中心的发展路径、比较优势及其发展动态,积极借鉴其成功经验做法、加强与它们的交流合作。

一、提升全球金融资源配置功能是上海国际金融中心的主攻方向

国际金融中心的核心就是拥有强大的全球金融资源配置功能,其内涵就是指根据全球价值链和生产网络的布局特征,金融资本对流动性资源与要素行使全球范围内跨界配置的能力。其标志性指标包括金融资源的集聚力和流

动性、金融市场规模与能级、跨国商业性金融机构集聚度、汇率利率等金融价格信号的国际影响力等。全球金融资源配置功能的强弱，直接反映国际金融中心的能级水平，目前纽约和伦敦仍占据全球金融资源配置的主导地位。因此，拓展深化上海国际金融中心功能内涵，核心是全球金融资源配置功能，要充分发挥金融市场在资源配置中的决定性作用，丰富金融产品和工具，提升金融市场规模和影响力，着力打造"上海价格"，健全人民币全球支付清算体系和全球金融市场基础设施体系。

衡量国际金融中心全球金融资源配置功能有两大重要标准：一是市场能量度，包括金融市场规模和影响力。金融市场规模＝市场融资规模＋金融投资及交易规模。要形成大规模活跃的金融市场交易活动，除了构建多层次金融市场体系外，丰富多元的金融产品、优质高效的金融中介服务水平，以及一批高质量金融机构的高度集聚是核心要素，吸引高端金融人才进驻的软环境是重要保障。金融市场影响力，包括金融价格溢出度和金融市场创新度。金融市场价格变动在较大程度上影响到其他市场，而金融制度创新或金融业务品种与活动创新，可引导其他地区金融市场运行方式、规则、结构等方面创新发展。金融市场影响力与市场规模存在一定关系，但并非简单的线性关系。二是国际引力度，包括对周边地区乃至全球所产生的渗透力、辐射力。核心指标是金融市场国际化水平，包括跨国化资金规模和比重，参与金融市场投融资活动的外国企业、机构、个人的数量规模和比重，进行金融中介服务的外资机构数量规模和比重，金融产品及业务的跨国化程度等。开放的制度环境、高水平的服务体系是提高国际引力度的基本保障。以上标准来审视上海国际金融中心的全球金融资源配置功能，关键就是要提升金融的集聚度、开放度、辐射力、创新力等方面。

二、以长三角一体化发展为关键节点增强上海国际金融中心的市场辐射力

长三角地区城市群密集、综合服务功能齐全，是引领我国经济社会发

展的主引擎、全球资源配置的亚太门户，长三角一体化加快发展将催生大规模的资金需求及对特色化金融服务的需求，必将加快区域金融协同发展，因此以长三角一体化为关键节点提高上海金融辐射国内市场的能力，是"十四五"时期上海国际金融中心功能提升的一个重要战略考虑。《长三角规划纲要》明确提出："加快金融领域协同改革和创新，促进资本跨区域有序自由流动。完善区域性股权市场……联合共建金融风险监测防控体系……鼓励地方政府联合设立长三角一体化发展投资专项资金……支持符合监管政策的地方法人银行在上海设立营运中心。支持上交所在长三角设立服务基地，搭建企业上市服务平台。"央行与银保监会证监会外管局等发布的《关于进一步加快推进上海国际金融中心建设和金融支持长三角一体化发展的意见》更是为上海国际金融中心提升市场辐射力提供了机会和空间。当前长三角各城市还没有形成围绕核心金融城市的金融功能布局和衔接体系，还没有形成金融要素协同连接机制，上海国际金融中心可通过金融要素市场服务能力延伸，加强服务长三角金融机构和实体经济，利用金融要素市场和长三角金融机构协同作战，为实体经济投融资、贸易避险等提供便利的国际化金融服务。

三、以上海自贸新片区金融创新为依托提高上海国际金融中心国际化水平

上海自贸区是中国金融改革开放的试验田，自贸区建设与上海国际金融中心建设密不可分，临港自贸新片区"将实施资金便利收付的跨境金融管理制度"，这将会形成一个巨大的境内离岸市场，进一步促进实体经济发展和贸易投资便利化。因此，以上海自贸新片区为窗口对接拓展国外市场、提高上海金融中心的国际化水平，也是必须把握好的一个战略考虑。过去30多年上海国际金融中心崛起更多依靠的是国内而不是国际金融活动，国际化程度不够、市场深度和流动性不足、衍生品交易和定价能力落后等。近年来，中国债券被纳入彭博巴克莱全球综合指数，中国A股被纳入明晟（MSCI）

新兴市场指数，表明国际投资者越来越重视中国市场，境外机构对人民币资产配置需求和风险对冲需求显著增强。上海金融中心要素市场国际化程度也在提升，"沪港通""沪伦通""黄金国际板""债券通"、原油期货等相继落地，但总体来说，金融要素市场主要服务主体还是国内金融机构和相关实体经济。

依托自贸新片区的金融开放打通与国际金融市场联结。一是从外资金融机构"引进来"和中资金融机构"走出去"过程中推进金融国际化，提高中资金融机构国际化竞争力和风险管理水平，积极服务"一带一路"支持沿线国家和地区在上海发行债券，建设上海投融资服务中心，加强境内外金融交流合作，拓展合作领域；二是推进建立国际化的金融市场平台，支持外汇交易中心、上海证券交易所、上海黄金交易所、上海期货交易所、中国金融期货交易所等进一步深化国际金融业务，通过黄金国际板、债券通、沪伦通等渠道，稳步推进境内债券、期货、衍生品、货币市场等金融市场的对外开放，提高境外机构参与的深度和广度；三是提升"上海价格"的国际影响力，进一步完善"上海金""上海油"定价机制，打造具有全球影响力的大宗商品定价中心，推动上海成为全球人民币资产定价中心，进一步发展"一带一路"沿线国家和地区货币结算、清算等中间业务，创新相关金融产品等。

四、以金融科技发展为动力加快上海国际金融中心的创新能力

新技术革命背景下，互联网、大数据、人工智能、区块链等日新月异的发展，促进了全球金融科技的蓬勃兴起，并不断催生新产品、新业态、新模式，强化金融与实体的连接，促进了金融业的创新发展，并深刻影响着金融市场的发展与稳定。"十四五"时期上海国际金融中心功能提升，核心是构建以新一代信息技术为重要特征的金融创新体系，充分利用区块链、大数据、云计算等技术，让新技术赋能金融市场服务和金融风险管控，实现金融

科技领先发展，研究制定金融科技的中国标准，提升金融科技领域国际竞争力，提高金融服务的信息化水平，建设金融技术服务中心和金融信息中心，促进上海国际金融中心和科技创新中心的联动发展，增强上海国际金融中心对全球金融资源配置能力。

以金融科技为动力加快上海金融中心的创新能力关键要把握好以下三点：一是金融科技高水平应用，探索新兴技术在金融领域安全应用，加快扭转关键核心技术和产品受制于人的局面，全面提升金融科技应用水平，将金融科技打造成为金融高质量发展的"新引擎"；二是赋能金融服务高质量，合理运用金融科技手段丰富服务渠道、完善产品供给、降低服务成本、优化融资服务，提升金融服务质量与效率，使金融科技创新成果更好地惠及民生，推动实体经济健康可持续发展；三是金融科技风险管控，运用金融科技提升跨市场、跨业态、跨区域金融风险的识别、预警和处置能力，加强网络安全风险管控和金融信息保护，做好新技术应用风险防范，坚决守住不发生系统性金融风险的底线。

五、以金融基础设施建设为保障提升上海国际金融中心的服务与监管水平

安全高效的金融基础设施可以增强不同金融机构之间的协同效应，缩减交易成本、扩大服务规模、提高透明度，同时，也有利于提升抵御风险能力，2008年国际金融危机后，以金融基础设施为抓手改造场外衍生品市场，成为全球金融监管改革的重点，近年来全球监管部门围绕金融基础设施推出多项政策工具，包括加强中央对手方清算、提高非集中清算衍生品合约的标准化程度、强化资本要求和担保品管理等，金融基础设施对全球金融监管改革的落地发挥了重要作用。"十四五"时期，依托强大的金融基础设施建设吸引金融机构聚集上海，是上海国际金融中心功能提升的长效机制，依托日趋完善的、与国际接轨的金融基础设施建设管控金融市场风险，也是上海国际金融中心地位日益提高的重要体现。

2013年，我国发布了中国版金融市场基础设施原则（PFMI），人民银行组织建立了人民币跨境支付系统（CIPS），上海清算所加快建立 PFMI 中国化标准，不断完善中央对手方清算机制。面向国际化、市场化的上海国际金融中心建设，还需要在法制环境、支付清算、监管标准、信息披露等金融基础设施方面尽快与国际接轨。一是加强基础设施的跨境互联互通。借鉴"债券通"的成功经验，将连接国内金融市场的"通道"升级为联通全球金融市场的"网络"；以"一带一路"为突破口，打通沿线国家的货币支付与清算等金融市场基础设施。二是构建国际化的法律法规环境。充分借鉴国际标准，构建适应银行业国际化发展的法律法规环境；完善破产法、存款保险制度和投资者保护制度；完善行业自律机制，提升行业自律管理水平。三是加强金融监管全球协调。国际金融危机后，G20 各国采取措施加强对银行资本和流动性管理、场外衍生工具、反洗钱及税务数据等方面的监管。我国应加强与各国金融监管当局、国际金融组织之间的交流与合作，处理好金融创新与合规经营的关系。

表 3-7-3 上海国际金融中心与其他国际金融中心比较

金融中心	建 立 路 径	比 较 优 势
纽约	雄厚的经济实力；布雷顿森林体系奠定美元地位	强大的国际金融资源配置能力；重要商品定价能力与话语权；一定程度控制国际资本流动
伦敦	政府推动的金融自由化改革；以统一监管为特征的第二次金融改革	欧洲最大的金融中心；重视亚太、中东等新兴市场
香港	取消外汇管制，汇率自由浮动等金融自由化改革	离岸人民币业务
新加坡	政府主导，借助亚洲美元市场建立，形成内外分离型金融市场	高密集多样化的金融机构；资产及财富管理方面的佼佼者；倡导跨洲合作机制
上海	政府主导与市场驱动相结合	国家庞大的经济体量；改革开放步伐加快
东京	以利率市场化和金融国际化为标志的金融自由化改革	海外投资能力强大

第五节 "十四五"时期增强上海国际金融中心功能的重要举措

"十四五"时期增强上海国际金融中心功能、提升全球金融资源配置能力,关键要聚焦做强资本市场功能,积极探索人民币产品创新,金融科技发展赋能金融服务高质量,以及金融生态环境建设等四个方面,采取相应的战略举措。

一、以"科创板"注册制改革试点为切入口做强上海资本市场功能

上海资本市场发展早、体系完备,但功能作用发挥得不够,特别是近年来在全国的影响力有变弱趋势,珠三角、北京等国内其他经济发达地区的许多优秀企业都选择到纽约及中国香港等交易所上市,或者在深交所中小板和创业板上市,上交所服务全国企业上市融资的覆盖面有所减少。在上海证券交易所设立科创板并试点注册制,是中央支持上海国际金融中心和科创中心建设的重大战略举措,无疑为上海资本市场发展注入强大活力。为此,把握金融供给侧结构型改革机遇,以"科创板"注册制改革试点为切入口,做强做实资本市场功能,推动金融服务实体经济战略。加强市场产品、工具和制度创新,解决市场规模性、流动性、开放性不足等问题,促进多层次资本市场联动发展、提升上海金融市场影响力和辐射力。

一是推动上海股权托管交易中心与"科创板"对接联动。上海股权托管交易中心虽然是区域性场外资本市场,但具全国性融资平台功能,业已形成"一市三板"格局(E板、Q板、N板),有近1万家挂牌企业,其中80%以上为非上海注册企业,累计为企业实现股权债权融资总额230多亿元。推动上海股交中心"科技创新板"(N板)与上交所的"科创板"对接联动,增强资本市场投融资功能,探索建立四个对接机制:(1)企业资源对接,引导

企业双向互动：上海股交中心孵化、培育和推动具有上市"科创板"潜力的挂牌企业进入上交所，上交所可推介未达"科创板"上市条件企业先到股交中心挂牌，并协同股交中心对该类企业重点培育辅导。（2）市场监管对接，建立有效的沟通交流机制：上交所和上海股交中心可对"科技创新板"挂牌企业在申报材料、信息披露、内部治理结构等方面进行共同督导和监管，促使其预先按照上市公司要求规范运作。（3）上市审核对接，"科技创新板"挂牌企业在市场监管对接后，客观上达到上交所"科创板"上市条件要求，应探索建立首发上市优先审核机制，单独排队、加速反馈，形成有效的绿色通道。（4）转板上市对接，上交所可承接股交中心"科技创新板"成熟的挂牌企业升级转板到A股主板市场，做大做强"科技板"市场份额，上交所也可将一些业绩发展达不到要求的"科创板"强制降级转板到股交中心的E板、N板，为上市企业退市提供一个缓冲区。

二是探索上海资本市场与国际资本市场的联通机制。资本市场开放一直是上海国际金融中心建设的重要内容，近年来上海先后推出了沪港通、沪伦通等创新产品，但国际版、战略性新兴板等的推出却屡屡受挫，目前上海证交所仍没有境外上市企业，境外投资者比率也非常低。提高上海资本市场国际化水平，增强全球金融资源配置能力和辐射能力，特别要在增强上海金融服务长三角、服务长江经济带、服务全国的基础上，服务"一带一路"沿线国家和服务全球的能力，逐步稳妥开放资本市场，推进国际金融资产交易平台建设，让更多境外企业和长期投资者积极参与上海股票、债券、基金等证券交易。为此，要充分利用上海自贸新片区金融开放前沿的政策优势，建立自贸区与国际证券市场接轨的证券法规体系，结合上交所曾酝酿的"国际板"路线图，积极吸引境外机构投资者参与上交所"科创板"投资，吸引优秀跨国企业，包括海外ETF（交易型开放式指数基金）、中国在海外上市的红筹股，"一带一路"沿线国家优秀科创企业到"科创板"上市，或交叉上市，提高资本市场国际化水平。利用"科创板"试点注册制之际，探索上交所与国际资本市场上的交易所，特别是"一带一路"沿线国家的主要交易所建立联通机制，如上海证交所和国外交易所在上海设立国际交易所合作中心和"一带一路"交易所联合会,加强信息互换、监管互认。借机可有序引入"一带一路"沿线国家和地区的优质企业和投资者参与上海证券交易。通过学习借鉴国际资本市场注册制的制度规范,推动"科创板"规则制度国际化,更好探索"走出去"的路径。

三是引进和培养一批具国际竞争力的券商、创投等机构。国外成熟资本市场一般都有一批具有强大公信力、专业理性、高度国际化的券商,一批具有资金规模实力、投资风险管理能力的创投机构等。上海证交所"科创板"试点注册制,既对上海金融生态环境建设提出了新的更高要求,也给上海引进和培育服务于资本市场的各类金融中介机构带来了极好的发展机会,推动资本市场中介机构向现代投资银行、金融中介方向迈进。优秀的券商、创投机构参与者是上海"科创板"推进的重要支持,上海可借机发展一批具重要市场影响力的资产管理机构,积极打造全球资产管理中心。为此,抓住"科创板"上市的大好时机,利用上海金融开放先行先试的政策优势,积极吸引境外主流券商、创投机构、资产管理公司、基金公司等参与"科创板"上市企业的相关服务工作。支持外资在沪设立证券公司、基金公司、期货公司,将外资持股比例上限放宽至51%,不再要求合资证券公司境内股东至少有一家证券公司,争取加快取消证券机构外资持股比例限制,扩大合资券商业务范围,允许其从事经纪、咨询等业务。力争境外机构对科创板参与程度明显高于现有市场。

同时,鼓励和推动国内尤其上海本土券商机构、创投机构、各类资产管理公司积极参与"科创板"上市企业的相关服务辅助工作,鼓励支持这些机构成长成为中国的高盛、大摩机构。上海本地券商、创投机构更要借机全面提升企业保荐、承销及估值、投资的专业能力,特别是一些国资背景的上海券商、创投企业要加快企业改制、提升市场化运作能力,在资本市场开放改革中脱颖而出。另外,也要加强对金融市场组织者(交易所和交易平台)的改制转型工作。国外发达经济体的交易所大多早已完成公司化转型乃至成为上市公司,经营活力和动力都很强。但上海外汇交易中心、上海期货交易所、上海股交中心等机构仍是企业化经营、事业化管理,内部治理机制改革的迫切性较强烈。建议借助上交所"科创板"制度创新的好时机，着手解决这一基础性的老问题，充分释放市场活力。

四是立足长三角完善资本市场的转板和融资通道。突破区域限制、加强制度改革试点，率先对接长三角地区基础性股权交易市场，通过科创板注册制试点探索建立从区域性股权交易市场、科创板与主板市场之间的转板快速通道，提高科技创新企业融资效率。针对长三角区域在内的科技创新企业进行"增资扩股"、股权债券等多种方式快速融资"绿色通道"的探索，打造集聚国内外高新技术企业和各类创新资源的综合性复合型资本市场平台。鼓励和支持上海产权交易市场和技术知识产权交易市场等走出上海谋求合作与发展，推动长三角区域内共同挂牌、信息发布、交易设计、规则制定、投资人信息共享等全方位合作，并通过增资扩股、并购、参股或合作等方式走出上海，跨长三角区域联合发展。

二、以全球人民币产品市场建设为抓手推动上海金融市场开放步伐

随着我国人民币国际化进程加速和离岸市场人民币交易产品多样化，上海国际金融中心应该在全球性人民币产品创新、交易、定价和支付清算中发挥重要平台功能。因此，"十四五"时期要以上海自贸试验区金融改革创新为突破口，积极探索人民币自由兑换和离岸金融市场业务，加快推进一些基础性、功能性、创新性的人民币产品和工具，积极打造上海金、上海油、上海铜等更多的上海价格，确立人民币在国际市场上的定价权和主导权。加强与香港、东京、新加坡等国际金融市场对接联通，拓展国内外资金流动、资产配置的市场管道。

一是推出人民币外汇期货产品上市。目前我国是世界第二大经济体，人民币跻身世界第五大货币，有60多个国家将人民币作为外汇储备，全球范围内已有美国、欧洲、新加坡等8个国家或地区的离岸人民币市场衍生品活跃，已直接影响人民币汇率走势，而"金砖五国"中的其他四国也都推出了

本国货币的外汇期货市场。人民币外汇期货市场作为多层次金融市场建设的重要组成部分，不仅能有效满足中小企业对外汇风险管理的迫切需求，抵御人民币国际化过程中系统性金融风险，而且能制定人民币外汇期货交易的"中国标准交易规则"，为人民币国际地位奠定坚实基础。因此，必须尽快推出人民币外汇期货产品上市。

将人民币外汇期货纳入上海自贸区大框架下试点，通过 FTA 账户隔离"境内关外"的市场风险。自贸区内庞大的企业为外汇期货试点提供了良好的客户基础，自贸区"境内关外"的自由贸易区 FT 账户也能够较好地隔离外汇市场中的境内境外风险。在推进人民币外汇期货上市的同时，上海监管机构和推进部门要完善交易市场规则、加强市场监管力度，时刻将风险防范意识贯穿于市场创新发展全过程，既要完善相关政策措施，防范市场投机行为，也要推进和完善监管部门之间的协调机制，形成市场协同监管合力。要建立健全风险管控体系、引导机构投资者理性参与，帮助市场各类投资主体建立科学有效的风险管控机制，防范外汇期货市场中的各种隐患。另外，在中国外汇市场发展成为全球人民币产品交易主平台和定价中心过程中，政府要主动发挥协调推动作用，中国金融期货交易所要积极研发人民币外汇期货产品并试运行。

二是推进自贸区离岸金融市场业务。新加坡自 1973 年起实行内外分离型离岸金融市场，是政府金融监管部门专为非本国居民（包括法人）交易而创设，主要方法是账户分离，分别设立的处理在岸业务与离岸业务的账户之间不能混淆，管理当局可对在岸业务和离岸业务分别监控，这既可保持国内货币政策有效性，又可阻挡国际金融市场投机对国内金融市场的冲击。借鉴新加坡内外分离型离岸金融市场经验，上海自贸区的 FTA 账户也能较好隔离国内外市场的金融风险，便于金融监管部门监控离岸金融市场上可能的风险。目前上海自贸区 FTA 账户已有较多开户数，投资者众多，账户沉淀资金较多，可形成金融市场上的资金池。据统计，上海自贸区已有 60 多家金融机构通过分账核算系统验收，累计开列 FTA 账户 7.2 万户，发生跨境收入折合人民币 25 万亿元，涉及 161 个境外国家和地区。适时推动建立基于

FTA 账户的金融市场，能真正发挥 FTA 账户在国际资金流动中的作用，让国内外企业真正用好这个账户内资金，也能吸引更多国际资金进入中国市场。结合"一带一路"建设中的融资需求，加强与境外人民币离岸市场战略合作，率先推出相关人民币产品的金融服务，如允许境外企业在上海离岸金融市场上进行股票或债券融资，鼓励"一带一路"沿线国家在离岸金融市场上发行主权债券等，促进银行间债券市场和交易所债券市场互联互通，推动中国债券市场纳入国际三大债券指数，引导国际各类投资者积极配置人民币资产，拓宽境外人民币的回流渠道。

三是支持上海国际能源交易中心推出更多交易品种。2018 年 3 月 26 日，人民币原油期货作为首个国际化期货品种在上海国际能源中心挂牌上市，旨在发挥原油期货人民币计价结算功能，并以此推进人民币国际化。运行半年多来，累计成交金额超过 11 万亿元，最大持仓量超过 3.5 万手，境外投资成交占比 10%—15%，持仓量占比 15%—25%。目前已成为全球第三大原油期货市场，交易量仅次于美国纽约西德克萨斯中质原油期货、英国布伦特原油期货。但目前存在的主要问题是市场流动性不足，难以获得人民币原油定价权。为此，支持上海国际能源交易中心推出更多产品，在做大、做强、做优、做精、做细现有品种的同时，不断丰富和扩大产品供给，解决市场流动性不足问题。实现产品深度开发，在现有品种基础上向产业链上下游延伸，丰富能源全产业链产品。借鉴芝加哥交易所（CME）经验，上海能源交易中心利用技术和信息平台建设，加快原油全产业链合约上市步伐，如加快推出 20 号胶期货、纸浆期货、铜期货期权、天然橡胶期货期权、有色金属指数期货等产品。加强与国内外能源交易平台互联互通，引入或上市对方合约，推动人民币计价的原油期货品种在其他境外期货市场或平台互挂，以满足全球客户的不同风险管理需求，增强市场流动性，如 CME 曾引入竞争对手 ICE 的 Brent 期货合约以巩固其在能源交易市场的地位，2009 年它又引入阿曼原油（OMAN），实现全球三大原油基准价格 WTI、Brent 及阿曼原油都可以在 CME 平台进行交易。采取短平快的方法，尽快上市 ICE 原油价格合约和国际原油价格之间的价差合约，进而通过跨市场套利活跃市场，以增加原油期货的国际化。还要不断创新和深化结算、交割、监管、风控等服务，搭建信息平台来实现信息资源的整合和共享。

四是多方式多渠道推广人民币金融资产基准定价产品。从国内来看，要发挥上海作为全国流动性管理中心作用，培育上海银行间同业拆放利率（Shibor）、中国国债收益率曲线等成为国内金融资产定价的基准价格。从国际来看，在促进债券市场互联互通，支持在沪金融要素市场协调发展基础上，使上海发展成为全球人民币产品交易主平台和定价中心，提高"上海金""上海铜"等价格信号的全球影响力。2016年4月，上海黄金交易所推出黄金现货和衍生品市场的人民币基准价交易，简称"上海金"定价，这无疑增加了黄金市场中人民币的存在，有利于打造与中国的黄金产业大国地位相适应的全球人民币黄金定价中心。提升上海金在全球市场上的定位，关键要尽快"上海金"的商标注册，持续推动和鼓励境内外金融机构推出挂钩"上海金"基准价的衍生产品，力争"上海金"的ETF有所突破，与"伦敦金""纽约金"一起能成为全球的定价权威。

五是整合人民币跨境支付系统（CIPS）结算清算渠道。人民币跨境支付系统（Cross-border Interbank Payment System，简称CIPS）是由中国人民银行组织开发的独立支付系统，旨在进一步整合现有人民币跨境支付结算渠道和资源，提高跨境清算效率，满足各主要时区的人民币业务发展需要，提高交易的安全性，构建公平的市场竞争环境。该系统于2012年4月12日开始建设，2015年10月8日正式启动，2018年一季度人民币跨境支付系统处理业务32.9万笔，金额5.5万亿元，日均处理业务5 388.7笔，金额893.9亿元。现有31家境内外直接参与者，695家境内外间接参与者，实际业务范围已延伸到148个国家和地区。下一步关键要推动人民币跨境支付系统升级发展，支持全球清算对手方协会（CCP12）发挥作用，加快推动人民币跨境业务向CIPS迁移。应面向"一带一路"沿线国家或地区以及东欧可拓展的国家和地区，进行定向推广工作。还应按照人民币国际化需要，接入更多的境内外金融市场基础设施，全面支持金融市场各类跨境业务资金结算，特别要引入境外直接参与者，构建人民币全球清算网络，推进人民币跨境支付业务，提高人民币清算结算效率。

三、以探索"监管沙盒"为抓手促进上海金融科技发展

促进金融与科技协同发展，提升金融服务质量与效率，增加金融创新能力水平。以科技赋能金融推动金融转型升级，以金融赋能科技推动科技创新发展。要抓住国际金融科技发展的有利时机，利用上海自贸新片区金融改革开放的新政策，注重利用监管沙盒模式等先进手段加强金融风险的防控，同时也要积极推动上海金融科技应用的快速发展，尤其要在区块链、数字货币等方面为我国金融创新发展探索出新路子。

一是"监管沙盒"模式的产生及功能作用。近年来金融科技迅速发展，各种新型金融机构不断涌现，国际金融界普遍认识到，随着互联网、区块链、大数据技术的发展，谁掌握了金融科技的前沿，谁就掌握了国际金融中心的未来，因此各国都非常重视金融科技的创新和应用。但由于金融科技发展在推动金融创新的同时，必然带来相应的金融风险，而这种金融风险往往是原有的金融监管框架无法应对的。为此，英国金融行为监管局（FCA）2014年年底最早实施"监管沙盒"模式，专设创新中心（Innovation Hub）支持金融科技企业发展，从税收和投资等方面给予初创企业优惠。新加坡从2015年开始专门设立金融科技和创新团队为"监管沙盒"内企业提供服务，允许金融科技企业在事先报备情况下从事和目前法律法规有冲突的业务。此外，澳大利亚、中国香港等也先后引入"监管沙盒"。我国央行在2016年与英国就金融科技"监管沙盒"达成合作协议。"监管沙盒"是金融监管部门创造一个"安全区域"（safeplace），对金融产品创新、服务创新、商业模式和营销方式创新等，实行有限度的放松监管和政策鼓励，这既有利于推动金融科技进步、抢占金融创新高地，也有利于把金融风险控制在一定区域内。

二是上海开展"监管沙盒"试点的可行性。上海已经具备开展"监管沙盒"试点的基本条件，金融机构集聚、金融基础设施完备、投资者风险意识较高，特别是近年来上海自贸区建设的推进，为"监管沙盒"在上海引入创

造了必要条件,可率先在一定范围内探索开展"监管沙盒"试点,在积极推进金融与科技深度融合,加快区块链等新技术在金融服务、金融基础设施建设和金融监管中的应用,提升金融服务实体经济能级,加快建设金融科技创新中心。陆家嘴金融贸易区可作为"监管沙盒"的空间载体,陆家嘴是上海国际金融中心建设核心承载区、全国最大金融集聚区,陆家嘴金融城是国内唯一以"金融贸易"命名的国家级开发区,是上海自贸区的重要组成部分之一,在金融创新方面具有先发优势,拥有上海 50% 以上的金融机构,既利于金融技术应用创新,也利于金融监管和风险管控。"监管沙盒"的实践主体应从金融科技领域入手开展相关试验,目前金融科技发展最快,一些技术水平高、创新能力强且发展迅速的"独角兽企业"雏形初现,特别要关注国内外金融科技企业发展的动向和一些重要的标杆性企业。同时该领域也是金融风险最集中领域,监管问题越来越突出。

三是上海实施"监管沙盒"试点运作的相关政策措施。鉴于上海国际金融中心建设的重要性,上海地方金融监督管理局职能、侧重点应不同于其他省市,在继续强调金融监管的同时,还要重视金融服务和金融创新,要增加促进地区间金融机构之间的协调与合作,协调并推动上海自贸区建设与金融市场、金融机构与金融监管的创新等功能方面的内容。为此,要突破原有监管框架,探索新型金融监管模式,推动金融行业混业监管试点,实现协作监管、统一监管、共同监管,这个综合统一协调部门应由市金融局承担。同时,要研究"监管沙盒"实施的规则与相关政策。在上海市金融综合监管联席会议框架下和上海市地方金融监督管理局的具体推动下,可向中央金融监管部门申请"监管沙盒"试点权限,明确相关规则,包括进入"沙盒"企业的资格申请和审批流程、权利和相关义务,开展实验的时限和空间范围、金融监管的内容和范围、相关赔偿责任认定等。明确政策扶持内容,包括财税优惠、投融资服务等。目标是抢占全球金融科技制高点,实现上海国际金融中心建设"弯道超车"。

四是积极拓展区块链技术金融应用发展。区块链作为数字化时代的关键技术,本质上是一种分布式记账技术,是构建下一代信任互联网和价值互联网的基石，数字货币则是区块链技术的核心应用之一。为此，各国政府纷纷出台推动区块链发展的政策措施，基于区块链技术为金融行业构筑全新的信用机制，区块链在金融领域应用前景广阔，全球已超过 100 家银行金融机构在区块链应用和布局上做了探索，早在 2017 年中国人民银行就发布了以区块链为基础的支票数字化系统。为此，上海国际金融中心建设要打造金融科技中心，要鼓励金融机构在上海自贸试验区及临港新片区开展区块链技术金融应用先行先试，要借助区块链将金融服务融入民生领域，拓展金融服务在衣食住行、医疗教育、电子商务等方面应用场景，要鼓励银行、供应链核心企业利用区块链技术，建立供应链金融服务平台，为上下游中小微企业提供高效便捷的融资服务，另外，还要借助区块链和应用程序编程接口等技术，实现数据信息互联互通，降低机构运营成本，减少多头报送，提高监管机构监管时效性，推动风险防控从事后向事前事中转变。

五是推动长三角地区合力打造国际金融科技中心。充分利用上海在金融基础设施和机构，金融市场、产品和人才等方面集聚，杭州在金融科技研发与创新，南京在金融科技的产业化场景应用等方面的互补优势，推动区域内金融科技发展，共同打造立足长三角、领先全国、具有全球竞争力的国际金融科技中心。同时，建立完善针对长三角跨区域金融风险的三大常态化体系，包括金融风险联合监测体系和信用共享平台、金融监管标准和规则体系一体化建设、金融非法时间常态化应急响应及紧急处置机制。

四、以法治、信用建设为抓手进一步优化上海金融发展的生态环境

上海是国内外金融机构主要集聚地，金融发展环境直接影响金融运行的秩序、效率和成本，上海要持续打造国际一流的金融生态环境，形成"上海范本"，吸引更多国际金融机构在上海进行全球金融资源配置，提升上海国际金融中心能级和辐射力。金融生态环境是一个系统工程，既包括金融市场基础设施建设，如高效安全的托管清算结算平台、人民币跨境支付体系等，

还包括良好的法治环境、发达的信用环境、支持人才发展的生活环境等软件建设。对上海来说，法治和信用建设是最为重要的基础和支撑。

一是以上海金融法院建设为重点提升金融法治环境。酝酿 3 年多的上海金融法院于 2018 年 8 月成立，其主要功能作用是：围绕金融工作服务实体经济、防控金融风险、深化金融改革的任务，对金融案件实行集中管辖，推进金融审判体制机制改革，着力提高金融审判质效和司法公信力，提升国际金融交易规则话语权。这对我国金融法治体系建设、上海国际金融中心建设具有里程碑式的战略意义。大量金融纠纷集中到上海金融法院进行高水平的专业化审理，可改善上海金融市场法治环境，提升金融市场的影响力与吸引力。因此，下一步上海金融法院建置成熟后，应加强与长江三角洲地区以及国内其他中心城市在金融领域的相互协作和支持，进一步推动金融要素市场、金融机构为各地区经济和社会发展提供良好的金融服务。在适当时机可考虑把上海金融法院升格为相当于高级人民法院的"长三角地区"金融法院，管辖整个地区的重大疑难案件，通过签订协议、备忘录等形式辐射该地区司法审判，在相关主要城市设立相当于中级人民法院的金融法院和下属地方基层法院的金融法院。

二是以信用服务业发展为重点促进上海信用环境建设。信用环境（Credit Environment）是当前上海金融生态环境建设的核心，成熟的信用服务业是信用环境良好的重要标志。目前国际上围绕信用风险管理形成了专业化、市场化的征信、评级、担保、保险、保理等信用服务产业链和生态体系，特别是伴随互联网、大数据技术应用等发展起一批新兴信用服务机构。但上海信用服务业发展存在企业规模小、竞争力弱，信用市场不规范、信用信息收集难、信用标准缺失等问题。为此，应把加快信用服务业发展作为增强上海国际金融中心功能的助推器和重要抓手。当前上海信用服务业发展关键在于：推动政府管理创新，既要放宽市场准入门槛，鼓励支持各类新兴信用服务机构发展，又要加强事中事后监管，促进信用服务机构规范、有序、自律发展；培育信用服务市场，对标国际最高标准，构筑上海信用服务发力点，以"信用+"应用为突破口，使信用服务全面嵌入政务管理、产业发展、城市治理、社会民生等各领域各环节。做大做强信用服务机构，加快构建与金融市场发展相适应的评级专业服务和中介服务体系，重点吸引国际评级巨头落户上海，加强与穆迪、惠誉、标普等国际信用评级机构对话交流，在技术标准、评估模型、风险管理方法等方面与国际接轨，推动本土信用服务机构成长，同时，顺应互联网、大数据、区块链等发展趋势，鼓励和支持新兴信用服务机构发展，鼓励一些在细分领域形成优势的企业进一步拓展信用衍生服务。

三是以陆家嘴金融论坛为重点打造金融国际合作交流平台。从 2008 年开始由上海市政府和中国一行三会共同主办的陆家嘴论坛已成功举办 10 届，成为上海金融国际合作交流的高端品牌。陆家嘴论坛致力于加强中国与世界金融体系的双向融合，深化中国金融改革，促进上海国际金融中心建设，提升中国在国际金融市场的地位，其目标是成为我国金融领域最具影响力的论坛，世界最有影响力的经济金融论坛之一。论坛每年举办一次，每次有一个明确主题，如 2008 年"世界格局中的中国金融"、2009 年"全球化时代的金融发展和经济增长"……2018 年"迈向新时代的国际金融中心建设"。这个论坛汇聚了国内外重要金融机构、政府部门、学术机构的重量级人物，客观上已是国内外金融界沟通交流合作的重要智库平台。下一步应以办好陆家嘴论坛为重点，营造上海国际金融中心建设的良好舆论和政策宣传环境，打造上海金融品牌优势，集聚更多的智囊机构为上海金融发展出谋划策，推动更多跨国金融机构、金融人才进驻上海，国家金融政策在上海落地。下一步要改革陆家嘴论坛的组织机制和运作模式，吸引更多国际组织、联合国机构作为主办或联合主办方参与，提高论坛的国际影响力和话语权。同时，论坛的议题设置更聚焦金融中心建设的全球性、前沿性、战略性问题开展研讨，提高论坛的高端引领性和开放创新性。

参考文献：

1.《国务院关于推进上海加快发展现代服务业和先进制造业　建设国际金融中心和

国际航运中心的意见》，国发（2009）19号。
2. 杨亚琴：《上海国际金融中心建设的实践探索与思考》，《上海城市发展》2009年第6期。
3. 《金融科技发展规划》（2019—2021），银发（2019）209号。
4. 《长三角区域一体化发展规划纲要》，中共中央、国务院2019年12月1日印发实施。
5. 《上海国际金融中心新思考》（《中国金融》，汪小亚、张晨等），2020年第1期。
6. 《上海国际金融中心建设冲刺阶段的主要着力点》（郑杨），在"2019第一财经金融价值榜"颁奖典礼上演讲。
7. 《上海国际金融中心建设的行动计划》（2019—2021），中国人民银行、国家发改委等八部委联合印发2019年1月17日。
8. 《上海市贯彻落实国家进一步扩大开放重大举措加快建立开放型经济新体制行动方案》（简称"上海扩大开放100条"）上海市政府2018年7月10日发布。
9. 《中国金融市场增长很了不起 但国际化严重落后》2018年清华五道口全球金融论坛上的发言要点5月19日。
10. 《中国（上海）自贸区临港新片区总体方案》国发（2019）15号。
11. 《关于促进金融科技发展支持上海建设金融科技中心指导意见》，银总部发（2019）67号。
12. 《关于进一步加快推进上海国际金融中心建设和金融支持长三角一体化发展的意见》，银发（2020）46号。

执笔人：杨亚琴　刘　亮

第八章
全面增强上海国际航运中心功能

第一节 新形势下上海国际航运中心建设面临的新任务

一、国家战略对上海国际航运中心建设提出的新要求

（一）中西部战略和产业结构调整要求寻找最佳出海口

随着我国产业结构的调整，大力发展中西部地区，缩小中西部地区与沿海地区的差距已成为我国的一项基本发展战略。中西部内陆巨大的物流市场和沿海港口优势结合，以最佳条件确定"出海口"的要求也越来越迫切。传统的沿海集装箱枢纽港战略已经不适应当前沿江沿海及公路、铁路等多式联运物流枢纽的发展需求。因此，海铁联运是南通地区经济发展的重要战略举措。提升南通物流港的地位是我国东中西通连发展战略的需要。

通州湾区地处长江下游河口段北岸，处在海、江、河的交汇处，是海轮进江后长江北岸第一个可停靠的港口，是长江沿线水上中转的重要枢纽。从长江口出海可达我国沿海和世界各港，上溯长江，可通往苏、皖、赣、鄂、湘、川六省及滇、黔、陕、豫等省，水陆交通均十分方便。通州、如东已基本形成"一横两纵"公路网，南北向主要为S221、S222，东西向主要为S334，另有平海大道连接南通主城区，穿境而过的临海高等级公路也已建成通车；规划中的沿海铁路南接吕四和上海，北连洋口和连云港；港区后方可通过密布的内河水网通江达海，为港区提供便捷的内河集疏运通道。

通州湾港区位于通州湾江海联动开发示范区东部沿海海域。港区北距连云港港约 280 海里、南距上海洋山深水港区约 130 海里,与日本、韩国和中国台湾地区相距约 400 海里。通州湾港区包括南部港区和北部港区。南部港区主要建设 5 万吨级以下泊位,北部港区主要用于建设 10 万吨级以上泊位。通州湾港区主要规划区域包括:通用码头作业区:10 个大中型通用泊位。干散货码头作业区:15 个大中型干散货泊位。通用及干散货码头作业区:23 个大中型干散货泊位。液体散货码头作业区:3 个各类成品油及液体化工品等液体散货泊位。通用及集装箱码头作业区:35 个各类通用及集装箱泊位,具体泊位类型可包括通用、多用途及专业化集装箱泊位等。内河转运区:70 个千吨级及以下内河泊位,内河转运区陆域空间与海运码头作业区共用,便于货物进行中转运输。因此,通州湾作为新的长江出海口也是上海国际航运中心建设要考虑重点拓展的区域。

(二)发挥上海作为"一带一路"桥头堡的作用,建设开放型亚太物流新枢纽

实施"一带一路"倡议,要求铁路网、公路网及海运航线网络联动发展,"加快同周边国家和区域基础设施互联互通建设,形成全方位开放新格局"是当前上海国际航运中心建设面临的新任务。集装箱多式联运作为国际多式联运的主要运输形式,是以实现货物整体运输效益最大化为目标的运输组织形式。上海作为"一带一路"的桥头堡,对接"一带一路"的贸易枢纽功能需做出战略性的调整,不能再局限于狭义的航运中心发展,而应向海陆空资源高度优化配置的亚太区域物流枢纽方向发展。

(三)"长江经济带"战略要求大力发展江海直达和多式联运

2019 年 12 月底出台的《长三角一体化发展规划纲要》对综合交通一体化发展提出了要求,指明了方向。长三角一体化综合立体交通网布局的优化完善。对上海国际航运中心建设提出的新要求是:大力发展江海联运等水路运输,加快高等级内河航道和内河港区建设,培育内河水运市场,集装箱水

水中转比重力争提高到 50% 以上。在区域航运中心的功能定位上，需要加快构建连接江浙、对接海港的内河航道网络。形成布局合理、结构优化、功能完善、互联互通的长江经济带多式联运服务体系。长江经济带主要港口铁路进港率需达到 80% 以上，大宗散货铁路、水运集疏港比例力争达到 90% 以上，重点集装箱港口铁水联运量年均增长 15% 以上，力争上海洋山集装箱江海直达比例达到 20%。

为此，上海需要在继续坚持出口外向型经济的同时，调整战略重点，开始向内地纵深发展，发挥上海国际航运中心的新功能。

（四）"长三角一体化发展"上升为国家战略及自由贸易港战略要求完善改革开放新空间布局

进博会上，习近平总书记要求长三角"同'一带一路'建设、京津冀协同发展、长江经济带发展、粤港澳大湾区建设相互配合，完善中国改革开放空间布局"。要全力以赴实现总书记关于开放的五大任务，就要在航运服务开放的高度、深度、广度上下功夫、做文章，结合国家自贸区战略，抓住增设新片区的历史机遇，进一步引领整个长三角区域做好航运制度创新和航运服务对外开放。

二、全球航运发展趋势要求长三角港航发展重新布局

（一）全球集装箱运输业面临调整

近期麦肯锡发布研究报告显示，随着数字科技、大数据和物联网时代的来临，集装箱运输业在未来 50 年内可能面临冲击，需采取必要的因应措施。联合国《2018 年海运报告》显示，未来航运发展有五大趋势：一是全球海运市场趋势整体向好，自 2010 年来，海运贸易持续增长，2017 年总量达 107 亿吨，其中有近一半是干散货运输的贡献。二是亚洲成为全球航运"中坚力量"，世界十大集装箱港口亚洲全包揽，吞吐总量超全球 1/3。三是中国铁矿石进口驱动全球干散货运输增长。2017 年，中国从澳大利亚、巴西等

国家和地区进口的铁矿石达到了 10.75 亿吨，占上年全球干散货海运总量的 1/5 还要多，这个"1/5"成为拉动全球干散货运输市场的强劲力量。四是全球油轮运输比例下降。从目前来看，全球能源转型是大势所趋，至少油类能源的比例会逐步下降，石油输出国组织的原油出货量也在放缓，奠定了全球原油运输市场的下行趋势，加上美国与中东的紧张局势带来的不稳定因素，未来油轮运输市场继续下滑的可能性仍然很大，而干散货运输在海运市场中所占的比例则可能越来越大。五是全球航运市场趋向集中化、整合化，十大航运公司占全球海运量的 70% 以上，三大联盟控制全球 93% 的运力。

（二）船舶大型化发展趋势给洋山深水港带来的挑战

从全球航运发展现状来开，船舶大型化趋势越来越明显，未来将达到 3.2 万 TEU，对港口水深和基础设施的要求也越来越高。第六代集装箱船及万箱位船，其吃水至少 14 米，如要进港系泊，当然要求航道水深和码头前沿水深均在-15 米以下。而在一个港口发展集装箱运输，必须有深水航道、深水泊位。

目前洋山港虽然吞吐量大，但是水深还是不足，只能达到-15 米的水深，受到季节影响，不能进入满载的 15 万吨船，只能在别的港口中转后进入洋山港。意味着要中转 2 次，物流成本很高。此外，集疏运能力也不匹配；跨海大桥规划中没有规划铁路，只能依靠公水转运；依靠汽车短泊，成本高，效率低等。大量集卡行驶在道路上，不仅增加排放，也会增加拥堵，而且上海一些高速公路由于大量集卡的行驶，也导致了路面受损加剧。沪通铁路二期在外高桥设站，规划有铁路的东海二桥项目也应尽快上马，加快海铁联运发展。但洋山港的位置仍不适合江海联运的需求。再建一个深水大港，能够满足上海港未来 30 年以上发展需求，为上海港未来发展拓展较大的空间。这将大大提升和完善上海国际航运中心的功能，提高国际航运竞争力，确保并壮大上海作为国际航运中心的地位。

上海港不仅仅属于上海，本质上是为长三角服务的。全国每年需要运输 5 亿—6 亿吨铁矿石，通过长江运输的量就达到 2 亿吨，长江沿线有 14 家钢铁企业。虽然在整个长三角,已经有了洋山港、太仓港、宁波-舟山港等深水大港,但太仓港在长江里面,水深不够。宁波-舟山港属于沿海航区,不能直接进入长江,也就是说货物到宁波-舟山港区中转的话,还要换能在长江内行驶的船舶才能进入长江,这就增加了一程船;如果直接在横沙深水新港中转的话就减少了一程船。举例来说,比如长江上游的武钢,其进口铁矿石到宁波-舟山港,然后通过沿海航区到太仓港卸货,然后经由长江航道到武钢码头,一共需用三程船,但是如果直接到横沙深水新港,就省去了沿海航区这一程。统计数据表明,如在横沙深水新港中转,每吨铁矿石预计可节省费用24美元,这对长江沿岸十几家钢厂来说都具有吸引力。事实上,目前经洋山港区进入长江的话也需要三程船。因此横沙深水新港的建设对改善目前的进口散货运输体系来说是很有意义的。近期,开始开发横沙以东至牛皮礁,北槽深航北堤吹出来的沙洲(横沙八期),于2020年完工,竣工后八期圈围地块内有两横、八纵,共10条内河水系,并配有4个水闸,防止内涝。建成后,岛上面积扩大到原来的3倍,比长兴岛面积还要大,相当于再造两个横沙岛,为上海未来发展预留空间。

综上,当前推进上海国际航运中心建设不仅要向原既定目标冲刺(到2020年具有全球航运资源配置能力),还要更好地服务于"一带一路""长江经济带""海洋强国""民航强国""自由贸易港""长三角区域一体化发展"等国家建设计划。新时期上海国际航运中心发展承接的历史使命是对标国际最高标准和水平,提升整个长三角区域的航运竞争力,从而代表中国参与全球航运要素的竞争,因此在硬件设施和软环境两方面都要有重大的举措。

三、全球疫情暴发新形势下对上海国际航运中心建设的影响

全球疫情暴发,对全球和中国航运业都带来很大的影响。据 Seatrade Maritime News 报道,在全球性的新冠肺炎疫情后期阶段,世界经济必然复苏,而全球航运业终将在这场反击战中走在前列。疫情中世界普遍关心海员

的工作条件和提高了对航运数字化运营效益的进一步重视。①反观这次疫情，我们从中可以总结的教训便是运营链中存在着弱点。例如，如果船员无法上船，无法被检测，那么这就是当前系统的弱点。新冠肺炎疫情的传播带来的最让人沮丧的危害就是对海员们的影响。隔离、行动受限等都意味着他们无法离开船只，要么就是被困在某个岸上、无法登船。如此一来，疫情带来的不仅是行业的严重财务压力，而且还影响了船员们的身心健康状况；这不仅是船员们的难题，也让雇主们棘手。在疫情的后期阶段，这一领域需要引起该行业的重视。

此外疫情全球蔓延时多艘邮轮出现的高聚集性的感染病例也带来了船港联动，加强国际公共卫生防疫体系联动联建的需求。为船东提供数字化船舶注册服务，让他们通过数字化平台增强与运营商的合作从而减轻全球性的新冠肺炎疫情所带来的危害。

第二节 当前上海国际航运中心建设的现状和突出矛盾

一、上海国际航运中心建设现状

经过近 10 年来的一系列资源结构调整和创新升级，上海港连续 9 年都稳居全球集装箱港口吞吐量第一的领先地位。2018 年，上海港完成集装箱吞吐量 4 001 万 TEU，年增长 4.4%。但仅仅依托长江经济带的腹地和全球第一的集装箱吞吐量，还不能称得上是国际航运中心。2009 年国办发 19 号文（关于两个中心建设），要求上海朝着航运资源高度集聚、航运服务功能健全、航运市场环境优良、现代物流服务高效，具有全球航运资源配置能力的国际航运中心迈进。经过 10 多年的建设，这一目标即将实现，且航运中心的内涵已经扩展到航空枢纽、邮轮客运枢纽等。2018 年，上海继续保持

---

① Seatrade Maritime News，《展望全球疫情后期：航运业将走出重创，走在前列？》，Palau International Ship Registry（PISR，帕劳国际船舶登记）CEO Panos Kirnidis。

世界第一的集装箱吞吐量、世界第二空港货邮吞吐量，世界第四、亚洲第一大邮轮客运吞吐量。

新形势下，上海国际航运中心的新定位和新功能是以上海为中心，长三角为一体，包括洋山、宁波、外高桥、舟山、太仓等一系列优良海空组合港，具有包括制成品、铁煤等矿产资源与石油能源等领域在内的全球资源配置潜力的现代物流枢纽中心和快速崛起的世界级航运服务中心。

上海国际航运中心在航运服务及精细化管理，规则制定，国际化方面领先于其他几个国内的航运中心。根据最新的新华-波罗的海国际航运中心指数，上海国际航运中心的综合实力也已提升到全球国际航运中心第四名。

但在航运要素集聚和航运服务、港口供应方面仍存在短板，特别在法律、税收、金融服务等方面，上海距离新加坡、中国香港、伦敦、东京、纽约等国际航运中心还有很大差距。

在港口基础设施方面，目前，加工贸易升级换代，制造业向中西部转移，与之配套的沿海集装箱运输的增幅将减缓，长三角集装箱运输产能面临过剩，这种形势下，上海港不宜再追求集装箱的吞吐量，而应向着东北亚物流枢纽和航运服务中心的方向去发展。

近年内随着3.2万箱超大型集装箱船及40万吨超大型矿砂船的问世，港口航道水深要达到20米以上才能容下这些"巨无霸"，然而长江口深水航道的深度只有12.5米，即使是洋山港区，其航道水深也不过是16.5米。上海港要在与国内和国际深水大港的竞争中保持优势，就应该拥有深度在20米以上的深水岸线和航道。

二、上海国际航运中心建设存在的问题

（一）上海国际航运中心建设的突出矛盾和短板

除了上述的基础设施硬条件，当前上海国际航运中心建设的突出矛盾还表现在以下几个方面：一是可利用港口岸线和临港土地资源紧缺；二是浦

东、虹桥国际机场的航线网络、运行效率和服务品质有待提高;三是铁路没有进入外高桥和洋山港区,制约海铁联运发展,长江口航道通航能力相对不足,高等级航道部分区段瓶颈问题影响整体效益发挥;四是空港枢纽在整个长三角集疏运体系中的作用没有得到充分发挥;五是现代航运服务关键要素的集聚程度不高;六是航运税收制度、金融监管、人才引进、对外开放等制度亟顺健全,航运营商环境有待进一步优化。

(二)海上保险业务仍是短板

目前,全球海上保险保费280.5亿美元,上海海上保费占全国25%,占全球的1%。伦敦货物吞吐量早就不是世界第一,但依然是全球航运服务的领导者,目前控制着全球航运保险市场1/3的份额。国际船东保赔协会集团13名成员中英国占了8席,中国至今不能加入。中船保是中国唯一的船东互保协会,总部迁到上海以来业务发展迅速,入会吨位已经达到6 000万吨,但只占到全球船东保赔险市场的5‰。2018年,中国航运保险市场发生的最大事件就是英国劳合社辛迪加等外资再保公司部分撤出中国市场,广大民营中小船东和经营东南亚航线的船东可能面临无保险可买的窘境。

(三)高附加值航运服务集聚不足

航运服务是评测国际航运中心竞争力水平的核心驱动因素。除了上述海上保险、航运金融也属于高端航运服务外,航运专业服务主要集中在航运经纪服务、航运工程服务、航运经营服务、海事法律服务、航运金融服务和船舶维修服务六个领域。目前上海的船舶注册、船运经纪、船舶管理等方面与排名前三的国际航运中心还有差距。港口和航运服务垄断现象没有根除,服务水平、服务意识和专业人才仍然跟不上现代航运发展需求。现代航运服务业务规模不大,航运服务产品同质性较强,创新能力不足,向外辐射有限。例如,洋山深水港的国际集装箱物流中转服务发展相对滞后,国际集装箱物流中转量小,对亚洲周边港口的辐射力不足,这与上海要建设国际航运中心的战略目标并不相称。与釜山、新加坡50%—85%的国际中转率相比,上海国际中转比例在 10% 左右，差距很大。一方面是因为中转成本比韩国釜山港高出 20%，另一方面是上海自贸区制度创新力度不如釜山港。据统计，每年中国流转到国外其他港口的装卸费损失高达数亿美元。

（四）航运法治和海事服务还有提升空间

伦敦继续成为仲裁或争议解决的重要中心。5 年前，占据全球 60% 的份额，且每年都受理与中国企业有关的海事仲裁案件上百起。但近 5 年伦敦海事仲裁在全球占比增长到 90%。2017 年，中国海事仲裁委员会上海分会和上海国际航运仲裁院加在一起受理的仲裁案才 214 件，其中涉外的案件只有 58 件，涉"一带一路"国家案件仅 4 件。2017 年，上海海事法院共收案 5 207 件，结案 5 213 件，涉案标的总额约 29 亿元。

航运法律制度方面仍不够完善，港航管理机制滞后，有不少法律法规仍停留在 20 世纪 90 年代，跟不上现代航运技术、智慧航运和绿色航运发展的现实需求。

（五）僵化落后的口岸监管机制影响基础航运服务功能发挥

船舶供应和服务是国际航运中心的重要功能。虽然上海港集装箱吞吐量连续 5 年超过新加坡，船舶保税燃油供应上海和宁波-舟山港加在一起也只是新加坡的一个零头（新加坡是 4 500 万吨，舟山在保税燃油供应方面对标新加坡自由港规则，采取制度创新后，保税燃油供应翻番增长，已超越上海，可见制度创新的巨大力量）。虽然国务院早在 2009 年就出台 57 号文，全面开放国内的港口船舶供应，但由于海关总署尚未出台全国统一的"进出境运输工具服务企业的管理办法和实施细则"，所以各地海关出台各自的监管政策。财政部和税务总局也没有出台配套实施细则，造成目前还只有船供代理和垄断现象仍然存在，也只有少数几家企业可以获得船供退税，供应商和船东反而没有享受到供船退税红利。国际航行船舶供应市场巨大，2017 年，上海海关统计的进出境国际航行船舶有 41 528（艘次），仅货轮物料就有 10 亿元左右的市场（不包括高附加值的船舶备件等），邮轮供应市场更大。2013年，邮轮在美国采购和供应高达101亿美元，甚至超过了核心旅游部门。现在，上海拥有亚洲第一邮轮吞吐量（船、人），但少了两个最重要的要素-货物，即邮轮船供，没有货物供给，也就没有国际结算。因此，2017年上海港供邮轮货物仅仅是4亿元左右。

此外，保税维修等其他服务也没有开展起来，邮轮上必备的一些消防、安全清洁等物品（如清洗泳池用的次氯酸钠、灭火器、救生筏等）由于被列为危化品不得在吴淞口客运码头供船，不得不转到日本供应。究其原因，需要一系列的制度创新。

另外一个例子：作为亚洲第一大邮轮母港，上海港却没有邮轮电子废弃物和医疗废弃物的处置功能。邮轮作为大型海上移动度假村，对近万名乘客和船员的医疗服务是必须的，有统计表明，一艘大型邮轮一年可能产生7 000个针头，其他医疗废物还包括绷带、棉球和过期药品等。国际航行邮轮的特点是大量人员高密度生活，不合理的储存和处理将会增加船上甚至是全球传染性疾病传播的风险。监管部门把邮轮医疗废弃物归于"洋垃圾"，全面禁止在国内港口入境，导致邮轮医疗废物无法得到单独的有效检疫、消毒或健康方面的安置，港口垃圾接受单位也不可能单独区分医疗废物。

（六）上海北部与江苏省的立体交通网络还没有完全打通

上海与浙江的港口和航运合作比较多，2019年2月，上海国际港务（集团）股份有限公司与浙江省海港投资运营集团有限公司签署《小洋山港区综合开发合作协议》，洋山保税港扩区并共同开发小洋山北侧。洋山四期的投入运营标志着小洋山港区南侧的开发基本完成。小洋山北侧的水深虽然比南侧浅一点，但北侧的岸线资源很好，能满足江海联运的要求，未来将把小洋山北侧打造成江海联运的国际枢纽中心。但北上海与江苏南通、太仓的立体交通网络还没有打通，与通州湾的合作应进一步加强。长三角交通一体化高质量发展必须依托长江经济带的发达水运体系。长三角地区河网密集，水运条件非常优越，潜力巨大。在长三角港口群分工合作方面，上海港的优势在于国际集装箱运输，因此，上海港的货物结构应该进行适度调整。长江流域及其他地区的内贸物资如矿石、能源等的中转任务可以分流给长三角其他港口，外贸件杂货、散货的中转也可以实施分流，确保上海港集装箱运输作为未来航运中心发展的关键点和重要增长点。在货物装卸转运方面，上海港迫切需要继续提升与腹地的交通连接通畅程度。发展多式联运和对铁路、公路、内河集疏运系统进行不断完善，一方面能满足上海港对联系货物和腹地的需求，另一方面也能促进长三角区域其他港口承接上海港转移的货物。

当前，上海国际航运中心建设需要资源和空间，上海与南通不是两个城市的关系，而是更好落实中央多个战略的重叠。为此，需要沪通联手，共同推进上海北部城市群和港口群的协同发展。

（七）与其他国际航运中心在市场份额和营商环境方面的差距

1. 航运市场份额和话语权仍需提升

上海与伦敦、东京、纽约等国际航运中心的差距表现在以下几方面：中国目前有80%以上的远洋货物由外国船东承运，而且虽然上海的航运吞吐量较高，但在航运服务领域，包括船务经纪、船舶分级与登记、船舶融资租赁、海事仲裁等方面均远远落后。作为代表中国参与全球竞争的国家队之一，上海在国际航运新规则的制定中还缺少应有的国际影响力。

2. 航企税负重、外汇汇兑不自由

中国内地企业所得税税率为25%，远高于中国香港的16.5%、新加坡的17%。为了发展航运业，中国香港和新加坡均采取免税政策：中国香港注册的船舶国际营运所得利润可免征所得税，此外中国香港已与多个地区签署涵盖航运收入的宽免双重课税协议；拥有或运营新加坡船舶或外国船舶的国际航运企业，可以申请10年免征企业所得税的优惠，最长期限可延长至30年。而且香港还有一条规定，即凡在香港境外取得的收入可以免征利得税。即便是上海自贸试验区，其税收政策和外汇进出仍然与香港有差距，何况上海七大航运功能集聚区并没有全面复制推广自贸区政策。即便是在自贸区的企业使用外汇也必须要申报，付一笔就要申报一次，因此很多企业结算仍基本安排在香港进行，少了国际结算中心的要素当然不是真正意义上的国际航运中心。

3. 工商注册严苛烦琐

在上海注册一家企业，名称审核严苛，许可证经营内容难以写入经营范围，且程序复杂，注册时间长。例如，全球第二大班轮公司在上海的注册名称是"利胜地中海航运公司"，这是地中海集团在全球唯一一家与其他兄弟企业名称不同的分公司，因为上海工商部门认为"地中海"是地名，不能做商号名称，因而只能被迫改名。而在香港注册企业最为便利。在香港注册一家企业程序简单明了，申请便利，只要不重名，几乎叫什么都可以，所需时间和花费成本都非常小。

4. 船舶登记、购置、税收等制度没有与国际接轨

中国远洋（股票）运输船队总运力位居全球商船队前列，然而在境外注册、悬挂外旗经营的中国船舶数量目前已占中国远洋运输船队总载重吨位的一半以上。主要原因之一是注册费用高。中国对进口船舶征收关税和进口环节增值税，合计高达27.53%，而入籍其他国籍，可完全不用缴纳此项费用。2007年开始实施的船舶特案免税登记政策及配套行业政策体系仍对进口二手船有限制，无法有效吸引境外注册船舶回流。

5. 航运融资成本高

我国资本市场开放程度低，融资成本高。而新加坡、中国香港几乎没有外汇管制，汇兑比较自由，融资机构多、国际化程度高、融资成本低，与之相比，上海航运融资成本最高。伦敦、纽约、中国香港和新加坡几乎占据了全球船舶融资的绝大部分市场份额，伦敦的船舶融资占全球市场份额约18%，是全球最大的船舶融资业务中心。

（八）新加坡和香港发展航运业的经验和举措

新加坡长期是亚太地区的供应链枢纽，也是国际金融和航运的双中心。新加坡原本属于中转型的航运中心，但近年来因为抓住国际货运市场东移的机遇，努力发展航运服务业，成为既有实体船运又有海事服务的航运中心。除了自由港、国际金融中心、高端人才聚集等因素以外，新加坡政策稳定，拥有强大而稳定的司法体系也是吸引很多航运企业、海事组织和机构纷纷入

驻新加坡的原因。

此外，新加坡还推出向非新加坡籍的船运企业提供政府优惠扶持。除了给予传统船只租赁及运营产业税务优惠以外，当地还积极努力推出更多的税务优惠政策，以扶持航运附属产业的发展，例如早前颁布了针对船务经纪及与远期航运合同交易商的税务优惠奖励政策，以及延长了航运融资优惠奖励计划。

亚洲另一个国际航运中心就是香港，香港是著名的自由港，推行自由贸易政策，除少数几类应课税品，绝大多数货品进出口香港无需缴税。香港在物流基础设施和服务、法律法规、航运仲裁机制、国际化运营等方面都具有很大的优势。为推动高增值航运服务业发展，提高运行效率和服务能力，香港特区政府于2016年成立香港海运港口局。目前，经香港转运货物无须报关，进出口货物的报关费也很低，进一步降低了高价货品进出口香港的成本，提升了香港作为高货值贸易枢纽的优势。

香港特区政府通过完善的营商政策、融资及法律制度，奉行低税率和简单税制来努力营造良好的营商环境。为保持其竞争优势，特区政府积极与多个外国税务机构商谈签订避免双重征税协议，包括日本、法国及瑞士等国家或地区。有特定的税务条例以向船运业提供税务优惠，如符合某些条件，本地及外国船运公司皆可于香港享更低或零税率。

第三节 "十四五"时期推进上海国际航运中心建设发展的战略思路

一、上海国际航运中心建设的新高度：亚太区域开放型物流枢纽

当前推进上海国际航运中心建设的目标是建设一流的东北亚物流枢纽，建设长三角国际航运、金融服务示范区，对标国际水平，代表全国，特别是长三角区域参与全球航运要素市场竞争。

上海应根据中央要求,从完善全国改革开放新格局的角度出发,以建设世界上最开放的区域自由贸易港群和高端航运服务集聚区为目标,代表中国参与全球航运要素市场的竞争。

国际层面,香港、新加坡都是全域的自由贸易港区;国内层面,京津冀、粤港澳大湾区和海南自由贸易港区都把国际航运作为重点发展领域,建设目标都是范围更广、规模更大、国际开放度更高的自由贸易港区。为与华南、华北航运经济圈和湾区经济遥相呼应,上海应建设最具国际开放度的华东区域自由贸易港集群才能大大提高长三角区域国际国内航运综合竞争力,完善中国改革开放新格局。贸易的实现基础是航运,航运的发展条件是金融,航运中心与金融中心须同步建设,其核心是规则中心。历史上希腊和伦敦成为国际航运中心,规则的力量是不可忽视的。为此,上海应借习近平总书记交办三大任务的契机,探索设立邮轮新片区(宝山、虹口)、会展服务新片区(青浦嘉善)和航运新片区(临港、横沙),同步在金融、航运、规则方面推出重大的改革开放举措。

二、上海国际航运中心建设的深度:在长江口设立第二深水港需尽快提上日程

关于长三角新的物流枢纽和深水港,基本上有如下两种方案:

一是南通方案,也就是上海洋山港集装箱枢纽港功能不再是发展重点,而是通过打开古长江入海口,建设东北亚国际航运中心深水港,包括:整治南通如东外海的蓝洋沙通海航道至20—25米,可供大船进出;开挖古长江扬中至琼港(洋口)运河,打开长江与黄海的直接通道(宽500—1 000米,上下深20—25米);在此基础上,大规模建港(集装箱吞吐量1亿TEU),疏通航道,改造江淮水利工程,便于大规模水上集疏运,目标是建设北上海新城以及国际大都市群,与长江南岸的上海形成南北呼应。从杭州湾到陇海线,从大运河向东至海边,形成城市集群与产业集群布局,并沿长江与淮河流域而上,实施国家级产业链宏观布局。

二是横沙深水港方案,有专家论证,横沙浅滩可以是上海开辟新港址的最佳场所,一是其为长江口前沿的四大滩涂之一,南邻长江口深水航道,北靠北港水道,上通长江黄金水道;二是其面临长江口外深水海域和国际航线,是距离国际航线的最近点;三是其距离−20米深水区只有17公里;四是其具有优越的江海联运条件,是解决超大型深水泊位和江海联运及国际物流中转最便捷之处。

具体设想是:在外围设置深水港区的同时,在横沙东滩的中部开挖运河,于运河后方布置大量长江驳船港区,真正实现江海联运。在此停泊装卸的长江驳船可以不必开出长江口,对抗风浪能力的要求降低了。此外,横沙港成陆的泥沙可以利用长江口深水航道每年维护的疏浚土。目前,长江口每年疏浚土达8 000万立方米,疏浚费用约达10亿元,现在大多被外抛,没有产生任何经济效益。已抛掉的3亿多立方米疏浚土可以产生6万多亩土地120多亿元的经济价值。另外,随着三峡大坝的建成,长江上游来沙越来越少,长江口每年来沙已从4.8亿吨减少为1亿吨左右,因此,泥沙作为上海造陆的宝贵资源具有时效性。横沙港开挖深水航道几乎是不淤不积的,疏浚维护费用不会很高。

第四节 "十四五"时期推进上海国际航运中心建设的重大举措

"十四五"规划期间,推进上海作为区域物流枢纽,一是要定位高,二是要有重点,在硬环境和软环境方面需要如下重大举措。

一、完善上海北翼枢纽功能,加强沪通协作

推动南通新机场、北沿江高铁、通州湾集装新出海口等一批"高含金量"的重大战略工程成功纳入《长三角区域一体化发展规划纲要》,发挥南通"通江通海通上海"的枢纽地位日益凸显,全方位对接上海。加强沪通交通基础设施的互联互通是关键。第一,南通方面,要重点抓好三大战略性基

础设施工程,即南通新机场、北沿江高铁、通州湾新出海口的规划建设,全力构建大交通,对接大上海,打造名副其实的上海"北大门"。第二,按照上海国际航空枢纽重要组成部分的定位,加快推动南通新机场纳入长三角民航协同发展规划等上位规划,争取工程选址及预可研报告尽早获批,为早日开工创造条件。第三,积极推动北沿江高铁穿崇明岛全线一次性可研获批、一次性开工建设,过江通道重要节点工程提前开工,实现新机场与北沿江高铁无缝对接,着力打造"轨道上的机场"。第四,加快完善通州湾长江集装箱运输新出海口建设方案并抓紧报批,按照"大通州湾"思维,以吕四港作业区为起步港区、通州湾作业区为主体港区,高标准统筹推进新出海口深水海港和航道建设,加快港区铁路专用线建设,建成上海国际航运中心北翼江海组合强港、长三角重要的江海联运枢纽。

"一体化发展要通过加强区域协同实现资源要素合理配置,理顺体制机制营造市场有序竞争格局,消除行政壁垒提升服务质量效率能级。"要进一步深化改革,开放市场、合理分工、协调合作。目前,沪苏浙皖三省一市港口(港航)集团先后成立,内部整合基本完成,进一步深化省际港航合作的时机逐步成熟。但长三角交通一体化不能仅依靠几个主要港口和港航企业。港口群和城市群要全面对接,不能出现死角。要建立以市场为主导、资源为依据、资本为纽带来推动一体化的规划布局和专业化运营。每个省可通过各自的资源来进行以资本为纽带的整合,从而实现统一化的资本合作运行平台,以实施专业化的运行。目前,苏南已有京沪高铁和沪宁城际铁路,南沿江高铁也已开建。相比之下,沿江北岸尚无时速 350 公里的高铁,短板突出。江苏方面,南通市提出,通过"三港三城三基地"建设,全市域对接服务上海。"三港",即南通以上海国际航运中心北翼江海组合强港、长三角北翼重要航空港和华东地区重要信息港的三重角色定位,策应上海国际航运中心建设和江苏港口一体化改革(南通的港口岸线资源已并入江苏新成立的省港口集团),争取集装箱、港口物流资源的信息和产业等。

上海方面,要着重在畅通北部陆路和水路与江苏的联通,重点推进以下三大交通基础设施工程,让跨省三不管地点从死角变枢纽,关键是加强与江苏省的协调。一是积极推动北沿江高铁经崇明到浏河口方案，延伸轨交 7 号线经上海罗泾到浏河。上海的轨交 1 号线与江苏的崇海大桥也要同步启动，1 号线延伸的 5 个站点其中 4 个都在宝山至川沙，经过陈行板块以后，跨江至崇明城桥镇，而站点将于规划中的 19 号线汇合做为换乘站，这样看来，崇明不仅能通轨交，而且是双规环绕，交通能即将直接迈进这一大步。在崇明岛形成环状轨交是保护生态岛的切实举措，比目前仅靠长江隧桥和公路运输要好得多，同时又能促进交通便利，带动宝山、崇明和海门三地的交通发展。二是加快建设 S7 和 S16 高速公路建设。三是重新定位罗泾港，加强与太仓港的合作，上港集团要借罗泾港从铁矿石、散货港转型之机，把上海北部泾港作为东南亚日韩航线专用集装箱航线。现在，交通设施落后、出行不便已经成为制约上海北部地区经济社会发展、人才集聚的主要原因之一。在长三角一体化发展背景下，根据上海市城市总体规划，外环线以北的沪太路沿线地区发展将实现新的质的飞跃，将成为上海新一轮大发展的重要战场。紧邻江苏的上海最北部地区罗泾镇是全上海唯一没有通地铁的镇。从该地区经济社会发展现状和未来发展趋势来看，借鉴"花桥模式"和"昆山模式"，将轨道交通 7 号线向北延伸至罗泾镇，做好与长三角城际轨道交通的衔接，时机已经成熟，应尽快实施。7 号线美兰湖站以北地区（沪太路沿线）共涉及宝山、嘉定 2 个区，罗店、罗泾、徐行、华亭 4 个镇和宝山工业园区 1 个市级工业园区，63 个行政村、21 个居委，区域面积约 175 平方公里。7 号线延伸后，将惠及该片区人口约 36 万人。目前该地区南北向的陆路交通主要以沪太路为主。随着罗店新镇、罗泾新镇和宝山工业园区的开发建设，该地区人口导入加快，带动地区发展。人口导入引发的交通问题将日益明显，而 7 号线延伸可缓解该地区的交通压力。从产业发展需要来看，根据上海市城市总体规划，该地区必将形成土地集约、产业集聚、人口集中的经济结构和功能布局，特别是在先进制造业、港口物流产业等方面成为带动北上海经济发展的主要增长极之一。

从长三角一体化发展的战略角度来看。罗泾地区区位优势明显，是上海面向长三角的窗口，加快推进轨道七号线延伸至罗泾镇并联通江苏浏河、太仓，有利于建成上海连接江苏地区的交通枢纽，构筑江苏省—上海市公路交通—轨道交通的换乘枢纽，形成上海北部地区一个新的亮点，从而振兴区域经济，提高人民生活质量。

二、在整个长三角区域进一步放大自贸区既有航运服务制度创新红利

一方面，存量优化，放大既有改革举措的红利。建议做强做实上海原七大航运集聚区。目前上海自贸区制度创新，包括支持航运业发展的举措没有在上海所有航运集聚区复制推广，影响上海航运的整体发展。另一方面，在整个长三角试点支持航运业发展的制度创新：全面吸收、借鉴、复制推广上海自贸区和全国自贸区中现有的较成功的航运、金融创新、服务贸易等开放举措，放大改革红利。例如，整合上海自贸区 3.0 方案和浙江自贸区 1.0 方案，把浙江自贸区对标新加坡做出的保税燃油改革经验也复制推广到上海。上海自贸区支持航运服务业发展的经验和举措也适用在浙江自贸区及有可能获批的江苏、安徽自贸区，例如，中资外籍船沿海捎带业务，外资航运服务准入比例，中资外籍船的关税待遇优惠。这样可以提升整个长三角港航一体化对外开放水平，加强国际航运竞争力。

三、设立国际合作航运服务示范区，带动长三角协同创新

（一）设立沪港合作航运服务示范区

在洋山港、浦东机场、临港和吴淞口邮轮港等七大核心上海航运功能区，一方面，加快复制推广原自贸区和新片区的航运制度创新；另一方面，在临港新片区设立国际航运合作示范区，加强沪港航运服务合作与示范。示范区试点内容，对标香港和新加坡，包括八个方面，即政策环境宽松、投资领域开放、金融开放、贸易自由化、监管宽松、税赋宽松、法制完善、自然人移动自由。

例如，国际贸易结算和国际航运自由方面。香港作为世界著名的自由

港，运输工具进出不受海关限制。船只从海上进入或驶离港口时都无需向海关结关，进出或转运货物在港内装卸、转船和储存不受海关限制，此外，也没有海关、检验检疫、边防等部门对船舶和船员实施额外检查。同时结算方式多样，结算途径自由。

国际贸易结算自由。香港特区可使用任何货币进行贸易结算，对货币买卖和国际资金流动，包括外来投资者将股息或资金调回本国都无限制。香港拥有成熟、活跃的外汇市场，与海外金融中心保持着密切的联系。港币是可自由流通的货币，因而企业可以在香港银行开立多种货币账户，使用任何货币进行贸易结算。香港是世界上银行机构最密集的城市之一，全球顶尖的金融机构汇聚于此，形成了巨大的金融网络，能满足各种结算方式的需求。此外，香港的人民币离岸业务也在迅速发展，人民币结算总额在不断攀升。

国际航运自由。香港作为世界著名的自由港，运输工具进出不受海关限制。船只从海上进入或驶离港口时都无需向海关结关，进出或转运货物在港内装卸、转船和储存不受海关限制。此外，也没有海关、检验检疫、边防等部门对船舶和船员实施额外监察。

在用人成本，特别是高管待遇方面，上海企业用工成本高于香港，举例如下：公司付给一个高管 3 万元工资，但因为交四金五金及代征个人所得税，总的用人成本在 46% 以上，因此最后拿到手的可能只有 1 万多。港区国安法实施后，美国又取消了香港的特殊待遇，将大大影响跨国集团在香港的投资，在海南自贸港，深圳先行区不断加大加深改革力度的同时，上海应深化沪港合作，让香港企业更好地融入内地发展，采取和香港同样优惠的税制，吸引更多的跨国航运企业总部和功能性国际航运组织落户临港新片区。

（二）在自贸区新片区内（临港或横沙）试点航运法律、税收、金融全方位改革

对标新加坡、伦敦、香港等国际航运中心，由全国人大授权在区内暂停实施与船舶注册登记、购置、税收等相关的法律法规，设立中国船舶登记

中心（目前效率低，税赋高，税种多，进口关税、进口环节增值税、印花税，约高出国际成本的 30% 以上，需要一整套适合国际船舶注册、运营的环境和制度）；暂停《个人所得税法》《国际海运条例》（限制海运服务对外开放）、《仲裁法》（国际惯例香港、新加坡、伦敦海事仲裁多为临时仲裁）、《旅游法》和《旅行社条例》等在上海自贸区新片区的实施（禁止合资或外资独资旅行社和旅游经营者从事出境游业务。北京拟放开，且根据 WTO《服务贸易总协定》，中国将逐步开放旅游服务业等。上海自贸区已试点，但没有在旅游服务集聚区实施）；社团登记管理等相关法律法规，（制约国际功能型航运组织在中国发挥功能）、全面试点对标香港、新加坡的航运、金融、贸易、税收和法律等自由港政策（第二船籍制度、注册船舶免税，航企所得税优惠、符合国际惯例的海员个税制度等）；探索设立"一带一路"船东互保协会保赔集团，保障中国企业"走出去"（中船保总部落户上海，发展势头良好）。

（三）整合报关系统

由上海市口岸办、上海市商务委、海关和国税局牵头建立长三角船舶供应统一监管和退税平台，出台上海国际航运船舶物料供应管理实施细则，将船舶供应报关纳入电子口岸和国际贸易单一窗口目前供船（物料添加、起卸）仍是纸质操作，没有启用全国统一的报关系统进行电子报关。

（四）进一步开放与邮轮相关的服务业，发展上海航运经济新的增长点

根据现在的邮轮及游客吞吐量应该能带动 10 万亿左右的产值和近 10 万的就业岗位，但现在上海港面临航线产品单一、入境游发展缓慢的瓶颈（出境 297 万人次，入境人次不到 1 万），邮轮物品供应和维修等现代服务业发展受制约。需要交通部下放审批权，对国际邮轮在整个长三角的邮轮港口城市实施"多点挂靠"备案制（目前是交通部特案审批制），放开国际邮轮公司出境游资质（商务部、国家旅游局）。

四、后疫情时期上海国际航运中心建设重大举措

（一）建立港口和一线人员常态化防疫防控机制

按照"外防输入、内防反弹"的要求，慎终如始，抓紧抓实抓细水路口岸境外疫情输入防控工作，同时针对国内生产生活秩序恢复情况，阶段性动态调整、精准优化防控措施，进一步强化疫情防控工作的指导。对船舶引航、靠离泊和装卸等作业过程的疫情防控，以及引航员、码头装卸人员和其他登船作业人员加强管理和防护。根据进港船舶挂靠港口情况、船员状况等，确定引航、港口作业风险等级，加强信息共享、物资储备、船岸隔离、进出管控、通风消毒、个人防护、应急处置等工作，坚决防范水运口岸疫情输入风险。

（二）改革船员管理工作

船员业务办理实施远程开户，延长船员职务晋升、航区扩大、吨位或者功率提高和改变船员适任证书所载类别或职务资格，以及船员适任证书、培训合格证再有效或重新签发所需水上服务资历的时限。开展船员线上培训、考试工作，根据疫情防控情况安排好补考。对过期的船员证书、内河船舶船员适任证书和游艇操作人员证书和海员外派机构资质证书有效期自动展期6个月。

（三）加强国际邮轮旅游健康管理

发挥上海邮轮港口在疫情期间"零输入""零感染""零确诊"的优势，率先推出邮轮健康卫生计划和管理措施，包括乘船前及航程中的健康管控措施，还包括：不得使用电梯，强制戴口罩，控制社交距离，日常温度检查，不使用公共厕所，船上设有一名医生，不提供报纸和雨伞以及不提供自助餐等。

借助中国率先在全球控制疫情的先机，率先完成中国水上旅游休闲业的转型升级。一是在本土邮轮设计建造方面率先推出安全舱房，二是改进邮轮客舱的通风系统，三是研制开发可随船携带的密闭生物隔离系统，四是加强船岸联动及国际合作，共同应对海上公共卫生重大事件。

扩大内需，在满足防疫要求的前提下率先开展内河和长江邮轮复航。

附件：

战略思路和重大举措专题一：补齐北部交通立体网络联通短板，上海和南通加强海洋经济合作

上海发展成为亚太区域物流枢纽，受到传统发展空间、物理条件和规划政策的紧约束。2016年，上海的建筑用地总量达到3 078平方公里，国土开发比例已达48.7%，从物理空间看，上海国土空间开发的强度已经达到了非常高的水平，生态红线之外已无拓展空间。而从政策层面来看，2 035总规设定了建设用地上限，可供开发的新增建设用地不足129平方公里；不仅如此，在用地结构中，有限的建设用地增量将留给居住、道路交通、公共设施以及绿地，而上海各类产业用地的比重将大大降低，粗略估算2015年各类产业用地占比和为31.5%，而"2035规划"仅为20%左右。这些紧约束与上海承担国家战略所需要的经济发展要求之间形成了不可忽视的矛盾。

区域一体化开发程度比较低。各大全球城市与周边都市圈形成了一体化的紧密联系和产业分工，是其承载制造业等功能的重要空间，而上海在与近沪地区的一体化联系上，仍存在较大行政壁垒，区域分工尚不明显。以保留有一定比例制造功能的东京为例，东京都的核心区和内环区密集分布了大量的制造业企业总部、事业部和研究所，外环以事业部和工厂为主，也有部分研究所，近远郊区主要以负责加工制造环节的工厂为主。而上海制造业各类环节都主要分布在自身行政区内，区域一体化程度较低，很少有企业的部门分布在上海行政区范围以外的都市圈近远郊地区（即苏州、嘉兴、无锡、南通和常州等）。拓展蓝色经济空间，加强长三角大湾区的建设，除了南边继续加强与浙江的合作，北翼加强上海与江苏在港航领域及海洋经济的合作非常迫切。

一、南通市海洋经济发展现状

南通市海洋经济生产总值2 080亿元，占全市GDP总量的24.7%，占江

苏海洋三市海洋经济生产总值的 52.6%，占全省海洋经济生产总值的 25% 左右，居全国地级市前列。其中，南通市海工船舶、海上风电制造两大产业形成了全国最完备的产业链，已成为全国最大的 LNG 接卸枢纽基地。全市海域使用权抵押融资累计超 153 亿元。

二、南通市海洋经济发展优势

（一）区位和海洋资源优势

南通是江苏省重要的海洋大市，紧邻上海，地处黄海、东海、长江三水交汇处，区位优势独特，海洋资源丰富，是我国首批对外开放的 14 个沿海港口城市之一。全市大陆地理海岸线长 284.57 公里，长江岸线 167 公里，集黄金海岸和黄金水道于一身。海域管辖面积 8 701 平方公里，其中沿海滩涂及辐射沙洲面积 2 048 平方公里。全市大部分滩涂为淤涨型，每年向外淤涨 10—200 米不等，每年滩涂面积增加 650 公顷左右。

一是海洋渔业资源。南通拥有全国四大中心渔港的吕四渔港。二是港口航道资源。南通市南临长江，东濒黄海，港口岸线资源极为丰富。沿海岸线毗邻苏北辐射沙洲南部的烂沙洋—黄沙洋和小庙洪—大弯洪—三沙洪水道，可以分别建设 10 万—30 万吨级航道。长江岸线自西向东分属如皋沙群汊道、通洲沙汊道、徐六泾节点、长江口北支。三是海洋可再生资源。南通沿海地区是全国风电发展的重点规划区域之一。70 米高度年平均风速为 8.64 米/秒。风能资源丰富，具有建设"海上三峡"的天然禀赋。如东、启东沿海潮汐平均潮差分别为 4.61 米和 3.04 米，沿海地区潮流速度最高可以达到 4 节以上，潮汐能和潮流能资源丰富，具有潜在的和现实的开发利用价值。

（二）政策叠加优势

南通是"一带一路"与长江经济带交汇点城市、长三角城市群的 II 型大城市，江苏省"1+3"功能区战略中扬子江城市群和沿海经济带城市、长三角一体化重要枢纽城市，肩负着建设江苏新出海口的新使命。在海洋经济发展方面，是国务院批复的江苏沿海地区发展规划确定的重要节点城市、国家级海洋经济创新发展示范城市、国家海域综合管理试点市、国家陆海统筹发展综合改革试点市、国家级海洋生态文明建设示范区。

其中，通州湾江海联动示范区位于江苏省最东端、长江入海口北翼，地处上海 1 小时都市圈，行政代管面积 585 万平方公里，其中陆域 292 平方公里，海域 293 平方公里，远期规划面积 987.3 平方公里。《南通港通州湾港区总体规划（2017—2030 年）》批复的进港航道为 10 万吨级，前期研究表明，其具备逐步提升至通行 20 万吨级集装箱船舶的条件。通州湾港区向东可以直接出海，向西可以依托长江黄金水道对内辐射；区域高速公路、国省干线网络完善，可快速辐射苏中、苏北及更广的长江以北地区，过江通道能力充分，可有效保障苏南、上海地区的跨江联动；新长、宁启、海洋铁路运营通车、畅通南北、总管东西的货运铁路格局形成。区位优势明显、建港条件优越、江海联运便捷，是长三角北翼通往世界的重要门户。通州湾示范区定位为江苏新出海口，长江经济带战略支点，长三角港口群核心枢纽之一，上海国际航运中心北翼集装箱干线网。其发展目标是到 2035 年，集装箱吞吐能力超过 1 500 万标箱。

（三）海洋经济发展具有潜力

南通市已拥有 8 个省级海洋产业创新联盟，5 个涉海类国家级企业技术中心，8 个涉海类院士工作站，全省唯一一个省级海洋工程装备重点实验室，2016 年 10 月，南通获批成为首批国家级海洋经济创新发展示范城市之一，利用 3 亿元的中央补助资金撬动了 32 亿元的社会资本，为南通市海洋经济高质量发展注入了强大动力，海洋高端装备制造业、海洋新兴产业、海洋运输业、海洋渔业等产业发展越发蓬勃。

一是海洋港口及交通运输业快速推进。沿海通州湾、洋口港、吕四港三港联动，与沿江五大港区实施一体化发展。洋口、吕四、海门港通航，洋口港区 15 万吨级北航道建成通航；吕四港 10 万吨级进港航道一期 5 万吨航道交工验收；通州湾三夹沙南支航道建成，10 万吨级深水航道加快建设。沿海码头建设成效初显，已建成万吨级以上生产性泊位 13 个（含 10 万吨级以上泊位

2个)。洋口港、启东港获批国家一类开放口岸,通州湾港区口岸扩大开放申报文件已报国务院,正以国际先进标准建设江苏新出海口和江海联运新引擎。2018年,南通港完成货物吞吐量2.67亿吨,增长13.3%,再创历史新高;洋口港区15万吨级北航道接卸LNG船85艘,接卸量653.5万吨,跃居全国首位。

二是海工船舶制造业亮点纷呈。2018年,全市416家海工船舶企业实现产值1 746.2亿元,同比增长11.7%。多项代表中国制造水平的"大国重器"接连亮相,实现由外壳制造向核心智造的转变。比如:我国自主设计建造的亚洲最大重型自航绞吸船"天鲲"号、国内首个总包工程浮式生产储卸油平台"希望6号"、世界首个驳船型浮式LNG储存及再气化装置(FSRU)在南通市陆续诞生、顺利交付。全国首个"5G+船舶制造"项目在南通落地,为5G技术在智能制造领域的应用和发展奠定了基础。2019年9月6日,历时1年半,攻克100多项技术难题,中国首制极地探险邮轮在南通建造成功。邮轮交付后将由澳大利亚极地探险公司租用,开启为期12天的南极首航之旅。招商局工业集团在海门举行邮轮命名交付仪式,总投资200亿元的邮轮制造基地、邮轮配套产业园、国际邮轮城同时奠基。

三是海上风电绿色产业体系基本形成。建成国家火炬海上风电特色产业基地,目前已具备年产500台(套)整机、800台(套)塔筒、200台(套)海上风机导管架等生产能力,拥有省级科技企业孵化器5家、省级公共技术服务平台2家、省级企业工程技术研究中心35家,先后承担国家和省重点科技计划项目17项,初步形成包括风电技术研发、装备制造、设备物流在内的绿色风电大产业体系。截至去年底,我市风电累计装机规模238.65万千瓦,成为全省建设"海上三峡"的排头兵。

四是滨海旅游业快速发展。南通市滨海旅游资源较为丰富,启东恒大威尼斯拥有南通"三亚"之称,海门港的牡蛎礁(蛎岈山)具有全国罕见的海洋地质、生物研究价值和独特的旅游景观,如东"海上迪斯科-滩涂踩文蛤""海上交响乐-海滨放风筝"是经典滨海旅游项目。沿海地区绵延百里的风力发电场、各具特色休闲渔业等都是具有吸引力的滨海旅游资源。同时,市区濠河风景区、狼山风景区等著名旅游景点与沿海旅游景点互补,形成了南通独特的江海风景旅游体系。2018年，全市滨海旅游超3 400万人次。

五是海洋渔业稳步发展。南通市海洋渔业发展势头良好，海洋捕捞产量稳定在30万吨左右，占全省总量的50%以上，海水养殖产量32万吨，约占全省总量的35%，全省海洋渔业第一大市的地位得到巩固和加强。海洋捕捞渔船标准化改造快速推进，全市已经完成1 311艘渔船更新改造任务，占需改造渔船的85%，推进速度在全省最快，提高了海洋捕捞效率和安全生产保障能力；远洋渔业发展势头强劲，全市远洋渔业在国外渔船达到43艘，远洋渔业产量3万吨，占全省总量的90%。

三、南通的空间资源优势和海洋经济发展潜力

（一）空间资源优势

江苏省政府批复的《南通建设上海大都市北翼门户城市总体方案》，重点构建"三港三城三基地"全市域对接服务上海的空间格局，努力建成一个集"生态屏障、产业腹地、创新之都、文化名城"等功能于一体的上海"北大门"，更好支撑和带动扬子江城市群和江苏沿海经济带发展。南通市沿海交通发达，紧邻上海，拥有5个国家一类开放口岸，崇启过江通道、沿海高速、沿海高等级公路、通洋高速一期、海洋铁路等相继建成通车，连申线三级航道通航，沪通铁路、海启高速加快建设，北沿江高铁勘察设计正式启动。

在功能提升上，南通市围绕增强港口集疏运功能，重点推进沿海洋口港区、吕四港区、通州湾港区深水航道建设，增强沿江港区20万吨级泊位接卸能力，推进江苏省干线航道建设，加快疏港高速公路、疏港铁路、兴东机场建设，优化内河航道网，加快推进江海河联运，推动"公铁水空"并进。

在功能发挥上，南通市全力推进港口一体化改革，整合海港江港资源，大力发展现代港航物流产业，努力将港口优势转化为物流优势、海洋产业优势和海洋经济优势。计划到2020年，全港码头泊位总数达到340个，综合

通过能力达到 2 亿吨，集装箱通过能力达到 130 万标箱。

（二）临港产业集聚

南通市依托沿海 8 个重点区镇，打造了一批临港产业园区，初步形成了一个重要特色产业集聚带。目前，该市正针对临港产业层次不高、产业结构趋同、布局小而散等问题，高度聚焦"3+3+N"的先进制造业体系，培育壮大一批重点产业板块，打造重点特色园区。例如荣获国家科技进步一等奖的"N SEVAN 650"系列半潜式圆筒型深海钻井平台。以通州湾示范区为依托，建设船舶海工产业基地。通过高起点的城市组团功能规划建设，为将来发展高端、规模化的临港制造业预留充足空间。

以洋口港开发区为依托，建设海洋能源装备制造产业基地。重点在风电制造、燃气发电机组等领域寻求更大突破，目前总投资 450 亿元的"一带一路"金光如东科技产业基地暨高档生活用纸项目已顺利签约。

以沿江沿海重点产业园区为依托，大力发展海洋工程、豪华邮轮、特种船舶、高附加值船型、海工船舶关键设备，打造世界一流海工船舶产业基地。目前，该市船舶海工产业市场份额分别占全国的 10% 和 25% 左右，正加快推动武船重工南通基地项目取得实质性进展，支持招商局重工发展豪华邮轮产业。同时，南通市全力推进国内新兴智能装备产业基地、全国具有较强影响力的新能源和新能源汽车产业基地及华东大数据产业基地建设，积极发展海底通信等海洋新兴制造业，推动中天海缆继续保持国内领军地位，到 2020 年打造成为亚洲最大、综合实力最强的海缆研发制造基地，跻身世界海缆第一梯队。

近年来，南通市加快推进森林城市、园林城市、花园城市"三城同创"，优化完善城市交通、绿地、湿地系统，进一步彰显濠河、狼山和滨江临海的城市特色，着力构建沿江绿色廊道和沿海风光带，提高市民生活舒适度。南通市滨海旅游资源丰富，沿海拥有两个国家级海洋公园，如东小洋口和启东圆陀角两个省级旅游度假区。近年来，滨海旅游业发展较快，年接待人数达 3 400 多万人次。

四、南通市融入长三角湾区经济一体化高质量发展路径

（一）南通与上海海洋产业合作的思路

深化沪通两地海洋产业园合作，强化协同发展，发挥各自比较优势，提升区域竞争能力，形成优势互补、各具特色、协同发展、江海联动新格局。

通州湾港区与上海港港区大型泊位实现互动、协作和错位发展，承接洋山港沿海中转和其他业务转移，支撑洋山港发展国际干线运输，稳固上海国际航运中心的国际地位和竞争力。

秉持可持续绿色发展理念，以上海城市非核心功能疏解和沿江产业转移为契机，积极承接优质产业转移，有效促进长江两岸海洋产业互融互通。

（二）南通与上海海洋产业联动的举措

一是推进沪通"江海一体化建设"。通州湾港区与上海港的集疏运现状有极强的互补性，可以和上海港共同推进港口多式联运发展，承接洋山港沿海中转业务或上海港其他港区散杂货等业务转移。

二是加强沪通海洋产业合作。上海部分产业正向周边区域寻找新的发展空间。沪通海洋产业发展各有特色，产业合作存在相互对接、互补相融的基础。可以重大项目合作带动重点产业发展，深化沪通产业融合发展。

三是整合沪通海洋科技创新资源。探索建立沪通海洋园区创新发展联盟，整合两地海洋科技创新资源，推动区域内和区域之间的海洋科技开发、科技成果转化、项目攻关合作、资源链条共享、服务供需对接，共同打造海洋产业化领域的服务品牌。

战略思路和重大举措专题二：发挥上海邮轮客运优势，带动长三角水上旅游发展

作为上海国际航运中心的重要组成部分，10多年来，上海乃至长三角的邮轮旅游在全国邮轮旅游市场甚至是亚太邮轮旅游市场的表现都极为令人

瞩目。2017—2018年，中国邮轮经济从高速发展转向调整期，长三角邮轮游客在全国占了60%。但中国邮轮旅游面临入境游发展与出境游极不平衡，出境游航线单一，邮轮旅游复购率低，邮轮专用客运码头收入单一、邮轮供给功能未能充分发挥等瓶颈问题。上海港作为亚洲和全国的第一大邮轮母港，接待邮轮和游客数连续12年高速发展，但自2018年起有20%的降幅，邮轮产业链和入境游发展都在瓶颈期和调整期，需要在整个长三角区域统一开放邮轮相关服务，才能确保长三角邮轮旅游高质量一体化发展。

一、上海邮轮旅游发展的瓶颈问题

（一）邮轮航线、产品和港口营收结构单一

邮轮旅游作为新业态进入中国市场以来，出境游呈爆发式的增长，但入境游发展缓慢，2018年，全上海虽然访问港艘次同比上升了25%，但邮轮入境游客仅6万多人次。邮轮出境游航线和产品多为日本航线也导致上海邮轮旅游复购率很低。此外，邮轮港口运营成本高，船票平均售价低于欧美地区，外籍邮轮没有充分了解中国邮轮游客的消费习惯也是造成部分邮轮公司及时止损，大船、新船换旧船、小船，转而到欧美布局的原因之一。

从港口建设和盈利能力来看，各地盲目争建邮轮母港，客源市场恶性竞争等不利于邮轮旅游的可持续发展，全国和长三角大多数邮轮码头闲置和亏损，只有上海吴淞口邮轮港在稳定盈利。但目前的营收也主要是靠泊收入，其他商业性收入和服务收入如广告费、旅行票务代理收入、船供收入、免税店等收入占比很少。

长三角区域邮轮港口城市协同发展成为区域邮轮产业高质量发展的"破冰之举"。

（二）长三角邮轮旅游一体化有利于整个区域高质量发展

欧美成熟邮轮市场都注重区域邮轮旅游市场的协同发展。虽然长三角旅游一体化发展不是新鲜话题，但长三角邮轮港口城市的协同发展还没有提

上议事日程。据统计，上海母港出发游客59%来自上海以外的长三角城市，上海本地的只占41%。目前，长三角共有6个国际邮轮客运码头，分布在上海（吴淞口、国客）、舟山、台州、温州和连云港，占全国已建成邮轮港口总数的1/3。2017年，这六大邮轮港共靠泊国际邮轮约500艘次（98%以上是外国籍邮轮）、接待游客约300万人次（98%以上为中国籍出境游客），分别占全国总量的40%和50%。其中，上海吴淞口国际邮轮港在邮轮艘次和游客人次方面已多年蝉联全国第一、亚洲第一。但四船同靠给上海吴淞口国际邮轮港周边的交通将带来很大的考验。

目前，长三角邮轮港之间几乎没有合作，各邮轮港口的水深条件和接待能力也有很大差异，除了上海港以外，其他都争做邮轮母港，但接待能力比较小、散、弱，航线和产品也存在都是日韩航线的同质化竞争。例如温州港只能接靠5万吨级兼靠10万吨级的邮轮，旅客年通关能力只有22万人次。舟山国际邮轮港最多也只可靠泊10万吨级邮轮，2018年，只有一艘访问港邮轮，接待游客仅354人。连云港客运泊位可以接靠5万—10万吨级邮轮。2016年8月，"天秤星号"以浙江台州大麦屿港为母港，开启台州至日本冲绳的国际邮轮之旅。

加强长三角邮轮港口之间的合作可以避免重复建设，充分利用港口资源，减少客源争夺的恶性竞争，提升区域航运和旅游竞争力，还可以丰富邮轮航线，促进外籍邮轮游客入境游。上海在邮轮港口服务规范、市场管理及邮轮船票制度、邮轮旅游示范合同等方面都有很多成功的经验，可以复制推广到整个长三角区域。

（三）现行交通部"多点挂靠"试点政策实施起来有很多困难

1. 多点挂靠对丰富航线和产品、促进入境游及区域邮轮旅游协同发展有利

允许外籍邮轮多点挂靠实际上是对沿海客运权的有限开放。我国《海商法》禁止外籍船舶经营国内沿海运输。上海自贸区对中资方便开放了货物的沿海捎带业务。邮轮多点挂靠实际上是游客的沿海捎带业务，都是我国有限开放沿海运输权的尝试。真正意义上的多点挂靠指的是在一个国际航次中，

外国籍邮轮在去程及返程时均可挂靠多个国内港口，船上游客可选择在不同的港口上下船。多点挂靠政策的实施不仅能丰富邮轮航线和产品，如果与长江内河邮轮及陆上旅游配套营销，还能促进入境游和岸上陆域游。多点挂靠还可以避免港口盲目重复建设，充分利用现有港口资源，几家港口合力还可以与邮轮公司协商年度靠泊计划，共同开展岸上旅游的营销。发挥访问港和经停港的功能及各自在造修船、邮轮物资配送和供给等方面的优势，对整个区域的邮轮产业发展、丰富航线和产品都很有利。例如舟山修船和保税燃油供应，上海在邮轮旅游规则制定、研究、教育和培训及其他相关服务方面有优势。

美国是严格限制沿海运输权开放的国家，包括货运与客运。例如，挪威邮轮运营夏威夷航线必须挂美国旗，接受美国的船员管理制度，但美国的船员和服务做得很差，因此，该航线运营并不理想，这是一个反面例子。邮轮是全球化高度融合的产业，全世界邮轮旅游市场主要被五大国际邮轮跨国集团垄断，大多是注册在利比里亚、巴哈马的外籍邮轮，即便是中资邮轮为了避税也注册在国外，因此，对几条外籍邮轮在长三角有限开放沿海客运权不会对国家安全及国内航运业造成影响和冲击。长三角地区有两个自由贸易区，港航一体化发展也有实质性的推进，现在需要打通制度上的断头路，统一开放邮轮相关服务是很好的切入点，由于邮轮旅游的高集聚度和全球化的特点，邮轮旅游一体化比陆域旅游一体化更容易推进。

2. 影响交通部允许外籍邮轮多点挂靠政策实施效果的原因

2009年，交通部开始试点邮轮多点挂靠政策，但现实适用性较差，主要原因如下：

第一，经交通部审批的外籍邮轮实际上只能单点挂靠，即只能在中国的一个邮轮港将全部游客接上船，并在完成该航次境外海上旅游后将同批游客送回同一港口。单点挂靠造成邮轮港"各自为政"的局面，大大降低了它们之间的合作可能性，对长三角乃至全国的邮轮经济发展不利。

第二，长三角各邮轮港口水深条件和接待能力不一，除上海以外，其他几个长三角邮轮港口一般都只能接待5万—10万吨级以下的邮轮，而停靠上海港的 16 万吨以上的大邮轮越来越多，即便放开外籍邮轮的沿海客运权，也只能针对小吨位的邮轮。

第三，外籍邮轮"多点挂靠"审批权还在交通部，没有下放到长三角相应的港口管理部门，且审批流程烦琐，所需时间较长，还没有实现备案制。

第四，多点挂靠，一程多站的邮轮新航线和产品的开发需要移民局、海关等很多部门共同支持。目前，国内各邮轮港之间的出入境边检及海关系统尚未联网，无法支持外国游客在国内多个港口上下船（出入境）。上海与舟山也曾尝试外籍邮轮在同一航次中于两港上下国内游客，但也是由于两地之间的出入境及海关系统没有联网而未获成功。

第五，出境游不对外开放带来种种弊端，根据我国旅游法和旅行社条例，外商独资旅行社不能经营出境游业务，其实这才是中国特有的邮轮包船制营销和低价竞争的根源，出境游和国内目的地游不对外开放，不利于邮轮公司共同开发和积极营销国内旅游产品。虽然上海自贸区允许对中外合资旅行社开放出境游业务，但实施效果不佳。

二、长三角邮轮相关的运输和旅游服务统一对外开放的具体建议

目前，上海在邮轮旅游市场管理和产业发展方面积累了很多优势和资源，而长江内河游发展势头良好，接待游客能力可以达到 2 000 万左右，长江游作为差异化的产品对外国游客有吸引力，可以大力促进入境游。邮轮 + 游轮 + 飞机 + 高铁等融合发展可以促进长三角地区全域旅游的发展。

为此建议：（1）在长三角新设一个协调机构，或单独组建长三角邮轮经济发展局，或在交通部主管的组合港管委会新设一个长三角邮轮旅游协调机构，各地交通、移民局、旅游等与邮轮航线开通有关的部门（主要是海关、移民局、港航管理部门、旅游局）抽调人员，负责长三角邮轮旅游的合作与协调事务；（2）全国人大授权暂停《海商法》《旅行社条例》等在长三角三省一市的实施，由三省一市的人大共同制定区域性的促进邮轮旅游法律文

件，例如出台《长三角外籍邮轮多点挂靠和出境游开放试点办法》；（3）统一出台长三角邮轮旅游规划及明确母港、访问港、经停港错位发展，禁止各港口用航线补贴的方式争取邮轮停靠，鼓励和支持互为母港；（4）交通运输部、公安部移民（出入境）管理局（该局指导全国边防检查工作）、海关总署下放相关审批权至长三角邮轮经济发展局，为区域邮轮旅游一体化发展营造良好环境。试点办法主要内容如下：

一是允许外籍邮轮在同一航次中，去程时挂靠多个长三角邮轮港，返程时挂靠多个长三角邮轮港。此时，船上中国、外籍游客均可选择在任一挂靠港口上船（去程）或下船（返程），上下船无需为同一港口。长三角邮轮港可互为母港。外籍游客可凭签证或免签政策，中国游客可凭签证或护照自由上下港。

二是长三角邮轮码头及所在地的出入境管理部门和海关的系统全部联网，并在上海设立数据交换、验证和管理中心。

三是将在上海、南京、杭州等长三角主要城市实施的144小时外国人免签制度推广到长三角整个区域，特别是具备停靠条件的邮轮港口城市（含集装箱改建码头如台州、连云港）。

四是鉴于北京已经对外商独资旅行社开放出境游业务，而上海仍然只是在自贸区允许中外合资旅行社经营出境游业务。作为服务贸易创新试点，可以由上海牵头，联合浙江和江苏向国家旅游局、商务部争取在整个长三角地区允许外商独资旅行社经营出境游业务。

执笔人：李小年

第九章
全面增强上海国际贸易中心功能

建设上海国际经济、金融、贸易、航运中心和具有全球影响力的科创中心是上海未来城市发展的功能定位和目标，也是一项国家战略。《"十三五"时期上海国际贸易中心建设规划》提出，到2020年，上海要基本建成具有国际国内两个市场资源配置功能、与我国经济贸易地位相匹配的国际贸易中心。但对标成熟的国际贸易中心纽约、东京、新加坡和香港等城市，上海的国际贸易中心功能仍然存在不少短板，尤其是在贸易结构、贸易方式、机构数量和能级、营商环境、影响力和辐射力等方面差距明显。

与此同时，当前国际贸易、国内贸易又出现了一些新的形势和特点，特别是，国际贸易中出现的逆全球化势头以及中美贸易谈判结果不确定性所带来的冲击，新冠肺炎疫情的全球蔓延至今还未有彻底反转的迹象，全球贸易出现总体萎缩趋势，这些都使得上海国际贸易中心的建设变得更为迫切且面临更多的不利外部环境。另一方面，2018年上海市委市政府提出要打造"上海购物""上海制造""上海服务"和"上海文化"四大品牌，习近平总书记在中国（上海）首届进博会的开幕式上提出增设上海自贸试验区新片区、在上海证交所设立科创板并试点注册制、实施长江三角洲区域一体化发展国家战略等三项重大任务，这给上海国际贸易中心建设提供了一些新的重大发展机遇。因此，上海应该根据形势和环境的变化，及时把握战略机遇，选择有效的抓手，采取有力的措施，有效提升上海国际贸易中心的各类功能，加快建成上海国际贸易中心。

基于上述背景，本章将在梳理国际贸易中心发展和演变历史的基础上，分析上海国际贸易中心建设的基本现状以及面临的主要问题,提出进一步提升上海国际贸易中心职能的几个原则,最后再重点聚焦一些重点抓手和举措。

第一节　国际贸易中心发展的历史沿革及其主要模式

从 15 世纪的地理大发现开始,欧洲各国的船队在远航的探索中开辟了新航道,发现了当时在欧洲不为人知的国家和地区。同时,随着新航线的开辟,各个国家和地区之间的贸易开始大量增加,国际贸易的概念开始出现。伴随着全球经济的发展,国际贸易格局和国际贸易中心也在不断发展和更替。本节将从历史的视角梳理伦敦、纽约、新加坡等国际贸易中心形成与发展的过程,并对它们的发展模式进行简单的比较和分析。

一、国际贸易中心的形成与发展

国际贸易中心的形成离不开国际贸易的产生,而国际贸易的形成也是逐步通过跨地区之间的贸易逐步转化而来。在地理大发现之前,跨地区贸易已经产生。11 世纪之前,中西欧地区封建领主制的经济发展模式极大地制约着人口的流动,从而制约着贸易的发展,但是 11 世纪之后,随着以商品集散为主要功能的城镇开始出现,贸易开始复兴。北欧的波罗的海地区和地中海地区凭借着天然的地理优势和相对安全的贸易路线,成为贸易中心。意大利的威尼斯、佛罗伦萨、热那亚等也成为当时贸易中心城市。同时,因为这些城市的贸易环境较为稳定,贸易往来都依赖于船舶,地区之间贸易增长量基本取决于航运技术的发展。15 世纪,郑和率船队下西洋,其规模宏大、航程极远,在当时世界上无人能及。但是郑和七下西洋的政治性大过经济性,虽然也开辟了海外贸易市场,但是贸易量相对较小,其主要目的还是在宣扬国威。1492 年,哥伦布发现了新大陆,西欧国家开始了对世界版图的探索。随着世界版图的逐渐清晰,西欧各国开辟了许多新航线,正式将全球各大洲连接起来，国际贸易的概念开始出现。资源相对匮乏但是武力占优的欧洲国家凭借掠夺资源、贩卖黑奴等方式，迅速发展。亚、欧、美、非大陆也通过欧洲的船舰连接起来，全球意义上的国际分工正式开始，世界经济的全球化进程开始启动。① 不同于郑和下西洋，地理大发现满足了当时资本主义急需原始积累的需求，为其提供了大量的劳动力、货币资本和生产原料。地理大发现后，随着欧洲各国不断向海外扩张，地处海上交通要道的国家开始迅速崛起，西班牙、葡萄牙、荷兰、比利时、英国和法国开始成为新的贸易中心。

（一）伦敦全球性国际贸易中心城市的形成

18 世纪 60 年代，第一次工业革命在英国爆发。这一次的技术革命大大改变了人们生产运作的方式，传统的手工业生产方式逐渐被机器生产方式所替代。到 19 世纪中叶，英国基本完成大机器生产代替手工业生产，标志着英国首先完成第一次工业革命。率先完成工业革命的英国，大力发展工业，综合国力迅速上升，号称"日不落帝国"，成为全球霸主。英国首都伦敦，地处英格兰东南部，跨泰晤士河下游两岸，大不列颠岛通往欧洲大陆最重要的港口。在第一次工业革命之前，伦敦就已经是英国国内最大的商品贸易商埠之一。随着工业革命的推进，制造业在伦敦地区也发展迅速。机器生产和生产方式的变革也使得制造业商品从传统手工业类向加工业类发展，交易产品覆盖十多个轻工业门类和五六个重工和装备业门类。② 全球领先的工业制造能力和对外贸易扩张的需求使得英国贸易范围迅速向全球扩张，而伦敦作为英国最大的港口，贸易量达到全国的 80%。伦敦制造业的集聚和对内对外贸易量的迅速攀升，吸引大量国内外资本涌入伦敦，促进了金融业的发展。伦敦成为世界上最早和最大的全球性国际贸易中心城市。

（二）纽约全球性国际贸易中心城市的形成

19 世纪 60 年代，第二次工业革命爆发。伴随着一系列自然科学的重大

---

① 程大中：《国际贸易中心的历史演变及其对上海的启示》，《世界经济情况》2009 年 7 月。
② 汪亮：《国际贸易中心城市崛起的经验与启示》，《城市观察》2011 年第 4 期。

进展，进一步推动了生产力大幅度增强。美国最早利用了第二次工业革命的成果，首先开创了电器工业，大幅提高了生产效率，极大提升了生产力。纽约地处美国东北纽约州东南哈德逊河口，得天独厚的地理区位优势使得纽约航运享有天然优势，为港口贸易的发展提供了良好的地理条件。当时全球主要的贸易中心和资本市场都在以伦敦为中心的欧洲，而纽约正好位于美国通往欧洲的重要航线之上，并且美国政府需要一座城市来承接华盛顿地区的非政治功能，所以纽约的城市发展定位就是美国面向全球发展的商贸城市。随着纽约制造业的迅速发展，吸引更多的商贸要素和金融资本在纽约集聚。发展到 20 世纪初时，已经有许多跨国银行、企业入驻纽约，超过一半的美国本土顶尖银行和保险公司也坐落在纽约；仅在曼哈顿地区，就有 1/3 的美国 500 强企业总部入驻。同时，大宗商品要素交易平台、金融要素市场和产权交易市场也建立起来。1914 年，第一次世界大战爆发。欧洲作为战争发生地，整体受到战火的侵蚀，遭受了巨大的破坏，也严重影响了欧洲经济的发展。然而客观上，一战中科学技术的进步巨大，发明和创造了大量的新式武器。美国在"一战"中身处美洲大陆，没有受到硝烟的侵蚀，同时作为工业化程度极高、生产能力极强的国家，不断向欧洲各国输送军火，牟取财富的同时也带动了美国本土工业化的发展。第二次世界大战美国虽然也参战，但是美国本土并没有受到严重的损毁，反而在战争的早期，美国仍是与"一战"时一样，向欧洲输送军火，带动自身工业和经济的发展。美国经历长时间的工业化发展和未受到战火侵蚀本土的优势使得其积蓄已久，在美国参战后，第二次世界大战的走向立马发生变化，可见美国当时实力之强。到第二次世界大战结束，欧洲百废待兴，美国成为世界霸主，纽约则作为美国面向全球贸易的战略部署，成为当时全球资本最集中、规模最大的国际贸易中心城市。

（三）以东京、新加坡和香港为代表的新的一批国际贸易中心城市

第二次世界大战结束后，美国作为当时世界上最强大的国家，积极推进贸易自由化，并力求将贸易自由化推往全球，从而推动了贸易全球化的进

程。随着美国等发达国家发展程度进一步提升，去工业化进程开始，而亚太地区当时发展刚刚起步，拥有丰富的劳动力资源和自然资源，许多资源密集型、劳动密集型产业制造中心转移到亚太地区，从而促进了亚太地区国家工业的发展和资本的涌入，随之出现了以东京、新加坡和香港为代表的新的一批国际贸易中心城市。

日本地处东亚，地域狭小、自然资源匮乏。但从19世纪60年代末开始，日本仅用半个世纪的时间，就通过明治维新迅速成为强大的资本主义国家。东京也是在明治维新开始之后，成为名副其实的日本首都。工业化发展迅速的日本，面对资源缺乏的瓶颈，采取对外武力扩张掠夺资源的方法。日本作为第二次世界大战发起国之一，通过掠夺中国等国家的资源，发展其工业，大量工业资本进入东京，使得东京制造业迅速发展。第二次世界大战失利后，东京受到巨大创伤。但是美国将日本作为其全球化战略体系中掣肘社会主义阵营的国家，通过一系列手段扶持日本发展，尤其在科学技术领域。朝鲜战争爆发后，美国将日本作为其军事后备基地，通过日本再向战场提供军事支援，日本因此经济受到极大刺激，并在1960年开始迅速发展。受到科技创新的推动，各大要素平台、产业要素在东京聚合，并且随着东京配套服务业的逐渐完整，东京作为日本的首都，也再次成为国际贸易中心。

新加坡地处马来半岛最南端，扼守着马六甲海峡入口处的航行通道，战略地位显著。优越的地理位置带来的航运优势使得英国最早就将新加坡作为其重要的门户口岸。1819年英属东印度公司管辖新加坡，并于1824年转为英国殖民地。1828年，英国在新加坡开辟商埠，新加坡开始成为英国商品输出和资源配置的重要离岸门户。随后，英国发动鸦片战争等一系列战争，占领印度攫取资源，彻底打开了以中国为首的资源丰富和强大的商品吸收能力的东方市场，到19世纪初时，东方市场已经是英国最主要的国际市场，而新加坡作为承担英国面向东方市场的贸易集散地，承担了英国3/4的转口贸易量，也由此成为以英国为宗主国配置亚洲资源的区域性国际贸易城市。[①]

---

① 汪亮：《国际贸易中心城市崛起的经验与启示》，《城市观察》2011年第4期。

19世纪70年代以后，海上航线随着苏伊士运河的开通而极大缩短，更多的商船更加频繁地经过马六甲海峡，大大提高了新加坡的转口贸易量。伴随着新加坡制造业的逐渐发展，许多商业银行开始入驻新加坡，商贸要素和金融资本开始在新加坡集聚。1959年，新加坡取得自治，承袭了之前转口贸易的战略规划，作为欧美市场进入亚太地区的"桥头堡"，是典型的区域性国际贸易中心城市。

同样作为区域性国际贸易中心城市的香港，在其历史沿革和发展模式上与新加坡存在许多相似之处。香港和新加坡都拥有数目庞大的人口，但都缺乏自由出入腹地，于是两者都追求国际化发展，并且两者都具备优越的地理位置和良好的历史沿革，这对自身的经济发展和成为国际贸易中心起到了举足轻重的作用。香港，背靠中国内地，是打开中国内地市场的重要门户。1840年，英国将战争的火苗瞄向了中国，它强迫清政府签署不平等条约，获得了对香港长达99年的租借期。英国强占香港之后，将香港作为转口贸易港，直接打通中国广大腹地的市场。中国庞大的人口基数和市场，所具备的市场潜力巨大。同时，与新加坡被占领后的发展模式相似，英国也将香港作为免税的自由港。免税港和中国内陆市场的吸引力迅速使得商贸要素和金融资本在香港集聚，香港开始成为重要的转口港和国际货物集散地。随着房地产业的迅速开发和配套服务业的逐步完善，香港初步形成区域性的国际贸易中心城市。1931年，日本发动侵华战争，许多中国内陆的资本家为了躲避战乱，携带商业要素和资本来到香港；解放战争时期，又有许多内地资本转移到香港，凭借着两次内地资本和商业要素的大规模转移，香港工商业和金融业发展迅速。20世纪60年代开始，香港经济和社会迅速发展，金融业、服务业发展迅速，成为"亚洲四小龙"之一，正式成为区域性国际贸易中心城市。

二、国际贸易中心的演变模式

从以上的分析我们可以看出，国际贸易中心有着清晰的演变过程，大体上分为三种模式：

（一）由政治中心型城市到商业型中心城市，最后发展成为国际贸易中心

政治中心型城市政治活动密集，成为达官显贵和政客谋士的聚集地，其次文化氛围浓厚，最重要的是商业活动繁荣，资源聚集，市场完备。经过不断的发展向商业型中心城市转型，最终成为国际贸易中心。

（二）从简单的商业中心到综合型中心城市，最后过渡到国际贸易中心

商业中心城市的贸易规模、资源以及其他因素受到一定限制，而综合型中心城市行业齐全、功能完备，可以说是国际贸易中心的过渡阶段，其人口规模和经济规模较大，并且和周边城市形成群落，另外在行业布局和产业结构方面较为齐全，成为区域性贸易和金融中心。

（三）从自发式到跳跃式建立国际贸易中心

在20世纪，国际贸易中心大多是自发演变形成的，例如纽约、伦敦、东京和巴黎其演变过程均超过50年，有些达100多年，是在产业不断成熟和世界地位不断强化的过程中自发演变而成。但从20世纪末期开始，国际贸易中心进入跳跃发展的模式，例如香港和新加坡均在较短时期成为国际贸易中心城市，往往依靠集中力量的后发优势支撑建立。[①]

第二节　上海国际贸易中心建设的基本现状

20世纪初以来，上海在中国经济发展的版图中一直都居于贸易中心和经济中心的重要位置。改革开放后，上海逐渐成为中国对外开放最主要和最重要的窗口之一，并逐步开始向国际贸易中心的方向发展。本节将从几个不

---

① 李菲：《国际贸易中心发展经验与广州实践》，华南理工大学，2019年。

同的角度全面分析上海国际贸易中心建设的最新进展,从而让人们对上海国际贸易中心的基本现状有一个整体的了解。

一、贸易集聚功能基本形成,对经济社会发展贡献度进一步提高

近年来,为提高各类贸易要素的集聚能力,推进贸易自由化、投资便利化,推动贸易成为全市经济社会发展的重要支撑力量,增强对经济社会发展的贡献度。上海在创新贸易投资制度的指引,以中国(上海)自由贸易试验区(以下简称自贸试验区)、虹桥商务区、各级各类经济技术开发区和园区为载体,大力推进便于要素顺利集聚的法律法规和制度,同时提高各类贸易要素的集聚能力,最终形成高效的要素集聚。

(一)口岸贸易量呈平稳态势,服务贸易主体不断壮大

在世界经济仍呈持续疲弱复苏态势,全球贸易形势持续低迷的背景下。上海口岸贸易量占全球和全国的比重却稳步上升。2019年,上海口岸货物进出口量高达84 267.9亿元,同比稍降1.2%。2018年,上海口岸货物进出口量高达85 317亿元,同比增长7.7%。已超越香港、新加坡等传统国际贸易中心城市。

表 3-9-1　上海口岸进出口货物总值

项　目	2019年	同比(%)	2018年	同比(%)	2017年	同比(%)
上海口岸进出口货物总值(亿元)	84 267.9	-1.2	85 317	7.7	79 211.4	15.1
出口	48 814.9	-0.2	48 913.9	6.9	45 766.3	18.9
进口	35 453.0	-2.6	36 403.1	8.8	33 445.1	12.5

数据来源:上海商务委(上海口岸)。

上海为国家服务贸易创新试点城市,深入推进国家服务贸易创新发展试

点工作,使服务进出口量在近5年增幅较大,上海服务贸易发展始终处于全国领先地位,根据外管局上海市分局统计数据,2017年上海实现服务贸易总额达1 954.70亿美元,规模居全国第一,占全市对外贸易的比重提高至29.1%,高出全国平均水平14.6个百分点。在数字贸易领域,2018年共实现数字贸易进出口额260亿美元,同比增长16%。在服务外包领域,2018年离岸服务外包执行额达到80.6亿美元,同比增长14.7%,高于全国平均水平。在技术贸易领域,2018年技术贸易登记合同金额达到139.5亿美元,同比增长18.9%,规模位居全国首位。在文化贸易领域,2018年上海文化产品和服务进出口总量突破百亿大关,达到101.67亿美元,同比增长11.6%。[①] 呈现出结构不断优化、主体不断壮大、模式不断创新的特点,形成了一批新经验、新做法。

表3-9-2 上海服务贸易进出口情况(2017年) 单位:亿美元

指标	进出口	出口	进口
总计	1 954.70	524.30	1 430.40
运输服务	283.60	114.00	169.60
旅行	1 038.60	19.70	1 019.00
建筑服务	11.00	7.20	3.80
保险和养老金服务	13.60	6.50	7.10
金融服务	1.50	0.40	1.10
电信、计算机和信息服务	109.70	75.90	33.80
专业管理和咨询服务	254.90	189.70	65.20
技术服务	79.10	46.20	32.90
文化和娱乐服务	8.50	3.30	5.20
知识产权使用费	70.90	1.00	69.80
其他服务	83.30	60.40	22.90

数据来源:《上海统计年鉴(2018)》。

[①] 《2018上海服务贸易运行指引报告》。

（二）流通规模正呈稳步扩大态势，贸易结构进一步优化

上海市已全面完成了国家内贸流通体制改革发展综合试点的各项任务，现代流通治理模式以商务信用为核心、内贸流通领域内施行负面清单管理的模式等9项试点成果被纳入了全国可复制推广经验清单。2018年商品销售总额达到11.94万亿元，年均增长5.6%，规模居全国中心城市首位。2018年，上海市实现电子商务交易额28 938.2亿，同比增长19.3%，网上零售额10 385.6亿，增长29.7%，占35.9%。电子商务发展呈现出B2B电商生态门类齐全、网络购物创新引领特征显著、国际化发展提速的特点，电子商务交易规模继续保持全国最大，电子商务在引领创新发展、服务实体经济、满足市民物质文化需求等方面的能力得到进一步提升。

社会消费品零售总额迈入万亿级时代，2018年上海市达到1.27万亿元，年均增长9.9%，消费成为上海经济平稳健康发展的稳定器、压舱石。贸易结构持续优化，附加值较高的一般贸易进出口占比增大，2018年，商业、金融业、租赁和商务等服务业合计贡献全市财政收入的61.7%。新兴市场开拓初见成效，对美国、欧盟、日本三大传统市场依赖度降低；消费进口增速持续快于出口，成为全国最大的进口消费品集散地；跨境电子商务试点深入推进，开辟了国际贸易新渠道。

（三）贸易主体不断集聚，市场竞争力进一步增强

贸易流通企业集聚效应明显，截至2018年年底，上海市已开业城市商业综合体达256家。其中，商场商业建筑面积10万平方米以上的有63家。全年全市城市商业综合体实现营业额达1 777.02亿元，比上年增长16.7%。2018年，全市聚集商业零售品牌首店835家，其中，国际品牌首店300余家，国际零售商聚集度升至全球城市第二位。可见结构合理、功能健全、配套完善的现代商业网点体系基本形成；2018年，上海全球零售商集聚度达55.3%，位居全球第二，仅次于迪拜。此外，90%以上的国际知名高端品牌已进驻上海。众多国际高端品牌纷纷选择上海作为其中国地区总部、亚太地

区总部所在地。2018 年，上海有进出口实绩的民营企业已达 2.7 万家，当年实现进出口 898.5 亿美元，占全市外贸比重达 18.9%。上海充分有效利用国际国内两个市场和与之对应的两种资源，2018 年年底，累计引进外商投资项目 9.7 万个，合同外资 4 711.62 亿美元，实到外资 2 404.4 亿美元；① 截至 2018 年年底，上海已累计引进跨国公司地区总部 670 家，总部数量继续保持全国领先。总部能级也不断提升，全年新增亚太区总部 18 家，累计达到 88 家；全年新增外资研发中心 15 家，累计达到 441 家，累计引进亚太区以上研发中心 65 家。总部在上海的财富世界 500 强企业已达 8 家。美中贸易全国委员会、德国工商大会、瑞士世界黄金协会等 90 余家国际贸易投资促进机构在沪设立了常驻代表机构。

（四）贸易载体加快建设，重点区域和平台支撑作用进一步彰显

2015 年，自贸试验区、虹桥商务区等贸易核心功能区建设取得重大突破，自贸试验区建立后，区内吸收外商投资、对外直接投资和货物进出口分别占全市 60%、57.4% 和 26.4%，具有明显的引领带动作用；虹桥商务区作为上海国际贸易中心建设的承载区，其核心区建设已基本完成，且其贸易投资促进平台的建设对服务全国的贸易投资成效显著。国家会展中心（上海）全面建成，促使国际展览业在上海快速发展，2018 年，上海举办各类展览会项目 1 032 个，总展出面积 1 880 万平方米，比 10 年前分别增长了 90% 和 166%，居全球主要会展城市之首。其中，举办规模 10 万平方米以上的展览会共 42 个，30 万平方米的超大型展会 6 个。② 加快推进中国（上海）自由贸易试验区"三区一堡"建设。进一步激发市场活力，区内新注册企业累计超过 5 万户，全年实到外资、外贸进出口额占全市比重均超过 40%。2018 年首届中国国际进口博览会在上海成功举办，本次进博会共有来自全球 151 个国家和地区的 3 617 家企业参展，还吸引了来自 72 个国家和地区的 3 600 多位境外采购商，累计意向成交 578.3 亿美元。这说明进博会作为一个大

---

① 数据来源于《2018 年上海市国民经济和社会发展统计公报》。
② 数据来源于《2019 上海会展业白皮书》。

型会展具有强大的集聚和辐射功能。国际进口博览会及以后每年"6+365"的运作模式能够发挥溢出效应，进一步凸显了上海国际贸易中心的地位和职能。

二、资源配置功能基本形成，国际贸易投资枢纽的影响力进一步提升

上海不断提高统筹利用国内国际市场、国内资源和国外资源的能力，推动上海成为全球贸易网络中的重要枢纽和节点城市。

（一）总部经济服务辐射和区域辐射功能不断提升

截至 2018 年年底，上海已有跨国公司地区总部 665 家，总部机构数量全国领先。其中亚太区总部 85 家，外资研发中心 440 家，总部机构数量继续保持全国领先。截至 2018 年 10 月底，上海实到外资累计已超过 2 376 亿美元，累计引进外资项目超过 9.56 万个。与此同时，上海外资企业总体保持了持续健康发展的良好势头，根据纳入可比口径的 1.28 万家外资企业运营情况监测结果显示，2018 年以来，外资企业营业收入同比增长 8.1%，纳税总额增长 11.1%，利润总额增长 7.2%。大量优质的研发中心聚集是上海便于获取和利用全球创新要素的重要契机，是建设具有全球影响力的科技创新中心的重要力量。随着区域市场一体化发展合作机制的正式建立，使得区域辐射带动效应进一步增强，外资企业总部和研发中心的快速发展也带动了上海外资发展全面提升，上海利用外资实现了跨越式发展。

（二）经济模式持续完善，资源配置效率进一步提升

平台经济已经在全世界迅猛发展，作为未来世界经济发展的一种非常重要的趋势性商业模式，其价值被越来越多产业认知并重视。以平台经济为代表的流通和交易模式作为创新发展模式被广泛推行，其交易撮合、金融服务、价格发现等功能也在持续增强。2018 年，进博会共有来自全球 151 个国家和

地区的 3 617 家企业参展，还吸引了来自 72 个国家和地区的 3 600 多位境外采购商，累计意向成交 578.3 亿美元。借助于平台经济，促进贸易载体的集聚化发展，打造贸易集聚区，提升规模经济效应，既是为了满足多元化的消费需求，也是为了降低贸易成本的需要。进博会作为一个大型会展，具有强大的集聚和辐射功能。同时，大宗商品的"上海价格"已基本形成，国际市场对钢铁价格指数、有色金属现货价格指数给予了认可并采纳，多种大宗商品国际交易中心相继成立，如石油天然气、棉花等。平台模式的发展促使了交易量的增加，农产品流通市场体系也在探索和创新中不断完善、优化，已形成以上海为总部、在全国范围内设立基地和网络的新型流通体系，并与全国 1 000 多个生产基地建立了新型的产销合作关系模式。现代物流对贸易流通的支撑作用进一步显现，每单位生产值产生的物流费用在不断下降。

（三）投资环境优化，利用国外资源水平稳中有升

在全球投资总体趋缓、引资竞争日趋激烈的形势下，上海全面推进外商投资管理体制改革，主动扩大对外开放，完善投资促进和综合服务体系，优化法治化、国际化、便利化的营商环境，全年利用外资规模稳中有进，质量和效益明显提高。2018 年，上海引进外资总体向好，规模也企稳回升，全市利用外资和合同外资金额由 2017 年的双降转为双升。全年新设外资合同项目 5 597 个；合同外资 469.37 亿美元，同比增长 16.8%；实到外资 173 亿美元，同比增长 1.7%。上海 2018 年利用外资有四个方面的特点：一是利用外资以第三产业为主。全年第三产业合同外资金额占全市合同外资金额的比重达到 83.9%，实到外资金额占全市实到外资比重达到 89.3%。租赁和商务服务业，信息传输、计算机服务和软件业以及金融业这三个行业的实到外资金额占第三产业的比重超六成。二是第二产业吸引外资大幅增长。全年本市第二产业外商直接投资合同金额 75.22 亿美元，比上年增长 3.3 倍，占全市合同外资的比重为 16.0%；第二产业外商直接投资实际到位金额 18.31 亿美元，增长 1.2 倍，占全市外资实际到位资金的比重为 10.6%。三是香港在沪投资继续保持领先，全年香港在沪投资合同金额同比增长 11.4%，占全市合

同金额比重为54.2%；实际到位金额增长3.1%，占全市实际到位金额的比重为57.7%，继续保持领先地位。四是总部经济加快集聚，全年新增跨国公司地区总部45家，累计达670家，新设外资研发中心15家，累计达441家。

三、贸易新功能基本形成，成为各类新型贸易发展的高地

上海顺应新一轮科技和产业革命发展趋势，从新技术、新产业、新模式、新业态四个方向积极探索、创新，充分利用互联网、物联网、云计算、大数据等新技术为经济发展服务，为国际贸易中心建设增添了新的动力和活力。

（一）电子商务全面融入，"互联网＋消费"蓬勃发展

电子商务的产生带动了国际贸易方式创新，对当代国际贸易的快速发展起到了重要推动作用，上海市被选为国家电子商务示范城市是电子商务持续快速发展的前提条件，为电子商务全面融入生产、生活各领域提供了有效支撑，为经济发展的增长带来了新动能。2017年，上海市实现电子商务交易额2.9万亿元，同比增长19.3%。其中，B2B交易额18 552.6亿元，增长14.1%，占电子商务交易额的64.1%；网络购物交易额（含服务类交易）10 385.6亿元，增长29.7%，占35.9%。本市电子商务发展呈现出B2B电商生态门类齐全、网络购物创新引领特征显著、国际化发展提速的特点，电子商务交易规模继续保持全国最大，20家上海企业获评国家级电子商务示范企业，并列城市排名第一，9家园区获评国家和市级示范园区。电子商务在引领创新发展、服务实体经济、满足市民物质文化需求等方面的能力得到进一步提升。"互联网＋消费"作为新型消费模式正引领着上海消费观念的加快升级，2018年，上海无店铺零售业态零售额1 925.99亿元，比上年增长13.8%，增速比上年提高4.4个百分点。全年网上商店零售额1 506.70亿元，增长15.8%，增速提高6.2个百分点。以平台化、精细化、集成化为特征的社区商业零售规模已占全市的50%以上，53.4%的国际知名零售商进驻上海，商业国际化程度显著提高，上海举办购物节、时装周的影响力在国内外不断提升，成为城

市消费和时尚新代表；商业大数据的发展为传统零售提供数据支持，推动消费市场全方面变革，线上线下深度融合的新型零售企业不断涌现，主题型百货、高端定制等体验型、个性化、场景化的商业业态快速发展，K11、大悦城等成为融文化艺术、日常生活、社交、亲子等于一体的消费新地标。

（二）新型贸易业态不断涌现，传统市场转型速度加快

随着平台经济模式的创新与发展，上海市不断涌现出新型的经营形式，为传统市场转型升级指明了方向。累计形成了平台型企业100多家，平台经济的不断发展，在提高流通效率的同时有力降低了流通成本。国际贸易也在积极寻找新模式、开辟新渠道，如跨境电子商务综合试验区的建设，其通过开展通关服务、外汇支付、零售出口等业务试点，2017年上海海关共监管跨境电商进口订单1 643.7万单，涉及金额36亿元，同比增长45.2%和66.3%。其中直购进口模式535.4万单，涉及金额16.2亿元，同比增长144.8%和89.6%；网购保税进口模式订单1 108.3万单，涉及金额19.8亿元，同比分别增长21.4%和51.1%。另外，外贸领域的新业态、新模式进展顺利，如外贸综合服务企业、国际中转集拼、平行进口汽车、保税融资租赁、保税维修、保税展示交易等。

（三）贸易环境持续更新，便利化水平进一步提高

随着《中国（上海）自由贸易试验区条例》和《上海市推进国际贸易中心建设条例》等相关条例的颁布实施、上海知识产权法院的成立、打击侵犯知识产权和制售假冒伪劣商品跨部门协作机制的基本形成，促使贸易发展法治环境不断优化。陆、海、空口岸开放格局进一步加大，已基本实现全面开放，随着海关与出入境检验检疫部门合作试行的"三个一"通关模式与国际贸易"单一窗口"的上线运行，通关效率大幅提高。市场开放化程度进一步扩大，管理模式不断创新，如对外资企业的设立和变更审批施行"告知承诺＋格式审批"模式，逐步扩大在金融、医疗、养老、教育、电子商务和一般制造业等领域的对外开放程度；企业对外直接投资行政审批制度进一步

简化，实行备案为主、核准为辅的指导方针；办理日常行政审批事项愈加便捷，有3/4的审批事项可网上办理。自贸试验区的不断发展，为贸易投资制度创新提供沃土，提高了工作有效性，如以负面清单管理为核心的投资管理制度建立，使企业的注册时间由29天减至4天，100多项贸易监管举措的创新，大幅缩减了货物的平均通关时间，金融创新、事中事后监管等领域制度创新持续深化，一批创新成果已在全国进行复制推广。

第三节 上海国际贸易中心建设面临的主要问题

在短短的十几年间，上海国际贸易中心建设确实确实取得了不少成绩，无论是在形态，还是在功能上都有明显的进展。同时，我们也应看到，与当今几个最主要的国际贸易中心相比，上海在国际贸易中心的能级、核心竞争力、话语权等方面仍存在着不小的差距，需要引起我们高度重视并尽快迎头赶上。

一、集聚性国际经营主体的缺失

根据全球性贸易中心的经验和成功案例，国际贸易中心的发展不断促进国际贸易的经营主体多元化发展。因此，上海要建设国际贸易中心，需要积极引进外资，制定各项优惠政策，不断吸引国内外大型贸易集团、企业到上海发展。但从目前上海建设国际贸易中心发展的实际情况来看，上海在大型国际贸易集团的聚集上还存在着如下问题：

（一）流量规模偏小，贸易主导地位不明显

区域的经济实力和贸易总量作为国际性贸易中心的重要因素，上海尽管是我国内地最大、最繁华的经济交流中心，产业基础夯实，科技创新前瞻，生产体系完整，但是相对国际上的全球性经济大都市而言仍存在很大的差

距。"十二五"时期，上海的贸易规模在不断扩大，经济水平也在稳步提升。但上海建设国际贸易中心仍然面临着经济全球化的新趋势，全球贸易持续走低，各国的贸易保护主义不断加强，仍然受到多边贸易体制和区域性高标准自由贸易体制挑战。2018年，上海市商品销售总额11.95万亿元，贸易竞争力不够，整体规模不足，贸易功能不全。就上海的总体市场而言，上海在国内的贸易影响力并不明显，在国内的贸易地位也呈下滑趋势，对外贸易占全国的比重也在减少，社会消费品零售总额早已被北京超越，在商品交易方面也存在着结构失衡的问题。

世界经济形势尚不乐观，科技进步、人口增长、经济全球化等推动世界经济增长的主要引擎步入换挡期，对世界经济的拉动作用削弱明显。全球主要经济体宏观政策手段捉襟见肘。上海外部金融风险日益凸显，资本外流压力和汇率风险将继续存在。国际市场的需求总量仍未本质改变，在物资交易方面，上海制造业加工出口产能持续转移，物资进出口增长的压力比较大。

（二）国际型跨国公司集聚程度不足

上海市参与国际贸易的主体比较单一，区域内大型本土跨国贸易主体比较欠缺。在2018年发布的《财富》世界500强排行榜中，纽约58家，北京53家，上海则只有7家本土企业入围。除了本土跨国企业比较欠缺之外，在上海设立总部的全球性跨国公司与其他城市相比也存在明显差距，上海的"跨国指数"也明显低于其他全球性的贸易中心。所谓的"跨国指数"指的是跨国公司投入海外市场的资本占总投资的比例，是海外扩张能力的具体表现。比如说美国、日本等发达国家，其跨国指数一般都是将近70%，但我国的跨国指数普遍较低，不超过20%。

（三）上海多行业经济体系包容性欠缺，营商环境需进一步优化

出于对国家安全的考虑，在事关社会民生的重要行业施行国家控制与垄断是非常有必要的，但是上海市要建设国际贸易中心，就免不了会有垄断性行业的外来资本进入，能否逐步放开对某些行业和领域的垄断，确实可以值

得深入探讨。就目前情况来看，上海自由贸易试验区尽管对海外企业投资实行准入前国民待遇，但是究其根本，上海还存在对外资本进入的行业准入和范围的禁锢，在一定程度上制约了上海国际贸易中心的发展空间。

贸易和投资作为构建国际贸易中心的重要引擎，目前，上海建设国际贸易中心多元化协调发展和整体推进还处于攻坚期，难免会出现顾此失彼的现象。上海市应该要将各相关行业和领域均衡发展、共同提高，建设国际贸易中心绝不能当作是进出口贸易的买卖中心，而是物资商品的流通管理中心，涉及相关专业的配套服务，需要多行业、多层次的协调、可持续发展。此外，贸易带动着发展，是需要国际航运业、制造业、金融业的同步发展。没有国际航运业的发展和配套，国际贸易规模就无法进一步扩充；没有经济金融行业的稳步提升，建设国际贸易中心的资金投入和国际结算就无法兑现。上海必须继续着力完善营商环境，增强上海国际贸易中心的全球竞争力。

二、上海作为全球贸易的网络核心优势尚不明显

（一）进口贸易枢纽和中心的功能有待加强

改革开放以来，我国东部沿海地区形成了以中间产品和最终产品出口贸易为主的贸易结构，进口贸易比重相对较小。随着我国经济规模的扩大以及资源的过度开发利用，这种出口带动型的发展模式难以持续，表现为贸易出口增速在下降。未来，我国迫切需要转变经济发展方式和贸易方式，充分调动国外资源用于国内经济发展，近年来上海的贸易结构出现了明显的变化，主要表现为进口额逐渐超过出口额，并且差额不断拉大。同时，上海作为中国最大的进口消费品集散地，口岸的进口贸易占了全国近三成，70%的进口服装、53%的进口化妆品、37%的进口汽车从上海进口销往中国各地。上海对外贸易的重心已经从出口向进口转变，在这种情况下，进博会的举办无疑将进一步强化其作为我国进口贸易枢纽和中心的功能，促进上海国际贸易中心功能的转型和升级。

（二）欠缺对中国内地资源的辐射力，未形成有效的网络核心优势

从古至今，贸易活动的基础在于渠道网络系统的通达和广阔，贸易中心更是如此，要具有更为畅通的渠道网络和更有效的掌控能力，形成独自交互的网络核心节点。由于地理位置等原因，上海主要是与华东和江浙一带联系紧密。但上海市的主要贸易对象是面向本地的，进出口大体上以本地企业为主，内地其他企业对上海通道进行国际交易的比例很少。我们可以与位于东亚的新加坡进行对比，新加坡的国际贸易对整个东亚地区都有一定的影响力。上海目前对中国内地资源的辐射能力还不够，未形成有效的网络核心优势，在进行加工和出口方面仍显疲软。仅仅依靠上海的长三角区域优势，是不足以建成国际贸易中心的，其国际影响力和竞争力也无法得到相应的提升。上海需要汇集更多的资源，形成庞大的集聚体系，强化辐射范围，才能找到更大的市场，才能在更深层次开展国际贸易，方能建设实质性的国际贸易中心。

（三）依赖传统贸易方式，数字贸易中心功能尚未显现

国际贸易的发展始终离不开流通产业的支撑，上海港的物资吞吐量持续稳居世界首位，浦东国际机场的物资运输量也逐渐提升，但是上海在物资流通方面仍存在一些问题亟待解决。上海对外贸易仍然对海上运输的依赖性较强，航空运输对贸易份额上明显不足，航空运输的附加值也不高，浦东国际机场运输的物品多是体积大、质量重、价值低的商品，无疑对机场造成了资源浪费。

此外，随着互联网、大数据、云计算技术的迅速发展，数字贸易在国际贸易中的地位越来越重要。现代商品交易活动大多依靠信息网络来进行，实现高度的商物分流和远程交易，对交通运输能力的依赖性逐步降低，上海的传统地理优势正在逐渐减弱，可以说发达的信息网络技术成为国际贸易的重头戏。数字技术带来全渠道、全产业链营销模式，体验消费、线上线下、社交电商、无人零售等新业态新模式。数字贸易能够发挥数字化连接、渗透的特点，推动贸易更主动、更高效、更精确地发挥资源分配、成本降低、供需

匹配的作用，进而实现价值链的重组。其实，上海的网络基础设施水平与国外发达国家的中心城市差距并不明显，但是在信息产业化方面，仍无法与其他国际贸易中心相比。2017年，上海共实现数字贸易出口85亿美元，占全市服务出口额的16.2%。未来，上海还需加大信息化基础建设的改进力度，软件服务能力也要不断加强，促进电子商务、大数据平台和手机支付等渠道的融合发展，进一步利用自身在数字经济领域的实力和基础，加快建成具全球竞争力的数字贸易中心。

（四）全球贸易网络中的话语权有待进一步增强

全球范围内大宗商品的交易和定价权是体现一个国际贸易中心影响力和辐射力的最重要标志之一。目前，上海的天然橡胶、铜和黄金的现货或期货定价已经产生了一定的国际影响力，但是距离掌握国际黄金定价权仍有相当长的路要走。许多大宗商品的定价权都旁落国外贸易中心城市，如铝、铜、铅、锡等金属的价格主要由伦敦金属交易所确定，棉花价格形成于利物浦，煤炭价格形成于纽约商品交易所，石油价格确定于东京交易所等。当前，需要将提升大宗商品的定价权、提升上海现货与期货企业在大宗商品的国际定价与销售中的影响力，增强在全球网络中的话语权。

三、服务贸易发展迅速，但贸易结构和服务能力仍有待提升

上海服务贸易近年来发展迅速，2017年上海的服务贸易额为1 955亿美元，规模排名全国第一，占全市对外贸易的比重为29.1%。同年新加坡的服务贸易总额为4 633亿美元，在其对外贸易中的比重为32%。可以看出，虽然上海服务贸易占比已经接近国际贸易中心城市水平，但是总量规模还有不小的提升空间。在上海服务贸易不断壮大的同时，我们仍需认识到几个问题：

（一）服务贸易结构失衡，国际竞争力逐年恶化

上海服务贸易的内部结构仍不规范，服务贸易的主体结构偏向低端化、

廉价化，运输、旅游等劳动密集型服务依旧占领着上海服务贸易的主要产值，与之相对应的金融保险、文化科技、服务外包等方面的高附加值服务占比很低，新型服务贸易项目发展水平比较落后，没有形成合理的优化布局，与全球化的经济性大都市相比缺乏竞争力，就目前来看还呈现逐年恶化的态势。2000年，上海的贸易专业化指数为-0.087，显性竞争优势指数为-0.051；10年后，贸易专业化指数下降到-0.223，显性竞争优势指数下降到-0.429，其中两项指数还低于国内部分一线城市。目前，上海由于受到现有政策和人才培养等方面的限制，在高端产品项目的研发和业务创新面前进步缓慢，亟顺拓展相关的新兴创意服务产业，从传统的服务贸易向现代服务贸易转向，不断科学优化服务贸易的内部结构。

（二）将服务贸易推向国际市场的认识不到位

上海的一些本土企业很少有重视服务贸易的，作为服务贸易范围的企业主动"走出去"的意识比较薄弱，像经济、文化等领域的企业专注于发展国内市场，缺乏高端产品的研发，错失了大量占领海外市场的机会。服务贸易，尤其是服务外包可以产生巨大的附加值，还能够带动产业结构调整升级。上海的服务外包企业在技术创新、管理模式等方面存在许多不足，对服务外包的专业化服务认识不够，本土企业对软价值的理解还不到位，还未形成利用软服务为自身创造更多价值的理念，国际化的眼界需要进一步打开，服务贸易迈向世界高端市场的舞台还有一段路要走。

从服务业内部结构来看，传统的商贸流通、旅游业、房地产等仍占较大比重，而代表服务业发展潮流的现代物流业、信息服务业、科技服务、中介服务等虽有发展，但仍处于发育状态。从服务业就业来看，表现为文化程度不高的劳动者占第三产业就业人数的绝大多数；而从事管理咨询、会计、现代物流、律师等高层次的服务行业就业人数比重较低且远远低于其他国际贸易中心。在现代服务业发展上，上海相对北京都有一定的差距，那就更难与纽约、香港等世界著名的国际贸易中心相提并论了。

（三）贸易结构有待进一步完善，转口贸易和离岸贸易功能薄弱

离岸贸易和转口贸易是国际贸易中心的核心功能之一。在世界主要的国际贸易中心城市，离岸贸易和转口贸易成为最重要的贸易方式之一。香港离岸贸易在对外贸易中的比重已由 1988 年的 19% 增至 2012 年的 64%，之后有所降低，2017 年为 52%，同年转口贸易额占对外贸易比重 47%。而上海的离岸和转口贸易额在对外贸易中占比还很小。对于上海这样拥有广阔腹地、与国际市场联系紧密的城市而言，实际的货物流更多地可能发生在境内外之间。上海发展离岸贸易和转口贸易的管理基础薄弱，缺乏大量的贸易、金融和服务机构的集聚，同时由于各方面条件约束，亟须改善各种规章制度，打破制约瓶颈，真正意义上提高转口贸易和离岸贸易功能。

四、国际贸易的制度环境有待进一步优化

从整个体制方面来看，在社会结构不断复杂化、全球经济日渐多元化的时代，要将上海打造成为国际一流贸易中心，需在制度的建设上融合社会各界力量，鼓励企业、协会、团体和研究机构的参与，吸收各类专业人才队伍，认同行业协会作为建设过程中的主体地位。行业协会相对于政府部门来说，更清楚和掌握本行业的技术手段、人才力量、产业发挥及对市场的刺激和反应，能更好地与国外领先的组织交流合作，在行业范围内制定出一系列科学合理的制度规范。在上海加入国际贸易组织后，政府的行政行为受到不同程度的制约，此时行业协会要出台更规范的行业行为准则，对保护国内的中小型企业、抗衡国际公司的冲击起到有效保障。

从地方配套方面来看，目前，上海市尽管出台了《"十三五"时期上海国际贸易中心建设规划》，但是在规划之外的相关具体配套措施仍未完全体现。此外，上海现有的行政管理体制形成了条形的扁平型结构，部门之间缺乏协调和统筹，极大地影响了行政管理效率，增加了交易成本。在法律的制定上也缺乏有序衔接，政策传递效率比较低，一些专业性强、指向性明显的

规章和文件立法层次低,缺乏多部门之间的协调发展,甚至部分领域的法律法规到目前仍是空白,进一步制约了上海建设国际贸易中心的步伐。

此外,上海还面临着自贸试验区监管制度创新不足的情况,亟顺探索货物状态分类监管等一批创新制度,力争形成一整套具有国际竞争力、与开放型经济新体制相适应的海关、检验检疫、外汇和税收监管制度框架。

第四节 "十四五"时期提升上海国际贸易中心功能的基本原则

面对国际贸易领域的新形势、新挑战,我们认为,上海需要以五大发展理念为引领,从上海国际贸易中心的功能和定位出发,进一步提能级、强功能、补短板,从而加快推进上海国际贸易中心建设,最大程度发挥贸易对上海经济发展的推动作用。具体而言,上海国际贸易中心建设需要遵循以下几个原则:

一、"两互一同"原则

"两互一同"原则有利于形成"五个中心"互为支撑、内贸与外贸互相融合、货物贸易与服务贸易(包括技术贸易)同步发展的总体格局。

国际贸易中心与其他四个中心是相辅相成、互为支撑的关系,国际贸易中心是基础、前提和内容。上海历年来"以商兴市",贸易的发展带动了资金和物流的规模化需求。上海国际贸易中心的建立,上海投资、金融、航运等领域都获得了新的发展机会和有利条件。从服务国家战略和发挥上海"五个中心"建设目标及桥头堡作用出发,推动国际贸易中心建设向纵深发展。同时,创新内贸外贸融合发展思路,主动扩大进口,带来的不仅是消费升级,更放大口岸优势,打造国际消费城市,提升城市国际消费辐射力。切实调整货物贸易,大力发展服务贸易,超前发展技术贸易,推动技术、服务和制度创新。

二、"两度一畅"原则

"两度一畅"原则有利于形成市场开放度与贸易便利化程度高，物资流、商品流、订单流、信息流、服务流、资金流、人员流等贸易要素流动顺畅的运行机制。

开放是上海最大的优势，应主动服务国家对外开放战略，发展更高层次的开放型经济，力争成为支撑国家自由贸易区和"一带一路"倡议的重要枢纽城市，不断拓展全球贸易新空间。全方位参与国家自由贸易区等各种区域贸易安排合作，构筑"一带一路"贸易投资网络，加快与沿线国家部门和重要经贸节点城市等建立经贸合作伙伴关系。同时，也要做好对内开放，发挥长江经济带龙头城市的贸易服务辐射功能。重点深化"三项改革"，建设"三个区域"。深化"三项改革"分别是：深化行政审批制度改革，减少审批事项，简化审批手续，降低市场准入门槛；深化贸易管理制度改革，简政放权，服务企业；深化口岸通关模式改革，加强监管部门协调，提高口岸通关效率。建设"三个区域"是指：进一步对外开放，建设成为扩大服务业对外开放的试验区域；开展跨境贸易人民币结算试点，建设成为促进人民币国际化的先行区域；整合扩大保税区和出口加工区的功能，建设成为市场开放和贸易便利的示范区域。

三、"三并一体"原则

"三并一体"原则有利于形成有形市场和无形市场并存，国际市场与国内市场并轨，要素市场与消费品市场并举，贸易要素集聚、贸易主体活跃、知识产权保护有力、诚信体系健全、贸易标准化程度高的市场体系。

重点是构建"五大市场体系"，打造"十大交易平台"。其中构建"五大市场体系"是指：构建货物贸易市场体系；构建商品消费和服务消费市场体系；构建服务贸易市场体系；构建电子商务市场体系；构建与贸易相关的专业服务业市场体系。在现有基础上，继续全力打造具有国际影响力的"十大交易平台"：期货交易平台、技术交易平台、产权交易平台、航运交易平台、保税交易平台、网上交易平台、文化交易平台、汽车交易平台、农产品交易平台和黄金钻石等贵金属及珠宝交易平台。吸引和集聚四大类贸易主体：集聚国内外大企业和地区总部；集聚采用现代国际贸易运行新模式的企业，吸引国内外企业的营运中心、物流中心、分拨中心、销售中心、采购中心等入驻上海；集聚商品和服务技术含量高、附加值高的企业，吸引国内外企业把产业链中高技术含量、高附加值的环节放到上海，把研发中心、创意设计中心、增值服务中心、品牌培育中心设在上海；集聚国际国内贸易组织、贸易促进机构和行业组织，吸引国际国内贸易促进机构和行业组织落户上海。建立与国际贸易中心相适应的管理体制，营造国际一流水平的商贸环境。

四、"六心共构"原则

"六心共构"原则有利于形成口岸货物集散中心、大宗商品交易与定价中心、贸易营运与控制中心、国际会展与跨国采购中心、国内市场流通中心、国际购物中心的功能框架。

结合虹桥商务区建设，打造上海国际贸易中心空间载体，同时，大力建设具有先进水平、各具特色的区域性空间载体，包括具有口岸集散功能的载体，商品信息、商品展示、商品交易、跨国采购等功能的载体，大宗商品期货交易、大宗商品电子交易等功能的载体，航运交易、航运服务等功能的载体、服务外包功能的载体、国际购物功能的载体和商务与商业互动发展的载体。

第五节 "十四五"时期上海提升国际贸易中心功能的抓手和举措

过去 10 多年来，上海根据国家的总体战略，稳步推进国际贸易中心建设,已经基本建成了国际贸易中心的框架。未来,我们需要对标伦敦、纽约、新加坡、中国香港、东京等全球公认的国际贸易中心,不断提升能级、强化功能,并切实提出有力的抓手,采取有效的措施积极加以推进和落实。

一、当前提升上海国际贸易中心功能的几个抓手

从过去的实践来看,上海国际贸易中心建设虽然在整体上不断推进,也取得了一些成效,但是与其他几个中心建设相比,从目前来看,上海国际贸易中心建设的有效抓手或载体、平台似乎并不多,或者说成效还不够显著,其功能也没有得到充分的发挥。在新的形势下,我们认为可以以下几个方面作为抓手,进一步完善和提升上海国际贸易中心的功能。

(一)打造全球购物天堂,提升上海国际消费城市的吸引力和影响力

全球购物天堂和国际消费城市是国际贸易中心的基础功能。目前,上海已经初步成为全球中高端消费品的进口集散地,国际零售商集聚度达54.4%,国际高端知名品牌集聚度超过90%,上海口岸的服装、化妆品、汽车进口额分别占到全国的70%、53%和37%。然而,对标国际消费大都市,上海存在本土品牌不响、国际消费吸引力不足、消费体验环境有待提升等问题。未来,需要打响"上海购物"品牌战略,进一步提升上海国际消费城市的吸引力和影响力,打造全球购物天堂和国际消费城市,作为提升上海国际贸易中心功能的重要抓手。

(二)大力发展服务贸易、转口贸易和离岸贸易,提升上海国际贸易中心的贸易结构

随着经济的发展,服务贸易在整个国际贸易中的比重越来越高,地位也越来越突出。2017年上海的服务贸易额为1 955亿美元,规模排名全国第一,占全市对外贸易的比重为29.1%。同年,新加坡的服务贸易总额为

4 633 亿美元，在其对外贸易中的比重为 32%。可以看出，虽然上海服务贸易占比已经接近国际贸易中心城市水平，但是总量规模还有不小的提升空间。

离岸贸易和转口贸易是国际贸易中心的核心功能之一。香港离岸贸易在对外贸易中的比重已由 1988 年的 19% 增至 2012 年的 64%，之后有所降低，2017 年为 52%，同年转口贸易额占对外贸易比重 47%。而上海的离岸和转口贸易额在对外贸易中占比还很小，《"十三五"时期上海国际贸易中心建设规划》提出，2020 年服务进出口在上海全市对外贸易总额中的比重超过 30%，口岸货物国际中转比率达到 15%。未来，大力推动上海服务贸易、转口贸易、离岸贸易的发展应成为提升上海国际贸易中心功能的重要抓手。

（三）完善营商环境，提升上海国际贸易中心的全球竞争力

2018 年 OECD（经合组织）最新发布的 FDI（外商直接投资）限制指数显示，上海的 FDI 总体限制指数为 0.316，远远高于巴黎（0.045）、东京（0.052）、伦敦（0.04）和纽约（0.089）。具体来说，上海国际经济和贸易的开放度不高，而税费水平较高，包括所得税和关税水平等，同时对外资的市场准入要求也较为严格，这导致影响到上海对外资的吸引力，从而不利于上海集聚全球资源，建设商品、资金、信息流进出自由的全球型国际贸易中心。今后，上海必须继续着力完善营商环境，增强上海国际贸易中心的全球竞争力。

（四）推动跨境电商平台的发展，构建全球数字贸易中心

随着互联网、大数据、云计算技术的迅速发展，数字贸易在国际贸易中的地位越来越重要。数字技术带来全渠道、全产业链营销模式，体验消费、线上线下、社交电商、无人零售等新业态新模式。数字贸易能够发挥数字化连接、渗透的特点，推动贸易更主动、更高效、更精确地发挥资源分配、成本降低、供需匹配的作用，进而实现价值链的重组。2017 年，上海共实现数字贸易出口 85 亿美元，占全市服务出口额的 16.2%。未来，上海要进一步利用自身在数字经济领域的实力和基础，加快建成具全球竞争力的数字贸

易中心，作为国际贸易中心建设的重要抓手。

（五）大力发展总部经济，吸引各类跨国公司、国际性组织入驻

国际经验表明，跨国公司总部或地区总部及各类国际性机构、组织的集聚是国际贸易中心的基本标志之一。因此，上海必须把吸引各类跨国公司和相关国际性机构、组织入驻作为上海推进国际贸易中心建设的重要抓手。同时，要结合上海的比较优势产业、战略需求和市场需求，逐步培育出一批上海自己的具有国际竞争力的大中型跨国公司，加快集聚和培育一批具有研发、采购、分拨、营销、结算、物流、品牌培育等功能性总部企业，形成上海建设国际贸易中心的中坚力量。

（六）培育大宗商品交易定价中心，增强在全球贸易网络中的话语权

全球范围内大宗商品的交易和定价权是体现一个国际贸易中心影响力和辐射力的最重要标志之一。目前，上海的天然橡胶、铜和黄金的现货或期货定价已经产生了一定的国际影响力，但是距离掌握国际黄金定价权仍有相当长的路要走。许多大宗商品的定价权都旁落国外贸易中心城市，如铝、铜、铅、锡等金属的价格主要由伦敦金属交易所确定，棉花价格形成于利物浦，煤炭价格形成于纽约商品交易所，石油价格确定于东京交易所等。当前，需要将提升大宗商品的定价权作为上海国际贸易中心建设的重要抓手。

二、当前提升上海国际贸易中心功能的主要举措

（一）进一步放大进博会的溢出和带动效应，将虹桥商务区建设成为上海国际贸易中心核心功能区

利用中国国际进口博览会举办的良好契机，进一步做强"长三角国际贸易展示中心"平台，实现平台与本市自贸区及其他省市的进出口贸易平台联通，推动虹桥商务区的商务、旅游、文创、金融、休闲娱乐多产业联动发

展,放大进博会的溢出效应,建成具有多种功能的国际贸易中心核心功能区。借助于平台经济,促进贸易载体的集聚化发展,打造贸易集聚区,提升规模经济效应,既满足多元化的消费需求,也为了降低贸易成本的需要。以"一带一路"沿线国家与地区为重点,逐步增加国内外展馆数量,促进海外贸易服务商及投资服务机构、组织聚集,进一步强化虹桥商务区的"海外贸易中心"平台作用。

(二)以上海自贸区扩充片区为契机,着力提升服务贸易、转口贸易和离岸贸易功能

在《中国(上海)自由贸易试验区金融服务业对外开放负面清单指引(2017年版)》基础上,针对金融、信息服务、医疗、教育等新兴服务贸易行业,适度放宽市场准入标准,吸引外资服务商进入,促进新兴服务贸易进口。"引进来"的同时积极"走出去",以金融、信息服务、咨询和广告、文化教育等新兴服务贸易行业为重点,运用云计算、大数据、人工智能、物联网等IT技术,开拓东南亚、中亚、东欧等海外市场的服务贸易出口市场。

积极向国家有关部门争取政策支持,适当降低企业在开设离岸专用账户的注册资本要求并逐步赋予离岸专用账户的融资和理财功能,放宽现有的基于真实货物流的国际收支管理政策。提供5%—10%的优惠所得税税率,吸引大型跨国贸易商在上海自贸区的集聚,并为其离岸贸易的外汇结算提供便利,以"一带一路"沿线国家和地区为重点,促进转口贸易和离岸贸易的发展。

(三)培育本地大型国有及民营国际贸易服务商,吸引跨国公司总部、国际知名品牌和专业服务商集聚

抓住长三角一体化上升为国家战略的重要机遇,推动长三角三省一市优势流通企业,包括国有控股集团、大型民营集团等,利用参股、控股、联合、兼并等方式开展横向和纵向的跨区域整合,组建若干家总部设在上海的长三角大型国际贸易服务商,借鉴国际经验,积极吸引保税仓储、会展物

流、检测认证、展示销售、商务咨询、供应链服务、专业金融等专业服务商入住，提升在国际市场上的竞争力。

从投资注册、经营许可、通关检验、税收优惠等方面提高营商环境的国际竞争力，吸引跨国公司总部或地区总部、国际知名零售商和品牌商以及会展、中介、物流、检测认证、商务咨询等专业服务商在沪集聚，形成跨国贸易公司总部、专业服务商、国际品牌的不断集聚。

（四）发展线上渠道，完善离境退税政策，促进国际购物消费的增加

破解在数据交换平台、仓储监管等相关体制机制方面的障碍，积极促进大型跨境电商龙头企业到上海发展。推进上海自贸区跨境电商国际贸易单一窗口出口平台建设，将涉及出口的所有政府部门集中到国际贸易单一窗口平台，全面实现电子报关，降低制度成本。继续发展多元化的海关监管制度，包括"备货模式""集货模式"等，促进跨境电商通关便利化。推动本市骨干物流企业与航运和空运企业开展战略性合作，加快出口跨境电商海外仓的全球布局，积极应对美国和欧盟的贸易壁垒措施。

增加离境退税商店的数量和规模，争取覆盖至重点商圈、旅游景点的主要大型商店。配合"上海购物"品牌建设，精心制造和设计具有中国特色、上海特点的境外旅客消费的特色商品。提高退税标准，将目前退增值税率11%逐步提高至全额退还增值税。简化退税手续，探索在退税商店"即买即退"政策试点，进一步提高消费者、商店和代理机构的积极性。

（五）建设上海国际贸易大数据平台，增强国际贸易信息枢纽功能

进一步促进海关口岸数据库与外贸采购商与供应企业、物流企业、电商等数据库对接，逐步将更多贸易链、供应链、物流链数据纳入跨境贸易管理大数据平台，建设上海国际贸易大数据库中心，实现数据集中与共享，并运用大数据与云计算等信息技术，增强数据库的信息服务功能，挖掘庞大的参展企业资源，加强数据分析与预测，建设跨境数据物流中国标准，助力上

海成为跨境物流大数据中心，为政府部门、进口商、中间商以及采购商提供及时、高效和精准的服务。

（六）提升大宗商品定价权和国际影响力，建立区域性国际商品定价中心

引导橡胶、铜、黄金等大宗商品的现货市场开展产业链整合和服务链延伸，推进相关的金融、物流、生产等交易主体的合作，形成合力，提升上海现货与期货企业在大宗商品的国际定价与销售中的影响力。

推进上海自贸区的资本账户对外开放，使上海期货交易所引进更多的国际投资者，完善期货交易品种和交易机制，促进期货市场和现货市场、保税交易和非保税交易、一般贸易和转口贸易联动发展。

（七）以虹桥论坛为基础，打造具有国际影响力的国际经贸论坛

借鉴博鳌亚洲论坛、达沃斯论坛等成熟机制和经验，在目前"虹桥国际贸易论坛"的基础上，打造具有国际影响力的上海国际贸易论坛，全面助力上海国际贸易中心建设。借助上海的高校、科研机构、民间智库的力量，围绕上海国际贸易中心的功能提升开展长期、战略性的研究，不断推出引领全球经贸发展的高质量思想产品和"上海方案""上海倡议"等。

参考文献：

1. 程大中：《国际贸易中心的历史演变及其对上海的启示》，《世界经济情况》2009年第7期。
2. 汪亮：《国际贸易中心城市崛起的经验与启示》，《城市观察》2011年第4期。
3. 李菲：《国际贸易中心发展经验与广州实践》，华南理工大学硕士论文，2019年。
4. 毕长江等：《国际经验对上海国际贸易中心建设的启示》，《科技创业家》2012年第9期。
5. 陈友俊：《上海在"一带一路"建设中的地位构建》，《科学发展》2017年第7期。
6. 丁任重等：《中国区域经济政策协调的再思考——兼论"一带一路"背景下区域经济发展的政策与手段》，《南京大学学报》2016年第1期。

7. 黄丙志：《现代服务业供应链整合与上海国际贸易中心建设》，《科学发展》2012年第2期。
8. 毛道根等：《服务贸易发展与上海国际贸易中心建设研究》，《上海商学院学报》2012年第2期。
9. 石琼丹：《国际贸易中心城市的共性特征》，《特区经济》2014年第5期。
10. 朱婷：《上海贸易发展功能、地位之嬗变：1949—1978》，《上海经济研究》2010年第3期。
11. 吴伟平：《关于上海国际贸易中心制度建设的研究——基于国际比较的思考和建议》，复旦大学博士论文，2010年。
12. 石良平等：《中国（上海）自由贸易试验区建设与上海国际贸易中心转型升级》，2014年。
13. 匡增杰：《对上海国际贸易中心建设的探讨——基于行业协会对外贸易促进职能的视角》，《世界贸易组织动态与研究》2011年第1期。
14. 张泓铭：《上海商贸业发展与国际贸易中心建设》，《上海经济研究》2009年第7期。
15. 孙浩：《保税区对上海国际贸易中心建设的促进性研究》《开发研究》2010年第6期。
16. 雷仲敏等：《浦东建设上海国际贸易中心核心功能区的探讨》，《青岛科技大学学报（社会科学版）》2011年第1期。
17. 查贵勇：《上海、香港和新加坡服务贸易发展比较分析》，《上海经济研究》2011年第1期。
18. 孙元欣：《国际贸易中心在国家"一带一路"建设中的作用》，《上海商业》2016年第3期。

执笔人：王如忠　魏　蒙

第十章
加快建设国际文化大都市

上海建设国际文化大都市的任务和目标从提出至今已有十数年,《上海"十三五"文化改革发展规划》(2016—2020)、《全力打响"上海文化"品牌加快建成国际文化大都市三年行动计划(2018—2020年)》实施已近尾声,《上海城市总体发展规划》(2017—2035)、《长江三角洲区域一体化发展规划纲要》(2019—2025)正在实施。"十三五"时期,上海认真贯彻中央决策部署,推动文化建设不断取得新进展。习近平新时代中国特色社会主义思想深入人心,市民精神文明素养进一步提升,文化产品生产持续活跃,文化精品不断涌现。率先建成现代公共文化服务体系,内容供给丰富多样。公共文化设施体系进一步完善,空间布局持续优化。文化创意产业重点领域集聚效应显现,产业规模和实力快速提升。中华优秀传统文化获得进一步传承、弘扬和拓展,群众性精神文化生活多姿多彩。文化"走出去"效应进一步增强,城市文化影响力不断扩大。文化领域的体制机制不断巩固和完善。据有关专家分析,对标到2020年上海基本建成国际文化大都市的目标要求,通过客观指标比较、市民和游客满意度感受度调查、全球社交媒体分析等多个维度相关课题综合研究,可以发现:上海已经具有与国际文化大都市相匹配的经济实力,重大功能性文化设施、书店、电影院等文化硬件设施建设数量和水平在全球同类中具有相当竞争力,超过95.9%的市民、96.1%的国内游客和83.6%的国际游客认同上海作为国际文化大都市的城市地位,国外主流社交媒体平台大多数用户对上海城市文化形象持正面积极的态度,这都印证上海完成了"国际文化大都市"基础建设任务(即国际文化大都市建设1.0版本），并正处于向具有全球独特魅力和具有国际创新引领风向标作用的成熟建设阶段迈进时期（即国际文化大都市建设 2.0 版本）。①

当然，距离纽约、伦敦和巴黎等 2.0 版本的"国际文化大都市"，上海还有一定差距，特别表现在上海城市的整体品牌形象尚有抽象和模糊之处，尚未形成具有核心文化特质的领域与概念，城市文化辨识度还有待提升。

文化是城市的灵魂，是城市内涵、品质、特色的重要标志。坚定文化自信，增强家国情怀，在新的历史阶段实现上海国际文化大都市建设高质量发展，就需要提升能级，形成独具特质的国际文化"码头"和"源头"，成为全民高参与度、区域广辐射力、全球重要影响力和风向标的国际文化大都市。

"十四五"时期是我国由全面建设小康社会向基本实现社会主义现代化迈进的重要时期，是"两个一百年"奋斗目标的历史交汇期，也是全面开启社会主义现代化强国建设新征程的重要机遇期。上海要始终把自身发展置于全球发展视野和全国发展大局，以落实党中央决策部署和国家战略为己任。需要立足上海又跳出上海，立足已有成绩又善于发现不足和问题，立足已有体制机制改革又聚焦改革瓶颈，在服务"一带一路"、长三角一体化中实现高质量发展。

第一节 "十三五"时期上海国际文化大都市建设的主要成效

"十三五"时期，上海认真贯彻中央决策部署，以全力打响"上海文化"品牌为抓手，坚持中国特色社会主义文化发展道路，大力弘扬城市精神、彰显城市品格，激活"源头"、做强"码头"，提升城市文化软实力，推动国际文化大都市建设迈上新台阶。

---

① 参见 2019 上海交通大学徐剑课题组：《打响"上海文化"品牌，建设上海国际文化大都市研究报告》；华东师范大学冯学钢课题组：《2019 本市市民、国内游客、外籍人士等关于上海文化发展情况的问卷调查》。

一、新时代中国特色社会主义思想学习、研究、宣传成绩显著

坚持用新时代中国特色社会主义思想武装全党、教育人民、推进工作，不断增强"四个意识"，坚定"四个自信"，推动当代中国马克思主义、21世纪马克思主义深入人心。

（一）用马克思主义中国化最新成果武装头脑、推动工作

"十三五"期间，通过市委中心组集体专题学习会、向领导干部推荐书目、理论宣讲、微宣讲等多种方式学习马克思主义中国化最新成果；汇聚研究力量，成立并加强上海市习近平新时代中国特色社会主义思想研究中心建设，以重大研究项目、高端研讨会、学术讲座、发表高质量文章、组织出版主题丛书为抓手，发出上海理论界的有力声音；聚焦上海解放70周年、纪念五四运动100周年、新中国成立70周年等重大主题，组织开展系列理论研讨，形成系列理论成果；围绕学习研究习近平总书记在中国国际进口博览会演讲和考察上海重要讲话精神，组织哲学社会科学工作者为推进中央交给上海的国家战略任务建言献策；有效推进理论工作"四大平台"建设：马克思主义理论研究和建设工程注重重大理论和现实问题研究，上海市中国特色社会主义理论体系研究中心注重与上海市习近平新时代中国特色社会主义思想研究中心内涵式合作和一体化发展，马克思主义学院建设注重学科人才支持计划，理论媒体注重发挥理论宣传引导主力军作用；依托"世界中国学"论坛等学术外宣平台，推动习近平新时代中国特色社会主义思想国际化。[①]

（二）中国特色新型智库建设取得重大进展

上海已初步形成以国家高端智库为引领，市级新型智库为支撑，其他智库为补充，布局合理、分工明确的新型智库体系。2015年年底，国家启动

---

① 资料来源：上海市委宣传部理论处。

高端智库建设试点工作，上海社会科学院、复旦大学中国研究院入选首批25家国家高端智库试点单位名单。2018年11月，首家上海市重点智库"上海全球城市研究院"成立；2019年9月，正式启动首批上海市重点智库遴选建设工作，标志着上海市重点智库建设开始从"一家试点"向"各方参与"推进；聚焦新时代上海和全国发展中的重大问题，组织近80项智库专项课题，报送近200份决策咨询专报，多次获得中央和省部级领导肯定性批示，真正成为党和政府用得上、靠得住、离不开的"思想库"和"智囊团"；协调组织各类智库举办富有特色的国内外重要论坛，探索建立海外中国新型智库研究中心，切实增强国家文化软实力和上海城市竞争力；起草《上海市重点智库管理办法》和《上海市重点智库经费使用办法》，优化宏观指导、统筹规划职能，推动形成各类智库协调发展新格局，探索符合新型智库发展的现代管理体制。①

（三）牢牢把握意识形态工作主导权和话语权

牢固树立"四个意识"，坚定"四个自信"，推进落实《党委（党组）意识形态工作责任制实施办法》和《党委（党组）网络意识形态工作责任制实施细则》，牢牢把握意识形态工作主导权、话语权，"十三五"期间全市意识形态领域保持了平稳可控、向上向好的良好态势。推动各级党委（党组）全面落实意识形态工作主体责任，形成一级抓一级、层层抓落实的工作格局。弘扬主旋律、唱响正气歌，扎实做好强信心、聚民心、暖人心的工作。完善管理机制、严格管理制度，加强日常监管、把住重点关口，坚决防止出现大的意识形态事件和舆论漩涡。加强意识形态领域情况监测和分析研判，提高对敏感舆情和苗头性倾向性问题的研判和处置能力。

（四）培育践行社会主义核心价值观

认真贯彻落实习近平总书记关于"上海一定要把培育和践行社会主义核

---

① 资料来源：上海市哲学社会科学规划办公室。

心价值观工作做得更细、更实、更深入人心，努力走在全国前列"的重要讲话精神，以培育时代新人、弘扬时代新风为着力点，通过强化教育引导、实践养成、制度保障，不断提高市民文明素养和城市文明程度。

充分利用重大历史事件纪念活动、爱国主义教育基地、中华民族传统节庆等，深入开展中国特色社会主义和中国梦宣传教育，开展党史、国史、改革开放史教育，大力弘扬上海城市精神和城市品格，切实增强了广大市民群众的爱国情怀和国家意识；广泛开展道德模范、先进典型、最美人物、身边好人等选树表彰、学习宣传工作，营造了崇德向善、见贤思齐的良好氛围；依托上海丰富的红色文化、海派文化、江南文化资源，开展积极健康的民俗文化活动，弘扬中华优秀传统文化中蕴含的思想观念、人文精神、道德规范；注重家风家教，引导人们在阖家团圆、孝老敬老中弘扬文明新风；开展上海市民修身行动，推出"新七不"行为规范，培育了"申城人文行走""市民修身书单""少年励志讲堂"等一系列特色品牌项目，有效推进了社会公德、家庭美德、职业道德和个人品德建设；夯实精神文明建设门户官网，推进新媒体矩阵式传播。深化"网德工程"，全面推动"网络文明能量大放送联合行动"，倡导网络文明新风。①

（五）群众性精神文明创建活动向纵深发展

贯彻落实《关于深化群众性精神文明创建活动的指导意见》，始终把群众性精神文明创建活动作为提高市民文明素养和城市社会文明程度的有力抓手，在各类创建活动中突出思想道德内涵，坚持问题导向，坚持为民惠民，着力扩大覆盖面、增强实效性，不断提升城乡居民的获得感和幸福感。

结合城市精细化管理和创新社会治理等中心工作，注重崇德向善、文化厚重、和谐宜居，文明城区创建水平不断提高；结合乡村振兴战略，深化美丽家园、美丽乡村建设，突出乡风民风、人居环境和文化生活建设，文明村

---

① 资料来源：上海市委宣传部社会宣传处、上海市精神文明办公室调研处。

镇、文明社区（小区）创建内涵不断深化；结合企业社会责任和员工素质，注重健康文明、昂扬向上的职工文化，着力推动与群众生活关系密切的窗口行业服务水平，文明单位、文明行业创建针对性不断增强；结合文明家庭、最美家庭、星级文明户创建活动，注重家庭、注重家教、注重家风，倡导社会主义家庭文明新风尚，文明家庭创建影响力不断扩大；坚持立德树人，强化教书育人、管理育人、环境育人，文明校园创建工作机制不断健全；针对高空抛物、车窗抛物、宠物扰邻、乱扔垃圾等市民群众反映强烈的不文明行为，集中开展除陋习专项整治工作，持续推进文明居住、文明交通、文明旅游、文明餐饮创建工作，弘扬时代新风行动不断深化。[①]

（六）健全完善志愿服务制度化建设

"十三五"以来，上海进一步完善形成了市文明委领导、市文明办牵头统筹、志愿者协会服务保障、市志愿服务公益基金会支持的"一体两翼"工作格局，形成了由市、区、街道、基层单位和各条线有关部门构成的志愿服务工作组织架构，各相关部门及人民团体通力协作、全社会共同参与的总体格局。

截至2019年12月31日，"上海志愿者网"实名注册志愿者数量（435万人）、全市志愿服务组织数（2.4万个），市、区两级志愿者服务基地数（807家）均提前完成"十三五"规划目标，志愿服务制度保障体系不断完善；完成《上海市志愿服务条例》修订工作，制定《上海市突发事件志愿服务管理办法》等一系列专项文件，建立评选表彰、信用激励、资金扶持、困难资助、多重保险、礼遇优待等综合激励保障机制，志愿服务民生服务功能不断增强；完成2016年上海市政府实事项目"完善100家社区志愿服务中心民生服务功能"任务，在全市建立了14家区志愿服务指导中心、220家街（镇）社区志愿服务中心和5 000多个居（村）学雷锋志愿服务站，推动了社区志愿服务体系从行政化主导向社会化协同拓展。[②]

---

① ② 资料来源：《"十四五"上海精神文明建设前期研究》（市精神文明办、上海社会科学院）。

(七)着力强化未成年人思想道德建设

注重价值引领、服务指导、统筹协调,深化党委统一领导、党政群齐抓共管、文明委组织协调、有关部门各负其责、全社会积极参与的未成年思想道德建设工作格局,完善以学校为龙头、社会为平台、家庭为基础的"三位一体"教育协同工作机制。

结合利用春节、清明、六一、国庆等重要时间节点,组织广大未成年人积极参加中华经典诵读、清明祭英烈、向国旗敬礼等活动,强化理想信念教育和爱国主义教育,聚焦典型选树,开展"新时代好少年"学习宣传活动,"十三五"以来,由上海推荐的1名同学获得全国"新时代好少年"荣誉称号。注重为青少年提供优秀文化产品和优质文化服务,坚持开展上海市优秀童谣征集传唱活动,评选"上海市优秀童谣征集推广活动示范基地"学校16所,每年推出受广大未成年人喜爱的30本"上海好童书";大力拓展未成年人社会实践平台。推动各级爱国主义教育基地等公共文化设施向未成年人免费开放,重点建设一批市级示范性未成年人公共活动场所。至2018年,全市已建成100家示范性学生社区实践指导站,提前完成"十三五"建设目标。加强学校少年宫建设,评选命名首批上海市示范性学校少年宫10所,提名6所。推动区未成年人(学生)心理健康辅导(教育)中心向街道(镇)延伸,形成未成年人心理健康教育市、区、街道(镇)三级网络。[①]

(八)积极实施"党的诞生地"发掘宣传工程

努力构建红色文化传承保护体系、宣传教育体系、交流拓展平台,彰显上海作为中国共产党诞生地、建党精神发源地的历史地位。

2016年7月,全面启动实施"开天辟地——党的诞生地发掘宣传工程",做好发掘保护、理论研究、新闻宣传、文艺创作、社会宣传、教育培训、红色旅游七方面重点任务。注重发掘保护,对《新青年》编辑部旧址、

---

① 资料来源:《"十四五"上海精神文明建设前期研究》(市精神文明办、上海社会科学院)。

陈望道旧居等一批重要革命文物进行保护修缮，还原历史风貌、提升教育功能，2019年8月31日开工建设中国共产党第一次全国代表大会纪念馆，于2021年7月1日正式对外开放。加强新闻宣传和社会宣传，注重理论研究和文艺创作，推出"建党历程"等系列专题报道，制播《诞生地》等电视纪录片，发布并用好"开天辟地——党的诞生地发掘宣传工程"形象表达主题标识，举办"红色电影之旅""电影党课"等主题活动，2017—2019年连续3年开展"中国共产党的创建与上海"学术研讨会。实施"党的诞生地"主题出版工程和文艺创作工程，举办"从石库门到天安门"上海美术作品展，观展人次超百万。图书《战上海》2019年获得中宣部"五个一工程"特别奖。舞剧《永不消逝的电波》2019年荣获国内专业舞台艺术领域最高奖"文华奖"和中宣部"五个一工程"优秀作品奖。[①]

二、有效提升舆论宣传影响力

牢牢把握正确的政治方向、舆论导向、价值取向，以精准的受众定位、新颖的题材、灵活的表达方式唱响主旋律，壮大正能量，做大做强主流思想舆论，充分发挥强信心、聚民心、暖人心、筑同心的作用。

（一）积极营造健康向上的思想舆论氛围

形成党委、政府有关部门与重要媒体的工作联动、舆情研判和舆论引导机制。"十三五"期间，市领导直接参与各类信息发布活动累计达73人次，其中2019年参与24人次，直面媒体和社会公众，发布权威信息、做好政策解读，社会影响积极正面，起到良好舆论引导效果。上海连续4年获评全国新闻发布工作优秀地区；不断创新发布渠道和形式，"上海发布"政务新媒体居全国领先地位。紧扣重大活动和重要节点，做大正面宣传，形成全方位、全媒体、多视角的传播格局；全力打造上海"政务新媒体民生服务第一

---

① 资料来源：市委宣传部社会宣传处。

入口",健全突发事件信息发布和舆情引导机制,建立"4+X"(市应急联动中心、市政府总值班室、市政府新闻办、"上海发布"办公室+信息发布责任主体)联动模式;2019年,起草《关于进一步规范上海突发事件及社会敏感事件信息发布和舆论引导工作的实施方案》,通过制度形式迅速回应社会关切,发挥"一锤定音"的作用。①

(二)深化媒体融合发展,持续发挥主流媒体影响力

"十三五"以来,上海稳步推进媒体深度融合和整体转型,现已逐步形成两家实力雄厚、国内领先的新型主流媒体集团。上海报业集团针对主流媒体发展新媒体的方向和模式开展前瞻性、战略性规划,重点布局以人工智能、大数据为代表的"智媒体矩阵",力争实现从"融媒体"向"智媒体"转型;上海广播电视台,包括东方卫视、第一财经和广播等围绕媒体融合将改革进一步推向深入。澎湃新闻、东方网、第一财经、界面·财联社等有全国影响力的新媒体品牌正在积极探索平台建设、内容生产和模式创新,将现代信息技术运用在新闻采集、生产、分发、接收、反馈中,在专业性和权威性上下功夫,用主流价值导向驾驭"算法",全面提高舆论引导能力。加快构建融为一体、合二为一的全媒体传播格局。强化人才队伍建设,不断增强脚力、眼力、脑力、笔力,培养造就一大批全媒记者、全媒编辑、全媒管理人才,充分展现新闻舆论新气象。②

(三)提升国际传播能力,拓展文化交流合作

"十三五"期间,上海在传播能力建设顶层设计、"进博会"媒体外宣、"世界中国学"论坛学术外交、推广上海城市形象及品牌标识、外宣媒体转型升级等方面做了大量卓有成效的工作。

对标中央关于国际传播最新部署要求和国际传播最新趋势,制定两轮上

---

① 资料来源:市政府新闻处、市委宣传部新闻处。
② 李强:《新闻媒体要始终坚持追求卓越的发展取向,深化改革创新,加快融合发展》,《解放日报》2018年2月9日。

海国际传播能力建设三年行动计划,《上海国际传播能力建设三年行动计划（2016—2018年）》明确八大工程25个重点项目,《上海国际传播能力建设三年行动计划（2019—2021年）》明确六大工程18项重点任务,对于全市国际传播能力整体性提升起到积极推动作用。有效运用上海"中华文化走出去"专项扶持资金的作用,2018年所资助的40个项目中7个被中宣部评为全国重点项目,入选数量在全国省区市排名第一;依托"魅力上海""感知上海""城市背景板"等已相对成熟的城市形象传播和采访线推广活动,规范使用形象标识和推广口号,凸显统一鲜明的上海城市形象;培育支持全数字化英文新媒体平台第六声（SIXTH TONE）项目,推动上海日报融媒体平台SHINE、上海广播电视台融媒体中心新媒体矩阵ShanghaiEye上线,上海对外信息服务热线962288继续保持高水平多语种公益热线服务;外宣媒体对外合作交流渠道进一步拓宽。①

（四）着力构建网络空间治理体系

始终把"两个维护"作为网络意识形态工作的头等大事,网上政治安全的态势感知、监测预警、风险研判和管控处置能力显著提升,社会热点问题、敏感事件、突发事件网上舆情调控管控及时有力,网络意识形态斗争主动权更加牢固。2018年年底,市委网络安全和信息化领导小组调整为委员会,决策职能和统筹协调作用得到进一步强化,实现机构到位、职能到位、力量到位、机制到位、技术到位。市委网信办、市公安局、市通信管理局、市经信委等部门的联动协调加强,逐步形成密切配合、高效处置的"大网信"格局,实现多主体多手段多部门协同治网总目标。建设市区两级网信技术体系,开展互联网新技术新应用安全评估工作,落实互联网属地化管理责任。统筹主流媒体新媒体、商业网站,境外社交平台,打通政务新媒体、网络红军、正能量大V等多个宣传阵地,形成强大网上合力,打击网络谣言、网络色情、网络敲诈等违法违规行为,不断提升正面宣传的到达率、阅读

---

① 资料来源：上海市委外宣办。

率、点赞率。不断加强网络社会组织建设，进一步发挥行业自律作用。开展"争做中国好网民 上海网民在行动"系列活动，不断提升网民素养。全市网络舆情处置机制不断完善，形成了从舆情发现、研判、报送到处置的闭环管理，反馈率已提升至90%左右。[①]

三、促进优秀文化产品创作生产

（一）大力繁荣影视等文艺创作生产

"十三五"期间，上海围绕影视剧精品创制的全产业链要素，从选题孵化、剧本创作、取景拍摄、后期制作、宣传推广等方面构建了全方位、全流程的政策扶持。积极引导各类优秀主体、人才和项目聚焦主旋律影视作品的创作生产。鼓励原创独创，加强对文学源头、剧本创作等基础性环节的扶持。对于重大电视剧项目，还给予重点摄制资助，并积极引导金融机构优先给予信贷支持，先后推出了电视剧《平凡的世界》《彭德怀元帅》《大浦东》《大江大河》《外滩钟声》《特赦1959》《小别离》《小欢喜》《国家孩子》，纪录片《大上海》等一批精品力作。

"十三五"期间，上海逐步摸索形成了一套符合中国国情和上海特点的影视摄制服务体系，体现了"上海服务"的高水准。2019年，"上海市影视版权服务中心"正式挂牌成立，作为上海服务影视产业的再升级，打造专业的版权服务平台，充分尊重影视创作生产规律，主动提供服务、促进合作，全产业链对接各类影视机构、编剧、作家的现实需求，全方位保障优秀电视剧的创作生产。

（二）积极推进舞台艺术创作繁荣发展

"十三五"期间，上海持续深化"一团一策"改革，激发院团发展的动力活力。以建设亚洲演艺之都为契机，鼓励各院团深入挖掘上海"红色文

---

① 资料来源：上海市委网信办。

化""海派文化""江南文化"资源，打造"上海原创""上海制作""上海出品"的品牌矩阵。推出舞剧《永不消逝的电波》、歌剧《晨钟》、京剧《北平无战事》、芭蕾舞剧《闪闪的红星》、沪剧《一号机密》、杂技剧《战上海》等一批彰显上海红色基因的舞台艺术作品；原创音乐现场《海上生民乐》《共同家园》，昆曲《临川四梦》、越剧《双飞翼》、淮剧《浦东人家》等展现了中华优秀传统文化和江南文化魅力；木偶剧《最后一头战象》、话剧《追梦云天》、京剧电影《曹操与杨修》、昆剧电影《景阳钟》、越剧电影《西厢记》等融合舞台技术与艺术，提升了海派文化的影响力。

舞剧《永不消逝的电波》先后荣获第十二届中国艺术节"文华大奖"和中宣部第十五届精神文明建设"五个一工程"优秀作品奖。舞剧《朱鹮》，芭蕾舞剧《天鹅湖》《马可·波罗》，民乐《海上生民乐》、京剧《霸王别姬》《五百年后孙悟空》、歌剧《图兰朵》等一批优秀剧目不断亮相国际国内舞台，锻炼了队伍、扩大了影响，助推中华文化"走出去"。

（三）有序发展网络文艺创作生产

2014年，上海在全国率先成立网络作协，着眼于上海网络文学事业的健康发展，努力在更高层次上团结、服务和引领好广大网络作家。"十三五"期间，上海市网络作协共有会员344名，覆盖了上海各大文学网站最为活跃的一线作者。

2016年开始，上海文化发展基金会将网络文艺纳入资助范畴，旨在引导创作一批优秀网络文艺作品，促进传统文艺与网络文艺创新性融合，鼓励优秀作品的网络传播，激发网络文化创造活力，提升网络文艺作品的正能量。

市文联成立上海新文艺工作者联合会，以新文艺组织和新文艺群体代表为主，团结网络文学工作者、艺术家工作室、民营文化企业、民营美术馆、民营演出场馆、民营院团、文创园区等新兴文艺个人和群体，引导他们成为繁荣社会主义文艺的有生力量，为上海文艺事业发展繁荣发挥积极作用。

（四）持续完善精神文化产品创作生产机制

不断完善文艺创作新品、优品、精品"三品"扶持计划，修订完善实施办法，集中资源向精品力作倾斜。完善推动文艺创作的资助体系，各类资金扶持、政策引导，不断从"保障型"向"前置型"延展，从创作初始阶段就加强扶持。从 2016 年起，先后新增资助舞台剧、美术和文学创作选题孵化研发项目。2019 年增设电视剧、网络剧和广播剧创作选题孵化研发项目，从而实现了对文学、影视、舞台、美术这四大艺术门类，从选题孵化到剧本创作，再到制作演出的全方位、全流程扶持。为加快"演艺大世界"建设，设立市区两级财政投入的"演艺大世界配套扶持资金"。设立"上海文学艺术翻译奖"，推动新时代上海文学艺术翻译事业的发展。①

四、城市文化空间发展新格局逐步形成

（一）"两轴一廊"文化空间初显规模

一批重大功能性文化设施、一批文化功能区和文化集聚带在"两轴一廊"地区先后建成。东西向城市文化发展轴先后形成以环人民广场文化设施为核心的演艺和人文生活集聚区、上海国际舞蹈中心为核心的国际化舞蹈集聚高地、以陆家嘴为核心的浦江东岸文化功能提升集聚地。南北向城市文化发展轴正加快推动浦东黄浦江东岸文化聚集带、宝山滨江邮轮文化带、杨浦杨树浦滨江创新带、虹口北外滩文化功能区、徐汇滨江西岸文化带等重要文化功能区建设。苏州河沿线整体规划持续推进，"上海源"文化地标、"苏河十八湾"文化工程、"苏河湾"人文休闲集聚带等重点工程深入推进。

（二）"双核多点"规划布局逐步成型

人民广场文化核心功能区、浦东花木地区文化核心功能区"城市双核"

---
① 资料来源：市委宣传部文艺处。

文化设施数量和能级质量同步提升。人民广场周边1.5平方公里区域内已集聚上海博物馆、上海市历史博物馆（上海革命历史博物馆）、上海大剧院、上海音乐厅等各类重要功能性文化设施20余个，文化设施密度高到13.3个/平方公里，也是国内规模最大、密度最高的剧场群集聚地。浦东花木地区在上海科技馆、上海东方艺术中心、浦东图书馆等现有文化设施基础上，推动上海博物馆东馆、上海图书馆东馆等市级重大文化设施开工建设，上海文化新枢纽功能逐步显现。此外，静安环上大国际影视集聚区、松江科技影都集聚区、嘉定新城文化集聚区、金山区滨海地区文化集聚区、奉贤海湾文化集聚区等多个点状文化功能区建设成效显著。

（三）各项新型文化地标建设工作顺利推进

目前，上海重大文化设施数量、系统性、专业性等均处国内领先水平。"十三五"时期市级规划在建重大文化设施项目13个，上海市历史博物馆（上海革命历史博物馆）、上海大世界传艺中心、上海轻音乐团3个项目已完成并投入使用。上海图书馆东馆、上海博物馆东馆、程十发美术馆等10个项目全部开工建设，除上海大歌剧院外，其余项目均计划在"十三五"时期竣工完成。中国近现代新闻出版博物馆项目仍在研究论证阶段。为满足新的社会发展需要和市民文化新需求，"重内涵、重功能、重品质、重社会效益"是上海新一轮文化设施建设的重点和宗旨。①

（四）基层公共文化设施基本实现全覆盖

上海已形成"市、区、街镇、居村"四级公共文化设施基础网络，基本实现"中心城区10分钟、郊区15分钟的公共文化服务圈"目标。针对人群居住结构特点、自然村分散等情况，各区推动建设介于街镇、村居中间的3.5级"邻里中心、街区中心"，设置村居4.5级"客堂间、睦邻点"等基层服务点。在商圈、楼宇、交通枢纽、公园绿地、滨江水岸等公共空间，与社

---

① 资料来源：《上海"十三五"文化改革发展规划中期评估》（上海市委宣传部、上海社会科学院）。

会机构共建、向社会公众开放、提供公益性文化服务（活动）的新型公共空间，设置城市书房、智慧图书馆、望江驿等新型阅读空间，据统计，全市约有3 440个、85万平方米的新型公共文化空间，有益补充了四级基础设施网络，实现了城市公共文化资源的优化整合与融合发展。①

（五）率先建成现代公共文化服务体系

"十三五"期间，上海深入贯彻落实《公共文化服务保障法》《关于加快构建现代公共文化服务体系的意见》，以率先构建现代公共文化服务体系为目标，加快政府职能转变，融入长三角一体化国家战略，注重体制机制创新，立足基层公共文化服务效能建设，以老百姓的文化获得感、满意度为出发点和落脚点，在机制创新、资源整合、服务效能等方面积极探索，系统推进公共文化服务的标准化、均等化、社会化和数字化，大力促进上海公共文化设施从广覆盖向广覆盖、促均衡、提效能转型；公共文化内容供给从文化系统小循环向包含系统外、体制外在内的全社会大循环转型；公共文化服务方式从在场、实体向在场、实体和在线、数字"两轮驱动"转型；公共文化活动运作机制从政府举办为主，向政府主导、社会参与、各方支持、群众受益转型；公共文化建设主体从单一主体向丰富多元主体转型。②

六、文化创意产业发展态势良好

"十三五"以来，尤其是"文创五十条"、电竞20条发布以来，上海聚焦影视、演艺、动漫、网络视听、创意设计、数字出版、艺术品交易、文化装备八大产业，积极探索上海文化创意产业内涵深化整合、外延融合带动的发展新路，取得了显著成绩。2019年上半年，全市文创产业实现总产出8 122.79亿元，同比增长6.9%，进一步夯实战略性支柱产业地位。③

---

① ② 资料来源：上海市文化和旅游局公共文化处。
③ 全年数据需第四次经济普查核定后测算，2020年一季度末公布。

（一）影视：努力建成全球影视创制中心

"十三五"期间，上海围绕建设"全球影视创制中心"，提升电影产业综合实力。充分发挥促进上海电影发展专项资金、国家电影事业发展专项资金的杠杆作用，积极抓基础、补短板，上海科技影都建设取得阶段性成果。2019年推动上海（车墩）高科技影视基地建设启动，中视儒意影视基地、昊浦影视基地建设稳步推进，引进华策长三角国际影视中心、松江星空综艺影视制作研发基地、1905国际数娱影视产业园等重要项目；2019年第22届上海国际电影节国际性、专业性和惠民性进一步提升。"一带一路"电影节联盟成员扩展至33个国家的38个电影节和电影机构。2019年共有10部"上海出品"影片获得23个国内外重要奖项，取得包括"五个一工程"、中国金鸡奖、华表奖在内的国内外重要奖项"大满贯"，创历史之最。

"十三五"以来，上海电视剧备案公示的部集数大约占全国备案公示的部集数的14%左右，上海电视剧完成的部集数则保持在全国的14.6%左右，正在经历数量规模增长向质量提升转变的关键时期。2018年，纪念改革开放40周年宣传期期间，《大江大河》《大浦东》《外滩钟声》《幸福一家人》4部上海出品的现实题材电视剧以优良的品质赢得了好口碑和高收视。《大江大河》还入选了全国第十五届精神文明建设"五个一工程"奖。2019年，庆祝新中国成立70周年宣传期间，上海推出一批优秀现实主义剧目，其中《特赦1959》在央视一套热播引发关注，《小欢喜》在东方卫视、浙江卫视及视频网站热播并引爆公众话题。柠萌影业出品的《小别离》成为"一带一路"沿线国家的"网红剧"。[①]

（二）演艺：打造亚洲演艺之都

"十三五"时期，上海演艺产业整体呈现平稳发展的良好态势，形成了一批有影响力的剧场积聚群、演艺新空间、民营剧团、演出经纪机构和票务

---

① 资料来源：市委宣传部电影处。

代理机构等市场主体，以及特色剧目、重大节庆活动品牌等构成的相对成熟的演艺产业体系，国际化与市场化程度位居全国前茅，年轻观众群体的培养与艺术普及取得明显成效。

"十三五"以来，剧场总量从 123 家增加到 152 家。目前环人民广场演艺活力区周边 1.5 平方公里正常营运的剧场及展演空间 21 个，是目前全国规模最大、密度最大的剧场群。2019 年 5 月出台《上海市演艺新空间营运标准》，共授牌演艺新空间 50 家。演艺规模从"十二五"末的 1.5 万场演出增加到如今 3 万场，年均增长约 30%。观众人次从 750 万人次相应增加到 1 600 万，年均增长约 30%。演出收入 13 亿元增加到 18 亿元，年均增长 12%。预计到"十三五"末，演艺规模将达到年演出场次 4 万场，观众人次 2 400 万，演出收入 22 亿元。①

（三）动漫：建设全球动漫游戏原创中心

"十三五"时期上海动漫产业进一步优化结构，形成了较为完善的发展格局，产业集聚初具规模。拓展产业链条，引导产业上下游企业发展布局，完善产业结构，促进产业融合发展，整合国内外行业资源，初步形成原创动漫 IP 孵化"智脑"的城市定位；经过张江动漫谷、宝山动漫衍生产业园等产业模式探索，"十三五"期间优化形成了以嘉定环球 AGC 产业基地为典型代表的"产业链+孵化+投资"的产业模式。以原创动漫 IP 孵化为核心、影游联动促进动漫游戏产业发展，助力原创动漫 IP 规范化、市场化、商业化；积极探索创新动漫新型产业，网络动画、虚拟偶像、动画短视频等新兴领域蓬勃发展。

2019 年，共计有 4 部作品入选国家广播电视总局的上半年度优秀国产电视动画片名单，2 部动漫作品荣获 2019—2020 年度国家文化出口重点项目称号。中国国际动漫游戏博览会 CCG EXPO（简称 CCG）、中国国际数码互动娱乐展览会 ChinaJoy（简称 ChinaJoy）等会展表现突出。依托长三角

---

① 上海市文化和旅游局产业发展处：《"十四五"时期上海演艺产业发展研究报告》。

区域文化创意先进、经济发展迅速、动漫产业市场发达与业态丰富的优势，2018年11月底，上海牵头成立了"长三角动漫产业联盟"。作为长三角首个动漫产业联盟组织，积极促进三省一市产业联动，构筑省省之间、省市之间的交流合作桥梁，整合企业资源，赋能产业升级，促进海外合作，是国内最具权威、最有影响力的动漫产业合作联盟。①

（四）网络视听：巩固全国品牌示范地位

"十三五"期间，上海出台了《关于促进上海网络视听产业发展的实施办法》（沪文广影视〔2018〕146号）、《上海网络视听产业品牌建设三年行动计划（2018—2020年）》，实现政策有效供给，着力培育了一批有竞争力的市场主体，上海网络视听产业集聚带动效应、品牌示范效应，以及在全国的影响力基本确定。

哔哩哔哩、PP视频等凭借各自独特内容或特点，深耕垂直领域。喜马拉雅、蜻蜓、阿基米德3家音频网站占据全国音频行业超过80%的市场份额。我国三大视频网站优酷土豆视频、爱奇艺PPS和腾讯视频在北京、上海两地实现了"双同步"建设，业务在两地同时开展，企业规模不相上下，上海作为中国网络视频产业发展战略高地的地位再次凸显。

目前，中国（上海）网络视听产业基地内已集聚了超过955家企业，其中70%以上的落户企业为从事网络视频、影视动漫、网络游戏、技术研发、信息服务等新兴文化的企业。②

（五）电竞：建设全球电竞之都

"十三五"期间，电竞相关政策陆续发布：2017年12月，《关于加快上海市文化创意产业创新发展的若干意见》（简称"文创50条"）正式发布；2019年5月，《关于促进上海电子竞技产业健康发展的若干意见》（简称"电竞20条"）正式出台；2019年8月，《电竞场馆建设规范》和《电竞场

---

① 上海市文化和旅游局产业发展处：《"十四五"时期上海动漫产业发展研究报告》。
② 上海市文化和旅游局网络视听节目管理处：《"十四五"时期上海网络视听产业发展研究》。

馆运营服务规范》正式发布。电竞产业蓬勃发展，逐步形成产业资源密集、产业链相对完善、电竞场馆覆盖范围广泛、领头赛事众多、游戏出版产业发展迅速等良好局面。

上海目前集中了国内80%以上的研发公司、电竞内容公司、俱乐部和明星资源以及线下商业设施，包括知名电竞俱乐部EDG、Snake，电竞运营商量子体育VSPN，直播平台哔哩哔哩，电竞培训机构综皇等，产业聚合效应显著，场馆各具特色，基本实现了对各类电竞赛事的全面覆盖。国内知名度排名前20的电子竞技俱乐部中有超过半数的总部设立在上海，如WE、iG、EDG、NEWBEE、TOP、皇族等。上海目前已经形成了数量不少的游戏产业孵化器，如张江园区、嘉定蓝天经济城园区、徐汇漕河泾园区、闵行紫竹园等，其中不乏大批具有原创能力的游戏企业。2018年，上海自主研发网络游戏销售收入达593.1亿元，占全国36.1%，增长率高达10.9%。根据伽马数据（CNG）发布的《上海游戏出版产业报告》，2019年1—5月，热度TOP20客户端电子竞技游戏中上海款数占比达到45%，目前上海也是国内客户端电子竞技游戏新品最活跃的地区，近年来，《CS：GO》《守望先锋》等精品产品均通过上海引进。[①]

（六）网络文学：巩固全国龙头地位

上海成为网络文学企业的集聚地之一，目前已形成了以综合性网络文学企业阅文集团为龙头，传统出版平台及传统文学发挥优势互补、新兴中小型网络文学平台并存的网络文学行业格局。"十三五"期间，上海网络文学业推出了一批思想内容和艺术水准俱佳、以人民为中心的正能量作品。近两年上海网络文学作品获得省级以上奖励、扶持、推荐等100余次，其中，《写给鼹鼠先生的情书》入选"2018年度中国好书榜"，《回到过去变成猫》《奥术神座》荣获第四届中国出版政府奖网络出版物奖提名奖；2019年上海网络文学产业销售收入72亿元，保持每年30%增长，超额完成"十三五"规

---

① 上海市文化和旅游局市场管理处：《"十四五"时期上海电竞产业发展研究》。

划的 30 亿元目标。

截至 2019 年，在上海网络文学平台签约作家中，已先后有 133 位中国作家协会会员。上海还成为网络文学出海的桥头堡，网络文学作品已被翻译成英语等 10 多个语种。阅文集团旗下网络文学海外站"起点国际网"网站用户数超 4 000 万，超过 100 部作品点击过千万。IP 授权方面，截至 2018 年年底，上海网络文学企业与各国出版机构合作授权外语图书版权已超过 400 部。

上海网络文学企业通过模式创新，利用自建海外平台支持当地作者进行内容创作与运营。不仅占据了海外文学阅读的市场份额，而且有效推进了中外文化交流互动。国产网络文学平台不仅登录北美和欧洲等发达国家市场，并且开始通过国产手机制造商和海外电信运营商等渠道，迅速进入非洲、东南亚等新兴市场。2019 年上海举办"国际网络文学周"，吸引更多海外作者、读者来中国上海共同探讨网络文学产业发展。[1]

（七）数字出版：构建出版产业新格局

"十三五"期间，上海在承担实施国家重点出版计划、精品战略，提升学术性和专业性的基础上推动上海传统出版与新媒体融合发展走向深入，融合出版业态多样，传统出版与听书行业、在线教育行业、网络游戏产业、网络文学产业等新兴行业融合，出现了有声书、数字课程产品、外语学习 App、网络文学进行传统出版、影游文联动等融合出版产品形态。

"十三五"期间，张江国家数字出版基地文化与科技企业营收由 2014 年 293 亿元增长到 2019 年的 605 亿元，保持年均两位数的增长幅度。累计引进数字出版和文创创意企业总数 704 家。基地产业门类涵盖网络游戏、网络视听、互联网教育、影视动漫、文化装备等上下游产业领域。基地创业家集群效应凸显，标杆企业引领发展，产业生态建设效应显著，产业链优势突出。

---

[1] 资料来源：上海市委宣传部数字出版处。

目前，国家数字出版基地虹口园区正在积极推进以"5G全球创新港"为中心，华为-上海5G+VR/AR/MR创新中心为重点，临港5G科创园、5G+VSAT卫星联创平台、恒升半岛5G众创空间（筹）、财大5G创新园（筹）、欧朗硬客群等为支撑点的"1+1+X"的5G联创生态建设。同时，以"数字+出版"继续推进传统数字出版行业发展，重点推进"数字+音乐"为主导的产业集聚形态形成。

（八）艺术品：构建国际重要艺术品交易中心

"十三五"以来，上海凭借藏品资源和高净值人群上的优势吸引了国内外知名拍卖企业的进驻。截至2018年年底，上海地区共有文物拍卖企业47家，2018年实现成交额21.60亿元。上海成为国内外重量级拍卖行战略布局的核心重地之一。市文化旅游局于2018年起新增艺术品产业发展资金，用于支持上海艺术品产业发展。① 在传统的上海艺博会之外拓展出了Art021、西岸艺术与设计博览会等大型当代艺术博览会、培育青年艺术家的上海青年艺术博览会、细分市场的影像上海艺术博览会、面向艺术消费市场的上海城市艺术博览会等。

上海自贸区针对艺术品进出境实现十大贸易便利化创新，包括艺术品空运到港预申报，24小时入库；艺术品保税出区展示，5个工作日审批出区，支持365天全年境内展示；艺术品保税出区展示代垫海关保证金；艺术品进出口批文申办5个工作日完成；艺术品进出境备案免除文广局批文；文物艺术品暂时进出境，作品数据在线提交，主管部门入库审核；设立国家文物进出境审核上海管理处上海自贸区受理点等。

七、非物质文化遗产传承保护迈上新台阶

"十三五"期间，上海全面贯彻落实习近平关于传承弘扬中华优秀传统

---

① 上海市文化和旅游局市场管理处：《"十四五"时期上海艺术品产业发展研究》。

文化的重要指示精神，以联合国教科文组织《保护非物质文化遗产公约》为纲领，贯彻落实《中华人民共和国非物质文化遗产法》和《上海市非物质文化遗产保护条例》，推动非物质文化遗产保护事业深入发展，着力做好非物质文化遗产保护的创造性转化、创新性发展。

"十三五"期间，积极推进非物质遗产保护工作机制建设，加强配套政策制定。2018年发布《上海市非物质文化遗产代表性项目管理办法》，重新制定出台《上海市非物质文化遗产保护专项资金管理办法》，启动《上海市非物质文化遗产展示传承基地管理办法》《上海市非遗代表性项目分类保护和评估指标体系》制定工作。

2015—2019年间，共认定市级非遗项目1批50项，市级传承人1批108名；累计出版国家级非物质文化遗产代表性项目系列丛书43部，拍摄国家级非物质文化遗产代表性项目专题片50部。完成20余名国家级传承人进行抢救性数字化记录的工作。

2016年起启动了非物质文化遗产"进课堂"试点工作，并在嘉定区、徐汇区、宝山区进行进课堂试点工作，积极开展非物质文化遗产项目常态课堂教育传习活动。2018年启动覆盖全市的"非遗在社区"——上海市非物质文化遗产社区传承传播工作，推动非遗扎根社区，积极引导各级各类非遗传承人在社区开展常态化的演、讲、示、教等传承传播活动，加强非遗在城市社区的传承活力。

落实中央有关部委非遗传承人群研培计划，2015—2019年间，上海大学、上海工艺美术职业学院、上海视觉艺术学院、同济大学、东华大学、华东师范大学、上海戏剧学院、复旦大学8所高校入选研培计划院校名单，累计承担研修研习培训班60余期，全国各地学员近3 000人次。在此基础上成功举办了"年画、剪纸、皮影与动漫的对话"等专题研讨会、"开天辟地——中华创世神话"等命题创作活动、中国非物质文化遗产传承人群研培计划优秀成果展、研培计划经验交流会等活动。

2019年2月制定《上海市传统工艺振兴计划》，完善传统工艺振兴制度，优化传统工艺社会生态，大力培养传统工艺人才，集聚全国各地乃至世界各国优质传统工艺资源，培育一批上海工匠和著名品牌等具有上海地方特色的目标，使本市传统工艺的传承和创新能力、行业管理水平和市场竞争力、从业者综合素质、收入以及对城市就业创业的作用显著提升。

结合重要时间节点和民俗节庆，积极开展各类非遗社会宣传活动。利用各种重大活动和展览会、博览会等宣传平台，提高了非遗项目的知名度与影响力。2017年，有着百年历史、曾被誉为中国文化"东方之门"的上海大世界经过整修后重新开放，成为本市非遗保护传承的新中心。2018年起，进博会平台举办了非遗与老字号展览、展演，新闻中心非物质文化遗产专题展示活动，受到观众和众多中外媒体记者的热切关注与积极报道。支持社会主体举办"天工开物""江南百工"等非遗品牌展示活动。通过"非遗在身边"等媒体专栏，加强非物质文化遗产知识宣传。推出了上海非遗公众号，通过传统媒体与新媒体相结合的宣传方式，让更多社会群体了解非遗、喜爱非遗。

持续推进"一带一路"非物质文化遗产交流展示活动，建立"一带一路"国家非物质文化遗产保护合作机制。成功举办7届国际（上海）非遗保护论坛、9届国际艺术邀请展。先后在埃及亚历山大、土耳其伊斯坦布尔举办"一带一路"上海非物质文化遗产专题展，获得广泛好评。[①]

第二节　当前上海国际文化大都市建设存在的问题和不足

上海的城市整体文化形象还需要进一步提升和凝练，缺乏具有全球代表性和影响力的文化品牌。优秀文艺原创能力需要进一步加强，缺乏更多能够反映现当代中国改革开放发展伟大成就的精品力作，尚未形成文艺创作高峰。名家大师、领军人才仍然紧缺，文化创意产业人才竞争力较弱，文化体制改革需要进一步深化，文化发展的激励机制仍不完善，跨部门跨行业政策

---

① 上海市文化和旅游局非遗处：《上海市"十四五"时期非物质文化遗产发展保护研究》。

协同性尚有欠缺,"放管服"改革难点痛点需要进一步突破。总体谋划布局能力有待提升。重大文化设施的利用率需要进一步提升。城市文化综合治理水平需要进一步提升。

一、公共文化服务

（一）公共文化服务空间布局在新时期的均衡化有待进一步提升

公共文化服务应"以人为本",人口分布是公共文化设施布局的主要依据。在推进大居建设、乡村振兴、集中居住、撤制并村等背景下,公共文化设施布局的着力点应在重点研究如何调整、更新,让公共文化服务更贴近市民,更便捷服务。在中心城外围以及近郊新城,文化设施与快速公共交通的结合度有待提高。

（二）公共文化机构改革发展仍需进一步推进

全市各区对部分公共文化机构的职能认定、行业分类不统一。如市群众艺术馆划入文博类,部分区文化馆划入公共管理与服务类,部分区文化馆划入文体场馆类,不尽合理。文化馆作为公共文化主要阵地之一,与图书馆、博物馆、美术馆承担着相近的文化服务职能,工作量更大,却没有纳入对应的文博科普类,一定程度上影响了队伍的积极性、稳定性。此外,公共文化机构的法人治理结构亟顺健全,绩效考核、分配制度改革有待进一步深化。

（三）公共文化服务协同发展力度还有待进一步提升

公共文化服务供给需要发挥跨部门、跨行业、跨区域的资源整合效应,需要在法制层面加强与体育健身、城乡规划、财政税务、教育等相应主管部门的统筹和协调,把公共文化服务统筹协调机制的建立摆到更加重要的位置,才能使公共文化服务建设的合力效应得到彻底实现。此外,上海作为全国率先建成公共文化服务体系的排头兵,也需要从制度层面落实推进长三角公共文化服务一体化进程的具体举措，探索建立立法工作信息交流和共享机制，协同推动区域协调发展。

（四）社会力量参与公共文化服务还需持续引导培育

社会力量参与公共文化服务方面还存在扶持政策有待细化、具体化的问题；在加快社会组织培育方面，存在基层需求增长和合格社会主体不足的不平衡问题。社会力量参与总量还是不足，公共文化服务主体仍主要依靠政府下派力量及其管辖的文化机构，文化类社会组织的发展与日益增长的市民文化需求来讲，还是总量少、能力弱。①

二、文化产业

（一）动漫

动漫类企业分布较为分散，依托产业园区吸引扶持动漫细分领域发展的模式集聚作用较为局限。企业主导产业集聚模式尚未形成，具有行业领导力的龙头企业带动中小动漫企业发展势能不足。动漫企业仍存在小、散、弱的特征，亟顺加强动漫产业集聚效应。

具有顽强市场生命力的精品原创动漫作品稀缺。原创动漫 IP 变现难，发行市场收不抵支，授权与衍生品市场仍处于发展初级阶段，作品与衍生品盗版现象屡禁不止，原创动漫作品盈利能力不足已成提速产业发展掣肘。

创意人才、导演、编剧、动画形象设计、高端市场营运和品牌策划营销等高端人才稀缺。具备创新能力的复合型人才更是凤毛麟角。技能培训与人才评定尚未普及，高校动漫人才培养模式难以符合企业实际人才应用需求。

（二）电视

上海电视剧虽然取得了突出成绩，但整体品质仍有待继续提高，有数量

---

① 上海市文化和旅游局非遗处：《上海市"十四五"时期非物质文化遗产发展保护研究》。

缺质量、有"高原"缺"高峰"的现象仍未根本扭转。重沿袭模仿轻特色创造，重追逐潮流轻开拓创新的现象仍在一定程度上存在。资本先天排斥个人趣味、批判现实、艺术追求，而热衷追求题材轻松、故事热闹、全民娱乐，资本绑架创作必然让创作观念趋于保守。这一情况也使得上海电视剧制作经营机构弱化了开拓戏路、创新题材的主动性，另外，上海电视剧供给市场高度分散，"作坊式"低产公司占比高，具备规模化打造精品剧能力的机构少。

近年来，上海影视界人员结构老化、中青年人才流失的现象有所好转，但讲政治、懂市场、善经营、会管理的复合型高端管理、运作人才和创作人才，包括剧作、导演、表演等方面也相对缺乏。核心人才北漂化，行业吸附效应弱。

上海影视基地业务类型单一，核心要素向园区集聚不够，缺乏共性服务平台，服务能级不高，未能吸引行业协会、重大功能性项目、领军型民营影视企业集团、影视投资经纪机构落地。

（三）电竞

管理：电竞赛事多以厂商自发组织，国内权威性电竞组织话语权不足，没有足够的法律支持，缺乏统一权威的行业标准，电竞职业赛事体系和赛规仍待完善。电竞俱乐部运营机制不完善，大多以个人名义进行俱乐部投资，管理的薄弱导致战队待遇不足、资金短缺。电竞行业对知识产权的法律保护意识也比较薄弱，缺少政府相关制度的监管与保障，不利于电竞产业的可持续发展。

产品：由于软件代理门槛较低，国内电竞厂商多注重短期经济效益，倾向于引进或收购境外赛事和产品，企业核心竞争力薄弱，产品研发方面投入不足，研发团队培养不系统，电子竞技软件人才匮乏，造成了难以独立开发出具有自主知识产权和较大市场影响力的电子竞技产品的局面，缺乏本土原创特色，同质化的电子竞技产品泛滥。

专业人才：行业仍然处于发展初期，电竞人才的短缺不仅体现在数量上，更体现在从业者专业技能的欠缺上。一方面体现在中国选手与其他国家选手在技能、职业素养上的差距，缺乏军事化、职业化培训；另一方面，关于教练员、裁判、赛事组织人员、俱乐部管理层等电竞从业人员缺乏专业机构培训。人才培育的速度跟不上电竞行业发展的速度。

场馆资源：电竞比赛所用场馆主要集中在体育馆、文化馆、展览馆、专业电竞馆和网吧，除了专业电竞馆，其他场馆一般是用作体育赛事、商业演出、展览等，无法达到电竞专业化程度，因此专业电竞馆仍有较大的发展空间。

市场：电竞行业壁垒严重，老牌竞技产品的市场地位无法撼动，电竞平台的建立对资本有较高的要求，市场集中度高，大部分市场份额被如腾讯、网易等大企业垄断，新型产品孵化机制尚未健全，新晋企业在资金和渠道上较为薄弱，市场竞争力不足，有利于新型企业成长、激活市场竞争的市场机制有待建立。

（四）网络视听

总体而言，大部分企业受到高版权投入、高宽带成本等影响，网络视听行业整体尚未实现普遍盈利。网络视听行业与影视内容制作行业发展密切相关。近年来，国家多部门联合开展收视率调查、片酬整治、影视税收补缴，重点原创网络影视剧、境外视听节目引进政策逐步趋严，这些政策变动直接导致整个影视行业融资困难、项目减产、库存加剧等问题，从而延伸出视听网站付费会员流失、资金量减少等"蝴蝶效应"。

上海视频网站发展受制于阿里巴巴、百度、苏宁等控股集团，缺乏主导权和主动性。2017年，聚力传媒（原PPTV）将平台改名为"PP视频"。因为架构调整，PP视频部分职能部门的重心向集团总部倾斜，大部分职能部门从上海迁移至南京。虽然优酷土豆和爱奇艺PPS目前实行北京、上海双总部策略，但是在总体来看，上海网络视频企业的行业整体地位落后于北京。

上海互联网企业由于缺乏门户类、搜索类网站的发展经历，没有形成良好的互联网人才发展生态。上海缺乏如搜索、产品经理等互联网人才，需要从北京、深圳、杭州等地招募，但与周边城市相比，上海网络视听企业留人用人成本过高，吸引力不足。

（五）艺术品交易

从主体数量来看，上海现有文物艺术品拍卖企业共47家，远低于北京241家，占全国（共546家）的8.6%。而上海的画廊数量也远低于纽约、伦敦等国际艺术市场。上海地区的拍卖企业虽然平均成交率、结算率高于北京，但是利润率低于北京和其他区域，尚不到全国平均水平的1/3。由于缺少高价成交拍品，以及部分企业亏损严重，造成上海拍卖企业人均创利水平较低，只相当于北京的41%，也远低于全国平均水平。

在税收政策方面，相对于香港，上海在艺术品交易和进出口贸易方面并不具备优势。长期实施零关税和增值税的香港在艺术品跨境贸易中占有独特的优势。在香港注册的公司只需支付净收入16.5%的利得税，额度低又简单的税务政策，对国际画廊和拍卖公司具有强大的吸引力。

上海画廊业整体发展仍呈"年轻化"态势，其中创立未满3年的画廊占64%，经营10年以上的画廊仅占总数的6%。随着画廊经营的逐渐成熟，画廊业本身所面临的专业化程度偏低、画廊定位不明确的问题日渐显露。据调查显示，所有盈利的上海画廊中，超过60%的画廊业主认为目前画廊缺少专业人才。

（六）演艺

对标伦敦、纽约等国际文化大都市，上海距离打造亚洲演艺之都的目标还有很大差距。

剧场总量和布局有待完善：现有剧场152个，与纽约、巴黎、伦敦、东京、首尔等演艺业发达城市相比还显不足。缺少2 500座以上的大型专业剧场和众多50—150座位的小型剧场。上海剧场布局呈现集聚与分散的特点，需要把政府引导与市场发展结合起来，实现更加合理的谋篇布局。

原创经典作品和驻场品牌演出缺乏：上海原创演艺作品一是总量不足，二是有品牌影响力的不多，总量和原创驻场演出品牌与纽约、伦敦相比还有较大的差距。在国内发展已经达到比较成熟的旅游演艺项目，在上海尚属于起步阶段，一些国际品牌演艺企业落户上海还需要政策突破，演艺产业市场开放需要进一步拓宽。

市场主体和演艺产业人才还需要在总量和质量两方面提升。演艺产业需要更多的市场主体，上海演艺产业主体体现在院团、经纪公司、各类NGO等，国有院团活力需要更进一步激发，民间主体需要进一步壮大，经济机构的国际化程度还不够高，各类有益于演艺产业发展的NGO也需要发展。与纽约、伦敦、北京相比，高水平的创作和管理人才都显不足，需要加大引进和培养的力度。

文化和科技、文化和旅游的融合面临挑战。演艺产业将面临新技术的挑战，"十三五"期间，上海演艺产业在新技术应用方面探索成果不多，未来需要有计划地引导和研发、应用，通过交叉和融合，跟上甚至引领国际演艺产业的潮流。[①]

三、文化人才、文艺创作

"十三五"以来，上海文化人才队伍建设、文艺创作主要发展指标完成良好，但与打响"上海文化"品牌，建设国际文化大都市的目标还存在一定差距，与国际水准对标，名家大师不多，编剧、作曲、编舞等创作型人才紧缺，文艺院团管理型干部储备不够，这些问题还需进一步解决，有效促进了文艺创作由"高原"走向"高峰"。

比照近年来兄弟省市出台的一系列人才引进集聚政策、文艺创作支持政策，上海现有的文化专业人才管理模式、评价模式、认定模式与新业态的快速发展还不相适应，需要进一步在文化人才引进、培养、激励等方面不断开

---

① 上海市文化和旅游局：《文化产业发展"十四五"前期系列调研报告》。

拓创新，在用好人才、留住人才等方面花大力气。随着"互联网+"与文化行业融合发展不断深化，体制外文化人才不断涌现，如何对其能力资格给予更准确的评价认定，如何加强与他们的联系服务，都需要创新思路、创新方法。在文艺创作内容方面，需要结合上海深厚的历史积淀和人文资源，加强保护和传承，激励创作，多出精品，推动文艺作品体现国际文化大都市的艺术水准，在文艺创作生产机制方面，需进一步探索多渠道传输、多平台展示、多方位扶持的文艺作品生产机制，改善文化创作生态环境。①

四、非物质文化遗产保护

目前上海大部分区级非物质文化遗产职能科室、保护机构仍然没有独立法人资质，保护工作职责不明确，队伍不稳定，在实际运作中难以充分发挥主观能动性作用，由于绩效评价机制不完善，对于工作质量的检验、认定标准不明确，奖惩界限不分明，对传承人扶持力度有待提高。师徒传承激励措施不足，导致一方面现有传承人年龄老化，另一方面年轻人不愿意学，后继乏人现象较为严重，缺乏高层次的交流展示平台。非遗宣传、推广、展示的渠道和平台不足，让非遗传承人及时获取信息的渠道还比较欠缺，缺乏具有重大影响力与特色的品牌项目。迄今为止，上海还没有能够形成一些具有全国、全世界影响力的非遗会展品牌项目，或者特色非遗节庆活动，具有非物质文化遗产保护能力的优秀人力资源不足，缺乏既有较为丰富的非遗保护专业知识，又有一定的文化创意意识，并能具备一定的市场经营能力的综合性人才。

从长远来看，还需要处理好传承与创新、内容与形式、历史感与现代性之间的关系。目前在实施中华优秀传统文化传承体系建设时，对物质文化和非物质文化遗产的保护和传承举措注重"保护""传承"的较多，创造性转化、创新性发展方面还有待进一步探索新办法、新形式和新手段。对标兄弟

---

① 资料来源：《上海"十三五"文化改革发展规划中期评估》（市委宣传部、上海社会科学院）。

省市的优秀案例和做法，上海需要加强体现上海本土传统文化品牌的学术研究，深挖优秀传统文化的内涵，形成清晰的品牌定位，使传统文化在当代更加"活"起来，以形成广泛的影响力和感召力，让"非遗"走入百姓生活。为更好地"活态"保护非遗，还有待提高项目的体验性，加强文旅融合，发挥综合效应，使中华优秀传统文化在新时期进一步融入中国特色社会主义文化建设的历史进程，适应并引领社会主义市场经济，融入人民群众的鲜活实践。

第三节 "十四五"时期上海国际文化大都市建设的总体形势分析

海纳百川、追求卓越、开明睿智、大气谦和的城市精神，开放、创新、包容的城市品格，是上海的宝贵财富。中国特色社会主义进入新时代，经济社会发展实力和综合国力显著增强，广大人民群众精神文化需求日益增长，为上海文化发展提供了强劲内生动力。但世界局势错综复杂，全球经济增速普遍放缓，文化发展面临的不确定、不稳定因素增加。信息技术的快速发展和多元多样的文化需求对文化产业转型与文化治理方式提出了新的挑战，对文化生产供给能力提出更高要求。

一、重大机遇

（一）世界处于百年未有之大变局，文化交流将成为国与国之间、城市与城市之间合作的重要纽带

当前，世界经济重心在变、世界政治格局在变、全球化进程在曲折中前行，文化作为全球争议性小、亲和力大的交流合作议题，对推进世界各国合作的桥梁作用愈加突出。同时，我国倡导实施中华文化走出去战略，作为增强国家文化软实力、在综合国力竞争中赢得主动的有力举措。推动文化发展繁荣将成为上海落实国家战略、参与全球城市合作的必然需求。

（二）我国正处于实现中华民族伟大复兴关键时期，保障人民文化权益，回应和满足人民群众的各种正向文化消费需求将是文化创作生产的首要任务

随着时代的发展、社会的进步，社会主要矛盾发生新变化，人民群众对于精神文化产品需求呈现多样化的趋势，人民群众的消费习惯也正发生巨大变化，电影、知识阅读、旅游等文化消费成为国内消费升级的新趋势。此外，随着文化领域新业态、新技术发展，市民文化消费内容本身也在不断升级，体验性的文化消费形式将成为发展新趋势。巨大有待满足的文化消费市场将为上海文化发展提供无限的潜在需求。

（三）区域一体化发展成为国内外经济关系协同的新趋势，以文化认同为基础，增强区域间整体意识，将是上海在区域合作发展中找准定位的内在需要

当前，跨洲际、跨区域经济合作兴起。新时代，中央提出"一带一路"倡议和长三角区域一体化发展等国家战略，上海在一体化发展中必定会有更大的担当，文化领域势必也将发挥更为重要的作用，这符合上海承担全国改革开放排头兵和创新发展先行者的角色定位，也是为建设社会主义文化强国作出上海贡献的现实需求。

（四）新一轮科技创新革命为世界经济政治与社会发展注入新动能，文化发展与科技进步相辅相成、相互促进，科技创新将成为推动文化发展关键的技术支撑

当前，物联网、大数据、云计算和 AI 等现代科技引发了一场全新的技术变革，新科技为文化领域带来新产品、形成新产业、创造新供给、引发新需求、缔造新生活，如互联网、智能手机、平板电脑等新技术载体对文化传播方式进行创新，同时催生了微电影、网络直播等新业态，依托科技创新推动上海文化发展将成为未来上海获取新竞争制高点的契机。

二、面临的挑战

（一）世界局势错综复杂、暗流涌动，反华势力、分裂势力内外勾结为祸一方，国家文化安全面临新的威胁和隐患

西方国家围堵和遏制中国和平崛起，把大量蕴含西方价值观的文化产品输入我国，并在国际舞台上按照西方标准肆意妄评我国，使得我国意识形态话语权面临被挤压和被弱化的危险。国内右的意识形态鼓吹全面西化，左的意识形态彻底批判社会主义市场经济，否定改革开放成果，部分干部信仰缺失，都对国家意识形态和文化安全带来巨大的挑战。

（二）全球经济增势普遍放缓，国内经济处在结构调整的阵痛阶段，文化领域发展面临的不确定、不稳定因素增加

内外部经济压力相互交织与叠加，政府对一般性财政支出压缩，公共财政对文化领域的直接投资将进一步收紧，重大功能性文化设施大拆大建的时代已经过去，此外，文化创意产业也面临更为激烈的市场竞争挑战。

（三）新一轮科技和产业革命蓄势待发，多重重大颠覆性技术不断涌现，信息传播技术，特别是移动互联网终端技术快速发展，对现行的文化治理能力提出了新的挑战

在 5G 时代，传媒竞争将更加激烈，内容付费、互动传播将成为新的增长点，自媒体的兴起已经成为能与传统媒体分庭抗礼的新兴媒体势力。如何发挥新媒体作为公众行使合理的舆论监督权的新渠道，同时规避具有偏激性、来源难辨真假的自媒体信息在网络肆意传播，成为在新媒体环境下，网络舆论监管能力和文化治理水平体现的重大挑战。

（四）上海作为超大型城市，城市不同代际人群的文化需求迥异，保障市民基本文化权利，满足与日俱增的文化需求，对现行文化生产供给能力提出了新的更高要求

上海现有常住人口 2 423 万，城市人口结构具有户籍人口老龄化程度高、外来人口净流入多并定居化特点。此外,"80后""90后""千禧一代"逐渐成长为文化消费的主力军,年轻一代群体思想观念、兴趣爱好呈现多样化特征。如何加强文化产品供给,既能满足老龄化城市的现实基本文化需求,又能满足年轻一代的未来文化消费需要,成为上海文化供给的全新课题。

三、上海优势

(一)作为我国最大的经济重镇,上海在国家战略中始终占据着重要地位,国家战略对上海文化的引领和推动作用是上海文化发展的战略优势

进入新时代,上海的发展始终得到中央的关心和支持,并被赋予更多承担国家战略的责任,上海代表国家参与国际合作与竞争,率先建立中国(上海)自由贸易试验区,并正积极推进"三大任务"和"一个平台"建设,文化领域亦已积极、主动、创造性对接和落实国家战略任务。推动承担更多国家战略任务,为城市文化发展提供了战略依据。

(二)上海全力打响"四大品牌",构筑未来发展优势,丰富的红色文化、海派文化、江南文化是上海的宝贵资源和发展优势

文化是城市的灵魂,上海这座城市是近代中国工人阶级大本营,是中国共产党的诞生地,现存400多处红色革命遗址遗迹。地处长三角和长江入海口的独特区位优势,使上海继承了江南文化的魅力。作为近现代中西方文化交流交汇的中心,海派文化资源数不胜数。立足上海成为文化"源头"的魅力,用好、用足三种文化资源是未来上海文化发展的禀赋优势。

(三)上海较高的国际化程度,开放、创新、包容的城市品格,契约精神和理性务实的城市特质深深根植于城市发展的点滴,成为未来上海文化发展的精神源泉

"国际化"是城市文化的显著标签,国际文化大都市地位得到国内外高

度认同。创新开放的文化市场、稳定公平的营商环境为上海文化国际化发展提供了契机，吸引了国内外优质的文化创作生产资源和要素集聚，立足上海作为文化"码头"的魅力，弘扬优秀城市精神品格是城市文化发展的固有优势。

（四）上海超前的城市文化规划布局，较完备的文化设施建设水平和文化创意产业先发优势，成为上海文化发展的厚实基础

经过"十二五""十三五"近10年的努力，上海形成了浦西环人民广场地区和浦东花木地区两大文化核心功能区，坐拥上海大剧院、上海博物馆、中华艺术宫、世博文化中心等一批国际顶尖的重大文化设施。此外，上海文化创意产业增加值占全市生产总值近13%，高科技影视摄制基地、演艺大世界、国际艺术品交易月等重要项目有序建设。较高水准的空间布局、相对完备的城市文化设施建设水平和文创产业发展规模，为城市文化发展提供了基础保障。

四、"十四五"时期需要解决的主要问题

（一）城市核心文化辨识度

从全市问卷调查结果看，虽然"国际化"成为受访者共识，但所有人对于上海文化形象的认知差异都较大，和纽约、伦敦、巴黎等著名全球城市相比，上海在全球范围内的城市核心形象识别体系尚未建立，没有形成具有上海核心文化特征、具有唯一辨识度的核心要素。现阶段，上海拥有丰富的红色文化、海派文化、江南文化资源，以及传统元素和流行元素多彩并呈的文化发展格局。如何将多样的文化资源和文化元素相互结合，形成具有全球独特辨识度的文化特征，还需要进一步深化研究。

（二）主流价值观情感渗透度

培育和践行社会主义核心价值观广泛开展，但宣传普及和真正实现市民

"知、信、行"的相统一,让市民将社会主义核心价值观内化为自己的信念并在日常生活实践中外化为行动的实现率有限。核心价值观传播在"融入社会发展各方面,转化为人们的情感认同和行为习惯"方面还有提升空间。此外,从市民调研结果看,"红色文化""海派文化""江南文化"三大文化资源中,"海派文化"是"上海文化"品牌建设中最受认可的文化资源,"红色文化"认知度最低。如何提升"红色文化"在市民群众心中的认同度,还需要强化宣传和普及举措。

(三)核心文化创意产业

上海文化创意产业门类众多,近年来产业生产总值维持在较高水平,并在影视、演艺、艺术品、创意设计等领域取得一定成效,但还是缺乏一种能够作为城市独特文化标识的核心文化创意产业,以及围绕这一核心产业与现有文化活动形成联动,提升城市整体影响力,并能够引领该领域未来全球发展,成为全球风向标。产业领域如何避免追随和模仿其他城市领先的文化创意产业分领域发展,在未来的新兴领域抢占先机,形成全球高地,还需要进一步谋划和布局。

(四)跨部门协调

文旅融合、部门合并作为新一轮机构改革的重大成果,折射出未来文化、旅游、体育等相关领域大文化协同发展的战略导向,但长久以来形成的行政壁垒和部门条线切割等原因,致使大文化发展缺乏整体战略部署和统筹协调能力,文化、旅游、体育等广义文化部门各自为政,工作协同度不高,协作驱动力不足,在全市统筹布局和形成合力等方面尤为缺失。如何破除部门壁垒,推动文体旅等多领域协同发展,还需要建立机制加强互通。

(五)文化发展内生矛盾

有关调研集中发现若干文化改革发展中存在的内生矛盾,如此前实施全市重大文化设施集中布局,与苏州河以北四区、远郊区反映市级重大文化设施布局不均衡之间的矛盾；如各区普遍反映剧场等功能性文化设施数量少，与上海部分现有剧场资源利用率偏低现象并存的矛盾；如市民群众文化活动参与需求高与专业运维机构少的矛盾；如基层公共文化设施基本全覆盖与部分基层设施运营效能低之间的矛盾；如部分重要展会活动知名度高与运营组织水平不足之间的矛盾等，均需要通过体制机制改革予以破题。[1]

第四节 "十四五"时期上海国际文化大都市建设的基本思路

"十四五"时期社会主义国际文化大都市建设要坚持为上海建设卓越全球城市的总体目标服务。适应新时代经济社会发展要求，推动上海文化实现高质量发展，提升国际文化大都市建设能级，助力上海建设国际经济、金融、贸易、航运和科技创新"五个中心"。适应文化消费主体结构变化，培育文化领域的新技术、新业态、新模式，满足多层级、多样化的文化需求，着力提高人民群众综合素质，不断提升广大人民群众的获得感和幸福感。

一、指导思想

以习近平新时代中国特色社会主义思想为指导，紧紧围绕"五位一体"总体布局和"四个全面"战略布局，牢固树立和贯彻落实创新、协调、绿色、开放、共享的发展理念。坚持社会主义先进文化前进方向，坚持中国特色社会主义文化发展道路，坚持人民主体地位，健全人民文化权益保障制度，坚持人民主体地位，坚持把社会效益放在首位、社会效益和经济效益相统一，坚定文化自信，满足人民群众对美好生活的向往。把握"两个大局"，坚持"四个放在"，对照国际标准、坚持国家站位、突出上海特色，推动城

---

[1] 资料来源：《上海"十四五"文化发展前期思路研究》（上海市委宣传部、上海社会科学院）。

市中华优秀文化保护和传承，吸收世界文明有益成果，全力打响"上海文化"品牌，体现城市精神和品格，提升城市文化软实力。

二、发展目标

在制定目标过程中，首先要把上海自身发展置于全球发展视野和全国发展大局中，把落实党中央决策部署和国家战略视为己任，把落实市委重要任务作为前进方向。其次，既要有坚持"一张蓝图干到底"的定力，也要有谋求在发展中创新的动力。同时，要立足上海"国际文化大都市"基础建设阶段已经完成的基本判断，谋划深层次的发展目标。综上考虑，发展目标和有关思路初步拟定如下：

紧紧围绕深化社会主义现代化国际大都市建设、推进卓越的全球城市建设的总体目标，完善社会主义现代化国家文化大都市的发展体系，推动文化领域高质量发展，重点推进 10 个支撑体系建设，到 2025 年，建成城市文化凝聚力、引领力、感召力和影响力不断提升，文化事业文化产业共生共荣、原创精品名家英才相得益彰、文化治理文化生态相辅相成、文化生产文化消费供需协调、文旅资源文化交流多姿多彩，更具影响力的社会主义国际文化大都市。

三、支撑体系

（一）推进新时代中国特色社会主义理论体系建设

针对我国文化安全面临的现实威胁和潜在隐患，要高度重视，既要有足够的忧患意识，又要坚定文化自信，上海将紧紧围绕实现中华民族伟大复兴和建设社会主义现代化强国的战略目标，加快推进习近平新时代中国特色社会主义思想研究中心建设，研究宣传阐释坚持发展中国特色社会主义制度、推进国家治理现代化、构建人类命运共同体等一系列重大课题研究成果。围绕将上海建设成为具有重要国际影响力的哲学社会科学学术话语体系创新高地的目标，加强当代中国意识形态话语体系和当代中国哲学社会科学话语体系建设，力争推出一批十几部具有重大、广泛和长远影响的优秀成果，推出几位具有标志性的学术人物。加强党对意识形态工作的领导，着眼于互联网时代新技术革命，贯彻落实意识形态工作责任制。

（二）推进社会主义核心价值体系建设

针对社会主义核心价值观到达率有待提升的问题，紧紧把握党员干部、公众人物、青少年等重点人群，围绕培育与世界级城市相匹配的市民文明素养为目标，结合增强家国情怀、弘扬上海城市精神和城市品格，推进社会主义核心价值体系建设。全面推进《新时代公民道德建设实施纲要》落地落实，以培养时代新人为出发点和落脚点，把习近平新时代中国特色社会主义思想贯穿融入主题教育、品牌创建、典型宣传等公民道德建设的各环节全过程。大力培育和践行社会主义核心价值观，建构道德规范、强化道德认同、指引道德实践。大力倡导"幸福源自奋斗""平凡孕育伟大"等理念，引领市民群众将个人道德追求融入实现中国梦的伟大征程。深入开展市民修身行动。大力弘扬雷锋精神和志愿文化，开展学雷锋志愿服务活动，推动志愿服务制度建设。

（三）推进网信综合治理体系建设

主动适应 5G 等互联网新时代的挑战，提高网络综合治理能力，围绕形成党委领导、政府管理、企业履责、社会监督、网民自律等多主体参与，经济、法律、技术等多种手段相结合综合治网格局的总目标，提高网络舆情应对能力，健全数据共享与交换机制，完善技术创新与手段，压实网络安全工作责任制，建立网络安全工作责任制的检查考核制度。顺应上海网络产业发达、网民占比较高的实际，持续深化"网德工程"，倡导文明办网、文明上网。重视自媒体等本地新兴网络群体发展，树立正确的网络安全观，营造健康向上的网络文化氛围。发挥主流媒体影响力，推进媒体融合发展，重点推动 16 家区级融媒体中心以"新闻＋政务＋服务"为定位，建设成为各区新闻资讯的集散地，形成分众传播、分类覆盖的格局。

（四）推进中华优秀传统文化传承体系建设

围绕到2025年率先形成中华优秀传统文化传承发展体系的目标，充分利用红色文化、海派文化、江南文化资源，妥善处理好保护和发展的关系，协同推进研究阐发、教育普及、保护传承、创新发展、传播交流等方面工作并取得重要成果。大力弘扬红色文化，深入实施"开天辟地———党的诞生地发掘宣传工程"。针对市民"红色文化"认同度低的问题，要把上海丰富的红色资源作为主体教育的生动教材，加强红色文旅产品开发和利用，整合全市革命旧址、遗迹资源，强化红色旅游宣教功能，以广大党员、干部、学生为重点人群，引导深入学习党史、新中国史、改革开放史，组织开展红色研学旅行、入党宣誓等活动，让初心薪火相传，把使命永担在肩。推动国家历史文化名城建设，大力发掘崧泽文化、广富林文化和马桥文化等上海早期文明，豫园、朱家角、七宝、枫泾、新场和练塘等历史文化名镇，大世界、张园私家花园等传统文化场所，石库门、外滩万国建筑群等海派文化元素。推进"江南水乡古镇""海上丝绸之路"和"海塘遗址"申遗保护工作，力争实现上海世界文化遗产零的突破。开展优秀传统文化普及，推广"一校一非遗"。开展民间民俗文化"一区一品""一镇一品"建设。

（五）完善精神文化产品创作生产体系

围绕2021年中国共产党建党100周年、西藏和平解放70周年，2022年纪念香港回归25周年、中国人民抗战爆发85周年、中国人民解放军建军95周年、党的二十大，2023年改革开放45周年，2024年五四运动105周年、中华人民共和国建国75周年、西藏民主改革65周年、澳门回归20周年，2025年抗美援朝75周年、浦东开发开放35周年等重要时间节点，实施精品创作工程，聚集现实题材、爱国主义题材、重大革命和历史题材、青少年题材、反映国家勋章和国家荣誉称号获得者题材等，推出一批有筋骨、有道德、有温度的传德、传神、传世之作，推动上海文艺创作由"高原"走向"高峰"。

(六)完善现代公共文化服务体系建设

围绕"服务目标均等化、供给主体多元化、运行机制专业化、公共服务效能化、管理体系法制化"的高质量发展目标,着力化解市民群众文化活动参与需求高与专业运维机构少、基层公共文化设施基本全覆盖与部分基层设施运营效能低等矛盾,力争实现公共文化服务能力和水平达到世界国际大都市前列。以建党百年为重要时间节点,完成中共一大纪念馆、上海图书馆东馆、上海博物馆东馆、上海少年儿童图书馆新馆、中国近现代新闻出版博物馆等重大设施建设。"十四五"时期完成上海大歌剧院建设。优化"市、区、街镇、居村"四级基础设施网络,夯实中心城区10分钟、郊区15分钟的公共文化服务圈。深入实施文化惠民工程,健全文化设施的运营考核机制,提升设施使用效能。完善政府购买服务、公共文化活动"举手机制"、文化志愿服务保障和服务监督管理等公共服务体制机制。加强智能技术在公共文化服务中的应用。

(七)完善文化创意产业发展体系

针对核心文化创意产业不突出的问题,既要坚持一张蓝图干到底,全面落实"上海文创50条"重要任务,又要创新研究推动如电竞产业等在全球能够独树一帜的核心文化创意产业发展。围绕到2035年基本建成现代文化创意产业重镇的总体目标,落实推动全球影视创制中心、艺术品交易中心、亚洲演艺之都、全球电竞之都等"二中心、二之都"的重点领域发展目标,集聚影视、演艺、艺术品、电竞等产业领域资源要素,加快上海科技影都等重点项目建设,深化"演艺大世界"发展,办好上海国际艺术品交易月。研究以电竞产业为核心的文化创意产业发展模式,挖掘全球电竞之都的未来发展潜力,率先构建电竞产业链,构筑全球高地建设。深化文化和金融、贸易、科技、旅游等融合发展,推进文化文物单位文创产品开发。完善文创园区、文创街区、文创楼宇产业定位、全市布局和发展目标。

（八）完善现代文化市场体系

坚持服务与监管并重，加强"放管服"改革，进一步简政放权，完善管理政策，促进行业转型升级，营造良好环境，培育多元合格的市场主体，着力形成新形势下文化市场管理工作新格局。构建全方位行业制度体系，制定《上海市博物馆管理办法》《上海市美术馆管理办法》等规章制度。推进文化旅游领域"一网通办"改革，建立文创企业许可审批绿色服务通道。依托高端旅游演出、打造休闲特色街区，深挖旅游购物消费潜力，打造文化旅游消费中心。

（九）构建城市文化发展新空间体系

主动服务国家战略，拓展城市发展空间，全面融入区域协同发展大局，提升城市文化发展新能级。重点围绕"一带一路"倡议、长江三角洲区域一体化发展、中国（上海）自由贸易试验区临港新片区建设等战略任务，发挥文化先导和文化带动作用。全面提升"一带一路"对外文化宣传、交流、贸易水平，深化合作机制，优化渠道建设，搭建服务平台，促进文化交流。提升长三角区域文化协同发展能级，围绕打造长三角一体化生态示范区，共同办好长三角国际文化产业博览会，深化国家公共文化服务合作机制，推动建设长三角江南文化研究学术共同体，深化区域文旅资源和服务互惠共通。加强临港新片区文旅设施和服务综合能级提升。

（十）推动世界著名旅游城市建设

对标国际最高标准、最好水平，深刻把握建设世界著名旅游城市的都市型、综合性和国际化的内涵特征，深化改革开放，优化人文环境，强化制度创新，实现文化旅游产业融合高质量发展、文化旅游公共服务高品质发展、文化旅游产品结构高层次发展，将上海建成具有全球影响力、吸引力、竞争力的国际文化大都市和世界著名旅游城市。"十四五"时期，扩大入境旅游者人数，延长入境旅游者在沪停留时长，提高入境旅游人均消费，力争实现年接待入境旅游者稳定在 1 000 万人次以上。合理布局文化旅游设施，着力构建"一轴三江双核十片多点"的文化旅游发展新格局，着力打造人民广场、世纪公园两个中央文化区。加大邮轮旅游经济发展，深化上海中国邮轮旅游发展示范区建设。

执笔人：黄凯锋　王诚俊　王锦萍

CHAPTER

04

第四编

发展重点

第十一章
优化城市经济发展空间

本章从上海城市空间格局和经济布局的历史演变入手,系统研究上海城市布局内容、布局特点、布局观念、布局走向、布局结构;把握上海发展的新阶段、新形势、新时期与新要求,提出"十四五"及以后上海城市经济空间布局的优化调整思路。我们认为,"十四五"时期上海经济空间总体格局可以概括为"一心、一环、两核、双极、三轴、多枢纽区域",从具体策略来看,在经济空间布局方向上,要主动突破,以东进西拓构筑新的战略成长空间;在经济空间布局结构上,要重点聚焦,以重点区域发展优化空间整体格局;在经济空间布局功能上,要提质增效,以提升空间质效破解底线束缚;在经济空间布局分工上,要弹性引导,以差异策略促进经济空间转型;在经济空间布局联系上,要双向联通,以跨行政区协同拓展经济空间。

第一节 上海经济空间格局演变的历史过程与主要规律

改革开放以来,上海的经济空间格局演变与城市核心功能和产业结构调整紧密关联。上海城市核心功能经历了5个阶段的演变:(1)改革开放初期,上海提出了"先进的工业基地、外贸基地和科学技术基地"的定位;(2)浦东开发开放后,上海提出了"以上海浦东开发开放为龙头,把上海建成国际经济、金融、贸易中心之一"的功能定位;(3)加入WTO后,国际经济、金融、贸易、航运中心成为上海力求建设的核心功能体系;(4)后金融危机时期,具有全球影响力的科技创新中心成为上海城市功能建设的新方向;(5)党的十九大以来,进一步确立了国际经济、金融、贸易、航运、科技创新中心的"五个中心"定位。同样,随着改革开放程度的日益加深、浦东新区的开发开放以及加入世贸组织的影响,上海的经济全面腾飞,在"三二一"产业方针的指引下,上海的三次产业结构也经历了巨大的变化过程。一产方面,1978—1990年,上海市第一产业比重基本保持稳定在4%左右并略有上升;浦东开发开放后,比重开始呈现下降趋势,近两年基本维持在0.3%左右。二产和三产方面,两者总体呈现此消彼长的发展态势,上海作为一个老工业基地,第二产业发展总体呈现平稳增长趋势,第三产业增速明显,1999年,第三产业占上海GDP的比重首次超过第二产业,近年来基本维持在70%和30%左右(见图4-11-1)。

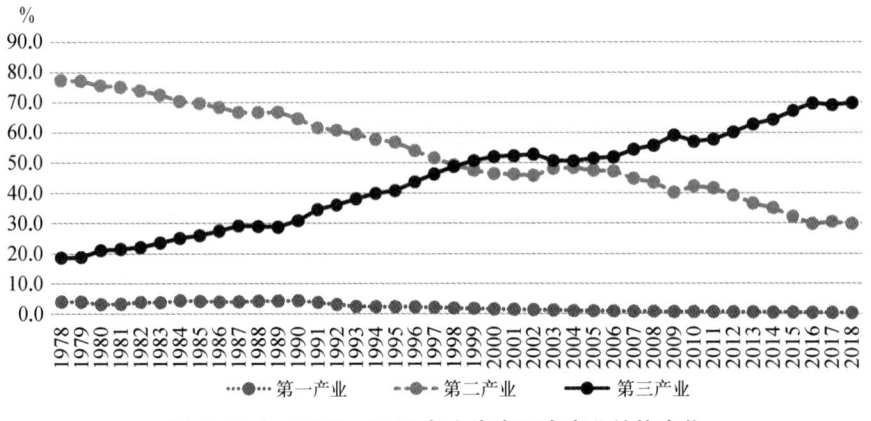

图4-11-1　1978—2018年上海市三次产业结构变化

改革开放以来,上海的经济空间布局变化呈现明显的阶段特征,在经济布局内容、布局逻辑、布局结构和布局走向上表现出一定的规律性。"十四五"时期,上海的经济空间布局应坚守四大发展底线,突出围绕提升经济密度、围绕落实重大战略任务、围绕推动重点区域建设、围绕构筑长期战略优势的目标导向,实施主动突破、重点聚焦、提质增效、弹性引导、双向联通等优化策略,采取"进、优、调、拓、深"等优化举措,着力推动内部经济空间置换转型、外部经济空间拓展联动,实现上海经济空间布局的进一步优化。

一、上海经济空间布局演变的主要阶段

（一）1978—1990年：制造为主、集聚浦西、一心多点

浦东开发开放前，作为老工业基地，1990年，上海的二产占比仍高达64.7%，经济空间主要集聚在浦西地区，呈现沿苏州河、黄浦江两岸集聚，在城区周边工业区和郊区卫星城集聚的特点。

为适应改革开放的需要，加快经济发展和城市现代化建设，上海积极开展了新区开发和重点地区改建。1979年6月，中共上海市委决定在近郊建立涉外小区，选址在延安西路中山西路虹桥路地区（今虹桥经济技术开发区）；随后，在闵行西部江川路昆阳路地区建立出口工业区（今闵行经济技术开发区）；1984年11月，上海市提出开发建设漕河泾微电子工业区。其间，1984年3月，中共中央、国务院召开沿海部分城市座谈会，作出进一步开放沿海城市、逐步兴办经济技术开发区的决定。国务院于1986年批准了闵行、虹桥经济技术开发区，1988年批准了漕河泾新兴技术开发区。至此，上海的经济空间格局随着闵行、漕河泾、虹桥3个经济技术开发区的规划建设，与中心城区、外围宝山、金山等工业基地形成一心多点的整体结构，奠定了以园区为载体的经济空间格局。

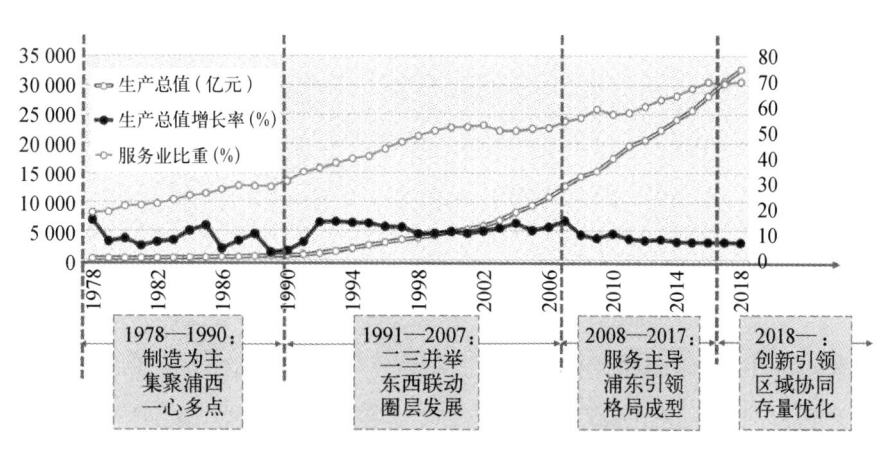

图 4-11-2　改革开放以来上海市经济空间布局的四个阶段

(二)1991—2007年：二三并举、东西联动、圈层发展

以浦东开发开放为标志，上海进入城市跨越发展的新时期，围绕"三、二、一"的方针调整产业结构，二、三产业共同推动上海经济增长的格局逐步形成。在浦东开发开放和中心城区"退二进三"战略的推动下，经济空间布局呈现浦东浦西跨江联动和圈层发展的特点。

其一，随着陆家嘴金融贸易中心区、外高桥保税区、金桥出口加工区、张杨路商业购物服务中心、张江高科技园区等的开发建设，以发展外向型经济为主的浦东开发开放带动上海的城市建设步入浦东新区开发和浦西老区改造相结合的新阶段，经济空间布局逐渐呈现浦东浦西跨江联动的格局。

其二，按照"市区体现上海的繁荣与繁华，郊区体现上海的实力与水平"的指导思想，中心城区"退二进三"战略大力推进。2001年批复的《上海市城市总体规划（1999—2020年）》提出了产业布局的三个层次，内环内以第三产业为主，内外环之间第二和第三产业并重，外环外第一和第二产业并重。随着中心城区工业企业大批外迁，现代服务业在中心城区进一步集聚，郊区工业用地规模不断扩张，并在2006年增量达到高峰，形成了六大产业基地、"1+3+9"市级及以上工业园区的格局，经济空间布局从中心城区扩展到全市域，圈层发展格局显著。

(三)2008—2017年：服务主导、浦东引领、格局成型

2008年金融危机促使上海从制造经济向服务经济转型的结构调整步伐进一步加快，2017年，全市三产比重达到69.2%，服务业在上海经济转型升级中的主导作用凸显。围绕调结构、促转型、优布局，经济空间布局呈现浦东引领和格局成型的特点。

2009年，浦东新区行政体制发生重大变化，国务院批准南汇区行政区域划入浦东新区。2009—2017年，浦东新区经济总量占全市比重从26.2%上升到31.5%，第三产业产值比重从25.1%上升到34%，引领了全市经济增长和产业结构调整（见图4-11-3）。

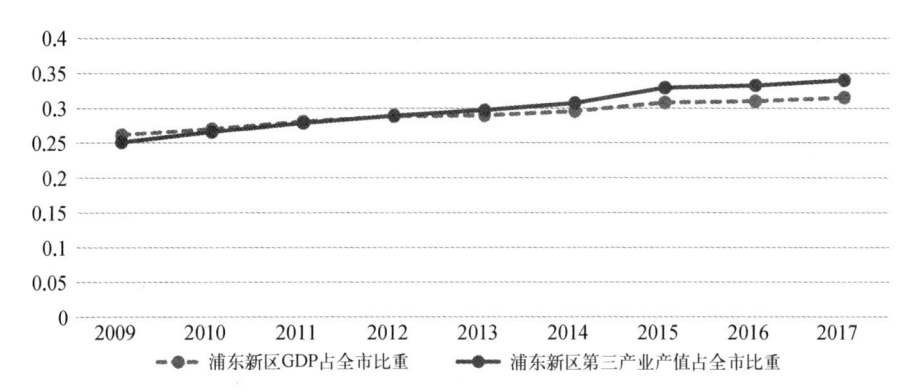

图 4-11-3　2009—2017 年浦东新区 GDP 总量和三产产值占全市比重

经济空间布局形成了以重点产业基地为龙头、公告开发区为支撑、城镇产业地块为配套园区（合计 104 个工业区块，面积约 790 平方公里，占规划建设用地比重 24.7%），195 产业用地为重要补充的工业空间布局体系（另有以减量化为发展方向的 198 工业用地）；以洋山深水港、浦东空港和自贸区等构成的国际航运和贸易空间布局体系；以"一城一带"为核心的金融集聚区和多中心分布的商业商务集聚区构成的国际经济和金融空间布局体系，四个中心的核心功能承载区空间格局基本成型。2017 年 12 月，国务院批复了《上海市城市总体规划（2017—2035 年）》，严格控制城市规模成为基本发展导向，坚持规划建设用地总规模负增长，全市建设用地总规模不超过 3 200 平方公里，经济空间布局将受到这一政策导向的显著影响。

（四）进入新时代（2018—）：创新引领、区域协同、存量优化

党的十九大以来，中国特色社会主义进入新时代，上海确立了建设卓越的全球城市和社会主义现代化国际大都市的发展目标，以及国际经济、金融、贸易、航运、科技创新中心的发展定位。为继续当好全国改革开放排头兵、创新发展先行者，为全国改革发展稳定大局作出更大贡献，上海经济空间发展呈现出三个方面的新特点值得关注。

一是打造科技创新载体空间的需求。按照习近平总书记对于科技创新要牢牢把握科技进步大方向、要牢牢把握产业革命大趋势、要牢牢把握集聚人才大举措的要求，聚焦具有全球影响力的科技创新中心建设，加快建立以科

技创新与战略性新兴产业引领、现代服务业为主体、先进制造业为支撑的新型产业体系，上海的经济空间发展需要为科技创新提供相适应的载体空间，提升在全球经济体系中的资源配置能力和影响力。

二是从市域到区域寻求新的战略发展空间的需求。浦东开发开放作为重要承载区引领了上一轮城市发展，在新时期"创新、绿色、开放、协调、共享"发展理念背景下，深化对外开放、强化区域合作，通过区域整体竞争力提升进一步促进核心城市能级提升越来越成为共识。落实长三角一体化纲要和上海大都市圈发展愿景需要一系列战略性地区和项目的支撑，打造诸如长三角一体化发展示范区、长三角产业合作基地等区域性战略合作空间，加强产业等跨区域合作，将有效推进上海的经济空间在区域层面上不断拓展。

三是基于底线约束和高质量发展进一步优化存量空间的需求。推动上海产业高质量发展，必须做好资源高效率配置文章，尤其是产业空间的高效利用。在建设用地硬约束背景下，严守总量、盘活存量成为重要发展导向。创新产业用地利用方式，科学确定土地开发强度，着力提升经济密度，聚焦土地资源全生命周期管理、产业用地全要素标准化出让等将成为提高经济空间绩效的重要抓手。

二、上海经济空间布局演变的主要规律

（一）布局内容从制造经济向服务经济转型

上海城市核心功能的调整方向始终反映出对国家开放战略的高度响应，以及适应全球经济格局演变、产业结构调整升级和发展方式转变，从老工业基地向综合性现代化国际大都市演变，经济空间的布局内容呈现从制造经济向服务经济转型的特点。

1978—2018 年，上海第二产业比重从 77.4% 下降到 29.8%，第三产业比重从 18.6% 上升到 69.9%，产业结构实现了从"二三一"向"三二一"的转型，基本形成了以服务经济为主的产业结构。经济空间布局内容的转型最典型和直接的体现是"一江一河"沿线的城市更新，呈现出三大转变：一是发

展形态从"城市锈带"转向"城市客厅",二是开发模式从"大拆大建"转向"上海更新",三是战略能级上从"上海制造"转向"滨水创造"。

(二)布局逻辑从要素驱动向创新驱动转变

从国际经济和贸易中心功能到国际金融中心与航运中心功能,直至科技创新中心功能,上海城市功能经历了从要素驱动、投资驱动向创新驱动的转型,经济空间布局的内在逻辑也出现创新驱动的新特征。

经济发展新常态下,积极发展新技术、新产业、新业态、新模式的"四新"经济是推动新时期上海转型发展的必由之路。上海要在全球范围内整合配置创新资源,推进供给侧结构性改革,推动产业链向中高端迈进,既要补齐科技创新短板,更要补齐制度创新短板。增设中国上海自由贸易试验区新片区,在上交所设立科创板并试点注册制,推进长三角一体化发展示范区建设,无一不是将制度创新作为核心要素,上海的经济空间将加速向这类以创新为导向的"特殊经济功能区"集聚。

(三)布局结构从中心集聚向分化融合转变

上海经济空间早期主要在中心城区集聚,各行业又呈现分散布局态势,伴随产业结构调整,大量高端要素和经济资源在中心和外围的多节点区域形成集聚趋势,形成了极具特色的产业集群区域,布局结构呈现从中心集聚向类型分化和新型融合转变的特点。

在"三二一"产业方针的指引下,上海逐步形成了两类产业集聚区,即服务业集聚区和制造业集聚区。2018年12月,上海市人民政府印发了《上海市产业地图》,系统梳理了全市产业发展现状,明确了各区及重点区域的产业定位,谋划了重点行业的空间布局。总体布局形成"一心、两带、一环、多区"的格局:金融服务、现代商贸、文化创意为代表的高端服务业核心集聚;战略性新兴产业、先进制造业为代表的高端产业集群嘉青松闵、沿江临海区域集聚;中外环融合性数字产业发展环和多个产业重点区域等都呈现出经济空间类型分化集聚的特点。此外,随着工业化与信息化的深度融合，制造业与服务业，尤其是生产性服务业的融合共生关系日益显现，二三产业空间呈现出新的融合态势。

（四）布局走向从市域布局向区域协同转变

随着城市能级的不断提升，上海不断强化对国内外发展要素流量的集聚和扩散能力，经济空间布局走向从中心城区向沿江沿海扩散，并在边界地区和域外飞地形成了大量区域性经济合作空间。

具体而言，经济空间布局走向包含多个层次，一是在市域范围内，经济空间布局经历了从一江一河沿线地区向近郊、远郊卫星城扩散的过程，沿江沿海地区逐渐成为重要的产业基地；二是临沪区域合作与"飞地经济"不断推进，如张江长三角科技城平湖园区地跨上海和嘉兴两地，沪苏大丰产业联动集聚区是沪苏两地首个省级政府层面合作共建园区；三是上海企业对外投资合作规模不断扩大，2010—2017年，上海对外直接投资总额（非金融类）从15.6亿美元增长到123.6亿美元，对"一带一路"沿线国家的投资合作逐步深化。

第二节 "十四五"时期上海经济空间发展的新要求与新挑战

一、2018年以来市委市政府对推进经济空间布局优化的新要求

2018年11月，习近平总书记在上海考察时明确了上海的发展定位和肩负的特殊使命，要求把上海未来发展放在中央对上海发展的战略定位上，放在经济全球化的大背景下，放在全国发展的大格局中，放在国家对长江三角洲区域发展的总体部署中来思考和谋划。"四个放在"是上海一切工作的基点，也是研究"十四五"时期上海经济空间布局优化的立足点。总结2018年以来市委市政府对于推进经济空间布局优化的新要求，主要围绕两个方面

展开。

其一，强调要牢牢把握守住底线、优化功能布局"两个关键"。2018年1月，市委、市政府举行《上海市城市总体规划（2017—2035年）》实施动员大会。市委书记李强强调，上海新一轮总体规划集中体现了党中央和习近平总书记对上海发展的要求，为上海未来发展指明了方向。要坚持以规划为引领，进一步坚定追求卓越的发展取向，面向全球、面向未来抓好规划实施，牢牢把握高质量发展和高品质生活这两大落脚点，在规划的细化落实上下更大功夫，努力建设卓越的全球城市和具有世界影响力的社会主义现代化国际大都市。应勇指出，要牢牢把握守住底线、优化功能布局"两个关键"，把牢人口规模、建设用地、生态环境、城市安全四条底线，着力提升功能品质、深化产城融合，着眼长三角一体化发展，优化全球城市功能布局。

在建设用地紧约束背景下，推动上海产业高质量发展，必须做好资源高效率配置这篇大文章。2018年6月，市委全会审议并通过《中共上海市委关于面向全球面向未来提升上海城市能级和核心竞争力的意见》，提出要着力提高经济密度，提高投入产出效率，持续推动经济规模和效益提升。上海淡化GDP，不是不要GDP，而是要更高质量的GDP。树立以亩产论英雄、以效益论英雄、以能耗论英雄、以环境论英雄的导向，综合施策，在提高地均产出和人均产出上下功夫，做好做足提高经济密度的文章。2018年10月，市委常委会研究通过了《关于促进资源高效率配置推动产业高质量发展的若干意见》《关于我市全面推进土地资源高质量利用的若干意见》《关于加快我市高新技术企业发展的若干意见》以及《促进上海市生物医药产业高质量发展行动方案（2018—2020年）》。会议指出，实现新时代上海发展战略目标，要全面推进土地资源高质量利用，在建设用地硬约束下谋发展，严守总量、盘活存量、提高土地利用质量。要全面排摸、深入研究全市土地利用情况，创新产业用地利用方式，科学确定土地开发强度，提高土地利用绩效，着力提升经济密度。要聚焦土地资源全生命周期管理、产业用地全要素标准化出让等攻坚突破，狠抓政策举措落实落地。2019年2月，在上海市第七次规划土地工作会议上，李强书记再次强调要立足城市整体利益和长远发展，在守牢底线的基础上进一步解放思想，善用改革创新的办法抓好规划，让规划为上海新一轮发展插上腾飞的翅膀。要创新工作机制，积极探索灵活的用地模式，充分调动基层干事创业的积极性，促进土地资源更集约、更高效、更可持续的高质量利用。要不断优化发展空间布局，提高投入产出效率，加强土地复合利用，提升产出强度和经济能级。2019年上海市政府工作报告也指出，推进土地资源高质量利用，合理提高工业园区、城市副中心等区域容积率，强化土地全生命周期管理，加快提高城市经济密度和投入产出效率。

其二，聚焦三项新的重大任务和重点区域建设。2018年以来，市委市政府围绕增设自贸试验区新片区、推动在上海证券交易所设立科创板并试点注册制、推进长三角一体化发展示范区建设和办好进口博览会等"三大任务一个平台"，开展了大量研究和工作部署，奠定了未来一段时期上海发展的"四大支撑"，自贸试验区新片区和长三角一体化发展示范区的布局对于上海经济空间整体布局结构将带来直接影响。2019年上海市政府工作报告指出，要以落实三项新的重大任务为引领，努力发挥好开路先锋、示范引领、突破攻坚的作用。推进"3+5+X"等重点区域建设。继续支持临港、世博、虹桥三大功能区域提升能级。启动建设桃浦中以创新园，加快推动南大、吴淞、高桥、吴泾等整体转型区域布局新兴产业。继续建设松江G60科创走廊等产业新载体，强化产城融合，推进新城高品质建设。此外，李强书记在2018年5月赴金山调研时提出郊区要把提高产出强度和经济密度作为现阶段的重要任务，承担好作为城市发展战略空间的使命和功能；在2018年6月赴临港调研时提出临港地区是上海面向未来发展的重要战略空间，必须高起点规划、高品质建设，体现未来城市的发展理念，加快建设科创中心的主体承载区；2019年5月赴松江调研时提出力要打造区域发展支撑点、兴奋点、新亮点，要立足新技术、新产业、新模式、新业态发展，进一步优化产业布局，推动产业转型升级，切实增强企业集群和产业集群的竞争优势，不断迈向产业链、创新链、价值链高端。

二、"五大发展理念"与"四大发展底线"对上海经济空间发展的要求与挑战

（一）五大发展理念对上海经济空间发展的要求与挑战

2015年10月29日，习近平在党的十八届五中全会第二次全体会议上的讲话鲜明提出了创新、协调、绿色、开放、共享的发展理念。2019年5月16日出版的第10期《求是》杂志发表习近平总书记的重要文章《深入理解新发展理念》，文章对五大发展理念作出了系统阐释。

着力实施创新驱动发展战略。把创新摆在第一位，是因为创新是引领发展的第一动力。发展动力决定发展速度、效能、可持续性。抓住了创新，就抓住了牵动经济社会发展全局的"牛鼻子"。上海要做创新发展先行者，建设科技创新中心，要求统筹改革、科技、文化三大动力，提高城市科技创新能力，探索具有中国特色、时代特征、上海特点的超大城市睿智发展的创新转型新路。上海的经济空间发展需以提升创新驱动力为核心，加快建立以科技创新与战略性新兴产业引领、现代服务业为主体、先进制造业为支撑的新型产业体系，构建科技创新中心的核心区域、创新功能集聚区、复合型科技商务社区和嵌入式创新空间等网络化的科技创新空间。

着力增强发展的整体性协调性。新形势下，协调发展既是发展手段又是发展目标，同时还是评价发展的标准和尺度。协调发展，就要找出短板，在补齐短板上多用力，通过补齐短板挖掘发展潜力、增强发展后劲。上海推进协调发展需要突出优化区域协同、城乡一体的空间格局，统筹空间、规模、产业三大结构和规划、建设、管理三大环节，提升城市发展硬实力和文化软实力，聚焦解决超大城市发展中不平衡、不充分、不协调、不可持续的突出问题。上海的经济空间发展应聚焦经济空间结构的优化，在市域范围内促进各功能板块协调、城乡协调，在区域范围内，尤其是长三角区域一体化进程中促进城市间的合理分工和均衡协调。

着力推进人与自然和谐共生。绿色发展，就其要义来讲，是要解决好人与自然和谐共生问题。上海推进绿色发展重在突出底线约束、低碳韧性的路

径模式，把保护生态环境和保障城市安全放在优先位置，统筹生产、生活、生态三大布局，提高资源节约集约利用水平，探索上海在资源环境紧约束下可持续的发展方式。上海的经济空间发展，应聚焦提高城市经济密度和投入产出效率，只有通过经济效益提升，才能在有限的空间资源中释放更多的生态空间，提升生态效益。

着力形成对外开放新体制。经济全球化是我们谋划发展所要面对的时代潮流，必须主动顺应经济全球化潮流，坚持对外开放，充分运用人类社会创造的先进科学技术成果和有益管理经验。上海要推进开放发展，需要突出上海面向国际、服务全国、引领长三角的门户枢纽地位，注重落实国家战略和发挥上海的开放优势。上海的经济空间发展，需要有力支撑全方位双向开放，发挥上海门户城市的"两个扇面"作用，重视外向型经济空间和全球城市功能布局的布局引导。

着力践行以人民为中心的发展思想。共享理念实质就是坚持以人民为中心的发展思想，体现的是逐步实现共同富裕的要求。落实共享发展理念，归结起来就是两个层面的事，一是不断把"蛋糕"做大，二是把不断做大的"蛋糕"分好。上海要推进共享发展，需要突出多方参与、协同治理的实施机制，统筹政府、社会、市民三大主体，将国家战略、市民期待与上海实际相结合，实现城市共治共管、共建共享。上海的经济空间发展需要有利于实现全民共享经济发展成果，重视经济空间与公共服务、民生保障的功能结合。

（二）四大发展底线对上海经济空间发展的要求与挑战

国务院《关于上海市城市总体规划的批复》（国函〔2017〕147号）明确要求严格控制城市规模。坚持规划建设用地总规模负增长，牢牢守住人口规模、建设用地、生态环境、城市安全四条底线，着力治理"大城市病"，积极探索超大城市发展模式的转型途径。

人口规模底线。严格落实中央严控超大城市人口规模要求，到2035年，上海市常住人口控制在2 500万左右，持续优化人口结构和人口布局。人口规模底线约束将直接带来人口结构、人口布局、产业结构和就业结构的优化要求，间接要求建立和优化职住空间相匹配的经济空间发展。

建设用地底线。到2035年，上海市建设用地总规模不超过3 200平方公里。坚持节约和集约利用土地，严格控制新增建设用地，加大存量用地挖潜力度，合理开发利用城市地下空间资源，提高土地利用效率。建设用地底线约束要求推进土地资源高质量利用，倒逼部分低效产业用地的"腾笼换鸟"，合理提高工业园区、城市副中心等区域容积率，强化土地全生命周期管理，加快提高城市经济密度和投入产出效率。

生态环境底线。把生态环境要求作为城市发展的底线和红线，锚固城市生态基底，确保生态空间只增不减。加强生态空间的保育、修复和拓展，从城乡一体和区域协同的角度加强生态环境联防联治联控。生态环境底线约束对于经济空间布局提出两个层面的要求：一是促进三生空间的协调，生态环境底线不仅要求促进生态空间的山清水秀，更要求生产空间的集约高效，生活空间的宜居适度，经济空间布局要有利于形成合理的城市空间结构，促进经济建设、城乡建设和环境建设同步发展；二是促进环境友好型产业的发展，做好节能减排工作，加快淘汰落后产能，严格控制污染物排放总量。

城市安全底线。牢牢守住城市生产安全和运行安全底线，加强水资源、能源、信息、生态、国防等重大安全领域的支撑保障，提升城市生命线安全运行能力，强化城市防灾减灾救灾空间保障和设施建设，提高城市应急响应能力和恢复能力。城市安全底线约束要求产业发展选择在生产工艺与安全防护水平方面不断转型升级，产业空间布局要与生态空间、生活空间相协调。

三、构筑上海长期战略优势对上海经济空间发展的新要求与新挑战

在新时期、新阶段和新形势下，构筑上海长期战略优势，其内涵包括构筑上海长期的功能优势、创新优势、制度优势和开放优势，对于承担载体功

能的经济空间布局优化提出了新要求与新挑战，包括经济空间的结构、规模、效率、质量和连通性等多个方面。

（一）"三大任务一个平台"对经济空间结构、规模和连通性提出新要求与新挑战

一是经济空间布局结构层面的新要求与新挑战，推进落实"三大任务一个平台"，将进一步推动上海外向型经济发展空间载体在东西两翼集聚，未来有可能形成中心城区和浦东、大虹桥—长三角一体化发展示范区"一体两翼"的经济空间布局结构；二是核心功能建设需要新的承载空间，建设用地总量约束对于经济空间布局规模提出新要求与新挑战；三是区域一体化进程要求促进地区之间的合作产生要素对流，对上海核心功能承载区之间及与区域的连通性提出新要求与新挑战。

（二）"四大品牌"对经济空间效率和质量提出新要求与新挑战

进一步提高"上海服务"辐射度，彰显"上海制造"美誉度，增强"上海购物"体验度，展现"上海文化"标识度，对于上海经济空间布局效率和质量提出新要求与新挑战。支撑"四大品牌"建设，重在对经济空间的软硬件环境进行综合改造、整体提升和全面优化，提高空间效率、提升空间质量，形成彰显高质量发展和高品质生活的标杆引领效应。

（三）"五个中心"对经济空间布局提出全方位的发展新要求与新挑战

从推进"四个中心"到"五个中心"建设，意味着上海的开放环境与城市功能建设进入新阶段，一是要求"四个中心"建设进一步深化，二是要求上海城市功能加速向创新驱动转型。科技创新中心建设战略的启动对于上海集聚多层次创新要素、融入创新价值链提出要求，对于经济空间布局提出的则是全方位的变革要求，以促进科技创新策源能力与国际创新驱动力的提升，培育和完善科技创新生态体系。

四、经济空间布局亟待解决的主要矛盾

上海地域空间小,经济拓展空间不小;物理空间扩展有限,经济密度提升无限;人均可利用土地少,地均产出增加潜力大。经济空间布局的矛盾仍较突出。

经济空间新增总量少,发展新需求如何满足?上海建设用地离 3 200 平方公里规划目标仅差几十平方公里,新增建设用地空间极其有限,新增产业用地更是不足。20 世纪 90 年代初到 21 世纪头 10 年,每年新增建设用地平均 110 平方公里左右,近年来降至 50 平方公里以下。

经济空间结构不合理,产业差异化需求能否保障?目前工业用地达 770 平方公里,占建设用地比重 23% 左右,是纽约、东京等大城市的 2—3 倍。特别区镇级产业用地占比达 80% 以上。

经济空间绩效不高,地均产出如何提出?建设用地每平方公里 GDP10 亿元,不足纽约、伦敦、东京等的 1/3;区镇级产业用地效益更是低下,提升潜力也大。

经济空间与居住空间不够协调,产城融合之路该怎么走?680 平方公里中心城区常住人口超过 1 200 万,每平方公里 2 万人,远超过纽约、伦敦、东京的核心圈及中心圈的 1—1.5 倍。郊区占全市地域 80% 以上,常住人口 1 200 多万,每平方公里 2 000 人。中心城区地均产出是郊区 5 倍以上,郊区发展实力水平有很大拓展空间。

经济空间布局走向受限,如何突破?上海的经济内部空间以平面拓展为主,立体空间拓展受限;在外围空间的拓展上,与周边联动不足。

第三节 "十四五"时期上海经济空间优化的总体思路

一、指导思想

"十四五"时期,上海经济空间布局优化可以围绕四个关键目标来推动

实施：一要围绕提升经济密度，以推进产业高质量发展为核心，大力提高经济密度，创新规划土地管控方式，加快产业园区转型升级，为破解土地利用绩效低下、发展空间瓶颈制约提供有力支撑；二要围绕落实重大战略任务，以三项新的重大任务落地和用好进口博览会开放平台为契机，推动制度创新、要素市场和发展空间三大维度的全新布局；三要围绕推动重点区域建设，以推进"3+5+X"等重点区域产业转型升级为抓手，布局新兴产业、提升服务功能，打造高质量发展的重要承载区；四要围绕构筑长期战略优势，以提升综合经济实力、金融资源配置功能和科技创新策源能力等为突破口，构筑功能优势、创新优势、制度优势和开放优势。

二、发展目标

（一）总体目标

提高产业空间配置效率效能，推动产业空间向优质企业和产品集中，积极稳妥腾退化解旧产能，为新动能发展创造条件，全力为三大任务一大平台、四大品牌和五个中心建设的顺利推进提供空间支持和保障。

经过"十四五"时期5年的努力，适应高质量发展要求的市域经济空间布局更加合理，产业空间结构优化持续推进，现代化经济空间体系加快形成，经济空间与城市功能布局协调发展的态势更加明显，率先走出一条符合社会主义现代化国际大都市特点和规律的高质量发展、高品质生活的新道路。

（二）分目标

1.三大任务一个平台的空间布局目标

推进改革开放向纵深发展，发挥好开路先锋、示范引领、突破攻坚的作用，通过"三大任务一个平台"的落地，构建上海经济空间新格局。具体的空间布局目标包括：（1）增设自由贸易试验区新片区，对标国际公认竞争力最强的自由贸易区，初步建成具有国际市场影响力和竞争力的特殊经济功能区；（2）面向上海证券交易所设立科创板并试点注册制的需求，配合做好空间落地工作，培育优质科创型企业集群；（3）全力实施长三角一体化发展国家战略，认真落实长三角一体化发展规划纲要，联合周边省市合力推动长三角一体化发展示范区规划建设；（4）推动形成进口博览会常态化筹办和运行机制，持续放大进博会溢出效应，建设国际领先的会展功能服务区，初步建成相关配套服务产业集聚区。

2. 四大品牌建设的空间布局目标

通过四大品牌的建设，加快现代产业体系的构建，巩固提升实体经济能级，构筑上海经济发展的长期优势。具体的空间布局目标包括：（1）打造能够体现自由贸易区水平、具有国际影响力的服务平台。推进一批能够提升金融核心功能，完善要素市场体系项目的实施，在陆家嘴地区打造与国际金融中心地位相适应的高端金融服务功能集聚区。（2）以提升中国制造竞争力为核心抓手，整合上海全市域的第二产业用地资源，着力推动产业转型升级，建成一批具有"高端集群、标识独特、示范引领"特征的高端制造业聚集区。（3）着力提升上海对于国际零售商和国际知名品牌集聚的吸引力，着力将南京东路、淮海中路、陆家嘴、国际旅游度假区、世博前滩等区域打造成为高端知名商圈地标。（4）重点培育一批、集聚一批全国和世界级的文化创意产业领军企业和创新创业团体，逐步提升文化创意产业增加值占地区生产总值的比重。在沿黄浦江、沿苏州河、陆家嘴、国际旅游度假区、临港地区等地区打造具有各自特色的文化产业集聚区与文化服务特色街区。

3. 五个中心建设的空间布局目标

通过国际经济、金融、贸易、航运、科技创新五个中心的建设，上海将建设成为令人向往的创新之城、人文之城、生态之城，稳步提升全球城市核心竞争力，建成具有世界影响力的社会主义现代化国际大都市。具体的空间布局目标包括：（1）在集成电路、人工智能、生物医药等前瞻性产业领域着力培育创新企业集团和现代产业集群，形成若干个前瞻性产业发展集聚区；（2）提升国际金融、贸易、航运中心的全球资源配置能力，着力完善陆家嘴、外高桥、长兴岛、临港、洋山港等区域的相关产业功能支撑能力；(3) 着力提升科技创新中心集中度、显示度，加强创新平台和载体建设，大力推进张江综合性国家科学中心建设，推动部分工业园区"腾笼换鸟"、转型升级，初步建成世界级新兴产业发展策源地、形成若干世界级先进制造业集群、建成世界级制造品牌汇聚地；(4) 着力提高经济密度和空间的投入产出效率，在土地资源紧约束的背景下，推进土地复合混合高效利用。

三、关键策略

推动"十四五"时期上海经济空间布局的进一步优化，要突出五大策略。

（一）空间布局方向

在经济空间布局方向上，主动突破，以东进西拓构筑新的战略成长空间。通过"三大任务一个平台"的落地，实现上海经济空间布局方向调整，突破上海经济空间即有格局，形成多板块协同并举发展的态势。

（二）空间布局结构

在经济空间布局结构上，重点聚焦，以重点区域发展优化空间整体格局。聚焦重点区域发展，以临港地区和虹桥商务区等重点区域的突破性发展引领全市经济空间格局的优化；以重点区域的转型升级发展引领全市经济空间结构优化；以重点区域的集约高效发展引领全市经济空间投入产出效率的跃升。

（三）空间布局功能

在经济空间布局功能上，提质增效，以提升空间质效破解底线束缚。围绕"五个中心"的功能建设，整合并高效利用现有空间资源，突出功能布局从单一到混合、从单项到联动等发展趋势，提高经济空间的产出质量与效率，通过空间质效的提升破解底线束缚。

（四）空间布局分工

在经济空间布局分工上，弹性引导，以差异策略促进经济空间转型。在空间格局布局战略的大框架下，从平面到立体，针对不用分区制定因地制宜的、差异化的、具有弹性的引导策略。根据不同区域的区位、交通条件、产业基础、开发强度、产出强度、配套支撑等因素，制定差异化发展的目标与实施策略。

（五）空间布局联系

在经济空间布局联系上，双向联通，以跨行政区协同拓展经济空间。要突破上海各区以行政区范围定位各区功能的传统思路，推行多区联动跨区协同按片区定位各区功能；同时，在长三角更高水平一体化的深度推进背景下，与周边省市协同合作，积极规划建设长三角一体化发展示范区。

四、总体格局

"十四五"时期上海经济空间总体格局可以概括为"一心、一环、两核、双极、三轴、多枢纽区域"（见图4-11-4）。

（一）"一心"

发挥中心辐射作用的主城区。集聚发展高能级要素市场和高端服务业及文化娱乐、商业旅游等配套服务，打造全球城市核心功能承载区。核心承载区外围的南大、吴淞、高桥、桃浦、吴泾等地区是近期转型发展的重点区域，要成为承接核心区部分功能扩散和为核心区高端产业专业化细分配套的地区。

（二）"一环"

近郊产城融合、"两业融合"发展环。"一环"围绕着"一心"，是上海

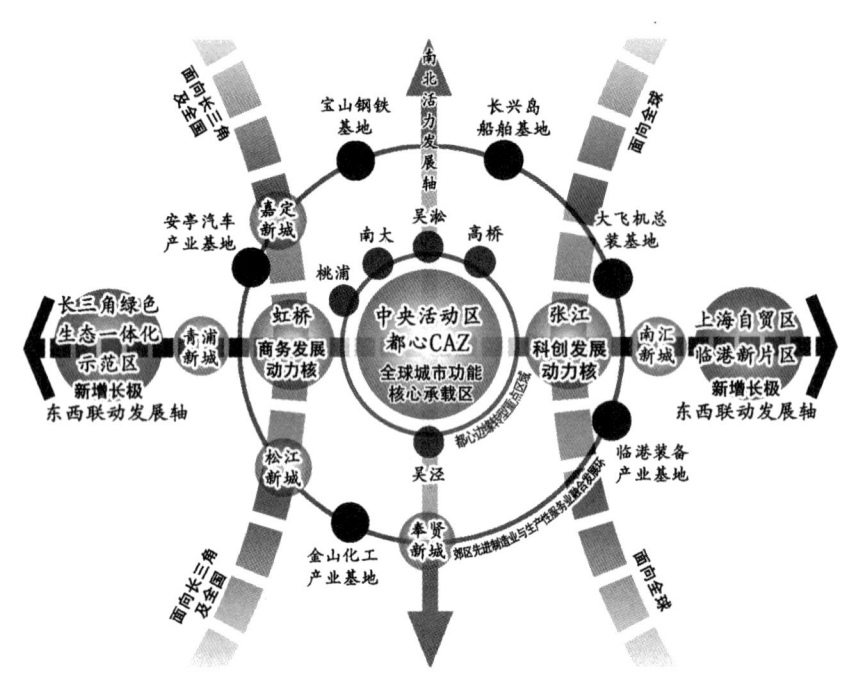

图 4-11-4　上海"十四五"时期经济空间布局示优化意图

先进制造业的战略承载区和先进制造业与生产性服务业的融合发展区。要建设战略性新兴产业集聚区，大力发展高端制造、智能制造、绿色制造等先进制造业，培育发展集成电路、人工智能、生物医药等产业基地，谋划部署新材料、新能源、新装备制造产业园。对五大新城要扩大下放权限，着力打造产城融合、职住平衡、交通便利、生态宜居的独立节点城市。

（三）"两核"

西部的虹桥商务发展动力核和东部的张江科创发展动力核。虹桥商务区主要聚焦枢纽、会展、商贸等功能发展，张江科学城聚焦科技创新、旅游休闲、文化创意等功能。

（四）"双极"

西部的长三角一体化示范区和浦东的上海自贸区新片区两大新的增长极。长三角一体化示范区突出科研研发和旅游等高端服务业与新技术产业集聚，自贸区新片区突出集聚跨国企业总部、高端制造和研发服务等。

(五)"三轴"

东西联动发展轴、南北活力发展轴和 G60 科创轴等,打通上海作为全球要素资源配置枢纽中心的"两个扇面",将长三角一体化与对外开放的发展要求有机联动、有机融合,实现"一心、一环、双核、双极"的协同协调发展。

(六)多枢纽区域

国际金融中心在打造陆家嘴、外滩和北外滩"金融三角"的同时,拓展临港新片区的离岸金融和对外资的金融开发功能,以虹桥商务区为枢纽努力实现金融与要素的合作辐射长三角。国际航运中心应强化与长三角共建共享,增强小洋山港、浦东空港、虹桥空港等航运中心关键区域功能,借助长三角一体化推动与北面南通港和南面宁波港的组合港建设,依托长三角推动上海国际航运中心的建设。国际贸易中心应支持海关特殊监管区域整合优化,进一步提升上海自由贸易试验区的贸易能级,推动虹桥商务区建设服务长三角、面向全国和全球的一流商务区,加强自贸区临港新片区以产业带动贸易,充分发挥世博园区、黄浦江两岸、国际旅游度假区、上海中国邮轮发展实验区等重点功能区域建设对商业、贸易、投资的带动作用。国际科创中心在强化张江科学城、G60 科创走廊和临港高科技产业带科创功能的同时,促进金山石化、嘉定汽车城、宝山钢铁和长兴造船等先进制造基地实现科创与产业的融合。

第四节 "十四五"时期上海经济空间优化的关键举措

一、进:求变经济空间格局

积极进取,通过经济空间格局的重构谋求经济发展新格局。通过构建浦东板块和浦西板块协同并举发展、"两翼齐飞"的大格局，增强经济发展动力，实现市域范围内更高质量的可持续发展。

（一）加快推进上海自由贸易试验区新片区建设，重点打造临港地区、浦东机场南侧、奉贤浦东临界地区

制定形成上海自贸试验区新片区建设方案，与既有片区一起，初步建成在开放政策和制度上具有较强国际市场竞争力，具有较高的经济风险抗压能力，具有国际市场影响力和竞争力的特殊经济功能区。因应上海自由贸易区扩区的新形势，将临港地区与浦东机场南侧（即临港地区北侧）地区、奉贤浦东临界地区共同作为上海东部地区重点发展区域，扩大临港地区产业和城市功能发展的承载空间，做大做强具有显著开放特征的高端服务业、先进制造业的经济高地。

（二）充分发挥进博会溢出效应，加快虹桥商务区发展平台载体经济空间

在中国国际进口博览会在上海成为常态化办展模式的背景下，充分发挥相应板块的区位优势并承接进口博览会的溢出效应，在虹桥商务区因地制宜发展平台载体经济空间。建设并运营常设的保税展示交易场所，提升国别商品中心、专业贸易平台和综合性贸易平台的服务辐射能级，着力将虹桥商务区乃至上海打造成为全球进口商品集散地。持续推进国际会展之都的建设，在虹桥商务区建设具有世界领先水平的会展设施集聚区，集聚并培育一批具有全球竞争力的组展商和展览服务机构，成为世界顶级展会的功能承载区。

（三）加快推进落实长三角区域一体化发展国家战略，规划建设长三角一体化发展示范区

落实长三角一体化发展规划纲要，在上海、江苏、浙江交界区域规划建设长三角一体化发展示范区，深化基础设施、科技创新、产业协同、生态环境、市场体系、公共服务等重点领域的专题合作。在一体化发展示范区范围

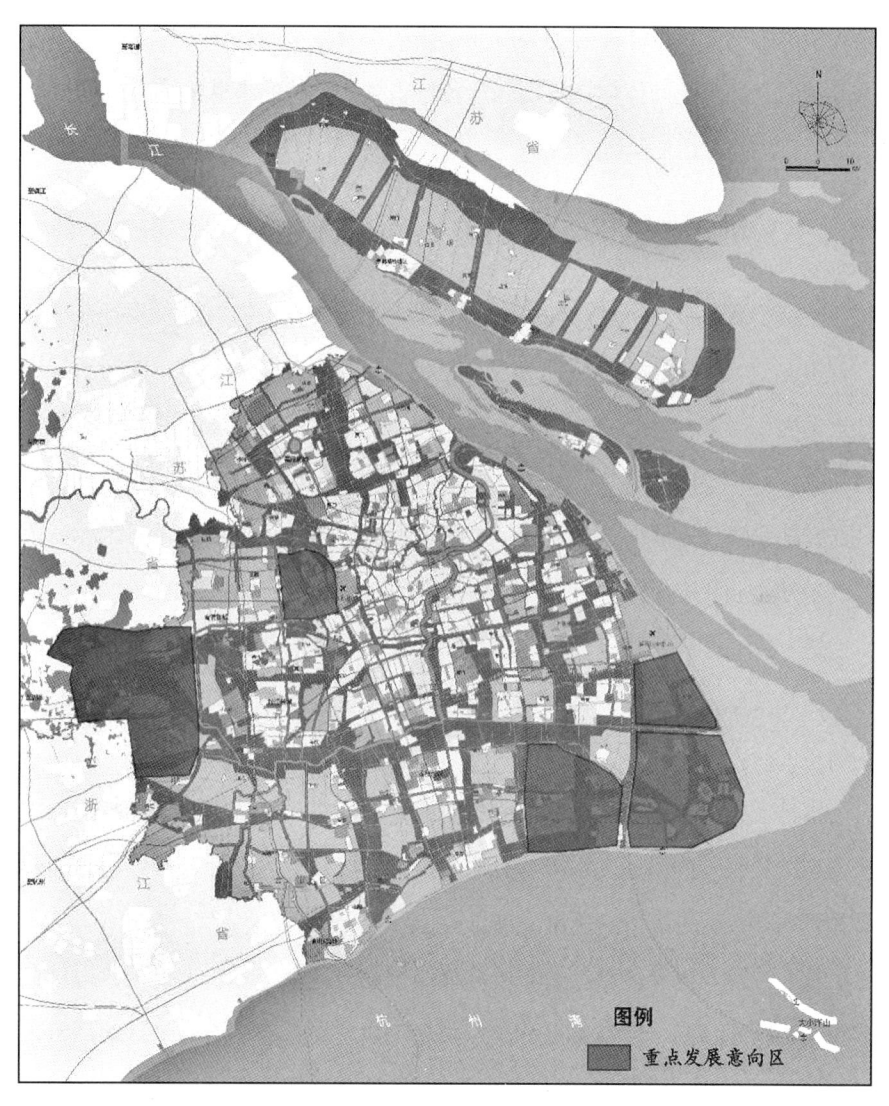

图 4-11-5　上海经济空间重点发展意向区

内实现空间规划无缝衔接，整体规划，统筹协调；实现自然资源利用、环境保护和治理的统筹配置与协调；实现公共服务的共建共享；实现资本、技术、信息等发展要素的无障碍流通。

二、优：提升经济空间质量

着力提升上海市域经济空间的发展质量，提升各类产业生产活动在价值链环节中的价值区段，提升各类产业空间的综合经济效益。在空间上，中心城区要通过经济空间优化提质增强全球城市核心功能的承载能力，郊区要打造全球卓越的制造业基地。

（一）中心城区增强全球城市核心功能承载空间

支持"五个中心"建设并提升城市能级和核心竞争力，进一步打造全球高端资源要素集聚和配置功能空间。中心城区要承担面向全球、面向未来提升上海城市能级和核心竞争力的职责，着力增强全球高端资源要素集聚和配置能力。

在陆家嘴、世博园区、自贸区等区域集聚并培育一批具有较强国际竞争力的总部企业和本土跨国公司，持续提升国际经济中心综合实力。

进一步完善综合性国家科学中心和张江科学城的建设，开展新一轮全面创新改革试验，提升上海科技创新中心的集中度、显示度。推动以科技创新为特色的研发体系建设，打造具有全球影响力的科技创新空间。

提升生产性服务业和消费性服务业的发展质量，打造具有全球影响力的服务业的集聚空间提升高水平金融服务能力，建设上海国际金融中心，充分利用资本市场促进经济高质量发展。

在自由贸易区等区域打造一批高能级贸易流通大市场、大平台，推动数字贸易、技术贸易、转口贸易和离岸贸易加快发展。建设面向全球的消费市场，在南京东路、淮海中路、陆家嘴、国际旅游度假区、世博前滩等区域打造适应全球影响力的消费中心地位的世界级商街、国内一流商圈、特色商业街区。

在沿黄浦江、沿苏州河、陆家嘴、国际旅游度假区、临港地区等地区重点培育并集聚一批全国和世界级的文化创意产业领军企业和创新创业团体，打造成为各具特色的文化产业集聚区与文化服务特色街区。

增强浦东机场、虹桥综合枢纽、吴淞口等区域的航空、航运、铁路、公路等交通的集聚和疏散的枢纽能力，依托交通枢纽地位，推动相关产业（譬如高端航运服务业）发展。

（二）将郊区打造成为全球卓越制造业基地的关键承载区域

面向"上海制造"品牌打造的要求，上海郊区要向建成全球卓越制造基地的目标迈进，打造建设战略性新兴产业集群空间。围绕高质量发展要求，大力发展高端制造、品质制造、智能制造、绿色制造、高复杂高精密高集成制造，在集成电路、人工智能、生物医药等重点领域培育相关产业空间的形成，在生命健康、人工智能、量子通信、空天海洋等未来前沿领域超前谋划空间战略布局，发挥"上海制造"在现代化产业体系建设中的关键支撑作用。

在郊区着力塑造一批以世界级品牌、特色产业为重点的制造业基地和园区。推进临港产业区、上海化学工业经济技术开发区、上海国际汽车城等载体建设，集群发展优势产业，集成高端综合服务，形成世界级先进制造业集群，培育世界级品牌园区。推进长兴岛船舶和海洋工程装备、松江经济技术开发区工业互联网、闵行莘庄军民融合、奉贤东方美谷美丽健康、宝山顾村机器人、金山工业区新型显示等区域特色产业差异化发展，创建特色产业基地。

三、调：调整经济空间结构与内容

以产业结构调整方向为基本导向，结合各类产业空间的产出绩效要求，调整并稳定全市各类产业的用地结构比例。改进传统优势产业并提升发展水平，加快推动汽车、船舶、钢铁、化工、都市等产业升级改造，加快生产方式向数字化、网络化、智能化、柔性化转变，提升传统优势产业核心竞争力。

（一）提高经济空间使用效率

推进土地资源高效利用，提高经济空间投入产出效率。面向全面推进土地资源高质量利用的要求，着力推进产业项目"标准地"出让、产业用地先租后让等试点工作，形成"产业基地—产业社区—零星工业地块"三级产业空间布局体系，实现产业空间资源的系统化、整体化利用。加强产业园区要素资源高效配置，推动园区空间集约发展，通过转型开发、政府收储、园区平台回购等方式，加快存量土地"腾笼换鸟"。

建立产业用地经济产出效率评价体系，推进低效建设用地减量化，开展低效产业用地专项处置行动。积极探索产业用地的容积率管制手段与要求的改革与突破，积极适应新形势下产业发展新导向，在交通、环境以及配套满足的情况下，鼓励通过提高容积率等方式提高工业用地土地使用强度，推动实现建设用地"零增长"的前提下经济产出稳定增长。

（二）"腾笼换鸟"，为新经济挪出新空间

以产业转型、生态环境保护为契机，实施"腾笼换鸟"策略，调走不适应上海更高质量发展要求的产业，为新经济挪出新空间，进一步优化上海经济空间布局。

加快重点区域的整体转型升级，主动服务国家战略，推动经济高质量发展，为上海高质量发展提供基础动力。加快推进吴泾、高桥、南大、吴淞、桃浦等重点地区的整体转型升级，实现"腾笼换鸟"，打造全市转型升级的示范区、高质量发展的示范区、卓越城区建设的示范区。

高起点、高标准编制重点转型地区的规划，明确功能定位，同步研究开发建设机制。将重点地区打造为引领性、主导性和特色性有机统一的高端产业集聚高地。转型区同时需注重城市功能的完善，实现产业与城市功能的有机融合。

四、拓：拓展经济空间布局与功能

进一步优化上海作为全球城市承担"两个扇面"的资源与要素配置枢纽的关键作用：一方面，加快推进上海"五个中心""服务一带一路桥头堡"和"自贸区新片区"等面向全球的经济空间建设；另一方面，响应长三角区域一体化发展和长江经济带建设的国家战略，加快推进服务长三角和服务长

江经济带以及服务全国的经济空间建设。

(一)面向高质量发展需求拓展经济空间功能

面向高质量发展需求,以创新为导向,以全球城市建设、长三角一体化等作为契机,拓展经济空间的核心功能;以智能制造、文化创意、蓝色经济、共享经济等新经济新产业为导向拓展新功能导向的经济空间。

加快推进制造业的技术创新,超前布局前沿科技领域,主动对接国家战略,面向生命科学、信息技术、空天海洋、新能源、新材料、人工智能、工业互联网、智能网联汽车等领域的重大科技攻关培育形成相关的产业集聚,拓展现有产业链与产业领域。

推动生产性服务业向专业化和高端化拓展,着力打造支持创新创业、与制造业深度融合、细分领域专业化发展的生产性服务业,形成集聚高地。推动生活性服务业向精细化和高品质拓展,着力打造品质化、个性化的商旅文体服务经济产业空间,打造多元化、特色化的教育医疗服务产业空间,打造标准化、集约化的居民生活服务产业空间。加快推进国际旅游度假区、世博地区、虹桥商务区等标志性区域建设,依托陆家嘴、外滩、徐汇滨江打造具有国际影响力的创新经济和服务经济集聚带。打造长宁"临空"、虹口"航运"、杨浦"科教"、宝山"邮轮"、奉贤"东方美谷"等一批各具区域特色的服务业基地。

(二)强化交通枢纽节点地位,增强国际国内资源枢纽配置能力

以虹桥枢纽打造服务长三角和拓展进口国际空间的核心功能空间;基本确立航运服务全球枢纽节点地位,建成以上海港为核心,打造国际航运资源枢纽与配置中心的长三角港口集群;在长三角更高水平一体化深入推进实施的背景下,推进长三角世界级机场群建设。以浦东国际机场、洋山港、横沙港(预留)、临港为主要载体,增强国际交通集聚与疏散的枢纽能力,助力经济影响力和经济空间的拓展。

加强长三角区域产业协同,共建世界级产业集群。探索共建长三角产

业链协同创新示范基地，推动龙头企业加强长三角产业链一体化布局，将研发设计、高端制造、营销服务等产业链环节扎根本地，引导富余要素资源优先向示范基地集中。探索跨省市"区区合作、品牌联动"模式，支持临港、漕河泾、张江、金桥等品牌园区面向长三角地区布局，推动 G60 科创走廊、张江长三角科技城、沪苏大丰产业联动集聚区等跨省市合作园区建设。

增强上海服务"一带一路"桥头堡作用和卓越全球城市的能级。与"一带一路"沿线国家和地区加强制度和规则对接，探索建设上海自由贸易港，提升上海国际会展平台服务能力，增强基础设施互联互通功能，推进国际邮轮母港建设。

五、深："三深"引导经济空间发展

以空间规划体系改革为契机，深化空间功能规划。以空间资源保护、空间要素统筹、空间结构优化、空间效率提升、空间权利公平等方面为突破，深化新模式下的经济空间功能研究与规划。

（一）深度挖掘空间潜力

以发展潜力为导向，建立经济空间绩效监测与评价体系，深度挖掘空间潜力，推进土地资源高效利用。全面梳理上海现阶段不同种类的重点发展区域。例如，虹桥商务区、上海国际旅游度假区、黄浦江两岸区域、世博园区、苏州河两岸地区、临港地区等。根据不同区域的类型和特征，从人口居住、就业空间、产业发展、环境保护、交通可达性、系统效率等角度，重点分析其关键性功能的实现情况。使用人口、交通、环境等关键因素的数据，分析这些因素对于空间发展潜力提升的支撑作用。选择城市更新、重大项目、长三角一体化、乡村振兴、科技创新等具有明显政策属性的引导性因素对空间发展潜力的影响情况进行引导因素分析。引入支撑因素、引导因素、功能区发展基础等因素，分析区域发展潜力。进一步地，在相应领域，从发展目标、功能定位、政策需求等角度，提出深度挖掘区域空间发展潜力的战略性引导方向。

（二）深度融合空间功能

促进市域范围内的产城融合、各经济空间之间的功能融合。推动空间上的经济功能与城市功能的有机融合。鼓励并引导土地复合混合开发利用，在经济空间格局明确的大框架下，增加土地使用性质控制的弹性。打造中小尺度空间范围内的职住平衡，减少"工作-居住"的通勤成本与城市交通压力，提升就业者的宜居宜业水平，实现经济功能与活动在空间上的深度融合。

参考文献：

1. 付磊：《全球化和市场化进程中大都市的空间结构及其演化》，同济大学博士论文，2008年。
2. 曾刚：《上海市工业布局调整初探》，《地理研究》2001年第3期。
3. 崔蕴：《上海市制造业各行业地理集中度分析》，《城市发展研究》2004年第6期。
4. 郭岚：《上海现代服务业的空间集聚与演化效应》，《上海经济》2015年第5期。
5. 石忆邵、黄银池：《开发区土地集约利用研究——以上海开发区为例》，《现代城市研究》2011年第5期。
6. 栾峰、何瑛、张引：《文化创意产业空间集聚特征与园区布局规划导引策略——基于上海中心城区的企业选址解析》，《城市规划学刊》2019年第1期。
7. 马学新：《20世纪90年代上海产业布局的发展变化》，《当代中国史研究》2009年第3期。
8. 黄珏：《宏观政策视角下的上海产业空间发展演变》，中国城市规划学会、南京市政府：《转型与重构——2011中国城市规划年会论文集》，2011年。
9. Sassen S. *The Global City: New York, London, Tokyo*. NJ: Princeton University Press, 2001.
10. 唐子来、李粲：《迈向全球城市的战略思考》，《国际城市规划》2015年第4期。
11. 王鑫、王承云：《全球城市视角下上海经济空间结构演化研究》，《城市学刊》2019年第2期。
12. 邓智团：《创新驱动背景下城市空间的响应与布局研究——以上海为例》，《区域经济评论》2014年第1期。
13. 杨俊宴：《上海全球城市形态、空间结构及大都市圈建设研究》，《科学发展》

2015 年第 11 期。
14. 王咏笑、敬东、袁樵:《上海市以功能布局优化带动空间布局优化的研究——从产业空间分布的视角》,《城市规划学刊》2015 年第 3 期。
15. 郑德高、卢弘旻:《上海工业用地更新的制度变迁与经济学逻辑》,《上海城市规划》2015 年第 3 期。
16. 赵民、王理:《城市存量工业用地转型的理论分析与制度变革研究——以上海为例》,《城市规划学刊》2018 年第 5 期。
17. 任新建:《破解发展空间瓶颈,提高上海经济密度研究》,《科学发展》2019 年第 5 期。
18. 上海市规划和国土资源管理局:《上海 2035——迈向卓越的全球城市》,上海科学技术出版社 2018 年版。
19. 王剑、熊鲁霞、黄吉铭:《理想的坚持与方法的探索——上海市城市总体规划和建设发展 70 年》,《城乡规划》2019 年第 5 期。
20. 高骞、吴也白、王沛:《构筑上海服务长三角一体化发展国家战略的新优势》,《科学发展》2019 年第 10 期。
21. 杜德斌:《上海建设全球科技创新中心的战略路径》,《科学发展》2015 年第 1 期。

执笔人:邓智团 程 鹏 陈 晨

第十二章
全面提升制造业能级

制造业转型升级在国家和区域发展阶段转换中占据重要地位，改革开放以来，上海围绕"适应性调整""战略性调整"和"创新性调整"战略方向，加快推动制造业结构升级，为上海经济持续快速发展提供了重要支撑。进入高质量发展新阶段，面对跨界融合型产业发展新趋势，以及中高端升级战略限制不断强化的国际竞争新特点，上海制造业需要改变主导产业更替为导向的结构升级路径模式，聚焦"卡脖子"关键领域和制高点竞争前沿率先突破，以培育提升产业链影响力为引领，在新兴产业前沿化、传统产业新兴化、发展模式平台化进程中，推动新一轮的上海制造业结构升级和布局优化，为上海强化提升高端产业引领功能，实现高质量发展提供关键动力支撑。

第一节 上海制造业发展的历程、特点和主要问题

20世纪80年代以来，上海借鉴国际工业化发展经验，立足自身比较优势和国家战略目标，围绕"调整中发展""发展中调整"和"发展调整中提升"的结构升级目标，先后在资本技术密集型重化工业、融入国际产业分工的外向型产业领域率先创新突破和转型升级，确立了上海制造业的发展优势。进入21世纪以来，特别是"十二五"以来，随着上海进入比较优势转换新阶段，制造业增速放缓，比重下降，瓶颈制约逐步凸显，在国际和国内发展格局中的地位特征出现重要变化。

一、上海制造业发展优势的形成和转变过程

（一）发挥比较优势推动结构升级，上海制造业确立了在国内的领先地位

20世纪80年代后期到90年代初期，上海制造业率先推动资本技术密集型重化工业发展，确立了工业化中期的制造业发展优势。以上海石化、宝钢、上海大众等项目为标志，在调整中发展和发展中调整战略的引领下，开启了从轻纺工业到重化工业的发展升级，资本密集型重化工业规模扩张，成为上海走向改革开放前沿的重要增长支撑。

20世纪90年代中期到21世纪初期，上海在发挥比较优势，适应性融入国际产业分工中率先突破，确立了工业化中后期的制造业发展优势。在浦东开发开放和"四个中心"建设目标引领下，以发展、调整、提升战略为导向，产业升级取得重要进展。上海华虹NEC为项目主体的909工程使上海成为中国集成电路产业发展的开路先锋，以计算机整机制造为主体的电子信息产业成为引领带动上海快速增长的重要产业领域，同时，装备、汽车、电子信息、钢铁、石化和生物医药六大重点产业快速壮大，东西南北中的工业新高地建设成效显著，制造业成为上海连续16年两位数增长的关键动力支持。

（二）进入比较优势转换阶段，上海制造业增速放缓，比重下降

"十二五"期间，上海制造业进入比较优势转换发展阶段，一方面，随着上海收入水平提升，劳动力、土地等资源要素成本快速上升，中低端发展优势减弱，承接初级要素密集型外向型产业的速度放慢，一些产业开始向中西部等更具有要素比较优势的地区转移；另一方面，受制于关键核心技术的对外依赖，以及先进设备、材料、工艺等方面的基础薄弱，上海制造业的中高端发展优势尚未形成；同时，金融危机带来国际市场需求收缩，引进资金和技术的步伐放慢，上海外向型经济发展也面临重大挑战。改革开放以来支撑上海快速增长的六大重点产业面临诸多挑战，亟待调整转型，高新技术产

业化、战略性新兴产业发展虽然取得一定进展，但是在构建上海制造业新优势、支撑上海持续增长方面尚未实现预期效果，上海制造业进入速度调整和动力转换的新阶段。2008—2015年，上海制造业年均增速6.0%，远低于2000—2007年12.9%的年均增速。同时，制造业占全市生产总值的比重快速下降，从2010年的38.08%下降为2018年的27.7%，平均每年下降2个百分点以上（见图4-12-1）。

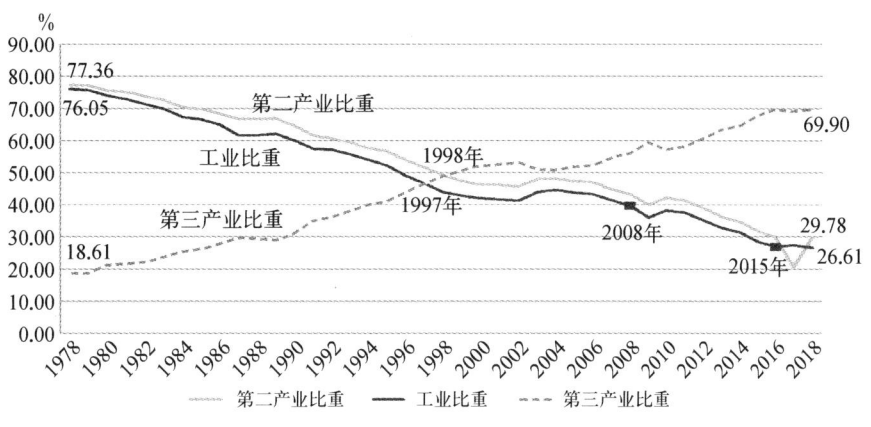

图4-12-1　改革开放以来上海产业比重的变化

（三）"十三五"以来的中高端升级取得积极进展

"十三五"以来，上海以创新转型、提质增效为主线，加快构建战略性新兴产业引领、先进制造业支撑、生产性服务业协同的新型工业体系，中高端升级取得了阶段性成果。2015—2017年，上海战略性新兴产业增加值同比增速分别为4.5%、5%和8.7%，占全市生产总值的比重分别为15%、15.2%和16.4%。2017年，战略性新兴产业（制造业部分）产值占全市规模以上工业总产值的比重达30.8%，较2015年提高4.8个百分点。AM-OLED突破产业化瓶颈，和辉光电6代生产线弥补我国中小尺寸高端显示产品的市场空缺，一批新型高端医疗器械打破国外设备垄断，C919首飞、ARJ21商业运营、万吨级驱逐舰首舰下水等实现创新突破；重型燃机、华为研发中心、海尔智谷、人工智能产业生态联盟等项目落沪，以临港、上海化工区为代表的新型工业互联网产业集群初具规模，GE、海尔、智能云科等一批工业互联网平台企业加速集聚。

二、上海制造业发展面临的主要问题

(一)要素层面的瓶颈制约

要素成本快速上升,使一些重点产业优势减弱,新兴产业培育面临重要的成本制约。一方面,随着上海收入水平提升,劳动力等初级要素成本上升,土地空间受限,环境约束进一步增强;另一方面,上海服务业价格相对于制造业价格的过快增长,进一步加大了制造业的成本约束,按照1990年不变价计算,1990—2017年,上海服务业价格上升了4倍,而制造业价格只上升了1.3倍(见图4-12-2),服务业价格上升推动高房价、高地价、高商务成本和高生活成本,使上海制造业面临的成本制约不断加大。

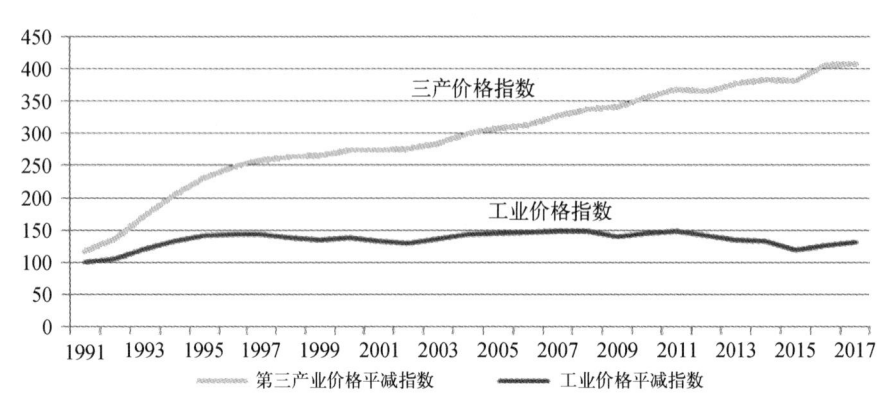

图 4-12-2　上海市 1990 年不变价格价格平减指数

数据来源:笔者根据《上海统计年鉴》计算。

(二)技术层面的瓶颈制约

关键核心技术对外依赖,成为中高端升级的重要瓶颈制约。高端芯片、民用航空等"卡脖子"技术受制于人,缺少深耕工业基础技术、元器件、核心零部件的企业和科研院所。战略性新兴产业关键核心技术自主研发面临挑战,业务模式驱动多于技术创新驱动,底层操作系统、高端通用芯片等路径依赖比较强的自主核心技术领域与全球领先企业存在差距;高端装备、关键原材料、核心零部件依赖进口的问题未得到根本解决。同时，公共技术平台发展不足，产业关键技术研发支撑体系的作用亟待发挥。如在人工智能等专业领域目前还缺少一个能够让各个细分领域开放技术、分享技术的公共平台，限制了技术应用的快速发展。

（三）要素逆流动的瓶颈制约

目前上海服务型经济发展中存在着资源要素向高回报、低效率服务业的逆流动问题，特别是金融、房地产等高收益服务业快速扩张，对实体经济特、别是制造业的挤出效应不断显现。近年来上海服务业比重快速上升，在一定程度上是由服务业名义价格的快速上升导致的，扣除价格因素的服务业增长是有限的，按照1990年不变价计算，2017年上海服务业比重只有42.3%，工业比重为51.9%（见图4-12-3）。价格效应带动服务业比重上升过程中，资源要素从制造业向服务业流动的结构变化，基本表现为从低产出效率产业向高产出效率产业的逆流动。按照2000年不变价计算，上海第二产业实际劳动生产率是第三产业实际劳动生产率的2.5倍（见图4-12-4）。在上海服务业中，除了由于价格因素快速上升的金融业之外，比重最高的依然是劳动密集型的批发零售业，占全市生产总值比重为15.3%，而具有高效率特征的现代服务业，比如信息传输和计算机服务业占全市生产总值在5%左右（见图4-12-5）。

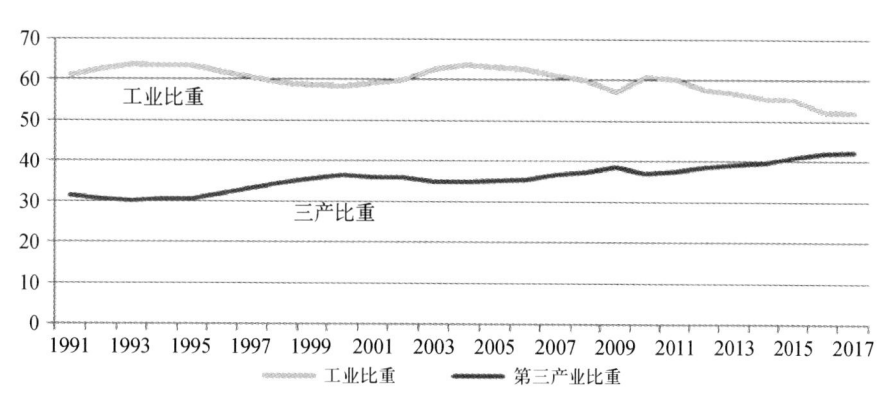

图 4-12-3　上海市1990年不变价分产业比重

数据来源：笔者根据《上海统计年鉴》计算。

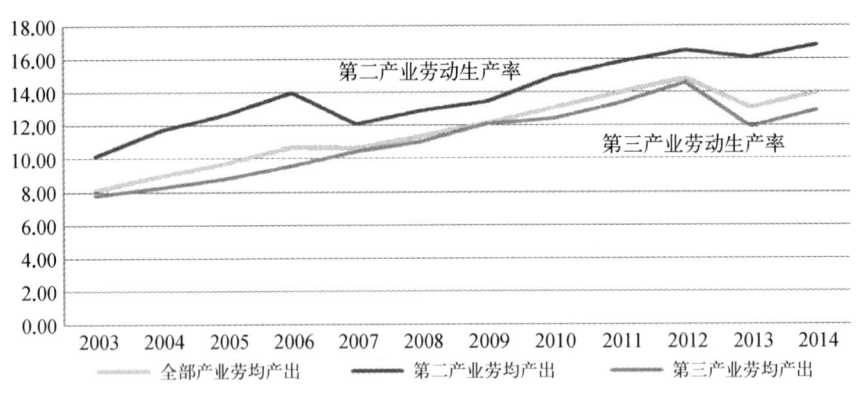

图 4-12-4 2000 年不变价上海分产业劳动生产率比较

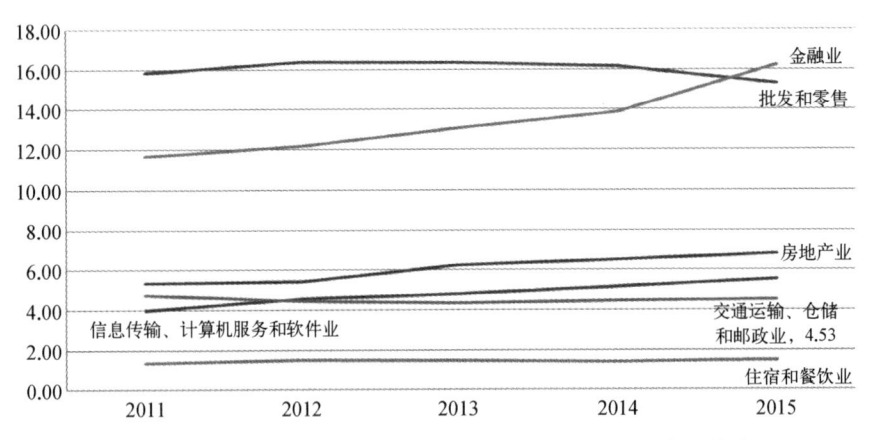

图 4-12-5 "十二五"时期上海服务业分行业占全市生产总值比重

三、路径依赖型发展模式的瓶颈制约

曾经在上海制造业快速发展中发挥过重要作用的国有企业发展模式、合资企业发展模式、开发公司主导的产业园区发展模式，以及适应性融入国际产业分工的开放经济发展模式等，已经不适应新的发展要求，亟待实现调整转型。

四、上海制造业在国际制造业发展格局中的新特征

（一）上海制造业与发达国家制造业的关系正逐步从互补共赢向替代竞争转变

改革开放以来，上海发挥要素比较优势，适应性融入国际产业分工的中

低端发展,实现了与发达国家中高端升级的互补共赢。随着上海进入中低端优势减弱的发展新阶段,上海需要进入发达国家重点发展的中高端领域,上海制造业将从互补共赢的"跟随者"转变为竞争挑战的"同行者"。美国制造业回流、中美贸易摩擦,以及美国国内加息、"缩表"和税改等,都是替代竞争阶段发达国家重要的战略布局,特别是把钢铁、汽车、飞机、造船和半导体等行业列为其贸易政策议程的六大"关键行业",对上海中高端升级的重点领域具有非常强的针对性。在互补发展阶段,上海只要开放就可以融入国际分工,实现快速发展;在替代竞争阶段,上海只有突破战略限制,在竞争中胜出,才能实现外向型经济的中高端升级。

(二)关键核心技术对外依赖和制高点竞争中的地位缺失成为上海参与国际先进制造业竞争的主要制约

目前上海已经在产业规模、产业配套体系、技术能力、人才储备等方面具备了一定的中高端发展能力,但在发达国家主导的产业分工体系中,中高端升级不是一个简单的比较优势转换过程,不是具备了中高端的比较优势就能够实现中高端的升级,因为掌控产业分工主导权的国家会限制后发国家的中高端制造业升级。目前发达国家对上海中高端升级的战略限制集中体现在两个方面:一是关键核心技术的限制封锁,上海在汽车、装备、航空航天、电子信息等产业领域已经逐步形成了一定的中高端发展优势,但芯片、航空发动机、工控系统等关键环节的"卡脖子"限制,使具备一定比较优势的中高端领域难以形成发展优势。比如,受制于集成电路芯片制造材料、工艺和装备的对外依赖限制,上海电子信息产业的中高端升级进展缓慢。二是制高点竞争中的战略限制,美国等发达国家力图凭借新一轮技术革命,重构国际竞争制高点,强化制造业领先优势,美国的"再工业化"、德国的"工业 4.0"、日本的"社会 5.0"等,都是发达国家通过制高点竞争,限制后发国家中高端升级的重要战略布局,上海在这些领域还难以接近国际竞争前沿,制高点竞争的地位缺失成为中高端升级的重要制约。

五、上海制造业在国内发展格局中的新变化

（一）上海制造业规模已不具有明显优势

上海制造业在全国城市型经济体系中的规模优势已经不明显，制造业第一大城市的地位已经面临挑战，深圳和苏州的制造业规模已经接近和超过上海。从"十三五"起步之年2016年的情况看，苏州的工业总产值达到3.5万亿元，已经超过上海的3.3万亿元，天津和深圳紧随其后，分别为2.8万亿元和2.7万亿元；上海工业增加值7 555亿元依然最高，但与天津、深圳和苏州的差距已经很小（见图4-12-6）。当然，这些城市制造业比重远高于上海，上海服务业发展的规模优势更加明显，服务型经济体系特征更加突出。

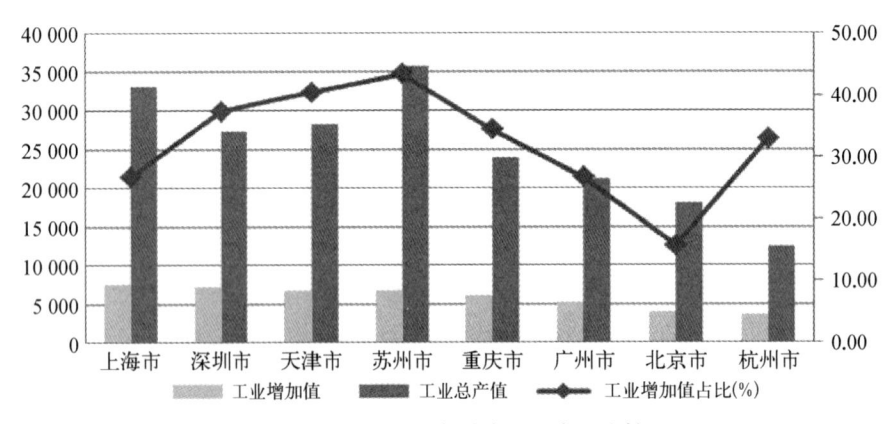

图4-12-6 2016年城市工业发展比较

（二）制造业新兴领域发展的引领性地位不突出

改革开放以来，上海凭借在电子信息、汽车、装备等新兴领域的率先发展，确立了上海在制造业领域的先行者和引领者地位，形成和提升了上海制造业的发展优势。进入21世纪以来，特别是"十二五"以来，上海在一些新兴领域并没有形成明显的先行优势，引领地位逐步减弱，比如，在BAT主导的互联网经济领域，上海已失去前沿主导性；曾经引领中国通信设备行业快速突破的上海贝尔，已经跟不上华为和中兴的发展步伐。目前，上海在增材制造、智能网联汽车、智能传感器等新兴领域快速突破，比如SLA

光固化 3D 打印设备国内市场份额第一，达到世界领先水平；首条 8 英寸 MEMS 传感器中试线投产，上海市 MEMS 传感器制造业创新中心落户嘉定等，但在技术、规模等整体实力方面的引领性地位尚未形成。

（三）中高端发展优势仍在，但是差距在缩小

上海是国内最早推动中高端升级的地区，长期的制造业优势也使上海中高端发展一直走在全国前列，但是从目前看，上海在中高端发展中的优势减弱，上海能做而别人不能做的制造业领域在减少，在一些国内最高端的制造业领域，上海并没有处于最前沿。比如，上海的集成电路是全国起步最早的，特别是中芯国际是芯片制造领域最早突破技术封锁的企业，但是目前上海在芯片设计、芯片制造等方面已不具备明显的领先优势。目前上海在高端医疗器械、超大型集装箱船、超大型 LNG 船等高端船舶制造，大飞机等中高端制造业发展中具有明显优势，但是这些领先领域在减少，与全国其他地区的发展差距在缩小。

六、关键前沿领域突破潜力大，但是发展相对滞后

在国际竞争限制的关键环节和产业发展前沿领域，上海在技术能力、人才储备、产业配套和发展环境方面具有一定的基础条件和优势，是国内最有条件突破关键领域"卡脖子"限制，代表国家参与国际产业制高点竞争的地区，但上海在一些新兴领域发展中并没有站在国内发展最前沿，国内前沿发展地区缺乏突破能力，有突破能力的上海发展相对滞后。比如，上海装备制造业发展优势，使上海成为最有条件在工业互联网制高点竞争中获得突破的地区，在智能制造关键装备打破国外垄断方面已经取得重要进展。但上海在国内互联网经济发展中并没有处于领先地位，制造业领先的上海，互联网经济发展不足；互联网经济发展最快的杭州等地区，制造业发展基础不足，导致中国在工业互联网制高点竞争中难以实现前沿突破。

第二节 "十四五"时期上海制造业发展的基本思路

上海进入服务经济主导的新旧动能转换阶段，需要实现从制成品输出为主导向生产性服务输出为主导的战略转型，这也是发达国家进入高收入阶段的发展特征。新阶段上海经济的新动能主要是向外输出服务业，特别是与新兴产业领域相关的生产性服务业。上海制造业转型升级关键不是培育形成大规模的新增长领域，而是通过"卡脖子"关键领域和制高点竞争的率先突破，形成产业链影响力，为上海输出新兴服务业提供支撑。上海制造业的产业链影响力越强，上海输出新兴服务业的能级越高，上海经济新动能的发展空间与发展潜力越大。

一、上海制造业战略转型的目标方向选择

进入服务经济发展阶段的上海制造业，已经不可能培育形成类似汽车、电子信息等几千亿规模的新兴产业领域，制造业的转型升级，主要是高能级增量对低能级存量的替代，总量层面的增长支撑作用有限，上海经济的新动能集中在服务业领域，主要是向区外输出与新兴产业相关的生产性服务业，包括研发设计、总集成总承包、数据信息服务、智能化系统集成服务等。

从全球产业分工格局和发达国家的发展经验看，名义价格快速上升的高收益服务业对外输出，需要以输出地对输入地的产业链影响力和控制力为基础，上海制造业的产业链影响力和控制力越强，上海对外输出服务业的增长空间越大。比如，向区外输出智能化系统集成服务的上海智能制造系统解决方案供应商，是上海智能制造发展最快的领域，2017年营业收入比2016年翻了一番，在全国一枝独秀，而集聚ABB、发那科、安川机电、库卡机器人四大家族，占全国产量一半的机器人产业，以及系统集成技术、增材制造

装备、制造执行系统（MES）和企业资源计划（ERP）等领域的发展优势，确立了上海在全国智能制造产业链的影响力，支撑上海智能制造系统集成商为全国提供服务业输出。上海需要以规模和比重相对稳定，但是高端控制力和影响力较强的制造业，支撑与新兴产业相关的生产性服务业输出与规模扩张，制造业是上海经济新动能的新动能。

二、上海制造业发展重点和结构升级方向

（一）上海应该以产业链影响力和引领力作为制造业发展重点选择的重要导向，聚焦"卡脖子"制造业

从制成品输出为主导向服务业输出为主导的转型过程中，上海制造业发展重点的选择，不仅仅是高技术、高附加值和高市场潜力的问题，也不应该局限于以自身为市场的都市型产业发展，而是需要把产业链的影响力、引领力和主导力作为上海制造业发展重点选择的重要导向。同时，上海代表国家参与国际制高点竞争，带动中国制造中高端升级，也需要通过产业链的影响力和引领力实现。

在发达国家对中高端升级战略限制不断加强的背景下，上海制造业应该聚焦于目前被发达国家"卡脖子"的关键环节和领域，在率先突破"卡脖子"技术的过程中，形成在上海这些关键环节的发展优势，确立在国际和国内产业链中的影响力和主导力。上海重点发展的"卡脖子"制造业包括工业互联网、人工智能等新兴领域的前沿技术和产业化突破，汽车、装备、电子信息、船舶海工等重点优势产业关键技术的自主化发展，以新技术和新模式应用为导向的钢铁、石化、都市等传统产业新兴化发展等。

（二）上海制造业新的结构升级主要不是重点主导产业更替的结构变化，而是新兴化发展中的层级提升

上海制造业新一轮的结构升级，主要不是向外转移原有重点产业，在现有的重点产业之外选择新的产业领域，实现重点主导产业更替，而是要立足

现有产业，在新技术、新模式和新形态的新兴化发展中，实现从跟随型、依赖性、规模导向型发展，向前沿型、自主型、质量效益型发展转变的层级提升。上海制造业在新的结构升级中培育新的发展优势，主要不是选择与其他地区不同的产业领域和产业链环节，而是在共同发展的产业领域和产业链环节，以新技术、新模式、新业态率先推动新兴化发展，构筑新兴化发展的战略优势。

一是推动新兴技术领域的前沿突破，在参与国际产业制高点竞争中形成产业链影响力。上海要改变从中低端切入新兴产业领域的发展模式，在工业互联网和人工智能等新兴领域的制高点竞争中占据主动地位。在工业互联网领域，不仅要依托汽车、装备、航空航天等优势产业领域，建设整合上下游企业的工业互联网平台，而且要在工业互联网系统架构、标准体系、示范测试等制高点竞争中逐步形成一定的影响力和话语权；在人工智能领域，不仅要发挥智能装备等方面的基础优势，推动机器人的运用和企业的智能化系统集成，而且要在机器深度学习优化制造，人机融合协同制造等前沿领域率先确立发展优势。

二是推动优势产业领域的关键核心技术自主创新，在率先突破"卡脖子"限制中提升产业链影响力。重点是在电子信息、汽车、装备和生物医药等领域，通过关键装备、核心元器件和关键材料的自主化突破，形成产业链影响力，比如，聚焦芯片制造及装备和材料、民用航空发动机、重型燃气轮机、高端数控机床等关键性突破，带动全国制造业发展升级，支撑上海服务业对外输出。

三是推动传统产业新兴化发展，在平台化和服务化发展中重塑产业链影响力。重点是石化、钢铁、轻工、纺织等领域，需要推动新技术、新设备、新工艺和新材料的运用，特别是通过智能化和网络化技术的推广应用和模式创新，实现传统产业的平台化和服务化发展，重塑传统产业发展新优势。

四是推动跨界融合的新业态和新模式发展，在培育先发优势中拓展产业链影响力。上海需要把成熟产业的发展优势、新兴领域的创新优势与多元化的市场需求优势有效结合，聚焦体现技术集成创新的新前沿，以及技术创新与模式创新整合的新领域，以科创型中小企业发展为重点，培育跨界融合先发优势，培育形成跨界融合的产业链影响力。

三、上海制造业空间布局优化

从三环五条龙、东西南北中，到三环（中心城、中外环、郊环）、两带（沿海临江产业带和嘉青松产业带）的制造业空间布局，都是在培育发展六大重点产业过程中形成的。从目前看，这种制造与服务分离、创新链与产业链分离，不同产业，特别是制造技术产业与信息技术产业之间分离的空间发展格局，已不适应新的发展要求，需要根据上海制造业战略转型目标，围绕园区转型、跨区整合和新兴特色集聚，推动上海制造业空间布局优化。

一是园区转型，重点是依托 104 区块中主导产业优势突出的重点园区，整合相关区域具有中低端特征的城镇工业地块，通过大园区带动小园区的资源统筹和一体化管理、一体化开发，推动成熟园区的中高端升级，提高产出效率。

二是跨区整合，包括三个方面：上海现有的圈层（中心城、中外环和郊环）、产业带（沿江临海高端产业集群发展带、嘉青松闵高端产业集群发展带）之间的融合互动，依托制造与服务融合、制造技术与信息技术融合等，形成不同类型产业集聚区和集聚带之间的整合优势；上海科创中心建设功能区与制造业集聚区和集聚带之间的融合互动，实现创新驱动型产业升级；上海产业布局与周边以及长三角产业空间布局之间的整合互动。

三是新兴特色集聚，聚焦重点培育的新兴产业领域，打造特色化新兴产业集聚区，比如，市西软件信息园、华泾人工智能小镇等特色型 195 区域提升，宝山机器人、嘉定智能网联汽车、闵行新能源装备、青浦卫星导航等特色产业集聚区培育，松江工业互联网、金山新材料、静安大数据等国家新型工业化产业示范基地建设等。需要以新兴特色产业集聚区为依托，引领带动上海制造业的新兴化转型。

第三节 "十四五"时期上海制造业发展的政策建议

一、发挥开放优势，探索关键核心技术自主化突破新模式

自主创新不是封闭创新，上海需要改变成熟技术反向技术创新的自主化发展模式，充分发挥自贸区建设带来的开放发展新机遇，探索建立具有自由贸易港制度条件的特定开放区域，以境内关外的特殊制度条件，突破创新资源的封锁与限制，吸引国内外创新设备、材料和前沿技术集聚，在上海实现具有融合集成特征的集拼式自主创新，通过开放化引进单项技术，本土化实现创新集成，探索技术集拼式的开放化自主创新模式。

二、在长三角一体化发展中培育提升产业链影响力

培育长三角一体化发展的国际领先制造业集群，比如，整合芯片设计、制造、封装、测试产业链环节，打造具有全球影响力的长三角集成电路产业集群；上海化工区与宁波湾一体化建设世界级化工产业集群。上海的科创中心优势与长三角的产业集聚优势相结合，实现从上海科创中心功能承载区、上海重点产业园区到长三角产业集聚区的产业链和创新链互动，比如，鼓励机器人、高端数控机床、通信设备、软件开发、自动化解决方案等企业与长三角高校及科研机构合作，组建辐射长三角和全国的智能制造专业服务平台。突破现有行政区划带来的收益共享障碍，通过规划、税收、管理、政策和分配的一体化机制创新，构建创新研发收益和创新产业化收益跨区域共享的创新链、产业链一体化发展机制。

三、在市场主体培育方面取得新突破

上海实现关键核心技术突破，需要培育既能承担国家战略目标，又具有

市场化运作机制优势的新兴市场主体，改变国有企业拥有创新资源但是创新动力不足、民营企业具有运作机制优势但是难以承担国家战略目标、外资企业创新优势溢出效应弱的状况。需要推动国资国企改革，探索国企、民企和外企的新型合作机制模式，比如，国企与民企合作承担国家自主创新重大战略任务，探索平台型企业的合资合作新模式，国企、民企和外企联合打造工业互联网等新兴领域的功能平台，通过平台合作，突破关键核心技术限制等。

四、以体制机制创新突破工业用地资源限制

在工业用地方面，一方面是上海需要重点培育的新兴产业难以获得工业用地支持，另一方面是一些中低端产业仍然占用大量的工业用地难以退出，关键是在园区二次开发和工业用地退出机制方面存在体制机制缺失，难以推动存量工业用地的优化调整，需要通过工业用地管理体制和收益分配机制方面的创新，突破土地流动障碍，为上海制造业结构升级提供有效的空间支持。

五、形成差异化的产业政策支持

上海新一轮的产业升级，需要根据不同类型产业和不同发展阶段产业的发展特征，形成差异化的产业政策支持。对于创新导向的初创型产业和关键核心技术突破的重点领域，需要进一步强化政策支持，特别是国家和地方产业基金支持；对于逐步进入成熟阶段的产业，应该逐步减少选择性产业政策支持，强化包括技术平台建设等在内的功能性产业政策支持；对于技术应用和模式创新型产业领域，应该充分发挥市场作用，完善竞争政策，在公平有效的市场竞争中培育具有竞争优势的重点企业。

执笔人：李 伟

第十三章
超大城市社会治理新思路

党的十九届四中全会提出,坚持和完善共建共治共享的社会治理制度,建设人人有责、人人尽责、人人享有的社会治理共同体。此次新冠肺炎疫情是对中国治理体系和治理能力的一次大考,在当前及未来一段时间内,面对疫情防控常态化的新形势,根据"平战结合"的原则进一步推进超大城市社会治理体系和治理能力现代化,将构成"十四五"时期上海经济社会发展的重大议题之一。由此,在上海社会治理40年历史回顾的基础上,课题组建议上海在"十四五"时期将城市社会治理上升为中心工作,将城市社会治理作为一项长期性、系统性、整体性、综合性的重要工作予以优先考虑和重点关注,以"更有序、更安全、更干净、更便捷、更和谐"为价值导向,坚持"对标一流、底线思维,夯实基础,重点突破"的基本原则,着力探索以"一全三域六化"为核心的城市社会治理新路径,并在实践中注意工作理念、工作方法、工作模式的综合创新。

第一节 上海社会治理 40 年历史回顾

一、第一阶段为 1996 年前,历史欠账和改革压力倒逼城市管理从"条"扩展到"块",从"单位"扩展到"社区"

作为"计划经济典范",上海长期强调城市的生产功能,城市建设与社会服务一度严重滞后。当时的上海存在着人口密度大、人均住房面积小、人均道路面积少等诸多问题。同时，20世纪80年代中期城市经济体制改革的全面推进，"单位制"大面积弱化、解体，导致"单位人"快速转变成"社会人"，由单位溢出的大量社会公共管理事务无人接手。加上几十万知青返城，上海面临着严重的就业问题，越来越多的人需要社区提供各种公共服务，城市社会治安风险等问题也不断凸显。[①]

面对这些问题，1984—1986年，上海市政府提出"事权下放、分权明责"的改革构想，开始实行管理重心下移，尝试打破"以条为主"的管理体制，加强区一级"块"的管理权。仅仅在1985年，市政府就向区政府下放了包括小学校舍维修、支弄小巷修建、绿化、环境保洁等方面的事权，加强了区政府在这些事务管理上的自主性。从市政府来看，将这些权力下放不仅减轻了自身的行政负担，同时也将直接控制转为间接控制。但更为重要的财政权没有下放，而是实行"收支挂钩，总额分成"的财政包干制度，这在某种程度上也反映出当时市政府对权力下放的谨慎。

这一时期区政府管理权力的增强直接影响到基层社会的组织与管理。随着上海城市建设的展开，更多的临时任务通过区政府向街道布置，街道开始承担比以往更多的职能。1986年，上海召开街道工作会议，明确了街道工作的指导思想，提出要把街道建设成"安定团结、环境整洁、方便生活、服务四化"的文明地区。会后，市政府下发了《上海市街道办事处工作暂行条例》(1987)，着力提高街道办事处的综合服务功能。由此开始，街道工作不断强化，政府将更多的事务交给街道来承担，意味着新时期政府行政权力逐步向基层社会延伸。其明显特征就是一方面向街道下放权力，另一方面也加强了街道的组织机构建设。1988年市政府街道工作会议进一步明确了向街道办事处授权的内容，决定适当补充街道集体事业编制人员，并提出要进一步加强基层党组织建设，改进街道党委工作，理顺街道党政关系等。这些决议的推行在某种程度上反映了当时街道依靠原有的机构人员已经难以适应社会事务增长的现实。

[①] 参见马学新、陈江岚主编：《当代上海城市发展研究》，上海人民出版社2008年版。

此后，为了加强对城市社会的有效管理，市政府开始将更多的权力下放到区政府和基层社会。在1987—1995年间，市委市政府提出了以效率为核心，进一步完善"两级管理"的构想，明确市、区（县）分工，下放事权和业务审批权。1988年，市政府在更大范围内向区县下放权力，包括计划、外经贸、城市建设、商业、集体工业、工商、物价管理等。1992年、1993年，随着新一轮的对外开放，市政府再向区县下放财税、城建、环保、外经外贸、劳动管理、人事编制、商业管理、价格管理8个方面的事权，并将500万美元以下的引进外资审批权、建设权以及发展第三产业的一些审批权也下放到区（县）政府。同时，将市、区（县）两级政府的管理层面进行划分，市级行政管理部门将主要精力用于宏观规划、规章制定、行业管理和市场规范，区（县）职能部门则着力于区域建设、区域管理和行政执法。通过这种管理权限的分工，市政府强化了宏观控制权，而将具体事务管理的权力下放。

与此同时，20世纪90年代以后基层社会的管理也越来越受到重视。1991年市委市政府召开街道工作会议，将街道工作纳入整个上海发展的全局，在更高起点上明确了街道工作的方向：一是搞好社会治安综合治理，加强城市管理；二是搞好精神文明建设；三是组织好人民生活，因地制宜发展街道集体经济。同时将街道党委改为区委的派出机关——党的街道工作委员会（简称街道党工委）。在会后下发的《中国共产党上海市街道党的工作委员会条例（试行）》中，市委进一步明确了街道党工委的地位和职责。将街道党组织纳入区政府的科层体系，表明党在社区中所发挥的作用得到重视。

在这次城市管理体制的改革过程中，市政府着重加强了区政府的管理权力，将原先计划体制下集中于市政府的城市管理权力下放，为城市区域管理创造了更大的自由活动空间。同时，权力下放针对了当时基层社会的管理问题，强化了基层行政体系与党组织的作用，并提高了社区服务和综合管理功能。[1]所有这些举措为下一阶段城市管理体制改革做好了准备。

---

[1] 参见李友梅主编：《上海社会结构变迁十五年》，上海大学出版社2008年版。

二、第二阶段为 1996—2003 年，上海确立并强化"两级政府、三级管理"体制，在全国率先形成以街居制为重点、以行政化为特点的城市管理模式

进入 20 世纪 90 年代中期以来，面对经济体制改革和浦东开发开放带来的"两个 100 万"（100 万人下岗、100 万人动迁）以及社会结构变化带来的"两个 200 万"（200 万流动人口、200 万老年人口）问题，"条块矛盾"越来越突出。"条"因为力量有限而管不到"底"，"块"由于缺乏相应职权而管不到"边"。正是在这一背景下，1996 年城区工作会议出台《关于加强街道、居委会建设和社区管理的政策意见》，推动"两级政府、三级管理"行政管理体制改革，明确街道党工委、办事处在区政府派出机构不变的前提下行使地区综合管理职能。这一体制的特色，是以街居制为重点、以行政化为动力。

在"两级政府、三级管理"的城市管理体制改革中，街道办事处作为城市管理的一个层级的作用被强调，同时市政府在机构编制、财力支配、社区公建配套等方面也赋予了街道更多的权限：将社区管理权下放给街道，包括社区服务、社区治安综合治理、精神文明建设、街道经济发展等；扩大街道机关的编制，并且将其列入国家公务员编制，街道机关归区政府和区委管理；街道上级主管的区一级有关职能部门的派出机构原则上按街道对应设置，接受街道党工委、办事处和区有关职能部门的双重领导；街道可对当地的"公安派出所、工商所、税务所的执法工作进行组织协调，对其干部提出考核意见"。同时，借助城区管理委员会、内部专业委员会等组织平台和社区协商会议等运作机制，街道的综合协调权大大加强，而综合执法权也有了街道监察队等具体工作载体来承接。在党政关系方面，街道党工委的领导核心地位不断强化，同时加强了党政之间的紧密联系，因而"做强街道"的概念不仅是做强街道办事处，而是党工委、办事处的双重做强。街道在行政权力增长的同时，也从改革中得到了更多的财权。

在"两级政府、三级管理"的管理体制改革中，居委会建设也是重要

环节，在街道地位不断提升的同时，居委会建设也不断加强。1996年，一批原来在国有企业中从事党群工作、年龄在40岁上下、善于与人打交道的干部职工被充实进居民区担任居委干部；同时，下岗职工也以非正规就业方式进入社区，构成助残、人口、综治、文化等协管员队伍，即"万人就业项目"；另外，各大高校开始发展社会工作本科专业，部分毕业生成为社区工作者。在加强队伍建设的同时，1998年前后全市各街道先后投入巨额资金对居委会的软硬件设施做了较大幅度的改善。1998年下半年，全市开始推行居委会与三产彻底脱钩的管理办法，将原有三产划归社区服务中心统一管理；在此基础上进一步改革居委会分配制度，使居委干部的收入、福利与其工作实绩和表现直接挂钩，居委会的办公费和其他费用则由街道按统一标准下拨。同时，市政府为探索新的治理架构，开始尝试在居民区建立"四级网络"。[1] 与之相适应的是，2000年开始，上海在10个中心城区试点综合执法改革，即将行政处罚权由原先的街道监察队转为由区城市管理监察大队执行。[2] 由此，"两级政府、三级管理、四级网络"的体制构架逐步成熟，并在随后抗击"非典"疫情中发挥了重要作用。

但是，这一时期也出现了居民自治不足、居委会行政化色彩过于浓厚的问题。对此，上海曾于2000年召开社区工作会议，思考行政化的不足和社会化的方向，但未能形成有效举措。然而，社区党建却取得突破。自1997年《关于加强和改进社区党的建设工作的若干意见》明确街道党工委的社区领导核心地位后，实践中各街道党工委在新经济组织、新社会组织中成立党总支或者联合党支部、党建联络站，涌现出了"楼宇党建"等新形式并填补"两新"组织空白点，成功扩大了社区治理的覆盖面和有效性。[3]

---

[1] 参见徐中振主编：《上海社区发展报告（1996—2000）》，上海大学出版社2000年版。
[2] 李幸祥：《上海市城管执法体制改革的历史回顾与未来展望》，《上海城市管理》2017年第6期。
[3] 参见乐基伟：《切入社会管理格局的新探索："楼宇"党建实证研究》，上海三联书店2007年版。

三、第三阶段为2004—2013年，在坚持行政化的同时推进区域化党建和社会化，初步形成"党—政—社"合力的社会管理体制

前两个阶段，上海城市管理体系的改革主要是通过行政放权和分权来推动的，决策者希望借此形成以"块"单向整合"条"的职能、形成垂直性封闭性的资源整合，但也带来一些始料未及的问题，并没有形成利益共享、行动协同的动力机制，"条""线"之间彼此缺乏提供资源的积极性，资源难以在条块之间顺畅流动。2003年市民政局调研发现，街道名义上拥有的协调权仍然不到位，街道缺乏履行相应职责的资源与手段，最终只能通过关系、经济等手段来协调。事实表明，单纯依靠行政分权和放权已经很难推动基层社会管理与服务。因此，市委市政府的整体改革思路开始从行政体制调整向技术层面倾斜，提出了"网格化管理"思路。在实践中，这一改革将网格设置在"街—居"之间，通过网格来整合基层社会的各种行政、社会资源，同时结合全面推开的城市管理综合执法改革，为推动条块协调、加强服务及提高效率提供了保证。[①]

与此同时，面对在行政权力难以覆盖的情况下落实网格化管理等问题，基层党组织逐渐成为促成体制内多部门有序协同格局的关键力量，成为社区网格化管理得以实施的基础所在。2004年上海市委《加强社区党建和社区建设工作的意见》中明确提出"两化一覆盖"（社区建设实体化、社区管理网格化、社区党建全覆盖）的目标任务，将社区建设、网格化管理和社区党建组合在一起，使网格化管理与党建成为体制内推动社区建设的手段。从这一阶段的实际成效来看，"党"（区域化党建）是最大的亮点，"政"继续夯实（实体化），"社"有所发展（社会化）。

区域化党建方面。2004年以来，在全市建立社区党建"1+3"新模式，即在原有街道党工委的基础上，各街道相继成立了社区（街道）党工委，在

---

① 参见彭勃：《路径依赖与治理选择：当代中国城市社区变革》，中国社会出版社2007年版。

之下设置综合党委、机关党委和居民区党委,分别对应"两新组织"、行政组织和居民区三个社会领域。新模式进一步吸纳了社区各方面的代表,有利于实现从单位制"小党建"向区域化"大党建""以条为主"老体制向"以块为主"新体制转变,使党的组织和工作向社区各个领域全面延伸和覆盖。同时,做实区域性、社会化的党建工作平台——党员服务中心,基本实现市、区县、街道、居民区四级党员服务网络在行政区域上的全覆盖。此外,在党员服务社区建设方面,建立"三访"工作制度、实行"双报到"制度等。另通过"双达标""双覆盖""两新"组织党建工作三年行动计划(2009—2011)等举措,大幅度提高了党建覆盖面。

社区建设实体化方面。在全市统一要求下,各街道开始大规模建设社区卫生服务中心、社区事务受理中心、社区文化活动中心、社区图书馆等一系列标准化的社区服务实体,同时借助网格化管理的实践,社区信息网络体系不断完善。队伍建设上,正式启动以全面提高基层党支部书记素质与能力为主要内容的"班长工程",先后举办国有企业、社区居民区、"两新"组织党支部书记培训示范班。同时,组织举办居(村)委成员业务培训班,调整完善"万人就业项目"协管员队伍,积极发展各种专业社工队伍,在社区、文教、卫生等领域逐步实现社会工作专业化、职业化和制度化。另外,积极培育和发展社会组织,2002年在全市层面首次对民间组织参与社区建设作出部署后,相继出台《关于开展本市社区群众活动团队备案工作的意见》(2008)、《关于鼓励本市公益性社会组织参与社区民生服务的指导意见》(2009)等文件,通过社区公益服务招投标和社会组织孵化园两个工作品牌,积极探索政府购买服务,将部分社区服务设施委托民间组织代为管理,降低了管理成本,提升了服务质量,将民生服务和社会管理落到实处。

自治共治等社会化方面。这一时期全市居委会着力推进居委会直选换届,并尝试将其原先的行政职能剥离。例如,在2003年居委会直选之后,一些社区探索建立了"居站分设"或"议行分设"的模式,试图剥离居委会的行政事务,但因其导致居委会的"空心化"和"边缘化"而最终恢复了"议行合一"的模式。此外,上海基层社区又探索形成了以"三会制度"、居民代表常任制等为代表的自治制度,以及在世博会期间启动"自治家园"建设,这些实践都推动了社区自治,在此基础上,通过设置社区委员会这一平台,又着力推进了社区共治。2006年,市民政局出台了《关于印发〈上海市社区代表会议实施办法〉、〈上海市社区委员会章程〉的通知》,明确了社区代表会议、社区委员会等社区共治平台的职责任务、运作机制及工作制度。2007年,上海市政府出台《关于完善社区服务促进社区建设的实施意见》,强调探索建立社区委员会等社区共治平台,形成社区成员共同治理的利益协调机制。全市大部分街道都建立了社区(共同体)委员会等共治平台,以共同需求、共同利益、共同目标为纽带,积极开展议事、协商、评议、监督等工作。

2010年成功举办世博会,是上述"党—政—社"合力的社会管理体制初步发挥成效的集中表现。但整体而言,"政"的力量有余而"社"的活力不足,"党"的组织化覆盖有余而社会化机制不足。例如,世博会后,市民政局进行"关于社区治理中街道和居委会专题调研",发现赋予街道社区共治职能不明确、实施社区共治的合力不够、发挥社区共治效能的服务平台不完善、支撑社区共治的保障措施不到位等问题。另外,网格化管理在推进过程中呈现出"重管理轻服务"倾向,且面对高度复杂问题时往往难以持续,这些问题都使得当初将网格作为城市管理的基本单位来承接和整合职能部门管理资源的改革设想基本没有实现。①

四、第四阶段为2014年至今,上海加快形成党建引领的多元社会治理体制,不断推进社会治理的"四化"

2014年以来,上海在国际化、市场化、信息化和社会多元化的进程中遇到的新情况、新问题更早、更突出,特大城市社会治理面临着现实挑战。习近平在2014年全国"两会"上要求上海努力走出一条符合特大城市特点

---

① 参见张虎祥、梁波等:《街居制的制度演化及其实践逻辑:基于上海经验的研究》,广西师范大学出版社2013年版。

和规律的社会治理新路子。党的十九大提出社会治理"社会化、法治化、智能化、专业化"的要求。这些指示成为上海推进社会治理创新的重要方向。2014年以来,在深入调研的基础上,上海着力推进了"创新社会治理,加强基层建设"的街道体制改革,由此拉开了新时代社会治理创新的序幕。

总体规划,创新社会治理体制。面对进入新时代以来的新情况新问题,2014年年底,市委市政府发布《关于进一步创新社会治理加强基层建设的意见》等"1+6"文件,在行政化、社会化和专业化等方面提出新的要求,包括深化街道体制改革(取消招商引资的经济职能,全面转向公共服务与治理的社会职能)、组织引导社会力量参与社区治理、试行社区工作者管理办法等;2015年,市人大又发布了修改《上海市城市管理行政执法条例》的决定,综合执法进一步下沉。此后,2016年上海发布全国首个《社会治理"十三五"规划》,对社会治理的体系及主要任务做了明确界定。这些文件从总体上规划了上海新时代社会治理创新的总体格局,为社会治理新格局的形成提供了框架。

党建引领,推动社会治理创新。区域化党建承担着推动治理创新的重要功能,即通过推动、引导社区公共性的发展,使个体、群体和各类社区组织走出私人领域,关注社区公共问题,在更高水平上推动多元治理、共同建设。其改革目标是要在深层次上解决多元参与持久向心力、社会需求导向和社会主体性以及参与式社会认同如何构建等深层次问题。2017年市委发布的《关于全面加强城市基层党建工作的意见》提出,到2020年,全区域统筹、多方面联动、各领域融合的城市基层党建格局更加完善,党的组织覆盖和工作覆盖有效扩大,基层党组织的政治功能和服务功能明显增强,党领导和治理城市的能力显著提升,走出一条符合超大城市特点和规律的城市基层党建新路。[1]

落实精细化要求,推进依法治理。针对城市顽症根源,上海市聚焦常态长效,进一步加强区综合治理的整体规划,加快完善城市综合管理标准体

---

[1] 束赟:《改革开放四十年来上海党的建设历程与经验》,《上海党史与党建》2018年第8期。

系，不断拓展丰富网格化管理内涵，大力推广联勤联动执法机制，着力提升城区管理科学化、精细化水平。2018年发布的《城市管理精细化工作实施意见三年行动计划（2018—2020）》提出到2020年，上海全面提升在城市设施、环境、交通、应急（安全）等方面的常态长效管理水平，以"四化"（法治化、社会化、智能化、标准化）建"三美"（美丽街区、美丽家园、美丽乡村）。上海还相继出台（或修订）《违建治理工作实施意见》《上海市烟花爆竹安全管理条例》《上海市食品安全条例》《上海市道路交通管理条例》《上海市生活垃圾管理条例》《上海市住宅物业管理规定》等一系列地方性法律法规，全面推进依法治理。

运用信息化手段，打造智慧城市。上海市全面推进社区政务服务一口受理、全年无休，让群众办事更加便利，让群众更好地共享经济社会改革成果，尤其是大力推进智慧社区建设，建设"城市大脑的神经元"，将社会治理、居民自治和共治融为一体。上海城市公共交通系统大量采用信息化技术，不仅提高了企业效率，也满足了市民出行需求，保证了城市安全运转；另外，信息平台将公交行驶信息提供给交警、路政等部门，成为上海道路交通规划的数据依据。

这一阶段，上海通过密集的法治化进程加快形成党建引领的多元社会治理体制，在亚信峰会、进博会、新冠肺炎疫情等重特大公共事件中经受住考验，凸显了城市社会治理的韧性，但也还存在一些不足。例如，在社会化方面虽然形成了"三社联动"和自治基金等亮点，但如何解决社会组织对街道行政力量和资源的过度依赖、如何实现自下而上的自治议题形成机制等诸多问题，仍有待解决；在智能化方面虽然实施了雪亮工程、智慧社区和大数据中心等举措，但仍然停留于硬件建设和数据汇总阶段，如何实现软件共享、数据互通、整合分析，仍有待突破。

五、简要总结

改革开放以来，上海围绕"既井然有序又充满活力"的社会建设目标，逐步从一元行政管理体制走向党建引领的多元社会治理体制。在这一历史过程中，通过发挥政党、政府与社会三种力量，治理体制日趋完善，治理重心逐步下移，治理主体日趋多元，治理水平不断提升，初步走出了一条符合超大城市特点和规律的社会治理新路。

在不同的历史阶段，上海发挥"党""政""社"三种力量的程度有所不同，如图4-13-1所示。"上海模式"的鲜明特点是始终以行政化为主要动力机制，"政"的力量稳定而持续地贯穿四个历史阶段，体现了上海政府的现代化能力与水平。在第一阶段，"党""政""社"三种力量不分，或者更准确地讲，是"行政吸纳政党和社会"。在第二阶段，"政"的体制改革是最大亮点，"党"起到补位作用，"社"基本不起作用。在第三阶段，"党"的发力是最大亮点，"政"的实力继续加强，"社"的活力开始显现。在第四阶段，"党"的引领力、"政"的主导力和"社"的协同力平行推进。

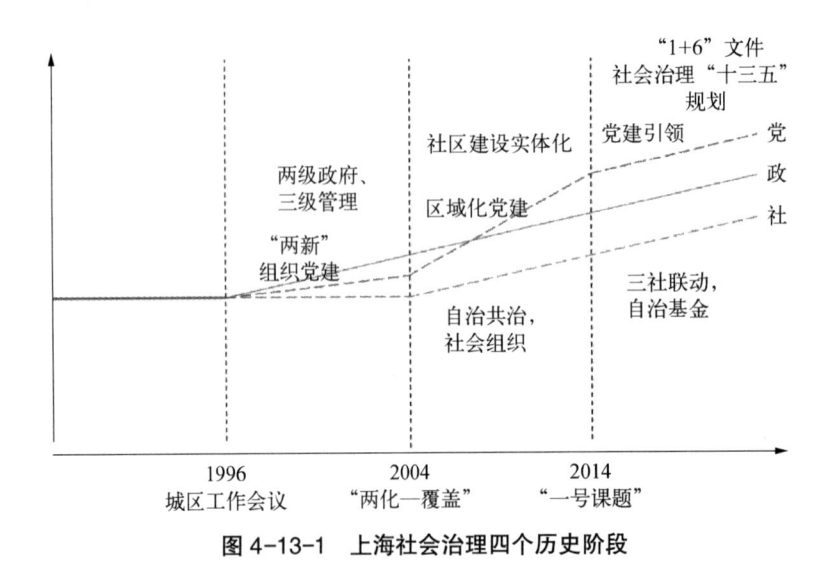

图 4-13-1　上海社会治理四个历史阶段

第二节　"十四五"时期上海社会治理的形势与判断

以2013年首次提出"社会治理"为起点，从既有的"社会管理""社会建设"到新的"社会治理"，社会治理从理论到实践的时间周期较短，在工作创新经验基础上的制度化建设相对滞后。"十三五"时期，以市委创新社会治理加强基层建设、加强城市管理精细化工作、全面加强城市基层党建工作等三份重要文件为标志，本市党建引领社会治理创新的体制和格局基本形成。预计"十四五"时期，结合"百年未有之大变局"的国内外形势历史性变化，按照十九届四中全会提出"社会治理制度"建设的新要求和新任务，全面落实党中央决策部署，坚持稳中求进工作总基调，坚持新发展理念，扎实做好"六稳"工作，全面落实"六保"任务，上海城市社会治理在既有问题的基础上又叠加了新的问题，新旧矛盾交织和新老问题叠加的"船行中流"局势客观存在。

（一）上海社会治理领域地位受到挑战

在加快建设社会主义现代化国际大都市进程中，上海在社会治理领域作为国内排头兵和先行者的地位受到其他城市的挑战，与国际一流城市相比还有不小差距。

2018年中国城市影响力排名中，上海排在北京之后位列第二，社会治理影响力则排在北京和深圳之后，位列第三。[1]2019年全球城市潜力排名（社会治理是其中一个重要维度）中，上海又排在北京、深圳之后。[2]2019年全球智慧城市指数排名中，上海在总体得分上高于北京，在社会治理得分上却低于北京，更低于新加坡、东京、波士顿、旧金山等前10名城市。

（二）上海社会治理成本高

经济新常态下，上海的社会治理成本过高，对政府之外的资源开发不足。上海发挥地方财力优势打造社会治理高地，是其他城市"想学也学不

---

[1] 参见刘彦平等：《中国城市影响力指数（2018）报告》，2018年11月。
[2] Kearney: A Question of Talent: How Human Capital Will Determine the Next Global Leaders: 2019 Global Cities Report, 2019.

来"的经验。

以北京、上海、广州、深圳四地 2017 年度财政决算数据中的"城乡社区支出"为例,在支出总额、每街道支出、每平方公里支出、每万人支出四个指标上,上海都远远高于北京、深圳和广州(见图 4-13-2)。以每街道支出为例,上海是广州的 4.7 倍、北京的 2.6 倍、深圳的 1.5 倍。但在上海出现经济发展增速放缓、地方财力增长困难等新形势下,即有的"大水漫灌"式治理模式将难以持续。另外,上海的社会组织数量只有近 1.7 万家,仅靠它们不可能满足社会治理的大体量需求;企业数量接近 200 万家,它们在社会治理中的作用却被有形无形地忽视甚至排除在外,即便是新生事物社会企业也概莫能外。

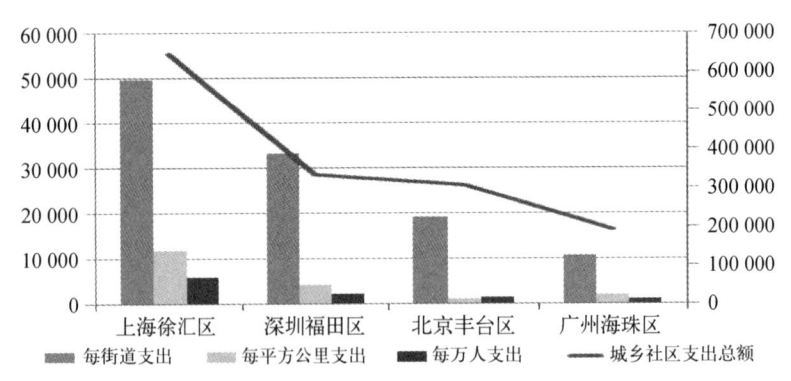

图 4-13-2 北京、上海、广州、深圳四地财政"城乡社区支出"比较(单位:万元)

(三)新时代背景下,上海对社会治理的认识需要新一轮思想解放

习近平总书记在第二届进博会期间考察上海城市治理时高度强调"人民城市"要"以人民为中心",要对接群众需求实施服务供给侧改革,要从群众需求和城市治理的突出问题出发。上海人民日益增长的美好生活需要,对城市高品质生活的追求,对获得感、幸福感安全感的评价,当前已突出反映在社会治理,尤其是基层社会治理领域。展望新时代的深入发展,上海的社会治理不再上一个台阶,就无法回应社会主要矛盾。同时,尤其要破除社会治理只是"花钱"的认识误区,国内外超大城市的实践已然表明,兼具秩序

与活力的社会治理创新将有效优化营商环境和吸引资本、人才等生产要素，甚至其本身还可以成为一个新的经济增长点。

（四）在推进国家治理现代化与社会治理"四化"要求下，上海急待解决长期存在的短板问题

党的十九大报告将社会化列为社会治理"四化"之首，国务院批复上海2035城市总体规划时明确指出，"健全城市管理体制"要"激发全社会活力"。十九届四中全会进一步提出"完善党委领导、政府负责、民主协商、社会协同、公众参与、法治保障、科技支撑的社会治理体系，建设人人有责、人人尽责、人人享有的社会治理共同体"。但从上海"十三五"社会治理规划指标的完成情况来看，五个不足指标都与"资源"，尤其是与"社会"有关，反映出上海社会治理"政"的投入难以持续、"社"的活力难以发挥的问题开始集中显现。具体来说，示范性智慧社区数、社会组织接受政府购买服务收入增长率、组建社区基金（会）的街镇数还有很大缺口，成立业委会小区占符合条件小区比例和街道社区委员会建成率还有一定差距，如图4-13-3所示。

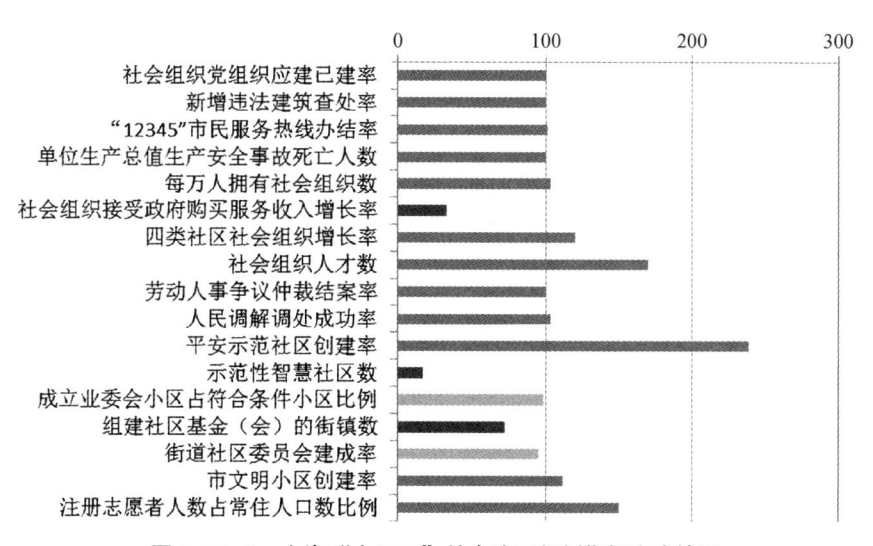

图4-13-3 上海"十三五"社会治理规划指标完成情况

第三节 "十四五"时期上海超大城市社会治理的瓶颈问题

一、市域社会治理的体制改革问题

1996年以来,以"两级政府、三级管理"体制改革、浦东新区综合配套改革为代表,[①] 上海特别是浦东新区在政府职能转变、公共服务、社区建设、城市管理等领域进行大规模的社会体制改革,提供源源不断的体制改革红利。以体制改革为先导推进社会治理实践创新,构成了社会治理创新的比较优势,这是上海城市社会治理长期保持全国领先地位的一条重要经验。与之相对,在当前阶段,上海市在长期探索实践的基础上形成了"条块结合、以块为主"的城市社会治理体制,但其在治理成效的可持续性方面存在一定问题,特别是贯彻落实市委"1+6"系列文件过程中逐步做实基层"块面"所引发新的条块矛盾,此次新冠肺炎疫情再次凸显常态治理和应急管理有机结合的重要性,亟待在市、区层面进行相应的体制改革以构筑新的体制支撑。

(一)从"条条关系"看,市级社会治理统筹协调机构"真空"

城市社会治理并非新增的法定职责,更多强调在职能部门既有法定职权基础上的协调联动,以期达到"1+1＞2"的效果,即部分工作整合基础上的系统性集成创新。上海市于2009年成立市社会建设工作领导小组,2012年升格为市社建委,与市综治委组成社会治理"双委员会"制。但2018年

[①] 20世纪80年代开始,面对改革开放以来的城市建设和管理实践的变化,不少城市着手进行城市基层政权管理体制改革。1984年,上海批转《关于调整城市建设若干问题的市、区分工的意见》,1985年又批转《关于市政建设管理体制改革的若干意见》,进一步明确市和区县两级政府的职责分工,形成城市分级管理架构。1995年5月,上海在市区分工的基础上进一步强化街道办事处的职责,在全国范围内率先进行了"两级政府、三级管理"新型城市管理模式的试点,进一步下放规划、市政设施管理事权,筹建街道综合执法队伍,促进建立了中心城区"市、区"两级政府,"市、区、街道"三级管理。

机构改革不再保留市综治委,其相关职责并入市政法委,市社建委所依托的社会工作党委并入市委组织部,市级社会治理统筹协调机构目前暂时处于"真空"状态,以"群龙治水"为代表的部门职责分离和资源分散现象普遍存在,难以发挥集中力量办大事的制度优势,不利于上海城市社会治理的顶层设计、部门联动和执行效力。此外,在应对新冠肺炎疫情等重特大公共事件过程中,日常管理机构与应急管理部门之间的有序衔接、统筹协调和深度融合也存在一定的制度缝隙空间。

(二)从"条块关系"看,存在重属地责任轻专业责任的倾向

长期以来,面对既有的条块矛盾,上海市通过职责和资源下沉来做实基层块面,但引发了新的条块矛盾且呈现出不断扩大的趋势,且在新冠肺炎疫情等重特大公共事件中面临着较大的紧张和压力。(1)专业责任和属地责任划分不清晰,导致职能部门职责无序下沉、街镇职能无限放大。现在消防设施核查、安全生产检查、污染源排查、食品安全监管等也要由街镇负责,让街镇签"责任状",街镇成为解决疑难杂症的"专家门诊",但严重缺乏相应的专业管理能力。(2)专业管理和属地综合管理权责不对等,原先由"条"负责的事情成了"块"的任务,"条"由原先的责任主体变成了考核主体,但专业部门指导责任空置或半空置。基层反映执法力量下沉存在"三下三不下"现象,即"责任下来了,权力没下来;队伍下来了,专业支撑没下来;经费下来了,'经费如何使用'没下来"。

(三)从"块块关系"看,地区之间普遍存在跨区域协调不足问题

城市社会治理的对象主要为具体部件或事件,但由于行政区域等因素,一些跨区域事部件处置面临"块块矛盾"。(1)本市区与区之间、区内街镇之间的交叉地区和边界地区存在职责不清、相互推诿等现象,以"断头路"和渣土车管理为例,区与区之间的地理壁垒逐渐打破,但尚未建立有效的地区间有效协调机制和联合执法、联合管理的常态化机制。(2)长三角省市接壤地区的跨区域治理问题,以长三角一体化示范区为引领,特别是崇明区与

启东启隆镇、海门海永镇接壤区域的联合治理，以 2013 年上海黄浦江松江段漂浮死猪事件为代表，上海市与江苏、浙江等接壤地区的跨区域联合整治难题亟待破解。

二、基层社会治理的体制机制问题

1996 年以来，在既有的社区服务工作基础上，以原闸北区"八进社区"①为代表，市、区两级政府不断依托基层社区推进基层党建、公共服务和社会管理的重心下移，并开展政事分开改革，推动职能部门向基层社区适当放权，下沉了部分经费、人员等资源保障。这一"社区转向"至 2015 年市委"1+6"系列文件达到最高峰，构成上海城市社会治理探索实践的一条重要经验。但在当前阶段，面对滚滚而来的职责和资源下沉，基层社区的事实容量有限且"天花板"效应凸显，亟待对既有的"单向下沉"模式进行反思，以双向互动调整为主推动区域性体制机制创新。

（一）从街道层面看，街道体制改革有待进一步深化

在街道实际运作的基础上，2015 年，街道体制改革出现了新的问题，亟待在调研研究基础上进一步深化完善。（1）街道"五项权力"的工作机制落地难度很大。囿于既有的条块关系，以街道党工委为中心落实街道对区职能部门派出机构负责人人事考核权和征得同意权、街道规划参与权、对区域内重大决策和重大项目建议权、用好综合管理权等五项权力落地难度很大，街道整体治理能力提升困难重重。（2）街道社区党委和社区委员会"空心化"，"6+2"机构亟待进一步优化整合，相互之间的协作问题突出。以业委

---

① 1998 年以来，闸北区委为切实推进党建工作重心下移，深入开展以"思想政治教育进社区、精神文明创建进社区、党员管理教育进社区、干部培养考核进社区、党风廉政建设进社区、党的群众工作进社区、党的统战工作进社区、社会稳定工作进社区"等为主要内容的"八进社区"工作，努力把党的工作渗透到社区各类组织，拓展到社区各个领域，深入到社区广大群众中去，形成以街道党工委为核心，居民区党组织为基础，社区全体党员为主体、社区各类党组织共同参与的社区党建工作新格局。

会问题为例，业委会成立、换届、改选归自治办管，业委会的专业化指导归房办或发展办管，物业公司归管理办管，各办又各有分管领导，这就为小区物业治理留下了体制性隐患。

（二）从乡镇层面看，乡镇体制改革的推进相对滞后

较之街道体制，2015年一号课题涉及乡镇体制改革的内容很少，乡镇机构自2008年"七办七中心"改革后就再无调整，亟顺开展新一轮改革。（1）乡镇党建体制改革相对滞后，较之街道"1+2"社区党建体制改革，乡镇党建体制基本未动，尚保留"1+3"党建体制，综合党委和居民区党委的去留问题亟待专题研究。（2）乡镇内设机构亟待调整优化，在"七办七中心"的基础上增设了大量委办协调结构，在强化镇域治理能力的背景下优化整合内设机构极为迫切。（3）镇管社区体制创新和基本管理单元建设遭遇瓶颈，镇管社区体制创新遭受来自基本管理单元建设的冲击而处于低谷状态，基本管理单元建设由于"3+3"的资源投入给所在镇带来沉重负担，两者之间亟待整合起来进行优化调整以突破瓶颈问题。

（三）从街居设置看，街居规模有待进一步优化

截至2018年年底，上海街道平均辖区面积为6.97平方公里，平均常住人口数量为97 185人。[1] 有一些街道无论是辖区面积还是常住人口数都偏低，其中，常住人口低于5万人且辖区面积低于1.5平方公里的街道有3个。居委会平均管辖户数为1 269.48户。其中管辖户数低于1 000户的占48.1%，管辖户数低于750户的占12.7%，管辖户数低于500户的占21.9%；有551个居委会的管辖户数超过2 000户，占居委会总数的12.5%，有195个居委会管辖户数超过2 500户。街居之间的规模不一，亟待按照精细化服务管理的要求确定适度规模并进行相应的调整完善。

---

[1] 根据上海市民政局《2019年行政区划概况》的相关数据计算得出。

（四）从居民区层面看，居民自治和民主协商的制度效能需要进一步发挥

居委会仍然大量承接了街道布置的行政辅助任务或专项任务，导致真正能够深入群众的时间和开展自治工作的能力都有所欠缺。大部分居民区虽然都建立了一些议事平台，但很多居委干部更习惯于传统的指令式工作方法而对民主协商的工作方式有抵触和畏难情绪，解决问题的手段更多依靠熟人社会的威望而很少依托议事平台形成的治理架构。当前社区协商平台创新踊跃，但平台之间关系不清晰，存在叠床架屋现象。"三会制度"等虽然写进居委会条例，但作为"硬法"的制度性地位还不够高，在全市的推广力度甚至还不如"全岗通"。另外，居民自治和民主协商对在职人群的吸引力仍然有限。

（五）从行政村层面看，乡村社会治理亟待加强

调研显示，长期以来，基层领导干部将农村问题视为城市化进程中的阶段问题，希望通过新型城镇化推动农民进城来解决农村问题，但从实践来看，正是基于这种心理，农村问题多属积累性问题，这是基层政府长期忽视农村服务管理的客观后果。比如，城乡接合部"空壳村"撤村进程滞后于城市化进程，村干部的待遇、激励和发展问题严重，对农村地区公共服务的投入少、欠账多，老化道路、危旧房屋、公共厕所和垃圾箱房环卫设施等都需要大规模改造，等等。由此，亟待按照乡村振兴的要求构建新型乡村治理体系。

三、社会治理的体系健全问题

十九届四中全会提出，完善党委领导、政府负责、民主协商、社会协同、公众参与、法治保障、科技支撑的社会治理体系。长期以来，本市以党委政府为主导，通过城市基层党建创新、政府服务管理能力建设等方面为推动，持续推进城市社会治理探索实践，基本形成以政府主导推动为主、基层

党建补位卓有成效的良好态势，构成上海城市社会治理创新的重要经验。但在共建共治共享的社会治理制度中，除了传统的党委、政府之外，城市社会治理创新的推进主体还包括社会组织、公众等新兴主体，社会治理主体相对单一的局面未得到有效改观，以多元主体为特征的社会治理格局尚未真正形成。与此同时，不同主体之间的边界和职责不清，容易出现基层党建而动员不足、社区自治而居民不动、社区共治而协商不力、技术创新而底数不清等问题。

（一）党在基层的全面领导力需要进一步增强

党建引领社会治理的基层架构业已确立，但基层党组织的组织力和领导力发挥得还不够充分。（1）党的组织和工作覆盖不够全面。根据调研，部分地区业委会党员比例未达到50%，部分地区成立党支部或党的工作小组的业委会占比不到23%。部分居民区党组织在落实党建引领物业治理工作方面存在畏难情绪，在业委会人选把关上意识不强、能力不足。（2）居民区党组织的责任认识不够到位。调研发现，当提到党对住宅小区物业治理的领导时，有些居民区书记有些"羞羞答答""遮遮掩掩""支支吾吾"，不够理直气壮；当问及"物业费收缴率""停车位满足率""业委会规范化运作率"等指标是否应该纳入居民区党组织的责任考核范围时，居民区书记一般认为这些指标不属于他们的职责。（3）居民区党组织的领导力缺乏刚性抓手。以物业公司选聘为例，部分小区物业公司尽管服务差、管理乱且居民不满意，却难以被清退。根据《上海市住宅物业管理规定》，业委会有选聘物业服务企业的权利，居委会只有向业委会提出清退物业公司建议的权利而没有"执法权"，导致部分业委会不接受居委会的指导和监督。

（二）政府管理的精细化需要进一步提高

政府作为城市社会治理的主体力量，在推进社会治理创新方面仍存在相应的精细化问题。（1）管理标准问题，还未形成标准清晰、目标明确的城市精细化管理体系。各部门、各区、各街镇都制定了一定的城镇管理标准，但标准的分级分类制定不足,标准分散各处,没有进行统筹规划,没有形成统一的标准体系。(2)管理衔接问题,在属地化管理中,由于管理的等级、主体和标准不同,往往会遇到镇级管理部门没有管理市、区级基础设施的资质,特别是对市级道路、水道、轨道交通等重点基础设施及其周边的配套设施管理方面,这种情况更加明显。由于园区的管理体制相对独立,区、镇的管理向园区延伸缺乏统筹,在部分区域存在镇与园区的管理"两张皮"的现象。

(三)社会组织的发展生态需要进一步完善

截至 2019 年 8 月,全市社会组织共有 16 760 个。[①]但规模大、专业强、品牌响的社会组织依然比较欠缺,其中的主要问题在于社会组织培育发展生态不够完善。(1)服务市场尚未建立起来。基层存在"基层政府找不到合适的社会组织,社会组织找不到合适的项目"的怪相,不同"血统"的社会组织存在被差别化对待的现象,有的信息获取还主要靠私下打听,同时服务购买单位对社会组织服务的定价还不够"市场化",甚至有种"社会组织服务就等于便宜货"的错误认识。(2)扶持政策还有待完善。目前,全市未建立起统一的社会组织服务供需对接平台,对哪些事项可以购买第三方服务、哪些事项不能购买第三方服务缺乏细则性的规定,社会组织注册仍耗时较长、不够便捷,甚至有些党政部门不愿意担任社会组织的主管单位,对社会组织人才队伍的培育和激励机制还不够健全等。(3)社联会服务功能发挥不够充分。目前全市有 7 个区 100% 建立了社联会,其他区社联会的组建率均低于 50%,社联会的治理架构和运行机制还不够健全,有的地区的社联会处于"空转"状态。(4)社会组织专业能力培育机制不够完善。全市很多地区建立了社会组织孵化培育基地,但是培育社会组织的专业能力的长效机制还未充分建立起来,针对社会组织专业能力的培训课程或者项目还比较少。

---

① 上海市民政局:《2019 上海公益数据》,2019 年 9 月 24 日发布。

四、社会治理的"四化"问题

（一）社会化方面

长期以来，上海在全国最早推进社会化探索实践，涌现出诸如罗山市民会馆等诸多"全国第一"经验，但近年来的社会化探索相对滞后，部分领域已经滞后于国内其他城市。（1）社会组织发展的结构性问题较为突出，具有行业领头羊地位的知名社会组织数量偏少，枢纽性、支持型、专业型社会组织的比例偏低，与城市社会治理需求之间存在一定差距。（2）企业参与社会服务和社会治理不够充分，一些部门在选择社区服务主体时有意无意地存在排斥企业的心理和倾向，一些本来更适合企业承接的项目由于各种显性或隐形的限制，而使部分企业失去了参与资格，有的企业为了承接社区公共服务项目甚至很不情愿地"被社会组织化"。（3）政府购买服务在效率、过程、监管等方面还存在一定问题，包括购买的碎片化和短期化、购买的竞争性不够和资金效率不高、同一项目"一鸭多吃"和受益对象重复、购买标准不统一、购买流程繁杂、购买的服务和资金监管不到位等。

（二）法治化方面

虽然党的十八大和"1+6"改革以来，上海在社会治理领域的法治化进程大大加快，但还是有所局限。（1）法规规章有待健全，有些法律规章已经滞后于社会发展，有些法律规章制定过于粗放，有些违法处罚还是沿用10多年前的标准，还有些领域存在法律空白的问题，比如在物业领域，业委会乱作为、电梯报废认定等物业治理难点问题都急需法律支撑。（2）执法体制机制不够完善，城管执法存在依据不足、权限界定不清等问题，基层反映，基层执法权责不对等，造成"看得见的管不着，管得着的看不见"，比如在物业治理领域，房屋管理尽管队伍下沉但执法权却没有下沉，文明养宠尽管出台了条例但缺乏执法力量。（3）居民公约效能发挥不足，虽然普遍建立但没有形成一定的"民间法"效力，一些地方对村规民约和居民公约工作重视不够、指导不力，一些村规民约、居民公约存在内容空泛、制定不规范、实施流于形式等问题。

(三) 智能化方面

目前,上海在疫情防控期间发挥大数据作用,涌现了以"随申码"为代表的突出成果,但在科技赋能治理方面还有待进一步提高。(1)资源整合度不够。一是"信息壁垒"在一些地方和部门依然存在,目前,仅市级层面就有1 000多个政务信息系统,各系统数据标准不一,"数据孤岛"现象严重,"平台林立"在一些地区和领域依然存在。(2)场景应用度不够。一些部门、街镇的智能化系统还处于试点阶段,尚未在辖区内推广,部分智能化物联感知设备、智能化平台已经配置到位,但还没能实际运用到社区治理的具体场景当中。(3)重数据库建设,轻大数据应用的问题在一些地方比较突出。目前做数据汇集的工作多,做共享开放、应用开发、风险研判的工作少,"数据沉睡"现象较为普遍,缺乏为基层赋能和为实战应用。(4)社区新媒体活力不足,在推进政务公开、创新社会动员机制、拓展公众参与平台方面,不少街镇居村都探索使用新媒体等手段,但总体来看,活力不足、能级有限,有些甚至反而成为基层工作的负担。

(四) 专业化方面

"1+6"文件出台以来,较好解决了"强激励"的问题,但随着基层承担的任务越来越重,特别是面临疫情等重特大公共事件,"强能力"成为基层队伍建设的主要矛盾。(1)高精尖专业人才短缺。随着互联网、物联网、大数据、智能化等先进技术不断应用于社会治理中,对社会治理专业人才队伍提出了更高的要求,但目前的管理人员普遍面临人员老化,基层地区40、50岁的协管员占大多数,信息化、数字化专业能力不足。(2)基层治理队伍存在结构性问题。基层普遍反映,年轻化、专业化社区工作者大多面临群众工作能力短板的问题,尤其是缺组织强、能力强、治理强的居民区书记。基层队伍建设亟待出台细则,比如,居民区书记进(享)编制度不完善,居村书记后备力量不足,基层人才流失较多,社区工作者队伍流通不畅,下沉队伍积极性不足等。(3)治理能力培训供给不足,目前的培训内容和主体都显得有些碎片化,无论是职能部门还是社会组织的指导培训都不能完全满足基层的需要,职业化的专业师资,特别是能够培训一些具有地方特色主题的师资十分欠缺。

五、群众对社会治理的"急难愁盼"问题

解决住宅小区物业治理难题就是解决最大的民生问题,"十四五"时期,上海城市社会治理探索实践亟待予以重点关注。在当前阶段,无论是从民意抽样调查数据分析结果来看,还是从法院和信访部门反映的受理案件数量和结构来看,住宅小区治理问题已经上升为影响上海市基层社会和谐稳定的最突出问题。调研发现,目前社区居民普遍反映的最盼、最急、最忧、最怨的问题,主要集中在物业治理方面,包括老旧小区改造、业委会管理混乱、小区停车难、宠物扰民、垃圾分类、既有多层住宅加装电梯、物业费调整困难、维修资金续筹难等。

截至2019年6月,全市住宅小区已经成立9 478个业委会,组建率高达96.62%。[①]但规范化、制度化、程序化、专业化水平普遍还不高,业委会组建难解散易、人选选择难流失快、专业支撑不足等问题依然比较突出。根据调研,全市物业行业"小、弱、散、多、杂"的情况比较突出,注册登记的3 600多家物业服务企业中,仅管理一个住宅小区的就有1 500家,普遍感到成本高、压力大。历史遗留问题仍然比较突出:一些直管公房、售后公房设施设备老化、存在安全隐患;一些直管公房引进物业服务企业的条件不成熟,只好自我管理,存在很多矛盾;还有些早期商品房、动迁安置房小区建设质量问题多发,甚至陷入业主拒缴物业费、物业服务标准降低的"恶性循环"。2015年以来,国家陆续取消了物业行业管理的若干重要监管手段(如物业项目经理持证上岗政策和物业企业资质被取消),导致职能部门和行

---

① 《细化运作规范 申城业委会组建率高达92.47% 居全国第一》,《新民晚报》2019年6月24日。

业协会对物业的监管和评价没有抓手。同时，全市面上缺乏对物业收费价格形成机制的统一规定，加上社区居民，尤其是老旧公房、早期商品房小区的居民对物业服务的权责对等没有正确的认识，导致物业费涨价阻力重重，有的小区甚至20年从未调整过。

第四节 "十四五"时期上海超大城市社会治理的思路与建议

当前及今后一个时期，是我国改革开放以来总体形势较为复杂的一个时期，以新冠肺炎疫情为代表的各类重特大公共事件持续考验治理体系和治理能力。具体到上海城市社会治理工作，相应的内外环境已经发生重大变化，面临机遇与挑战共生共变的复杂局面，按照"平战结合"的原则打造常态治理和应急管理有机结合的综合治理呼之欲出。囿于历史和现实的原因，城市社会治理在高质量发展和高品质生活中的核心地位没有得到充分认识。改革开放以来，长期奉行以经济建设为中心的发展思路，普遍存在"借经济发展解决社会问题"的心态，在快速发展和城市化过程中遗留了大量社会问题。十八届三中全会提出创新社会治理体制，以体制机制创新构建城市社会治理体系，以更好地应对城市社会领域的问题和风险，但解决社会问题的成本居高不下，新旧问题叠加的困难局面客观存在。党的十九大报告提出"有效的社会治理"，在新体制、新体系和新格局的基础上更加强调社会治理的有效性和人民群众的获得感，但囿于经济新常态和政府资源限制，已高位运行的社会问题仅靠党委政府的单向努力已远远不足，客观上要求通过释放社会体制改革红利解放社会生产力和活力。有效的社会治理是实现高质量发展和高品质生活这一宏伟目标的必由之路。在上海新一轮的改革开放中，城市社会治理创新在拉动经济增长、优化营商环境、打造高品质生活等中心工作中扮演着不可或缺的重要角色。基于社会治理的这一认识，"十四五"时期必须将城市社会治理上升为中心工作，必须将城市社会治理作为一项长期性、系统性、整体性、综合性的重要工作予以优先考虑和重点关注，并在实践中注意工作理念、工作方法、工作模式的综合创新。

一、总体思路

（一）价值取向

2018年市政府工作报告提出，切实加强社会治理和城市精细化管理，让城市"更有序、更安全、更干净"。在此基础上，根据十九届四中全会的重要精神，结合上海城市社会治理的探索实践，建议增加"更便捷、更和谐"，共同构成"十四五"上海城市社会治理的基本价值取向。其中，"更有序"是指社会更加井然有序，包括社会参与更加制度化、诉求表达更加规范化等。"更安全"是指城市更加安全，包括治安安全、公共安全、国家安全等。"更干净"是指人居环境更加干净，包括空气、水质、道路、小区等。"更便捷"是指公共服务更加便捷，包括"15分钟生活服务圈"和"一网通办"等。"更和谐"是指社会更加和谐，包括社会矛盾的调处化解、社会心理的服务干预等。

（二）基本原则

"十四五"时期超大城市社会治理创新的基本原则是"对标一流、底线思维，夯实基础，重点突破"。其中，"对标一流"是指必须紧紧围绕"社会主义现代化国际大都市"的总目标，以"卓越的全球城市"为标杆，拿出更大的勇气对标全国乃至全球的最高标准和最好水平，以新一轮社会体制改革为先导，通过释放体制改革红利，引领社会治理创新再出发；"底线思维"是指必须紧紧围绕新常态下资源总量有限的前提去开展城市社会治理工作，既要善于运用底线思维用好有限资源，明确不同主体之间的职责边界和协作空间，也要通过体制机制创新释放社会潜力和发掘社会资源，既要"开源"，也要"节流"，以期实现政府治理与社会调节、居民自治良性互动；"夯实基础"是指必须正视城市社会治理工作基础薄弱的现实，把更多力量和资源向基层下沉，在务实功、求实效上下功夫，力戒形式主义、官僚主义，既要直面市民急难愁盼的难点、痛点、堵点问题，也要通过"社会力"创新大幅提升社会资源配置效率，从源头上扭转社会治理工作瓶颈和短板；"重点突破"是指对社会治理工作资源的使用进行科学化排序，聚焦广大人民群众反映强烈的重点问题和突出领域，建立健全自下而上的议题形成机制、协商解决机制和即时反馈机制，且在推行标准化政策时给予基层更大的创新空间，以更好地应对区域不平衡的客观现实。

（三）总体目标

"十四五"时期上海城市社会治理创新的总体目标是：党领导社会治理的制度体系更加健全，社会治理的各项制度更加成熟定型，党委领导、政府负责、民主协商、社会协同、公众参与、科技支撑的社会治理体系更加完善，社会治理的社会化、法治化、专业化、智能化、精细化、国际化水平更高，整个城市社会既井然有序又生机勃勃，从容不迫应对重特大公共事件，基本建成"人人有责、人人尽责、人人享有"的社会治理共同体，在全国层面率先实现社会治理体系与治理能力现代化。

（四）具体路径

"十四五"时期上海城市社会治理创新的具体路径是"一全三域六化"。其中，"一全"是指全面加强党对社会治理的领导，按照十九届四中全会精神，把党的领导落实到国家治理各领域各方面各环节；"三域"是指扣准社会治理的基层治理域、城市管理域、公共安全域等三大领域，作为持续推进城市社会治理创新的着力点；"六化"是指推进社会治理社会化、法治化、智能化、专业化、精细化、国际化建设，在党的十九大和十九届四中全会精神的基础上结合上海城市社会治理创新成果，作为推进城市社会治理创新的核心路径。在此基础上，坚持"人民城市人民建，人民城市为人民"的城市发展思路，按照核心是人、重心在城乡社区、关键是体制机制创新的要求，像绣花一样精细管理城市，有效应对重特大公共事件，努力走出一条符合超大城市特点和规律的社会治理新路子。

二、具体建议

（一）全面加强党建引领社会治理制度建设

"十四五"时期，要把加强基层党的建设、巩固党的执政基础作为贯穿社会治理和基层建设的一条红线，增强党组织的政治引领、价值引领、组织引领、能力引领能力，积极探索党建引领基层治理的有效路径。具体而言，主要建议：一是街道社区党委和社区委员会要做实做强，提高开展协商共治的意识和整合社会资源的力度；二是夯实居民区党组织对住宅小区物业治理的责任，探索实行居民区书记总体责任观，在园区、大居、城中村、保障房社区等治理资源明显不足的地方，重点推广党建作为"第一推动力"的治理模式和机制；三是为居民区党组织赋权增能，给予居民区党组织更多的领导权、话语权和参与权，比如创建申报要由党组织出面，过程由党组织监督，考核征求党组织意见，每个创建小区最终能拿到多少"以奖代补"的资金关键看党组织；四是充分调动离退休党员干部、在职党员、流动党员、村民党员、入党积极分子等各种党的人力资源，深入推进"交叉任职"和"红色物业"等工作，落实党员参与社区治理的长效工作机制路径；五是以"书记工作室"和"班长工程"等为牵引，切实提高年轻化、专业化社区工作者的群众工作能力。

（二）全面建立健全城市社会治理体制机制

"十四五"时期，要坚持把体制机制创新作为城市社会治理的核心工作，积极争取中央的政策倾斜，持续推进城市社会治理制度建设，健全巩固社会治理先发优势的制度保障体系。具体而言，主要建议：一是发挥市委深改组社会治理体制改革专项工作办公室在推进社会体制改革中的核心作用，在2015年市委一号课题实施情况专项评估工作的基础上持续推进社会治理体制改革；二是根据十九届四中全会在社会治理制度建设中特别强调平安建设的精神,明确市政法委作为市级社会治理的统筹协调机构,牵头重新组建社会治理委员会及办公室,以不改变行政序列的"大委制"强化跨部门统筹协调能力,以有效应对重特大公共事件,从整体上突破城市社会治理的体制性障碍;三是研究制定深化全市社会治理体制改革的专题文件,作为推进新一轮社会治理创新的纲领性文件,在总结经验的基础上进一步明确新一轮推进社会治理体制改革的方向、内容和重点;四是持续推进跨部门协同治理创新项目,促进党政部门协同、职能部门协同及条块部门协同,挖掘和培育一批破解难点瓶颈、实现创新发展、提升民生感受的社会治理好项目,打造一批代表上海社会治理水平的品牌项目。

(三)进一步加强社会治理"四化"建设

"十四五"时期,建议上海按照中央提出的社会治理社会化、法治化、智能化、专业化要求,把"社会化"摆在第一的突出位置,切实改变长期以来"社"的活力不足问题。

在社会治理社会化方面。建议上海市大幅度提升社会治理,主体特别是社会、公众等新兴领域主体的培育力度,完善社会化参与的启动机制、运行机制和保障机制。其中,主要的政策建议包括:一是继续推进社会组织培育力度,特别是加强枢纽型、支持型、专业服务型社会组织的培育,以此带动各类社会组织的发展,继续发挥社会组织承担政府转移出来的部分职能。二是充分发挥市场主体在解决社区公共服务供给不足、降低政府社会治理成本、创新优化社区服务机制的作用。去除各级政府采购文件(需求书)中对适合企业承接的社区服务项目的限制性准入,允许企业在登记名称时使用体现基层社区服务行业特点的组织管理形式、商业模式和经营业态,鼓励探索社会企业参与社区治理。三是加强对政府购买服务和社会力量的规范化管理,包括对政府购买服务项目和资金的监管,进一步整合各区、街镇的政府购买信息尽快建立全市统一的政府购买服务信息平台,以及对第三方组织参与管理的制度建设等。四是持续推进社区协商民主探索实践,以构建协商议事规则为中心,有效提升社区居民群体的主体意识和参与意识,配合以社区基金会夯实自下而上的议题形成机制、解决机制和反馈机制。五是推进社会治理领域的智库建设，依托驻沪高校、科研院所、智库机构，试点建立上海社会治理顾问团，打造一批社会治理研究院和研究基地，广泛吸纳理论专家、专业人士参与社会治理决策咨询，在此基础上，通过上海社会治理高端讲坛、专家论坛、专业沙龙、课题研究和实践基地等多种形式搭建参与平台。

在社会治理法治化方面。建议上海市在既有创新品牌的基础上推进社会治理长效化、制度化和法治化建设。其中，主要的政策建议包括：一是健全基层治理的法治保障，持续推进社会领域立法，逐步完善基层治理的法律法规体系；二是创新社会治理经验推广机制，尽快将行之有效的创新经验上升为长效化的日常制度；三是推进社会治理创新的标准化，以居委会标准化建设、社区服务标准、城市管理标准为先导，制定地方性标准体系，以标准体系规范基层服务管理；四是加强社会治理规则体系建设，发挥诸如社区章程、居民公约、协商议事规则等规范作用；五是健全社区治理法治保障体系，如编制社会治理法律法规和政策文件汇编、基层人员工作指南和配备法律顾问等。

在社会治理智能化方面。建议上海市在既有智慧城区建设的基础上，结合大数据库建设，突出大数据整合开发和智能运用体系建设。其中，主要的政策建议包括：一是建立社会治理大数据库，推进"一网通办"和"一网统管"基础上的两网融合，跨部门整合涉及社会治理的人口、房屋、设施等信息，打破部门间的信息壁垒；二是完善大数据库动态更新系统，在既有协管人员和前台数据更新的基础上，运用人脸识别、传感器、物联网等新兴即时更新技术；三是探索大数据智能运用系统，推动大数据库集成运用创新，加快建设公共场所人流管控系统、重点人群动态监测系统、重点区域风险预警系统、突发事件应急指挥系统等；四是借助大数据和智能化平台制定修改完善上海社会治理指标体系，结合第三方机构收集的市民评价调查数据，形成上海社会治理绩效评价报告（白皮书），适当定期公开发布，切实发挥"监测器"乃至"指挥棒"作用。

在社会治理专业化方面。建议上海市在既有社会治理创新探索的基础上突出社会治理专业人才队伍建设,部分重点领域和专业岗位试行聘任制公务员制度,待条件成熟探索基层治理队伍轮休制度。其中,主要的政策建议包括:一是加强专职党群工作者队伍建设,试点聘任制公务员等措施,以吸引高层次党建专业人才加盟,全面提升党建的科学化水平;二是加强专业社会工作人才队伍建设,将持有高级社工证书的人员纳入专项人才扶持计划,加强产学研合作建立一批高水平的专业社工实践基地;三是加强城市综合执法专业队伍建设,按照城市管理精细化的要求,参照社区工作者的做法,打造一支高素质的城市综合执法专业队伍;四是加强社会组织领军人才队伍建设,全面提升社会组织的能力和活力。

(四)进一步提高社会治理精细化水平

"十四五"时期,上海要在社会治理"四化"的基础上大力落实精细化原则,从城市管理的精细化进一步推进至社区治理的精细化,并注意两者的有效衔接。具体而言,主要建议是:一是继续实施第二个《城市管理精细化工作实施意见三年行动计划》,针对第一个三年行动计划中遗留的老问题和发现的新问题,切实全面提升在城市设施、环境、交通、应急(安全)等方面的常态长效管理水平;二是重点加强城乡接合部地区的分类治理,继续做好析出街道工作,继续完善镇管社区运行机制,继续做实基本管理单元,尽快健全大型居住区治理体系,加快解决公建配套设施相对滞后、社会综合治理问题比较突出的问题;三是努力实现中心城区的社区分类治理,在市民政局"七分法"的基础上,依托"实有人口数据库""社区云"等信息,对居民区进行再次细分,综合考虑住房类型和其他各种社区特征,分类考虑设施配置、资金投入、人员配备、治理方式、考核标准等,从而实现精细化的社区治理。

(五)大幅提升社会治理国际化水平

"十四五"时期,建议上海社会治理在"四化"和精细化的基础上进一步提高国际化水平,既要积极推进上海市社会组织开展国际性公益服务,也要吸引全球化、国际性治理主体服务上海,还要代表国家参与全球城市治理领域的竞争,形成未来一个时期新的比较优势。具体而言,主要建议是:一是持续推进社会治理领域的"对标一流"工作,加强公共服务、社会事业、社会治理领域指标体系的国际对接工作,在保有自身特色的基础上实现国际通用标准的互联互通,在此基础上,协调指导基金会、社会团体、社会组织的涉外能力建设,鼓励上海市社会组织在境外开展国际性公益服务项目,有序参与国际非政府组织活动和开展对外合作交流;二是争取国际非政府组织、国际性公益组织服务上海,适时将境外公益组织纳入既有的社会组织培育机制,吸引国际化组织和国际化人才参与上海社会治理工作。待条件成熟时,可以借鉴博鳌论坛兴办全球社会治理"上海论坛",或借鉴日内瓦等地吸引国际公益组织总部或区域性总部落地上海,或借鉴乌镇模式建立国际组织会议或论坛永久会址,通过举办项目合作、人员交流等方式系统整合全球公益资源;三是积极参与全球城市治理国际标准的制定。在超大城市社会治理的部分领域和部分指标上,上海其实具有一定的全球竞争力,特别注意要将此次疫情防控工作经验标准化、理论化,为全球超大城市社会治理提供"上海经验"。在未来一段时期,上海需要代表国家参与全球城市治理领域的竞争,既可以提出全球城市治理的"上海模式""上海标准""上海倡议"等,也可以积极参与全球城市治理领域的标准制定和修订。

(六)深化以执法体制为重点的城市管理体制改革

主要政策建议:一是彻底将城市管理领域各部门的执法职责和执法机构转移至城管执法部门,实现"大城管"综合执法,并在综合执法之下设置专业执法;二是将市城管执法局由市住建委管理的执法机构调整为由市政府直接管理的执法机构,建立健全其与应急管理部门的协调联动机制,以加强其统筹协调和决策职能;三是统一赋予街道和乡镇城管执法机构执法主体资格,真正实现执法重心下沉,同时也要明确其执法权限以防止滥权;四是加强市区两局对街镇执法机构的指导、培训、监督和考核,以提高城管执法的专业化和规范化水平；五是整合城管执法机构与城市网格化管理机构，加强城管执法机构的巡查职能和智能化建设，并在全市各区推广城运中心建设。

（七）构建基层社会治理新格局

主要政策建议：一是深化街道内设机构改革，优化机构岗位职责与事权的匹配度，例如可探索设立物业办，全面负责物业管理的相关职能，指导和监督业委会、物业公司依法履行职责；二是建立全市统一的以自下而上为导向、以居民群众满意度为主要内容的街道社区治理工作综合考评体系和居委工作评价体系；三是落实居委会减负增能，完善居委会依法协助行政事项的清单和准入机制，让居委会更多地发挥居民自治和民主协商功能，在全市全面推广"三会制度"的落实；四是通过建章立制进一步规范业委会运行，研究制定业委会规范管理的实施细则，围绕业委会筹备、选举、运作、任职期限等作出明确规定，完善业委会成员任前、任中培训制度和承诺备案制度，把对业委会日常运作管理和业主大会建设纳入基层社会治理的重要内容。

（八）推进城乡一体化治理

主要政策建议：一是积极推进乡镇机构改革，按照城乡融合、乡村振兴的要求和镇域特点分类优化镇内设机构，进一步强化社会治理功能，增强镇域治理活力；二是深度推进产城融合和治理体制改革，稳妥推进镇转街道或析出街道，强化园区综合服务配套功能，探索开发区与所在区域镇联动发展机制，加快解决城乡接合部"空壳村"撤村进程滞后问题；三是校正中心城区管理模式向郊区、镇域和乡村硬性推广所带来的不适应问题，如按万分之三常住人口的比例进行力量配置容易导致服务半径过大和管理效能低下，"全岗通"对服务辐射圈较大的远郊地区来说操作难度很大；四是完善村级治理结构，全面推行村党组织书记通过法定程序担任村民委员会主任和村集体经济组织负责人，深入推进村委会规范化建设，完善村务监督委员会运行机制，深化村务公开制度，健全村级议事协商制度；五是完善乡村公共服务设施，结合政府实事项目大力推进乡村公共服务设施建设，并结合乡村振兴战略，系统性补齐农村地区公共服务短板以体现农村特点。

（九）加强城市公共安全建设

系统总结此次新冠肺炎疫情的经验教训，进一步加强社会公共安全的预警防控机制，形成全方位、全覆盖、全天候的社会安全预警体系。一是依托智能化提升预警预防能力，推动现有的市、区、街镇三级大数据网格平台的整合，以及各职能部门数据的共享，在数据汇集、系统集成、联勤联动、共享开放上进一步完善"一网统管"平台，加快建设城市运行管理平台系统。二是依托社会化提升社会力量参与，发挥行业协会商会的自律自管作用，建立生产安全、食品安全、环境安全的行业共治机制；建立健全政府购买服务机制，充分发挥社会工作机构与志愿者在社会矫正、社会关系协调以及心理疏导等方面的参与；完善公共安全的社会教育体系。三是依托法治化完善应急预案，建立涵盖城市重要公共安全事件的法律法规体系，制定《公共安全治理条例》，为公共安全法治化提供制度保证，各职能部门、各级政府要进一步完善实施细则。四是依托专业化提升应对处理水平，要建立专业服务机构参与的购买服务机制和市场化的竞争机制，加强对这些专业服务机构的指导、监督和问责；同时，组建专业化的社会应急救援队伍和社会应急救援体系，构建公共安全应急救援的社会资源动员和协调中心、社会信息中心、专业化应急救援队伍以及面向公众的应急救援教育培训基地。

（十）提升社会治理资源的使用效率

"十四五"时期，按照中央做好过紧日子准备的要求，建议上海树立社会治理也是"新的经济增长点"的全新思维，着重改进社会治理的资源投入方式和效率，更多地吸引和撬动市场资源和社会资本进入社会治理领域。具体而言，主要建议是：一是探索建立社会治理领域资金整合长效机制，针对当前社会治理领域资金多头管理、交叉重复、使用分散等问题，在财政体系内加强行业内资金整合和行业间资金统筹的衔接配合，赋予基层在社会治理领域资金使用的自主权，支持基层将部门专项资金进行捆绑集中使用，在此基础上，建立健全基层统筹社会治理资金使用的制度体系；二是在社会治理领域试点"参与式财政"，对事关市民、社会组织、社会企业等新兴治理主体切身利益的财政专项，特别是各级政府的实事项目，在财政预算、财政执行、财政监督、绩效评估、财政决算等具体环节，邀请新兴治理主体参与项目具体运作，实现事前、事中、事后等全流程性质的参与式财政模式，以此作为多元治理主体激活后的制度化参与渠道；三是用好用活"政府购买服务"等财政支持机制平台，酌情提高涉及民生保障、社会事业、社会治理领域的项目和经费比例，对社会组织、社会企业等主体落实税收优惠政策，覆盖对象逐步向社工、律师、设计师、建筑师、社区规划师等专业人才倾斜，在此基础上，逐步完善政府购买服务项目的评估机制、诚信机制和退出机制；四是探索建立全市社会治理创新基金会，借鉴社区基金会模式探索建立社会治理领域的资源集合系统，前期以财政托底保障为主，后期逐步扩大至区域化党建联建、社会化捐赠等社会领域资源，结合公益招投标和公益创投大赛等经验做法，参照自下而上的问题形成机制、解决机制和反馈机制，鼓励市民以团队、楼组、小区、居委、街区为单位申请项目资金支持，试点社会治理工作领域的基金会治理模式，以提升社会资源配置的精准性。

参考文献：

1. 郭圣莉、刘晓亮：《转型社会的制度变革：上海城市管理与社区治理体制构建》，华东理工大学出版社2013年版。
2. 李骏、张友庭等：《超大城市的社区治理：上海探索与实践》，上海人民出版社2019年版。
3. 李友梅等：《城市社会治理》，社会科学文献出版社2014年版。
4. 李友梅主编：《上海社会结构变迁十五年》，上海大学出版社2008年版。
5. 陆晓文等：《上海社会发展与变迁：实践与经验》，上海社会科学院出版社2008年版。
6. 马学新、陈江岚主编：《当代上海城市发展研究》，上海人民出版社2008年版。
7. 彭勃：《路径依赖与治理选择：当代中国城市社区变革》，中国社会出版社2007年版。
8. 吴志华、翟桂萍、汪丹：《大都市社区治理研究：以上海为例》，复旦大学出版社

2008年版。

9. 徐中振主编:《上海社区发展报告（1996—2000）》,上海大学出版社2000年版。
10. 张虎祥、梁波等:《街居制的制度演化及其实践逻辑：基于上海经验的研究》,广西师范大学出版社2013年版。

执笔人：李　骏　张友庭　张虎祥　罗新忠

第十四章
以人为本推动民生发展

"十四五"时期是上海在实现高质量小康社会基础上进一步向发达的社会主义国际化大都市迈进的关键时期,是解决人民日益增长的对美好生活的需要与不平衡不充分的发展之间矛盾的关键时期,是贯彻以人为本思想全面提升民生福利让老百姓有更多获得感的关键时期。同时,上海也面临着人口深度老龄化、高龄化,养老服务需求持续释放,社会保障压力日益增大;教育、卫生等社会事业发展与广大市民对高质量均等化的公共服务需求之间的矛盾突出;老城区居住环境改造难度越来越大,群众居住条件差,还有几十万只手提马桶;等等。

这些都是老百姓反映最迫切的社会矛盾和问题,直接影响到广大市民的生活质量,影响到城市社会稳定和城市的可持续发展,亟待在"十四五"时期抓紧解决。

本章聚焦上海民众最关心的五个方面的重大民生问题,分别是老旧居住小区的环境改造问题、养老金的可持续发展问题、推进优质医疗资源进入郊区和基层社区问题、义务教育均衡发展和0—3岁托幼服务体系建设问题、社区养老服务体系的发展和完善问题,分析这五大民生问题在"十二五"以来的发展情况,总结经验,剖析当前和未来面临的问题,根据"十四五"时期上海面临的特殊发展形势和需要,提出解决问题的对策思路和建议。

第一节 "十三五"以来上海重点民生领域发展情况

"十三五"期间,上海重点民生领域建设取得显著成效:加快住房保障体系建设,着力改造老旧小区居住环境,提高市民居住品质;持续推进基本养老保险制度改革,扩大社会保障覆盖面,逐步提高保障水平;推进优质医疗资源进郊区,加强基层医疗卫生事业发展,开展医养结合养老服务,全面试点长护险;促进义务教育优质均衡发展,缩小基础教育的城乡差距和地区差距,积极推进优质教育集团发展,让更多学生接受优质教育;加快建设0—3岁托幼服务体系,为家庭减轻托幼压力;基本建成"9073"的养老服务体系,社区养老服务得到长足发展。

一、积极推进老旧小区改造,改善居民生活环境

老旧小区改造是2020年全面建成小康社会目标的重要内容,根据"居民自愿、政府主导、因地制宜、分类改造"的原则,上海市"十三五"时期民众居住条件改造工作顺利推进。

(一)积极推进里弄房屋修缮改造工作

里弄房屋修缮改造工作与"留改拆"以"留"为主的城市有机更新工作互相嵌套。"十三五"期间计划实施修缮改造250万平方米,其中优秀历史建筑修缮50万平方米。2018年实施各类里弄房屋修缮改造110万平方米,受益居民3万户,涉及卫生设施改造近5 000户。

(二)持续推进各类旧住房修缮改造工作

"十三五"期间重点实施了纳入保障性安居工程的成套改造、屋面及相关设施改造、厨卫改造等三类旧住房综合改造工程,计划实施各类旧住房

修缮改造 5 000 万平方米，其中三类旧住房综合改造 1 500 万平方米。2018 年实施三类旧住房综合改造 1 046.3 万平方米、受益居民 17 万户，2019 年确保完成三类旧住房综合改造 300 万平方米，各类型房屋修缮改造 100 万平方米。

（三）重点推进中心城区二级旧里为主的房屋改造工作

推进中心城区旧区改造工作，开展郊区城镇旧区改造。"十三五"期间，计划完成中心城区二级旧里为主的房屋改造 240 万平方米。其中 2018 年共完成中心城区二级旧里以下房屋改造 42.7 万平方米、受益居民 2.1 万户，2019 年计划完成 50 万平方米中心城区二级旧里以下房屋改造。

二、深入改革社会养老保险制度

（一）扩大城镇职工基本养老保险覆盖面

上海市政府注重扩大城镇职工基本养老保险覆盖面，从而提升社会保障受益人群规模。2011 年 7 月 1 日起，与上海市用人单位建立劳动关系的外来从业人员、市郊范围内用人单位及具有上海市户籍的从业人员，纳入上海城镇职工基本养老保险。此举大大提高了基本养老保险的参保人数，2011 年年末，上海市城镇职工基本养老保险参保人数达到 1 290.88 万人，比 2010 年年末增加 395.99 万人，其中参加城镇职工基本养老保险的农民工人数为 332.09 万人。

（二）持续提高养老金待遇

自 2010 年以来，上海市政府持续提高基本养老保险待遇水平，至 2017 年，城镇职工人均月养老金待遇水平已经从 2010 年的约 1 855 元提升到 3 691 元。在"十二五"及"十三五"期间，上海基本养老保险取得了显著成就：退休职工养老保险待遇大幅提高，年均增长率达 10.5%，2015 年前增速高达 13%。

（三）阶段性降低企业养老保险缴费标准

2010年以来，上海城镇职工养老保险个人缴费比例一直维持在8%的水平。为了降低企业缴费负担，企业的缴费比例持续降低。2013年降低了养老保险中单位的缴费比例，从22%降到了21%。2016年1月1日起，单位缴费比例进一步下降至20%。2019年5月1日起上海市城镇职工养老保险单位缴费比例降低到16%。

（四）调整个人领取的退休金的增长幅度

自2016年以来，宏观经济发展放缓，金融市场融资困难，城镇职工养老保险待遇水平的增幅显著下降，呈现明显的边际递减效应。市政府结合实际宏观经济形势，适当调整各阶段养老金增长幅度。

上海人口老龄化程度的加深导致在职员工负担的老龄人口的赡养率持续攀升，养老基金收支形势不容乐观。为保持养老保险基金的可持续运行，2015年以来，按中央部署，逐步降低养老金增幅。2015年为11.84%，2016年为7.33%，2017年为3.74%，"十三五"以来呈现逐年递减的态势。

（五）调整基本养老金征缴机构

2019年以前，根据《上海市社会保险费征缴实施办法》，上海市人力资源和社会保障局负责上海市社会保险费征缴的管理和监督工作，具体由上海市社会保险事业管理中心负责征收和账户管理。2018年年初，党的十九届三中全会做出了关于社会保险费征收体制改革的决定，中央印发的《深化党和国家机构改革方案》明确将基本养老保险费、基本医疗保险费、失业保险费等各项社会保险费交由税务部门统一征收，从2019年1月1日起上海的社会保险将由税务部门征收。①

---

① 中共中央印发《深化党和国家机构改革方案》（新华社2018年3月21日）。

（六）养老保险缴费基数按照社会平均工资调整逐年上升

上海市政府每年根据社会平均月工资调整社会保险的缴费基数，[①] 2011年基数为 2 338—11 688 元，至 2012 年变化为 2 599—12 993 元，至 2013 年变化为 2 815—14 076 元，2014 年为 3 022—15 108 元，2015 年为 3 271—16 353 元，2018 年基数为 4 279—21 396 元，自 2019 年 4 月 1 日起职工社会保险缴费基数调整为 4 699—23 496 元，年平均增长率超过 9%，超过 GDP 年度增幅。

三、改进医疗服务推进优质医疗资源向郊区和基层社区发展

（一）推进优质医疗服务资源向郊区发展

上海市从 2009 年便开始积极在郊区布局优质医疗服务资源，启动了"5+3+1"工程，即"5"为在浦东、闵行、宝山、嘉定 4 个区分别引入长征与六院、仁济、华山、瑞金 5 家三级医院；"3"为对崇明、青浦、奉贤 3 个区的中心医院进行改造扩建，通过对人员配置、技术水平、硬件设施评审后，升级为三级医院；"1"则是迁建金山区中心医院，该工程使得每个郊区都设有一所三级综合医院。随着医院陆续开业，医疗体制改革不断深化，"以服务养医"代替"以药养医"，该工程的效用逐渐体现。瑞金北院不仅将嘉定患者留在区内，更吸引了区外患者"舍近求远"前来求医。城市优质医疗资源和居民就医"双下沉"，大大减少了中心城区医院的压力，并且极大提高了郊区居民就医的便利性，不仅促进了区域医疗联合体的形成，而且促进了医疗体系管理的改革，使得卫生资源得以有效、公平地进行配置。

"5+3+1"工程本质上是医疗供给侧改革，通过建立区域医疗联合体，促进以家庭医生为基础的分级诊疗，帮助上海探索整合型服务医疗体系模式，为上海人民提供真正优质的健康服务，符合《健康上海 2030 发展纲要》提

[①] 《2018 年上海市国民经济和社会发展统计公报》，http://www.12333sh.gov.cn/201712333/xxgk/zdly/02/。

出的"优化健康服务"这一任务。

（二）重视和改进基层医疗卫生服务

上海基层医疗卫生服务的重点方向是改进社区卫生服务，让民众，尤其是老年群体在社区即能解决买药看病问题。在2011年颁布的《中共上海市委上海市人民政府关于贯彻中共中央国务院关于深化医药卫生体制改革的意见的实施意见》中，上海市政府首次提出要建立健全以全科团队为基础的社区卫生服务模式，建立家庭医生制度，逐步实行家庭医生首诊、定点医疗和转诊制度，使家庭医生逐步成为社区居民健康的"守护人"，成为中国第二个开始试行家庭医生制度的城市。2015年，上海市政府又出台了《关于进一步推进本市社区卫生服务综合改革与发展的指导意见》，进一步强调家庭医生制度，推出"1+1+1"医疗机构组合，即居民选择1家社区卫生服务中心、1家区级医院、1家市级医院。对于老年病、常见病，不必聚集在三甲医院，推行以家庭医生为基础，建立签约居民的电子健康档案，对签约居民进行健康评估，分类管理，提供针对性服务。另外，签约后的市民可享受便捷用药、预约转诊、健康管理、慢病长处方等服务；通过市区两级预约转诊平台，签约居民还可优先获得上级医院专家、专科门诊资源。

至2018年，签约人数为666.3万人，常住居民签约率为30%，其中60岁及以上的老人达373.59万人，在签约医疗机构组合内就诊率70.58%，签约社区就诊率46.51%，参与度与就诊率仍在提高。[1] 家庭医生"1+1+1"是效仿西方的家庭医生制度，通过改进基层的医疗服务，提高社区就诊率，缓解三甲医院压力，有效实现分级诊疗，并为社区、居家养老打下坚实的基础。

（三）推进医养结合

我国医疗体系与养老体系一直处于互相独立的状态，医疗机构"看病不养老"，养老机构"养老不医护"，但是随着老龄化程度的加重，根据《上海

---

[1] 参见《上海社会保险发展成就问题与对策建议》，载杨雄、周海旺主编：《上海社会发展报告》（2019），社科文献出版社2019年版。

市老年人口和老龄事业监测统计调查制度》统计，2017年，上海市户籍人口老龄化率为21.8%，平均不到5个户籍人口就有1个65岁及以上的老年人，而60岁以上老年人占比高达33.2%，所有上海老龄人口中，每10个老年人中就有近2个是具有生存养老需求的高龄老人。老年群体看病和护理的双需求不容忽视，需发挥医疗和养老这两大体系"1+1"的最大效用，保障老年群体的晚年生活，故医养结合是具备一定医疗护理能力的特殊服务机构，其解决慢性病老人、大病康复老人、失能失智老人、绝症晚期老人的医疗护理康复需求。上海市政府从2013年开始在杨浦等区实行高龄老人医疗护理试点工作，2014年继续扩大试点范围，在2016年将试点范围扩大到全市。在2015年则出台了《关于全面推进本市医养结合发展的若干意见》，确定了总目标，以社区卫生服务为基础，实现社区内各类老年群体医、护、康、健、保、养六大方面基本医疗服务的全覆盖。此外，还不断扩大覆盖人群，并降低需求者的负担，护理服务对象从80岁及以上降低为70岁及以上，医保报销比例从80%提高到90%。

（四）建立高龄老人长护险制度

长护险是在家庭医生制度和医养结合基础上进一步保障老年群体医疗护理需要的制度。上海市于2017年开始在徐汇、金山和普陀三个区试点长期护理保险（下称"长护险"），现已在全市范围内试点。长护险制度是指以社会互助共济方式筹集资金，对经评估达到一定护理需求等级的长期失能人员，为其基本生活照料和与基本生活密切相关的医疗护理提供服务或资金保障的社会保险制度。长护险以"以收定支、收支平衡、略有结余"的原则确定不同人员的缴费比例，同时安排专业人员对每位参保长护险人进行评估认定，并为其提供社区居家照护、养老机构照护和住院医疗照护。参保人员在评估有效期内发生的社区居家照护的服务费用由长期护理保险基金支付90%，个人自负10%；符合规定的养老机构照护的服务费用，长期护理保险基金的支付水平为85%；住院医疗护理的费用则参照参保人员的医保住院标准进行支付。截至2019年1月，全上海共受理长护险申请24.9万人次，完成评估21.6万人次，13.8万老人接受居家照护服务。长护险服务清单上的42个服务项目共被使用2 568万人次，其中27项基本生活照料服务的发生量占85.5%，15项临床护理项目的发生量占14.5%。[①]整体而言，长护险取得了较好的成绩。

四、重视义务教育均衡发展，积极探索0—3岁托幼服务体系建设

（一）义务教育发展从基本均衡到优质均衡

2014年，上海在全国率先一次性整体通过国务院义务教育均衡发展督导认定，这标志着上海义务教育步入了从"基本均衡"走向"优质均衡"的发展新阶段。

推动城乡学校携手共进，缩小城乡教育差距。2007年，上海启动郊区农村义务教育委托管理工作，中心城区优质学校和优质教育中介机构对郊区农村相对薄弱的学校开展全方位管理，到2017年已实施5轮，累计托管农村学校208所，覆盖班级4 400个，惠及学生约16万人次。2017年，市教委在总结5轮郊区义务教育学校委托管理经验的基础上，出台了义务教育"城乡学校携手共进计划"（沪教委基〔2017〕59号），从2017年起每3年实施一轮，包括郊区义务教育学校精准委托管理和城乡学校互助成长项目两项核心内容，是委托管理的升级版。

实施学区化集团化办学，缩小校际办学差距。2014年，上海市公布了推进学区化集团化办学"三步走"的路线图，并在杨浦、徐汇、闸北、金山4区先行试点；2015年，上海出台《关于促进优质均衡发展、推进学区化集团化办学的实施意见》（沪教委基〔2015〕80号），在全市各区推开。至2017年年底，全市建有学区和集团173个，覆盖1 007所学校，占全市中小学总数的61.8%。

---

① 张文珊、吴皓：《基于"守门人"理论视角的上海市分级诊疗制度实施现状及原因分析》，《中国医院》2018年第11期。

规范纳入民办学校管理，改善外来子女义务教育状况。上海市建立了进城务工人员随迁子女义务教育全纳制度，不断扩大公办学校接收比例；扶持民工子弟学校，规范纳入民办学校管理范围，对于在民办学校就读的学生，由政府购买服务，免费就读。同时加强对民办学校在师资、财务、教学、质量、安全等方面的管理和扶持，提高办学质量。从2013年开始，全市进城务工人员随迁子女100%接受免费义务教育，8个中心城区就读的学生100%进入公办学校。

（二）0—3岁婴幼儿养育服务从科学育儿指导服务、早教服务到托育服务

走在全国早教领域前沿的上海市，自2003年起就相继出台了一系列地方性早教政策法规，如《上海市0～3岁婴幼儿教养方案》《上海市早教中心工作规程》《上海市民办早期教养服务机构管理规定》等。同时各区县相继成立公办早教中心。目前上海市16个区共计拥有22所公办早教中心，隶属各区教育局。各公办早教中心除了为所在区域0—3岁婴幼儿家庭进行一年4—6次的免费科学育儿指导活动外，还提供早教、咨询、培训、送教上门等服务。"十三五"中后期，上海在全国率先探索0—3岁婴幼儿托育服务体系建设。

一是出台一系列文件。为缓解托育需求的快速增加以及托育服务的供需矛盾，2018年4月28日，上海在全国率先出台3岁以下幼儿托育服务"1+2"文件，具体包括《关于促进和加强本市3岁以下幼儿托育服务工作的指导意见》《上海市3岁以下幼儿托育机构管理暂行办法》和《上海市3岁以下幼儿托育机构设置标准（试行）》，明确上海将构建政府引导、家庭为主、多方参与的托育服务体系，让更多幼儿"幼有所育"。同时还建立了由包括教育、公安、消防、卫健、民政等在内的16个部门组成的托幼工作联席会议制度。

二是新设一批幼儿托育服务机构。在浦东、徐汇、静安、黄浦和闵行5个区先行试点后，从2018年8月1日起，上海全市各区全面受理3岁以

下幼儿托育机构的申办，申办者具备相应条件后，即可获得"告知书"，为社会提供托育服务。截至 2018 年 9 月，上海已向 24 家机构发放"告知书"，包括 13 家营利性托育机构、10 家非营利性托育机构和 1 家免费福利性托育点。

五、初步建成"9073"的养老服务体系

上海从"十一五"时期开始就提出并开始构建以居家为基础、社区为依托、机构为支撑的"9073"（即 90% 的老人居家养老、7% 的老人社区养老、3% 的老人机构养老）养老服务格局。"十二五"以来以居家为基础、社区为依托、机构为支撑、医养结合的养老服务格局进一步形成，同时，上海着力加快推进"五位一体"的社会养老服务体系建设，明确到 2020 年全面建成涵盖养老服务供给体系、保障体系、政策支撑体系、需求评估体系、行业监管体系的"五位一体"社会养老服务体系。

经过 10 多年的努力，上海已经初步建成"9073"的养老服务供给体系。

（一）以市政府实事项目为抓手，持续增加养老机构服务供给

"十二五""十三五"时期上海分别将每年新增 5 000 张养老床位、7 000 张养老床位数列入市政府实事项目。2011—2018 年各年份新增床位数都超出了计划数。截至 2018 年年底，上海全市共有养老机构 712 家，比 2010 年增加 87 家，平均每年增加 11 家；床位数 14.42 万张，比 2010 年增加 4.64 万张，平均每年增加 5 800 多张，一直保持着比较快的增长速度。2010 年以来养老床位占 60 周岁及以上户籍老年人口的比例维持在 3% 左右。

（二）以广大老年人口居住地为重点，加快社区养老服务体系建设

加大发展社区日托、居家和助餐服务。2018 年社区老年人日间服务机构数 641 家，比 2010 年翻了一番多；日托老年人数 2.5 万，是 2010 年的近 3 倍。2017 年上海社区助老服务社 334 家，比 2010 年增加 101 家；2015 年社区居家

养老服务月服务人数30.55万人，比2010年增加5.35万人。2018年助餐点达到815个，比2010年增加411个，平均每年增加50多个；助餐月服务老年人8.9万人，比2010年增加4.9万人，平均每月增加6000多人（见表4-14-1）。

表4-14-1　2010—2018年上海社区居家养老服务情况

年份	日间服务机构数	日托老年人数	社区助老服务社	社区居家养老月服务人数	助餐点	助餐月均服务人数
	家	万人	个	万人	个	万人
2010	303	0.9	233	25.2	404	4
2011	326	0.9	233	26.2	450	4.8
2012	313	1.1	231	27.2	492	5.4
2013	340	1.2	230	28.2	533	6
2014	381	1.4	224	29.5	576	6.8
2015	442	1.5	203	30.55	634	7.3
2016	488	2.03	289	—	633	7.6
2017	560	2.3	334	—	707	8.1
2018	641	2.5	—	—	815	8.9

资料来源：各年份《上海市老年人口和老龄事业监测统计信息》。

探索社区嵌入式养老服务新模式。为了缓解养老服务场所资源短缺的压力，为老年人就近提供社区照护服务，2014年8月，上海在部分街镇开展"长者照护之家"试点工作。2017年"长者照护之家"127家，床位数达到3430张。"长者照护之家"是养老机构的有益补充，可以将社区的部分闲置资源快速转化为养老场所资源，符合市情和百姓的需求。

推动社区综合为老服务中心建设。从2016年开始，上海市大力推动街镇建设"社区综合为老服务中心"，打造枢纽式的为老服务综合体，2017年已建成100家。

（三）以社区卫生服务中心为载体，全面促进医养结合

上海市政府积极推进医养结合，促进医疗卫生资源进入养老机构、社区

和居民家庭。2015年6月，上海市政府明确提出医养结合是本市养老工作中呼声最强烈、需求最迫切、社会关注度最高的问题之一，也是上海市委、市政府要求在推进社会养老服务体系建设中加大力度重点突破的问题之一。

鼓励一定规模的养老机构设置医疗机构。2018年，全市设有医疗机构的养老机构达到299家，比2013年增加了164家，平均每年增加33家；占养老机构总数的42.0%，比2013年上升了21.6个百分点。

促进社区卫生中心通过签约形式为机构提供医疗服务。2017年无内设医疗机构的养老机构、社区托养机构（日间照料中心、长者照护之家、综合为老服务中心等）与社区卫生服务中心或者其他医疗机构实现签约服务基本覆盖。

促进社区卫生服务中心通过建立家庭病床形式为社区老年人提供上门居家医疗护理服务。

（四）完善老年照护统一需求评估体系

老年照护统一需求评估体系是上海"五位一体"社会养老服务体系的重点，也是建立长期护理保险制度的基础。

2013年5月1日起，上海率先在全国正式实施地方标准《老年照护等级评估要求》。

2014年起，上海将原民政、卫生、医保等三套针对老年人照护需求的评估标准进行整合，形成一套统一的评估标准和照护等级，通过第三方评估机构对老年人身体状况开展评估，根据评估结果，为老年人提供相应的照护服务。

2018年1月1日，为规范上海市老年照护统一需求评估工作，根据《上海市老年人权益保障条例》，上海市人民政府办公厅印发了《上海市老年照护统一需求评估及服务管理办法》的通知（沪卫计基层〔2018〕012号）。

（五）推出老年综合补贴制度

为贯彻落实《上海市老年人权益保障条例》，2016年5月1日起，上海正式实施老年综合津贴制度。按照自愿申请原则，老年综合津贴制度对65周岁以上户籍老年人分五档发放津贴，即65—69岁，每人每月75元；70—79岁，每人每月150元；80—89岁，每人每月180元；90—99岁，每人每月350元；100岁及以上，每人每月600元。上海市老年人综合补贴待遇是通过一张"上海市敬老卡"发放的。上海市政府对65岁老人办理和发放上海市敬老卡，用于发放津贴。老年综合津贴发放采取按季度预拨的方式，于每年1月、4月、7月和10月分别发放。新增对象或适用发放标准调整的对象，从老年人符合条件的当月开始根据适用标准按月计算。

截至2019年5月1日，全市已累计发放老年综合津贴167.9亿元，惠及370.1万老年人，切实提高了上海市老年人福利水平，增进了老年人福祉，提升了老年人的获得感和满意度。

第二节 "十四五"时期面临的发展形势与亟待解决的民生问题

"十二五"以来，尽管上海的社会事业取得了很大进步，民生福利待遇水平不断提高，但是发展中仍然存在一些亟待解决的问题，发展的不平衡、不充分问题依然存在，不同人群之间、不同单位之间、城乡之间的不平衡普遍存在，与广大人民对优质均衡公共服务的要求相比差距仍然很大。

2020年，上海与全国一起全面实现高质量的小康社会，"十四五"和中长期的发展目标是建设社会主义国际大都市，人民群众的生活质量要向国际一流城市迈进，要实现这一目标，一些民生短板亟顺补齐。

近年来国际经济环境复杂多变，2020年开始的全球新冠肺炎疫情对全球社会经济产生深远的影响，"十四五"时期，上海经济社会发展依然面临很多的不确定性，人口老龄化程度日益加深，高龄老人不断增加，加大了养老服务和养老保险基金的压力；2014年单独两孩政策和2016年全面两孩政策先后开始实施，前几年出生的人口在"十四五"时期都将逐步进入幼儿园、小学和初中阶段，义务教育压力加大；老旧住宅的适老化改造也是面临的紧迫任务；社区基层卫生服务、卫生防疫系统建设都是需要加强的民生保障工作。

一、老旧住宅小区居住环境差，群众改造呼声大

（一）当前存在的主要问题

中心城区尚有大批老旧小区亟待改造。目前全市纳入居住环境改造范围的房屋或街区覆盖面有限，繁华的中心城区主街背后遍布的老旧小区严重影响上海国际大都市的整体形象。要在试点工作基础上，扩大改造工程覆盖面，郊区城镇一些老旧小区也需要改造。已实施居民居住环境改造的项目仍需进一步细化完善，积极探索民众居住条件改造的机制和方式，使前期已进行改造的项目"内外兼修"，推动整体改造。

"留改拆"政策缺乏明确的认定标准。目前，具有代表性的保护建筑定量认定标准仍在调研和研究过程中，还未明确规定。在全市强调历史风貌保护的大方向下，学者、官员和居住在里面的居民对一些"老、小、旧"等住房的改造存在严重分歧。市里规定，超过50年房龄的老建筑都要保护，而这些老建筑往往因为年代久远，房屋质量很差，非常不适合做一些局部的改造，局部改造的成本远远高于拆掉重建的费用，并且局部改造不能从根本上解决居住环境问题，居住在里面的老百姓呼声很高。老旧住宅的"留改拆"如何执行好，既能保留城市历史文脉，又能彻底改变百姓居住条件，是需要深入研究的问题。根据本课题组的调研，上海市黄浦区北京东路地区中段现在的留拆比例约为9∶1，保留比例过高严重制约城市居住环境改造。

老旧小区改造完全依赖于财政拨款。从总量上来说，根据住建委消息，上海中心城区初步排定各类里弄房屋修缮改造面积119万平方米，涉及受益居民约3万户7万多人。调研发现，上海中心城区一个典型以二级旧里为主要居住形式的街道就有5万—6万常住人口，仅黄浦区就包含10个这样的街道。与巨大的老旧小区改造需求相比，市里排定的改造计划杯水车薪。目

前老旧小区居住环境的改造经费几乎全部依赖财政拨款,在经济下行压力下,未来能够投入旧改的财政资金不容乐观,如何吸引社会资金投入旧改,需要有更大的支持力度。

老旧小区拆迁改造缺乏明确的补偿标准。上海部分老旧小区居住环境改造涉及整体搬迁及回迁、抽户（幢）改造、公共部位改造等形式,拆迁补偿方式和标准仍在探索阶段,不同小区的补偿标准也不一样,列入试点的小区得到了大量政府投入,而其他小区居民生活环境得不到改善,容易产生社会矛盾。

（二）"十四五"时期面临的新形势和新要求

政策背景。中央高度重视老旧小区改造问题。2019年6月19日中央工作会议部署推进城镇老旧小区改造,顺应群众期盼改善居住条件,对推进试点、改造内容、金融安排、长效管理等做出部署。上海市委领导也非常重视。2019年7月8日,李强书记走访黄浦区宝兴居委,推进旧区改造和城市更新工作,要求规划先行,从实际出发,创新老旧小区改造工作的方式方法。

现实背景。上海老旧小区改造迫在眉睫。作为社会主义现代化国际大都市,上海目前仍有几十万只手拎马桶,中心城区繁华的主街背后隐藏着百年危房和破旧道路,中心城区二级旧里房屋不成套比例高达80%。

基于上述背景,上海"十四五"时期老旧小区改造面临新形势、新要求:一是居民对高质量居住条件的需求更加迫切。在保障性住房供给基础上,居民改善性住房需求持续增加。更关注房源自身的品质、洗澡设施等生活配套,以及交通的便利性,构成"对美好生活向往"的重要内容。"十四五"时期上海老旧小区改造应更加关注目前居住条件比较差、迫切需要改善居住环境的改造需求,着重改善居住基本设施、生活配套服务等。二是居民对舒适性小区环境的需求更加迫切。小区环境包括卫生、绿化、美化等基础设施建设,还包括休闲场所、健身场所、互动场所等公共空间的配给。基于上海居民居住需求变化和前期调研数据,优质的小区环境一般应同时满足居民生理需求和心理需求。生理需求如舒适感、视觉景观需求等，心理需求如邻里交往空间等。而根据调查，目前上海居民对居住小区公共空间供给的满意度仅为20%左右，需要进一步改善。

二、退休人员快速增长，养老保险面临支付压力

（一）"十四五"时期养老保险基金面临压力

为了测算"十四五"时期上海城镇职工养老保险基金的收支变化前景，我们设定了影响养老金收支的各项重要指标的取值。预期2025年户籍人数将达到1 476.7万人；参考2011—2018年退休人数占户籍人数比重的增速水平，结合该比例与人口老龄化之间的联系，确定2025年退休人数占户籍人数的比重为37.60%；根据2018年上海城镇职工养老保险基金中央调剂净流出情况，假定每年上海城镇职工养老保险中央调剂净流出金额占养老金发放比例的2.24%；养老金发放增速方面，预期养老金年度增幅为5%；根据国务院印发的《降低社会保险费率综合方案》的规定，假定2019年开始到2025年养老保险基金企业负担部分为16%，个人负担部分为8%，综合缴费率为24%；结合当前经济发展形势，假定自2018年起在职职工年均工资增速为4.51%，为2011—2017年平均增速的一半；假定自2018年起缴费人数增速为0.61%，为2011—2018年增速平均值的一半。

基于以上参数假设的测算结果显示，上海城镇职工养老保险基金将于2020年出现收支赤字，"十四五"时期城镇职工养老保险基金累计赤字将达到1 760亿元左右，2018年年末，养老保险基金的累计结存2 229.09亿元将消耗大半，若不采取有效措施实现城镇职工养老保险基金的开源节流，养老保险基金累计结存将面临消耗殆尽的风险（见表4-14-2）。

上海从2011年7月1日开始进行城镇养老保险制度改革，把外省市来沪从业人员纳入，当年就进入了320多万人，这些人群中一部分从2026年开始将陆续达到领取退休金的条件，因此"十五五"以后上海面临的养老金支付压力将会更大。

表 4-14-2 "十四五"时期上海城镇职工养老保险基金收支前景预测

单位：亿元

年份	基金收入	基金支出	收支差额	基金累计结存
2019	2 503.90	2 421.82	27.84	2 256.93
2020	2 632.75	2 625.08	−51.13	2 205.80
2021	2 768.22	2 843.05	−138.51	2 067.29
2022	2 910.66	3 076.73	−234.98	1 832.31
2023	3 060.43	3 327.16	−341.25	1 491.06
2024	3 217.91	3 595.47	−458.09	1 032.97
2025	3 383.49	3 882.83	−586.31	446.65

（二）养老保险基金可持续性面临巨大压力

人口老龄化风险加重，缴费人数和享受人数之比持续下降。由于人口红利的逐渐消失和人口老龄化的逐步加重，上海城镇职工养老保险缴费人数与享受人数之比呈现出持续下行趋势，2018 年，该比例为 2.24，也就是 2.24 个缴费职工供养一个退休职工，"十四五"时期老龄化问题将会更加突出，基金也会面临更大负担（见表 4-14-3）。

表 4-14-3 2011—2018 年上海城镇职工养老保险缴费人数与享受人数比的变化趋势

年 份	2011	2012	2013	2014	2015	2016	2017	2018
缴费职工（万人）	926.93	947.98	952.35	969.3	933.59	957.91	995.65	1 007.02
离退休人员（万人）	363.95	378.4	390.63	404.07	365.83	375.52	437.32	449.13
缴费人数与领取人数之比	2.55	2.51	2.44	2.4	2.55	2.55	2.28	2.24

注：享受人数为 1，计算出来的比例数字。

养老保险基金支出增长迅速。上海养老保险基金未来风险加剧，从增速方面看，自 2014 年以来，总支出年度增速就超越了缴费收入的年度增速，并且增速差距呈现逐步增大的态势，2018 年总支出年度增速较总收入年度增速高 9.18 个百分点。2018 年养老保险基金中央调剂制度开始实施，当年上海养老保险基金净流出 51.2 亿元，占养老金发放金额的 2.24%，养老保险基金的净流出加快了上海城镇职工养老保险基金总支出的年度增速，进一步拉大了缴费收入与总支出的差距（见表 4-14-4）。

表 4-14-4　2011—2018 年上海城镇职工养老保险基金收支和结余情况

单位：亿元

年份	2011	2012	2013	2014	2015	2016	2017	2018
年度收入	1 025.32	1 328.64	1 476.75	1 605.85	1 654.2	1 826.13	2 658.86	2 483.06
其中：缴费收入	925.76	1 245.05	1 472.75	1 596.85	1 645.20	1 816.13	2 645.16	2 252.72
财政补贴	99.56	83.59	4.00	9.00	9.00	10.00	13.70	13.15
年度支出	944.23	1 065.03	1 233.00	1 421.80	1 480.8	1 653.04	1 906.48	2 283.31
年度结余	81.09	263.61	243.75	184.05	173.4	173.09	752.38	199.75
收入增速（%）	30.77	33.95	18.06	8.23	3.77	9.73	14.97	10.59
支出增速（%）	16.36	12.79	15.77	15.31	4.15	11.63	15.33	19.77
累计结存	237.34	500.95	744.70	928.75	1 103.87	1 276.96	2 029.34	2 229.09

城镇职工养老保险基金投资回报率不高。2017 年上海委托全国社保基金理事会管理的 200 亿元养老保险基金，2018 年的投资收益为 8.64 亿元，投资回报率 4.32%。但是 2017 年年底 2 029 亿元的基金积累在 2018 年的总投资回报率却只有 3.1%。

（三）退休职工养老金替代率下降可能影响老年人口生活质量

以社会月平均工资为基准，2010—2017 年，上海市养老金替代率先上升再回落，在 46%—56% 之间波动，2017 年，因养老金增幅回落，替代率下降明显。未来养老金增幅若继续回落，替代率可能进一步回落到 50% 以下，如何让现代化进程曾经的重要参与人员，也即当前的退休人员分享社会经济发展成果面临挑战（见表 4-14-5）。

表 4-14-5　2010—2017 年上海退休职工养老金变化情况

年份	养老金水平（元）	调整水平（元）	调整幅度（%）	社会月平均工资（元）	养老金替代率（%）
2010	1 855	160	9.44	3 896	47.61
2011	2 026	171	9.22	4 331	46.78
2012	2 341	315	15.55	4 692	49.89
2013	2 656	315	13.46	5 036	52.74
2014	2 964	308	11.60	5 451	54.38
2015	3 315	351	11.84	5 939	55.82
2016	3 558	243	7.33	6 504	54.70
2017	3 691	133	3.74	7 132	51.75

（四）养老保险费改由税务部门征收可能增加企业社保负担

2019 年以后养老保险费改由税务部门征收，缴费率和缴费基数更为真实。目前全国企业统计的名义缴费比例和实际缴费比例相差很大，同时各地的缴费基数计算也不尽相同、规模覆盖也不完善，全国其他地区企业改革后社保成本可能会增加明显，但上海企业的社保成本可能仅会略有增加。

首先是实际和名义缴费率差别较大，提高实际缴费率所导致的问题。实际缴费比例和名义缴费比例之间的差值是决定缴费基数变化是否导致企业负担加重的关键，近年来，上海企业养老保险实际缴费比例和名义缴费比例逐年接近，2017 年实际缴费比例与名义缴费比例仅相差 1.79 个百分点，并且该差值有逐年缩小的趋势，因此，对于上海企业来说，改革征缴机构给企业带来的社保合规转换成本增加较轻。与此同时，2019 年城镇职工基本养老保险单位缴费比例从 20% 降低至 16%，这无疑将极大减轻单个企业社保缴费额。综合来看，上海企业整体上在改革征缴机构和社保降费后，总体缴费负担可能略微降低或者维持稳定（见表 4-14-6）。

表 4-14-6　2011—2017 年上海城镇职工养老保险实际缴费率变化　单位：%

年　份	实际缴费率	名义缴费率	差　值
2011	20.98	30	9.02
2012	24.72	30	5.28

（续表）

年　份	实际缴费率	名义缴费率	差　值
2013	26.82	29	2.18
2014	26.56	29	2.44
2015	26.44	29	2.56
2016	25.95	28	2.05
2017	26.21	28	1.79

注：实际缴费比例＝缴费收入/（参保职工人数×上年度职工平均工资）×100%

其次是社保缴费基数做实、覆盖规模扩大导致的问题。养老金由税务部门征收增加了国家强制力，提高了对中小企业的覆盖，同时社保缴费基数一旦做实，将减少企业灵活变通空间，如果费率不变，那么名义金额将会增加。当今许多企业采用社会平均工资的60%最低标准作为社保基数，而非本企业员工实际月工资数，新政策实施将实际增加企业缴费资金总额。

三、医疗卫生资源与国际大都市仍有差距，医疗资源结构有待进一步合理

（一）人均医疗资源距国际大都市仍有显著差距

如表4-14-7所示，东京都的医院数量近乎是上海医院数量的两倍，部分原因可能是两者对医院的定义不同，根据厚生劳动省"医疗设施调查"报告，东京都将医院定义为拥有患者20人以上的收容设施；上海的医院定义则是诊治疾病、护理病人的医疗机构，备有一定数量的床位设施、相应的医务人员和必要的设备，通过依法获得有执业资格的医务人员的集体协作，对住院或门诊患者实施科学、规范的诊疗、护理服务。东京都的定义略微宽泛一点，但是不能否认的是，上海的医院数量对比东京都的医院数量仍有差距，尤其上海的土地面积和人口都远远多于东京都，在人均公共医疗资源上，上海与东京都的差距更大。虽然上海在床位数、医生数总量上超过东京都，但是在每千人病床数、每万人医师数和每万人护士数这三类人均指标均

低于东京都,其中每万人医师数的差距较小。应当重视每万人护士数的显著差距,作为同样老龄化严重的地区,上海和东京都对护士需求都较高,但是上海的护士数量完全不能满足目前现状与需求,许多护士的工作量已然超标,不能有效保证服务质量,而护士提供的服务质量直接影响着患者的看病体验,因此上海应着重发展护理产业。

另外值得注意的是,在病床总数、医师总数和护士总数相近的情况下,上海的医院数目大约是东京都的1/2,可以简单认为上海医院的平均规模是东京都的两倍,即上海医院相对于东京都呈现集中化、大型化的特点,并且医院药剂师资源储备量严重不足,人均药师的数量是东京都的1/9左右。

表 4-14-7　上海 2018 年公共医疗资源数据与东京都 2016 年公共医疗资源数据

	上海（2018 年）	东京都（2016 年）
土地面积（平方公里）	6 340	2 106
常住人口（万人）	2 423.78	1 363.62
医院（所）	364	651
床位数（万张）	14.72	12.84
每千人病床数（张）	6.07	9.41
卫生技术人员（万人）	20.65	22.78
其中：医生数（万人）	7.49	4.41
护士（万人）	9.35	10.47
每十万人医师数（人）	309	324
每十万人护士数（人）	387	768
每十万人药剂师数（人）	44	358

注：每千人病床位数、每十万人医师数、护士数和药剂师数是参考常住人口计算,包含外来常住人口。
数据来源：《上海卫生健康政策研究年度报告（2018）》《东京都 2017 年统计年鉴》。

（二）公共医疗服务资源空间分布不均

上海市是全国医疗资源最为优质和集中的地方之一。截至 2018 年,上海市各级各类医疗机构总数达 5 298 所,其中有 364 所医院,4 729 所医疗卫生机构，专业公共卫生机构 108 所，其他卫生机构 97 所。医院中，三级医院有 50 所，37 所位于市区，13 所位于郊区，二级医院有 108 所，一级医院及未评级医院 206 所。虽已经保证每个区都至少有一家三级医院，但医院床位和医疗卫生技术人员这类医疗资源仍然集中于市区，医疗资源的布局不够均衡。

（三）社区医疗卫生资源使用率较低，三级医院压力大

上海基层医疗卫生服务的重点方向一直都是通过改进社区卫生服务，让民众，尤其是老年群体在社区便能解决买药看病问题。据此，上海市启动"5+3+1"工程，推行家庭医生制度，并拉开不同级别医疗机构的门诊报销比例，在一定程度上促进了分级诊疗，但效果并不明显。2017 年，上海市门急诊人次达 25 728.22 万人次，同比增长 3.16%。其中三级医院门急诊量占全市门急诊总量的 37.39%，二级医院及其他医院等门急诊量占比 29.61%，社区卫生服务中心门急诊量占比 33%。但是上海市三级医院仅占上海市医疗机构总数的 5.20%。[1] 可见，三级医院医疗服务量的增长幅度远大于基层医疗机构，就医下沉并没有达到预期目标。

（四）医养结合工作与市民的期望还有较大距离

家庭医生服务问题，社区医疗机构缺失部分药品，家庭医生门诊地点不固定且能力有待提高，存在"签而不约"的问题。

在高龄老人医疗护理方面，在三个方面还存在缺口。首先是在全科医生方面存在缺口，2018 年，上海每万人拥有 3.3 名全科医生，距离 2030 年每万名常住人口拥有 5 名全科医生仍有较大差距。其次是康复医疗机构的缺口，上海康复机构主要是一、二、三级医院一级残联/民政等的康复机构，在 2017 年总数为 463 家，总床位数为 1 486 张，2017 年每千人口康复床位数仅为 0.16 张，远没有达到上海市区域卫生规划要求 2020 年达到的每千人

---

[1] 胡苏云：《长期护理保险制度试点实践——上海案例分析》，《华东理工大学学报（社会科学版）》2018 年第 4 期。

口 0.25 张。① 最后是失能老人服务缺口，上海市 2017 年共有 41 万失能失智老人，但是受到养老机构和护理机构照顾的老人不足 1 万人，每 12 位失智老人仅有 1 位老人拥有护理床位。②

在长护险方面，首先是统一评估失能检出率偏高，评估标准偏宽松，部分未失能的老人获得了评估等级，部分失能老人的评估等级明显高于实际状况，也有少量确实失能的老人没有获得合理的评估等级。

四、优质教育均等化需求迫切，0—3 岁托幼服务亟待加强

（一）人口分布郊区化背景下近郊区优质义务教育需求迫切

全市常住人口分布向近郊区集聚，外来常住人口尤其明显。2010—2017 年全市常住人口的分布变化中，中心城区的比例下降了 1.8 个百分点，而近郊区、远郊区的比例分别上升了 1.1 个、0.7 个百分点，尤其是外来常住人口的变化幅度更大，中心城区的比例下降了 2.5 个百分点、远郊区的比例上升了 1.4 个百分点。伴随着常住人口分布的近郊区化，上海义务教育受教育人口也向近郊区集聚。

义务教育生均经费区域差异大，近郊区相对偏少。2006 年起上海市财政对低于全市义务教育生均拨款标准的区县，按照全市平均拨款标准给予补足。如 2017 年位于全市最远郊的崇明县生均拨款已在全市 16 个区县中居于第一位。但由于上海基础教育实行"两级管理，以区县为主"的管理体制，在投入上以区县为主，市级财政的调控力度有限。由于区域经济社会发展不平衡等历史和现实原因，上海各区县财政收入水平差距大，各区县生均教育经费投入差距仍然很大，直接影响到学校、师资等的配置质量。除了崇明，2017 年小学及初中生均经费总体上是中心城区最高、远郊区次之、近郊区

---

① 胡苏云：《长期护理保险制度试点实践——上海案例分析》，《华东理工大学学报（社会科学版）》2018 年第 4 期。
② 《上海婴幼儿入园高峰，四成父母孩子无人带养，托育服务仅占 8%》，http://mini.eastday.com/a/181121160251303-2.ffrgthtml。

最低，其中静安区小学（40 854.62 元/生）、初中（58 727.05 元/生）生均经费都是全市最高，小学生均经费是最少（浦东新区 23 720.09 元/生）的 1.7 倍、初中生均经费是最少（宝山区 32 639.94 元/生）的 1.8 倍。

优质教育资源空间配置不均，近郊区相对不足。由于财政性教育投入不同、区位优势等原因，上海优质教育资源主要集中在中心城区，而近郊区优质资源相对少。表现之一，近郊区优质学校不足。2017 年《上海教育年鉴》数据显示，2016 年上海共有实验性示范性中学 64 所，其中中心城区超过了一半（53.13%）、近郊区不足 1/3（32.80%）、远郊区则仅占 14.01%。随着人口大量导入近郊区，近郊区优质基础教育资源明显不足。表现之二，近郊区优秀师资占比低。无论是小学还是初中，中心城区专任教师中高中级教师的占比都高于远郊区，而远郊区专任教师中高级教师的占比总体上又都高于近郊区。

（二）全面"二孩"生育政策背景下 0—3 岁托幼服务亟待加强

托幼服务供需矛盾突出。自 2003 年开始上海迎来了新一轮人口出生高峰，尤其是 2014 年单独两孩、2016 年全面两孩生育政策实施的影响，二孩生育数量增加，因而 2014 年、2016 年这两年上海常住人口出生规模增加尤其明显，分别达到了 20.20 万人、21.84 万人，2017 年为 19.7 万人。据统计，上海市 0—3 岁婴幼儿规模 60 万人左右，而提供 2—3 岁幼儿托育服务规模数共约 1.62 万名，占上海市 2—3 岁幼儿数的 8% 左右。[①] 2018 年 5—7 月本报告课题组对上海全市 16 个区 12 753 个 0—3 岁婴幼儿母亲的抽样调查数据显示，上海 0—3 岁婴幼儿目前入托比例为 12.37%，而希望入托的比例为 43.72%，两者相差近 32 个百分点，且随着婴幼儿年龄的增加，入托需求增加，2—3 岁婴幼儿入托需求最大。按照上海市 0—3 岁婴幼儿 60 万的规模推算，上海市 0—3 岁婴幼儿目前入托的规模是 7.42 万人，希望入托的规模是 26.23 万人，两者相差 18.81 万人。

---

① 《上海托育机收费标准悬殊 妇联将在两会提建议》，http://sh.sina.com.cn/news/k/2019-01-15/detail-ihqhqcis6410895.shtml。

（三）民办托幼机构存在诸多问题

运营压力大。上海对托育机构的高标准严要求，也使得办理托育机构一次性建设投入大，房租及人力成本高，收支难以平衡。民办、私立托育机构，因准入门槛、前期投入和运营成本较高，尤其房租和人力成本两项支出占运营总成本的70%—80%，开办前两年亏损情况常见，盈利一般要到四五年后，属于投入产出比和利润率较低的产业。这也导致民办托育机构的收费普遍很高，很多家庭读不起。全市新设24家合法登记备案的3岁以下幼儿托育机构，收费在3 000元/月及以下的有8家，在3 000—10 000元/月之间的有12家，其余的4家都超过10 000元/月，其中最贵的是13 880元/月。①

合适场地少。中心城区用地紧张，一些社会办托幼机构职能租借办公楼宇开展业务，或者租住在小区里面，没有户外活动场地。师资缺乏。0—3岁托幼机构无职称编制，教师缺乏晋升通道，薪资中等，责任重大，因此跳槽的比较多，师资队伍不稳定。

五、社区居家养老服务供需矛盾突出，社会养老服务体系面临极大挑战

（一）人口老龄化程度加深，社区居家养老服务需求人群规模加速扩大

人口老龄化加快发展。上海是全国最早步入老龄化社会的城市，比全国平均水平早20年。2010年以来，上海深度人口老龄化加快发展，并从2016年开始进入了超老龄化阶段。②2018年，上海60岁及以上户籍老年人口

---

① 《上海新增的24家正规托育园，双语特色园占了一大半》，http://www.sohu.com/a/254977264_172239。
② 按照联合国定义，当一个国家或地区65岁及以上老年人口数量占总人口比例超过7%时，就意味着这个国家或地区进入了老龄化，比例达到14%即进入深度老龄化，20%则进入超老龄化。

503.28万人，比2010年增加172.28万，平均每年增加21.54万；占总户籍人口的34.4%，比2010年上升了11个百分点，平均每年上升1.4个百分点。根据我们的预测，"十四五"时期上海市人口老龄化程度将进一步加深，到2025年年底，60岁及以上老年人口总量将达到590万人，占户籍总人口的比例将超过40%。

80岁及以上高龄人口增加快。2018年，上海80岁及以上高龄老年人口81.67万人，比2010年增加21.87万，平均每年增加2.73万；占总户籍人口的5.6%，比2010年上升了1.3个百分点。根据我们的预测，"十四五"时期，80岁及以上上海户籍高龄老人每年净增加1万人以上，到2025年达到83万人左右；2025—2050年，高龄人口将进入急剧增长阶段，2050年达到215万人左右。

（二）家庭人口结构变迁，社区居家养老社会化服务需求迫切

一是独子化。上海第一代独生子女的父母已经陆续进入老年期，从2013年起新增老年人口中的80%以上只有一个孩子，家庭代际结构不断向"421"转变。

二是小型化。1978年，上海常住人口家庭户的户均规模高达3.77人，2010年减少至2.72人，2017年进一步减少至2.66人。

三是空巢化。2018年，上海"纯老家庭"老年人数133.00万人，其中80岁及以上"纯老家庭"老年人数36.95万人；独居老年人数31.01万人。与2012年相比，6年来"纯老家庭"老年人数增加了48.4万人，其中80岁及以上"纯老家庭"老年人数增加了15.46万人；独居老年人数增加了7.66万人。

上海作为全国人口老龄化程度最为严重的城市，近年来职工与需抚养老年人的比值已经趋近2∶1。一个典型上海家庭中一对在职夫妇需要供养1—2个孩子和4个老人，也即是所说的"421模式"。事实上，如今的家庭养老往往倾向于依靠老人自我供养、互助供养，以及雇用保姆外援等方式进行，家庭内部自我消化养老服务的能力相比人口红利时期大大下降。

由于家庭养老功能的弱化，空巢老年人，尤其是高龄空巢老年人对社会化社区居家服务需求迫切。

（三）社区居家养老服务的智能化、信息化程度不高

在当前普遍智能化、信息化的时代背景下，养老服务仍然主要以人力服务为主。某些具有优越硬件环境的养老机构集成了云计算、人脸识别、虚拟现实技术等先进的信息化设备，能够为具有认知困难的老人提供缓解和康复认知症的服务。但全市范围内这些机构屈指可数，智能化养老产品进入社区的更少。

社区居家养老智能化程度较低。目前一些智能化养老产品，比如自动监控、自动呼叫的各种设备，只在部分机构开始使用，还没有进入社区、家庭。即使在社区、家庭有少量智能化养老产品，功能比较单一，比如安康通和友康提供的居家服务，主要是一个固定电话。

社区居家养老信息化缺乏整合。目前上海缺乏统一的信息化标准及规范的管理机制，造成系统和平台建设水平参差不齐、资源难以共享利用、信息和数据安全难以保障等问题，制约了智慧居家和社区智慧养老的发展。

（四）社区居家养老服务中医养结合不够密切

随着人口高龄化的加快发展，失能失智老年人增加。2015年，上海失能失智老年人约63.65万人，占60岁及以上老人的14.6%，其中完全失能老人比例占到4.8%。老年人对老年护理、医疗服务的需求也越来越多，但目前社区居家养老服务的内容仍然比较单一，绝大多数是生活照料服务，远远满足不了老年人的需求。

第三节 "十四五"时期促进上海民生发展的基本思路和对策建议

"十四五"时期加快上海民生事业发展的基本思路是：在2020年全面建

成小康社会基础上，对标国际大都市民生保障水平，按照上海建设高品质生活城市的要求，加快发展公共服务和民生保障工作。要根据"十四五"以及中长期上海市人口规模和结构变化趋势、民生保障中面临的形势和问题，早做谋划，精准施策，加快调整公共服务和民生保障的供给总量和结构，量力而行，尽力而为，立足当前，谋划长远。要坚持党的领导，政府主导，多方参与，在保证基本民生需要的基础上，鼓励和支持社会力量参与公共服务和民生建设，提供市场化和多样化的公共服务产品，满足广大人民群众日益增长的多层次的美好生活需要。要立足"补短板，拉长板"，根据上海市实际，逐步补上居住环境、养老、教育等公共服务资源的短板；发挥优势，打造具有中国特色、上海特点，符合时代要求和人民期盼的民生保障上海模式。

针对上海老旧住宅小区改造、养老金平衡、医疗教育养老服务等方面面临的问题，我们提出以下建议。

一、更新改造老旧住宅小区的居住环境，消灭 80% 的手拎马桶

"十四五"时期，上海全市范围内要完成 80% 各类老旧房屋改造，以消灭 80% 的手拎马桶为主要内容。目前上海中心城区未启动改造的成片二级旧里以下房屋主要集中在黄浦、静安、杨浦、虹口四区，其中黄浦区已明确至"十四五"期末基本完成成片二级以下旧里改造任务。要实现这一目标，需要采取以下措施。

（一）促进容积率转移，筹措老旧小区改造资金

一是跨区地块容积率转移政策，在旧区改造过程中，探索同一开发商不同区不同项目之间容积率转移标准，将老城区无法实现的开发量转移到其他区域，即避免老城区大拆大建，同时也能促使政府实现经济平衡；二是临近地块容积率转移政策，如上海太平桥地区，做好整体规划，在保证容积率总体平衡基础上，将保留保护建筑容积率转移到周围地块，改善居民生活条件

的同时，实现开发商收益平衡。

（二）明确"留改拆"的老旧小区改造标准

一是明确"留改拆"标准，对哪些"留"、哪些"改"、哪些"拆"的老旧房屋分别设定具体的衡量标准，并结合专家鉴定，推进实施；二是明确社区更新改造补偿标准，落实在社区更新过程中的抽户改造补偿、搬回迁补偿，以及建造垃圾处理补偿等；三是明确社会资本进驻社区标准，对于社会资本进驻方式、进驻领域和进驻程度等进行规定，并跟进进驻后监督工作；四是明确房屋改造和管理标准，包括房屋使用安全管理标准、物业服务标准以及老旧小区综合管理标准。

（三）探索多种改造模式，满足居民个性化需求

一是探索改造服务"基础包"的刚性供给，"十四五"时期全面消除一般损坏老旧住房安全隐患，着力解决人民群众居住生活中"急难愁盼"的成套改造、屋面改造、厨卫改造、私人空间供给等问题；二是提供改造服务"个性包"的弹性供给，根据居民个性意愿，探索政府和个人共同出资的"服务+"包块模式，提供改善型改造服务。在实际改造过程中，分别探索各类旧住房修缮改造模式、小区环境更新改造模式和小区综合环境整治模式。

（四）探索老旧小区整体性拆迁重建及安置机制

一是完善成套改造模式和机制设计，借鉴彭浦新村"拆落地"成套改造方案，推进部分符合条件的老旧小区加快改造；二是探索老旧小区回迁住房经营的机制设计，对以老年人为主且生活配套相对不足的小区，探索"成套改造+回迁经营"的改造模式，将改造后的房屋交付第三方进行租赁经营，提高中心城区年轻人的居住比例；三是继续推进大型居住社区配套建设，以转移促进更新，推进上海大型居住社区配套建设，引导人口流动，形成布局合理的职居空间。

二、加快养老保障制度改革,增强养老金的可持续性

"十四五"时期,上海面临人口老龄化继续快速发展、养老金支出大幅度增长、经济下行压力下养老金收入增加有限的不利局面,为了保持社会经济的平稳发展,保障退休职工能够按时足额领取养老金,需要采取积极有效的应对措施。

(一)进一步扩大养老保险覆盖面

截至 2017 年年末,上海城镇职工养老保险的覆盖面仅有 72.53%,还有 300 多万从业人员没有纳入城镇职工养老保险制度,根据我们的测算,如果调整养老保险覆盖率至 87.84%,2025 年养老金收发可以达到均衡。当前没有纳入上海社会保障制度的主要是外省市在上海从事个体非正规职业的人群,他们不符合现在的养老保险参保条件,需要调整现有的政策,把这部分人群纳入,以缓解"十四五"时期养老保险基金的压力。

(二)渐进式延迟退休年龄

渐进式延迟退休年龄,可缓解养老金的收支赤字。根据测算,若上海市平均退休年龄是 62 周岁,则"十四五"时期养老保险收支赤字将消除。渐进式延迟退休年龄一方面可以减少城镇职工养老保险基金的支出,增加基金收入,缓解基金压力;另一方面,有助于提高退休职工的养老金水平,提高养老金替代率,符合开源节流的基本原则。要鼓励身体健康的老年人再就业,获得更多收入,补充退休职工由于退休带来的养老金过低问题,提高退休职工生活水平,也可缓解养老保险基金压力,实现共赢局面。

(三)阶段性适时调整养老金缴费率

国务院办公厅于 2019 年 4 月 1 日提出降低企业缴纳的养老保险缴费比例至 16%,加上个人的 8%,合计为 24%。根据我们的测算,若要实现"十四五"时期上海养老金的收支均衡,缴费比例需达到 27.54%。长远来

看,当度过经济下行期后,上海需适当提高养老保险的缴费率,促进收支均衡。

(四)划转部分国资增强养老保险基金实力

国家层面的国资划转已从试点转向全面推开,到 2019 年年底划转国有资本总额将达到 6 600 亿元左右。截至 2018 年年底,上海市国资参与的地方企业资产总额已达到 19.77 万亿元,上海市地方国有企业归属于上海市政府的权益资产总额为 2.1 万亿元,上海地方国资资产主要集中于汽车、电气、交通、化工、地产和食品等实业部门,固定资产占比较高,资产保值增值预期较好,存在划转进入上海城镇职工养老保险基金的可能。上海市的国有企业可尝试进一步转换运营机制,将国有资本引入社保基金权益方,即建立"国有股权型养老保险基金",逐期将固定比例的国有资产收益转移至社保基金当中。通过将实业盈利转化为社会福利,养老保险基金拥有国资部分的补充,这是一个较好的为基金输血的选项。

(五)增加养老保险投资规模和投资方向提高盈利能力

上海应着力于提高养老保险投资收益,改善当前收益率低的状况。由于物价变化、职工工资增长等原因,养老金支出每年都有一定的增长压力。近年来,上海已经有 2 000 多亿元的养老金积累,再加上预期的国资注入,养老基金的规模将会有进一步增长,在此情况下,加大养老保险基金的投资力度就有了必要性和可能性,可委托全国社保基金进行资本市场的投资,或者拿出部分基金投资于地方基础设施建设,保证有长期稳定的较高收入,从而提高基金的保值增值能力。

三、提高医疗服务水平,打造"3015"医疗服务圈

针对群众"看病难、看病贵"、基层医疗卫生服务水平较低的问题,"十四五"时期要达到以下四个发展目标:一是提高基层医疗机构服务能力,

实现中心城区居民15分钟内能走到附近的社区卫生服务中心接受基本医疗服务；二是提高郊区和偏远地区医疗服务水平，使郊区居民30分钟车程内能到一家三级医疗机构；三是提高医疗体系运转效率，通过引入社会办机构和构建信息平台，简化看病程序，从而提高医院的服务能力；四是调整医院的收入机制，通过医药分离和检验科分离，降低患者看病开支，以解决"看病贵"问题。

（一）进一步优化公共医疗资源布局，提高人均公共医疗资源

通过三级医院在郊区开设分院、医联体等方式，继续推进医疗资源郊区化，争取郊区居民开车30分钟内能到达一家三级医院。此外，还需进一步增加医疗服务资源总量，特别是优质医疗服务资源总量，提高人均公共医疗资源水平。在人口老龄化和高龄化加速发展的趋势下，对护士和护理工的需求巨大，"十四五"期间应加快护理人员培养和引进，按常住人口计算的每10万人口护士数达到500人，按户籍人口计算的每10万人口护士数达到700人。

（二）加强基层医疗服务，提高使用率

首先，建立完善的社区药品目录评估机制，拓宽社区药品目录，提高社区层面药品配置与三级医院药品配置的匹配程度，这是引导患者合理下沉就诊的关键。此外，还需建立监测评估机制，提高基层医院的动力，引导从业者多种经营，以服务意识和专业能力获得多元收入，真正为民众服务。其次，以信息化为基础整合医疗资源。上海于2016年构建了以综合管理平台、家庭医生工作系统为主要内容的"23211"分级诊疗信息化平台，可以继续以此平台为基础，依据上级医院医疗资源建立影像、检验、医护人员诊断决策支持系统，共享优质医疗资源，以提高基层医院的能力。最后，建立上级医院与基层医院的联系纽带，实行激励与监督机制，推动医联体向医院集团转化便是一个较好的方向，上级医院可为基层医院提供医疗技术支持，基层医院则可为上级医院缓解床位紧张的问题，提高基层医

院的病床使用率。

（三）完善药师培养机制，为医药分离提供条件

培养基层药师人才，规范化、标准化、同质化培养基层社区药师；同时加强药师高等教育，与医院合作培养优质的临床药师。完善科学合理的药师考核评价机制与培养教育体制，并引导药师多元择业。通过成熟的临床药师体系，将慢性疾病患者的就诊场所从医院转移至自己家中，降低大型医院的资源消耗，方便患者的治疗流程，同时为患者提供更精准高效的个性化医疗体系。

四、加快 0—3 岁托幼服务体系建设，提升近郊区优质义务教育水平

"十四五"时期要增加公办托幼机构，初步完成 0—3 岁托幼服务体系建设；要缩小不同地区的教育发展水平差距，让广大市民享受更加优质均衡的教育。

（一）加快 0—3 岁托幼服务体系建设，争取每个街镇建成 1 家公办托儿所

首先，建议把 0—3 岁托幼服务纳入基本公共服务体系。目前上海市九大领域 96 项基本公共服务清单中尚未覆盖 0—3 岁托幼服务。0—3 岁托幼服务需求迫切，需要把 0—3 岁托幼服务纳入基本公共服务体系，统筹规划，协调推进。

其次，加快 0—3 岁婴幼儿公办托育机构建设，争取每个街镇建设一所公办托儿所。继续推进托幼一体化，在公办幼儿园增加托班。尽管在全面二孩生育政策下，上海二孩出生规模有所增加，但随着育龄妇女规模持续大幅减少，由 2010 年的 217.13 万人减少到 2017 年的 200.92 万人，平均每年减少 2.32 万，2017 年开始上海常住人口出生规模减少，减少到 19.7 万，2018年减少到 17.4 万，2019 年进一步减少。"十四五"乃至以后很长一段时间内

还将持续减少，因此可以挖掘现有的幼儿园潜力，通过现成的场地和成熟的师资队伍，在幼儿园内增加托班，侧重于提供 2—3 岁托班服务。

最后，积极鼓励 0—3 岁婴幼儿民办托育机构的发展。一是建立税费优惠等政策支持机制。通过调研理顺各种不利于托育服务发展的税费和管理政策，出台鼓励性的税费优惠政策，如符合条件的托育机构提供服务可以予以免征增值税；用于开办托育服务的房屋免征房屋租赁税；托育机构的用水、用电、用气、通信等享受优惠价格，可以参照居民消费价格收费。二是建立场地提供机制。各级政府部门可以将托育服务建设用地纳入城乡规划和年度用地计划并优先予以保障，农用地转用指标、新增用地指标分配要适当向托育机构建设用地倾斜；市、区和街道各级政府部门要把合适的办学场所低价租赁或以补贴方式给社会托育机构；引导支持利用低效土地或闲置土地建设托育机构；鼓励把闲置的商业用房转变为婴幼儿托育服务用房。

（二）改进义务教育投入体制，近郊区加大优质义务教育资源的建设力度，提升近郊区义务教育水平

首先，改建义务教育投入体制。一是逐步建立市级统筹为主的义务教育财政投入机制，按照各区义务教育阶段在校生数量配置教育资金，从根本上确保各区各学校义务教育经费水平的基本均等；二是积极探索人口导入区（近郊区）与导出区（中心城区）之间财政教育经费协调机制，缓解人口导入区财政教育面临的较大压力。

其次，近郊区加大优质义务教育资源的建设力度。一是加大吸引中心城区优质中小学到近郊区办分校的力度；二是加大优质中小学的建设；三是加大引进优秀中小学教师的力度。

五、重视和加强社区居家养老体系建设，提升信息化和智能化养老能力

上海老年人过去、现在和未来的主要养老场所都是家庭和社区，因此，

"十四五"时期要重心下移，加快社区养老服务体系建设；通过信息化、智能化提高养老服务的效率，提高老年人的满意度。

（一）完善社区居家养老社会化服务运作机制，形成社会力量广泛参与的局面

社区居家养老服务的充分发展，一定是政府主导，同时支持鼓励社会力量的广泛参与。政府居家养老服务项目投标可以向符合居家护理服务资质的社会企业开放，不限于民非企业、社团组织等性质。对于当前为老服务机构中属于居家护理服务的企业，应当明确相应的扶持政策。如营业税、公共事业费、社保补贴等，扶持一批优秀的居家护理机构，扩充老年居家护理服务的社会力量。引进更多致力于开展涉及居家养老专项服务、专业医疗护理服务、预防保健专业服务等社会组织，促进社区养老服务体系及居家养老工作的专业化、多样化发展，从而有效丰富关爱照护老年人的内容与水准。

（二）完善长护险制度，继续推进医养结合工作

上海长护险制度要完善不同类别参保人员的待遇享受标准，统一老年照护需求评估，从而根据相应的评估等级确定社区居家照护服务时间。认真核验需求评估申请，发放长护险保险凭证，同时做好长护险和其他政策的衔接，落实个人账户使用和综合减负范围。要出台医养结合工作实施办法，进一步明确民政、卫计、发改、财政、人力社保等部门工作职责，共同建立医养结合工作协调机构机制，对"医养结合"养老机构实施卫生准入、民政扶持、医保定点等扶持政策。由卫健委相关部门审核"医养结合"养老机构的内设医疗机构资质；由医保部门根据其服务能力和数量确定医保支付额度。建立医养结合服务机构的准入、退出机制，规范市场行为，加强监管力度，使医养结合工作制度化、规范化。相关部门应加强合作，协同制定相应的配套政策，建立统一完善的养老和医疗服务标准，规范医疗护理行为，保障老人的养老和医疗需求。

要扶持大型的医养结合服务机构建设，鼓励大型养老机构走医养结合之路。各部门须加大政策扶持力度，重点打造一两家大型医养结合示范单位。鼓励医院扩展功能或转型，鼓励一些民营医院开设老年病科室，与养老机构建立绿色通道。区级部分二级医院可与现有传统养老机构合作，设立医养结合服务机构，解决养老机构和医院床位供给缺口，提升养老照护服务功能。同时加快促推医疗机构参与养老服务，可选择有条件的一些区级医院、社区卫生服务中心，利用自身的优势开办养老机构或养老床位，并给予政策倾斜，促进医疗服务嵌入养老产业。

（三）加快养老服务智能化和信息化建设，初步建立起全市的社区养老服务信息平台

在智能化和信息化背景下，应充分应用"互联网＋养老"技术，引入包括智能养老顾问、新版养老地图、养老服务机构查询、养老政策智能搜索等主要功能，为社区群众提供精准的、个性化的养老服务信息。要加快社区居家养老服务智能化和信息化建设，在"十四五"时期初步建立起全市社区居家智慧养老信息平台。

加快社区居家养老服务智能化建设。一是建设一批宣传平台。充分利用社区综合为老服务中心、日间照料中心、长者照护之家、助餐点等老年人集中场所，灵活采用海报、展示厅、视频等方式，加大智能化养老产品的宣传。二是建设一批租赁服务中心。与涉及智能化养老产品的企业合作，加快建设智能化养老产品租赁服务中心，向有需求的老年人开展租赁服务，并把该项服务纳入长期护理保险和社区居家养老服务补贴项目，切实减轻老年人家庭经济负担。

加快社区居家养老服务信息化建设。一是建立统一系统。改变各区自选系统的做法，在市层面建立全市统一的供需平台。二是重视基层数据的采集和录入。不仅要完成全市统一的信息联网工作，更要重视基层数据的采集，包括老年人口数据、评估机构、社区居家养老与医疗服务机构、评估机构等信息的采集。同时重视数据录入的准确性、及时性，建立动态更新机制。三

是完善运行机制。实行信息平台系统建设自上而下发布，基础数据录入由下而上传递，供需信息由市级集中管理、统一调配。

（四）改进休假和住房等家庭政策，鼓励和支持家庭内部"互助式"照料服务

减轻青壮年劳动力的工作负担，结合具体家庭养老情况，精准改进个体休假安排，为赡养老人提供便利。对居家养老负担较大的家庭，给予政策扶持和财政补贴，改进对应人群的住房政策，做到老有所养、人有所归。尽可能缓解"421"模式下青年人除养老外的其余负担，从而鼓励和支持家庭内部照料服务。

积极推进医养结合向居家养老延伸。开设"虚拟养老院"，建立居家养老服务平台，在老年照护评估的基础上自动生成老人所需服务项目，经确认后，养老服务中心指派服务商为客户提供上门服务，让老年人通过一个电话或网络指令，就能足不出户地享受到生活照料、居家安防、康复护理、精神关爱等各种养老服务。

采取多种形式实现医疗卫生和养老服务融合发展。通过家庭医生签约服务模式，推进基层医疗卫生机构与社区、居家养老相结合，实现医养结合服务进社区进家庭，切实保障人民群众日益增长的健康养老服务需求。

（五）探索建立多领域的医疗服务和养老服务人员联动机制

建立长期照护服务体系，编制照护行业人员中长期发展规划，鼓励大专院校增设老年照护专业。建立养老服务实训基地，引进长三角地区具有中专护理资质人员，加快培养中层次的照护专业人员。

加强医养服务机构人员培育，积极探索照护人员教育成长模式，逐步建立起医养机构照护人员上岗许可、资格认证、职称评定体系，并通过多种渠道，提升照护队伍的社会地位和工资待遇。

探索建立多领域的医疗服务和养老服务人员联动机制，养老机构内的医疗机构要重点培养和引进医生、护士、康复医师、康复治疗师、社会工作者

等具有职业（执业）资格的专业技术人员和工勤技能人员，要鼓励各专业的医师到养老机构内的医疗机构中开展多点执业。

执笔人：周海旺　高　慧　刘玉博　刘　佼
孙小宁　戴　睿　宋英杰

第十五章
构建特大城市现代化新基建

现代化基础设施是适应当前国际、区域、技术、气候等新变化,能够支撑城市重大战略和重点项目建设的基础设施。自从20世纪90年代浦东开发开放以来,上海高度融入全球化浪潮,"四个中心"枢纽型、功能型城市基础设施框架已经基本建成,国际科创中心的框架也正在加快构建,进入谋求快速转型和能级提升的新时期。从"十四五"规划开始,上海将进入现代化建设进程的新征程,卓越的全球城市目标、"五个中心"发展定位等都对城市功能和基础设施有新要求,要求重塑上海在商务金融、科技创新、信息传媒、文化交流及人才流动等领域的枢纽节点功能,通过10年左右时间,建成更高水平的现代化城市基础设施,以支撑上海建设面向未来的新型全球服务功能节点体系。党中央对长三角一体化发展有新指示,中心城市、城市群要提高经济、人口的承载力,强化与周边城市基础设施联系和功能组织。上海作为中国的经济重心城市,与长江经济带、长三角、上海大都市圈区域融合发展态势日益明显,对城市基础设施产生高标准要求。此外,国家倡导的新基建等会引导社会经济运行模式的大变革,需要持续关注。

以上都是上海在"十四五"时期必须考虑的重大发展背景,形成城市现代化基础设施体系发展的基础并引导新的发展需求:畅达、安全、智慧、韧性。本章主要依据以上背景进行拓展研究:一是梳理上海2000年以来历次五年规划关于基础设施的建设重点,考虑其在"十四五"时期的重要性和延续性;二是分析当前上海城市基础设施建设的现状与存在的问题,明确主要存在的问题和差距；三是考察全球城市在新一轮规划中的城市基础设施建设重点，分析成因并对照上海发展，剖析借鉴意义；四是随着新一轮全球化发展、长江经济带、长三角一体化等区域战略推进，对城市基础设施建设的新要求；五是基于上海自身发展新的需求、新的定位、新的战略、新的响应，上海"十四五"时期推进的战略项目对城市基础设施有新的要求，特别是在2020年5月7日发布了《上海市推进新型基础设施建设行动方案（2020—2022年）》之后，对于新基建必须予以响应。

第一节 "十五"以来上海基础设施建设重点与展望

梳理和总结2000年以来四次"五年规划"中关于城市基础设施的规划工作，包括以下几个方面的内容和特点：第一，城市基础设施建设主要以交通基础设施、市政设施等为主，其中交通基础设施始终都是关注的重点，信息基础设施和城市防灾设施的内容在规划中的笔墨不断增多。第二，重点项目不断推进建设，如洋山港、浦东机场、高铁、高速公路、轨道交通、跨江联系。从增量建设又逐渐调整到关注已有项目的调整，比如"十三五"规划中就突出关注城市主干道的贯通。第三，历次五年规划中，对区域基础设施的联通一直都重视。如在交通基础设施建设中，从高速公路、一般铁路，到高速公路、城际铁路、高速铁路，再到关于轨道交通与区域快线网络的联系，不断便捷。同样从增量建设调整为关注多式联运和互联互通，这是城市基础设施发展到一定阶段的工作重点。第四，从四次"五年规划"对城市信息基础设施的关注来看，关注点和内容不断细化，特别是从"十二五"规划开始，对新一代宽带无线移动通信网络、强化平台服务、构建云计算、物联网基础设施、打造数据中心等内容日益关注，在"十三五"规划开始关注5G时代信息基础设施更新换代，重点网络设施IPv6改造，信息时城市基础设施日益与互联网、物联网联系在一起。第五，历次"五年规划"对城市防灾设施关注普遍不够，在"十二五"规划中甚至仅在农村防灾、信息化对

表 4-15-1 2000年以来四次五年规划对城市基础设施的关注点梳理

时期	交 通 设 施	市 政 设 施	信 息 设 施	城市防灾
"十五"	* 洋山深水港 * 浦东国际机场第二跑道 * 明珠线二期、磁悬浮示范运营等 200 公里 * 500 公里高速公路 * 跨江隧道 * 公交轨道换乘 * 停车交通 * 铁路南站、京沪高速上海段、沪杭客运专线	* 推进天然气建设和电力安全 * 西气东输工程 * 加强本地电网建设,建设电东送配套工程,接受市外来电 * 控制地下水开采总量 * 改善市中心城排水系统 * 加快污水收集与处理设施建设	* 完善宽带主干网,建设亚太地区重要的国际通信枢纽之一	* 加强地震、民防、消防、防汛、气象、急救、安全生产等工作
"十一五"	* 洋山深水港二期及后续工程 * 浦东机场二期扩建工程 * 虹桥机场扩建 * 虹桥综合交通枢纽建设 * 铁路板块,沪宁城际、沪苏、沪乍嘉铁路、沪杭城际快速轨道和沿江、沪杭客运专线 * 长江隧桥、崇启、沪宁、浦东机场和沿江高速,拓宽沪宁高速,沪青平、莘奉金高速,总里程 880 公里 * 轨道交通里程 400 公里 * 公交优先、强化与轨道换乘 * 建成中环线、完善高架系统 * 越江设施通道	* LNG 项目建设、气源应急储备站 * 建设煤炭、石油储备库 * 提供电力供应能力,建设外高桥电厂三期 * 强化市外电力供应和基地建设 * 扩大长江水资源开发利用,建设青草沙水源地,长江陈行引水三期	* 推动新一代移动通信技术试验和应用 * 推进"三网融合" * 提升高性能计算平台服务能级	* 地面沉降监测与防治 * 水安全防御能力 * 地震、灾害天气监测、预报和应对

500 | 上海"十四五"发展战略思路研究

(续表)

时期	交通设施	市政设施	信息设施	城市防灾
"十二五"	* 洋山深水港四期 * 浦东机场第四跑道 * 沪陕、S26高速公路 * 京沪高铁、沪通铁路、沪乍铁路 * 高速公路850公里，铁路450公里 * 城乡一体化交通体系，强化重点轨道交通项目建设，期末达600公里。 * 完善公交、轨道换乘体系 * 强化市域区际道路连接	* 优化调整电源结构，加快建设临港、崇明、吴泾等电厂 * LNG二期工程，扩建气源备用站 * 强化长三角区域管网互联互通 * 供水设施改造，水质提升 * 保护水源地，扩大长江供水范围	* 加快城市光纤宽带建设，构建新一代宽带无线移动通信网络 * 主要公共场所无线全覆盖 * 建设新亚太海底光缆系统 * 三网融合 * 强化云计算、物联网基础设施，打造数据中心	
"十三五"	* 建成洋山深水港四期，启动外高桥港区八期 * 发展江海联运、海铁联运 * 浦东机场三期扩建、第五跑道和虹桥机场改造 * 浦东机场和虹桥机场T1航站楼改造之间的快速交通通道 * 筹建通用机场 * 新一轮轨道交通建设，联通郊区铁路建设与长三角相连通的市域快线网络，800公里轨道交通 * 推进500公里公交专用道，探索快速公交系统 * 推进沪通、沪乍杭、沪苏湖等铁路通道，建设铁路东站 * 高速公路900公里，普通国省干线1300公里 * 完善快速路网和越江跨河隧道，增强城区干道能力 * 提升虹桥商务区、国际旅游度假区等重点地区交通水平 * 与新能源汽车相匹配的设施规划	* 确保供气供电供水安全稳定 * 加强与长三角地区天然气管网的互联互通 * 完善石油管道储运系统 * 优化本地电源结构，完善市外通道 * 加强水源地保护，建设泰和、金海水厂，开展长江水源水厂改造	* 推进信息基础设施更新换代和超前布局 * 加强4G网络覆盖，推进5G网络规模试验或商用 * 光纤入户率达70%左右 * 下一代互联网示范城市，完成重点网络设施IPv6改造 * 推进新国际通信海底光缆建设和已建光缆扩容	* 健全统一的突发事件预警信息发布平台 * 建设应急避难场所 * 强化城市建设单元建设 * 海绵城市建设 * 强化应急物资储备

第十五章 构建特大城市现代化新基建 | 501

防灾的帮助两个部分出现防灾的内容。但在"十三五"规划中，相对于其他三次五年规划对于城市防灾关注的内容和领域开始丰富，包括突发事件应急平台建设、避难场所和应急管理单元建设、海绵城市建设、应急物资储备等城市规划内容。

基于上海过去4个五年规划总结并展望"十四五"发展，在交通基础设施中洋山深水港、浦东机场、轨道交通、高速公路、高速铁路始终是关注重中之重。洋山深水港四期后基本建设完毕，考虑到区域产业转型，洋山深水港未来建设不再以规模扩张为主，需要进一步提升港口服务质量和智能化发展水平。浦东机场目前正在建设第五条跑道，而根据未来规划建设目标，仍有扩张空间，同时第三机场的规划建设也在"十四五"时期浮出水面。轨道交通的发展每5年增长200公里已经是常态，2018年12月19日，国家发改委批复上海城市轨道交通第三期建设规划（2018—2023），"十四五"时期200公里的增长是保守估计；另外根据上海市交通委相关规划，增加1 000公里的城际线建设（中心城区到郊区新城），"十四五"时期同样需要重点建设。高速公路建设逐渐进入减速期，未来建设以改造升级原有道路为主，特别是基于上海大都市圈建设与南通、宁波、舟山、湖州的联系为主；高速铁路未来发展的重点在于浦东沿海高铁，强化联通上海与苏中、苏北沿海及山东沿海地区的联系，同时南向与舟山、宁波的联系也更加便捷。

第二节　上海城市基础设施建设的现状与问题

上海城市基础设施的建设必须与卓越的全球城市建设标准看齐，必须与新一轮上海城市总体规划的目标看齐，必须与上海作为长三角龙头城市的建设要求看齐。因此，在本节主要分析当前上海城市基础设施建设的现状与存在的问题，通过全球城市建设标准、新一轮城市总体规划目标、长三角龙头城市三个尺度的标准和需求分析，明确上海城市基础设施在当前主要存在的问题和差距，明确未来推进的重点方向和领域。

一、基于全球城市建设标准的比较

一是航空枢纽通达性跃居前列,国际化发展程度不高。上海市"两场"远程国际航线覆盖面、通达性已跃居前列,但两机场建设距离"具有全球资源配置能力"的要求有一定差距。2018年,两场客流量总和为1.18亿人次,排名全球第四。上海"两场"出入境旅客量位居国内第一,但国际游客量占比仍然偏低,2018年,两场出入境旅客量达4 250万人次,高于北京首都机场的2 685万人次和广州白云机场的1 730万人次。但国际旅客吞吐量占比36%,落后于亚洲其他竞争性枢纽,例如迪拜超过98%,东京、中国香港、新加坡、曼谷等城市也普遍超过60%。主要原因在于浦东机场中转旅客比例仅约15%,远低于国际大型枢纽机场的一般中转率(例如新加坡和中国香港都高于90%)。

二是国际航运量处于全球领先,综合服务能级不高。与国际港口城市相比较,上海港集装箱吞吐量处于国际领先地位,2018年达4 201万标箱,第二名新加坡为3 660万标箱,第三名宁波-舟山为2 635万标箱,伦敦港只有约400万标准箱(排名全球第70位)。但伦敦仍被公认为是世界第一的航运中心,全球20%的船级管理机构常驻伦敦、50%的邮轮租船业务、40%的散货船业务、18%的船舶融资规模和20%的航运保险总额集中在伦敦。可见,集装箱吞吐量并非衡量一座港口城市航运能力的唯一因素。面向未来,上海在服务国际的文化软实力、强化港口城市对航运的服务能力、重视海运人才的培养与就业等方面,与国际航运中心的目标仍有很大差距,有很长的路需要追赶。

三是资源和能力利用效率不高,生态环境压力较大。2018年,上海市万元GDP用水量为23立方米,其中工业增加值为40立方米,与纽约、伦敦、东京等城市万元GDP用水量仅2立方米的水平比较要高很多,主要原因在于工业比重偏高和用水方式的低效益。发达国家城市工业用水不足5%,上海2018年工业用水比重为18.5%,农业用水比重更高达30%左右。目前,上海市万元GDP能耗约为0.4吨标准煤,发达国家城市多为0.2吨标准煤左右。

四是基础设施面临新科技革命挑战，新基建成为趋势。纽约、东京、新加坡等全球城市相继发布了以新技术解决城市问题的规划，上海城市基础设施建设同样面临新科技革命特别是新一代互联网技术的挑战。在 5G 高速网络时代，对光缆系统容量要求增大，管理和服务能力有待提升。强化信息基础设施与城市公共设施的融合发展，以信息化提升综合服务的能力，提升城市运行生命线系统安全防护，对大数据和云计算服务能力有更高要求。

二、基于上海新一轮总规目标的比较

一是机场规划达到天花板，容量持续提升有限。根据上海新一轮城市总体规划，至 2035 年，上海航空枢纽设计年客运吞吐力达到 1.8 亿人次左右，旅客中转率、出入境客流比例分别提高至 19% 和 38%。根据既有上海航空系统规划，浦东机场建设 5 条跑道、2 座航站楼、年旅客吞吐保障能力 8 000 万人次，虹桥机场建设 2 条跑道、2 座航站楼、年旅客吞吐保障能力实现 4 000 万人次。目前已有规划的航站楼和跑道数量难以支撑 2035 年的需求。在机场货运方面，2018 年，浦东国际机场的货邮吞吐量已经超过 400 万吨，位居全球第三，排名前两位的分别是香港机场和孟菲斯机场，分别为超过 500 万吨和 440 万吨。第四名的仁川机场与前三名相差较多，仅为 300 万吨左右。根据上海新一轮规划，到 2035 年货邮量达到 650 万吨，现实与目标依然存在较大差距。

二是港口基础设施受约束，未来发展空间受抑。根据上海新一轮城市总体规划，至 2035 年，上海港集装箱吞吐量将保持在 4 000 万—4 500 万标准集装箱（TEU）。根据规划确定的集装箱设施规模，按照现状作业操作水平，按照规划实施后可以满足约 4 000 万标准箱的发展需求（新加坡最新规划提出 6 500 万标箱的目标），伴随未来作业水平提高，按照高负荷饱和作业情况，上海港区设施能力或可满足 4 000 万—4 500 万的集装箱吞吐量需求，但大规模增长空间已经不大。

三是资源和能源需求不断增长,亟待区域协调解决。根据上海市新一轮总体规划提出到 2035 年万元地区生产总值(GDP)用水量控制在 22.5 立方米以下,万元工业增加值用水量控制在 33 立方米以下,调整空间不大。但未来随着上海城市经济规模提升,对水的总量需求仍然不断扩大。此外,在新一轮城市总体规划中提出至 2035 年万元地区生产总值(GDP)能耗控制在 0.22 吨标准煤以下,未来能源利用有一定调整空间,但总量压力同样很大。

> **专栏4-15-1**
>
> **上海人均日生活用水 118 升**
> **人均水资源仅世界人均值 10%**
>
> 上海虽然濒临长江与东海、水系十分发达,但限于开发利用条件、环境污染和地面沉降等多种原因,是全国 36 个典型的水质型缺水城市之一,更是联合国预测的 21 世纪世界六大饮用水缺乏的城市之一。全市可利用的淡水仅占地表水资源的 20%,人均水资源量分别是全国和世界人均值的 40%、10%。
>
> 根据上海市"十三五"规划,到"十三五"末生活用水量要控制在 140 升/人/天。可见,仅从居民用水方面考量,城市用水压力非常大。
>
> 《文汇报》2017 年 5 月 16 日

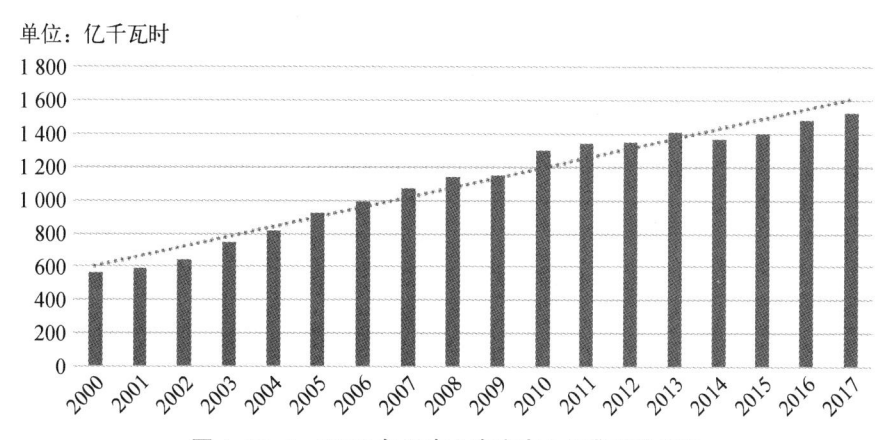

单位:亿千瓦时

图 4-15-1　2000 年以来上海市电力消费增长情况

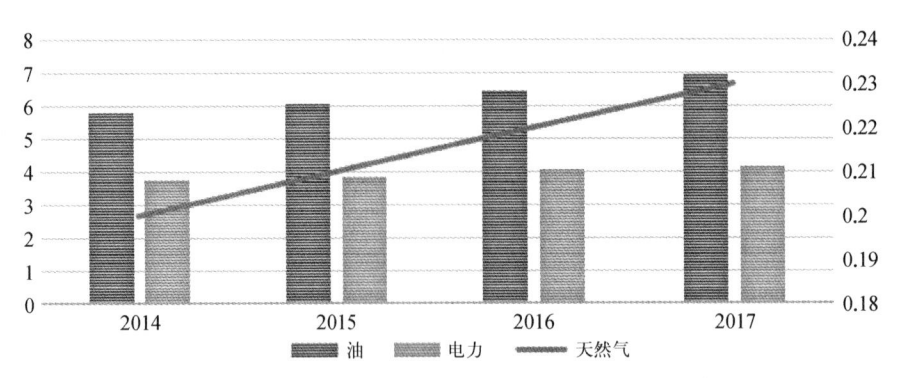

图 4-15-2 2014—2017 年上海市能源消耗增长趋势

三、基于上海作为长三角龙头城市要求的比较

一是区域服务扇面仍未打开，南北通道亟待联通。面向长三角区域的沿江、沿海铁路通道不足，多式联运以及集疏运效率有待进一步提高，以上海为核心的区域综合交通枢纽仍需进一步加强对区域发展的支撑。沪宁、沪杭通道的利用率已然较高，但仍无法满足通道交通出行需求，既有对外通道设施能力扩容仍将是未来主要努力方向。上海对外通道主要是面向内陆腹地联通，向北向南沿海辐射面尚未形成。面向长三角的服务扇面可以进一步向两翼打开，由现状 60 度转变至 180 度，通过区域内部通道扇面打开、联通通道能力扩容，上海将更好地发挥在长三角区域战略中的引领作用，延伸服务全国的城市功能。

二是与周边联系依然不够，郊区设施提升是重点。长三角城镇群已进入紧密联系的高级发展阶段，上海服务辐射范围进一步扩展，区域城镇群的协同发展需要核心城市与腹地客货运输体系的深入对接与整合，上海中心城区的对外辐射较强，但郊区新城区域服务能力欠缺，表现为整体联系弱。面向未来，上海交通设施建设重心必须由中心城转向郊区，促进郊区新城与长三角城市之间的快速联络，形成与中心城市的反磁力。同时城市辐射范围的延伸、核心功能集聚将带来更大外部交通压力，面临来自区域商务、休闲、游憩交通的冲击。

第三节 全球城市现代化基础设施建设的新方向

在全球新一轮科技革命和产业变革孕育发展背景下，2010 年之后全球许多特大城市都推出了新一轮的城市发展规划，其中针对基础设施的发展需求和发展方向都提出了针对性的规划和发展。本部分主要是把握伦敦、纽约、东京等城市在新一轮规划中的基础设施发展方向和重点，梳理规划路径和建设要点，提出对上海未来城市现代基础设施建设的启示。

一、纽约新一轮规划中的基础设施建设

2007 年，纽约市进行了第一轮综合战略规划并在 2011 年进行修订，发展重点是关注人口增长、基础设施老化和环境气候等问题；在 2013 年桑迪飓风后，纽约开始了第二轮战略规划，重点关注基础设施、社区重建和韧性城市建设，解决下一次自然灾害问题发生后纽约如何能更好地抵抗和应对；2015 年的战略规划更加关注社会不公平问题，包括基础设施增加、气候变化等都是重要内容；2019 年 5 月 21 日，纽约推出新一轮规划，结合气候变化与灾害以及信息技术的快速升级，提出必须投资实体和数字的基础设施建设，以满足 21 世纪城市的需求。从纽约市 2019 年新一轮规划的重点来看，其关注三个方面的内容：

（一）核心基础设施持续更新改造与再建设

自 2014 年以来，交通局以前所未有的速度，重新铺砌全市 1.9 万英里车道中超过 25% 的道路。在未来几年，纽约市将承担数十项重大的基础建设工程，升级和改善繁忙的道路和桥梁，工程包括 Brooklyn-Queens 高速公路，The East River 大桥，Grand Street 大桥等其他桥梁。在新能源汽车方面，增加充电桩设施建设至 5 000 个，近期，在现有 921 个电动汽车充电桩的基

础上，在全市建立 50 个快速充电站，并对 120 个二级充电器进行试点测试。在水供应方面，升级水源地的堤坝安全性和更新老化蓄水池设施。增加有机废物处理的设施建设，包括污水回收，增加四个新消化池取代现有设备。持续投资城市能源基础设施，与纽约州合作开发可再生能源，提升纽约的输电能力。

（二）积极应对未来不可预测的各种灾害风险

近些年，"9·11"事件、2003 年东北地区大停电、2012 年桑迪飓风等都会给纽约城市造成巨大风险。如今，面临全新而紧迫的威胁，包括传染病、网络攻击和其他威胁纽约人安全、保障和健康的其他灾难性事件，必须积极应对。为了更好地应对这些威胁，纽约市成立了一个特别工作组，重点关注风险管理、危机准备和恢复准备，积极与基础设施各主管部门，包括城市交通、水供应、水处理、废弃物处理回收、能源设施等部门合作，在全市范围内建立并实施强有力的、系统的风险和危机管理实践，包括风险识别和风险缓解，同时为灾后重建做好准备。

（三）更新信息基础设施迎合 21 世纪发展需求

在规划中，纽约提出尽最大努力加快宽带的建设。2019 年，纽约市发布美国第一个互联网的总体规划，这项规划将致力于深化互联网连接、移动网络、免费公共 WI-FI，为改善宽带基础设施的网络连接与移动网络建立具有代表性的标准。积极发展与私营部门的合作，以完善部署宽带基础设施的方式。增加投资，并进一步扩大地下线缆与光纤基础设施的建设。完善城市网络安全环境，不断提升网络覆盖率。拓展上网教育服务，全市架设 500 处公共网络中心、1.1 万台免费的计算机工作站。强化网络系统安全性建设，以纽约市网络指挥部为核心部门，推动网络安全设施以及网络安全系统的开发建设。纽约将集中其互联网传感和各城市先进技术，在 2020 年发布完整的物联网战略，通过连接多个物理设备来实现数据收集或远程控制，完善对城市运营和资产的管理，预估各种维修需求并进行智能维修。

二、伦敦新一轮规划中的基础设施建设

第一版《大伦敦规划》于 2004 年推出，2008 年、2011 年第二、第三版《大伦敦规划》出台。2015 年 3 月，针对 2011 年后大伦敦规划的所有修订内容及修订版本进行整合，形成最新一轮的《大伦敦规划》整合版。在《大伦敦规划》中，提出随着人口不断增长、社会结构不断变化，伦敦经济需要持续增长和不断变化。但与此同时，长期存在的贫困问题、气候变化的挑战等又制约着城市的可持续发展，必须实现为增长而规划的战略目标，推动城市的可持续增长。在《大伦敦规划》报告框架中已经形成了有关交通、应对气候变化等基础设施的章节。

（一）伦敦的交通规划

关于伦敦交通发展，《大伦敦规划》提出要为城市所有人工作、生活和利用公共设施提供高效便捷的交通系统，鼓励人们步行或骑行。从发展理念看，鼓励减少交通需求，力争增加公共交通、步行及自行车交通容量及便利性，支持具有高度公共交通便利性的地区开发高标准运输设施。要改善不同交通形式的转换效率，特别是要围绕铁路及地铁站点进行换乘。增加"蓝带网络"使用的效率，特别是泰晤士河的客运及货运。加大低碳技术的利用，减少二氧化碳及其他温室气体的排放率，不断提升和更新现有的交通设施，实施现代化改造，确保其安全性和便捷运行。强化对停车场规划，制定不同类型居住区和商业区停车标准，电动车位必须占所有车位的 20%，未来额外新增 20% 的电动车停车位。

（二）伦敦的气候应对规划

关于应对气候变化方面，《大伦敦规划》涵盖能源供应、新能源使用、城市绿化、洪水风险管理、水资源的供应、排水和污水处理、废弃物处理、建筑材料等。在关于电力和天然气的能源供应环节，提出将扩大与私营部门合作，推动电力和天然气基础设施战略投资，随时随地适应伦敦预期增长水

平。鼓励分布式能源系统的建设，在 2025 年之前有 25% 的热量和供电来自分布式能源系统，为此将在周边大区域范围内优先发展分布式供热与冷却网络，其中也包括大规模热传递网络。鼓励再生能源利用和开发，推进再生能源生产设施建设，包括电动和氢燃料电池，充电桩、氢气供应和分配基础设施建设。

减少城市热岛效应，鼓励场所设计和建设能够减少热量或快速排放热量，推进城市绿化，特别是公共地带的绿色基础设施建设，推进绿色屋顶和墙壁的建设。改善洪水的风险管理，特别是持续维护、整修与完善当前防洪设施，增高部分河堤，为伦敦提供高标准的潮汐洪涝防护，对于防洪设施的重大变化安排必须科学，最终实现主要城市和项目在洪水条件下仍能够运行或者洪水之后快速恢复，安全疏散和安全留在建筑物，洪水条件下供电供水能够保障。

推进可持续的城市排水系统，力求实现绿地径流率。确保伦敦要拥有足够及适当的污水处理设施，满足人口增长和气候变化所带来的需求。伦敦的用水量已经超过干旱年可用储量，人均用量超过全国平均水平 20 L/天，海水淡化设施已经开始启动，成本问题突出。保护和节约水的供应和资源，以可持续方式确保伦敦的需求，推广和使用雨水收集系统，使用符合能源和成本效益的饮用水和可循环水的再循环系统，维护和升级供水基础设施。

三、东京新一轮规划中的基础设施建设

2014 年《创造未来：东京都长期展望》提出两个目标：举办最好奥运会和残奥会；解决当前挑战及确保东京走向可持续发展的未来。其中，奥运会形成了三个方面的策略：成功的 2020 奥运会；更新城市交通设施；独有的待客之道。可持续发展形成五个领域的策略：公共安全、环境支撑、国际领先城市、可持续发展城市、多摩地区及离岛的发展。而与城市基础设施密切相关的三大策略包括：更新城市交通设施、公共安全以及环境支撑。

(一)建成高度发达、具备以人为本的城市交通设施

规划提出要建设一个"囊括陆海空的广域交通及物流网络",加速首都圈的人流和物流,充分发挥小型设置配置的作用,构建顺畅的交通环境。最终能解决城市慢性交通拥堵、集中的货物商品流超过设施承受能力、航空需求日益饱和等问题。相对应解决措施包括:推进东京外圈三环路的整顿,把中心环线的交通流量导入外环线;重新构建东京港,强化首都圈的物流功能,集装箱码头改迁、码头重组、提高口岸效率等具体工作;进一步提升羽田机场的功能及国际化水平,强化机场通道,扩大机场容量,特别是国际航线起降架次。

其次是构建所有人都能顺利且舒适使用的综合性交通体系,站在使用者角度推进综合性的交通政策,推进"交通手段的相互配合"和"道路空间的充分利用"。相应解决措施包括:提高车站的便利性,实现人流的顺畅流动,包括铁路与交通、出租车的换乘条件。对比奥运会举办时候的人流量,对关键车站进行大规模改造提升;充实交通设施中的无障碍措施,增加导向标志和通信环境,为到访客人提供便利性;在国家战略特区等与世界连接的地区,形成与市中心基地、机场及沿海区域相联系、与国际都市对称的换乘点;结合最新的交通方式,包括步行、骑行等需求,创新一种新型的都市交通空间。

(二)建成安全、放心的城市

规划提出"通过防灾准备,以建成可将受灾程度降到最低的高度防灾城市",建成世界一流的安全城市。当前面临的问题:一是抗震和阻燃方面,推进桥梁、河流、海岸、上下水道等城市设施重要防灾公共建筑物的抗震化、住宅的抗震化,木质建造住宅较密集的阻燃问题,需要阻燃特区采取相应设施措施;二是自助及互助的配套措施,包括备灾物品储备、灾民容纳设施;三是对多发性自然灾害的抗灾措施,如对近些年频发的暴雨采取更有力的措施。

一是要落实震灾对策，建设一个能够战胜地震的高水平防灾城市。对应的解决措施包括：要建设不会倒下的城市，包括特定紧急运输通道沿途建筑物、重要防灾公共建筑物、灾害基地医院、中小学校、社会福利设施等进行强抗灾处理；要建设一个火灾不会蔓延、燃烧不起来的城市，推进阻燃特区制度，构建绿化、开放空间；完成特定整顿路线整顿，形成延烧隔离带。要确保发生火灾时的交通及物流等功能，需要在对紧急道路和桥梁抗震处理的同时建设灾害替代道路。对紧急运输通道的抗震强化岸壁进行加固，确保受灾后可以立即开展应急物资、疏散人员、开挖机械等运输功能。完成连接重要设施的上下水道的抗震处理，保障水源供应和下水道功能；对河流和海岸保全设施进行维护加固，保证不受地震引发的水害威胁。完成沿岸区域及低洼地带堤防抗震处理，水闸及排水设备抗震、防水处理。

二是强化局部地区多发集中暴雨的对策。推进防止城市爆发洪涝灾害的对策，建设调节池并不断完善，疏排水减轻浸水灾害；对已经发生或较大浸水灾害地区，加强防灾和治理；在全流域推进和一直雨水流出的对策，比如在公共设施中设置蓄水设施等；通过信息公示和预警，向居民提供自助信息。

（三）建成为下一代留下丰富环境和充实基础设施的城市

规划提出"创造智慧能源城市"目标，主要解决家庭及业务部门需要进一步减少能源消耗的状况，可再生能源利用率一直保持在 6% 左右不上升的问题，对新一代能源——氢利用不够的问题，因此，提出要创建高水平节能与舒适性、防灾性的智慧能源城市。节能方面，要实施总量管制与交易制度，对楼宇进行评估制度，提高节能楼宇的市场价值，促进住宅的高阻热化及节能设备的引入，促进能源管理的引入及能源网络，促进建筑物间热电融通与电力需求响应。促进可再生能源的引入工作，促进公共空间太阳能的普及工作，扩大太阳能发电引入工作，促进食品废弃物生物气体发电等，强化东京以外地区能源的引入，推进互联。氢能源方面，促进燃料电池、车辆、氢气站、定置型燃料电池的引入工作，通过新能源的开发利用，强化对城市环境、气候等的保护。

水资源方面提出恢复东京健全的水循环系统，改善东京水质。目前东京下水道改进及河底污泥亟待清除，河流水质恶化趋势，未来形成理想的水循环，推进污水再生水的充分利用，因此需要制订新的计划，从水源到海域、地下水，对东京所有的水资源的理想状态及有效利用方向进行明确，推进下水道治理措施，削减雨天留出的污浊负荷。

规划提出城市基础设施的安全性，构建放心社会。"二战"以后建设的城市基础设施都到了需要更新的时间，首都高速公路使用超过 50 年，发生很多损伤；城市基础设施日常维护工作以及最新科学技术的使用非常重要，因此，必须更新城市基础设施，将其作为优质社会资本留给下一代，同时有计划的维护管理与先进技术相结合，充实预防保全型管理。具体措施包括：延长 160 座桥梁的使用寿命、加速市中心下水管道的更新改建、对东京都公营地铁和道路隧道等设施进行完善预防保全型管理；依积累起来的技术实力，充实基础设施的维护管理和更新改造工作。进一步利用先进技术和再生工艺改造老的设施，在隧道等难以进行目视检查的场所导入机械化、自动化的新检查方法，扩大兼具防灾功能的构造物监测；更新城市的骨干设施，包括对日益老化的水厂进行更新，建设新的水处理厂进行替代。对污水处理中心进行改建，对管线进行改造；首都高速 1 号羽田线进行改造，加速老化设施的更新改建。

四、全球城市现代化基础设施建设情况

第一，积极推进基础设施的改造更新。这些老牌世界城市的很多市政基础设施项目使用都超过了 50 年，进入更新维护期。上海在进入"十四五"后，很多 20 世纪 80 年代乃至更早建设的市政设施都开始进入更新维护期，需要提前进行检测、监测和推进维护工作。

第二，交通基础设施是普遍关注的领域。强调公共交通的发展，强化不

同交通方式的换乘，推进区域交通的互联互通，推进新式交通工具的使用，强化停车场规划，规划电动车停车位和充电桩成为重要的内容。

第三，积极应对城市各种不可预测的灾害风险。随着气候变化和极端天气频繁出现，这些世界城市普遍日益关注各种不可预测的城市灾害风险，包括地震、洪水、热浪乃至传染病、网络攻击、社会动乱等，需要进一步完善防灾设施、健全防灾机制、做好防灾物品准备等工作。

第四，重视新兴科学技术的应用。包括新一代信息技术、新式交通工具、新能源汽车、氢燃料汽车等的使用及其嵌入设施、配套设施的建设成为新一轮城市基础设施建设的重点。一方面可以更新城市基础设施，另一方面可以拉动相关产业的发展，推动社会经济发展和提供更多城市就业机会。

第五，老牌世界城市对气候变化非常重视。分别从能源供应、城市绿化、洪水风险管理、水资源的供应、排水和污水处理、废弃物处理、建筑材料等方面都进行相应的规划设计，以更好地保障城市自身安全。

第四节 "十四五"时期上海现代化基础设施建设的新要求

本节提出六维尺度研究框架，分析"十四五"时期上海城市基础设施新要求和新趋势，包括：一是随时间演化的城市基础设施建设需求，包括持续建设或更新改造；二是面临新的全球化发展时代，如"一带一路"倡议支点城市建设的基础设施需求；三是区域发展所衍生的重大机遇，包括长三角一体化发展、G60科创走廊等区域发展新态势；四是城市重大项目建设所产生的基础设施建设新需求，例如城市轨交三期建设、南汇新城、虹桥商务区、第三机场建设等；五是城市发展前景不确定性产生的基础设施建设新需求，比如社会突发性应急事件、地震台风等灾害天气及洪涝灾害等产生的新需求；六是数字经济时代，需要不断更新信息基础设施以迎合21世纪城市发展需求，持续推进新型基础设施（新基建）建设，推动下一代互联网示范城市发展。

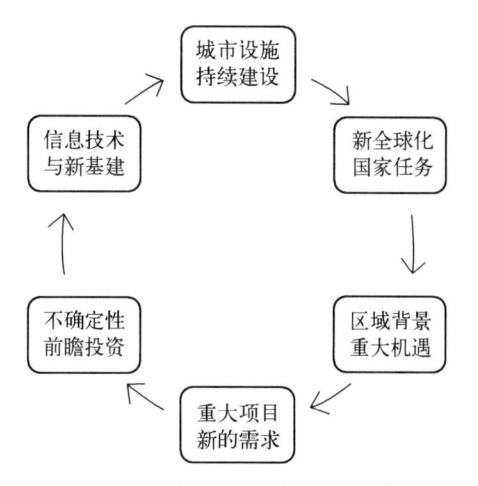

图 4-15-3　上海现代化基础设施影响因素分析

一、对于交通基础设施的新要求

从历次"五年规划"推进重点来看，在交通基础设施方面，包括洋山深水港、浦东机场、虹桥机场、轨道交通、高速公路以及高速铁路始终是关注的重中之重。从"十二五""十三五"规划发展的趋势来看，第一是重点项目延续，如洋山深水港改造、浦东机场扩建与跑道新建、虹桥机场扩建及与浦东机场快速联系、轨道交通三期建设等持续推进；第二是日益强化区域交通网络一体化体系建设，特别是城际铁路、轨道交通与铁路快线网络的建设；第三是市内交通体系再梳理，包括专用轨道交通建设、公交线路、轨道与公交线路对接、城市主干道通行能力、城市快速路建设、越江跨河桥隧通道、新能源汽车及匹配的设施规划等应该成为重点。

从新全球化时代国家任务担当角度考察，包括卓越的全球城市、"一带一路"倡议支点城市建设、自由贸易区以及新片区建设、进口博览会举办和推进都需要交通基础设施建设的支持。从"一带一路"倡议支点城市、自由贸易区以及进口博览会的角度看，需要进一步推进洋山深水港码头和外高桥港区的升级改造工程，完善与全球枢纽节点地位匹配的现代航运集疏运体系，不断提升航运中心综合服务功能；推进浦东国际机场扩建，着力提高浦东、虹桥机场服务辐射能力。大力发展航空货运，建设国际空运货物分拨和集运输中心、浦东机场国际快件转运中心，发展机场多式联运；强化上海与长江经济带沿线省市、长江三角洲地区立体交通联系，重点包括航空联系、高速货运铁路、高速公路、航运组合港、长江水道及其他内河航道等综合联运。

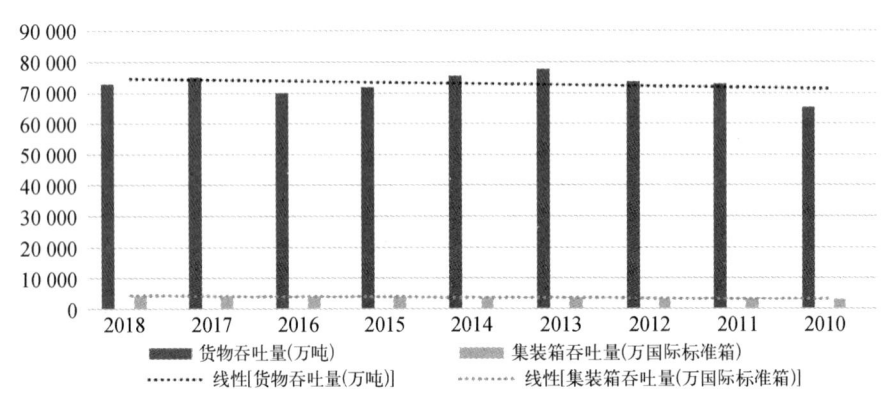

图 4-15-4　2010 年以来上海港集运输货物吞吐量增长情况

从区域发展角度看，长三角一体化、上海大都市圈、长三角一体化示范区、G60 科创走廊等成为上海重点参与的区域载体，强化区域交通一体化联系，推动人口、商品等社会经济要素的更畅通流动，这就必须保障更快速便捷的区域快线网络，包括城际铁路、轨道交通与铁路快线网络的建设都应该成为重点。

在重大项目产生新需求方面，城市轨交三期建设本身就是重大基础设施建设项目。南汇新城等郊区重点新城建设项目需要强化与中心城市及周边区域的交通联系，特别是轨道交通、郊区铁路、轨道交通与既有铁路、郊区铁路网络对接。需要推动南通机场与上海市区、浦东机场、虹桥机场的沟通联系。

在新一轮科技革命和数字技术的时代，需要进一步强化信息技术、新能源等与新基建的结合。推动智慧交通的建设，包括智能公共交通体系、交通流量管理、交通信息发布、停车场信息、交通监控、电子收费设施以及紧急救援等。新能源必定成为未来城市交通工具的主要动力，建设与新能源汽车发展相匹配的配套设施，特别如充电桩、充氢装置等，科学制定规划。此外，资源与环境的约束决定继续通过交通基础设施的建设负担新增的交通压力几乎不可能。通过城市空间优化与公交网络重塑促进交通模式的转变又是个长期缓慢的过程，难以解决燃眉之急。科技发展或可为传统的交通问题提供新的解决方法。物联网的发展，国际上已经使用或正在研发的自动导向车（AGV）、轨道式气动舱体（PCP）、轨道平车（RFC）等相关运输技术，将为城市客货运输提供新的解决方案，甚至带来新的变革。

二、对于市政基础设施的新要求

市政设施关系到城市资源和能源的供应，也是历次"五年规划"的重要内容。从卓越的全球城市建设、"一带一路"倡议支点城市建设任务、自由贸易区建设和进口博览会举办推进任务看，将进一步加大各种要素流，包括人流、商务流、物品流在上海的集聚，这都需要进一步加大水、油、气、电的城市供应规模，单独依托上海难以解决，需要进一步联通区域网络。同时，加快长江水源地的选择、改造，增加水厂建设改造，需要长三角沿江地区乃至长江经济带各省市予以配合。

在城市重大项目建设中，必须考虑对重大项目市政设施支持建设，提前做好规划预测，统筹水、电、油、气各管理部门和营运主体来布局管网，防止后续管网容量不足、布局混乱。此外，针对城市发展的不确定，性特别是突发性灾害事件爆发，需要进行相应的防灾应对设施和措施，同时推进备灾设施和措施，保障城市生产生活能够快速恢复。

新基建时代必将对城市市政基础设施的建设和改造产生翻天覆地的影响，包括规模预测、规划布局、运行监控、分布式调整等都将进行数字化改造，更加科学细致地进行规划管理。5G时代的到来，在"十四五"时期上海市政设施规划建设获得更好的互联网技术支撑。

三、对于新型基础设施的新要求

从"十五"规划开始，上海就提出了完善宽带主干网，建设亚太地区重要的国际通信枢纽之一的目标，之后上海在"十一五""十二五"期间提出推动新一代宽带无线网络的建设计划，计划在全市主要公共场所实现无线全覆盖。"十三五"期间，进一步提出推进信息基础设施的更新换代和超前布局，推进5G网络规模试验甚至商用。"十四五"时期需要完善上海下一代互联网和提升互联网与城市基础设施的融合发展，适应"一网通办""一网统管"等新要求，加快推进城市新基建发展。

2018年12月19—21日，中央经济工作会议在北京举行，会议重新定义了基础设施建设，把5G、人工智能、工业互联网、物联网定义为"新型基础设施建设"。随后"加强新一代信息基础设施建设"被列入2019年政府工作报告。2020年4月工信部明确了新基建内容：5G基站建设、特高压、城际高速铁路和城市轨道交通、新能源汽车充电桩、大数据中心、人工智能、工业互联网七大领域，涉及诸多产业链。2020年4月20日，国家发改委创新和高技术发展司司长伍浩在国家发改委新闻发布会上表示，新基建包括信息基础设施、融合基础设施和创新基础设施三方面。

2020年5月7日的上海市政府新闻发布会上正式发布了《上海市推进新型基础设施建设行动方案（2020—2022年）》（以下简称《行动方案》）。《行动方案》立足数字产业化、产业数字化、跨界融合化、品牌高端化，提出了指导思想、行动目标、四大建设行动的25项建设任务及8项保障措施，形成上海版"新基建"35条。《行动方案》明确了具有上海特色的"新基建"四大重点领域：以新一代网络基础设施为主的"新网络"建设；以创新基础设施为主的"新设施"建设；以人工智能等一体化融合基础设施为主的"新平台"建设；以智能化终端基础设施为主的"新终端"建设。

四、对于防灾基础设施的新要求

从历次"五年规划"城市防灾内容看，笔墨偏少、重视度不够，从"十三五"规划开始，对城市防灾关注的内容和领域开始丰富，包括突发事件应急平台建设、避难场所和应急管理单元建设、海绵城市建设、应急物资储备等城市规划内容。在"十四五"规划中，随着全球气候变化激烈，极端天气也更加频繁，包括地震、台风、暴雨、冰雹、海啸、海平面上升等需要推进备灾工作。上海平均海平面仅 2.19 米，而纽约、东京针对海平面上升都已经做出很多防灾备灾准备。

新的全球化发展时代，通过卓越的全球城市建设、"一带一路"倡议支点城市建设、自由贸易区建设和"进口博览会"举办和推进任务，进一步加大各种要素流在上海的集聚，这必将改变上海的人口结构、社会结构、文化结构，增加各种潜在的突发事件和灾害，甚至社会风险、文化冲突，这也需要进一步提升城市防灾设施建设。这同样也适用于城市重大项目建设进程中所带来的各种风险，需要规避项目建设和运营本身对周边城区的危险，增加对地震、台风、暴雨、洪涝等的防灾备灾设施建设。

同时针对信息化时代的城市基础设施建设，在防灾设施建设中需要关注的则是信息安全工作，强化对个人隐私的保护，不断研发开发和建设新的宽带技术及相应的信息基础设施，增加投资，在全市扩大地下线缆与光纤基础设施的建设。

第五节 "十四五"时期上海现代化基础设施体系推进思路

延续"十五"以来上海历次五年规划工作的重点，把握在"十四五"时期上海面临自身功能和区域任务担当，借鉴当前发达国家全球城市新一轮城市总体规划对现代城市基础设施建设的重点领域和新要求，本部分着重从交通运输、市政设施、新型基础设施以及城市防灾设施等四个领域，提出推进上海"十四五"时期现代化基础设施体系建设的新思路。

一、交通运输设施推进思路

包括产业发展、文化交流、金融服务以及港航运输等方面上海均需承担国家战略部署的责任与义务。落实到交通建设方面，需要依托国家交通发展廊道的规划，不断完善和构建互联互通的综合性客货运交通基础设施。在中观长三角区域层面，构建以区域城际铁路和高速公路为骨干的对外联系网络，增强区域综合运输廊道的服务效率、能级和安全可靠性，重点提升沿江、沿湾、沪宁、沪杭以及沪湖等发展廊道能级，与近沪城镇构成具有同城效应的都市圈。在城市内部层面，强化综合交通对区域城镇空间和产业布局的支撑作用，构筑与上海大都市区空间圈层结构相匹配、多模式轨道交通为主体的"开放型、网络化"交通体系。

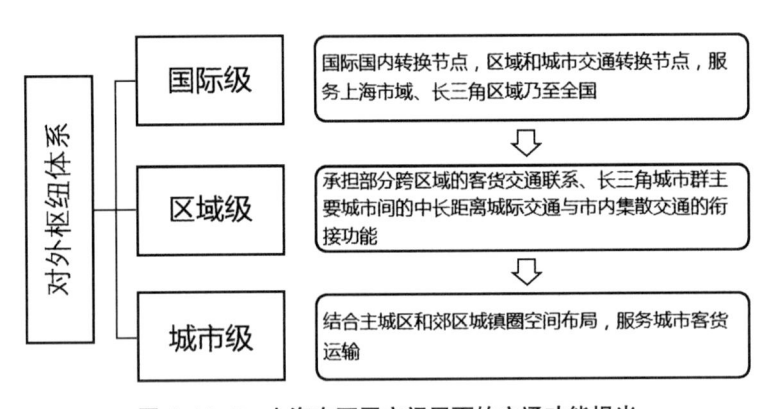

图 4-15-5 上海在不同空间层面的交通功能担当

（一）区域尺度的思路

在中观长三角区域层面，构建以区域城际铁路和高速公路为骨干的对外联系网络，增强区域综合运输廊道的服务效率、能级和安全可靠性。重点培育嘉定、青浦、松江、奉贤新城、南汇新城等对外廊道上的新城及重点镇，分散上海主城区城市功能，发挥其在国家、区域廊道中的带动作用。

根据长三角区域的总体交通需求分析，上海对外通道呈现一定的层次性，主通道为沪宁、沪杭甬及宁杭轴线，次级通道为沪通、沪甬，宁杭合甬与其他城市间的轴线。基于区域开放格局，上海应面向长三角地区重点提升沿江、沿湾、沪宁、沪杭、沪湖等发展廊道能级，与近沪城镇构成具有同城效应的都市圈。面向南北的沿江、沿湾方向，贯通沿海通道（沪通铁路）、沿江通道（南沿江铁路），同时控制沪宜高速公路东延伸和北沿江城际铁路的跨长江复合通道；面向中部城镇带，以新辟中部高速铁路连接线（沪苏湖铁路），完善国家综合运输通道格局；预留沪甬公铁通道、东海二桥跨杭州湾通道，提高发展走廊的服务效率、能级和可靠性。

（二）城市层面的思路

1. 航空建设

根据既有上海市航空系统规划，浦东机场规划建设 5 条跑道、2 座航站楼、年旅客吞吐保障能力 8 000 万人次，虹桥机场建设 2 条跑道、2 座航站楼、年旅客吞吐保障能力 4 000 万人次。总量 1.2 亿人次的吞吐能力将难以保障上海远期航空运输发展需求，根据"十四五"规划发展背景，有第六跑道建设必要。同时，从区域层面考虑机场客流构成等资源与上海航空港互补性，强化区域协调力度，杭州萧山机场、无锡硕放机场、嘉兴机场等都有很大合作空间。

2. 航海建设

根据港口运输规划确定的集装箱设施规模，按照现状作业操作的水平，规划实施后将可满足约 4 000 万标准箱的发展需求（新加坡目标是 6 500 万标箱容量），伴随未来作业水平的提高，在各港区高负荷饱和作业情况下，上海港区设施能力或可满足 4 000 万—4 500 万的集装箱吞吐量需求。但作为面向国际的航运中心建设，如受港口资源条件制约，上海港将在设施能力上与世界各大港口逐步拉开差距。应对未来港口设施作业能力不足，上海应积极保护并控制具有面向国际航运能力的深海港区资源，挖掘洋山港区设施设备能力，研究大洋山北侧港区建设可行性。

3. 铁路建设

应对中长期铁路网"八纵八横"通道要求，上海进一步完善市级枢纽对外服务方向，以虹桥枢纽、浦东枢纽为全市对外衔接主枢纽，落实国家"两纵两横"接入上海部署。其中，虹桥枢纽继续强化京沪通道（京沪高铁）、沪昆通道（沪杭客专、沪杭城际）、沿江通道（沪宁城际）等即有铁路；上海东站引入沿海通道（沪通铁路、沪乍杭铁路、北沿江铁路、南沿江铁路）新建铁路，发挥沿海大通道的节点性主枢纽作用，改变现状上海枢纽东西不均的格局，进一步强化上海东枢纽功能，分解虹桥枢纽对外通道压力。

在保持世界领先港口基础上，侧重优势整合与短板提升，强化海铁联运高效集疏运体系，构建便捷、高效的综合运输服务体系。铁路集装箱运输对于缓解公路疏港压力、优化集疏运结构具有积极意义，要贯彻落实国家城市流通节点布局规划、铁路网络规划，构建沿海港口后方铁路货运集疏运体系，规划铁路支线直接进入外高桥港区，平行于东海大桥预留公铁两用通道登陆洋山深水港区，实现集装箱海铁联运无缝衔接，节省对堆场用地规模，提高集疏运效率，保障铁路集疏运主线设施能力和服务水平，整合铁路沿线城市交通资源，建立和完善绿色港口集疏货运服务体系，发挥铁路大后方的支撑作用。

4. 公共交通建设

在城市内部层面，强化综合交通对区域城镇空间和产业布局的支撑和引导作用，构筑与上海大都市区空间圈层结构相匹配、多模式轨道交通为主体的"开放型、网络化"交通体系。根据与上海同城化发展的都市圈城镇空间格局，不同等级、规模、功能的城市需要不同能级、速度和频度的城际轨道交通服务，要建立由城际线（城际铁路/郊区铁路/轨道快线）、市区线（地铁/轻轨）、局域线（现代有轨电车/胶轮系统等）等3个层次的多模式轨道交通网络。

充分发挥公共交通复合廊道对城镇体系的支撑和引导作用，突出公交优先和轨道交通引领城镇发展策略，规划城际铁路对新城的服务覆盖。强化公共交通对新城及重要地区的集聚带动效应，提升新城作为枢纽节点的能级，新城与中心城、国家及区域级交通枢纽、近沪城镇之间交通联系出行时间在90分钟以内。强化虹桥、川沙、宝山、闵行4个主城片区支撑，做好共同打造全球城市核心区。沿黄浦江、延安路-世纪大道两条功能轴，在完善滨江南北向干道系统的基础上，重点强化轨道交通系统的建设，强化公共交通的引导作用，串联陆家嘴、后世博开发地区、徐汇滨江地区、闵行滨江地区。

城市对外廊道上,强化公、铁复合的交通基础设施能力扩容与廊道分散布局。丰富外围嘉定、青浦、松江、奉贤、南汇5个新城的交通模式,完善新城与主城区间便利的交通连接通道的同时,提升新城面向长三角的吸引力与反主城区磁力功能。

5. 新技术应用

强化新基建建设,鼓励利用移动互联、大数据等技术手段建立交互应用平台,促进共享、定制等新兴交通模式发展,缓解城市道路交通压力。提升公交、停车等市政交通设施的智能化运行水平,提供实时动态的出行信息服务。积极推广新兴交通技术在虹桥、前滩地区的使用,推动道路和相关交通辅助设施功能再造,优化运输服务体系,为新能源汽车、无人驾驶等新技术发展创造条件;完善充电桩的全市布局。

二、市政基础设施推进思路

针对上海本土水资源承载能力硬约束和国家对上海市水资源开发利用总量控制的"天花板"约束,实施最严格的水资源管理制度。注重加强与江苏、浙江在长江和太湖流域水资源供应方面的战略合作。开源与节流并重,提高水资源供应能力,进一步转变水资源利用方式,强化水资源的多源统筹、循环高效使用。探索在长三角区域内建立水源地联动及水资源应急联动机制,保障上海未来远期供水需求及安全稳定。研究太湖流域、千岛湖地区水域的跨境引水方案,将黄浦江上游水源地进一步上移至流域上游。扩大长江流域水源地供水的能力,根据城市需求量,推进在长江口或上游境内开辟新水源地。完善"两江并举,多源互补"供水格局,积极开拓黄浦江、长江口水源地。鼓励雨水、再生水利用,提倡水资源梯级利用和提高水利用率。多元措施推进以不断缓解上海城市用水紧张局面。

强化绿色能源供应,完善能源区域供应体系。继续发展完善市内电源基地,发展煤炭洁净转化和高效利用技术。增强市区与崇明电网联络,完善市外来电供应格局，提高供电发电可靠性。构建供需平衡、油气源结构合理、主干管网互联互通、应急保障体系完善的现代城市油气系统，加强与长三角油气管网互连互通互保，形成管网反输能力，提升调度的灵活性，实现区域应急互助。加强新能源和分布式供能系统建设，大力发展以天然气和可再生能源（尤其是太阳能、风能）为重点的清洁能源。重点是依托工业建筑和公共建筑屋顶，实施分布式光伏发电工程，完善太阳能利用，鼓励在区域能源负荷中心建设天然气分布式能源系统。

三、新型基础设施推进思路

对照《上海市推进新型基础设施建设行动方案（2020—2022年）》，"十四五"时期上海在新型基础设施建设方面，要在四个方面率先形成重要影响力：率先打造新一代信息基础设施标杆城市、率先形成全球综合性大科学设施群雏形、率先建成具有国际影响力的超大规模城市公共数字底座、率先构建一流的城市智能化终端设施网络。其中在"新网络"领域，深刻把握全球新一轮信息技术变革和数字化发展趋势，率先构建全球领先的新一代网络基础设施布局。在"新设施"领域，立足科技创新中心和集成电路、人工智能、生物医药"三大高地"建设，持续提升科技和产业创新基础设施能级。在"新平台"领域，充分利用好超大规模城市海量数据资源，建设城市全要素数据资源体系，支撑城市治理全方位变革。在"新终端"领域，围绕培育新经济、壮大新消费等需求，加快推动商贸、交通、物流、医疗、教育等终端基础设施智能化改造。

此外，强化全球通信枢纽服务功能，在"十四五"时期持续扩容现有海底光缆系统容量，提高面向国际通信的网络管理和服务能力，海底光缆国际通信容量继续保持全国领先。打造全球先进的信息通信网络，建立"海、陆、空、天"一体化的城市信息基础设施体系，持续扩容承载网络的国际、省际出口，加快提升互联网国际、省际出口带宽。提升大数据云计算服务能力，持续推进高端数据中心（IDC）建设，打造服务创新的规模化云计算服务平台。推动已有数据中心升级改造，加强长三角区域合作，研究数据中心异地布局服务，推进上海与其他省市数据中心合作。加强信息安全建设，不断完善政务、金融、交通、医疗等基础网络安全监测预警与应急处置机制，增强城市运行生命线的工程控制系统安全防护。

四、城市防灾设施推进思路

统筹城市应急避难场所和救灾、疏散通道等城市安全空间的规划建设，形成布局合理、全面覆盖、重点突出的综合防灾空间结构，应对极端气候以及大规模突发事件。构建救援主通道、疏散主通道、疏散次通道和一般疏散通道为主体的分级疏散救援通道体系。利用现有和规划建设的公园、绿地、体育场、大专院校等旷地以及地下空间，建立布局合理的避难场所体系。"十四五"时期全市推进世纪公园、上海体育场、顾村公园等一级避难场所的规划和建设，承担全市应急避难任务。

与城市应急交通、供水、供电、医疗、物资储备等应急保障基础设施布局相协调，依托社区来构建分布式、全覆盖的防灾、疏散、安全救援管理单元，形成城市网格化安全管理格局。结合大型公园绿地、旷地型公共设施、医疗急救设施等建设应急救援停机坪，提高救援效率及水平。构建健全的消防安全保障体系，加强高层建筑、轨道交通、大型城市综合体、石油化工领域的灭火和应急救援装备配备。推进上海城市防灾管理数据库的建设。

参考文献：

1. 上海市人民政府：《上海市城市总体规划（2017—2035）》，上海科学技术出版社2018年版。
2. 上海市城市总体规划实施评估工作组：《上海市综合交通发展评估》，2013年。
3. 上海市城市规划设计研究院：《上海市城市总体规划（2017—2035）》专题之五综合交通专题，2016年。
4. 上海市规划和国土资源管理局：《上海市城市总体规划（1999—2020）》实施评估研究报告，2013年。

5. 王磊、蔡逸峰:《与全球城市对标的上海市交通基础设施研究》,《城市交通》2019年第4期。
6. 肖夏:《现代化国际大都市公共交通基础设施构架重要组成:上海轨道交通网络》,《上海市建设职工大学学报》2000年第1期。
7. 熊建平:《推进上海城市交通现代化建设和管理》,《交通与运输》2005年第1期。
8. 杨晨、王忠强、薛美根:《全球城市愿景下对上海市交通网络优化的思考》,《2017年中国城市交通规划年会论文集》,2017年。
9. 袁钢:《城市基础设施现代化管理——上海的新追求》,《上海城市管理》2003年第1期。
10. 张敏、张宜轩:《包容共享的公共服务设施规划研究——以纽约、伦敦和东京为例》,《持续发展、理性规划——2017中国城市规划年会论文集》,2017年。

执笔人:李　健　朱雯雯

第十六章
构筑绿色发展底线

随着全球生态环境问题的日益严峻,绿色发展成为影响全球城市竞争力的重要因素,生态环境从城市发展的限制因子转变为驱动因子。"十一五"以来,上海先后以酸雨防治、PM2.5防治、水环境治理为工作重点,通过环境基础设施建设、产业结构调整转型、环境治理能力提升等方式积极推动绿色发展并取得显著成效。"十四五"是上海在全面实现2020年奋斗目标基础上,迈向"五个中心"和具有世界影响力的社会主义现代化国际大都市、建设卓越的全球城市、建设更可持续的韧性生态之城的开局起步期。然而与国际一流、国内领先城市以及市民需求相比,仍存在不小的差距。"十四五"是上海绿色发展"补短板、强弱项、提质量"的关键期,需要在全局高度上谋篇上海绿色发展。

第一节 "十三五"时期上海绿色发展回顾

"十三五"时期上海绿色发展稳步推进,环保投入相当于全市生产总值的比例保持在3%左右,单位生产总值能耗进一步下降,污染物浓度持续下降,城市环境质量总体稳步改善,生态空间整体规模持续增加,生态空间格局持续优化,一些"十三五"绿色发展目标已提前完成。

一、"十三五"时期上海绿色发展目标进展

在大气环境治理方面,上海市大气环境质量指标保持稳步改善趋势,截至 2018 年年底,上海市 PM2.5 年平均浓度达到 36 微克/立方米,提前完成 42 微克/立方米的"十三五"目标;环境空气质量优良率达到 81.1%,[①] 提前完成 75.2% 以上的"十三五"目标。

在水环境治理方面,"十三五"以来,上海全市河道整治持续推进,地表水环境质量总体改善明显,截至 2018 年年底,上海市河湖劣 V 类水体比例从 38.7% 下降至 18%,3 158 条段河道消除黑臭,实现全面消除黑臭目标,[②] 农村生活污水达标处理率达到 75%,提前完成"十三五"目标。城镇污水处理率达到 94.7%,[③] 距"十三五"目标仅差 0.3%。

在生态空间建设方面,"十三五"以来,上海以增添城市空间色彩、提升生态品质和服务功能为绿色生态空间建设重点方向。截至 2018 年年底,上海湿地保有量 46.46 万公顷,提前完成 37.7 万公顷的"十三五"目标;森林覆盖率达到 16.9%,正接近 18% 的"十三五"目标;人均公园绿地面积为 8.3 平方米,[④] 距"十三五"目标仅差 0.2 平方米;河湖水面率 9.92%,[⑤] 接近不低于 10.1% 的"十三五"目标。

在总量控制方面,"十三五"以来,上海大力推进资源能源消耗总量和强度双控,从源头引领绿色发展。截至 2018 年年底,上海市用水总量 103.4 亿立方米,[⑥] 符合"十三五"用水总量控制在 129.35 亿立方米的要求;单位 GDP 综合能耗为 0.382 吨标准煤/万元,能源消费总量为 1.19 亿吨标准煤,[⑦] 符合"十三五"能源消费总量控制在 1.25 亿吨标煤以内的要求,煤炭消费总量不断下降。

[①③④] 上海市统计局:《2018 年上海市国民经济和社会发展统计公报》,2019 年。
[②] 汤翠玲、宋薇萍:《上海加强水环境治理劣 V 类水体比例从 38.7% 下降至 18%》,http://news.cnstock.com/news,bwkx-201903-4353610.htm,2019-03-25/2020-1-14。
[⑤] 上海市水务局:《2018 上海市河道(湖泊)报告》,2019 年。
[⑥] 中华人民共和国国家统计局:《中国统计年鉴(2019)》,中国统计出版社 2019 年版。
[⑦] 《上海年鉴》编撰委员会:《上海年鉴(2019)》,2019 年。

二、"十三五"时期上海绿色发展主要举措

（一）完善环境法规政策体系

先后完成《上海市环境保护条例》《上海市大气污染防治条例》《上海市九段沙湿地国家级自然保护区管理办法》等地方性法规规章的修改工作，修订出台《上海市环境违法行为举报奖励办法》，颁布《上海市生活垃圾管理条例》。相继发布《锅炉大气污染物排放标准》《污水综合排放标准》《畜禽养殖业污染物排放标准》《燃煤电厂大气污染物排放标准》《建筑施工颗粒物控制标准》《城镇污水处理厂大气污染物排放标准》《恶臭（异味）污染物排放标准》等多项生态环保标准，并针对性地开展相关培训，推进标准有效实施，为环境质量改善提供有力保障。

（二）推进生态文明体制改革

上海贯彻落实国家生态文明体制改革部署，启动新一轮生态环境机构改革，建立健全河长制、湖长制，落实环评改革试点，大幅简化社会投资项目审批流程，出台《上海市深化环境监测改革提高环境监测数据质量实施方案》，加强环境监测机构监督管理，出台《上海市生态环境损害赔偿制度改革工作实施方案》，参照中央环保督察模式，出台《上海市环境保护督察实施方案（试行）》，并实施两批6个区环保督察，制定《上海市绿色发展指标体系》和《上海市生态文明建设考核目标体系》，为生态文明建设评价考核提供依据。

（三）打好污染防治攻坚战

"十三五"期间上海市深入实施《上海市2018年—2020年环境保护和建设三年行动计划》（即第七轮环保三年行动计划）和《上海市清洁空气行动计划（2018—2022年）》，出台《关于建立完善本市生活垃圾全程分类体系的实施方案》和三年行动计划。上海市制定《上海市打好污染防治攻坚战11个专项行动实施方案》，聚焦能源结构调整、产业结构调整、运输结构调整、农业投入品结构调整和生态环境质量改善，形成具有上海特色的污染防治攻坚"1+1+3+X"综合体系。

（四）落实中央环保督察整改

根据中央环保督察反馈意见共梳理出46个具体问题，上海市以水环境治理、垃圾综合整治等为重点，推动解决城市饮用水源保护、城乡接合部垃圾污染等一批突出环境问题，将落实中央环保督察整改与"五违四必"区域生态环境综合整治、城乡中小河道综合整治、公共安全风险隐患排查整治等紧密结合，全面、高质量完成计划整改任务。

（五）不断完善绿色基础设施

上海积极构建完善绿色基础设施，更好地服务于市民对美好生态产品的需求，提升市民幸福感和获得感。"十三五"期间上海不断完善污水、污泥处理处置体系，配套实施生态廊道、城市绿道、立体绿网、农田林网、城市公园和郊野公园等建设工程及外环线环城绿带项目、老公园改造提升工程等基础设施工程。2017年年底，黄浦江从杨浦大桥至徐浦大桥45公里岸线的公共空间贯通开放。苏州河环境综合整治四期工程全面启动，苏州河两岸污染治理、防汛墙改造和公共空间贯通稳步推进。

（六）推进绿色生态空间建设

上海不断扩大绿色生态空间规模，2016—2018年每年新建绿地1 200公顷、城市绿道200公里、立体绿化40万平方米。不断完善城市公园体系和郊野公园体系，浦江、长兴、青西、松南、广富林等郊野公园建成开园，合庆、庄行、漕泾等郊野公园建设稳步推进，郊野公园成为市区的后花园、市民的好去处、农村的新典范。不断创新生态空间管理机制，发布生态保护红线划定方案，按照"性质不改变、面积不减少、功能不降低、职责不改变"的管控要求，划定生态保护红线区域，实施分级分类管控。

（七）加强区域污染防治联防联控

借助长三角区域一体化发展上升为国家战略的机遇，上海不断加强大气和水协作与长三角一体化发展合作平台的联动对接,"十三五"期间出台了《长三角区域空气质量改善深化治理方案(2017—2020年)》《长三角区域水污染防治协作实施方案(2018—2020年)》,联合制定实施首个《长三角区域秋冬季大气污染综合治理攻坚行动计划》,发布《长三角地区一体化发展三年行动计划(2018—2020年)》,组建长三角区域生态环境协作专家委员会和生态环境联合研究中心,积极开展环境整治联防联控,加快推进长三角生态绿色一体化发展示范区建设。

第二节 "十四五"时期上海绿色发展问题研判

经过多年努力,上海生态环保及绿色发展取得显著成就,但当前生态环境形势依然严峻;在经济下行压力加大的背景下,未来发展资源环境约束日益趋紧。"上海2035"城市规划提出要将上海建设成为"更可持续的韧性生态之城"。然而对比与顶级全球城市以及自身发展目标的差距,"十四五"时期上海绿色发展仍存在以下短板问题。

一、绿色生态空间发展不平衡不充分

绿色生态空间为城市提供生态系统服务,是保障城市生态安全、提升居民生活质量不可或缺的城市空间。随着不断增绿建绿,上海绿色生态空间取得显著成就,人均绿地面积历经了"一双鞋""一张报""一张床""一间房"的发展进程就是很好的证明。然而对标国内外先进标准和上海自身发展要求,上海绿色生态空间不充分不平衡问题较为突出。

(一)森林覆盖率处于落后水平

在森林生态空间建设方面,截至2018年年底,上海森林覆盖率仅达到16.8%,远低于35%的理想值,与东京(35%)、伦敦(42%)、北京(41%)、广州(41.5%)等的差距较大。要实现2035年森林覆盖率达到23%

的目标，还需要增加约 65 万亩森林，未来 17 年每年平均需要增加 3.8 万亩森林，相当于 1.25 个黄浦区的面积。上海的土地从中长期来看都将处于紧缺状态，土地成本将逐年升高，"十四五"时期上海需要抓住土地尚有潜力可挖的机遇，对森林建设进行集中突破。

（二）人均公园绿地面积有待提升

2017 年上海人均公园绿地面积为 8.2 平方米，低于纽约（19.5 平方米）、伦敦（25.5 平方米）、巴黎（24.5 平方米）等全球城市水平，[①] 也仅约为北京（16.2 平方米）、广州（17.06 平方米）、深圳（15.96 平方米）等国内主要城市的一半水平。2035 年上海人均公园绿地面将达到 13 平方米以上，按照此目标，若 2035 年人口为 2 500 万人，公园绿地面积为 32 500 万平方米，未来 17 年每年需要增加 743 万平方米，相当于 5 个世纪公园的面积。若人口达到 3 000 万人，公园绿地面积为 39 000 万平方米，未来 17 年每年需要增加 1 125 万平方米，相当于 8 个世纪公园的面积，公园绿地建设任务艰巨。

（三）耕地面积占比相对较高

上海市耕地面积占比约为 29%，远大于东京（6.7%）[②]、香港（6.1%）[③]、北京（13.4%）、广州（12.4%）、深圳（1.5%）等国内外主要城市。从顶级全球城市发展经验看，全球城市没有必要保留大量的农田空间，探索将上海耕地减量优化利用为森林等优质绿色生态空间，是"十四五"时期上海发展绿色生态空间的突破方向。

[①] 包路林、卫蓝：《当前城市发展阶段下的北京市公园绿地布局与功能研究》，《林业科技通讯》2018 年第 6 期。
[②] Tokyo Statistical Yearbook 2017, http://www.toukei.metro.tokyo.jp/tnenkan/2017/tn17q3e001.htm.
[③] 香港规划署：《香港土地用途 2017》，https://www.pland.gov.hk/pland_tc/info_serv/statistic/landu.html。

表 4-16-1　上海与国内外主要城市绿色生态空间发展水平对比

	上海	东京	纽约	巴黎	伦敦	香港	北京	广州	深圳
森林覆盖率（%）	16.8	37.8	—	24	34.8	—	41	41.5	40.6
人均公园绿地面积（平方米）	8.2	—	19.5	24.5	25.5	—	16.2	17.06	15.96
耕地面积占比（%）	29	6.7	—	—	—	6.1	13.4	12.4	1.5

数据来源：Tokyo Statistical Yearbook 2017，http://www.toukei.metro.tokyo.jp/tnenkan/2017/tn17q3e001.htm；香港规划署：《香港土地用途 2017》，https://www.pland.gov.hk/pland_tc/info_serv/statistic/landu.html，包路林、卫蓝：《当前城市发展阶段下的北京市公园绿地布局与功能研究》《林业科技通讯》2018 年第 6 期；北京市统计局：《北京统计年鉴 2018》，中国统计出版社 2018 年版；广州市统计局：《广州统计年鉴 2018》，中国统计出版社 2018 年版；深圳市统计局：《深圳统计年鉴 2018》，中国统计出版社 2018 年版。

（四）生态空间分布不平衡

一方面是生态空间分布与人口居住分布不平衡。2015 年，上海的 500 米公园绿地服务半径覆盖率仅为 60%，2020 年目标为 70%，而 2018 年北京、广州、深圳的 500 米绿地服务半径覆盖率分别已达到 80%、70.7%、91%。《纽约 2030》规划指出，至 2030 年，800 米绿地服务半径覆盖率为 99%，400 米绿地服务半径覆盖率为 85%。伦敦规定 400 米之间应有一块绿地。上海公园绿地可达性还有不小的上升空间，与 2035 年达到 90% 的目标存在较大差距，难以满足居民生态休闲需要。另一方面是中心城区和郊区生态空间供需不平衡。2017 年，中心城区人均公园绿地面积仅 4.1 平方米，远低于上海市的平均水平（8.2 平方米）。但中心城区公园年均游客密度达到 22.3 万人次 / 平方米，其他城区公园年均游客密度仅为 4 万人次 / 平方米。

表 4-16-2　2017 年上海市各区人均公园绿地情况

	人均公园绿地面积（平方米）	公园年均游客密度（人次 / 平方米）
浦东新区	12.4	3.2
黄浦区	2.7	40.7

(续表)

	人均公园绿地面积（平方米）	公园年均游客密度（人次/平方米）
徐汇区	5.3	24.9
长宁区	7.1	16.1
静安区	2.9	23.5
普陀区	5.2	35.0
虹口区	2.0	43.0
杨浦区	3.7	7.4
闵行区	10.0	6.1
宝山区	11.8	6.1
嘉定区	8.7	7.3
金山区	8.5	5.1
松江区	6.7	1.4
青浦区	8.2	0.8
奉贤区	4.8	5.1
崇明区	5.4	2.1

数据来源：上海市统计局：《上海统计年鉴2018》，中国统计出版社2018年版。

二、大气环境污染的健康风险仍然存在

2013—2018年，上海中心城区PM2.5浓度下降42%，大气环境质量优于多数国内城市，但与顶级全球城市相比差距仍很大。上海大气污染将损害上海市人才吸引力和人才优势，在导致大气污染的各种因素中，上海汽车保有量增长过快，导致油品消费增长过快，若不及时遏制，将来再治理就会积重难返；在能源结构优化等各方面，上海要推进大气污染防治离不开长三角合作，但相关利益平衡机制尚未较好建立；此外，就发展阶段而言，上海市部分区域制造业规模近期不会减只会增，在经济下行压力下发展与环保两难问题更为凸显。

（一）上海大气环境质量与国际先进标准存在差距

近年来，上海借助削减煤炭消费量，强化煤、油等燃料品质监管，推进宝山、金山、吴泾、高桥、黄浦江两岸等地产业结构调整升级，实施工业源挥发性有机物总量控制和行业控制，大力建设公交体系，大力推广新能源汽车，提前实施国六排放标准，以及深化道路扬尘污染控制等措施，大大减少了大气污染。与国内其他城市相比，上海已处于较好水平；但与顶级全球城市相比，差距仍很大，不利于和这些城市争夺人才。

一方面，上海大气污染物浓度低于世卫组织的安全值，2018年，上海细颗粒物（PM2.5）年均浓度为36微克/立方米，可吸入颗粒物（PM10）年均浓度为51微克/立方米，均未达到国家环境空气质量年均一级标准（PM2.5为10微克/立方米、PM10为40微克/立方米）和世界卫生组织（WHO）制定的安全值10微克/立方米以及20微克/立方米。另一方面，上海大气污染物浓度低于顶级全球城市水平，上海与纽约（2014年PM2.5为9微克/立方米、PM10为16微克/立方米）、伦敦（2013年PM2.5为15微克/立方米、PM10为22微克/立方米）、东京（2012年PM2.5为15微克/立方米、PM10为28微克/立方米）相比，上海空气质量同样存在不小的差距。对比来看，上海空气中PM2.5和PM10浓度远高于其他全球城市，也远高于WHO标准。

表4-16-3 上海PM2.5和PM10污染现状及全球城市对标

	上海	纽约	伦敦	东京	WHO标准
年份	2018	2017	2018	2017	2005更新
中心城区PM2.5浓度（微克/立方米）	36	7.85	11	13.4	10
中心城区PM10浓度（微克/立方米）	51		17.4		20

资料来源：上海市生态环境局：《2018上海市生态环境状况公报》，2019年；New York City Government, OneNYC 2050: Building a Strong and Fair City（Master Plan for 2050），2019; London Average Air Quality Levels（to May 2019），https://data.london.gov.uk/dataset/london-average-air-quality-levels；《东京统计年鉴》，http://www.toukei.metro.tokyo.jp/homepage/ENGLISH.htm；WHO：《空气质量准则——2005年全球更新版》2005年。

（二）大气污染极大威胁市民健康

上海空气中 PM2.5 和 PM10 浓度远高于纽约等其他全球城市，对市民生活造成较严重影响，大大阻碍市民享受高品质生活，严重降低居民获得感；提高上海商务成本，降低对高端人才吸引力，不利于高质量发展；对上海的全球城市形象也是一大损害。所以说，在需要吸引高素质人才以推动高质量发展的时代，生活品质或居民获得感就是最重要的城市竞争力和最重要的全球城市形象之一。

PM2.5 和 PM10 易引发呼吸系统疾病、心血管疾病、生殖能力下降和老年痴呆等，还会损害细胞自我修复能力、人体免疫能力，影响儿童正常生长等。[①] 纽约空气中 PM2.5 浓度低至 7.85 微克/立方米，但仍然每年造成因呼吸系统或心血管疾病引发的 2 300 例死亡以及 6 300 例急诊或住院。纽约 5% 的死亡、6% 的哮喘、2.1% 的呼吸系统疾病和 1.1% 的心血管疾病是由 PM2.5 导致的。[②] 上海空气中 PM2.5 浓度远高于纽约，其健康影响更为严重。对上海的研究表明，大气污染物 SO_2、NO_2、PM10 与人群呼吸系统疾病门诊量存在正相关，[③] "十四五"将是上海进一步提升大气环境质量的突破期。

PM2.5 和 PM10 提高上海商务成本，损害上海对高质量发展所需的高端人才吸引力。雾霾较严重的 2013 年和 2014 年，不少外企要向在京沪等城市工作的外籍员工支付额外的健康受损补贴，48% 的外企在招聘常驻京沪等城市的高管过程中遭遇困难。[④]

---

① 蒋锦晓、何建波、陈彬等：《城市不同源雾霾颗粒物健康风险差异评估比较》，《中国环境科学》2019 年第 1 期。
② NYC Health, The Public Health Impacts of PM2.5 from Traffic Air Pollution data story, http://a816-dohbesp.nyc.gov/IndicatorPublic/Traffic/index.html.
③ 张江华、郭常义、许慧慧：《上海市大气污染与某医院呼吸系统疾病门诊量关系的时间序列研究》，《环境与职业医学》2014 年第 11 期。
④ 《外企向在华员工发雾霾补贴，中国员工不得申请》，http://env.people.com.cn/n/2014/0404/c1010_24823590.html。

三、河道水质存在量级差距和功能短板

1998 年，上海市启动了以苏州河环境综合整治为重点的河道整治工作，并从 2000 年开始实施《环境保护和建设三年行动计划》（简称"三年行动计划"），至今已滚动实施至第七轮。上海河道整治从重点河道到一般河道，从市内河道到交界河道全面铺开（见图 4-16-1）。

通过长期不懈地整治，全市河道水体水质逐渐改善。尤其是 2015 年上海市水污染防治行动计划实施方案的发布和执行后，全市水环境质量得到了显著改善。根据《上海市环境状况公报 2018》，2018 年全市主要河流断面中，Ⅱ—Ⅲ类水质断面上升到 27.2%，相比 2015 年上涨约 10 个百分点；劣Ⅴ类断面下降至 7.0%，比 2015 年下降 49 个百分点。从全市平均水平来看，全市主要河流的水质指标有所改善，高锰酸盐指数平均值为 4.6 毫克/升，氨氮平均浓度 0.94 毫克/升，总磷平均浓度 0.206 毫升/升，除总磷外，水质指标达到地表水环境质量Ⅲ类标准。

根据第七轮三年行动计划，上海开始实施苏州河环境综合整治四期工程，并累计实施 600 公里以上河道综合整治和 2200 条段断头河整治。到 2020 年，也就是"十三五"期末，全市已基本消除劣Ⅴ类水体。

通过滚动实施 7 轮三年环保行动计划，特别是水污染防治行动计划，上海城市河道水质取得了明显改善。但相比纽约、伦敦、东京等领先的全球城市，上海河道水质仍存在较大差距，与卓越的全球城市的地位不相匹配。一方面，由于城市水环境治理本身存在的长期性和复杂性，上海所处的发展阶段对城市水环境的持续影响以及治理能力的制约等主客观因素的存在，上海若要实现与纽约等全球城市相媲美的河道水质，将是一个长期的过程；另一方面，"十四五"时期又是一个城市河道治理非常关键的窗口期，需要重新认识并加快塑造城市河道的战略价值。

（一）整体水质存在量级上的差距

纽约市环保局发布的《纽约港水质监测报告 2017》显示，2017 年纽约

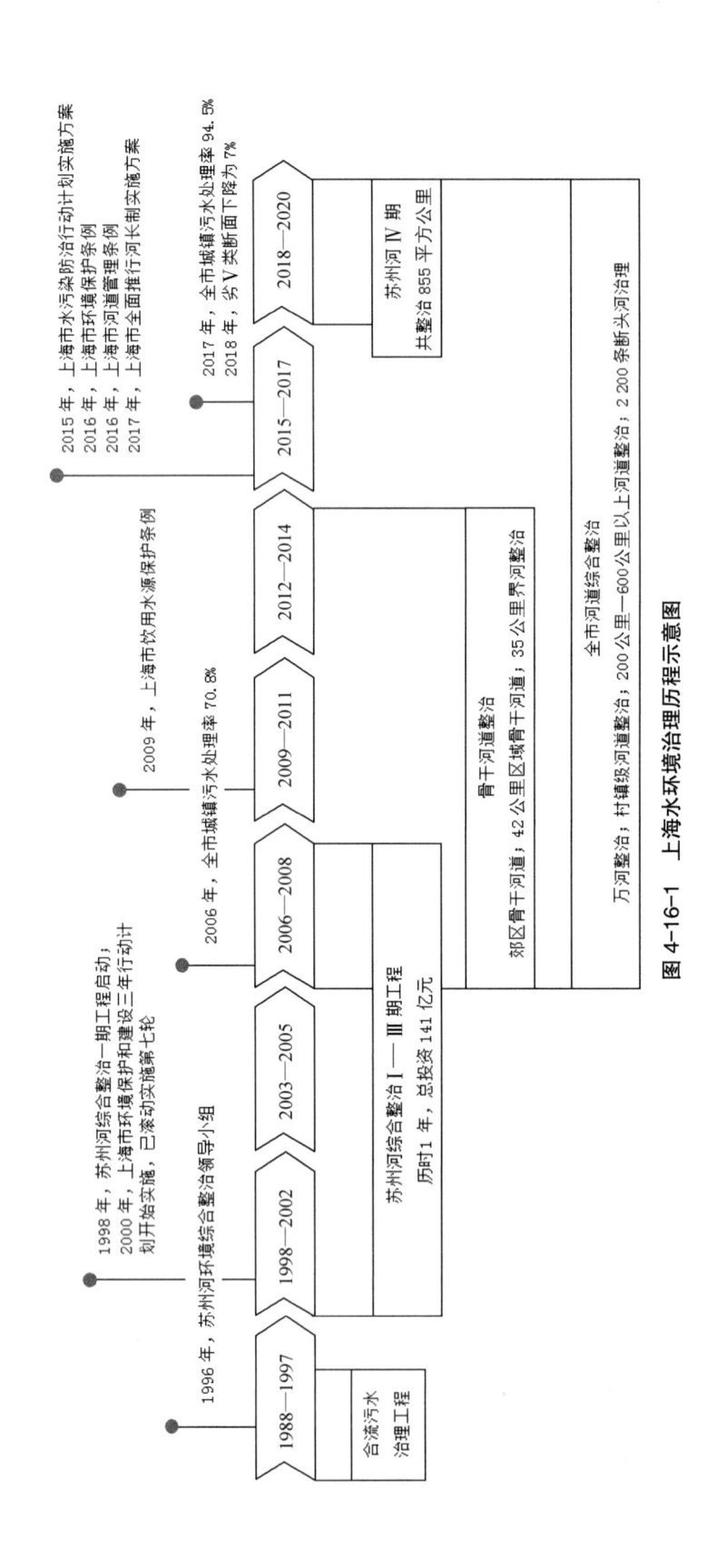

图 4-16-1　上海水环境治理历程示意图

时期	1988—1997	1998—2002	2003—2005	2006—2008	2009—2011	2012—2014	2015—2017	2018—2020
工程	合流污水治理工程	苏州河综合整治一期工程	苏州河综合整治Ⅰ—Ⅲ期工程 历时1年，总投资141亿元		骨干河道整治 郊区骨干河道，42公里区域骨干河道，35公里界河整治		全市河道综合整治 万河整治；村镇级河道整治；200公里—600公里以上河道整治；2 200条断头河治理	苏州河Ⅳ期 共整治855平方公里

关键节点：
- 1996年，苏州河综合整治一期工程启动；2000年，上海市环境综合整治领导小组划开始实施，已滚动实施第七轮
- 2006年，全市城镇污水处理率70.8%
- 2009年，全市城镇污水处理率70.8%
- 2015年，上海市水污染防治行动计划实施方案；2016年，上海市环境保护条例；2016年，上海市河道管理条例；2017年，上海市全面推行河长制实施方案
- 2017年，全市城镇污水处理率94.5%；2018年，劣Ⅴ类断面下降为7%

港水体溶解氧平均值为 6.6 毫克/升，达到我国地表水环境质量标准Ⅱ类水；东京都环保局发布的《东京都环境白皮书 2018》显示，2017 年东京湾化学需氧量平均值约为 4 毫克/升，优于我国地表水环境质量标准Ⅰ类水。上海河道水质与顶级全球城市相比存在量级差距。

（二）存在显著的区域水质短板

上海中心城区河道水质在全市范围内处于较低水平。根据《上海市生态环境状况公报 2018》，2018 年苏州河氨氮平均浓度接近 2 毫克/升，相当于地表水环境质量标准的Ⅴ类水平。根据上海市生态环境局发布的月度地表水水质状况数据，2018 年中心城区没有一条河道全年水质稳定达到Ⅲ类水标准，苏州河、张家塘港、漕河泾港、龙华港、蒲汇塘主要监测断面有 10 个月及以上时间水质劣于Ⅴ类，东茭泾、虹江主要监测断面有 7—8 个月水质劣于Ⅴ类，蕰藻浜约 6 个月水质劣于Ⅴ类。中心城区河道水质超标项目多为氨氮、总磷、总氮及溶解氧。据测算，中心城区主要河道中，氨氮是最主要的污染物，污染负荷在 30%—45% 之间；其次为总磷，污染负荷在 18% 左右，表明中心城区河道水质以有机污染为主。[①]

而主要的全球城市不仅整体水质良好，在地域范围内不存在明显的水质短板。在纽约市，水质相对较差的地区如上东河-西部长岛、内港，其溶解氧、氨氮浓度指标都优于我国地表水环境质量标准的Ⅱ类水。在东京都，水质相对较差的河流如新河岸川、隅田川、神田川、目黑川，其各自最差的水质指标，不劣于我国地表水环境质量标准Ⅲ类水。东京都即使是水质相对较差的河流，其 COD 指标都优于我国地表水水环境质量标准的Ⅰ类水。

表 4-16-4 上海河道水质与全球城市对标　　单位：毫克/升

	溶解氧	化学需氧量	氨氮
纽约港内港	6.54	—	0.3
东京隅田川	4.8	5.2	—

---

① 王鹤霖、项凌云、黄娟等：《上海市中心城区典型河道水环境质量变化趋势分析》，《上海交通大学学报（农业科学版）》2016 年第 4 期。

（续表）

	溶解氧	化学需氧量	氨　氮
伦敦 Yeading Brook	> 50%	—	< 1.1
中国地表水环境质量标准Ⅲ类水限值	5	20	1

资料来源：NYCDEP. 2017 New York HarborWater Quality Report, NYCDEP, 2018；东京都统计局：《东京都统计局东京都统计年鉴（平成 29 年）》，2017 年；国家环境保护总局：《中华人民共和国地表水环境质量标准（GB3838-2002）》，中国环境科学出版社 2002 年版。

（三）河道水体功能性较差

城市河道作为一个独立的生态系统，具有多重功能。对于城市居民而言，水体保持化学、物理和生物完整性，能够提供安全的水上及水中娱乐，是非常重要的。纽约 2030 中长期规划提出，水质的目标是开放 90% 的水域供城市居民开展娱乐活动。目前上海 2/3 的河道不具备支持居民水上及水中娱乐的功能，中心城区河道仅具备景观功能，上海河道水体的功能性较差。

（四）河道水质改善面临严峻挑战

首先，城市水体水质根本扭转是一个长期的过程。无论从理论上还是发达国家的治水经验来看，城市水体从丧失使用功能到实现水质根本扭转是一个循环累积的过程，需要漫长的时间。以纽约市为例，纽约港水质中溶解氧含量从 1 毫克 / 升提高到 5 毫克 / 升，也就是从劣于 V 类水提升到Ⅲ类水花费了 50 年，而从 5 毫克 / 升提高到 6 毫克 / 升，即从Ⅲ类水稳定提升至Ⅱ类水花费了 30 年时间。其次，上海城市发展阶段将长期对水体造成沉重负荷。上海仍处在工业化后期向后工业化过渡的发展阶段，现有的经济和人口规模对水体造成的环境压力在"十四五"时期仍将维持。如果"十四五"时期工业占 GDP 的比重保持在 25% 左右，预计工业源将维持约 1.3 万吨化学需氧量、9 万吨氨氮排放量的负荷。"十三五"期间，来自生活源的化学需氧量排放量基本稳定在 12.6 万吨，生活氨氮排放量约 3.6 万吨。如果在现有的污水处理厂处理水平下，未来人口规模持续增长，则生活源的污染负荷对水体的压力还将持续增加。再次，上海河道水质的根本扭转需要巨量资金支持。以上海现有环境基础设施的规模和能力，能够在最大限度上实现基本消除劣Ⅴ类的目标，但与全球城市相比仍存在较大差距。而如果将上海中心城区河道水质提升至纽约市现有水平，需要投入大量资金。从基础设施投入角度来看，实现河道水质根本扭转也需要一个漫长的过程。

四、土壤环境污染底数不清、形势严峻

上海的土壤污染防治在国内城市中走在前列，但与纽约、伦敦、东京等顶级全球城市相比，上海的土壤污染形势颇为严峻，是上海卓越全球城市建设的短板之一。如纽约和伦敦的土壤污染点位超标率分别为1.08%和1.68%，上海的土壤污染数据未完整公布，但长三角地区土壤污染点位超标率超过20%，据此推算，上海土壤污染形势较严峻，土壤环境质量与顶级全球城市相比存在一定差距。

（一）处于国内城市土壤污染防治前列

与北京、广州、深圳等大陆一线城市，以及南京、苏州、杭州、宁波等长三角主要城市进行比较，可以发现上海土壤污染防治走在前列：2016年7月修订的《上海市环境保护条例》对土壤污染防治的责任者及其义务作出规定，《上海市土壤污染防治行动计划实施方案》于2016年年底出台。到目前为止，上海已经开展了全面的土壤污染情况调查，土壤和地下水污染监测体系即将全面建成，建设用地储备、出让、收回、续期等环节的场地环境调查评估制度已经形成。此外，从2017年年底到2018年，上海初步建立了土壤污染信息公开机制，在这方面与发达国家城市缩小了差距。

根据《上海市土壤污染防治行动计划实施方案》所设定的目标，到2020年，上海市受污染耕地安全利用率达到95%左右，污染地块安全利用率达到95%左右；到2030年，受污染耕地安全利用率达到98%左右，污

染地块安全利用率达到98%左右。2018年年底前，已完成全面的土壤环境质量调查；在2019年年底前，将建成覆盖所有乡镇、园区和重点监管企业的土壤和地下水监测网络；到2020年，基本建立完备的土壤污染防治法规、规章体系，同年，将形成农用地土壤分类管理体系。按照该方案，上海将根据土壤和地下水环境承载力执行产业准入和落后企业淘汰政策，实施建设用地储备、出让、收回、续期等环节的场地环境调查评估制度（该制度于2017年年底左右建成），从而强化企业源头管控土壤污染和拆除设施时清除土壤污染的责任。在信息公开方面，上海市环保局自2017年12月公布土壤污染重点监管企业，自2018年1月公布污染地块名录，各区环保局自2018年开始公布污染地块和疑似污染地块名录，缩小了与纽约、伦敦、东京等顶级全球城市的差距。

与国内其他城市所设定的土壤污染防治目标相比，上海的土壤污染防治进度处于较优水平，如表4-16-5所示。

表4-16-5 国内城市土壤污染防治目标对标

	上海	北京	广州	深圳	南京	苏州	杭州	宁波
2020年污染耕地安全利用率	95%左右	90%以上	90%左右	95%以上（2018目标）	90%以上	90%以上	92%左右	92%左右
2020年污染地块安全利用率	95%左右	90%以上	90%以上	95%以上	90%以上	90%以上	92%以上	92%以上
2030年污染耕地安全利用率	98%左右	95%以上	95%以上	全面改善良性循环	95%以上	95%以上	95%以上	95%以上
2030年污染地块安全利用率	98%左右	95%以上	95%以上	全面改善良性循环	95%以上	95%以上	95%以上	95%以上

资料来源：各城市土壤污染防治行动计划或实施工作方案；江苏省人民政府：《江苏省土壤污染防治工作方案》，2016年。

（二）与顶级全球城市相比差距较大

与纽约、伦敦、东京等顶级全球城市相比，上海在土壤污染防治方面的差距仍然较大，形势较严峻，将会构成上海建设卓越全球城市过程中的一块短板，对上海的城市形象及其对国际化高端人才的吸引力都会造成不利影响，如表 4-16-6 所示：

表 4-16-6　上海土壤污染现状与顶级全球城市对标

	上　海	纽　约	伦　敦	东　京
土壤污染点位超标率	工业场地及周边 27% 左右	1.08%	1.68%	关停工厂中 16.7% 改建地块中 13.5%

资料来源：上海土壤污染数据参照地域相近、情况类似的苏州数据，见《治土有方，"苏州经验"大放异彩》，http://www.sohu.com/a/327577980_753646,, 2019-7-17；New York City Government, OneNYC 2050: Building a Strong and Fair City (Master Plan for 2050), 2019; Campaign to Protect Rural England, State of Brownfield 2019 (of England), 2019；东京都环境局：《东京都环境白书 2018》，2018 年。

截至 2018 年年底，纽约市有 8 500 多块地块被确定需要置于强制性环境监管之下；2014—2018 年年初，有 756 块地块（占地 187 英亩）被修复并用于住宅建设；该市计划在 2019—2021 年再修复 850 块污染地块，相当于两年修复 10% 的污染地块。[1]

在伦敦，根据 2019 年 1—2 月对当时网上公开数据的分析，当地有 2 997 块地块被注册为棕色地块，占地 2 642 公顷；伦敦市政府将这些棕地纳入"机会区"（Opportunity Areas），为其再开发提供资金和技术支持，以兴建住宅区或商务区，为中低收入者提供更多可负担的住宅并提供更多就业机会；据测算，上述棕地具有建造 28.7 万间住宅的潜力。[2]

在东京，2003 年 2 月—2018 年 3 月，都政府确定 948 块需要采取修复措施的污染地块（约 37% 的关停工厂被确定为污染地块，约 30% 的改建地块被确定为污染地块），至 2018 年 3 月已修复 519 块，相当于 15 年修复了 55% 的污染地块。[3]

上海 2018 年底前摸清全市土壤污染的家底，2020 年底公布相关信息，

---

[1] New York City Government, *OneNYC 2050: Building a Strong and Fair City*（Master Plan for 2050），2019.
[2] Campaign to Protect Rural England, *State of Brownfield 2019 (of England)*, 2019.
[3] 东京都环境局：《东京都环境白书 2018》，2018 年。

全市污染地块与疑似污染地块总数为 451 块。① 由于上海尚未公布完整数据，本课题只能根据地域相近、情况类似的苏州数据，估计上海工业场地及周边土壤污染点位超标率约为 27%。②

（三）土壤污染防治的激励机制未建立

相较于纽约、伦敦、东京等全球城市，上海尚未建立土壤污染防治的激励或支持政策体系，这会成为未来一段时期上海市深化土壤污染的主要障碍之一。

纽约市政府设立"棕地清洁计划"（Brownfield Cleanup Program）、"棕地激励资助"（Brownfield Incentive Grants）、"棕地启动"（Brownfields START-UP）等项目，以提供资金和技术支持，修复后的棕地可获得"绿色地产认证"（Green Property Certification）；③ 纽约州政府则提供"棕地再开发税后抵免"（Brownfield redevelopment tax credit）。④

伦敦市政府将棕地纳入"机会区"（Opportunity Areas），为其再开发提供资金和技术支持，以兴建住宅区或商务区；⑤ 英国政府提供"资金缺口计划"，资助污染地块再开发企业 50% 的修复成本，并实行垃圾填埋场地再开发免税政策（减免企业所得税和增值税）。⑥

东京都政府设立"中小事业者土壤污染对策方针""土壤污染对策顾问派遣制度""土壤污染处理技术论坛"等，对相关责任者提供资金和技术支持。⑦

---

① 上海市生态环境局：《上海市各区〈土壤污染防治行动计划〉土壤污染治理与修复成效评估》，2020 年 12 月 31 日。
② 《治土有方，"苏州经验"大放异彩》，http://www.sohu.com/a/327577980_753646，2019-7-17。
③ Website of *the New York City Brownfield Partnership*, https://nycbrownfieldpartnership.org/resources/.
④ *Brownfield redevelopment tax credit*, Website of New York State Department of Taxation and Finance, https://www.tax.ny.gov/pit/credits/brownfield-redevelopment-credit.htm.
⑤ Greater London Authority, *The London Plan: The Spatial Development Strategy for London Consolidated with Alterations since 2011*, 2016.
⑥ 刘春霞：《土壤重金属污染的国际治理经验及对我国的启示》，《许昌学院学报》2018 年第 3 期。
⑦ 东京都环境局：《东京都环境白书 2018》，http://www.kankyo.metro.tokyo.jp/chemical/soil/support/index.html。

与上述顶级全球城市相比,上海目前尚未建立起这样的土壤污染防治激励或支持政策体系。

第三节 "十四五"时期上海绿色发展目标与制约因素

围绕建设社会主义现代化国际大都市的总体目标以及"卓越的全球城市,令人向往的创新之城、人文之城、生态之城"的目标愿景,坚持面向全球、面向未来,以国际视野、战略眼光,聚焦上海绿色发展中面临的资源环境战略性约束问题,全面提升环境治理能力,推动上海向可持续生产和绿色消费转型,实现资源效率倍增,建设循环型社会,持续改善城市生态品质。

一、"十四五"时期上海绿色发展目标

"十四五"时期上海绿色发展战略目标:对标国际国内领先城市、瞄准国际一流、追求国内领先、建设"四个城市",提升市民获得感。

(一)优化土地利用,建成国际领先全球森林城市

生态空间为城市提供生态系统服务,是保障城市生态安全、提升居民生活质量不可或缺的城市空间。围绕"持续增绿、提升品质、优化布局、增强服务",建设多层次绿色生态空间体系,建成国际领先全球森林湿地城市。

一是建设国际领先森林城市。按照生态学要求,当一个地区森林覆盖率达到35%以上为最适宜人类居住的生态环境,此时森林的净化空气、固碳制氧、调节气候、除尘防污等功能才能有效地发挥作用。上海应瞄准全球城市森林建设标准,努力建设国际领先的全球森林城市。

二是建设公园城市。"十四五"时期上海应完善包括国家公园、郊野公园、森林公园、城市公园、地区公园、口袋公园在内的城乡公园体系,建设环城公园带,打通一批公园绿地围墙,让公园环境和周边社区完美融合、无

缝对接,提升居民获得感;推进屋顶绿化、墙面绿化,提高城市绿视率。①

三是建设湿地城市。湿地是城市重要的生态基底,加强东滩、九段沙、杭州湾、淀山湖等地区的湿地保护,确保自然湿地面积不减少;增加人工湿地面积,选择条件适宜的开拓水域,在河道转弯区域进行小微湿地的改造和营造,建立完善的湿地资源保护体系。

(二)实施能源转型,建设国内领先低碳健康城市

"十四五"是向高质量发展、绿色发展转型的关键期,因此也是各城市争夺人才的关键期;而大气环境质量不佳将成为上海吸引人才中的"减分项",削弱上海与其他城市竞争的人才优势。"十四五"时期上海应在PM2.5治理已取得巨大成效的基础上,通过能源清洁化、高效化、电气化,继续加大治理力度,打赢蓝天保卫战,大气环境质量力争达到WHO健康标准,还市民以蓝天,提升市民满意度、获得感。

一是强化交通污染治理。在大气污染的具体影响因素中,上海汽车保有量增长过快,由此导致油品消费增长过快;若不及时遏制,将来再治理将面临积重难返的问题,因此大力建设低碳交通势在必行。例如,2010—2017年,上海市个人民用汽车年均增长14.9%;2011—2017年,上海汽油消费量增长40%。② 除了车辆污染,船舶过往沪境时的燃油污染也是大气污染重要来源之一;相当一部分过境船舶对使用岸电积极性不高,仍倾向使用高污染燃料。③ "十四五"时期上海需要重点解决汽车保有量增长带来的油品消费增长,以及过境船舶燃油污染的防治问题。

二是推进能源结构优化。能源结构优化是治理大气污染的主要手段之一,而上海面临自身地域狭小、非化石能源资源有限的瓶颈,优化能源结构离不开长三角合作;应当说,近年来上海能源结构优化成效显著,2017年,上海能耗中煤品占比降至29%,天然气占比升至9%,油品占比为46%,外

---

① 绿视率指人们眼睛所看到的范围内绿色空间所占的比例。
② 数据来源于《上海统计年鉴(2012—2018)》。
③ 谌俊雅、陈昊南:《长三角:能源转型攻坚战》,《国家电网》2018年第11期。

来电+本地非化石能源占比为16%，但由于上海自身资源有限，本地非化石能源占比在1.5%以内。① 为解决大气污染区域输送问题，长三角大气污染防治合作已取得较大成就，但"损益者受偿、受益者补偿"的利益平衡机制尚未较好建立，② 需要大力推进长三角清洁能源发展合作，助力城市能源结构优化。

三是强化工业大气污染深度治理。就上海所处发展阶段而言，上海市不能放弃制造业，且在经济下行压力下，制造业升级和污染防治协调发展面临挑战，在近期，大气污染防治压力仍较大。"十四五"时期上海需要防范经济下行压力下工业大气污染反弹风险，深挖减排空间。

（三）实施碧水工程，建设国际国内一流滨水城市

国务院批准的《上海市城市总体规划（2017—2035）》指出，上海将建设成为卓越的全球城市，具有世界影响力的社会主义现代化国际大都市。总规对上海的定位实质上是对城市河湖水系、水环境质量提出了对标全球城市的要求。"十四五"时期是上海提升城市河道水质的窗口期，推动城市水质的持续改善具有紧迫性。首先，是提升城市河道综合价值的需要。在2017年由巴黎和芝加哥联合主办的全球城市水体价值市长论坛上，17个全球城市的市长达成共识，通过战略规划、远景分析和多部门协作，全球城市可以将以往被忽视的水体转变为多种用途的资产，这些资产可以在解决城市优先发展事项的同时，也能够在解决重大全球挑战中发挥积极作用。③ 提升城市水体具有在经济、环境、社会、休闲等方面塑造城市未来的力量。如通过增加民间投资、增加消费者支出、创造就业以及提高城市竞争力成为新的经济增长点；通过恢复水生态系统、提高气候变化抵御能力并减少碳足迹等。其

---

① 张瀚舟：《上海能源从高速度向高质量发展的实践与思考》，《上海节能》2018年第12期；《上海市能源发展"十三五"规划》。
② 陈诗一、张云、武英涛：《区域雾霾联防联控治理的现实困境与政策优化——雾霾差异化成因视角下的方案改进》，《中共中央党校学报》2018年第6期。
③ Chicago Council on Global Affairs. *Urban Waterwaysin Global Cities*. Chicago Council on Global Affairs, 2017.

次,是增强全球城市竞争力的需要。领先的全球城市的城市水体和河道均已经稳定达到优于我国地表水环境质量标准Ⅲ类水的水平,可以说优良水质已经成为全球城市的标配。而上海如果不能在基本建成"五个中心"的第一个五年中抓住机会进一步提升河道水质,城市河道水质问题将会更加凸显,成为上海参与全球城市竞争的显著短板。再次,是巩固城市河道治理效果的需要。从全球城市的经历来看,纽约市的水质也经历了曲折反复的过程,但纽约市坚持了长期的、有阶段性重点的治理过程。尽管上海河道水质有所改善,但仍处水质改善的攻坚期。需要进一步提升城市水环境基础设施的能力和水平,从而巩固前期治理的成果,并为水质进一步改善夯实基础。

城市水体水质根本扭转是一个长期的过程,"十四五"时期,上海需要重点突破生产、生活带来的污染负荷,实施碧水工程,以黄浦江苏州河治理提升及岸线贯通为重点,以中心城区河道整治与岸线综合利用联动为撬板,建设国际国内一流滨水城市,突破基础设施建设的资金瓶颈,推进河道水质提升做到"一提级三减少",即围绕"一提级"的目标,将现有水体水质提升一个地表水环境质量类别;着力于"三个减少",即减少合流制污水污染、减少和城市地表径流污染、减少上游来水污染,以持续推进河道水质提升。

(四)推进土壤修复,建设国内领先土壤安全城市

李强书记在赴长三角生态绿色一体化发展示范区调研时强调上海要打造"四个新高地",而若是污染耕地和污染地块安全利用率不能达到100%,就会降低居民的安全感,妨碍生态价值新高地和人居品质新高地的建设,也会由此妨碍上海为建设卓越全球城市而吸引和集聚人才。土壤污染会对上海市民乃至上海农产品在更广范围的消费者造成严重健康危害。一种主要途径是在有毒有害土壤上种植农产品,毒物通过食物进入人体;另一种主要途径是在有毒有害土壤上建造住宅楼、商务楼、学校、医院等人员密集的建筑物,土壤中的毒物进入大气、地下水(可能通过蒸发再进入大气)等环境介质后再被人体摄入。其危害足以致病、致畸、致突变甚至致死,因此,若污染耕地和污染地块安全利用率不能达到100%,相关区域的居民甚至更广范围的

农产品消费者势必缺乏安全感。

对照顶级全球城市的土壤污染监管现状和污染地块修复进度，上海可进一步推进污染耕地和污染地块修复进度，深挖安全利用率提升空间。"十四五"时期争取修复20%的污染耕地和污染地块（基数由2017—2019年间的上海市土壤污染现状调查确定）。需要注意的是，对于不同污染程度的土壤，需要采取分类治理措施，而需要采取最严厉的封禁等措施的重度污染土壤只占较小部分。如根据《全国土壤污染状况调查公报》（2014年），在超标点位中，轻微、轻度、中度和重度污染点位分别占69.57%、14.29%、9.32%、6.83%。

二、"十四五"时期上海绿色发展面临的制约因素

放眼世界，着眼未来，上海绿色发展仍面临一些新的制约和约束条件。

（一）认知差距制约绿色发展的准确定位

一方面，对绿色发展的认知还停留在生态环保方面，认为绿色发展是生态环保部门的事。由于绿色发展不只是环境保护、资源保护，更多的是要激发绿色发展新动力，深挖绿色经济潜力。现有的认识差距会影响绿色发展的部门间协同水平提升。

另一方面，对绿色发展的认知还停留在规模总量的提升，随着城市的竞争力越来越体现在对人的吸引力上，需要更加注重提升绿色发展的市民获得感，现有的认识差距会影响绿色发展的方向和定位。

（二）土地稀缺制约绿色发展的布局优化

上海是自然资源相对缺乏的城市，尤其土地资源稀缺是当前面临的最大资源瓶颈，同时历史形成的土地过度占用和不合理的开发方式又加深了土地利用的矛盾，"十四五"时期上海保持河湖水面率、提升森林和公园绿地覆盖率、绿色基础设施建设等都涉及大量的用地需求，除此之外，经济社会民

生发展同样产生大量用地需求，用地矛盾可能会影响规划的绿色发展项目落地落实，并成为未来建设生态宜居城市的一大桎梏。

用地矛盾是上海绿色发展一个瓶颈问题，从上海市陆域面积来看，上海建设用地占比已达45%，逼近现有资源承载能力的极限，远高于伦敦、巴黎、东京等国际大都市（20%—30%）的水平，重要生态结构空间面临进一步蚕食的压力。从全市建设用地的结构看，上海工业及仓储用地850平方公里，约占建设用地比重的27%，是国际代表性城市的3—10倍。过高比例的工业用地不仅挤压生态用地的发展空间，而且降低了生态屏障的生态安全保障作用。

2016年上海公共绿地占比7%，人均绿地面积7.6平方米，远不足全国平均水平的13.16平方米，与国家要求的15平方米目标相去甚远，仅为巴黎、伦敦、香港等城市人均绿地面积的1/3左右。[1] 既有的城市空间利用格局使得公共绿地增加的空间严重受限，生态系统功能提升，生物多样性保护目标难以实现。2003年以来，由于可供绿化建设的土地日益紧张，上海每年新辟公园绿地面积总体呈下降态势，并维持在600万—800万平方米范围，远低于未来2 500万人口或3 000万人口情景下每年新增公园绿地的目标需求。

在上海土地开发强度过高的同时，土地开发的容积率较低。上海城乡建设用地的1/3用于各类工业园区，不少工业园区功能单一，容积率很低。低密度开发及对土地资源的过度占用导致生态空间所占比例过小，城市配套服务的可及性差，造成大量通勤与交通运输需求。有学者研究发现2000—2015年上海市碳排放量主要来源于建设用地能源消耗产生的碳排放，碳排放总量的变化趋势与建设用地碳排放量一致。这表明建设用地碳排放占上海市土地利用碳排放的主导地位，每年净碳排放量的99.5%来源于建设用地。[2]

---

[1] 卢为民、张天风、蒋琦珺：《以土地利用方式转变促进城市绿色发展——上海的探索与实践》，《环境保护》2017年第4期。

[2] 蔡苗苗、吴开亚：《上海市建设用地扩张与土地利用碳排放的关系研究》，《资源开发与市场》2018年第4期。

(三)资金缺口制约绿色发展的目标实现

一方面,随着土地成本的上升,新建基础设施和新增生态空间用地的资金需求大幅上升,据测算,建设环城绿带资金需求约在 600 亿元,水安全设施建设需要 600 多亿元、雨污分流设施建设需要 500 多亿元,一些规划好的绿色发展用地上存在大量住宅、工厂、商业设施等,会涉及拆迁、调整,需要大量的成本投入。

另一方面,大量的存量生态空间和基础设施的管理养护资金需求同样大幅上升。上海园林绿化投入由 1995 年的 4.27 亿元增加至 2017 年的 112 亿元,但每年新增绿地面积并没有同步提升,相当一部分资金用于存量生态空间的维护保养。另据测算,若高标准改造供水系统,则需将全市约 50% 的供水管网全部改造完毕,约需要投资额 540 亿元;若仅改造供水管网中高危管线和隐患管线,则需要改造约 1 833 公里管网,约需要投资额 110 亿元。

"十四五"时期上海绿色发展涉及多个领域,资金有限将制约绿色发展目标的全面实现,需要利于有限的资金集中解决绿色发展领域的几个重点问题。

(四)设施不足制约绿色发展的品质提升

一是绿色基础设施存在老化问题。上海市最早铺设的供水管道距今已有 100 多年的历史,上海供水管网的平均服务年限为 31.8 年。[1] 部分城市管网由于使用年限和管道材质等原因进入老化期,管道锈蚀严重,水泥砂浆防腐层剥落,内壁腐蚀,存在水质隐患。供水管网是一个系统工程,对管网的改扩建受限于资金、城市整体规划、地下空间利用和市政道路使用等各方面因素。截至 2018 年,上海城投水务集团供水范围内直径 75 毫米及以上自来水管线长度约 1.8 万公里,按照管龄来分,其中约 50% 为 2000 年以前敷设的老旧管线。按照管材来分,市政管网中有 23% 为铸铁管材,而在街坊管中,铸铁管的比例更高达到 33%。如果高标准建设供水管网,则意味着现有 50%

---

[1] 王圣、王婷婷、阮久丽等:《上海市供水管网改造工程探讨》,《净水技术》2018 年第 37 期。

左右的管网需要更新。

二是绿色基础设施存在不足问题。在水处理设施建设方面，水处理工艺是决定水厂出厂水质的基本技术条件，目前全市约60%左右的供水能力未能采用深度处理工艺。根据已经实施的部分深度处理的工程情况，通过对其出厂水水质的研究，发现上海水厂仍需要重点解决原水中微量有机物及富营养化导致的臭和味、出厂水中偏高的消毒副产物偏高及水源水中检出量较高的微量有机物。如果要实现高品质饮用水的目标，全面实施长江水源水厂的深度处理，并进一步完善黄浦江上游水厂深度处理是非常必要的。但由于中心城区的水厂周边土地资源极其有限，深度处理设施的升级改造需要更多的土地资源，在中心城区现有的条件下，很难腾挪足够的空间来实施进一步的工艺提升。在生活垃圾处理设施方面，湿垃圾处置设施（垃圾堆肥设施）和建筑垃圾循环利用设施尚未完全建设到位。现在湿垃圾采取就近用小型设备堆肥的方式，环境影响大，周边居民意见强烈，且土地、环评手续不完备。

（五）单一主体制约绿色发展的效率提升

上海绿色发展长期以来由政府主导，这是由绿色发展的公共产品属性决定的，但随着绿色发展的深入推进，政府单一主体面临的难度将越来越大，制约绿色发展效率的提升，如垃圾分类，政府的职责侧重于后端处理，若全社会在前端分类方面没有很好参与，垃圾分类处理的效率会大打折扣。政府单一主体的资金提供能力也有限，也影响到绿色基础设施建设。"十四五"时期需要更多地考虑如何让社会和市场更好地参与绿色发展。

（六）转型艰巨制约绿色发展的持续推进

改革开放40多年来，上海的产业结构发生了大调整，不仅是三次产业结构的调整，包括工业内部轻重工业的调整、重工业内部高级化的调整以及第三产业内部结构高级化的调整。上海产业结构的大调整为上海生态环境质量改善、上海绿色发展水平提升作出了巨大贡献。但是与顶级全球城市相比,与世界级城市群核心城市服务能力和服务范围相比,上海服务城市群周边地区、服务全国乃至服务全球的服务半径及产业水平远远落后于顶级全球城市。定位为全球城市的上海,应具有全球创新中心和高端服务中心的功能。"十四五"时期金融等服务行业开放力度进一步加大背景下,上海产业结构调整的目标应定位于着力发展服务于城市群周边地区、为全国乃至全球高端专业服务。这样的产业结构调整目标,考验的是上海问鼎顶级全球城市发展的雄心、放弃重化工产业的结构调整魄力以及高端服务产业参与全球竞争立于不败之地的能力。"十四五"时期上海产业结构调整的空间和难度都将前所未有。

第四节 "十四五"时期上海绿色发展路径措施

"十四五"时期上海推进绿色发展,首先,要保持生态优先、绿色发展的战略定力。贯彻生态优先、绿色发展理念,坚决不动摇、不松劲、不开口子,不突破生态保护红线、资源利用上线、环境质量底线,严格执行生态环境准入清单。其次,要坚持谋定后动,给未来发展战略留白。在部分区域的发展尚未想清楚之前,要进行严管控、零开发;要坚持谋划长远、留有余地,为上海未来发展留足战略空间。再次,要坚持重点问题突破与全面推进相结合。从全局出发,把绿色发展理念融入经济发展的各方面和全过程,以解决突出的生态环境短板问题和提升环境治理能力为重点,全面推进循环型社会建设。

一、推进绿色生态空间建设的"四个一批"

"十四五"时期上海绿色生态空间建设应着重推进"四个一批"工作。

(一)推进一批耕地转为绿色生态空间

鉴于上海耕地面积占比远大于同类型城市,探索将部分郊区的耕地减量优化利用为森林和公园绿地等优质绿色生态空间，是"十四五"时期上海绿色生态空间建设的突破方向。

首先，梳理上海郊区耕地数量、质量及其分布情况，将部分质量不高的耕地转为森林生态空间，大力发展林下经济；其次，将部分闲置的农村居住空间转为林地或公共绿地等绿色生态空间，为周边居民提供生态服务。

将部分郊区耕地转化为绿色生态空间能带来三方面益处：一是增加森林碳汇能力，有助于调节城市气候；二是减少农业面源污染，化肥施用量、农药施用量、农用塑料薄膜使用量将相应减少；三是为居民能够提供健康的生活环境。

（二）推出一批无边界公园示范项目

借鉴纽约等全球城市提出的"无边界公园"管理模式，推行无边界公园管理方式，实现公园与自然、城市、街区、建筑无界融合。

郊区侧重于把水林田湖草的元素融为一体，营造以亲近自然森林为主的无边界大园林、大绿地，形成林水相依、放松自由的多功能活动空间。

市区侧重于将条件适宜的公园围墙拆除，实现公园与城市、街区、建筑无界融合，充分发挥城市公园绿地的开放、休憩功能。

（三）建成一批城市立体绿化示范项目

针对中心城区绿色生态空间需求大、土地资源紧张的特点，以提升各类自然资源的生态服务能力为导向，引入先进立体绿化技术，推进开放式屋顶绿化和垂直绿化，提升城市绿视率。

第一，对绿化屋顶的范围和比例提出强制性要求。强制要求新（改、扩）建公共建筑屋顶绿化面积达到一定比重，明确规定绿色屋顶的建设标准。

第二，开展基于 GIS 的研究，摸清上海屋顶平坦、适合绿化的建筑数量，研发适合上海屋顶绿化的植被选择、保护层材质等。

第三，市及各区政府共同出资给予屋顶绿化养护经费支持，对具备条件的房屋全面推进屋顶绿化和太阳能屋顶建设，在具备条件的商务楼宇发展垂直农场。

第四，鼓励城市居民参与屋顶绿化活动，对城市居民自费绿化屋顶给予一定比例的补偿款以示激励。

（四）创新一批绿色生态空间管理制度

首先，探索绿色生态空间建设的市场化反哺机制，将5%—10%的生态规划用地用于商业开发，取得的效益反哺绿色生态空间建设。

其次，建立长三角建设用地指标和耕地占补平衡指标跨省市调剂平台，为上海耕地转化为绿色生态空间提供用地指标。

最后，创新产生绿色生态空间管控机制，在上海绿色生态空间划定识别的基础上，实施有效的空间管理手段，管制各类城乡建设行为，保障上海城市生态安全。

二、实现大气环境污染防治的"三个推进"

针对前文提及的问题，建议上海在"十四五"时期采取以下措施促进大气污染防治：

（一）推进长三角能源合作

既可以克服上海本地地域狭小、可再生能源资源不足问题，也可以借助上海对其他地区提供清洁发电投资、智能电网投资和能源技术援助，解决区域大气污染联防联控中的利益平衡问题。这些设施的建设，既减少区域内的大气污染及对上海的区域输送，也弥补上海因"减煤"增加的本地电力缺口。在此过程中，实现上海2025年发电用煤比2017年水平减少一半即2 000万吨，具体的能源合作举措主要包括：（1）上海参与投资浙江沿海利用深水岸线兴建的LNG接收、储运及贸易基地，并以此为基础参与投资兴建天然气发电厂。（2）上海参与投资兴建新安江流域等处的水电站。（3）上海参与投资兴建苏北沿海、浙江沿海海上风能发电厂。（4）上海参与投资兴建苏北沿海、浙江沿海、安徽南部核能发电厂。（5）上海参与投资兴建连接上述清洁能源发电厂与上海的特高压智能电网。①（6）上海利用"绿色技术银行"等平台，对长三角其他省份或城市提高燃煤发电效率给予技术援助。

（二）推进低碳交通电气化建设

一是实现 2025 年上海新能源汽车保有量相对于 2018 年倍增，即达到 48 万辆；其中，新增的 24 万辆中纯电动汽车不少于 30%。② 在国家停止对新能源汽车补贴的情况下，上海地方层面也要继续对新能源汽车给予一定补贴，如执行牌照免费政策，同时需进一步普及电动车充电桩。二是"十四五"时期大建市郊铁路。一方面，减少市区-郊区或郊区-郊区通勤中对汽车的依赖。另一方面，上海一定规模以上的港口和工业区，也建议建货运铁路，货物进出此类区域采用铁路运输（铁路电气化、电力清洁化）。三是为遏制传统能源汽车保有量增长，私家车牌照拍卖政策不仅要坚持，而且要收紧。四是效仿英国建立"空气质量管理区域"（Air Quality Management Area）的做法，在上海市大气污染较重的区域，建立"机动车限行区"，并收取拥堵费。五是优惠措施和强制措施双管齐下推广岸电，要求船舶在停泊上海期间必须使用岸电。

（三）推进制造业环保标准国际对标

对标东京、纽约等顶级全球城市都市圈外围制造业基地（城市、城区），在钢铁、石化等行业引入更严格的大气污染防治技术标准；严格执行相关技术标准，不达标准的项目禁止上马，不达标准的即有企业逐步淘汰，并资助相关企业（尤其是骨干企业）推进技术升级、达到相关标准。

---

① 《长江三角洲城市群发展规划》，2016 年。
② 据上海经信委微信公众号 2019 年 1 月 31 日消息，至 2018 年年底，上海新能源汽车保有量为 23.97 万辆；其中，2018 年新增量中纯电动车约占 20%。

三、抓好碧水工程的"三个减少""一个联动"

(一)通过"灰色基础设施战略"减少合流制污水污染

雨水及泵站放江污染因素已成为影响上海中心城区河道水质持续改善的主要问题。据统计,中心城区雨水泵站放江占中心城区入河污水量的60%,且为短时高强度排放。实质上,不仅是上海,即使是纽约市,合流制污水污染也是需要长期应对的问题。纽约市环保局近期的建设项目包括关键废水处理设施的升级、雨水管道扩建和几个大型合流制污水储罐的建设。目前纽约市已经建成了4个大型的合流制污水储罐,未来还将建设地下大直径的存储隧道。

"十四五"时期,上海应持续推进"灰色基础设施战略",包括高标准污水处理厂、大容量分流制排水系统、大容量的合流制污水储罐及地下大直径的合流制污水存储隧道建设。此外,依托大数据、信息化手段,通过海量实时监测数据,分析泵站放江水质浓度变化,建立排水管网模型,运用大数据建立排水调度模型和监管模型等精细化管理手段,解决放江管控、初期雨水治理、雨污混接整治、污水处理管网一体化管理等问题。

(二)通过"绿色基础设施计划"减少地表径流污染

全市面源污染以地表径流污染最为严重,其中COD地表径流贡献率最高,达到40%。借鉴纽约市"绿色基础设施计划",在雨水进入下水道系统之前通过捕获、渗透、蒸发等手段减少雨水径流。在炎热的夏季,绿色基础设施还有许多额外收益,如美化环境、改善空气质量和调节气温等。纽约市已承诺到2030年投资绿色基础设施的金额达到15亿美元。

"十四五"时期,上海应研究和推广"绿色基础设施计划",研究低影响、高去除污染物的绿色路面的改造,研究改造现有绿地及公园的下渗土壤,研究绿色屋顶技术,改造城市公共房屋和公共空间,如学校、公园、公共住房等,从源头上控制城市地表径流,有效削减城市面源污染。借鉴美国的经验,将河流的生态恢复作为减少地表径流污染的新型手段,包括恢复河道的自然生态形态，恢复水体与周边生态系统的生态交换，恢复河流原有自然湿地，重构河流生态圈。

（三）通过"太浦河清水走廊"减少上游来水污染

全市省际边界流域来水中的COD和氨氮污染通量约为每年27.55万吨和1.96万吨，分别占到全市入河污染物通量的67%和41%。鉴于太浦河流经江浙沪三省，太湖流域直接延伸至上海的重要河流，"十四五"时期，应加快推进集工程、治理、区域合作等在内的一体化的"太浦河清水走廊"，减少上游来水污染。

工程方面，包括挖深、清淤、疏浚、河流生态恢复等。治理方面，依托长三角生态绿色一体化发展示范区建设，统筹优化流域跨行政区上下游水功能区和水质目标、跨界监管标准和要求、跨界事故责任追究等机制、区域最佳管理实践溢出机制。区域合作方面，研究探索针对不同地区间发展与保护的问题的灵活合作机制，借鉴纽约市流域水源地合作计划的做法，研究附带水质条件的基础设施合作计划，即在上海为长三角相邻省市提供某类公共服务，包括道路修缮、疏浚河道、垃圾焚烧等公共服务时，弱化资金要求，强化水质目标要求等。

（四）中心城区河道整治与岸线综合利用联动

借鉴纽约、东京全球城市中心城区河道治理与岸线景观以及商业文旅开发联动的模式，实现河道整治与岸线综合开发利用的双赢。探索统筹经济发展与水环境保护的机制，促进企业参与到城市水环境治理中。在城市开发过程中，对开发主体提出建设绿色基础设施（雨水下渗率、绿化的污染物过滤条件）、河湖水面率的前置要求。河流周边的开发项目附带贯通岸线的前置要求。

四、实施土壤环境污染防治的"三个策略"

针对上海土壤环境污染存在的问题，"十四五"时期上海应从白地策略、绿地策略、净地认证策略等方面深化土壤污染防治。

（一）白地策略

在土地利用上为未来发展"留白"，即留出更多余地或弹性，而采取未修复前封禁等措施，将重度污染土地和部分中度污染土地划作"白地"，是颇为适宜的"留白"手段。一方面，上海的土地资源已经非常紧张，"十四五"时期若将几乎所有的建设用地资源都用上，一点都不"留白"，一些负面的后果就会被"固化"下来。另一方面，重度和中度污染土地未修复前是不能用于开发或耕种的，是再合适不过的"白地"。此外，我们的"白地"概念和新加坡的还有区别，新加坡的"白地"上还能进行某种有限开发利用，而上海的污染土地在修复前是必须完全禁止使用的。

为有效实施白地策略，建议优化相关的环保-公安-检察-司法等部门联动机制，并借助奖励举报等措施，严打新增土壤污染和污染土壤未修复前擅自使用等违法犯罪行为。

（二）绿地策略

上海"十四五"时期要建"森林城市"，要大幅提高绿色空间比重；然而，上海能用来建林地、绿地的土地非常稀缺。另一方面，污染土地又不能用来开发或耕种，正好将部分中度污染土地和部分轻度污染土地经修复后用来建设林地和绿地。在建设林地和绿地过程中，建议充分利用植物和微生物技术来修复土壤。要根据土壤污染程度和修复效果决定，将一部分利用修复土壤建设的林地和绿地向公众开放，另一部分仍然要禁止公众进入。

（三）净地策略

建议建立并完善上海市级层面污染耕地和污染地块修复后的相关认证体系，一方面，这是一种管控措施和信息公开措施；另一方面，这也是对相关责任者修复污染土壤并加强其上生态建设的激励或支持手段。一是建立并完善绿色农产品认证体系，以鼓励农业企业、农民合作社、农民等修复污染耕地并减少农药、化肥等新增土壤污染。二是建立并完善绿色地产认证体系，以鼓励开发商等利益相关者修复用于建造住宅楼、商务楼等的污染地块并加强其上的生态建设。

此外，对致力于修复上海污染土壤的企业、机构或个人，建议上海市相关部门建立资金支持和技术支持机制，诸如派遣土壤污染治理的技术顾问，举办年度"土壤污染处理技术论坛"。

执笔人：周冯琦　程　进　刘新宇　陈　宁

CHAPTER

05
第五编

国家任务

第十七章
创新自贸区新片区发展

第一节 制度平台：新片区与传统自由贸易区在功能定位上的异同

2018年11月5日，首届中国国际进口博览会期间，习近平总书记在题为《共建创新包容的开放型世界经济》的开幕式演讲中指出，"为了更好发挥上海等地区在对外开放中的重要作用，我们决定，增设中国上海自由贸易试验区的新片区"。从新片区的设立背景来看，国家最高领导人和中央层面将新片区定位于上海进一步深化开放的重要制度性平台。为此，新片区与现有自贸试验区的发展定位有重要的差异，国内外经济发展新形势下需要通过新片区这个新的载体发挥推动国家深化改革开放的制度平台作用。

从我国经济发展过程来看，不同发展阶段下设立的不同类型的特殊经济区几乎都扮演了作为我国对外开放窗口的制度平台功能。随着国际经贸规则的变化和我国经济的不断发展，现有制度开放平台无法满足全面开放新格局建设对制度创新的新要求，从而需要新片区这个新的制度平台，发挥其在我国开放制度创新中的引领作用。

一、自由贸易区贸易投资政策的国际实践

临港新片区总体方案在贸易投资领域的创新可以总结为进一步推进贸易投资自由化、促进产业发展、推进市场化的制度创新三个方面。与此相对

应，自由贸易区的发展理论在这三个方面也有重要论述，成为发展中国家自由贸易发展的理论基础。

（一）自贸区发展的理论基础

就发展历史而言，自贸区等经济区模式经历了三个阶段：19 世纪的特殊经济区主要位于沿海港口，建立的目的是降低交易成本、促进自由贸易；至 20 世纪初，欧洲国家开始将其与工业生产和集聚相联系，建立了出口加工区；20 世纪中后期，东亚国家利用出口加工区大力发展劳动密集型产业、促进经济转型，使其汇集了贸易、产业等多种政策措施，推动了制度变革和长期发展。因此，特殊经济区的建设也与交易成本、工业集聚和制度变迁等方面有密切关系。

首先，在发达国家，特殊经济区建立的主要依据是，在国内存在较多市场障碍的情况下，国家可以通过一系列政策（基础设施、信贷优惠、税收优惠等），降低园区内企业的交易成本，增加出口、外汇、就业，为经济增长提供更加自由宽松的环境。不仅在发达国家，中国的特殊经济区也充分利用了贸易和投资等政策工具，创造了显著的经济增加值，产生了良好的静态效应。

其次，在发展中国家，特殊经济区的作用在园区内与园区外的联系，即促进工业集聚、推动相关产业发展。这依赖于园区内外企业的联系，即园区内企业对区外企业的关联和溢出效应，尤其是通过前向和后向互动机制，外国企业可以为本国企业提供原材料和市场、转移知识和生产技术，通过水平溢出效应，激励国内企业改进技术和管理、提升市场竞争力。原因在于，发达国家的企业集聚可以产生分享、匹配和学习效应，从而提升园区内外企业的生产率，这在中低收入国家尤其显著；在中国的开发区中，民营中小企业尤其在集聚效应中获得了更大收益。

最后，对中国而言，自由贸易区作为政策创新的试验区，可以实行更广泛和全面的经济改革措施，是经济制度变迁和实现长期发展的先驱。例如，韩国通过马山对出口加工区的试验，在全国范围推广了自贸区模式；在中国，从最初的 4 个经济特区实施开放措施，到 14 个沿海开放城市、35 个经济技术开发区等，逐步确立了全面开放的格局。[1] 这种通过经济区模式进行政策试验的方式有效降低了制度变迁成本、提升了政策的一致性和预见性，也提升了长期发展潜力。

我们发现，特殊经济区的设立，在发达国家的作用在于通过优惠政策降低企业交易成本，为企业提供良好的营商环境，在发展中国家更侧重于通过企业间的关联和溢出效应，提升国内企业技术水平和竞争力，形成产业层面的规模经济，通过政策试验，带动国家层面的制度变迁，从而促进长期发展。在这方面，中国的开发区已经成为经济发展和工业转型的重要推动力。

（二）发达国家和发展中国家的自贸区实践[2]

目前，世界上 140 多个国家和地区实行了特殊经济区的发展方式，其中 75% 以上的发展中国家和所有转型经济体均建立了一个或多个特殊经济区。在不同发展阶段的国家，特殊经济区有着不同的任务和目标。

在发达经济体，自贸区等特殊经济区均为免税区，发展重点在于提供关税减免，尤其是支持企业形成生产销售的供给链，为企业提供良好的营商环境。相比之下，发展中国家的自贸区等载体的目的在于建设多样化和较为全面的制造业基础，其主要方式在于降低关税和非关税壁垒、吸引外国企业投资等，通过溢出效应促进本国企业发展。就分布国家而言，发展中国家自贸区占了绝大多数，发达国家相对较少。中国自贸区占世界自贸区总量的一半左右。

---

[1] 1979 年，中国政府宣布开放深圳、珠海、汕头和厦门为经济特区，1984 年进一步确定了 14 个沿海开放城市（设立 14 个开发区），1985 年将长江三角洲、珠江三角洲和闽南三角区划为沿海经济开放区，1988 年，海南省宣布建立第五个经济特区，辽东和山东半岛全部对外开放，至此，经济开放扩展到整个沿海地区（1989 年和 2006 年，上海浦东新区和天津滨海新区成为国家级经济区）。1992 年后，中国政府增加了 35 个内陆开放城市，并陆续批准了 18 个国家级开发区。1999 年，中央批准中西部地区所有省会（首府）设立国家级开发区，使国家级开发区增至 54 个。截至 2015 年，中国共设立国家级开发区 219 个。

[2] UNCTAD, World Investment Report 2019, pp. 128-176.

在发达国家，几乎所有特殊经济区均为关税自由区，在整体经济中的重要性较弱。其中，美国的国际贸易区占发达国家特殊经济区的70%以上（截至2019年，美国共有262个特殊经济区，波兰21个，立陶宛16个）。发达国家经济政策的关键目标在于创造整体性的公平竞争环境，而非建立特权型的政策区域。因此，在发达国家，特殊经济区的主要目标在于减少与关税和进口有关的监管成本，降低贸易过程的"扭曲"效应。

例如，美国的特殊经济区称为"对外贸易区"，主要目标是提供关税减免、减轻企业的海关过境成本，从而为企业的制造业活动提供便利。尤为重要的是，美国的外贸区域是当地组织而非在联邦政府的主导下建立的，其成立过程为地方组织（城市、区县或港口部门、经济发展委员会等）项联邦机构申请建立和经营外贸取得许可证，联邦部门、外贸委员会授予许可，并由地方机构进行管理和经营。在欧盟，自由区多位于边境地区，来自欧盟以外的货物可以享受免进口税和其他费用。此外，发达经济体较为常见的免税区多称为"自由港"。这些自由港主要功能是免税仓库设施，存放大宗商品和贵重奢侈品。欧盟委员会认为，经济特区的税收优惠属于国家补贴或援助，因此构成此项内容的所有措施必须经过欧盟委员会批准，只有当其给当地社会的收益超过了对欧盟造成的竞争扭曲的情况下，才能使用此类措施。从发达国家的趋势来看，虽然美国的外贸区数量在增加，但欧洲经济特区数量却呈下降趋势。

在发展中国家，特殊经济区项目主要在东亚国家最为普遍，包括中国台湾（1966）、新加坡（1969）和韩国（1970）。通过特殊经济区，这些经济体成功发展了劳动密集、出口导向型产业，为后发国家的工业化提供了可复制的模式。在1997年东亚金融危机后，东亚国家政府致力于提升生产率、促进产业结构升级，因此特殊经济区从多种活动的综合性区域向专业化、高科技类型转变，同时技术创新替代劳动力优势，成为特殊经济区的主要推动力。例如，中国台湾在20世纪80年代建立了3个科技园区，在2000年建立了4个环境科技园区。新加坡于20世纪60年代建立了综合性特殊经济区，在70年代又建立了专门的经济特区；在21世纪初，新加坡政府通过建立以研发和其他高附加值活动为重点的创新驱动型经济特区，转向建立知识密集型产业集群。菲律宾于1969年首次引入以对外贸易为主要活动的特殊经济区，70年代发展为制造业综合性贸易区，1990年后建立了专门的经济特区，聚焦于特定行业——制造业、信息技术、农产品加工或服务贸易领域。

可以发现，世界范围内的特殊经济区发展特征主要有三点：（1）发达国家的特殊经济区目的更加单一化，主要为企业提供较为便利的贸易和经营环境、降低企业的交易成本，而非提供优惠政策的载体和制度创新的平台；（2）发展中国家的特殊经济区不仅在于其降低了贸易成本，更在于其承担了提升产业发展、促进技术进步的职能；（3）特殊经济区在发达国家经济中的作用较小，尤其在较为成熟的市场经济体应用更少，而在发展中国家更加普遍，时至今日仍可视为东亚和东南亚国家促进技术进步的重要实践活动。

（三）不同自贸区的优惠政策

1. 自由港类型

在发达国家的自由贸易区，主要优惠政策为与进出口贸易相关的关税、存储、保险等方面的减免政策，降低企业交易成本，为进出口贸易提供良好环境。

美国的自由贸易区处于海关关境之外，对企业给予关税豁免。贸易自由化方面的优惠政策包括：（1）保税措施，包括海关关税、国家或地方税费在内的税收，只需商品从自由贸易区运至关境之内缴纳；当货物从自贸区运至国外时免征关税。（2）关税优惠措施，尤其当进口零部件关税税率高于成品时，实行倒挂关税，促进企业将产品组装等环节在自贸区内完成。（3）存储、保险等措施，降低企业保险费用、无存储时间限制、区内货物出口可以享受更加便利化的服务。

在阿根廷的拉·普拉特自由贸易区，进口商对进口货物进行维护和处理，不受任何时间限制。与保税仓库相比，自由贸易区内货物储存没有时间限制，进口商可以根据市场状况决定货物处理时间。进口商在向海关提交进区申请时不必呈送产品样品,对企业抽取部分货物等活动不予限制。①

可见,在自由港类型的自贸区中,优惠政策主要侧重于关税减免、存储和物流等方面,目的在于降低企业的交易成本,而非对特定产业、部门的税收和财政激励计划。

2. 产业发展类型

在发展中国家,建设自由贸易区的重要目标是促进本地制造业和服务业发展,其重点任务也在于促进企业的投资便利化。一般而言,促进企业形成集群的动力来自以下方面:(1)企业之间上下游的协作关系对企业产生纵向关联,促进企业保持稳定的合作关系、降低交易成本;(2)相似的细分行业内企业展开自由经营,企业之间产生的水平关联可以促进自贸区形成集聚效应。因此,发展中国家的自贸区对部分产业给予优惠政策,促进企业形成水平和垂直关联,从而吸引企业在自贸区生产和经营。

由于不同国家的产业发展定位不同,因此各国在促进自贸区投资企业的政策方面也有较大差异。在新加坡、智利等地的自贸区,当局最大程度减少企业的税负,同时向政府鼓励的项目提供各种补贴。如新加坡自由港向制造业和服务业、建筑业以及节水项目发放投资补贴;智利取消了地方税和初级税,允许企业在自贸区内开展零售活动;迪拜自贸区允许企业在区内开展存储、贸易、加工制造等,均不征收关税及其他税收。

在韩国釜山港,政府为了促进相关产业发展,实施了多项优惠政策。主要包括:(1)关税减免,对进口产品和用于出口的产品免税,对于入驻企业间相互提供的外国产品和服务免征关税;(2)入驻企业前3年免缴法人税(企业所得税),后两年按照50%的额度缴纳;(3)对所有进口货物、区内企业间销售的货物免增值税;(4)注重纳税信息的公开和透明化。这表明釜山港自贸区在所得税减免、增值税优惠等方面均进行了较强的政策倾斜,而且大部分优惠政策对所有企业和产品适用,有利于相关产业的发展。

---

① 钱震杰:《比较视野下的自由贸易区的运行机制与法律规范》,清华大学出版社2015年版,第141—142页。

3. 制度变革：主要自由贸易协定的发展

近年来，全球产品内贸易的深入发展导致的国际贸易与投资格局变化，引发了建立适合新时期国际贸易与投资规则的强烈要求。与传统贸易投资规则不同，这些新规则强调知识产权保护、服务的双向自由流动、透明和公正的商业环境、健全的法制体系等方面。上海自由贸易区临港新片区如何进行最高标准的自贸区建设、应用最先进的规则体系，将是自贸区开发开放的重要任务。

新时期的贸易与投资政策有以下特点：（1）从内容上看，新时期的贸易投资政策以边界内措施为主，目的在于通过迈向最高标准的实践，实现国家内部消除扭曲、达到公平竞争的目的；而传统投资政策以边界措施为主，目的在于通过互惠方式提高市场准入，消除贸易壁垒。（2）新时期的政策要实现在放松管制与公共政策目标之间的平衡，例如知识产权、竞争中立、劳工标准、环境保护等方面。在应对国际投资规则变化的实践中，上海自由贸易区可以进行压力测试，建设具有现代国际标准的贸易投资综合试验区，将新时期的规则与国内经济改革结合起来，成为推动我国价值链地位提升、融入全球深层次一体化的有效载体。①

可以发现，自由港类型的贸易区主要在发达国家更加普遍，目的在于降低企业贸易成本、减少市场扭曲；产业发展类型的自由贸易区多分布在发展中国家，东道国针对国内特定产业，对自由贸易区实行了大量的优惠政策，促进投资自由化、吸引跨国公司进驻，为企业生产经营提供良好市场环境；同时新一代自由贸易协定对国内制度变革提出了新的要求，需要我国自由贸易区进行相应的市场化改革和压力测试，为上海自贸区的开发开放提供了新的要求。上海自贸区不仅应该扩大贸易投资自由化，同时应根据上海经济的特色促进优势产业发展、提升自贸区的长期前景，并根据新一代自由贸易协定的要求，促进市场化制度体系建设，为国内的制度变革进行有益的探索和实践。

---

① 参见盛斌：《迎接国际贸易与投资新规则的机遇与挑战》，《国际贸易》2014年第2期；盛斌、段然：《TPP投资新规则与中美双边投资协定谈判》，《国际经济评论》2016年第5期。

二、不同阶段下我国开放制度性平台——特殊经济区的定位比较

第一阶段（1980年至今），主要以经济特区、国家级新区为代表的特殊经济功能区，作为我国开放的制度性平台。1978年改革开放初期，国家需要加快推动从计划经济向市场经济的转型，这种转型过程不能一蹴而就，因而需要通过制度开放的"阀门"渐进式推进，即在特定地理范围内试行自由化政策，只允许最低限度的政府干预，而当政策试验成功后再推及全国其他地区。在遵循这种开放推动改革的逻辑下，我国于1980年设立了深圳、珠海、汕头、厦门四个经济特区，1981年四个经济特区占全国引进外商直接投资的比重达到59.8%以上。随着经济特区作为制度开放平台功能效应的迅速显现，1988年国家批准海南全省作为经济特区。20世纪90年代以后，以上海浦东新区为代表的国家级新区成为新一轮开发开放和改革的新动力。

第二阶段（1990年至今），主要以海关特殊监管区域为载体，作为我国开放的制度性平台。1990年6月国务院批准的国内第一个保税区——外高桥保税区成立，同时也是国内最早成立的海关特殊监管区域，后者是我国货物贸易总体开放程度较低的情况下主动对接国际市场，通过在国内部分特定区域率先实现对外经贸开放的重要载体和平台。海关特殊监管区域的政策设计初衷即通过货物进口保税政策和贸易便利化政策，通过加快我国货物贸易的发展融入全球产业链。因此，作为海关特殊监管区域的不同形式，保税区（1990年起设立）、出口加工区（2000年起设立）、保税物流园区（2003年起设立）、保税港区（2005年起设立）、综合保税区（2006年起设立）和跨境工业区（2003年起设立）的政策重心都主要围绕货物贸易领域展开，是我国推行货物贸易便利化程度最高的区域。

第三阶段（2013年9月至今），主要以自贸试验区为载体，作为我国开放的制度性平台。在国际经贸新规则演变的背景下，国内第一个自贸试验区——中国（上海）自由贸易试验区成立的重要初衷之一，就是通过率先

建立符合国际化和法治化要求的跨境投资和贸易规则体系，使试验区成为我国进一步融入经济全球化的重要载体。自贸试验区的试点内容上涵盖了货物贸易、服务业开放、投资、金融和事中事后监管制度创新等多个领域，且明确创新措施试点后向全国复制推广的重要导向。2003年9月，自中国（上海）自由贸易试验区成立以来，到2015年4月，广东、天津、福建等第二批自由贸易试验区正式运行，再到2017年3月，辽宁、浙江、河南、湖北、重庆、四川、陕西等第三批自由贸易试验区的纳入，以及2018年4月海南自贸试验区（自由贸易港）、2019年8月的第五批自贸试验区的设立运行，已经形成了横贯东西南北中、联动各大区域的全国自由贸易试验区网络格局。

三、新形势下需要通过新片区建设突破现有开放平台的制度约束

现有开放平台的制度性约束在于：第一阶段以经济特区、国家级新区为代表的特殊经济功能区，曾在我国从计划经济向市场经济转型过程中发挥了重要的开放引领作用，随着我国总体市场经济改革的深入，逐渐演化为开发区模式，国家对其制度创新功能的要求弱化。第二阶段以保税区为代表的海关特殊监管区，重点在货物贸易便利化方面进行了诸多重要的制度创新探索，实行国际通行的"保税"政策设计，也一定程度被赋予某些"境内关外"的特征，但由于政策设计之初本身就是为了推动货物贸易领域的开放和便利化，因此在制度创新的范围上不足以承担新形势下以"关境内"开放和改革为主要内容的制度需求。第三阶段自贸试验区制度平台的建立，是在国际经贸新规则重心从"关境间"转向"关境内"的背景下，我国在开放和制度创新领域的一次重要尝试，从试点内容上看涵盖了货物贸易、服务业开放、投资、金融和事中事后监管制度创新等多个领域，尽管取得了一定的制度创新成效，但受制于改革的自主权限，导致成效与制度设计的预期之间存在差距。

表 5-17-1　我国特殊经济区不同阶段的定位比较与制度约束

类别/阶段	Ⅰ阶段	Ⅱ阶段	Ⅲ阶段
时期	1980年至今	1990年至今	2013年9月至今
成立背景	从计划经济到市场经济转型阶段	改革开放初期贸易领域开放度低	关境间到关境内国际规则涉及深度开放需求
制度设计	特殊经济功能区	海关特殊监管区	自贸试验区
主要形式	经济特区、国家级新区、经济技术开发区等	保税区、保税港区、出口加工区等六种	自贸试验区保税片区、非保税片区
发展定位	要素市场化改革	贸易便利化改革	投资贸易便利化改革
开放内容	土地、劳动力、价格等要素改革率先试点	赋予货物保税功能，以贸易便利化措施为主	从货物领域拓展到服务、投资等领域
主要贡献	在我国向市场经济转型中发挥重要引领作用	以货物贸易便利化为主	投资、服务、贸易制度创新领域取得一定成绩
主要不足	随着改革逐步推进，制度开放的边际效应递减	主要集中于货物贸易便利化领域	开始关注投资和资金进出，但自由程度有限
根本瓶颈	演化为开发区模式，国家对其制度创新功能要求弱化	制度设计之初仅着眼于货物贸易便利化	受制于改革的自主权限

注：本课题组整理。

总的来说，现有的制度开放平台无法满足构建全面开放新格局对制度开放提出的新要求。主要原因在于，作为"渐进式改革"的重要制度平台，特殊经济区的制度创新效应不能充分发挥，它们要么受限于本身的试点领域（如特殊监管区仅限于货物便利化），要么受制于改革的自主权限（如自贸试验区）。在这种背景下，需要从全球化新趋势下企业的微观需求出发，通过新片区的制度设计，为我国构建全面开放格局网络体系提供新的制度平台，即通过投资贸易自由化的制度设计，扮演局部率先深层次开放的"安全阀"功能，在货物、资金、人员和数据的跨境流动方面进行高度自由化的制度探索。

新片区在我国全面开放新格局中的主要作用在于：一方面，发挥我国在参与国际经贸新规则以及对外开放中的引领作用，具体表现为，从根本上解决外国跨国公司和本土先锋企业在以中国为基点开展全球运营的微观制度需求，例如在华跨国公司总部机构的离岸贸易业务、中国本土先锋企业对外投资中的资金进出、跨国医药研发外包中的离岸研发业务、国际维修业务、数字贸易业务等都涉及对新片区的迫切制度需求，这部分企业的业务运作对促进我国在全球价值链中的位置跃升起着关键作用；另一方面，新片区的制度设计并不意味着对现有制度平台（例如海关特殊监管区域和自贸试验区）的简单替代，而是通过制度设计形成与现有制度平台的互补和联动，例如从货物贸易看，新片区的制度设计不仅只针对国际转口业务，而且同时也将考虑"一线"入区后部分货物转入"二线"时与海关特殊监管区域关境间货物流动的贸易便利化问题。

四、自贸试验区临港新片区与老片区建设定位的差异

根据对国务院发布的《上海自贸试验区建设总体方案》（2013年的1.0版）、《深化方案》（2015年的2.0版）、《全面深化方案》（2017年的3.0版）以及《中国（上海）自由贸易试验区临港新片区总体方案的通知》（国发〔2019〕15号，简称《总法方案（2019）》），几版新老片区的比较后发现，新片区与老片区建设的功能定位有明显差异，具体体现在以下三个方面。

第一，总体定位不同。根据自贸试验区老片区总体方案，老片区建设的总体定位于"制度创新的示范平台"，强调通过制度创新探索为全面深化改

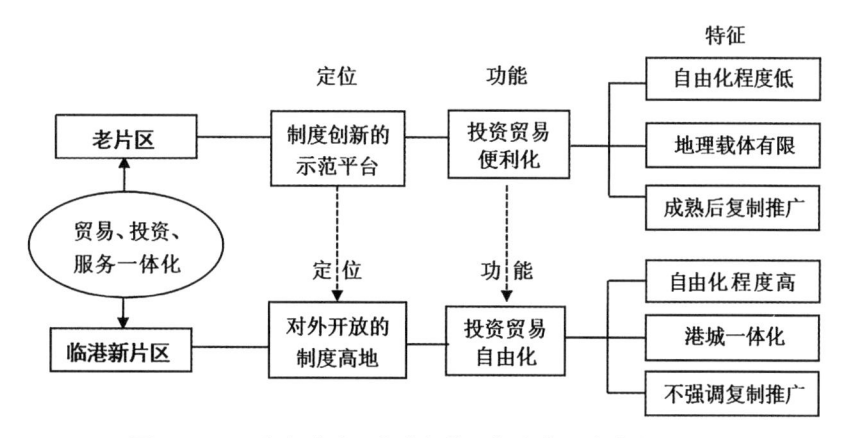

图 5-17-1 自贸试验区临港新片区与老片区功能定位差异

革和扩大开放探索新途径、积累新经验。相比之下，新片区的定位是"对外开放的制度高地"，体现为对标国际上公认的竞争力最强的自由贸易园区，"选择国家战略需要、国际市场需求大、对开放度要求高但其他地区尚不具备实施条件的重点领域，实施具有较强国际市场竞争力的开放政策和制度，加大开放型经济的风险压力测试"，因而新片区的开放程度和改革深度要高于老片区，形成制度性高地。

第二，功能体现不同。老片区建设的功能主要体现为"投资贸易便利化"，《上海自贸试验区建设总体方案》中提及，上海自贸试验区"肩负着我国在新时期加快政府职能转变、积极探索管理模式创新、促进贸易和投资便利化，为全面深化改革和扩大开放探索新途径、积累新经验的重要使命，是国家战略需要"。新片区方案中非常明确地提及"建立以投资贸易自由化为核心的制度体系"，因而其功能主要体现为"投资贸易自由化"。

第三，主要特征不同。老片区建设的主要特征表现为：一是强调便利化，因而自由化程度较低；二是地理载体限于120平方公里左右，因而地理空间相对有限；三是强调制度创新探索成熟后的复制推广，发挥制度创新的示范效应。与之不同的是，新片区强调自由化，提出"实现新片区与境外投资经营便利、货物自由进出、资金流动便利、运输高度开放、人员自由执业、信息快捷联通"，涵盖面较广。地理载体方面，新片区先行启动区为119.5平方公里，但是中远期规划将拓展到850平方公里，属于港城一体化的发展模式。此外，新片区的制度创新并不强调复制推广，这一点与老片区的定位有很大差异，不强调制度创新复制推广，意味着新片区的创新相对更容易得到国家部委的支持。

第二节　协同发展：上海自贸区新片区与上海自贸区的关联性

在贸易和投资自由化方面，临港新片区的《总体方案（2019）》与2013年发布的《中国（上海）自贸试验区建设总体方案》以及2017年《全面深化中国（上海）自由贸易试验区改革方案》相比，不同点主要有如下三个方面。

首先，《总体方案（2019）》指出了临港新片区建立贸易投资的制度体系和功能平台的构想。《总体方案（2019）》在发展目标中指出，到2025年要建立比较成熟的投资贸易便利化制度体系，打造一批更高开放度的功能型平台。到2035年，建成具有较强国际市场影响力和竞争力的特殊经济功能区，形成更加成熟定型的制度成果。而功能型平台，主要指整个区域经济所支撑的多功能构架，即从产业、金融、贸易、航运和研发等方面构造出的大型生态圈。

其次，《总体方案（2019）》明确提出了贸易投资自由化与产业发展的主导方向。在对临港新片区的设计中，《总体方案（2019）》提出要把实业发展与自贸区的功能相结合，这是新片区的重要特色，也是《总体方案（2019）》做出的大胆创新和方向性尝试。这种把产业发展与自贸区功能相结合的设计，是在总结了国内外各种自贸区或自由港建设，尤其是发展中国家自贸区建设基础上进行的提炼，是全球自贸区发展的重要方向。[①]

再次，与2013年和2017年的方案相比，临港新片区《总体方案（2019）》最大的不同在于，临港新片区被赋予了最大限度地自主创新权利，拥有自主改革、自主创新、自我管理等多项权利。在这个基础上，《总体方案（2019）》对新片区的设计完全依照市场经济原则设计新片区的功能与架构。这意味着临港新片区在市场化制度改革方面将先行先试，为企业经营提供更开放、更自由的制度环境，从而对全国范围的市场制度改革形成良好的制度经验。

因此，临港新片区的发展重点不仅在于贸易投资自由化、降低企业交易成本，更在于发展优势产业、促进产业结构优化升级，同时为全国范围的自贸试验区提供可推广、可复制的制度经验。

[①] 《上海自贸区临港新片区的优势和挑战》，《上海金融报》2019年8月9日第11版。

一、上海自贸区贸易投资自由化的政策创新

上海自贸区运行6年来，自贸试验区在投资便利化、贸易便利化、金融开放与创新、政府管理体制改革、法制环境完善等五大领域推出了127项制度创新成果，已经分别在全国范围、全国海关特殊监管区域以及其他11个自贸试验区进行了分类复制推广。上海自贸区的制度创新成果通过上海市法律法规、《上海自贸试验区条例》、国务院和部委法规、《外商投资法》等制度性文件得以总结、确认和体现。上海是世界银行营商环境评估项目组观察中国营商环境的两个主要城市之一。由于上海自贸区的建设及其经验在全市的复制推广，上海的营商环境得到大幅改善与提升，对中国整体营商环境从2017年的全球第78位提升到2018年的全球第46位、2019年的全球第31位作出了重要贡献。

首先，在贸易便利化方面，上海自贸区先后推出了"先进区、后报关"、"批次进出、集中申报"、进口货物预检验、"十检十放"等近百项便利化措施和举措。目前，上海自贸区已经完成了世界贸易组织《贸易便利化协定》40项条款中的38项，其中36项A类条款已全部签约实施，剩余2项B类条款将进行便利化试点。[①] 这些措施使得上海自贸区通关时间不断缩短，通关成本逐渐下降。上海自贸区国际贸易"单一窗口"已经从1.0版本升级到3.0版本，拥有9个功能板块，使得企业申报数据项在船舶申报环节缩减65%，在货物申报环节缩减24%，累计为企业节省成本超过20亿元。上海自贸区国际贸易"单一窗口"建设还有力推动了亚太示范电子口岸网络的建设。目前，亚太示范电子口岸网络已经拓展到"一带一路"沿线11个经济体的19个口岸，海运物流可视化、空运物流可视化、电子原产地证数据交换等项目取得明显进展。[②]

其次，上海自贸区通过贸易监管制度创新，使区内一线进境货物入区时

---

① 剩余的2项B类条款分别是探索公布涵盖各通关环节的货物平均放行时间及实施原产地自主申明制度。
② 数据转引自胥会云、金叶子：《上海自贸区5周年：一场持续加码的对外开放压力测试》，《第一财经日报》2018年9月29日。

间平均缩短 2—3 天，进出境时间较上海关区平均水平下降 78.5% 和 31.7%，企业物流成本减少 10% 以上。截至 2018 年 12 月底，上海自贸区企业申报数据项在船舶申报环节缩减 65%，在货物申报环节缩减 24%，累计为企业节省成本超过 20 亿元；仅集装箱设备交接全面电子化一项，每年可为企业降低单证成本 4 亿元。[①]

再次，在投资方面，上海自贸区形成了以负面清单管理为核心的投资管理制度。2013 年，上海自贸区制定并发行了全国首份外商投资负面清单，实施"准入前国民待遇＋负面清单"的管理模式。上海自贸区 2013 年版负面清单总共 190 条禁止和限制类措施，2014 年减少到 139 条。2015 年四大自贸区共用的负面清单进一步缩减至 122 条。2017 年，全国 11 个自贸区共用的负面清单减少到 95 条。2018 年，自贸区负面清单减少至 45 条。2019 年 3 月，全国人大通过《外商投资法》，自 2020 年 1 月起将在全国范围内实施负面清单管理模式，取代原先的"外资三法"。[②] 同时，上海自贸区推进企业准入"单一窗口"、注册资本认缴制、企业名称登记改革试点"先照后证"等级制、多证合一、集中注册登记制等一系列制度创新，基本形成了与国际通行规则相一致的市场准入方式。

最后，通过投资管理制度创新，上海自贸区已实现了近 95% 的外商投资项目通过备案方式设立，而备案与审批相比，大大减少了外资投资的难度和费用。截至 2019 年 4 月，上海自贸区累计新设企业逾 6 万户，是 20 年同一区域设立企业数的 1.6 倍，新设外资企业 1.1 万多户，占比从自贸试验区挂牌初期的 5% 上升到 20% 左右。

二、新片区进一步实施制度创新的重点领域及行业

首先，进一步推进贸易自由化。与其他转口贸易枢纽城市相比，上海仍

[①] 黄小凌、肖本华：《中国（上海）自由贸易试验区制度创新研究：2013—2018》，《上海立信会计金融学院学报》2019 年第 2 期。
[②] 尹晨：《论制度型开放视野下的上海自贸区制度创新》，《复旦学报》2019 年第 5 期。

缺乏综合高效的口岸监管与服务。一是海关监管便利化程度有待提高。目前海关对国际中转集拼货物采用"先报进、后报出"的两次报关监管模式，效率低、成本高。虽然采用备案形式，但基本上还是按照报关流程进行，即进出境各进行一次报关，进出境报关及拆箱环节需耗时3个工作日。二是整体转口业务成本费用较高。目前欧美航线主要集中在洋山港区，东北亚航线集中在外高桥港区，两港区距离100公里以上，货物需要通过陆路或"水上巴士"进行二次驳运，增加了转运成本。此外，口岸通关及服务费用偏高。目前上海港的国际中转拼接业务成本高出新加坡港35%—50%。

其次，在投资自由化方面仍有较大潜力。主要的问题在于，投资政策的部分创新与实际执行存在差距，部分项目仍未能实现全面开放，而开放的项目进展较小。有较大市场需求的数据中心、文物拍卖等业务，由于多种原因仍然未能对外资企业开放。此外，在执行过程中，相关部门制定了较为严格的准入、经营要求，对外资企业进行限制，例如中外合资的会计师事务所，需要由中国合作者占主导地位，这打击了外国投资者的积极性。

最后，就制度变革而言，上海自由贸易区新片区在市场改革的制度化、体系化探索方面仍有待改进。目前，上海自由贸易区优惠政策仍集中于降低企业交易成本、提高办事效率，尤其侧重于商品通关、企业进驻等方面，而对于新一代贸易协定中广泛关注的竞争中立、营商环境优化、产权保护、投资者—国家争端解决、金融市场开放等方面的探索较少，难以形成可复制、可推广的制度经验。因此，现阶段推出的多项措施，仍属于在原有优惠政策上的补充性完善。而只有在建设透明、开放的市场环境方面进行有益探索，才能够推动对国际协定标准的压力测试，形成有益的制度经验。

三、新片区三大亮点落实对内对外开放的协同发展

首先，上海自贸试验区新片区是"增设"而非扩大，这意味着上海拥有两大自贸试验区。中国（上海）自由贸易试验区与中国（上海）自由贸易试验区临港新片区的协同发展，将在上海建设卓越的全球城市的过程中发挥

"1+1＞2"的能效，为上海也为全国带来改革开放的新红利。上海自贸区肩负为全国提供可复制、可推广经验的重任。同时，上海也需要形成自己不可复制、不可推广的"特色"。上海自贸区和上海自贸区新片区就像是一对"姐妹花"，在互补与共生中协同发展。

其次，2018年11月5日，习近平总书记在首届中国国际进口博览会开幕式上发表主旨演讲，提出"增设中国上海自由贸易试验区的新片区"。短短9个月时间，中国（上海）自由贸易试验区新片区就正式挂牌，这不仅是中国承诺、中国速度，而且是中国表达"共建创新包容的开放型世界经济"这一立场的最佳表现。对标国际上公认的竞争力最强的自由贸易园区，这不是一句空话套话，中国和上海正以自己的努力向国际社会表达我们的能力和决心，表达我们积极践行国际承诺，遵守国际规则的诚意。同时，对标国际上公认的竞争力最强的自由贸易园区，这意味着我们将向一个群体、一批在国际上各个领域竞争力最强的自由贸易园区学习。

最后，上海是长三角一体化的龙头，国家和上海在规划布局新片区时，没有忘记上海必须辐射长三角、服务全国的功能。加大开放力度，放大辐射效应，上海自贸区新片区将在对内对外的共同开放中，在长三角一体化的发展中，进一步汇聚人流、物流、资金流，促进贸易和投资的双向开放和发展，逐步打造成为更具国际市场影响力和竞争力的特殊经济功能区。特殊区域，特殊政策。"建立以投资贸易自由化为核心的制度体系"，以"投资自由、贸易自由、资金自由、运输自由、人员从业自由等为重点，推进投资贸易自由化便利化""借鉴国际上自由贸易园区的通行做法，实施外商投资安全审查制度"等，无不彰显出这一片区域的特殊性。中国（上海）自由贸易试验区临港新片区的增设，将为中国进一步提高自身国际竞争力提供条件，通过制度创新为中国对外开放的深化提供新动能。

四、新片区与上海"五个中心"建设的关联性

上海市提出的"五个中心"建设，尤其是国际航运与贸易中心，与现代

高端服务业发展密切相关,而上海市尤其是自贸区的服务贸易发展仍然较为滞后,制约了国际航运与贸易业务中心的建设,因此临港新片区在相关产业方面仍有广泛空间。这也是制约上海现代贸易和航运中心建设的重要因素。因此,临港新片区可以成为提升服务贸易、带动全市服务业提升的重要平台。

一是开放领域有限,在金融、医疗、维修再制造等重点领域开放限制较多,已开放领域存在限制。近年来,海南和厦门在服务业开放方面取得了较大突破,如海南国际医疗旅游先行区对进口药品的注册申请、厦门自贸区推进航空维修区外保税维修试点等,上海在服务贸易开放领域与其存在较大差距。此外,上海自贸区部分服务业开放领域尚未出台细则,没有确定服务范围,导致企业难以开展实际业务。二是开放模式较为单一。目前上海服务业开放模式主要是商业存在,跨境交付、自然人流动模式较少,境内外人员资质互认渠道并未打通。在此方面,广东自贸试验区通过试行粤港澳认证及相关检测业务互认、试行粤港澳律师、医师等专业服务人员职业资格互认等措施,扩大对港澳服务业开放,促进要素流动。例如,福建自贸区允许中国台湾地区取得相关资格的药剂师在大陆执业。在这方面,上海可以进行相关探索和实践。

(一)贸易规则

新片区应按照发达国家最高标准的自由贸易港的做法,全面探索实现贸易投资自由化的措施,尤其需要重点推进资金、信息和人员的跨境流动,在离岸金融、数字贸易等方面形成可推广、可复制的规则体系。此外,按照中美、中欧经贸谈判的相关情况,探索在第二代国际贸易和投资规则的实践,尤其是竞争政策、产权保护、国有企业改革、技术转让等领域,推进更加全面、系统的改革措施,为全国范围的市场化改革提供实践经验。

在通关自由化领域,优化口岸服务和费用。首先是推进外高桥与洋山港区通关一体化运作。对洋山保税港区与外高桥港区实施"一体化"管理,试点推行两港快速直通关模式,对于相互之间的货物流转,采取以直接调拨方式代替传统的转关模式，无需办理施封、验封等传统转关手续。在船舶和货物进出港口环节，允许部分企业以备案制取代报关制。其次是优化港口收费制度。在港口经营性收费方面，可取消或下调部分缴费项目；在行政规费方面，建议适当降低吨税和船舶港务费。再次是搭建国际中转集拼公共服务平台。在新片区内建立大型海关监管综合拼箱服务中心，按照对不同业态拼箱货物分区管理的监管要求，实施一个中心下的分区操作。在中心内融合各种形态拼箱操作要求，进行一次性拆拼箱作业，降低国际中转拼箱的操作成本。

（二）投资自由化

新片区应进一步推进负面清单管理模式，对外资企业扩大市场准入、加强事中事后监管，形成透明、公开、有效的市场监管模式。尤其减少有关部门的行政审批、股权限制、安全审查等方面的制约，扩大外资企业的准入和经营范围，切实构建有利于外资企业发展的市场环境，也为其他自贸区的负面清单管理提供良好范例。

（三）产业发展

大力发展现代服务业，新片区的服务业，尤其是高端服务业是推进自贸区持续发展的动力。新片区不仅应明确高端服务贸易的行业目录和支持政策，而且需要为其提供良好的基础设施、完善的资金服务，为离岸金融、专业咨询、会展旅游、文化娱乐、现代物流等行业提供便利的市场环境，吸引高端跨国公司和全球总部入驻，使自贸区新片区和上海市成为现代高端服务业中心，为自贸区的长期发展和产业转型提供坚实基础。

具体包括如下四点：一是实施高水平金融开放措施，支持符合条件的机构申请境内机构投资者、人民币合格境内机构投资者业务资格。将合格境内机构投资者主体资格范围扩大至境内外机构在本市发起设立的投资管理机构。支持设立人民币跨境贸易融资和再融资服务体系，为跨境贸易提供人民币融资服务。支持金融机构按国际通行规则为大宗商品现货离岸交易和保税交割提供跨境金融服务。二是进一步扩大医疗卫生领域对外开放，争取允许外商独资设立医疗机构，推进医疗科技领域的项目合作和取消外资准入限制。三是提升维修再制造开放力度。适当降低保税检测维修门槛，拓展特殊综保区内维修再制造业务的经营范围，减少对产品生产地、原产厂家及品牌等的要求和限制。四是推进旅游、出版、软件等专业服务业对外开放。允许在沪设立的外商独资经营旅行社试点经营中国公民出境旅游业务（赴台湾地区除外）。试点在区内取消出版印刷由中方控股的限制；探索允许外商投资音像制品业务。推动软件和信息技术服务业开放。对外国人和企业或组织申请布图设计相关业务，放宽代理机构标准。

（四）制度建设

进行高标准的市场化制度建设，为全国范围的制度改革进行有益的探索和实践。上海自由贸易区作为建设"一带一路"的重要地区，应为中国更好地参与经济全球化作出贡献，尤其在实施高标准贸易协定、进行多领域融资合作、应用知识产权协议、推进竞争中立原则等方面进行全面探索，并与外国政府合作，探索制定境外合作区的相关法规和细则，为投资者保护、全球价值链构建、保护中国企业权益等方面打下制度基础。同时，在负面清单的透明度、市场准入可预期性、竞争中立原则、安全审查领域等方面，加强系统化、规范化、透明化的探索，形成制度化的管理模式，为全国范围的推广提供制度经验。

第三节　联动枢纽：拓展上海自贸区新片区的产业新业态

一、新片区的产业发展重点

2019年11月，习近平总书记在上海考察时指出，上海自贸试验区临港新片区要进行更深层次、更宽领域、更大力度的全方位高水平开放，努力成为集聚海内外人才开展国际创新协同的重要基地、统筹发展在岸业务和离岸业务的重要枢纽、企业走出去发展壮大的重要跳板、更好利用两个市场两种资源的重要通道、参与国际经济治理的重要试验田，有针对性地进行体制机制创新，强化制度建设，提高经济质量。

为此，新片区的产业定位不仅体现高度开放的功能特征（国际共性），同时也强调其对国内市场的辐射及联动功能特征（中国特色），从而使其成为整合在岸业务和离岸业务的连结点。为实现新片区的以上总体功能定位，再结合新片区的产业基础和地理位置，对其服务功能进行细化，并根据功能明确重点发展的产业业态，具体包括以下四种服务功能及对应重点产业业态。

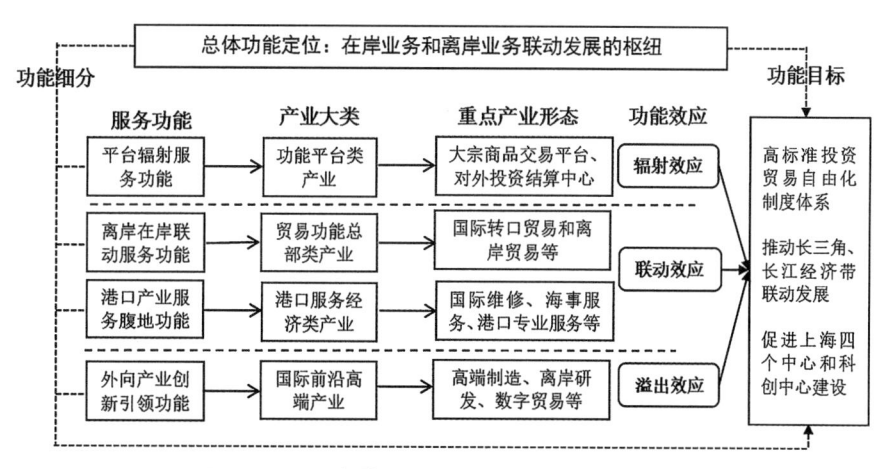

图 5-17-2　新片区的总体功能定位和产业布局

（一）离岸在岸联动服务功能：国际转口贸易和离岸贸易业态

主要体现为新片区作为整合离岸和在岸业务的节点功能，其对应的产业大类为贸易功能总部类产业，重点产业形态包括国际转口贸易和离岸贸易等，与中国香港、新加坡作为纯国际转口和离岸贸易功能不同的是，新片区的服务功能更倾向于在岸和离岸业务的整合功能，使新片区内的贸易类总部可以发挥以中国市场为基点，涵盖亚太区的国际物流分拨和贸易结算中心的功能。

从未来的发展潜力来看，上海国际转口贸易和离岸贸易的发展空间巨大，2008 年金融危机以来，跨国公司的战略布局从原来的全球性战略逐步向以市场为导向的区域性战略转变，跨国公司内部组织机构调整速度加快，逐步归并市场较小区域的分支机构，重点发展市场容量大或者市场成长相对较快的地区。同时，为进一步保持和提升竞争力，跨国公司的战略重心日益倾向于价值链的知识密集型环节，如产品定义、管理服务以及营销和品牌管理等，将大量非核心的制造业务外包给 OEM 制造商，因此跨国公司母子公司之间、子子公司之间以及母子公司与外部供应商之间的交易规模越来越大。

中国作为世界最大的新兴发展中国家市场，在跨国公司全球战略中的地位不断提升，跨国公司的亚洲区域战略也开始发生转变，即从以日、韩为重心的东南亚战略向以中国大陆市场为核心向周边辐射的亚太区战略转变。由于中国市场容量庞大，跨国公司在中国的生产性子公司数量众多但布局相对分散，并且它们生产的中间品品种多样化，各子公司或外部供应商间的异质程度相对较高，跨国公司母子公司、子子公司之间、子公司与外部供应商之间的贸易关系必然十分复杂。这样，跨国公司倾向于在中国大陆中心城市设立贸易型子公司，通过这些贸易中间商集成跨国公司企业内和企业间贸易订单（多品种、多批次、小批量），作为订单管理和贸易结算中心，发挥规模经济和范围经济的作用，有效降低交易成本。

跨国公司通过在上海等国内中心设立贸易型公司协调处理亚太区各国子子公司、母子公司以及关联企业间的贸易。如果跨国公司设在上海的贸易型总部既可以充当资金结算和订单处理中心，货物流直接在境外交货，从而产生离岸贸易；也可以充当亚太区的物流分拨中心，从而使得境外的货物出口到上海后，再经上海销往其他境外国家子公司，从而产生转口贸易，由于可能涉及国内子公司生产的货物，所以国内子公司的货物也会汇集到上海的贸易型总部，与转口贸易货物一起参与集中调拨、配送。

（二）平台辐射服务功能：大宗商品交易平台、对外投资的财务结算中心

主要体现为新片区对国内和国际市场的辐射服务功能，其对应的产业大类为功能平台类产业，重点产业形态包括大宗商品交易平台、对外投资的财务结算中心等，选择其作为重点产业的原因在于，大宗商品交易平台建设对提升我国在大宗商品领域的话语权和定价权至关重要，而对外投资的财务结算中心平台则可以为国内企业对外投资（包括对"一带一路"投资）方面涉及的资金进出方面提供便利化。

首先，大宗商品交易平台业态：上海已基本形成了涵盖股票、债券、货币、外汇、商品期货、金融期货与场外衍生品、黄金、保险、信托等市场构成的全国性金融市场体系，大宗商品市场"期现联动"创新试点持续推进，区域性股权市场规范发展，金融市场体系进一步健全。自贸试验区成立后，上海黄金交易所设立国际版，黄金现货交易量连续多年位居全球第一；上海期货交易所成为全球三大铜定价中心之一，上海金融市场配置全球资源能力进一步提升。

不过，与其他国际中心城市，包括伦敦、纽约、新加坡等城市相比，上海在大宗商品交易的影响力和定价权方面还存在明显的差距。在石油、天然气、农产品、煤炭、金属等大宗商品贸易商的全球资源配置图中不乏新加坡、迪拜、鹿特丹、阿姆斯特丹等自由港，而国内中心城市则基本没有进入全球著名大宗商品交易商的配置链条。

其次，对外投资的财务结算中心业态：中国企业开展对外投资，通过全球范围内配置资源，利用各国在不同生产环节上的比较优势，从而产生不同国家（地区）间的大量原材料、中间品和制成品贸易，这些贸易既有企业内贸易也有企业间贸易。为实现服务环节的规模经济，提高交易效率，"走出去"企业一般会通过其设立的贸易结算中心（贸易型子公司）完成这些复杂的贸易业务。如果"走出去"企业将国际贸易结算中心设在国内，则可能带来货物流、资金流和订单流"三流不一"。这种"三流分离"的贸易结算需求无法在国内顺利进行。其原因在于，我国对外汇的管理是基于真实的货物交易需求，国外的货物流单据很难拿到，这就难以证明货物流的真实存在。

（三）港口产业服务腹地功能：国际维修、国际海事服务和与港口有关的专业服务业

主要体现为新片区洋山港本身港口基础资源的产业服务功能的延伸，其对应的产业大类为港口服务经济类产业，重点产业业态包括国际维修服务、国际海事服务和与港口有关的专业服务业；这些产业与港口基础资源密切相关，且向港口服务经济的延伸可以提升服务的附加值，对长三角、长江经济带等地区腹地市场的实体产业产生联动效应。

（四）外向型高端产业引领功能：高端制造、离岸研发和数字贸易业态

主要体现为新片区通过高度开放率先发展外向型国际前沿高端产业，从而发挥对国内产业的溢出效应，其对应的重点产业业态为高端制造（包括集成电路、人工智能、航空航天）、离岸研发（生物医药研发服务外包）和数字贸易等产业，这些受制于现行国内制度和法律法规限制的前沿产业，可以率先在新片区进行开放，并吸引产业相关的技术、人力资本等国际高端要素的集聚，可以为国内产业带来技术和知识溢出效应，同时也为我国未来涉及新型产业的开放和监管提供重要的制度经验。

二、新片区促进重点产业发展的举措

由于新片区的发展定位并非以完全意义上的"两头在外"业务为主，因而要考虑如何发挥新片区在衔接国外与国内市场之间的桥梁功能，发挥二者间的联动作用，尤其是新片区与长三角、长江经济带的海关特殊监管区域、自贸试验区等现有平台之间的互动。因此，新片区促进重点产业发展的关键举措在于：

第一，对涉及货物跨境进出的产业而言（例如国际物流分拨、国际转口贸易等），关键举措在于创新新片区货物跨境流动监管的制度设计，最大限

度地推动国内货物、口岸货物、海关特殊监管区域货物与新片区（洋山特殊综合保税区）内货物进出入的贸易便利化问题，此处难点不在于"一线放开"（货物从境外到港内），而在于从"一线"到"二线"（货物从区内到境内区外）间货物流动的便利化问题。2019 年 11 月 4 日，海关总署发布了《中华人民共和国海关对洋山特殊综合保税区监管办法》（2019 年第 170 号公告），其中明确"对法律、法规等有明确规定的，涉及我国缔结或者参加的国际条约、协定的，和涉及安全准入管理的进出境货物，除必须在进出境环节验核相关监管证件外，其他的在进出区环节验核"，这意味着洋山特殊综合保税区基本已实现"一线放开"，后续应重点围绕二线进出区的便利化管理进行制度设计，例如通过新片区与长三角、长江经济带海关特殊监管区域的信息共享互通等手段，通过提前的货物单证数据交换，最大程度便利货物在区内与境内区外的流动。

第二，对涉及资金跨境进出的产业而言（例如大宗商品交易平台、离岸贸易等），关键举措在于建立基于金融风险防控前提下的资金跨境流动便利化制度，例如改变国内目前关于转口贸易和离岸贸易业务项下的货物真实性审查措施，转而采用"宏观审慎、业务分类、企业分级相结合"的新片区资金进出监管制度，同时，还需要建立如何区分和界定企业在岸和离岸贸易业务比重的制度，这在制定税收政策时更为重要，既要实行符合国际通行惯例的离岸业务税制，同时确保不对在岸业务税基造成侵蚀。《总体方案（2019）》中明确指出，要在新片区"研究适应境外投资和离岸业务发展的新片区税收政策"，后续应尽快争取财政部的支持，以法规实施细则的形式在新片区试点离岸业务的国际通行税制，继续提升在上海开展离岸贸易的国际竞争力。

第三，对涉及人员跨境进出的产业而言（例如离岸研发、高端制造等），关键举措在于：一方面，需建立新片区关于外籍高级管理人员和专业技术人才来华工作许可及永久居留等人才流动管理制度；另一方面，需在新片区内制定从业高端人才认定目录，对目录范围内的高端人才简化、降低个人所得税征收标准，实行与"境内区外"有明显优惠性的个人所得税税率。2019

年 11 月，中国（上海）自由贸易试验区临港新片区管委会正式发布《中国（上海）自由贸易试验区临港新片区支持人才发展若干措施》，出台了吸引人才的组合型政策，建议后续以可操作性细则的形式加快落实，特别是在中美贸易摩擦持续不断和新冠肺炎疫情冲击的背景下，要探索更具吸引力的境外高端人才引进政策（包括探索境外高端人才家属的永居许可等）。

第四，对涉及数据跨境流动的产业而言（例如数字贸易及数字服务业等），关键举措在于：如何在新片区内建立监管可控的数据跨境自由流动管理制度，使跨境数据自由流动仅针对新片区地域范围内的企业使用，同时探索建立从市场准入到事中事后监管全流程高效的数字贸易监管制度体系，探索建立数字贸易的税收制度及外汇管理制度。《总体方案（2019）》指出，要在新片区试点开展数据跨境流动的安全评估，建立数据保护能力认证、数据流通备份审查、跨境数据流通和交易风险评估等数据安全管理机制，由于新片区总体方案属于框架性政策文件，后续需要争取中央网信办、工信部等部门的支持，在新片区出台试点跨境数据流动的管理细则，特别是针对"重要数据"出境等核心难点问题，需要制定一套确保安全监管前提下的制度实施细则。

第四节　离岸金融：上海自贸区新片区金融创新的又一探索

自 2009 年人民币国际化加速推进以来，在全球重要的金融中心人民币离岸市场相继发展和壮大，这是近年来我国力推人民币国际化背景下出现的一个重要现象。离岸金融的重要性正在被越来越多的人所关注。

一、上海自贸区新片区发展离岸金融的战略意义

随着国内经济不断下行、美国等发达经济体贸易保护主义和逆全球化趋势的抬头以及美国对中国崛起的战略遏制，中国经济转型升级、人民币国际

化和上海国际金融中心建设所面临的内外部环境不确定性逐步增加。为避免脱钩风险，就要实现全面开放。在岸经济、金融和离岸、经济金融是互补关系，良好的离岸经济、金融制度环境，有助于中国与世界经济进一步融合。设立中国（上海）自由贸易试验区临港新片区，是以习近平同志为核心的党中央总揽全局、科学决策作出的进一步扩大开放的重大战略部署，是新时代彰显中国坚持全方位开放鲜明态度、主动引领经济全球化健康发展的重要举措。上海自贸区临港新片区本质上是离岸经济金融的特殊功能区，其主要作用就是全面融入全球经济、构建人类命运共同体的先行探索。《中国（上海）自由贸易试验区临港新片区支持金融业创新发展的若干措施》（国发〔2019〕15号）指出，应鼓励金融机构在跨境金融和离岸金融方面开展产品创新、服务创新和制度创新。另外，中国国际进口博览会旨在促进贸易自由化和经济全球化，主动向世界开放市场。过去40年中国经济取得巨大成就，一个重要原因就是融入了全球供应链；未来40年最重要的挑战是怎么样能够和谐地融入全球经济金融体系，其中，很重要的一个抓手是依托自贸区建设，形成一批离岸经济金融特殊功能区。

上海国际金融中心建设的阶段性目标，是到2020年基本建成与我国经济实力和人民币国际地位相适应的国际金融中心，但是由于中国的资本项目短期内难以实现完全的开放，上海的金融市场难以完全开放；也就是说，到2025年上海仍难以建成金融市场完全开放的全球性金融中心。自2009年我国政府推动人民币跨境贸易结算以来，人民币国际化已取得长足进展，人民币进一步国际化需要一个流动性很充沛，交易非常活跃，价格形成非常公平的离岸市场。当前人民币离岸市场和在岸市场一样重要，这是中国经济对外开放的需要。

鉴于此，在临港新片区尽快推动离岸金融市场（特别是人民币离岸市场）的发展是一种重要的金融市场和金融体制变革；同时，现阶段该市场的推动和发展处于重要的时间窗口期，具有如下战略作用：

第一，夯实上海人民币国际化中心地位。上海"五个中心"建设承载的是国家战略，上海全球性金融中心建设的长远目标与人民币国际化之间的关系最为密切。而现阶段大力发展上海人民币离岸市场，有利于在资本项目完全开放之前为境外投资者提供一个完全开放的人民币资产市场，对增强人民币全球竞争力，夯实上海推动人民币国际化的中心地位具有重要作用。

第二，夯实上海全球人民币资产定价中心地位。在上海尽快形成具有一定深度、广度的离岸人民币市场，对于未来资本项目完全开放后对接上海现有的在岸人民币市场、夯实上海全球人民币资产交易、管理和定价中心地位具有重要战略作用。

第三，这是推动我国金融开放的一种过渡性手段。在特殊的政策优惠下，离岸金融市场便于为境外居民提供一个自由交易和投资的金融市场，是在资本项目完全开放之前推动我国金融开放的一种过渡性手段，同时也符合中美贸易摩擦背景下双方的意愿。

第四，缓冲外部金融冲击。在离岸金融市场建立的前期阶段，作为与境内金融市场相对隔离的市场，如同一个金融"资产池"，具有"吐纳"境外金融资产的作用，有利于缓冲在经济、金融动荡时期境外资本流动对境内金融市场和宏观金融政策的冲击。

第五，巩固上海"一带一路"桥头堡地位，促进进口贸易高质量发展。离岸金融市场的发展有利于为贸易和航运业务融资，促进新片区离岸贸易和航运业务的发展，并与中国国际进口博览会相结合，促进贸易投资自由化、便利化，促进进口高质量发展，并促进人民币的对外输出；与此同时有利于境外长期资本对我国的直接投资和我国长期资本的对外投资，巩固上海"一带一路"桥头堡地位。

第六，有利于促进我国的金融改革和发展。通过境内银行等金融机构参与上海离岸金融业务，提高境内银行的国际化经营水平，培养国际化的金融人才。2018年年底黄奇帆曾指出，当前中国加工贸易的大量金融结算业务流失境外，4万多亿美元的进出口贸易中有大约1.8万亿美元的加工贸易结算由于境内条件不许可、不适应而在新加坡、爱尔兰和中国香港等地结算。只要我们的离岸账户能够允许开放，并有与国外自贸区相同的税制，就能够促使上万亿美元的加工贸易离岸金融结算回流，这会产生相当体量的银行收入、就业和税收。

二、上海自贸区新片区发展离岸金融市场的定位和思路

上海自贸区建设启动以来,积极推进金融改革,设立了本外币一体化的自由贸易账户,扩大人民币跨境使用,率先建立宏观审慎的跨境资金流动管理制度,对人民币境外借款、跨境双向人民币资金池、经常项下跨境人民币集中收付、电子商务人民币结算等业务先行先试,支持黄金国际板、国际再保险平台、自贸区市政债、自贸区航运及大宗商品衍生品中央对手清算等业务。

2016年,自由贸易账户进一步拓展到上海全市范围,为科创企业等提供跨境服务;支持银行为跨境电子商务提供跨境结算服务、为跨国企业集团提供全功能型跨境双向人民币资金池等资金集约化管理服务。其中,自由贸易账户本外币一体化的模式将资金收付和本外币资金兑换业务纳入同一个账户办理,实现了一个账户中可以满足经济主体所有的资金业务办理需求,节约账户管理成本,提高资金结算效率。截至2019年7月末,已有58家上海市各类金融机构直接提供自由贸易账户服务,共开立自由贸易账户逾13.6万个,余额折合人民币2 557.8亿元。

当前在上海自贸区推行的自由贸易账户(FT账户),虽然在推动资本项目开放上具有一定作用,但仍难以达到发展离岸金融市场所能达到的重要功能。一是FT账户对资本的跨境流动限制仍较严格;二是FT账户的监管法规尚不健全,仍缺少国家层次的法规,中国人民银行上海总部只能根据国家经济和金融风险形势相机抉择式地对金融机构进行窗口指导和调控;三是国有大银行由于海外分支机构较多,对于跨国企业客户的各种融资服务,一般不是通过FT账户,而是通过其海外分支机构提供。重要的是,即使通过FT账户可逐步扩大资本项目的开放,但FT账户很难像离岸市场一样形成一种具有深度和广度的金融市场。离岸金融市场在税收、存款准备金、外汇管制等方面实施特殊政策,对外完全开放,并以金融产品开发为重点,形成包括

基础性产品、金融衍生品等在内的金融市场,可有效扩大境外对人民币金融产品的需求规模,促进人民币国际化和上海全球性金融中心建设。

离岸金融市场可在一个小的行政区内通过一套记录国际金融业务收支情况的账户体系进行实施。就上海临港新片区在发展离岸金融业务上而言,要与上海陆家嘴错位竞争,充分利用新片区"在岸—跨境—离岸"综合集成功能优势,探索实现境内外资金、客户、产品互联互通体制机制,打造"离岸+"金融服务支持体系,重点是与国际通行规则接轨,推动资金自由流入流出和自由兑换等政策突破,运用国家特殊政策支持加快新片区跨境金融、离岸金融的发展。

上海自贸区新片区率先发展包括人民币在内的离岸金融业务不会导致金融风险,原因有两方面:一是国际上的人民币离岸市场已广泛存在;二是中国当前缺少关于离岸金融的法律法规,而在上海建立包括人民币在内的离岸金融交易中心可完善离岸金融的法律法规和监督监管规则。当然,为了控制风险和金融安全起见,上海发展离岸金融市场可采取如下步骤:先在新片区通过离岸账户与境内金融市场隔离,实施"隔离型"离岸市场;待取得发展和风险防控经验后,再扩展到整个自贸区,并在资本项目逐步开放过程中,向"渗透型"离岸市场过渡;最后,待资本项目完全开放、中央银行的货币调控能力显著提高后,再发展成为"融合型"金融市场。即第一步,在"隔离型"模式下,在新片区范围内,对参与者实施先少、后多、再放开的策略。此阶段,在完善FT账户功能的同时,允许现有的离岸银行账户(OSA)既吸收外币存款和发放外币贷款,又允许经营人民币业务,先对新片区内的企业和非居民开放,并允许更多符合条件的银行参与离岸金融业务,但总体上实施"一线放开,二线管住"原则,即境外资金可以自由进出离岸账户,但离岸账户的资金进入境内要予以严格控制。也就是说,此阶段为防止离岸账户的设立对境内金融市场造成冲击,资本项下的交易仍采取额度审批制;对存款准备金、存贷比等监管指标在适当放松的同时,仍加以保留,以防离岸市场规模短期内过度扩张对境内金融市场带来冲击。第二步,将实施范围扩展到整个自贸区,并随着国内利率和汇率市场化改革逐步完成以及资本项目基本实现开放，再发展"渗透型"离岸市场，此时对内外资金流动可适当放松，但仍实施审慎监控。最后，在完全实现资本项目开放和人民币可自由兑换，且货币政策调控能力显著增强后，实现离岸市场与在岸市场的融合，使二者一体化发展。

可以预见，未来上海有可能成为"伦敦+纽约"的综合体，新片区借鉴伦敦打造人民币和外汇离岸金融中心、陆家嘴借鉴华尔街打造人民币在岸金融中心，两者形成互动整体，主打人民币国际化这张牌，特别是做好人民币经常账户输出、资本项目回流这篇文章。

三、上海发展离岸金融与香港人民币离岸市场的关系

上海发展离岸金融市场与香港现有的离岸人民币市场虽然存在着竞争，但总体上是战略协同关系。目前境外对我国境内的投资70%左右通过香港。但从战略高度考虑，上海应发展自己的离岸金融市场。根据国际经验，税收和存款准备金等优惠是离岸市场具有吸引力的主要原因，而且一个国家内部可设立多个离岸金融市场。如1981年纽约设立IBFs以来，美国的很多州都效仿纽约不同程度地采取了税收优惠，佛罗里达州甚至全部减免了IBFs的地方税；另如英属地区至今一直存在着包括百慕大、曼岛、泽西岛和维尔京群岛等在内的9个地区（城市）同时在发展离岸金融业务，不但没有削弱伦敦的全球离岸金融中心地位，反而通过竞争加强了其地位。因此，起始阶段以上海自贸区新片区作为平台，"研究适应境外投资和离岸业务发展的新片区税收政策"，大力发展上海离岸金融业务，与香港开展合作和适度竞争，形成沪港人民币离岸市场协同发展的"两翼"，有利于从战略高度推动人民币国际化和中国金融的崛起。从区位的功能定位看，上海离岸市场直接依靠长三角经济区，业务立足于服务自贸区，并辐射国内和全球，而香港离岸市场则背靠珠三角经济区，业务也同样可辐射全球。另外，与香港相比，在上海发展人民币离岸市场，更容易实施监管，上海离岸市场与在岸人民币市场在地理上的融合，也使得后期两个市场更容易实施渗透型和融合型的中长期

发展目标。需要特别指出的是，上海发展离岸金融应跟香港、伦敦形成良好的离岸金融合作，以建立真正有深度的离岸金融体系，面向太平洋，融入印度洋及全球市场，在"一带一路"框架下发挥好离岸金融的功能。

执笔人：赵蓓文　彭　羽　吕文洁
高洪民　李　刚　刘　晨

第十八章
科创板与试点注册制

自从 2018 年习近平总书记在首届进博会上正式提出试点注册制改革以来，中国资本市场围绕注册制改革和科技创新中心建设，不断完善相关制度建设和市场基础，为我国高新技术企业发展和上海国际金融中心建设注入新活力。

第一节　从审批制到注册制
——中国证券发行制度的演变

改革开放后中国的股票市场可以追溯到 1984 年 7 月中国人民银行首次批准的北京天桥股份有限公司和上海飞乐音响股份有限公司向社会公开发行股票，此后，各地相继发行企业股票，到 1989 年，全国发行股票的企业达 6 000 家，累计人民币 35 亿元，遍及北京、上海、天津、广东、江苏、河北、安徽、湖北、辽宁、内蒙古等省市。1986 年 9 月，上海工商银行信托投资公司静安业务部首次开始了股票柜台交易，这是中国股票场外交易的开始。1987 年，深圳证券市场启动。截至 1990 年，国内证券中介机构网点达到 1 600 多家。1990 年 11 月 26 日，上海证券交易所宣告成立，1991 年 7 月 3 日，深圳证券交易所开始营业，中国证券市场进入规范发展阶段。

随着中国证券交易市场的产生，与之相适应的发行制度也逐渐建立和完善起来，总体看来，我国股票市场经历了 1993—1998 年以政府为主导的审批制、1999—2003 年以政府和中介机构共同主导的核准制前期、2004—

2013年以利益相关者共同主导的核准制后期,即保荐制阶段、2014—2018年核准制向注册制过渡阶段和2018年年底开始的注册制正式实施阶段。

一、1993—1998 年的审批制阶段

1992年邓小平南方谈话后,党的十四大正式确立了中国建立社会主义市场经济的发展目标,中国改革进入了崭新的阶段,新股发行制度在宽松的外部环境下孕育而生。1993年4月《股票发行与交易管理暂行条例》和1994年7月《公司法》两个重要文件的出台标志着中央政府在证券立法上取得突破性进展,[①] 这两个文件明确了新股发行必须经过中央政府、地方政府和相关主管部门审批的制度,标志着我国证券发行制度开始初步确立,随后,我国进入长达7年的证券发行制度的审批制阶段。

表 5-18-1　1993—1998 年审批制的相关情况

项　目	审　批　制
审批机构	地方政府、中央企业主管部门和国务院证券管理部门
新股发行对象	1993—1994 年:社会公众、内部职工和特定法人机构 1994—1999 年:仅面向社会公众
新股发行方式	无限量发售认购抽签表、与储蓄存款挂钩、全额预缴款、上网竞价发行、上网定价发行
新股发行价格	溢价发行;由审批机构确定发行市盈率,再乘以每股税后利润作为发行定价

二、1999—2003 年的核准制阶段

1998年12月29日《证券法》正式通过,并于1999年7月1日正式施行,这是我国证券发行制度进入核准制的标志。在《证券法》中,对新股发行制度做了两个方面的变化:一是将拟上市公司的推荐人由政府转向证券公

---

① 参见翁世淳:《中国 IPO 成长之路:中国新股发行制度变迁研究》,中国社会科学出版社 2008 年版。

司,明确了"证券公司应当依照法律、行政法规的规定承销发行人向社会公开发行的证券";二是明确了审核制的机制,明确"国务院监督管理机构设发行审核委员会,依法审核股票发行申请",要求监管部门对发行人的监管主要通过强制性信息披露的要求和公司质量两个方面展开。这种制度将上市公司的推荐权由地方政府转移到证券公司手里,体现了一定程度的市场化的特征,但仍然受到较大的行政限制,上市需求和严格的行政干预之间存在较大矛盾。

表 5-18-2　1999—2003 年核准制相关情况

项　　目	核准制下的通道制
审核机构	中国证监会、中介机构
新股发行对象	社会公众、国有企业、国有资产控股企业、上市公司
新股发行方式	主流方式:向二级市场投资者配售和法人投资者配售
新股发行价格	由主承销商和发行人共同决定

三、2004—2013 年的保荐制阶段

鉴于核准制的问题,2003 年 12 月 18 日,中国证监会公布了《证券发行上市保荐制度暂行办法》,并于 2004 年 2 月 1 日起正式施行,我国证券发行制度进入保荐制阶段,保荐制与核准制有两方面的不同:一是明确规定了保荐机构和保荐人的资格;二是对保荐机构和保荐人的职责提出了明确的要求。上述改革,加大了中介结构的权利、责任和义务,强调了对上市公司的督导义务,从而提升了对拟上市公司质量监督的力度,在一定程度上对投资者的利益起到了保护作用。

表 5-18-3　2004—2013 年保荐制相关情况

项　　目	核　准　制　后　期
审核机构	中国证监会、保荐机构、保荐代表人
新股发行对象	社会公众、各类证监会认可的机构投资者

(续表)

项　　目	核　准　制　后　期
新股发行方式	向询价对象配售、余额向社会投资者公开发行
新股发行价格	初步询价或累计投标询价最终确定发行价格

在实行保荐制的过程中，我国还于2005年1月1日开始正式施行询价制度，并陆续进行了三次询价制度改革，从询价对象、询价方式、询价信批等不同角度进行了深化，从而使我国IPO定价机制由固定价格定价走向了询价定价，取得了以下几方面的成效：一是扩大了询价对象范围，使定价更加合理和公允；二是取消了双重申购，解决了机构投资者双重申购导致的定价无效行为；三是加强询价过程中的信息披露和问责机制，促进合理化定价；四是在创业板和中小板取消累计投标询价，即一阶段询价定价制度。

表 5-18-4　我国询价制度的相关改革

时　　间	行　政　法　规
2004年12月	《关于首次公开发行股票试行询价制度若干问题的通知》
2009年6月	《关于进一步改革和完善新股发行体制的指导意见》
2010年8月	《关于深化新股发行体制改革的指导意见》
2010年10月	《关于修改〈证券发行与承销管理办法〉的决定》
2012年4月	《关于进一步深化新股发行体制改革的指导意见》

四、2014—2018年向注册制的过渡阶段

2013年十八届三中全会上，我国明确了注册制改革的方向，2015年全国人大财经委出台的《证券法修改草案》从法律法规上做了进一步明确，2016年的"十三五"规划纲要草案的金融改革中明确提出了"创造条件实施股票发行注册制，发展多层次股权融资市场，建立健全转板机制和退出机制"。此后，我国在新三板和一些区域性股权交易市场进行了注册制的相关探索，并积累了相关经验。

五、2018 年年底至今的注册制快速推进和实施阶段

2018 年习近平总书记在首届进博会上正式将"在上海证券交易所设立科创板并试点注册制,支持上海国际金融中心和科技创新中心建设,不断完善资本市场基础制度"作为上海的三大重要战略任务之一提出,随后,科创板的推出和与此相适应的注册制改革步伐加快。

2019 年 1 月 30 日,上交所发布《发行与承销实施办法》,打破 IPO 原有的定价规则,新增配售机制,满足投资者适当性要求等,并正式推出注册制改革方向。2019 年 6 月 13 日,科创板正式开板,并于 7 月 22 日首批科创板公司在上交所正式上市挂牌交易。科创板的建设,以及相应的注册制改革,是中国股票市场发展的重要契机,为中国金融市场更好服务我国高新技术企业的发展和上海金融市场改革及国际金融中心建设提供重要助力,注入了新的活力。

第二节　主要发达国家(地区)注册制比较研究

在注册制建设中,虽然不同国家的注册制发展及具体制度设计上有所差别,但也有不少相同或相似之处,它们的经验和措施均值得我国在推动注册制改革的过程中加以借鉴,为此,我们选取了资本市场较为发达的国家如美国、日本和英国的注册制建设的情况加以总结和比较研究。

一、美国注册制的历史演变和配套政策

(一)历史演变[1]

当前美国是实行注册制的国家。根据注册程序的不同,在美国上市的企

---

[1] 参考了苗成林《我国证券发行注册制改革——以美国注册制为鉴》,2017 年。

业中既有双重注册制的企业，也有仅在联邦注册的企业，亦有豁免注册的企业。企业在美国 IPO，除联邦或州豁免注册的情形外，一般必须在联邦与州（发行或销售涉及的州）两个层面同时注册，联邦层面以信息披露为基础，州层面以实质审核为基础；而享有联邦优先管辖权的证券（比如在纽交所和纳斯达克全球精选市场等全国性证券市场上市的企业），只要在联邦注册，无需到各州注册；此外，还有享受联邦或州豁免注册的企业。

美国多样化注册制度的形成是一个历史演变的产物，反映了美国资本市场的变化和美国监管理念的变动以及联邦与州之间的权力博弈，体现了政府在保护投资者权益和降低企业融资成本之间的权衡。其历史发展大体上可以分为四个阶段：

1. 起始期：建立州级注册监管

20 世纪初，堪萨斯州经常成为欺诈性证券的攻击目标，为了保护州内投资者的利益，控制劣质股票进入市场，也为了防止东部地区通过发行证券的方式抽取本州资金，1911 年，堪萨斯州议会第一次通过了"蓝天法"，对在该州发行和销售的证券进行实质监管，要求有关证券必须先向银行委员会提交注册申请，经批准后才能发行和销售。此后，各州纷纷效仿，到 1931 年，美国 48 个州中 47 个州（内华达州除外）都制定了本州的证券法，从而形成了在各州层面的证券发行监管，并统一被称为"蓝天法"。这是美国第一次对证券市场的公共规制，为此后的联邦规制奠定了基础。但各州的"蓝天法"根据各地产业利益和文化传统在规制内容上差别较大，亚利桑那等 11 个州采取和堪萨斯州一样的实质审核（merit riview）法令，25 个州采取了稍微宽松些但也需要预审的反欺诈法令（ex ante fraud），但纽约等 10 个州采取了更宽松的反欺诈法令，且需要没有预审，这些州大多位于东海岸，且证券行业较为发达。

研究者认为，"蓝天法"在各州的广泛出台综合反映了当时的意识形态、政治考量和经济利益，其中有三种比较重要的影响因素：一是出于公共利益，应对和打击当时日益增加的证券欺诈；二是中小银行为了减少证券销售对储蓄资金的竞争和分流；三是农业和进步游说团体为了限制金融行业的势力。"蓝天法"的实质审核程序也反映了小银行等团体的利益,有研究表明,小银行势力越大的州,也可能采用实质审核的证券法令,而且对证券的实质审核也会提高小银行的利润;也有分析认为"蓝天法"反映了证券从业者减少竞争的意图,因为更加严格的证券发行等程序会减少进入市场的证券数量,一定程度上增加在位证券的市场垄断地位。

从实际效果来看,"蓝天法"的实施虽然是以保护投资者为主要政策目标与宣传策略,虽然在一定程度上增加了投资者的福利,但也增进了小银行以及部分证券利益。

存在的问题:一是各州的"蓝天法"对证券发行的监管力度与规则差异很大,导致不少企业通过漏报、瞒报和造假等手段规避"蓝天法",损害了投资者的权益,也破坏了资本市场的秩序;二是缺少联邦统筹,联邦在证券发行和监管上缺少规制机构和法律权威,无法协调各州之间在证券监管上的冲突。

2. 成长期:加强联邦统筹,建立联邦—州双重注册

1929年经济大危机后,美国经济和政治环境发生重大变化,"蓝天法"的弊端在联邦层面得到重视,作为罗斯福新政组成之一,美国国会接连通过了联邦层面的《1933年证券法案》和《1934年证券交易法案》。该法案以信息强制披露为核心,以弥补州证券法相互分割、执行力不强的弱点。从此开启了美国联邦层面新股发行注册制的时代,也奠定了美国股票发行审核的长期框架:股票发行与上市是彼此独立的过程,股票发行采用州与联邦政府的双重监管架构,上市则是企业与各个交易所双向选择的结果。根据《1934年证券交易法案》,成立美国股票交易委员会(SOC)。

需要指出的是,《1933年证券法案》和《1934年证券交易法案》并非取代之前的州证券法,而是作为州证券法的补充。在州的实质审核的基础上,联邦证券法才确立了披露监管的哲学。由于考虑到州证券法已经采用了实质审核,联邦层面如果再取用实质审核,更担忧会引发过度监管,可能会削弱纽约的金融中心地位,再加上联邦权力和州权力制衡的美国传统权力架构的影响,因此,《1933年证券法案》并没有采取州证券法的"实质审核"

路径。

《1956年统一证券法案》又进一步明确了联邦和各州在应对和防范证券欺诈的权责，并为优化各州的证券监管提供了联邦法律基础。1964年《证券法案修正案》将强制披露要求从1934年的上市公司扩展到在场外交易的大公司。有研究表明，在强制披露信息的约束下，符合条件的场外交易大公司更加注重最大化股东收益，其额外回报也明显增加了，但对股民福利的增进还缺少实质的证据。

存在的问题：联邦一级的形式审核和州一级的实质审核在一定程度上规范了证券市场。但是各州之间的监管标准不同，随着企业在上市需求的加大（包括大量外国企业），所有类型的证券如果都要在联邦和州一级注册，不仅引起联邦和州的管辖权冲突，而且证券监管也缺乏全国标准，削弱了证券发行和金融市场的运行效率，影响了企业在美国上市的积极性，并且过多的州级实质监管也弱化了联邦监管的权威和效率。

3. 完善期：强化联邦权威，弱化实质监管

为此，立足于放松州级实质监管、统一监管标准和强化联邦权力，1996年，美国国会通过了《1996年全国资本市场改善方案》（*National Securities Markets Improvement Act of 1996*），明确了联邦优先管辖范围，规定在纽交所、纳斯达克全球精选市场、AMEX等全国性的交易场所以及美国证监会认为上市标准达到了前述交易所标准的其他全国性的证券交易所上市或授权上市的证券，只需要在联邦一级注册即可，且豁免州的注册义务，从而部分地解决了联邦与州的管辖权冲突问题，强化了联邦在证券监管中的权威，并且提高了证券市场的效率，一定程度上降低了企业融资成本。

不过，当美国本土公司境内IPO既不符合《1996年全国资本市场改善法案》的联邦优先管辖范围，又不符合相关州的注册豁免，那么证券发行必须向州证券监管机关注册。当然，如果是州际的证券发行，仍要触发联邦证券的管辖。

4. 调整期

尽管美国的注册制在信息披露上进行了诸多的规定，但仍有部分公司利

用法律规定不够详尽的漏洞,侵害中小投资者的利益。受到美国安然公司会计丑闻等事件的影响,美国国会 2002 年通过了《萨班斯-奥克斯利法案》(*Sarbanes-Oxley Act*),对在美国上市的公司提出了严格的合规性要求,要求加强公司责任,以保护公众公司投资者的利益免受公司高管及相关机构的侵害。该法案对美国《1933 年证券法案》《1934 年证券交易法案》等做出大幅修订,在公司治理、会计职业监管、证券市场监管等方面作出了许多新的规定。

《萨班斯-奥克斯利法案》对上市公司的严格监管会增加企业的融资成本,特别是金融危机后美国的银行和个人信贷紧缩,小型成长性公司的融资渠道收窄,不利于新兴企业的融资。为此,美国国会 2012 年通过了《JOBS 法案》,该法案对被认定的新兴成长企业(EGC)简化其 IPO 发行程序、降低发行成本和减轻信息披露义务;在私募、小额和众筹等发行方面改革注册豁免机制,增加发行便利性,以及提高成为公众公司的门槛等。但 JOBS 法案放松规制的做法也引发了批评与担忧,比如法案的条款过于描述性,SOC 是否能及时有效地制定适宜的规则来落实法案条款;放松规制会不会导致证券欺诈等,减弱对投资者的保护。

自《1933 年证券法案》颁布以来,建立在信息披露哲学基础上的完全披露主义是过去几十年联邦证监会对证券市场监管的逻辑起点,但近年来随着金融危机的爆发和市场丑闻的频现,这种高度依赖信息披露的监管路径乃至披露主义的哲学基础逐渐被美国学者质疑和反思。

(二)配套政策

美国的注册制是美国资本市场的基础性制度之一,同时也有一系列配套制度和政策对其进行补充和制约,以进一步保障资本市场的运作效率,保护投资人的合法权利,提高资本市场的融资效率。其中最重要的配套制度包括注册豁免制度、退市制度、专业化的中介机构和有效的司法制度等。[①]

[①] 卫格锐:《美国 IPO 注册制及其对中国的启示》,《金融与经济》2017 年第 10 期。

1. 针对性的注册豁免制度

注册豁免制度也是为了平衡保护投资权益和便利筹资者之间的利益冲突，对符合一定条件、安全度得到一定保证的证券采取减轻或免于注册审核的制度。根据美国的有关法律，美国证券发行的注册豁免可以分为两类：一是针对发行人特点和发行证券性质的发行豁免证券（Exempted Securities），比如公共权力机关和银行以及非营利组织、小企业等所发行的证券；二是针对证券交易性质的交易豁免注册。这部分证券只有当涉及的证券交易是豁免注册，涉及其他类型的证券交易时仍需要注册，比如小额交易、私募发行交易以及二级市场交易等。无论是各州的"蓝天法"还是联邦层面的《1996年全国资本市场改善法案》都有对注册豁免的具体条款和标准的解释。

2. 规范而便利的退市制度

退市制度是保障资本市场有效运行和健康成长的重要制度。为了促进优胜劣汰和提高资本市场的效率，各大交易所具有较多的权限，根据自身市场情况对上市企业退市的标准和流程做出明确而严格的规定，分为自动退市和强制退市等类型，多角度保证上市公司质量与维护投资者权益，而且对退市过程有严格的监管，美国证券交易委员会和行业自律组织都将跟踪退市过程，投资者有权通过诉讼寻求司法救济。规范而便利的退市制度与注册制相互制约，为强化证券市场竞争、促进优胜劣汰，规范企业证券行为等都有重要作用。

3. 专业化的发行中介机构

美国注册制的有效运行和信息披露功能的实现高度依赖中介机构的作用。会计公司、投资公司和律师事务所等专业化中介机构各负其责，会计公司负责对公司的财务进行专业审计，出具审计报告；投行和承销商负责证券发行的证券承销，律师事务所负责上市发行相关法律问题的解决以及相关文件的起草。在为公司发行证券服务过程中，这些中介机构以其专业资质和所承担的法律义务为其服务提供背书，这也在一定程度上保证了公司披露信息的准确性，从而减轻了SOC的成本和负担，减少了信息欺诈，提高了注册制下的信息披露效率。

4.独立有效的司法制度

美国注册制的实行及其重大改革是由一系列的正式法律推动的，法律条文包括：联邦层面的《1933年证券法案》《1934年证券交易法案》《1935年公共事业控股公司法案》《1940年投资公司法案》《1940年投资顾问法》《1956年统一证券法案》《1996年全国资本市场改善法案》和《萨班斯-奥克斯利法案》等，还包括各级法院的有关判例和各州出台的各种有关的法案，美国证监会制定和发布的条例、规则和意见。[①]

以严格完善的法律规定为基础，美国的注册制还有强有力的司法诉讼系统作为保障。由SEC诉讼、司法部刑事诉讼和民间诉讼组成的司法诉讼系统对注册制的实行起到了有力的保障作用。以集体诉讼为主的民间诉讼缓和了单个个体诉讼成本和收益不相称的外部性问题，有效制约了大公司对中小投资者的证券欺诈违法行为；SEC司法部的执法和司法部刑事诉讼也都是促进企业合法合规披露信息、减少证券欺诈的重要渠道。

二、日本注册制的历史演变和配套政策

（一）日本注册制概况

根据《金融商品交易法》和交易所规则，日本的股票发行实行注册制。注册审核工作由金融厅下属的财务局负责，责任是保证信息披露的质量，审查的法律依据是《金融商品交易法》和有关企业信息披露的内阁府令。但在发行注册审核前存在严格的上市审核，该工作由日本交易所自律法人负责，确保发行人质量。这一体制体现了政府监管和行业自律结合的精神。

质言之，日本股票发行上市以交易所先行实质审核、监管部门后续形式审核的互补审核体制。具体操作程序是，企业首先向交易所提交上市申请，交易所接到申请之后，将申请文件转交自律法人进行上市审核。自律法人同意上市的，将结论反馈给交易所，由交易所对外公开宣布，并向金融厅报备

[①] 赵英杰：《美国注册制下承销商法律责任研究》，《上海金融》2015年第8期。

上市批准。通过上市审核后，企业向金融厅递交注册文件。金融厅收到注册文件后，对文件形式要件是否完备进行核查，形式要件完备的，予以注册。①

（二）历史演变

上市审核与发行注册结合、实质审核与形式审核互补是日本股票注册制的基本特征，这一体制是在借鉴英美国家的证券市场管理经验基础上建立并不断改进而形成的。自1948年制定实施《证券交易法》以来，无论是《证券交易法》，还是《金融商品交易法》，日本的证券发行审核一直都实施注册制。②

1. 建立期：1948—1970年

"二战"后，建立完善的证券市场是日本迅速恢复经济的重要举措。日本根据美国的《1933年证券法案》和《1934年证券交易法案》，于1948年制定了《证券交易法》，开始实行股票发行注册制。相关工作由大藏省证券局负责。

2. 调整期：1971—2006年

受到日本经济发展和资本市场变动的影响，《证券交易法》分别在1971年和1988年等年份进行了较大的修改。这一过程中，发行注册制的基本制度并没发生变化，但有关企业信息披露的要求更加严格和全面，促进了注册制的改进和完善。

1992年，日本通过了证券交易法的修正案，设立了证券和交易监视委员会对证券市场参与者的活动进行检查和监督。1996年，日本政府决定实施金融大改革。1998年，日本政府对《证券交易法》进行了较大幅度的修改，也将政府证券监管部门从大藏省独立出来，成立了金融监督厅，并在金融厅下设立了相对独立的主要负责证券违规事件调查的证券交易等监视委员会。

这一时期证券市场的变革对注册制的影响主要体现在两方面：一是优化对股票上市注册的审核程序和标准；二是进一步强化和严格落实信息披露制度。

---

① 《日本：股票发行审核以交易所为主，财经论坛·境外股票发行注册制漫谈》，http://finance.sina.com.cn。
② 中银国际证券研究所：《海外注册制的"他山之石"》，http://www.bocichina.com/。

3. 完善期：2006 年至今

为了进一步提升金融市场的竞争力，2006 年，日本政府将《证券交易法》更名修改为《金融商品交易法》，该法体现了对美国证券法、英国《金融服务与市场法》（2000 年）、德国《证券交易法》（2004 年）和欧盟《金融市场工具指令》（2004 年）等多国证券法律的借鉴。

《金融商品交易法》突出在日本金融市场建立横断式和统合式规则，更加强调金融交易的信息披露制度的公正化与透明化。该法对公司新股的发行和上市以及日常交易的监管要求也更加明确，进一步贯彻政府监督和行业自律的监管理念，形成了自律法人负责上市审核、政府负责发行注册审核的发行上市机制，进一步完善了注册制度。

在《金融商品交易法》的指导和促进下，日本的注册制和股票市场的运行更加规范和有效，这也进一步增强了日本资本市场在国际上的竞争力，降低了交易成本，提升了市场效率，推进了日本金融产业的稳步发展。

（三）配套政策

日本股票注册制的顺利运行得益于相关配套制度和政策，比如上市审核制度与发行注册的互补、独具特色的自律法人制度、较为完备的信息披露与投资者保护等法律制度保障，并辅之以完善的转板与退市制度。

1. 以证券交易所为主的上市审核体制

在日本，股票发行注册制的顺利运行与上市审核密不可分。股票注册审核前，必须通过证券交易所组织的上市审核，交易所委托自律法人在上市审核阶段对股票上市条件进行详尽实质审核。由此形成了以交易所先行实质审核、监管部门后续形式审核互补的上市发行审核体制。

日本发行上市审核制度经历了行政力量逐步淡出、市场作用逐步强化的演变过程。1998 年之前上市批准权在监管机构；1998—2007 年，交易所可以作出批准或不批准的决定，只需要向监管机构报备即可；2007 年至今，发行人向东京证券交易所提交上市申请，交易所委托自律法人进行审核，自律法人审核之后将结果通知交易所，然后由交易所向监管机构进行报备。

2. 独具特色的自律法人制度

自律法人是基于《金融商品交易法》成立的法人，也是日本唯一一个在交易所市场专门开展自律业务的法人，发挥交易所质量管理中心的作用，维护资本市场的公正性和可靠性。在运营过程中的法人形态有别于作为市场运营公司的交易所，从而置身于接近市场的位置，发挥高度的专业性，同时建立了易于确保中立性和实效性的组织体制。

自律法人既是日本交易所集团的一个法人机构，又区别于交易所，受交易所的委托从事审核。自律法人设上市审查部、上市公司合规部、市场监控合规部等。上市审核包括形式审查和实质审查。形式审核主要看企业是否符合量化的上市指标，包括股东数、公开发行新股数量、流通股票数量等流动性要求，以及对企业利润额、资产额的要求。实质审核主要是对盈利性和公司治理方面进行确认，包括企业是否能够持续经营，企业的前景是否良好，企业能否公正、忠实地开展经营活动，企业的公司治理和内控制度是否有效等。自律法人的制度安排既解决了交易所审核企业的利益冲突问题，又能保证审核机构最大限度贴近市场。

3. 较为完备的法律保障

从1948年《证券交易法》开始，整个日本证券法制的演进史基本上是以其信息披露制度为中心的变革史。特别是2006年日本《证券交易法》修改为《金融商品交易法》，体现了信息披露制度的基本理念与制度的重大改革，进一步实现了信息披露制度的公正化与透明化。日本其他有关证券交易的法律还有：《商法典》《民法典》《证券投资信托法》《担保债券信托法》《外汇和外贸管理法》《外国证券公司法》《合格公共会计师法》和《证券中央总库和清算法》等。

三、英国核准制的历史演变和配套政策

英国核准制采取股票发行与审核相分离的模式。主管发行审核的是英国贸工部公司注册署，采用注册制一般不进行实质审核；若一个公司仅发行股

票而并不使其股票在交易所交易，那么它不需要进行实质性审核，只需在贸工部公司注册署进行注册登记。若一个公司希望其股票在交易所上市，则需接受英国上市委员会和伦敦证券交易所的双重审核。英国上市审核采用核准制，审核机构判断投资人将承担风险的程度、公司的发展前景、发行数量和发行价格等，据此做出是否核准其发行申请的决定。这两重审核都包含了实质审核的内容，即英国上市委员会和伦敦证券交易所都会对公司的盈利、行业前景、管理等提出要求和门槛，如果通过双重审核，则可以在伦敦证券交易所上市。根据上市板块的差异，不同板块的审核标准也存在较大的差异。①

（一）历史演变

英国的证券市场历史悠久，证券市场的上市审核制度经历了自律监管、政府的分业监管和混业监管三个时期，在完成审核权的转移后，形成当前股票发行与审核相分离、上市委员会和伦敦证券交易所双重审核的核准制。

1. 自律监管时期

17世纪初期，最初的证券交易市场开始在英国形成，但当时由于发行股票需要得到国会的特许令，申请特许令的条件苛刻而且费用昂贵，因此一些商人开始假冒特许公司参与股票投机炒作。1720年6月，英国国会为了应对那些仅以发行股票为收入来源、无实体经济基础的所谓"联合公司"在市场中泛滥成灾的情况，出台了《反金融诈骗和投机法》（即"泡沫法案"）。1762年，英国出现现代伦敦证券交易所的雏形，为了同时满足英国政府的融资需要和适应英国习惯法的执行需求，伦敦股票交易所形成了一套独特的会员组织形式，这种形式一直保持到19世纪中叶都没有发生太大的改变。只有交易所会员方可在所内进行股票交易活动。而所有会员必须获得委员会的认可并且向交易所所有人缴纳固定比例的年金。新会员必须得到两个会员的推荐方可进入审核程序。申请人的信息将会在交易所场地内公示8天之后

---

① 冯胤田：《英国证券市场的变革与发展分析》，《财经界（学术版）》2015年第14期。

才能进入投票环节。其间，如果任何人对申请人的资格有所异议，都可以书面文件的形式反映给委员会。除了英格兰银行、东印度公司和南海公司的代表在获得雇主批准的条件下可以进行其他商业行为，其他会员只能从事股票交易一项业务。

1844年，英国颁布了世界上第一部《合作股份公司法》，以法律的形式规定股票发行实行注册制，成为世界上最早确立注册制的国家。在证券市场形成早期，英国传统证券管理体系虽然在某种程度上对市场加以金融干预，但并无专门监管机构对证券市场进行监管，证券发行审核体制仍然是以"市场自律监管"为主，主要自律机构包括证券交易商协会、收购与合并问题专门小组和证券业理事会，这一监管体系对投资人保护不利。

1929年经济危机后，英国政府相继颁布了一系列法规，主要包括1948年《公司法》、1958年《反欺诈法》、1973年《公平交易法》等，这些法律的颁布推动了英国证券市场的发展与完善，但是并没有改变英国自律监管的传统。政府的立法管制主要体现在多种相关法律法规之中，它们既是自我管制的指导，又是自我管制的补充。

2. 政府分业监管时期

1984年年底，英国贸工部公布了《高尔报告》，并以此为基础形成了金融服务法案，在1986年10月27日英国通过了《金融服务法》(*Financial Services Act of 1986*)，全面而彻底地推动了证券市场各项改革措施，即所谓的"金融大爆炸"。该法确立了分业分部的金融监管制度，并把监管者分为四个层级：政府监管的最高权力单位——财政部、以英格兰银行和证券与投资委员会为代表的6个针对不同金融行业设立的政府干预机构、不参与金融交易的行业自律组织和提供专业性参考意见的职业协会，以及参与金融交易的第三方金融机构，如证券交易所等。其中以证券与投资委员会代表的第二层监管机构是金融行业政府监管的主力军。分业分部监管产生的根本原因是英国金融行业自律管理的传统。财政部将自身监管权力赋予已经存在的、行业自发形成的管理协会。政府化自律监管行为是造成分业分监管的直接原因。

《金融服务法》结束了英国资本市场管理松散的自律状态，确立了新的法律框架下的自律管理体制，使英国的证券投资管理更趋合理化和现代化。同时，英国设立了证券投资局（Securities and Investment Board，SIB）负责对证券市场进行监管。《金融服务法》确立的是一种多元化的监管体系，但是由于该体系部门较多，机构重叠，导致监管成本过高、监管效率低下，该监管架构依然不能提供健全的投资人保障机制。

3. 政府混业监管时期

自1997年起，英国将原金融体系的九大管理机构整合为单一管理机构，逐步改分业监管为混业监管。其中，原证券投资管理局（SIB）于1997年10月更名为金融服务管理局（Financial Services Authority，FSA），整合后的FSA不仅继续行使1986年《金融服务法》所赋予的管理投资活动、监督交易所及结算机构等权限，更发挥了监管银行、货币市场、外汇市场以及管理其他组织的作用，使FSA承担了混业监管的职权。FSA是英国独立的、全能的监管机构。它不同于以往的六大分业监管机构，其权力并不来自财政部的授予，其行为独立于财政部和其他政府机构。它不仅完全承接了证券与投资委员会的监管职权，还将监管范围扩展到银行业和保险业。它的出现也是英国政府化自律监管行为的又一次重大前进。2000年6月14日，《金融服务及市场法》（*Financial Services and Market Act*）通过，正式成为管理英国金融市场的主要法律，奠定了现代英国既兼容国际主流监管趋势，又极具英国本土特色的证券监管制度。自此，FSA独立行使金融监管职权，并拥有独立发布监管细则和对英国国会法律做出解释条例和实行指南的权利。英国证券市场形成了统一的监管体系，监管效率大大提升，开始逐渐由自律监管型向政府监管型过渡，行业自律监管的作用越来越弱化。

4. 审核权的转移

在金融监管体系进行重大变革的同时，伦敦证券交易所也经历了重要改革。2000年以前，伦敦交易所是英国股票发行和上市的常规核准机构，履行实质性监控职责，为保证法律规定贯彻与实施，交易所审核期间若发现发行人资格、条件与法律规定不符合者，也禁止其发行。即使交易人的资格和条件符合法律规定，交易所也有权不发行证券。伦敦交易所兼具自律体系和政府管理的特殊角色，交易所一方面对股票发行与上市进行审查并对上市后进行持续监督管理，另一方面发挥一个交易所的功能，维持证券市场秩序，促成各项交易有序进行，保护投资者利益。

为向纯粹的商业机构转变，2000年6月8日，伦敦证券交易所正式由会员制改为公司制，并于2001年7月20日上市。在伦敦证券交易所改制为股份公司后，其地位已经不适合继续承担上市审核的职责。因此，财政部同意伦敦证券交易所的提议，自2000年5月1日起将上市审核权转移至FSA。

为了弥补监管体系的漏洞，英国先后出台了《2010年金融服务法》和《2012年金融服务法》。《2012年金融服务法》的实施彻底打破了以往以财政部为最高层、以FSA为中心、以英格兰银行为辅助的三机构监管模式。它首先解散了FSA并对其职责进行了拆分，将包括证券市场监管在内的主要监管职责授予了新成立的金融行为监管局FCA（Financial Conduct Authority），将对金融市场中主要活动机构的监管职责授予了审慎监管局PRA（Prudential Regulation Authority）。PRA与FCA分别从金融市场的两端出发来实施维护市场稳定的措施。PRA监督金融市场中的大型机构，是英格兰银行监管职责的进一步延展。它以事前预估的方法对机构类似破产和重大业务变更等重要行为和行为对整个金融市场的影响性做出判断，并为企业提供行为指南。同时PRA还主动对机构进行评估，挖掘可能存在的隐患，并要求其更正。FCA则从维护金融消费者的权益出发，对金融企业行为进行监控，以确保金融市场保持良好的运行状态，也就是保证金融市场的"正直性"，使企业为消费者提供恰当的金融产品和服务，让消费者可以相信企业，把消费者利益放在重要位置考虑当做监管的根本目的。

（二）配套政策

对于上市股票而言，发行公司需要得到伦敦证券交易所或者UKLA的上市许可。发行公司必须将招股说明书以及其他文件交伦敦证券交易所和UKLA审核，经审核后才能在报纸上公开刊登，并抄送一份招股说明书给公司注册署备案，由其监管股票发行的登记。

申请在伦敦证券交易所主板市场上市的公司须经历两项程序：一是 FCA 下属的上市管理部门 UKLA（UK Listing Authority）依据《上市规则》（*Listing Rules*）审核上市文件并核准证券上市；二是伦敦证券交易所负责核准在其市场交易。这两项审核程序是同时进行的。而申请在伦敦证券交易所的 AIM 市场交易，则无须取得 UKLA 的上市许可，仅须取得伦敦证券交易所的同意即可进行交易。因此，在 AIM 市场交易的股票并不是真正意义上的上市股票。

1. UKLA 审核

UKLA 的上市审核不仅要求公开真实情况，还要求必须符合若干实质性条件：公司的营业性质与管理人员的资格和能力、公司的资本结构健全、公开的数据充分和真实、经营的行业前景良好。

UKLA 的审核是根据两个规则进行的：上市规则（Listing Rules）和招股说明书规则（Prospectus Rules）。上市规则主要是针对公司本身是否符合上市的要求，这其中包括对公司规模、盈利、管理等的要求。而招股说明书规则是对招股说明书本身的格式和披露的内容作出审查。对于拟上市公司而言，UKLA 的具体要求如表 5-18-5 所示：

表 5-18-5　UKLA 对拟上市公司的具体要求

项　目	上市条件
公司条件	发行人必须是按照英国《公司法》批准注册的合格公司，其经营管理运作与该公司的章程一致
经营要求	申请上市的公司，必须有自己的主营业务，且必须是独立并有收入的主营业务，一般至少有 3 年经营纪录
公司管理	1. 申请 IPO 的公司，其董事会和高管人员必须包括以往 3 年主营业务的主管人员 2. 董事会成员应有较高专业技能和经验，确保与公司利益无冲突
运营资本	运营资本必须充足。财务报表与注册所在地的法律和交易所认可的会计准则一致，并按英美或国际会计准则进行了独立审计
发行股份	1. 必须是可以自由转让的证券 2. 最低市值为 70 万英镑 3. 公众持股不少于 25% 4. 预购该证券的承诺和期权比例一般情况下不得高于发行数的 20%

2. 伦敦证券交易所审核

伦敦证券交易所的上市分成主板和 AIM 板。主板主要为具备一定规模、盈利良好、通过 UKLA 上市审核的公司服务，而 AIM 板主要是为中小企业提供服务。所有在伦敦证券交易所交易的股票都必须符合其"准入标准"（Admission Standard）和"披露标准"（Disclosure Standard）。"准入标准"主要是对证券本身交易规则、交易手段的标准，包括证券必须可以电子交易、可以自由议价、遵守交易所的交易流程等。"披露标准"则要求每个证券符合其相应监管机构规定的披露标准。

由于在伦敦证券交易所 AIM 市场交易的股票为非上市股票，因此，申请至 AIM 挂牌交易的公司无须报经 UKLA 核准，仅须经伦敦证券交易所同意即可。申请公司除须指定辅导公司以协助其完成申请程序外，亦须指定一名股票经纪商，并递交申请文件（包括董事背景、发起人、主要营业及财务状况等），伦敦证券交易所通常于收件后 72 小时内完成审核工作。[①]

第三节 中国科创板的注册制创新效果分析

科创板的设立以及围绕科创板的注册制改革为科创板带来了一系列"制度红利"。根据上交所数据，40 家科创板公司上市首日平均上涨 150%，截至 2019 年 10 月底，首批 25 只股票较发行价上涨约 90%，股价趋于理性；开通科创板交易权限的投资者已有 440 多万；科创板日均成交金额 142 亿元，占同期沪深两市成交的 3%，交易活跃度较高。数据显示，新股上市前 5 个交易日博弈比较充分，没有出现暴涨暴跌。在设有涨跌幅限制的交易日，9 成以上的个股涨跌幅在 10% 以内。从交易秩序看，从开市至当年 10 月底共出现 9 起异常交易行为，但未发现重大的交易违法违规情况。这体现了科创板推出后，按照注册制改革推进过程中，在为高新技术企业提供融资的同时，并未导致市场大规模波动，制度创新效果明显。

---

① 苏美香：《英国证券法律与监管体制分析及借鉴——兼谈对我国证券监管的启示》，《中南林业科技大学学报（社会科学版）》2011 年第 5 期。

一、科创板上市制度的创新

2019年1月30日，上交所发布《发行与承销实施办法》（以下简称《办法》），打破了原有IPO制度中关于保荐制度的定价规则，在询价机制、配售机制、投资者适当性要求等方面作出了一系列制度创新，从而正式拉开了中国注册制改革的序幕，这些制度创新体现在以下四个方面[①]：

（一）专业机构投资者询价定价

科创板在发行过程中取消了直接定价方式，全面采用市场化的询价定价方式。询价对象被限定为证券公司、基金管理公司、信托公司、财务公司、保险公司、合格境外投资者和私募基金管理人等七类专业性投资机构，允许这些机构为其管理的不同配售对象填报不超过3档的拟申购价格。

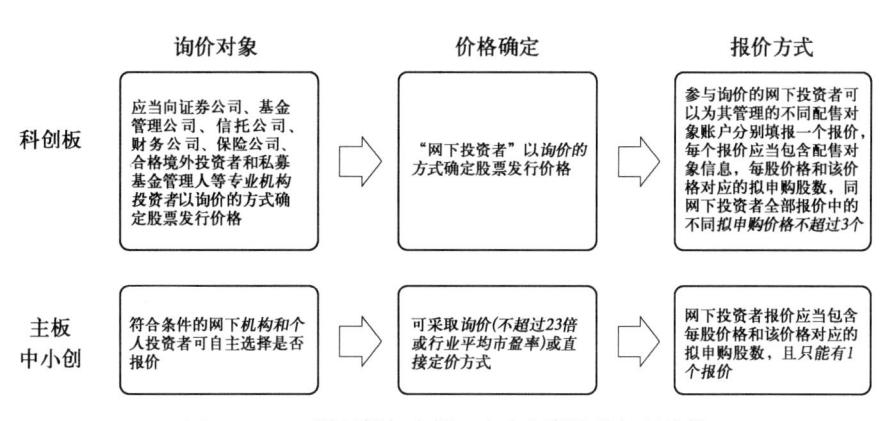

图 5-18-1 科创板与主板、中小创版询价机制比较

（二）引入"1+4"新配售机制

《办法》中也对上市公司的配售机制进行了改革，重点体现在以下五个方面：

1. 网上+网下配售模式

一是确定网下发行数量的比例要求，要求网下发行的比例是：总股本不

---

① 该部分内容参考了《科创板专题：打破定价机制，一文读懂科创板发行新规关键点》，https://www.sohu.com/a/294546546_683892。

超过 4 亿股的，网下初始发行比例不低于 70%；超过 4 亿股或者发行人尚未盈利的，不低于 80%。

二是确定申购数量要求中的回拨机制，即网上投资者有效申购倍数超过 50 倍且不超过 100 倍的，从网下向网上回拨 5%；有效申购倍数超过 100 倍的，回拨 10%；回拨后无限售期的网下发行数量不超过 80%。

三是明确向机构投资者的配售份额要求，即需以不低于网下发行股票数量的 40% 优先向公募基金、社保基金和养老金配售，且需以一定比例股票向企业年金基金和保险资金配售。有效申购不足时才可以向其他符合条件的网下投资者配售。对公募基金、社保基金、养老金、企业年金基金和保险资金的配售比例不低于其他投资者。向战略投资者配售应当扣除其配售部分后确定网下发行比例。

表 5-18-6　科创板与其他板块网下发行比例的比较

网下发行初始比例

科　创　板	主板/中小板/创业板
≤ 4 亿股，70%；> 4 亿股 or 尚未盈利，80%	≤ 4 亿股，60%；> 4 亿股，70%

回拨比例大大压缩

科　创　板	主板/中小板/创业板
网上投资者有效申购倍数超过（50-100），应当从网下向网上回拨，回拨比例为 5%； 网上投资者有效申购倍数 > 100 倍，回拨比例为 10%； 回拨后无限售期的网下发行数量不超过 80%	网上投资者有效申购倍数超过（50-100）倍，应当从网下向网上回拨，回拨比例为 20%； 网上投资者有效申购倍数 > 100 倍，回拨比例为 40%； 网上投资者有效申购倍数超过 150 倍的，回拨后无锁定期网下发行比例不超过 10%

2. 战略配售机制

降低了向战略投资者配售条件，即将引入战略投资者的条件调整为"首次公开发行股票数量在 1 亿股以上"或"战略投资者获得配售股票总量不超过本次公开发行股票数量的 20%"。

表 5-18-7 战略配售机制比较

科 创 板	主板/中小板/创业板
门槛：IPO 发行 1 亿股以上 • IPO 发行不足 1 亿股的，在 IPO 发行总量 20% 的额度内，可以战略配售 • 不参与网下询价 • 自有资金认购，实际持有，不得代持 • 锁定期 12 个月 • 额度限制，可以超 IPO 总量的 30%，但应在发行方案中充分说明理由	门槛：IPO 发行 4 亿股以上 • 事先签署配售协议 • 不参与网下询价 • 扣除战略配售后，再定网下网上发行比例 • 自有资金认购，实际持有，不得代持 • 锁定期 12 个月 • 额度限制，不超过 20 名；不超过 IPO 总量的 30%

3. 保荐机构参与配售机制

明确向保荐机构能够参与认购发行人新发行的股份，且明确其限售期，从而将保荐行为与企业绩效作出相应绑定。

表 5-18-8 机构参与配售机制比较

科 创 板	主板/中小板/创业板
条件：发行人的保荐机构依法设立的相关子公司或者实际控制该保荐机构的证券公司依法设立的其他相关子公司，可以参与本次发行战略配售 • 对获配股份设定限售期	其他板块保荐机构不能参与

4. 高管参与配售机制

明确了高管及核心人员可以间接参与首发配售认购，从而提高了上市对高管和核员工的长期激励效果。

表 5-18-9 高管参与配售机制比较

科 创 板	主板/中小板/创业板
条件：发行人的高级管理人员与核心员工可以设立专项资产管理计划参与本次发行战略配售。前述专项资产管理计划获配的股票数量不得超过首次公开发行股票数量的 10% • 发行人的高级管理人员与核心员工按照前款规定参与战略配售的，应当经发行人董事会审议通过，并在招股说明书中披露参与的人员姓名、担任职务、参与比例等事宜	其他板块上述人员不能参与

5. 绿鞋机制设计

对绿鞋机制做出相应调整，即在实施上，明确发行人和主承销商在发行方案中的超额配售选择权，明确采用超额配售选择权发行股票数量不得超过首次公开发行股票数量的 15%，且主承销商应当与参与配售并同意作出延期交付股份安排的投资者达成协议。在行权条件上，明确股票上市之日起 30 日内，主承销商有权使用超额配售股票募集的资金，从二级市场购买发行人股票，但每次申报的买入价不得高于本次发行的发行价。

表 5-18-10 绿鞋机制比较

科 创 板	主板/中小板/创业板
条件：发行人和主承销商可以在发行方案中采用超额配售选择权 • 采用超额配售选择权发行股票数量不得超过首次公开发行股票数量的 15% • 主承销商采用超额配售选择权，应当与参与本次配售并同意作出延期交付股份安排的投资者达成协议 • 发行人股票上市之日起 30 日内，主承销商有权使用超额配售股票募集的资金，从二级市场购买发行人股票，但每次申报的买入价不得高于本次发行的发行价，具体事宜由本所另行规定 • 主承销商可以根据超额配售选择权行使情况，要求发行人按照超额配售选择权方案发行相应数量股票	• IPO 发行 4 亿股以上的，才可以采用超额配售选择权

（三）满足投资者适当性要求

1. 公开披露报价信息

网上申购前披露剔除最高报价部分后有效报价的中位数和平均数，以及公开募集方式设立的证券投资基金、全国社会保障基金和基本养老保险基金的报价中位数和平均数等信息。

如果发行定价超过前述中位数、平均数，主承销商与发行人应当在申购前至少一周发布投资风险公告，为投资者留有研判时间、提供决策信息。

2. 降低申购单元

保留"持有 1 万元以上沪市流通市值的投资者方可参与网上发行"的有

关规定，并将现行 1 000 股／手的申购单位降低为 500 股／手，每一个申购单位对应市值要求相应降低为 5 000 元，提升科创板网上投资者申购新股的普惠度。

最高申购数量不得超过当次网上初始发行数量的 1‰，且不得超过 9 999.95 万股，如超过则该笔申购无效。

（四）优化券商定位

明确可以参与战略配售。应出具投资价值研究报告：路演推介时主承销商的证券分析师应出具投资价值研究报告。应收取经纪佣金：承销股票的证券公司应当向通过战略配售、网下配售获配股票的投资者收取经纪佣金，并为主承销商自主选择询价对象、培养长期优质客户留有制度空间。强制股票托管：要求发行人股东持有的首发前股份托管于保荐机构处。

（五）对总市值不达标中止发行的规定

股票发行价格确定后，发行人预计发行后总市值不满足其在招股说明书中明确选择的市值与财务指标上市标准的，应当中止发行。中止发行后，在中国证监会同意注册决定的有效期内，且满足会后事项监管要求的前提下，经向上交所备案，可重新启动发行。

二、科创板上市便利度分析——上市被否的视角

从科创板首批企业受理上市到 2019 年 10 月，共有 160 多家企业已受理，36 家企业正式上市。与此同时，有 1 家企业（恒安嘉新）被证监会拒绝注册、2 家企业（国科环宇、泰坦科技）被上交所发审委否决、12 家企业（木瓜移动、和舰芯片、诺康达、海天瑞声、贝斯达、新数网络、视联动力、连山科技、光通天下、华夏天信、利元亨、世纪空间）主动撤回上市申请。这些企业被撤销上市的原因是什么？借助科创板上市融资是否具有比其他板块更多的便利化程度？我们需要结合相关的财务指标和上交所公开披露的审

核重点关注事项,对这些终止企业的特征进行详细分析。①

(一)终止上市的理由之一:企业销售毛利率中位数和净利率中位数偏低

一是从净利润看,过往 A 股发审过程中的"隐形门槛"不复存在。只要符合科创板定位,具有独立持续经营能力,内控完善且合法合规,年度归母净利润 2 000 万元的企业也能为科创板所接受。但上述企业财务指标明显偏弱:16 家终止公司的营业收入和归母净利润整体低于 36 家上市企业。2016—2018 年,这类企业营业收入的中位数(2.29 亿元、3.48 亿元、4.74 亿元)和净利润中位数(0.15 亿元、0.42 亿元、0.67 亿元)均低于 36 家已上市科创板企业营收中位数(2.97 亿元、4.04 亿元、5.30 亿元)和归母净利润中位数(0.42 亿元、0.64 亿元、0.94 亿元)。

二是从成长性的角度看,终止企业业绩下滑明显。2019 年第一季度,该类企业净利润同比下降 86.68%,且企业营收和净利润的成长性波动明显。2018—2019 年,该类企业营收和净利润同比分别减少 7.56%、86.68%。同期,36 家上市企业营收同比增长中位数为 5.86%,净利润同比减少中位数为 19.11%。

三是毛利率中位数和净利率中位数偏低。16 家终止企业销售毛利率中位数和净利率中位数分别较 36 家已上市企业毛利率中位数和净利率中位数低 7.26%、7.67%。在核心技术和产品的竞争力上,企业的研发总额支出占营业收入的比重也在 2016—2018 年间呈现下降趋势,从 13.10% 下降到 9.50%,3 年下降了 27.48%。

(二)客户集中度过高

客户集中度过高可能带来不确定性风险增加。从被否企业情况来看,利元亨(89.80%)、国科环宇(83.68%)、恒安嘉新(77.66%)、诺

---

① 参考了赵巧敏《科创板专题报告:科创板 16 家终止上市企业盘点:独立性、内控制度及会计规范、科创属性最受监管关注》,《迈博汇金券商研报》,www.microbell.com/。

康达（75.95%）、连山科技（71.73%）等5家终止企业超过36家上市企业的平均值，客户集中问题相对突出。此外，木瓜移动（82.05%）、新数网络（72.05%）、光通天下（70.06%）、世纪空间（69.70%）、连山科技（64.69%）、海天瑞声（61.19%）及贝斯达（53.36%）前六大供应商采购占比高，或对部分上游供应商存在明显依赖。

（三）业务独立性、会计规范与内控制度的有效性较差

具有直接面向市场独立持续经营的能力是《注册办法》发行条件中明确且详细说明的，标准不模糊，审核有据可依。上交所上市委对国科环宇终止审核中的三个方面问题中有两方面都涉及发行人独立持续经营能力。苑东生物也是由于其核心技术对合作研发、共有专利上可能存在的依赖性和发行人持续经营能力对合作研发单位的依赖问题。和舰芯片在三轮问询中重点被关注同业竞争、客户供应商重叠、业务技术独立性等。诺康达和连山科技在问询中均涉及业务独立性问题——客户及供应商是否相对集中、是否有重叠问题。在16家终止企业中，有9家企业被重点关注发行人是否业务完整、具有直接面向市场独立持续经营的能力。

综上所述，我们认为，科创板开市已3月，相关申请上市机制不断完善。总体而言，科创板的上市审核对独立性、会计与内控、科创属性等问题的问询审核依然细致，但对利润规模等方面的关注度有所下降，体现了对科创型企业的融资支持，符合科创板定位且满足基本上市条件的科创型企业均可根据自身的业务发展需要进行申报。

三、对科创板定价机制分析——价格过高问题的分析

首批25只科创板股票上市在价格上的波动考验着注册制改革的成效，从走势来看，上市第一周还是有一定的震荡，但从第二周开始基本上是全线上涨，而到了第三周虽然有一定的分化，但上涨股票的数量仍然不少。即便大环境不利，大盘指数向下破位，但科创板股票仍然表现得相对强劲。虽

然现在科创板的平均市盈率已经超过 150 倍，远高于大盘的平均市盈率，比创业板的平均市盈率也要高出不少，但参与科创板的资金在最初仍然热情高涨。25 只科创板股票每天的成交金额差不多可以占到整个沪深股市动态成交金额的 10% 以上，其换手率更是持续维持在 40% 这样的超高水平。第二批科创板股票上市，当天股价翻番，走势也是很突出的。那么，科创板的定价机制是否存在问题，是我们需要对注册制进行思考的问题：

（一）是否还要继续放开定价管制

放开 IPO 定价管制是注册制改革的既定内容之一。《实施意见》明确表明："新股发行价格、规模、节奏主要通过市场化方式决定……对新股发行定价不设限制。"这意味着放开定价管制的方向上是不容置疑的。原有发行市盈率控制在 23 倍的规定虽然解决了一时的新股发行定价过高问题，却造成了极其高昂的系统性成本，带来了价格信号失真、投资人风险偏好扭曲，市场主体能力退化，供求关系恶化等一系列矛盾。因此，通过简单的发行市盈率管制，虽然表面上解决了新股发行定价的所谓"三高"问题，但事实是带来市场效率降低、市场配置资源能力的下降，给整个经济和市场造成了更大损失。而注册制将"新股发行价格、规模、节奏主要通过市场化方式决定"体现了准确的问题导向，为经济和市场未来拓展了新思路。

（二）高价发行是否体现了"改革红利"

科创板设立后，符合条件的亏损企业也可以发行上市，这使得原有基于市盈率的估值模型有 PS、PB、EV/EBITDA 失去了基础。类似于长年亏损的特斯拉需要新的估值方法，如早年作为电商平台的亚马逊，通常使用 PCF 法估值；而作为云计算供应商的亚马逊，在投入期使用 EV/EBITDA 方法估值，成熟期才使用 PS 估值。科创板和注册制后，PE 可能仍然是主流估值方法，但随着千姿百态的各类科技创新型企业进入科创板市场，估值方法不再是 PE 独大，高价发行的局面必将打破。

（三）科创板新股价格是否偏高

目前的科创板新股价格是以 PE 估值法来进行估值的，且机构投资人的估值是有着其自身的科学定价依据可循的。如睿创微纳定价低于报价平均水平的"四价下限"，但低于可参照的上市公司高德红外（最新静态市盈率 126.71 倍）和大立科技（最新静态市盈率 86.55 倍），说明机构投资者总体认可其估值。天准科技定价也低于报价平均水平的"四价下限"，虽然对应静态市盈率高于同行业的市盈率（31.26 倍），但未超出预计市值报告和投资价值研究报告的估值区间范围。因此，总体上科创板新股下发行价格既有低于二级市场平均水平的定价，也有高于二级市场平均水平的定价，属于正常的价格区间内的水平。

根据以往经验，当一级市场通过破发的方式扭转"新股不败"价格后，虽然短期内一级市场的高定价可能引发二级市场的进一步炒作，但长期看则是相反，二级市场的形势才决定一级市场定价。市场的约束可能迟到，但不会缺席，即改革放开新股定价管制，短期可能确实存在乐观预期（叠加新开板块必然存在的新股供小于求问题），但如果保持定力，放手让市场约束发挥作用，长期看，改革并不必然带来高价发行，反而会自动约束高价发行。

第四节　科创板支持上海科创中心建设的思路研究

科创板的设立，为中国科技创新企业的发展提供了新的资金支持，也为中国的大众创业、万众创新注入了源源不断的源头活水，也契合了习近平总书记撬动创新的新"支点"，助推中国高质量发展新动能的战略目标。同时，我们也应该看到，目前科创板的建设仍然只是我国科技创新体系和上海多层系资本市场中的重要一环，为此，如何将科创板的建设契入上海乃至中国的科技创新体系当中、融入上海支持科技创新的多层次资本市场建设乃至全球科技创新中心的大潮当中去，是未来科创板建设需要考虑的重要问题，为此，我们从以下几个方面为科创板的发展提出了一系列对策建议：

一、以科技版打造新型研发机构支持

近年来，新型研发机构这种由多元主体投资建设，实行市场化、现代化运营管理，致力于新技术产业化、商业化的独立法人机构，受到了党中央和上海市领导越来越多的重视。2018年，李克强总理在政府工作报告中正式提出要"涌现一批具有国际竞争力的创新型企业和新型研发机构"，为此，中央和上海先后出台了促进新型研发机构创新发展的相关规定，上海也由政府牵头组建了首批18个新型研发机构，这些机构在集聚创新资源、打通高校科研院所与企业之间的联系、以市场化手段重塑个人与团队、技术与产品等方面发挥了积极作用，但我们也发现，目前上海的新型研发机构无论是在数量上[①]还是质量上[②]与国内一些做得比较好的地区相比，仍然差距明显。这既与上海这些机构刚刚起步、经验不足有关，也与目前它们在发展中面临一系列体制机制问题有关。上海建设具有全球影响力的科技创新中心，不仅要有国际最高标准、最好水平的科研机构、创新平台和创新企业，也需要有国际最高标准、最好水平的新型研发机构承载起上海"核心技术产业化孵化器"的功能，并为推动上海科技创新体系的体制机制建设注入新的活力和动力。为此，上海需要从以下几个方面入手，加大对新型研发机构的支持力度：

一是进一步明确新型研发机构定位，并对其业务边界有明确指向。对于明确为事业属性的新型研发机构，要明确其非营利的特征，明确其业务范围是产业技术供给和创新创业服务，且"不得直接从事生产经营性的市场竞争

[①] 数量上上海与江苏、广东差距明显，上海目前只有20多家新型研发机构，而江苏有323家，广东有219家。
[②] 从规模和实力上看，上海与国内领先的新型研发机构差距明显，如深圳清华大学研究院已累计孵化企业1 500多家，培养上市公司21家。中科院深圳先进技术研究院已育成企业超过637家，持股超过191家，估值过亿企业达26家。江苏省产业技术研究院成立5年就已累计转化技术成果3 100余项，孵化企业600余家，2017年，该院各类技术开发、咨询、服务合同收入达26.5亿元。而上海目前没有一家类似机构营业收入突破10亿元。

性活动"，出资方也不得从机构赢利中分红，收入只能用于自身运营和业务发展。对于民非性质的新型研发机构，要进一步完善相关法律法规和配套政策，研究出台民非研发机构税收优惠政策，制定实施细则并推动政策落实，同时给予其在职称评审、人才引进、建设用地、股权激励等方面与传统科研机构类似待遇。对于企业性质的研发机构，应对其承担的社会化公益属性的功能给予市场化的相应补偿，并作为新兴产业在政府资金、税收等方面给予倾斜和优惠。

二是借助混合所有制改革契机，加大体制机制改革力度。建议对于国有控股企业性质的新型研发机构，借助混合所有制改革的契机，按照"企业出资、高校及科研院所研发、政府适当匹配"的原则引入战略合作关系，建立民营经济和管理层股权激励等模式，按照市场化的需求，对机构进行重构甚至重组。[①] 对于事业单位性质的新型研发机构，建议去除行政级别，采用公司制的现代企业治理运作模式，建立从上游创新源头到下游产业化的全产业链对接体系，在课题研发、经费分配、经营、功能设置和组织模式等方面允许大胆尝试与创新。[②]

三是围绕产业链、资金链和创新链的融合，为新型研发机构提供长期稳定资金支持。由于新型研发机构在一定程度上肩负着一定产业领域内科技与产业融合，促进产业应用技术转移转化的公益性职能，因此要根据产业成长周期中的产业链、资金链和创新量的实际情况，在初期考虑给予政府一定的较为稳定持续的资金扶持，并逐步引入社会资本力量，[③] 提高机构造血能力，形成资金来源的"政策＋创新＋产业基金＋VC/PE"的新机制，构建"科研＋教育＋产业＋资本"为一体的协同创新生态系统，实现创新链上下

[①] 如江苏省产业技术研究院智能制造技术研究所以江苏集萃智能制造技术研究所有限公司的独立法人身份面向市场，地方政府和江苏省产业技术研究院均不干涉研究所的决策、经营和管理。深圳清华大学研究院改革力度更大，甚至借道通产丽星上市，率先走向资本市场。

[②] 如苏州、南京等地对新型研发机构不再按项目分配固定的科研经费，而是根据研究所服务企业的科研绩效决定支持经费，科研绩效由横向科研绩效、纵向科研绩效、衍生孵化企业绩效等方面进行综合计算。

[③] 实际上如德国弗朗霍夫协会经费中 1/3 来自政府的直接拨款。江苏省每年为产业研究院划拨 5 亿—6 亿元的财政资金，用于其初期的管理运营与发展。

游资源的共享与协同。

四是创新人才引进与激励机制，建设市场化高端人才集聚平台。要按照市场化的原则，通过体制机制创新引进一批懂市场、专业化的高端人才，运用"项目经理制"，对标市场需求，以"引人"促"成事"，通过对标战略性新兴产业相关技术研发领域和市场拓展领域的人才政策，在落户机制、住房保障、子女教育等方面给予特殊政策优惠。同时，对满足条件的新型研发机构，应在项目申报、职称评审、人才培养等方面享受科研事业单位同等待遇，并按照规定享受后补助、税收激励等普惠性政策支持。同时搭建技术人才交流平台，推动多方技能人才交流，形成人才"走出去"和"引进来"双向交流机制，推动科学技术跨越式进步。

二、科创板服务初创型中小企业思路研究

目前，科技创新板正式挂牌交易在即，科创板为科创企业提供了新的融资渠道，进一步激发了国内科技创新的热情。但该板刚刚起步，面对全国13.3万多家高新技术企业的融资需求，明显力不从心。而面对当前中美贸易摩擦美国对我国高新技术企业打压，我国高新技术企业面临更大自主创新和融资压力情况下，进一步完善多层次资本市场体系，夯实全面对接主板市场科创板的基础资本市场平台正成为共识。上海股交中心作为上海市政府唯一主导的基础性股权交易市场，在2015年推出的科创板已经成熟，因此，借助上海股交中心科创板的基础性平台，解决目前上海科创企业融资难题，是目前上海切实服务科创板建设，服务上海国际金融中心和科创中心建设的有效途径之一。

一是进一步完善上海股交中心的功能定位，对其"功能性平台"的服务内容给予相应补贴或基于市场行为的政府购买服务。基于股交中心在配合上海发展战略新兴产业和支持科技创新型中小微企业发展，缓解其融资难问题、促进企业规范发展，为上海证券交易所科创板源源不断培育和输送优质上市资源等方面发挥功能性平台作用，建议上海市政府对上述服务给予相应

的政府补贴，或者基于市场行为按照成本加成计价的方式提供政府购买服务相应资金支持。

二是支持上海股交中心进行战略性转型，进行相关业务拓展，形成整合效应。国内外一些中小微企业发展快速的国家和地区的经验表明，支持中小微企业的融资服务是一个系统工程，需要整合各方力量，形成支持中小微企业成长的合力，才能取得更佳效果。因此，以上海股交中心为平台，整合上海支持中小微企业成长的资源，形成多样化全方位的服务体系是解决上海中小微企业融资问题的根本出路。为此，建议围绕上海股交中心服务科技型中小微企业的功能整合众筹平台、金融资产服务平台、小贷、基金、小微证券、保险经纪公司等业务，充分发挥市场化机制在支持中小微企业成长中的作用。以科技创新股权投资基金增加市场资金供给，加快孵化培育科技创新中小企业；以金融服务公司提供质优价廉稳定金融服务，满足挂牌企业不断提升的金融服务需求；以科创企业服务深化服务存量企业，培育转化增量项目等。这样既能提升服务中小企业的能力，提升平台经营能力和盈利能力；同时，也能通过发挥平台整合集聚效应，降低服务成本，从而能够以其他服务带动功能性平台功能的实现。

三是支持上海股交中心增资扩股，以市场化手段打破地域限制，"走出去"发展。目前，国家正在积极推动区域性股权交易市场之间的统一，[①]长三角协同发展的国家战略也需要上海的资本市场积极参与长三角的合作与对接，这都有赖于上海股交中心的做大做强。但目前上海股交中心在资本金方面已经远远落后于国内大部分区域性股权交易机构，[②]这导致上海股交中心从一开始就落后于外地市场。因此，上海急需为上海股交中心注入资金，改善人力资源构成和软硬件设施。这就需要上海积极支持股交中心加快进行战

[①] 目前，针对区域性股权交易市场存在的问题，国家相关管理部门已经着手进行统一各地市场监管制度、后台操作系统和基础交易制度等相关举措，这类似于当年纳斯达克的"三统一"，可视为国家着手统一区域性股权交易市场的前奏。

[②] 目前上海股交中心注册资本金仅1.2亿元，远远落后于广东（31.1亿元）、北京（准备增资到7亿元）、深圳（5亿元）、浙江（7亿元）等地股权交易机构，甚至落后于中西部地区，如安徽、河南、重庆、广西等省市的股权机构。

略增资，引入新的战略投资者和更多优质资源，增强其创新发展潜力、影响辐射张力和融资服务能力，让上海股交中心"走出去"，[①] 并逐渐发展成为全国性的基础股权融资平台。

三、中美科技战背景下需要科创板做好应对准备[②]

10月8日，美国商务部将包括海康威视、大华股份等在内的8家中国科技企业列入制裁名单，要求美国企业未经美国政府许可，禁止与其开展业务往来。这是继中兴、华为事件和特朗普宣布禁止美国企业使用对"国家安全构成威胁的外国企业所生产的电信设备"后，美国政府对中国科技企业开展的又一次"精准打击"，至此，被纳入美国"实体清单"的中国企业达到269家，占美国实体清单总数的22%，其中中国大陆151家。

面对美国发动的科技战，我们在党中央和中国政府的领导下，快速响应，迅速行动，初步形成了积极防御的战略态势，取得了一系列卓有成效的成果。在这个应对过程中，金融将起到支持我国高新技术企业做大做强，更好地应对中美贸易摩擦、科技战的重要作用，因此，作为承担着我国全球影响力的科技创新中心和国际金融中心双重使命的上海，需要为国家在这一重要决定中国未来命脉的对决中提前做好应对准备。

一是立足上海自贸区新片区建设，推动金融开放创新，打造上海国际离岸金融中心。突破美国对我国科技"封锁"的核心是开放，因此，金融开放需要与我国科学技术的开放相结合，开放也是未来的主旋律。目前，上海自贸区新片区打造国际离岸金融中心的条件已经成熟，[③] 后续上海应该围绕新片区离岸金融中心的建设，在国家有序推进人民币国际化的大背景下，按照

[①] 2017年的相关文件仅限制了挂牌企业必须在当地挂牌，并没有限制区域性股权交易市场以并购、参股或合作等方式跨区域联合，因此，上海股交中心通过市场化的方式"走出去"发展在政策上是可行的。

[②] 该部分形成专报《上海金融应该为中美科技战做好应对准备》，作者为贾婷月、任宛竹、刘亮。

[③] Roussakis等（1994）提出判断一个国家或地区是否适合建立离岸金融中心的三个基本条件是政局稳定、基础设施完善和政策环境宽松。

内外分离型离岸金融中心的总体思路,在原有保税贸易所需的离岸金融基础上,探索跨国企业海外投资专属保险、离岸债券、离岸股票和离岸基金、离岸信托、离岸私人基金等投资服务类金融业务,[①] 以大宗商品现货交易平台建设为突破口,逐渐完善证券、期货、保险等金融市场体系的发展思路,并积极推动在"监管沙盒"模式下的金融制度创新,吸引各类金融要素在自贸区新片区形成集聚。

二是立足科创板建设和注册制改革,完善上海多层次资本市场建设。按照科技型企业成长过程的融资规律,积极推动科创板建设和注册制改革,将上海逐渐打造成为具有全球影响力的科技创新要素集聚和金融市场中心,因此,(1)要通过"科创板+注册制"试点探索多层次资本市场建设的市场对接,即如何形成更加有效的对接基础性股权交易市场和主板市场之间的"快速通道",提高科技创新企业融资效率;(2)为科技创新企业快速成长提供更加便捷和高效的"增资扩股"、股权债券等多种方式融资的"绿色通道";(3)形成国内外高新技术企业集聚,打造汇集全球各类创新资源的综合性复合型资本市场平台。

三是要积极进行制度创新,为国外上市的科技企业回归备好"绿色通道"。随着美国对中国高新技术企业制裁的升级,中国企业海外融资受到的限制将越来越多,可能引发中概股从美国资本市场的退市潮和回归潮,在美股上市的中概股以新兴产业为主,因此上海主板市场和科创板需要做好过渡性与长期性准备。上海的科创板和主板是否可以开辟吸引中概股回归的"绿色通道",既可以提升科创板上市公司质量,又提供了"避风港",助力中概股规避国外退市风险。

四是完善金融基础设施和相关法律法规,防范跨国金融风险。一方面,要进一步完善金融基础设施,借助金融科技的发展加强支付清算系统、征信

[①] 在新片区可以考虑建立避税港型离岸市场,积极推动资本项目下的开放,在区域内实行自由外汇制度,外汇自由兑换、自由调拨,对离岸业务免交存款准备金等。例如,天津滨海新区的资本项目可兑换的放开政策就是一个很好的示范。资本项目的可兑换是培育离岸股票市场的关键,如果资本项目受到管制,那么离岸证券业务的发展就无从谈起。

系统等建设，完善金融法制、定价机制等建设；另一方面，要理顺体制机制，打破管理体制上的条块分割，加强不同部门、不同市场、不同区域间的协调配合。还要根据国际通行规则制定和完善金融方面相关的法律法规，在保障客户权利、保证其合法收入和隐私权等同时，从消除金融市场跨区域套利套汇、防范大规模跨境资金流动、维护境内金融稳定和促进金融中心良性发展的角度出发，加强对金融风险的监管、监测和防范，加强对区内人民币境外融资专用账户的管理，筑牢资金往来的闸门。

执笔人：刘　亮　任宛竹　贾婷月

第十九章
深化长三角一体化发展

《长江三角洲地区一体化发展规划纲要》对长三角地区提出了"一极三区一高地"的战略定位,同时明确提出,发挥上海龙头带动作用。2019—2020年是长三角地区推进一体化发展的启动阶段,而更大的行动和突破,是在"十四五"时期。本课题将在总结"十三五"期间长三角地区一体化发展进展、研判"十四五"时期长三角地区一体化发展趋势的基础上,分析提出上海在落实国家战略中需要发挥哪些龙头带动作用,分析梳理需要突破和解决的瓶颈问题,并提出相应的对策建议。

第一节 长三角一体化发展的基本评价

长三角地区以不足全国4%的面积,汇聚了全国16%的人口,创造了近1/4的生产总值。2018年,长三角地区土地总面积35.92万平方公里,常住人口2.25亿,生产总值规模达到21.16万亿,人均GDP9.37万元。分省市看人均GDP,上海为13.50万元、江苏为10.72万元、浙江为9.21万元、安徽为4.91万元。

表5-19-1 2018年长三角地区发展概况及与全国的比较

地区	土地面积（平方公里）	常住人口（万人）	GDP（万亿元）	一般公共预算收入（亿元）	人均GDP（万元）	城镇常住居民人均可支配收入（万元）	农村常住居民人均可支配收入（万元）
上海	0.63	2 424	3.28	7 018	13.50	6.80	3.04
江苏	10.72	8 051	9.26	8 630	10.72	4.72	2.09

（续表）

地区	土地面积（平方公里）	常住人口（万人）	GDP（万亿元）	一般公共预算收入（亿元）	人均GDP（万元）	城镇常住居民人均可支配收入（万元）	农村常住居民人均可支配收入（万元）
浙江	10.55	5 737	5.62	5 803	9.21	5.56	2.73
安徽	14.01	6 324	3.00	2 812	4.91	3.44	1.40
长三角	35.92	22 536	21.16	24 263	9.39	5.13	2.31
全国	960	139 008	90.03	183 352	6.46	3.93	1.46
占全国	3.7%	16.1%	23.5%	13.2%	145.4%	130.53%	158.22%

资料来源：根据三省一市 2019 年统计年鉴整理。

以习近平总书记在首届进口博览会上宣布长三角一体化发展上升为国家战略为标志，长三角地区的区域合作进入了以一体化、高质量发展为主导的新阶段。这是长三角地区"十三五"时期实现的重大战略升级，其在战略导向上，从协同发展为主升级为一体化发展为主；在战略推进上，从地方自主探索推进为主升级为国家推进、地方实践的上下联动。"十三五"时期长三角地区的一体化发展进程可从五个方面进行概括性评价。

一、一体化发展上升为国家战略

长三角地区的一体化发展与中国改革开放的渐进深化及社会主义市场经济的纵深发展保持了同步，并且经历了"城市层面合作→省市层面合作→全方位合作"，以及"公有经济合作→市场合作→对外开放合作→全面合作"的升级演进过程。这些递进发展的区域合作在企业和产业层面呈现了更多的一体化合作进程，而行政区之间或者地方政府之间的合作呈现了更多的协同合作进程。党的十九大作出了建设社会主义现代化强国的宏伟部署，并且提出在 2020 年全面实现小康社会后，将全面开启社会主义现代化建设的新征程，这就意味着长三角地区将承担起社会主义现代化建设先行者、引领者的重要新使命。其中最重要的任务之一，就是率先在区域一体化发展上进行破题和创新，这既是率先建成现代化区域的必由之路，也是加快建设世界级城市群的必由之路。

正是处于这样一个重要的战略转折时期，长三角地区的一体化发展在经历了多年的地方探索实践后，国家正式颁布《长江三角洲地区一体化发展规划纲要》，中央层面成立领导小组，在国家发改委正式设立领导小组办公室为标志，长三角地区一体化发展正式上升为国家战略。这一战略不仅同"一带一路"建设、京津冀协同发展、长江经济带发展、粤港澳大湾区建设相互配合，完善了我国改革开放空间布局，而且在京津冀、粤港澳、长三角三大板块国家区域战略中更加凸显强劲活跃增长极和更高质量一体化发展的特殊战略定位。与国家战略紧密衔接，三省一市进一步加强推进机制建设，于2018年1月四地合署设立的长三角区域合作办公室肩负起更多的牵头协调职能。

二、科创合作的共同诉求推动一体化平台建设

"十三五"时期各地对创新驱动发展予以了更多的重视和积极布局。特别是2014年习近平总书记对上海提出建设具有全球影响力的科技创新中心以来，不仅上海把建设全球科创中心列为建设全球城市的重要战略，苏浙皖三省也紧随其后，积极配合，江苏提出建设具有全球影响力产业科技创新中心，浙江提出建设"互联网+"世界科技创新高地，安徽提出建设有重要影响力综合性国家科学中心和产业创新中心。围绕着提升科技创新策源力和促进产业转型升级，各地对创新资源高度集聚的各中心城市，特别对上海，形成了更加强烈的创新合作诉求，其中既有共享中心城市高端创新资源和创新服务平台的诉求，还有分享创新成果、培育新产业、提升产业自主创新能力的诉求；同时各中心城市之间，以及中心城市对周边城市，也形成了积极的创新合作诉求，其中既有合作承担国家重大科技项目的诉求，如合肥在上海张江与上海合作共建量子通信实验室，也有国家级科技创新机构在各中小城市合作共建产业创新中心的诉求。

正是上述科技创新领域出现的各种新合作诉求，推动长三角地区在科技

创新的公共领域进一步探索实践一体化合作的新模式、新机制。如由沪苏浙皖四地科技部门共同发起建设的"长三角科技资源共享服务平台",在大型仪器设备共享平台基础上,于2018年正式投入试运营,目前已入驻服务机构1 897家,共享高端人才1 690人、大科学装置19座、大型仪器28 618台。2018年沪苏浙皖九城签订长三角地区共建"G60科创走廊"战略合作协议,G60科创走廊联席会议办公室在上海松江挂牌运行,已相继落实工业互联网协同发展、一网通办、科学仪器开放共享、产业联盟等一系列一体化合作进展。2018年4月19日上交会上,上海国际技术市场、浙江科技大市场、江苏省技术交易市场与安徽省科技研究开发中心等4家技术市场签署合作协议,推动资源共享、互融互通。

三、生态环境联防联治向一体化构架迈进

长三角地区的生态环境建设具有很强的流域性特征,空气污染的防治是流域性的,水污染防治是流域性的,乃至土壤污染防治因农产品的区域流通也具有流域性特点。针对流域性特征,长三角地区坚持生态优先,在生态环境的联防联治上已形成一体化的雏形。2014年,经国务院批准成立的长三角区域大气污染防治协作小组在上海市牵头下,三省一市共同制定了《长三角区域落实大气污染防治行动计划实施细则》,重点推进十大协作和联合行动,至今该小组已召开8次工作会议。建立了上海长三角区域空气质量预测预报中心,建成"长三角区域空气质量预测预报系统平台"。截至2018年年末,已完成1 460份长三角区域空气质量预报专报、160余份重大活动区域预报专报,能够实现长三角区域未来5天AQI精确预报及未来7天污染潜势预报,为区域空气污染联控联治提供了技术支撑。成立了长三角区域水污染防治协作小组,签订《太浦河水资源保护省际协作机制——水质预警联动方案》《石臼湖共治联管协议》等一批跨界水域联防联控协议。新安江流域生态补偿机制已完成三轮签约,实现了浙皖两地环境、经济、社会效益的多赢,成为全国示范。三省一市环境保护标准逐步统一,签订了《长三角区域

环境保护标准协调统一工作备忘录》。长三角区域生态环境联合研究中心成立，正式形成三省一市联合环境科研平台。

四、重大基础设施互联互通进入快车道

长三角地区高速公路、跨江跨海大桥、高铁等交通重大基础设施已形成较高密度的网络布局，并在重大项目推动下形成了较好的一体化基础。特别是高铁网建设进一步提升区域同城化程度。截至 2018 年年底，铁路营业里程达 10 560 公里，34 个地级以上城市开通高铁；2019 年，全区域计划开工建设的新线有 996 公里，其中高铁 757 公里。

2018 年，沪苏浙皖四省市加快了基础设施互联互通建设力度，共同签署了《长三角地区打通省际断头路合作框架协议》，第一批重点推进 17 个省际断头路项目，部分项目已完成。沪苏浙皖四地省界主线收费站于 2019 年年底将全部撤销。嘉兴至上海松江的首条跨省域城际轨道进入开工建设阶段。长三角地区港航协同发展持续推进，《关于协同推进长三角港航一体化发展六大行动方案》确立了一体化六大行动 13 项主要任务。电力一体化工作率先启动，根据《长三角一体化发展 2019 年电力行动计划》，在以上海青浦、江苏吴江、浙江嘉善为主体的示范区内开展长三角 10 千伏跨省配电网互联互通建设工作试点。嘉善—青浦 10 千伏线路联络线已经开工建设，于 2019 年 9 月完工。2018 年 11 月，全国首个跨省 5G 视频通话在上海、苏州、杭州、合肥四城实现互联，由三省一市 5G 联盟共同参与组建的"长三角 5G 创新发展联盟"揭牌成立，并发布了《长三角 5G 协同发展白皮书》。

五、共享中心城市优质公共服务取得积极突破

主要在医疗公共服务领域，围绕各地民众对中心城市优质医疗服务的现实需求，积极破解跨地区的各种政策性障碍。探索多年异地医保结算在 2019 年取得重大突破。该年 6 月医保一卡通试点覆盖长三角 29 个城市，医

疗机构覆盖已达1 200余家。"长三角城市群医院协同发展战略联盟"成员已覆盖到长三角26个城市的137家医院，并先后成立20个专科联盟，发布涉及228家县级医院的《长三角城市群医院县级医院专科建设现状调研报告》，并与腾讯公司合作，探索长三角地区"互联网＋医联体"新型工作模式。

第二节 长三角一体化发展新趋势

按照《长江三角洲地区一体化发展规划纲要》确定的发展目标，到2025年，长三角一体化发展将取得实质性进展。跨界区域、城市乡村等区域板块一体化发展达到较高水平，在科创产业、基础设施、生态环境、公共服务等领域基本实现一体化发展，全面建立一体化发展的体制机制。

根据我们的分析研判，"十四五"时期长三角地区的一体化发展将在五大方面取得积极突破和重大进展：

一、区域联动发展呈现新格局

最需要关注的是三个方面的区域联动：一是苏浙皖通过全面接轨上海，协同提升上海的城市服务功能。在一体化发展的新形势下，上海与苏浙皖的联动发展将呈现双向趋势，既有上海的对外辐射带动，更有苏浙皖对上海的协同共建。苏浙皖全面接轨上海的对外开放政策和设施平台，更多利用上海的各种资源集聚优势和全球网络，以此加快自身的转型升级和更加有效地走出去、引进来，与此同时也将为上海提供更多的服务功能需求动能，以及注入共建共享的资源要素。没有来自苏浙皖积极而又巨大的需求动能，上海就难以形成有成长力、竞争力的服务供给大平台和综合体系。二是都市圈内的联动发展进入深度同城化阶段，并向更高质量的一体化全面迈进。所谓深度同城化，就是在时间空间同城距离、经济发展同城水平的同城化基础上，城市之间的关系进一步向基础设施同城、公共服务同城、要素流动同城、就业通勤同城等这样的更高层级迈进。更高质量的一体化发展将在南京、杭州、合肥、苏锡常、宁波等五大都市圈内，其中尤以跨三大省级行政区的"1+8"上海大都市圈内取得重大突破，并成为整个长三角区域一体化发展的样板区。其一体化发展的攻坚点，将从基础设施、产业链转到要素市场、生态治理和公共服务等领域。三是跨省界地区的联动发展将在生态一体化优先布局下，走向以机制建设为重点的新阶段，包括了宁杭生态经济带、淮河生态经济带、大运河文化带、环太湖生态文化旅游带、新安江生态经济带等。这类跨省界的区域联动将突出生态优先绿色发展的体制机制创新，包括跨省界的规划编制、跨省界的生态建设与运营机构建设、跨省界的生态补偿机制建设，以及跨省界的生态产业带建设等。长三角生态绿色一体化发展示范区的高水平建设，将为各个跨省界地区的联动发展提供积极的制度创新经验。

二、区域分工合作形成基本架构

为提升区域整体发展的效能和核心竞争力，长三角地区将在地区分工和合作上开展积极的探索实践，其中主要将在四个方面形成基本构架：一是城市服务功能建设的分工合作。南京、杭州、合肥，以及苏州、宁波等中心城市也都在某些功能领域具有优势并具有枢纽性，"十四五"时期上海将更加突出中心枢纽位置，并形成枢纽化网络。二是科技创新策源力建设的分工合作。最近几年除了上海，合肥、南京、杭州、苏州等地也都大手笔在各个前沿科技领域布局基础项目和集聚资源，并在一些科技前沿领域也都形成了各自的优势，"十四五"时期将在上海全球科创中心引领下，基本可以形成一个多领域、多层级，既有分工又有合作的创新链。三是世界级产业集群建设的分工合作。除了电子信息、高端装备、汽车、家用电器、纺织服装五大制造业外，还有生物医药、航空航天、绿色化工、造船、信息服务等。随着基础设施互联互通、财税分享政策创新和区域均衡发展思路的推进，各中心城市将实质性疏解优势不明显项目，一批中小城市因新区位优势和商务成本梯度优势，将更多加入产业链分工体系中来。四是生态功能区建设的分工合作。长三角作为一个整体，有的地区将进一步减少人口和产业承载，相应在一体化框架下，各个中心城市和具备资源环境承载能力的城市，将承担吸纳人口、提供就业、安排生态补偿的分工职责。

三、跨区域资源要素流动更加充分

一体化的资源要素市场是现代化市场经济体系建设的关键和基础，是长三角地区承担一体化发展战略需要重点推进的创新领域。一是资源要素流动的区域腹地更广更深。"十四五"时期处于核心区之外的长三角各地，在高铁、城际轨道及立体交通建设的带动下，将获得更多的新区位优势，与中心城市之间的资源要素双向流动将更加广泛，对带动安徽、苏北和浙西南地区发展将产生积极效应。二是资源要素流动的频率更高更便捷。除了大交通因素，减少要素市场流动性障碍，完善异地"一网通办"，共享优质公共服务，将使企业配置资源要素的跨区域性更强，同时人才的异地就业和跨地区通勤越来越常态化。三是资源要素流动的配置效率更高。建立规则统一的制度体系是难点也是重点。这方面推进的各类改革举措对于矫正扭曲的资源配置都将起到积极作用。

四、跨区域一体化合作项目进展加快

在三省一市 2018 年 6 月发布的长三角一体化发展三年行动方案中，列出了 12 个领域共 32 个重要事项。各地提出的国家规划实施方案中也都突出强调了项目化清单化推进。这中间，除了比较容易形成合力的大交通项目外，对于一些多年来推进慢、难度大的项目，随着一体化体制机制改革创新的深入，可以在"十四五"时期取得积极进展。主要有三类一体化项目：一是生态治理项目。长三角生态绿色一体化发展示范区核心任务是打造生态友好型一体化发展样板。今后几年在太湖流域治理、长江沿岸环境整治、淮河生态经济功能区建设等跨区域的共保联治上，无论是联合监察机制，还是资金投入机制上都将取得更大突破。二是创新平台共享项目。最近几年推进成效比较明显，今后几年还将更加深化。其中围绕创新链与产业链的深入融合，三省一市将更加有力地共建各类创新平台，特别是上海，将通过政策创新和平台投入，吸引各地企业到上海建立研发中心、设计中心。三是民生服务便利项目。主要围绕异地就业、异地养老，在教育、医疗上将推进优质公共资源的普惠共享、便利服务。

五、区域利益协调机制逐渐成熟

区域利益协调机制，就是要建立区域间成本共担利益共享机制，这是长三角一体化发展的重要动力和基础保障。在接下来的几年，建立区域利益协调机制将成为长三角一体化体制机制改革创新的重点，也将成为亮点。其中最重要的包括：一是生态补偿机制建设。随着长江保护法的制定和实施，这一机制将在长三角地区得到优先落实，并对生态共保联治提供保障。二是一体化示范区和合作园区的财税分享机制建设。这属于重大机制性改革，随着一体化示范区的先行先试，也将复制到产业转移、合作园区等领域。三是公共服务成本共担机制。其中既有为企业科技创新提供的跨地区公共服务，也有为异地就医、养老、出行、教育等提供的跨地区公共服务。

第三节　上海在实施国家战略中需要发挥的龙头带动作用

面向新时代的长三角一体化发展，在"一极三区一高地"的国家战略框架中，上海要在六大方面发挥更加积极的龙头带动作用。

一、自贸区开放引领

要在推动长三角地区更高水平的协同开放上，充分发挥上海自贸区的开放引领作用。深化自贸区与各地海关特殊监管区、经济技术开发区的联动，把新片区建设中推出的投资贸易自由化便利化各项新举措及时进行评估总结,并在长三角地区构建复制推广的区域联动机制。发挥好上海自贸区的桥头堡作用,争取更多的长三角企业入驻上海自贸区,尤其是新片区,让各地共享上海自贸区特有的对外开放功能平台,支持入驻企业获得更加开放、便捷的对外贸易和投资通道。要依托新片区的特殊经济功能区,进一步提升国际高端创新资源集聚力和科技创新策源力,在推动长三角各地的开放式创新上发挥引擎和桥梁作用。

二、示范区改革示范

要在推进长三角地区建设一体化发展体制机制上,尤其在打造生态友好型一体化发展样本上,充分发挥长三角生态绿色一体化发展示范区的改革示范作用。在统一规划管理、统筹土地管理、建立要素自由流动制度、创新财税分享机制、协同公共服务政策上,上海既要发挥牵头组织作用,还要发挥推进落实作用。要重点在四个方面推进示范:一要推进最高标准的一体化生态治理。发挥这一区域河网纵横、江南水乡特质显著的优势,在生态优先绿色发展上做标杆,在建立健全生态环境共保联治机制上做示范。二要推进紧密协同的产业创新链建设。规划建设与江南水乡生态特质紧密融合的研发型都市和创新成果孵化产业化配套基地,构建促进创新链与产业链紧密衔接的利益共享机制。三要推进统一开放的市场体系建设。围绕标准统一、自由流动的总体要求,在市场准入、市场监管、市场平台、信用体系、财税政策、公共服务等方面推进一体化体制机制创新。四是扩大优质公共服务共享。在促进城乡公共服务均等化上积极示范,在有效增加优质公共服务资源上作布局,在更多的公共服务领域率先推行跨行政区"一卡通"。

三、服务功能全面辐射

上海要围绕"五个中心"建设,进一步提升综合经济实力、金融资源配置功能、贸易枢纽功能、航运高端服务功能和科技创新策源能力，为长三角各地的高质量发展和参与国际竞争提供服务、积极赋能。一要牵头推进全球服务功能的共建共享。发挥好长三角各个中心城市的比较优势，强化上海的中心枢纽功能，提升南京、杭州、合肥、苏州、宁波、南通等次中心枢纽的协同功能，形成区域合力，增强全球影响力，形成分级网络，扩大服务辐射面。二要进一步推动上海服务功能在空间上向各地延伸。促进上海的金融、贸易、航运、科创、中介、信息等领域的服务机构，或通过设立分支机构，或通过区域紧密合作，向更多的长三角城市布局。不断提升基础设施互联互通水平，不断扩大上海对外辐射的服务半径。三要有效降低服务成本、提高服务效率。上海的各类服务平台要全面向长三角各地的政府、园区和企业开放，并要以优质、独到、低成本的服务，让各地可以有效共享。要推动公共服务平台的升级，牵头建设各类跨行政区的"一网通"共享体系。要对公司化的服务平台提供积极的扶持政策，鼓励跨地区兼并合作，降低服务费用。

四、科技创新有效溢出

上海要瞄准世界科技前沿和产业制高点，全面加强科技创新前瞻布局，建设科技创新大设施、大平台，加快提高原始创新策源能力。同时要把集聚起来的各种创新动能积极向长三角地区辐射扩散，更好服务各地的产业转型升级，更加主动地赋能各地的高质量发展。重点要在促进创新链和产业链的跨地区深度融合上，争取更大的突破和实效。一要积极推动科技成果在各地的转移转化。推动长三角技术交易一体化市场建设，打造长三角技术转移服务平台，支持上海的研发机构和高新区在各地合作共建一批中试基地、孵化基地和产业化基地。二要支持各地企业和研发机构在上海设立研发总部或基地。这是各地共享上海科技创新资源优势的有效模式，也是产业链与创新链紧密衔接的有效模式。上海要对这批隶属各地的新型研发机构予以一视同仁的支持。三要促进创新创业人才的跨地区流动。牵头推进人才市场一体化建设，消除人才流动中的地方壁垒，共享人才数据和招聘平台。建立与跨地区通勤普遍化相对应的公共服务和社会福利政策。

五、产业链分工带动

要围绕世界级产业集群建设，在电子信息、高端装备、汽车、生物医药、航空航天、新材料等领域，提高上海的核心承载区功能，提高总部集聚度和产业创新驱动力。同时要更好利用长三角各地的成本比较优势和专业化集聚优势，聚焦那些具有较好产业集聚基础的中小城市，推动产业合理分工和布局，构建由总部及集成集聚区引领、核心配套集聚区撑、产业转移承接区跟随的三级产业链空间协同体系，以及与之配套的创新链服务体系。要深化合作园区建设，加强资本连接、人才连接和政策连接，建立健全合作共赢的利益协调机制。要通过积极的政策措施，促使伴随产业转移而产生形成的相对过剩产业创新资源，向其他地区转移布局，如教育培训资源、产业资本资源、研发资源、专业人才资源等。

六、公共资源积极共享

要增强区域共同体意识，让长三角各地可以更多地共享上海的高品质教育医疗资源。一要协同推进各地公共服务资源配置的优质化。鼓励和支持上海的大学、医院、科研院所、文艺团体、养老机构等积极为各地公共服务机构培养高层次人才和基础人才，同时通过对口支持方式有计划地派驻高级专家指导服务工作，有效促进各地公共服务的优质化。二要鼓励和支持上海的教育、医疗机构通过集团化方式向各地延伸。放宽限制，政策支持，通过投资新建、合作托管、品牌输出等方式输出优质公共服务资源。三要积极消除各地共享上海公共服务中的"断头路"。在更多公共服务领域推进"一网通""一卡通"。四要鼓励和支持各类非政府公益组织开展跨区服务。通过资金、技术和人才支持，协同推进各地的扶贫攻坚、社会慈善和环境保护等。

第四节 上海发挥好龙头带动作用的制约瓶颈

在长三角一体化发展的国家战略框架下，上海的地位作用更多体现在龙头带动功能，其中既有产业、科技的龙头带动，更有城市服务、改革开放的龙头带动。上海要发挥好龙头带动作用，最关键的，自身要有带动的能力和动能，特别要成为强劲活跃增长极与区域一体化发展的引擎和发动机，更需要上海这个龙头先要强劲起来、高昂起来、活跃起来。从当前的现实看，面临四大瓶颈制约。

一、龙头带动能级有待提高

这个龙头带动能级，更多指的是上海面向全球的服务功能能级。在"一带一路"建设和打造世界级产业集群的战略导向下，苏浙皖及长江经济带各地更需要一个能级更高的上海，在金融资源配置、贸易枢纽、航运高端服务和科技创新策源能力上向全球影响力迈进。

上海城市首位度不高，与周边城市快速提升的能级相比，综合经济实力的影响力在相对减弱。2018年，上海GDP为32 679.9亿元，占全国GDP的3.6%。与国际发达国家首位城市占全国的GDP比重相比较，差距较大。如纽约占24%、东京占26%、伦敦占22%、首尔占26%。同时，上海与长三角内部城市差距也呈逐渐缩小趋势，周边城市部分指标已超过上海。从表5-19-1中可以看出，2018年上海市人均GDP为13.51万元/人，城镇居民可支配收入为68 034。与长三角主要城市相比较，上海两大指标优势不明显。其中上海市人均GDP低于无锡、苏州、南京、杭州等城市。

对外开放程度还不够，自贸区的引领作用、引擎作用还没有充分释放。具体表现：一是自贸试验区"宽进"需要进一步扩大，"严管"需要进一步深化。在形式、内容、准入、透明度等方面与国际规则尚不接轨的地方，如服务业"大门已开，小门不开"等问题仍然突出，需要进一步改进完善。二是自贸区金融改革有待进一步推进和落地,由于受制于中央金融管制等瓶颈,金融制度改革细则落地较慢。三是自贸试验区管理体制机制有待进一步理顺,政府职能转变和行政效率还需进一步提升。自贸试验区改革与浦东综改、"四个中心"和科技创新中心等联动有待加强。

"四个中心"的高端服务能级,无论是平台还是国际网络,与全球性中心还有不少差距。上海国际金融中心影响力还不强,市场定价权和话语权不足,整体对外开放程度仍显不足,如股票市场外资持有不足5%,债券市场外资持有不足2%。在国际航运中心建设上,航运金融、航运保险等高端服务领域仍缺乏话语权,占全球海上保险市场份额不足1%,占船舶贷款市场不足1%。在国际贸易中心建设上,在新的中美贸易摩擦背景下,上海亟须加大制度创新力度,突破供应链贸易金融发展瓶颈,对接"三零"原则,适应国际投资贸易规则新变化。

科技创新中心建设有创新要素大集聚,但国际高端人才的集聚及其激发创新创业的政策配套力度仍显不够,创新策源力的释放远在路上。目前,上海在创新引领能力、人才队伍结构、技术转移活跃度等方面亟须加强。上海缺少领军型科技创新企业,2017年,上海全社会研发经费投入中企业投入占比62.0%,低于全国78.5%的比例。2017年,我国发明专利授权十强本土企业中,上海仅有中芯国际一家入围。比较全球12个主要国际都市2017年人工智能、无人驾驶、石墨烯等10项新兴技术领域的PCT专利申请量,上海表现相对不够突出,各领域排名均未进入前五。

表5-19-2　2018年长三角主要城市指标

城市	人均GDP（万元/人）	城镇居民可支配收入（元）
上海	13.51	68 034
南京	15.38	59 308
杭州	14.27	61 172
合肥	10.26	41 484
苏州	17.41	63 481

（续表）

城市	人均GDP（万元/人）	城镇居民可支配收入（元）
无锡	17.46	56 989
宁波	13.43	60 103

资料来源：来自各城市统计公报。

二、辐射带动通道有待突破

一是上海的功能性机构对外辐射服务通道不畅。长三角的人才、技术、产权、信用、数据等要素市场都普遍存在行政性分割情况，表现为标准不统一，规则不一致，平台各自为政，这使上海很多功能服务机构不敢大规模走出去，也不敢大胆挑头整合分散的市场机构和平台。以人才为例，长三角各省市职业资格和技术等级尚未实现互认，各地人才跨地区流动相对较弱。据不完全统计，三地人才的异地流动次数仅有人均0.83次，跨省市的人才流动次数在总人才流动次数当中所占的比例不超过40%。

二是上海的功能性机构整合各地相关机构的力度不够。联盟性合作很多，但多数没有上升到产权纽带、品牌纽带、利益纽带、平台纽带，所以能形成直接带动的成功案例也比较少。例如，上海建设具有全球影响力的科技创新中心，肩负国家在重大科学、技术创新战略任务，迫切需要从长三角区域内盘活创新资源，加强区域协同，形成产业链、创新链和价值链协同发展。但受现行财政制度制约，地方政府R&D投入具有排他性，不愿意其他区域共同分享由R&D投入带来的技术外溢。上海与长三角区域其他城市产业与创新深度融合有待进一步推进。

三是自身内部还没有形成强有力的积极政策去支持各类功能性机构集团式地走出去开辟对外辐射服务通道。相对于北京、深圳的对外拓展，上海在对外布局、投资布局上是相对滞后的。研究显示，上海吸引了国内最多的上市公司功能性机构，但与北京、深圳相比，无论从全行业、制造业，还是服务业来看，上海的辐射力均处于相对弱势地位。[1]

---

[1] 陈信康：《上海城市网络资源拓展及功能性机构集聚趋势研究》，上海财经大学，2014年。

三、引领带动动能有待释放

一是思想动力不足。上海参与长三角一体化，思想认识上存在小富即安、一亩三分地的地方性局限，在短期或表面现象中看到的是溢出多、奉献多。因此在行动上存在上头热、中间冷的状况。各地接轨上海，较大意图在于承接项目，共享资源，促进其自身发展。短期看对上海会形成一定的压力，但正是有了各地的强劲需求，上海的服务功能才能壮大走远。为此，上海要进一步统一思想认识，要有国家战略格局，要勇于牵头，敢于担当，并在国家和区域高度有全局意识。

二是配套机制不足。激励度、配套度不够是导致引领带动动力不足的很大原因。对政府相关机构的考核激励不够，导致部门在走出去布局上主动性、主导型明显不够积极。对上海服务机构走出去的激励配套明显不足，引进来配套丰富多彩，"走出去"配套又少，力度还弱，与周边地区接轨上海的政策相比，差距太大。比如对公共服务机构在财务上规定不能在上海以外的地方召开会议，就是一个典型事例。

三是常态化机制缺失。尚未建立常态化"利益共享""生态补偿"机制等。长三角区域一体化最根本驱动力为"利益共享"，国外区域合作也诠释了这一经验。欧盟合作机制通过建立多个基金，激发区域内欠发达国家参与申请基金，改善本国基础设施和产业发展等，而区域内发达国家通过"拿钱换市场"来获得利益平衡。上海与长三角区域内要进一步探讨"利益共享"机制，探索各个主体的需求和供给，激发各主体合作动力。此外，对重大河流治理、水源地保护、垃圾处理等生态环境问题要进一步探讨常态化的生态补偿机制，推动区域环境治理。

四、引领带动载体有待加强

一是缺乏全覆盖区域载体。未来长三角一体化发展的攻坚领域主要集中在公共领域，包括基础设施、生态保护、科技创新、市场体系、公共服务等。但现在除了大交通、大能源、大通信领域因为有央企大载体,能较好承担引领带动作用,其他领域严重缺乏覆盖三省一市的有力载体。比如涉及太湖领域环境治理的就没有一个综合性载体,各个要素市场、各个公共服务多数停留在联盟阶段,实体性的大载体很少。

二是载体尚未走向实体化。目前,上海与周边地区先后开展了G60科创走廊、嘉昆太创新协同圈、大丰飞地经济、沪苏通协同发展等不同载体的区域合作,这为上海发挥区域龙头作用提供了良好的载体。但是载体实质性进展并不明显,更多以松散联盟形式,依靠一个机构的松散型联谊会组织,还没有走向实体化的联盟。同时,长三角各个载体更多以政府直接参与为主,还没有延伸发展出具有灵活性的社会性组织或基金会组织。以推进长三角一体化发展为要务的专业化基金会目前还是零状态。载体的严重缺失导致设计再好的一体化项目要么进度很慢,要么搁浅。

三是引领带动载体有待统筹。目前,长三角区域一体化还只停留在具体项目对接、具体区域合作,总体上呈现碎片化,尚未形成系统化、集成化的区域合作。《长三角区域一体化发展纲要》明确指出要高水平建设长三角生态绿色一体化发展示范区,率先改革举措集成创新。"十四五"期间还要进一步统筹各个载体,加强示范区与周边功能板块联动发展,不要形成新一轮各载体之间的壁垒与竞争,站在全市和长三角高度统筹区域一体化载体、平台和项目,从财政、税收、绩效考核等系统集成角度进行改革。

第五节 上海发挥好龙头带动作用的对策建议

要紧紧围绕国家规划纲要提出的战略部署和要求,结合上海的全球城市战略定位和发展实际,以更高的站位和更加务实的行动,提能级、畅通道、增活力、强载体,在引领和推动长三角一体化高质量发展中发挥更加积极的龙头带动作用。

一、着力提升龙头带动能级

上海的龙头带动首先取决于龙头自身的服务功能，是否有实力、有能级、有动力。要抓住自贸区新片区建设的重大契机，紧紧围绕"五个中心"建设，聚焦浦东新区、虹桥商务区两大重点区域，积极依托上海大都市圈一体化建设，在提升服务功能能级上争取新的突破。

（一）大力增强浦东新区强劲活跃极核功能

以自贸区新片区建设为重大抓手，促进开放型经济再集聚再出发，把浦东新区打造为长三角这一全国强劲活跃增长极中的增长极。一是增强战略性新兴产业极核功能。建设国际最高标准的自由贸易区，重塑具有国际比较优势的营商环境，打造战略性新兴产业的投资沃土，在新能源汽车、集成电路、高端装备、生物医药、航空航天、数字服务等领域，引进和集聚龙头企业，打造世界级产业集群的核心承载区、长三角战略性新兴产业的核心引领区。二是增强科技创新极核功能。以更强的投入力度、更有竞争力的人才政策和更加符合创新规律的体制机制，深化科技创新战略布局，集聚高端创新资源，打造科技创新载体集群，围绕提升科技创新策源能力，增强其在长三角创新链分工合作中的组织引领功能、在长三角创新链与产业链深度融合中的纽带功能和溢出功能。三是增强功能平台极核功能。对照世界级功能的战略要求，充分发挥上海自贸区建设的优势，推动金融、贸易、航运、信息等功能性平台构建全球网络，深化全国网络，强化服务区域、服务"一带一路"的桥头堡功能；推动科技创新与各类功能性平台的深度融合，强化平台创新功能；推动金融与其他功能性平台的深度融合，形成上海独具优势的大金融功能。

（二）加快提升虹桥商务区的开放枢纽功能

依托虹桥综合交通优势和进口博览会优势，推动对外对内两个扇面的深度开放，增强国际商务区的枢纽功能。一是总部经济的枢纽功能。面向长三角，吸引各地贸易企业、大中型企业在虹桥商务区设置总部或第二总部或事业部，发挥其企业内部对接上海、走向国际的枢纽和桥梁作用。以国际商务、国际会展及信息、融资、优质公共服务等优势，推动总部经济集群发展，加快增强国际开放枢纽功能。二是创新链与产业链深度融合的枢纽功能。依托长宁、青浦、闵行、嘉定四个片区的创新集聚功能，通过积极的人才政策、资金扶持政策和科创服务政策，进一步吸引长三角各地企业和政府在虹桥商务区设置创新中心或科技成果孵化基地，建立上海与各地间的科技成果转移转化直通车，增强虹桥商务区在上海创新链与各地产业链深度融合上的枢纽功能。三是进口贸易的枢纽功能。放大进口博览会效应，争取自贸区进口贸易政策覆盖虹桥商务区，围绕做大做强国际贸易提升政府公共服务水平和政策支持力度，吸引更多国家出口贸易商在虹桥商务区设立常设性机构及展示平台，吸引中国各地进口贸易商在虹桥商务区设置总部或进口事业部，加快提升国际进口贸易平台的集聚能级和网络能级。

（三）促进沪苏浙皖协同提升上海服务功能能级

转变传统一亩三分地思想，坚持以对内开放、合作共赢的思路，积极借助和依托苏浙皖的各种比较优势，加快提升上海的服务功能能级。一是紧紧依托苏浙皖对上海的服务功能需求。来自苏浙皖及其他地区的服务功能需求，是上海做强服务功能的最重要动力之一。要把上海的服务功能提级升档牢牢建立在苏浙皖及其他地区服务需求提级升档基础之上，互为依托、互为促进，既要实施平台、网络、队伍、创新等前瞻性布局，又要促进供需双方深度对接，形成更加紧密的利益共同体。有效降低各类成本费用和服务收费标准，增强上海服务功能供给的竞争力。二是借力苏浙皖之长，建立合作共建的有效推进机制。突破城市服务功能建设中的行政边界，推进空间开放、平台共建。一方面，在空间边界上放大至上海大都市圈乃至长三角城市群。如把全球航运中心建设更多放在长三角组合港框架之中，把一些上海优势不太明显的国际航运货物运输调整布局到宁波舟山港和南通港，上海自身则积极放大组合港效应，集中优势兵力建设高端航运枢纽；另一方面，要构建共建框架，借助苏浙皖之力，加快功能性平台的升级。如在科创方面，在不改变利益归属关系前提下，借助合肥的量子通信优势、杭州的互联网优势、苏州的先进制造优势等，由创新主体主导，政府积极支持，在上海共建科创新平台。

二、积极畅通辐射带动通道

着力建设对外辐射服务的有效通道，让对外服务合作网络通畅起来，供需对接信息通畅起来，人才流动畅通起来，利益共享分配机制通畅起来。

（一）推动功能性平台向长三角各地延伸拓展，建立紧密合作的区域性网络平台

这些平台的延伸拓展，是上海发挥核心龙头带动作用的功能承载体，也是具体成效的体现。一要坚持实体的延伸拓展。借鉴外资机构的经验，支持上海更多功能性服务机构跨地区发展，或新建分支机构，或兼并当地的同类机构，形成总部在上海，网络遍布长三角、长江经济带以及全国的大平台、大机构。二要形成专门的政策来支持功能性平台的向外拓展。可通过宽松的政策、资金的支持，推动各类公益性服务机构走出上海，走向长三角、长江经济带，有的也可以通过发展实体分支机构走出去，有的则可以通过牵头联盟走出去。比如技术交易服务、人才市场服务、智库服务等，都可以通过相应的政策配套推动其到各地设立分支机构。

（二）发挥各类行业性组织作用，组建供需对接的信息共享平台

以产业链为纽带，组织发展各种跨区域的专业性行业联盟，放宽对行业联盟组织的社团法人登记注册限制，允许条件成熟的联盟向基金会组织发展。依托跨区域的行业联盟，建立各类专业化的信息共享平台，畅通成员间的供需信息。政府相关部门为这类信息共享平台建立统一的技术平台和运维服务，并设立专项资金，保障各个信息共享平台的基本运行和大数据分析工作。

（三）放宽专业人才流动配置的户籍限制，为畅通辐射带动通道提供人才保障

要适应辐射带动通道跨地区布局发展的趋势，为这类机构提供更加积极的人才流动政策。对符合条件的大公司、大平台，劳动关系隶属上海总部，但岗位工作配置在各地的员工，对其及其家属应纳入上海户籍政策范围，这样可为各个机构向外派驻人员或兼并各地机构和吸引人才提供积极的保障性支持。这一人才政策也应该覆盖到各地在上海设立的平台性机构和总部性机构。

（四）探索地方财税分享政策，切实建立成本共担、利益共享机制

在功能平台的共建共享中，要有相应的利益协调机制予以保障和支持，其中最核心的就是财税分享政策。从高效管理的角度，需要建立一体化的体制机制，确保平台载体的统一集中和有效运营。但由于是跨地区的合作，既有各方的直接投资，还有各方人员的加盟，也有各地资源的各享，所以必须在成本共担、利益共享上建立相应的机制。需要建立两种机制：一种是共同投资入股的利益分配机制。对平台企业的盈利则按股份公司的模式进行利益分享；另一种是跨地区的税收分享机制。对上缴到上海的税收，根据国家赋予的相应税改政策和合作各方达成的分配协议，对税收进行地方分成。

三、大力激发引领带动动能

发挥好引领带动作用，上海自身是否具备积极的内生动因是关键。这里既有思想层面的认识问题，更有体制机制和政策层面的配套问题。要从大企业、平台机构、社会组织、政府部门四个层面去构建更加有力的配套政策和体制机制，让全社会都活跃起来，主动引领带动，并在长三角一体化发展中不断增强上海自身的综合经济实力和服务功能升级。

（一）激发政府自身的引领带动动能

推动长三角一体化发展，就是一场全面而深刻的改革。这些改革主要集中在公共领域，是多年来一直在努力破解但至今仍未取得根本性突破的行政分割难题。其中既要消除行政壁垒，争取建立标准统一、规则一致、平台一体的现代区域治理体系，重点包括要素市场一体化体系、生态治理一体化体系、综合交通一体化体系、公共服务一体化体系等；又要加强区域合作，发挥各地比较优势，共筑强劲活跃增长极，实现区域协调发展。对上海来说，一要提高站位、凝聚共识。上海更要认识到，积极推进长三角一体化发展是事关上海能否不断提升上海首位度，真正建成卓越全球城市的重大战略抉择。一个一体化的长三角、一个强劲活跃的长三角，是上海建设全球城市的强大新动能和功能新空间，所以上海必须把握国家战略的重大契机，积极做一体化发展的有力组织者和行动者。二要全面聚焦，攻坚克难。特别要聚焦长三角生态绿色一体化发展示范区，在生态治理、要素市场、公共服务、财税共享等一体化改革难点问题上加强研究、勇于试点，总结推广、由点到面。发挥好长三角区域合作办公室的牵头抓总、协调各方作用，加强力量配备，促进各地各部门通力合作，啃最难啃的骨头。三要加强考核，效果导向。建立考核指标体系，把考核结果纳入各区、各相关部门的综合考核体系，并赋予相当的权重。要以效果为导向，这个效果，不仅包含了一个个专项行动所取得的效果，还包括了一些综合性的效果，如经济高质量发展的效果、生态品质改善的效果、地区城乡差距缩小的效果等。

（二）激发社会各方的引领带动动能

社会各方也要提高站位、形成共识，长三角一体化高质量发展是区域发展的共同愿景，更是社会各方的发展机遇。同时，企业、大学、科研院所、社会组织，是推进长三角一体化发展的主体力量，要把这些主体力量充分调动起来，才能形成强劲的推进动力和坚实的社会基础。要通过政策引导、项目承担、合作布局，让更多的平台机构、大企业和社会组织深度参与一体化建设，更好发挥引领带动作用。一是激发平台机构的引领带动动能。加大改革创新力度，构建促进平台机构向外拓展的政策体系。对企业化的平台机构，要通过积极的财税政策、人才政策、一对一服务政策等，支持其做大做强上海总部的枢纽功能，支持其面向各地的分支机构建设。对公共服务平台机构，要从规划、行动计划、项目安排上明确跨区域发展的任务和项目，并强化目标考核；要在资金配套上予以充分保障，在资金使用上建立符合跨区域发展特点的灵活机制。二是激发大企业的引领带动动能。支持上海的大企业牵头组建跨区域的行业联盟，政府站台，企业唱戏，充分用好公司化的运作机制。放宽限制，组建更多由大企业牵头，跨行政区的产业基金、生态基金、公益基金，并在一体化项目上赋予重任。三是激发社会组织的引领带动动能。设立专项资金，对上海各类社会组织牵头组织的长三角联盟、行业协会或论坛，予以资金支持。探索跨地区的社团法人、民非组织注册和管理制度改革，培育一批覆盖长三角的社会组织。为各类长三角联盟、行业协会提供集中办公场所。

四、创新建设引领带动载体

推进长三角一体化发展，需要更加务实地建设一批跨行政区的实体型载体机构。这类机构，要充分体现跨行政区共建共享原则，并且更多实行公司化、基金化运作模式。上海要围绕国家规划纲要的总体部署，一方面，要更加积极地牵头组建若干新的重大载体机构，更好落实国家任务；另一方面，要提升拓展现有的重要载体机构，更好发挥这些机构在一体化发展中的主体作用。特别要重点谋划建设五大新型的引领带动载体。

（一）创新建设生态绿色一体化发展示范区载体

长三角生态绿色一体化发展示范区是一个承载一体化体制机制改革创新的重要载体。如同2014年正式启动的上海自贸区一样，现在规划启动的300平方公里先行启动区是首期，此后将逐步放大空间，从2 300平方公里的两区一县，到上海、苏州、嘉兴三市，再到上海大都市圈。要构建行政隶属关系不变下的区域联动机制和推进平台。

一要构建四个领域的区域联动空间格局，包括围绕生态治理的区域联动、产业创新链建设的区域联动、市场体系建设的区域联动、优质公共服务供给的区域联动。

二要建立健全示范区域联动机制，包括三个维度，即三个政府层面的区域联动机制、三个环节的区域联动机制和三个社会界面的区域联动机制。

三是加强多方合作的实体型载体建设，建立示范区管理委员会，在示范区领导小组领导下，通过专职与兼职模式；建立专职工作队伍，形成跨行政

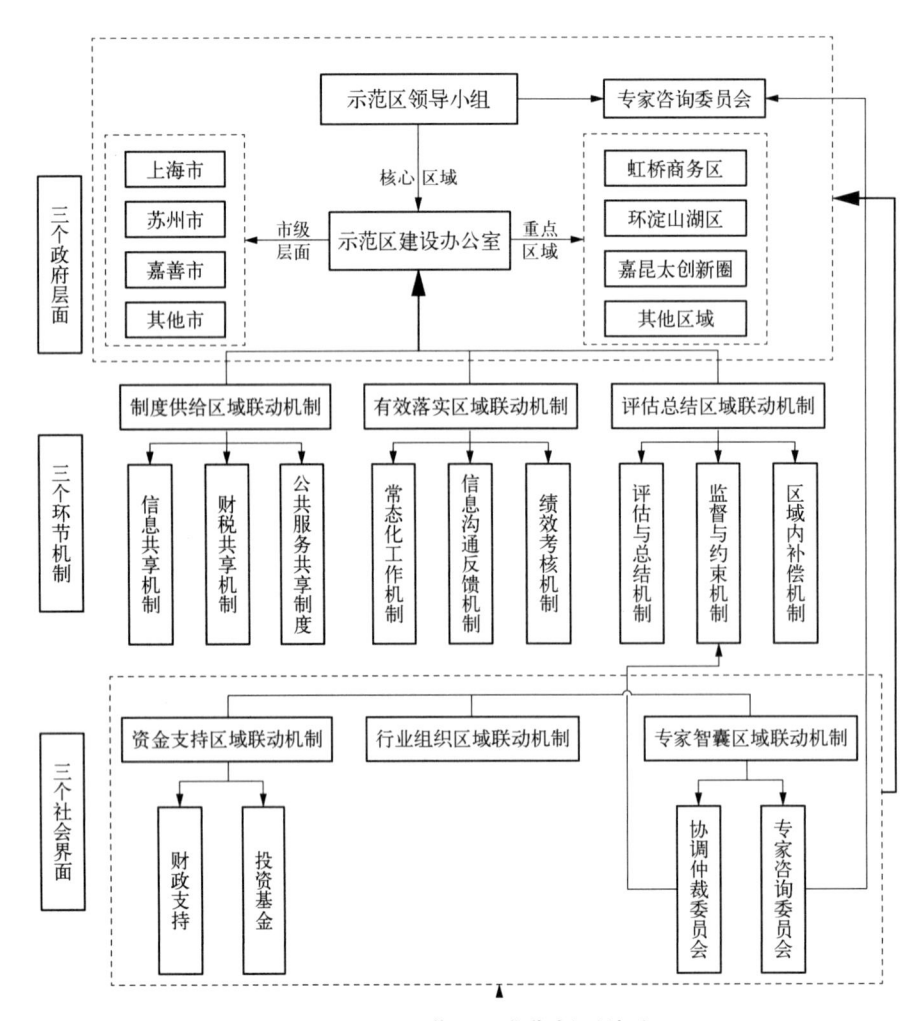

图 5-19-1 示范区区域联动机制框架

区的行政协调机构。同时其下可设置三个功能片区管理办公室。要加强三个实体型承载体建设。一是建立一体化运行的开发建设公司。作为开发建设的主体与平台，两省一市共同投资成立开发建设公司，承担示范区范围内的基础设施、生态环境、城镇更新、特色小镇、乡村振兴等开发建设职能。建立三方共同参与的董事会，在董事会领导下实行统一的管理机制。二是设立生态绿色一体化发展基金。这个基金的资金既有来自两省一市层面的，也有来自苏州、嘉兴市级层面的。基金主要用于跨行政边界的相关项目，如生态建设中的生态补偿、生态廊道建设、污染综合治理等。三是设立未来产业创新基金。围绕创新链与产业链的深入融合，推进前沿科技研发建设和科创转化基地建设，并由基金负责投入和运营。

（二）积极牵头组建若干一体化发展基金会

要通过设立跨行政区的基金会来有效解决一体化大项目推进中的资金难题和后续运营管理难题。要创新基金会运营模式，不是设立一个只管募集资金和分配使用资金的传统基金会，而要创办具有综合功能的新型基金会，除了传统功能，还要有项目开发功能、项目运营功能和项目监管功能。这方面可以借鉴国外基金会的成功做法。如德国的史太白基金会，是专门服务于技术转移的基金会，创办有史太白技术转移公司，该公司拥有关联公司12家、控股公司17家，特别是下属的技术转移中心，建立了广覆盖的分支机构，195家应用类专科学专科大学，108家设在大学和研究机构，26家设在合作教育大学，还建有119家职业培训中心。技术转移公司是自负盈亏的，盈利只能用于公益服务。给我们的重要启示是，用实体化的公司化模式运营基金会，是发挥基金会作用的更加有效模式。在服务长三角一体化发展上，上海可以借鉴德国史太白基金会模式，探索组建一种新型的基金会，可以在科技创新转移转化、生态环境保护等三省一市有高度共识的领域开展试行。为推进跨行政区的基金会的创设和有效运行，要积极发挥地方协同立法作用，三省一市人大常委会，同步开展相关的立法工作，加强制度供给与保障。对具体的载体平台建设开展地方协同立法，也是一项具有重要现实意义的创新举措。

（三）争取国家铁路支持组建长三角城际轨道公司

长三角综合交通体系建设中，高铁、航空、航运、高速公路在国家大网布局下基本形成了一体化发展格局，今后需要聚焦的是城际轨道建设。城际轨道不同于各个城市的地铁系统或轻轨系统，更多属于铁路系统，主要连接大城市与中小城市，并把中小城市与大城市的高铁枢纽、铁路货物运输枢纽连接起来。"十四五"时期将是城际轨道建设的活跃期，为防止出现各个大城市各自为政建设城际轨道，造成新的断头路，应加快创办一体化建设营运的长三角城际轨道公司，全面统筹城际轨道规划和项目建设。长三角城际轨道公司应该以上海铁路局为建设运营主体，这样更加有利于与国家铁路网、各高铁站的无缝衔接，更加有利于城际轨道的运营管理和安全保障。这也可以积极争取成为国家铁路体制改革的重大突破，率先在长三角地区成立区域性铁路公司，并可形成国家铁路、地方政府、大企业等多方共同投资组成的股份化公司。

（四）推进长三角科创公共服务大平台建设

要在大型科技仪器设备共享及 G60 科创走廊建设基础上，探索建立更加紧密的长三角科技创新公共服务大平台，让更多的地区、科研机构、大学和企业可以共享这个大平台提供的各类公共服务。这个大平台，在公共服务上既有为科研机构、大学提供的跨地区服务，还有为科技成果转移转化提供的跨地区服务，以及为企业创新、人才创业提供的跨地区服务。这个大平台，要通过有效的组织方式与运营模式把三省一市现有的平台更加有效地串联起来，资源共享、优势互补，同时要围绕科创策源力建设，协调布局科创资源，减少地区间的项目重复，以更强的合力加快具有全球影响力的创新链。建议借鉴德国史太白基金会模式，在上海牵头组织下，建立一个跨地区的新型的科创公共服务大平台。

（五）牵头创建杭州湾大通道建设公司

这个大通道，就是在杭州湾的入口处，规划建设直接从上海自贸区新片区通往宁波的跨海大桥，并与浙江舟山自贸区直线连通。要比对粤港澳大桥，建设世界一流的标志性交通设施，甚至可以考虑集合多元快捷交通线，下面是货运铁路，上面是磁悬浮和高速公路。上海要与浙江共同规划杭州湾大通道，联合组建建设公司，并把这一项目作为长三角一体化发展的重大标志性项目。

执笔人：王 振 李 娜 尚勇敏

第二十章
放大进博会效应

改革开放以来,以鼓励出口为主的开放模式已经推动我国成为世界第一贸易大国和第二大经济体。然而近年来,国际上贸易保护主义、"逆全球化"思潮抬头,国内劳动力成本和经济要素成本上升,过去的开放路子已不相适应,必须与时俱进地进行改革和调整。在这样的背景下,中国举办了"国际进口博览会"这样世界上第一个以进口为主题的大型国家级展会,以"买全球"的姿态欢迎外来商品、企业与要素搭乘中国发展快车,互惠互利促进贸易自由化和经济进一步全球化,进而巩固进口大国地位,稳步提升国际贸易的话语权和定价权。

在中国改革开放这盘大棋布局中,进口博览会正成为服务对外开放战略、服务经济社会发展全局的重要平台。2018年首届进博会成绩斐然:共吸引172个参会国家、地区和国际组织,3 600多家境外参展企业参与,累计超过40万名境内外采购商洽谈采购,累计意向成交金额达578.3亿美元,共有100多项新技术和新产品在进博会上发布,200多家世界500强及行业龙头企业在进博会平台上汇聚。同时,首届进博会业已经显示出显著的溢出效应和辐射效应:一是为长三角更好对接国际市场提供渠道和服务,让长三角的联动变得更加紧密,长三角区域一体化发展再提速;二是为提升营商环境创造机遇,特别是为上海营商环境跃进式进步提供持续的重要推动力;三是与上海自贸试验区3.0版建设联动启动,共同服务下一步上海做精高水平对外开放平台;四是打造了展示国家之间创新的最佳示范窗口,吸引全球重要创新要素在上海集聚并扩散到全球范围;五是为中国会展业发展提供了新的动能，尤其为上海会展业从高速度增长转换到高质量发展带来新的机遇，加快打造国际会展之都。正如上海市委书记李强所指出的："上海要抢抓机遇，以开放共享的机遇意识，不断放大展会带动效应。"只有持续地发挥并不断放大进口博览会的各种溢出、带动效应，才能抓住此次关键历史节点进一步提升全球影响力，推进上海成为高水平对外开放的示范和辐射新高地。

第一节 以进博会为抓手，推动长三角更高质量一体化发展

进博会的举办显示了我国扩大对外开放、构建外向型经济的决心，作为举办地，上海具有开放、创新、包容的鲜明品质，以其开放品格、开放优势和开放作为来引领我国更高水平的对外开放，在全球资源配置中发挥着重要的作用。但随着全球化和信息化不断深入以及技术革新、产业升级等不断加速，要素跨区域配置日益明显，参与全球分工与竞争的空间单元已不再仅仅是全球城市，而是全球城市与周边具有密切联系的城市所共同形成的全球城市区域。习近平总书记在首届进博会开幕式上宣布："支持长江三角洲区域一体化发展并上升为国家战略，着力落实新发展理念，构建现代化经济体系，推进更高起点的深化改革和更高层次的对外开放，同'一带一路'建设、京津冀协同发展、长江经济带发展、粤港澳大湾区建设相互配合，完善中国改革开放空间布局。"进博会的举办是长三角各个城市共同的发展机遇与使命，既需要每个城市的共同支持，同时其溢出带动效应也会辐射到整个长三角地区，推动长三角更高质量一体化发展。可以说，进博会既是对外实现更高水平开放的重要举措，也是对内实现更高水平一体化的重要抓手。而通过进博会与长三角一体化的联动，也有利于更好地整合国内市场和国外市场两个扇面，释放经济增长新动能，推动我国高质量发展。

一、通过会展共办放大进博会的开放平台效应

作为我国建设开放型经济的重要举措,进博会架起了国家间贸易投资的桥梁,为国内外采购商和供应商提供了一个展示、沟通、交易、合作的平台,有利于推动企业与企业、政府与企业、居民与企业、政府与政府之间的对接,提高供给与需求的匹配质量。在首届进博会期间,长三角各个地区也都组织了大量的采购团队。但进博会在上海6天的展期可能并不能完全释放其所应具有的开放平台效应,受到空间和时间的限制,一些有意的企业和消费团队并不能深入地参与其中,展览在多样化类型和专业性展示方面也会存在一定的不足。对此,进博会可以进一步利用整个长三角的区域资源,通过多地共同承办、同步展览的模式来扩展和优化博览会的空间布局,以此扩大进博会的参与度和影响力,更加充分地发挥其平台作用,同时也为长三角一体化发展提供了新的路径。

第一,可以考虑在上海之外的长三角其他城市设立分会场。作为我国经济最为发达的地区,长三角形成了较为齐全的产业门类,未来进博会可以在上海设立综合性的主会场,同时在其他城市根据其功能定位举办分会场,着重展示与地区特色主导产业相关的商品和服务,特别是对于区域性的次级中心城市,如杭州、南京、苏州、合肥、宁波等,目前已经具备了举办高水平会展的硬件和软件设施。而通过上海主会场与地方分会场的配合联动,可以丰富进博会展示的商品类型,优化展会的展品分布,提升展览的专业化水平,扩展辐射的空间范围,调动各方的积极性,从而放大其平台效应。

第二,可以在虹桥国际经贸论坛的基础上组织举办专业化的论坛,借助进博会这一人才和信息集聚的平台,长三角各个城市都可以举办地区性的产业和发展论坛,邀请相关的企业家、专家学者和技术人员参与,从而更加充分地了解商品技术信息和国际市场发展趋势,进行更加深入的交流与合作,同时也能够起到城市宣传的作用。此外,长三角各地区也可以利用自身综合保税区和跨境电商发展的基础,有条件地建立相应的进口商品展示交易中心,从而更加充分地打造进博会"6+365天"线上线下一站式交易服务平

台，延伸进博会的时间效应。

二、加强多地联动，形成进博会服务保障合力

进博会的举办是一项系统的工作，涉及场馆布置、人员食宿、商品存储、交通出行、信息沟通、安全检查等多方面的服务和保障工作，尤其是随着影响力的不断提升，参与的企业和人员会继续增加，博览会的规模也将进一步增大，要求也会越来越高。在2018年长三角地区主要领导座谈会上，三省一市签署了《长三角地区协同做好进博会服务保障工作合作协议》，要办好进博会，不仅仅是上海市要提高自身城市管理水平，增加相关产品和服务的供应，更加需要通过长三角各个地区的相互联动来形成合力，共同保障进博会的顺利进行，也由此推动长三角一体化的进程。

第一，以进博会为契机探索完善长三角区域协同治安管理体制机制。为加强进博会的安保管理工作，沪苏浙皖四地签署了《沪苏浙皖三省一市公安机关中国国际进口博览会安保警务合作协议》《长三角边检机关首届中国国际进口博览会安保合作协议》等多项协议，可以强化在重大警情协查快速响应、重大突发事件协同处置、出入境航班船舶检查管理等方面合作，推动区域公共安全共享信息平台建设，逐步实现沟通更及时、标准更统一、共享更彻底、协作更高效的安保合作体系。

第二，通过进博会的举办可以进一步推进长三角地区的交通一体化。加强综合运输通道和区际交通网络建设，逐步打通地区间断头路，增加到上海通勤车班次，同时推动建立长三角综合交通信息平台，增强不同地区不同类型交通间的衔接能力，完善机场、车站、码头间通联机制，如在环沪备降机场开通进博会通道等。

第三，可以进一步发挥进博会的会展经济带动效应，通过建立长三角地区后勤服务联动机制，在为进博会提供保障的同时，带动周边区域餐饮和住宿等产业的发展，而且也可以利用进博会吸引大量人员集聚的机会，整合各个地区丰富的旅游资源，共同打造服务于进博会的精品旅游产品，推动长三

角一体化旅游市场建设。

三、立足协同开放，促进长三角产业转型升级

作为我国经济增长极，长三角在经济体量、产业体系、科创资源、市场培育、制度环境等方面具有较好的基础，是我国参与全球分工体系与全球资源配置的主要空间载体，而上海举办进博会，长三角也将成为受益最为直接和显著的地区。进博会既是贸易的平台，也是投资的平台，还是信息的平台，通过进博会可以引进国外先进的产品、设备、技术和资本，了解国际产业发展最新趋势和技术前沿，以此推动开放型经济一体化发展，通过协同扩大开放深化供给侧结构性改革，优化产业链、提升价值链、打造创新链，促进产业转型升级。如长三角G60科创走廊的9个城市在首届进博会期间就发布了《G60科创走廊九城市协同扩大开放促进开放型经济一体化发展的30条措施》。

第一，以进博会为契机推动长三角重点产业的优化布局和统筹发展，从而在产业链深度分工和融合中迈向全球价值链中高端。利用好进博会的平台效应，国内企业可以寻求与自身发展相契合的国外企业进行合作，地方政府也可以结合自身功能定位进行招商引资，这其实为长三角各个地区之间加强产业分工与协作、共建高质量产业集群提供了一个很好的契机。在此过程中长三角地区整体可以更加聚焦汽车、集成电路、高端装备等优势产业提升发展，大力培育民用航空、智能制造、生物医药等战略性领域，积极发展人工智能、互联网+等新技术、新业态，培育若干世界级先进制造业集群，同时也能够推动企业总部、研发设计、金融法律、信息服务、贸易服务等现代服务业部门在主要核心城市的集聚。

第二，利用进博会的技术、知识和信息溢出效应，推动长三角区域协同创新网络建设。进博会的举办能够带来的先进设备、技术和管理经验，而这种溢出效应会辐射到整个长三角地区，基于此，可以加强产业发展的动力变革，围绕中心城市构建长三角科技创新资源配置载体，推动各个区域间创新

要素的自由流动与更加高效的配置，共建科技资源共享平台，创新技术转移合作模式，围绕重大项目和关键技术开展联合研发与成果转化，积极培育高端产业自主品牌，实现科技研发、规模生产的有效衔接。

第三，通过进博会来推动长三角不同地区之间产业平台的合作。以产业深度融合为主线，共同打造长三角一体化发展的产业合作平台，充分发挥合作平台在产业分工、科技创新合作等方面的试验示范作用。作为集聚企业的主要平台和载体，一方面，要促进各地开发区的共建共享，探索完善开发区的利益共享和成本分担机制，特别是可以加快各类海关特殊监管区域整合优化和开放平台创新升级，通过合作进一步释放其功能和作用；另一方面，也要着力加强重点产业带，如G60科创走廊、G40生命健康走廊的建设。

四、促进互联互通，推动区域一体化市场建设

长三角区域一体化发展的核心要义在于建立统一的市场，实现资源要素在各地区间的自由流动和优化配置，而进博会的举办会带来大量的人流、物流、资金流、信息流、技术流，在一定程度上能够以此作为抓手消减商品和要素的流通壁垒。根据《长三角地区市场体系一体化建设合作备忘录》，三省一市将协同做好中国国际进口博览会服务保障，联合搭建进博会交易服务平台，推进长三角市场体系一体化。特别地，进博会的一个重要溢出效应是要营造国际一流的营商环境，而营商环境的改善必然会有利于长三角构建统一开放、竞争有序的区域一体化大市场。

第一，加强长三角各地营商环境的联合建设和整体优化。利用进博会的倒逼机制，完善长三角法治化、国际化、便利化的营商环境，在长三角率先探索建立与国际接轨的统一市场规则，在市场准入、监管规则、技术标准、资质认证等方面形成一致性框架；推进长三角线上"一网通办"的建设，实现在长三角区域内企业事务异地办理；建立和完善长三角规范统一的产权交易市场，加强对企业产权的保护，坚决依法惩处侵犯产权行为；实现市场监管领域数据共享和信息互通，推动多维共治，提升网络市场监管治理能力，

实施区域联动奖惩，组建区域商务诚信联盟，优化区域的整体信用环境；特别地，与上海自贸区扩区相互联动，推进自贸区建设并加快推广可复制经验，带动长三角整体投资贸易的便利化。

第二，加强长三角要素市场的一体化进程，进博会的举办对金融体制会提出新的要求，可以利用释放的制度红利，在长三角地区推动金融体制机制创新，加强区域间资本的流通和整合。此外，进博会能够吸引大量高端人才的流入，这也为长三角人才市场的建设和联动提出了要求，要推进国际创新人才进出便利化，实行更加开放的永久居留政策，同时共建共享一体化人才管理平台，建立起人力资源分享和补偿机制。

第三，推动长三角地区的通关物流一体化，以进博会的举办作为一个主要抓手，强化长三角地区跨部门、跨区域的内陆沿海通关协作，扩大长三角单一窗口跨区试点申报范围，试点推进长三角单一窗口通关物流信息共享和窗口功能融合，为长三角企业共同提供更加高效便捷的"通关＋物流"服务。

五、推动中心共建，增强上海辐射和引领作用

长三角一体化发展离不开上海作为核心城市的辐射与带动作用，可以说，上海未来的发展需要放在中央对上海发展的战略定位上，放在经济全球化的大背景下，放在全国发展的大格局中，放在国家对长江三角洲区域发展的总体部署中来思考和谋划。而通过举办进博会，上海将有利于建设成为联动长三角、服务全国、辐射亚太的进口商品集散中心，有利于集聚更多的先进生产性服务业和高端人才，有利于推动消费升级、贸易升级、产业升级、开放升级，特别是进博会平台与上海自贸区增设新片区、上海设立科创板并试点注册制等相结合，更加有利于上海"五个中心"和"四个品牌"建设，成为改革开放的新高地和全球创新的策源地，实现自身能级的不断提升。

虹桥商务区是上海连通长三角的重要枢纽，《长江三角洲区域一体化发展规划纲要》将其定位于服务长三角一体化发展国家战略的排头兵、持续办

好中国国际进口博览会的主力军、打造国际一流营商环境的践行者。而进博会放在虹桥商务区，也进一步提高了其能级和竞争力，丰富了其保税展示、商品交易、物流仓储、通关服务等方面的功能，增强了其服务长三角的能力和水平，显著推动了长三角企业互动、产业联动、人员走动。以进博会举办为契机，虹桥商务区利用自身大交通、大会展、大商务的优势，通过多平台集聚助推长三角发展，在虹桥进口商品展示交易中心内还另外设立了以长三角为背景的长三角电商中心和长三角区域城市展示中心。依托进博会，虹桥商务区在长三角联动发展中的作用日益重要，已成为一个服务长三角、服务全国的长三角集散中心，为国内外企业搭建起了一个更高层次的贸易平台。

第二节 以进博会为推手，加速改善、优化营商环境

在《2019世界银行营商环境报告》中，中国跃升至46位，排名提升了32位。上海作为被测评、权重占55%的城市，在过去一年中大力实施改革，营商环境便利化建设进步明显，但总体水平与国际最佳还存在一定差距，尤其在办理许可、纳税、法律保障、保证政策持续有效的长效机制等方面仍有进一步提升的空间。下一步，上海需要借助进口博览会的推动力，以"行政效率最高、服务管理最规范、法治体系最完善"为目标，持续、全面、深化推进营商环境改革，进一步打通市场主体经营的堵点，突出营商环境的亮点，实现营商环境国际化的跃进式进步。

一、切实查找进博会中凸显的营商环境薄弱短板

总体看来，上海营商环境对标世界一流水平仍有差距，且在国内领先优势有所弱化。在国际范围，2019年，上海的营商环境总体评价得分为73.68（满分100），与排名第一的奥克兰（86.59分）有较大距离，比较新加坡、中国香港、纽约、伦敦、巴黎等世界主要城市也仍然落后。在10项分指标

上，上海在开办企业、获得电力、执行合同方面与全球最佳水平已非常接近，但在获得信贷、办理破产、纳税方面差距明显，在投资者保护、跨境贸易、产权登记和办理施工许可方面也仍有较大提升空间。尽管上海在最近一年中营商环境便利化建设取得很大进步，但与全球营商监管程序最便利的香港相比仍差了 11.98 分，与法律保障力度最强的纽约相差 18.41 分。

在国内范围，随着全国各地改革步伐加快，上海改革开放的先发优势有弱化趋势。《2019 年世界银行营商环境报告》显示，上海与北京的营商环境评价得分相差无几，仅仅高出 0.09 分。上海仅在办理施工许可、跨境贸易这两项指标上较北京略有优势，其他几乎一致，且在北京开办企业的时间更短、产权登记更简便、税率更低、执行合同司法程序质量更高。营商环境已成为地方政府治理竞争的重要场域，兄弟省市在改善营商环境尤其是便利中小企业的开办方面有许多先进经验值得借鉴，如浙江"最多跑一次"、江苏"不见面审批"等、深圳"便利优先模式"、天津"效率优先模式"等。

面对国际差距与国内竞争，上海巩固营商环境先发优势的形势严峻且迫切。开放是上海最大的优势，在中央交给上海的"三大任务、一大平台"中，进口博览会是强化上海在国家对外开放中重要作用的砝码，也是上海吸收国际先进政府治理理念，推进营商环境国际化的重要支点。

上海营商便利化若干短板已经在首届进博会中有所体现：

纳税方面，上海在税收手续简化、企业税收成本方面仍处于全球中下游水平。上海企业税费率利润的 67.7% 是亚太地区主要城市平均税率的两倍，比 OECD 高收入国家主要城市也高出 50% 有余。不仅如此，首届进博会参展企业同样面对纳税程序不灵活、税负重的问题。例如一些参展的海外贵重珠宝、重型设备在进行销售之前必须现行交税，即使没有卖掉也无法退税，只能原封不动带走；同样面临这类问题的还有参展的农产品和生鲜产品，不少此类产品在展会结束后被贱价"内部销售"掉。这样不仅增加了厂商的参展成本，而且极大降低了海外企业对上海税收环境的预期。

办理许可方面，上海在施工许可并完成竣工验收的时间成本、经济费用、程序复杂性仍明显高于 OECD 国家和亚太地区主要城市的平均水平。

进博会以后必将迎来跨境电子商务、保税展销等行业的新一轮发展，大量保税（非保税）仓库的建设被提升需求，而目前上海建造一个标准化仓库，需经 19 个程序才能办完许可批准、接受检查及获得公用设施等手续，复杂的程序往往就会使得审批时间周期冗长、费用昂贵。此外，不少进口商品的进口许可批件、注册或备案审批时间较长，手续较为烦琐，完成整套商品进口资质的时间难以预期，会导致进博会战略意义有所减弱。调研中发现，国内某企业在进行进博会招展时，引进了一款有机乳粉，在引进的同时就着手申请了乳粉的配方注册，11 月进博会展会期间也与展商顺利签订了超过 2 亿美元的意向采购协议。但是直到 2019 年中旬，乳粉配方注册的 3 个步骤——技术参数、工厂认证和实地考察——中的考察尚未完成，公司在进博会期间的签约意向尚未有效落地，因此也影响了与国外参展商的履约信用。

政策可预期方面，相较于短期内大刀阔斧的改革，如何确保实施效果、持续改善营商环境，是上海当前亟须解决的问题。在首届进博会上，各家银行临时设了很多机构，为国内外参展商提供金融贷款服务，这样暂时降低了参展商的经济成本，但依旧没有跳脱惯有的"短期安排"模式。以后围绕每年进博会的举办，需要有关金融监管机构提前出台一揽子、常规化的安排，避免目前各家银行单打独斗、各自布展，把为市场主体提供便利化金融服务当成自家的产品及业务推广活动，导致资源分散，也增加了政府部门的监管难度。

二、不断提升"亲商、重商、安商、富商"服务效率

进博会对于上海政府以及相关监管或职能部门而言，是强化"店小二"服务意识、增强政府服务市场及企业能力的一次"抢跑"。未来通过每年进博会的举办，将不断督促政府提高主观积极、能动性，强化"店小二"意识，通过制度创新、行政流程再造，提升对市场主体的服务水平。

第一，将历年进博会作为零距离学习国际先进治理经验、获取不同背景

企业感受度的大型"调研会",通过建立以市场(企业或厂商)为导向的评价体系,提升上海营商环境治理的科学性,形成持续有效治理的长效机制。营商环境的改善,不是政府自导自演的独角戏。世界银行营商环境报告就是基于对企业家、律师、会计师、建筑师等营商人士的问卷调研所得出,一定程度上体现了市场的主观感受。政府可以根据上海营商环境现阶段的薄弱环节,利用进博会亲近市场的优势,面对面与海内外企业开展专题调研、查找问题根源、探索化解对策。

第二,政府需要不断丰富"店小二"技能,为市场主体提供全周期、全流程的专业服务。有关政府部门不仅应在展会期间在组织交易团、动员企业和采购商、促进供需对接、进行交易撮合等方面主动积极作为,更应该借助进博会的大环境,完善公平公正市场环境的建设,公平公正地对待民营企业和外资企业,维护公平市场秩序,同时,也要注重锤炼和提升市场监管系统服务市场主体的"店小二"技能,如加大对本地法律法规、工商条例、投资环境的宣传和告知力度,加强消费者保护方,让消费者放心"买",加大知识产权保护,让参展商及后续进入中国的企业专心"逛",规范广告宣传监管,让企业和产品安心"秀"。

第三,政府需要主动收集市场主体的痛点堵点、有的放矢,切实保证对企业诉求的回应和解决。进博会的筹备和展览阶段正是上海营商环境红利最集中的释放期。因此,在每年进博会开始之前,政府需要进行大量的精准调研,及时了解境内外参与企业的需求和痛点,跨前为参会企业提供更精准的服务,让企业可以心无旁骛、毫无后顾之忧地参会,积极帮助其解决参展,以及开展后续经贸活动所遇到的问题,提升国内外市场主体对上海营商环境的信心,向世界展示"上海服务",吸引更多优秀的企业投资和开展贸易。此外,可以探索将进博会期间实施的政府服务和便利政策固定下来,把相关实质性内容固化成可推广、可复制的日常政策,打造"上海服务"的好口碑。政府服务不仅需要在场内场外存在、线上线下互动,更需要延伸到未来的365天,深入商圈、商务楼、社区、超市、市场、旅游景区等"神经末梢",真正体现出进博会对政府服务与治理水平提升的倒逼效果。

三、推进行政流程优化以改善企业办事便利度

进博会既是上海落实更高层次开放的平台，也是倒逼内部市场机制体制改革的策源地，在推动政府积极作为方面也将发挥重要作用。世界银行营商环境指标体系十大指标中的"施工许可""纳税""财产登记""开办企业""获得电力""获得信贷""破产"等项目均为对企业办事环节和耗时的考察。为了保证未来进博会的可持续举办，相关政府职能和监管部门需要不断改革优化相关行政流程，需要探索建立各种适应进口博览会需要的限时、高效、简便的创新型办事模式，提高政府为企业解决问题、满足诉求的行政效率，以全面更好发挥其服务保障职能，并依托这些措施为相关领域的体制机制改革积累新经验、探索新路径，为市场体制改革注入活力。

为了吸引商家选择上海作为全球新品首发地、高端品牌首选地、原创品牌集聚地，打造"上海购物"城市名片，需要完善商品检验结果采信制度，在沪首发新品海外预先检测试点、新品"预归类"制度等一系列创新制度，同时制订"全球新品首发""首店旗舰店落户"相关标准，加大对首发新品的商标维权保护力度，把符合条件的首发新品品牌列入"上海市重点商标保护名录"。过去受政策规定限制，纯商业活动宣传推广的时段和地点有较多限制，影响了一些国际知名品牌在沪率先发布全球新品的积极性，因而需要相关管理部门开辟宣传广告的"绿色通道"，支持上海打造全球新品首发地相关活动。再例如，建立一站式争议解决的驻场服务"窗口"，由政府驻场管理机构对收到的任何争议、投诉统一受理。各监管部门联合办公，及时反馈，通知相应的监管部门。不能简单地告知参展人员应当到指定的部门解决，而是通知具体的承办部门，树立政府服务意识，为参展人员提供更快更好的政府服务，提高政府监管的效率，更好更快地处理纠纷与争议。此外，建立快速处理机制和临时性强制措施十分有必要。所谓的快速处理机制就是指当权利人向展会主办机构或主管机构投诉时，提交合法有效的证明材料后，受理单位应尽快告知权利人相应的处理结果。被投诉人认为不侵犯其他人权益的，应提供相应的证据证明，否则应立即撤下被投诉的展品，并在展

会期间不得再展示,切实地维护权利人的权益。如果被投诉人在答复期内不提供相应证据材料或所提供材料不能证明其未侵权,也不主动撤下涉嫌侵权展品的,主管机构可以采用暂扣涉嫌侵犯他人权益展品的临时性强制措施,禁止其在博览会期间继续展出。

四、对标国外先进实践提高营商环境法治化

习近平总书记在中央全面依法治国委员会第二次会议上做出重要论断:"法治是最好的营商环境"。法治能在规范框架内调整各类市场主体的利益关系,依法平等保护各类市场主体产权和合法权益,进而保护生产力。进博会参展国家和地区众多,文化社会背景迥异,只有法治化的环境才能保证国外企业厂商在中国发展的信心,提高在中国市场活动和运营的效率。

第一,需要主动加强知识产权保护,打造知识产权服务与保护示范高地。习近平总书记在首届进博会主旨演讲中誓言要营造国际一流营商环境,措施包括"坚决依法惩处侵犯外商合法权益特别是侵犯知识产权行为,提高知识产权审查质量和审查效率,引入惩罚性赔偿制度,显著提高违法成本"。一方面,需要尽快构建知识产权一站式政务服务窗口,促进知识产权政府服务便捷化。目前进口博览会已经设立知识产权保护及商事纠纷处理服务中心,制定知识产权纠纷处理规则。但是为了便利厂商开展后续交易、经营及生产活动,需要使这个"中心"或"窗口"常设化,在公共服务中心内设立包括专利、商标、软件著作权等在内的知识产权一站式政务服务窗口,一站式受理企业所有的知识产权问题,使知识产权相关政务服务更加贴近企业需求。另一方面,持续深入推进知识产权相关的各类行政执法与司法审判改革创新,探索实施惩罚性赔偿制度,建立体现知识产权价值的侵权损害赔偿制度,降低维权成本,提高侵权代价。可以在上海知识产权专门法庭的基础上,进一步推进侵权案件审理"三合一"改革;建立包含行政执法、仲裁、调解在内的多元化知识产权争端解决与维权援助机制;加强知识产权行政执法与刑事司法衔接,推进知识产权综合

执法，建立跨部门、跨区域的知识产权案件移送、信息通报、配合调查等机制。

第二，加强行业协会、社会力量对进博会筹备及举办的参与度，充分利用市场和社会各方力量监督保障法律规范的贯彻实施。目前国外会展业发达的国家都实行以行业监管为主的监管模式，基本上都建立了全国统一的会展行业协会，作为各自国家会展行业内的管理权威机构。政府职能重在通过法律、法规和产业政策对会展行业进行宏观调控、政策扶持和市场培育，微观的管理职能多交由行业协会进行自律管理。虽然进口博览会是以政府为主导的活动，但应当借此契机重视对行业协会发展的扶持，并逐渐赋予和其能力相称的监管权限，在后续进口博览会的举办过程中逐渐加强行业协会的作用。具体而言，可以给予上海市会展行业协会更多的参与机会，协助政府在展会相关协调工作中做好信息统计与记录，收集博览会过程中出现的问题和相关信息，为下一届博览会的监管提供可靠的数据支撑。在市场监督方面，行业协会可以成立信息共享平台，各展会主办单位可以将展会参展商的违规、违法信息汇总至行业协会，再由行业协会统计并共享至各会员。通过建立黑名单制度，严格限制具有不良记录的参展商的准入，维护良好的市场秩序。为政府正在大力推动的简政放权、转变政府职能改革发挥助推功能。

第三节 以进博会为平台，对接上海自贸区新片区建设

充分发挥进博会与上海自贸试验区的联动，将有助于确立中国对外开放新格局。一方面，进博会催生出一系列更高水平的贸易、经营与投资的便利化举措，为贸试验区进一步提升和完善开放制度环境提供了试验场；另一方面，通过上海自贸试验区制度创新的引领作用，将推动进博会在投资贸易便利化以及自由化上面做出更多新突破，来服务贸易、产业及经济转型和升级。

一、逐步提升贸易投资政策的便利化

进博会催生出一系列更高水平的贸易、经营与投资的便利化举措，为上海进一步提升和完善开放制度环境提供了试验场。在首届进博会上，习近平总书记指出"中国将进一步降低关税，提升通关便利化水平，削减进口环节制度性成本，加快跨境电子商务等新业态新模式发展"。在海关总署等国家部委的大力支持下，上海有的放矢地修改、完善相关管理制度，出台了包括通关便利化、服务保障等20多项为进口博览会量身打造的创新政策措施，涵盖展前、展中、展后各个阶段，例如：允许展会展品提前备案、以担保方式放行展品、延长展品有效期至1年、展品展后进入保税监管场所或特殊监管区域视同离境予以核销、开展保税展示交易常态化制度创新试点等。这些措施大都已纳入2019年7月发布的"上海扩大开放100条"。这些措施将为上海在贸易与投资相关领域更高层次的改革开放积累新经验，探索新路径。

接下来，上海需要借助每年进博会的召开，通过积极争取国家授权先试先行，推动在更高层次、更宽领域和更全方位的先行开放，形成与开放型经济体制相匹配、相适应的贸易投资监管服务制度体系，打响"上海服务"品牌，形成更具国际竞争力的营商环境。具体途径包括：

第一，结合进博会参展商和采购商的不断踊跃呈现的新需求，翔实调研，制定并运行相应的便利化和相关配套政策。逐步对现有的海关、检验、检疫、税收、金融、投资等政策进行重新审视，针对与国际标准、国际规则不相符的措施或做法进行改革，全面接轨全球"最高标准、最好水平"，将"365效应"发挥到最大。在不断完善进口商品检验结果采信制度、减少新品入境时间、优化活动备案及安全许可流程的同时，积极对接进口博览会参展商，为场内和场外新品发布搭建平台、提供服务，持续释放进博会消费升级、贸易升级和开放升级的多重效应。尤其是针对当前保健品、乳制品、医疗器械等商品的进口许可批件、注册或备案、管辖功能审批时间较长，手续较为烦琐的问题，对相关进口商品的许可批件、注册或备案进一步下放进口审批权，降低进口商品进入国内的制度性成本，让市场对贸易便利化红利更有获得感。

为了扩大进博会溢出效应，首先应先探索对进博会相关进口产品的资质申请和监管，逐步实行简政放权，促进进博会相关合同的执行落地。目前，保健品、乳制品、医疗器械等商品的进口许可批件、注册或备案、管辖功能审批时间较长，手续较为烦琐，完成整套商品进口资质的时间难以预期，会导致进博会战略意义有所减弱，因此需要对相关进口商品的许可批件、注册或备案进一步下放进口审批权，降低进口商品进入国内的制度性成本，让更多群众对贸易便利化红利更有获得感。

第二，通过政策桥梁或制度性安排打通进博会与自贸区在相关政策上的延续性。一方面，进博会期间一系列仅适用6天的展会期的便利化政策可以率先在自贸区延长和推广，如海关出台的食品、日用品、消费板块针对从未进入中国市场的产品，可凭借境外产品销售许可以及原产地证，免办中国境内的所有入境许可证，但这一便利政策在展会结束后也随之暂停。当前，在这些进博会"6天限量版政策"常态化条件尚不成熟的情况下，可考虑在自贸区内进行延长，观察搜集相应的风险，为出台适当的监管措施打下基础，以自贸区的制度支撑扩大进博会溢出效应。另一方面，自贸区新片区可以扩大"一线放开"范围，将参与进博会的部分优质企业或商品探索纳入"电子围栏"以内，提供享受保税政策的便利，以及对接享受"境内关外"待遇企业的通道，进一步减少简化各类贸易许可证、监管文件等，在促进内外贸市场一体化发展方面进行有益探索。为自贸区新片区对标国际公认、竞争力最强自由贸易园区，在口岸风险有效防控的前提下，实施更高标准的"一线放开""二线安全高效管住"贸易监管制度，提供更加广阔的"演练场"。

第三，继续探索保税展示展销常态化的制度安排，充分利用保税政策，进一步挖掘贸易自由化的创新制度红利。商务委员会等单位应创新保税交易试点的管理，减少对参与保税销售商家的事前审核和监管，以准入门槛和退出机制实现对商家及进口商品品牌和品质的控制；建立健全店铺租金"指导价"、保税仓库和信息服务"零租金"、销售价核征关税等制度性安排，不断完善保税延展和跨境电商平台"前店后仓"业务功能平台，为企业节省物流和资金成本，方便欠缺中国市场拓展经验和销售渠道的海外客商通过保税展示展销以更有竞争力的价格、更便捷地打入中国市场。海关方面应尽快研究制定进境展览品结转、保税展示交易等支持措施的制度规范和落地方案，完善展品与保税品相互转换的申报方式及后续监管措施，便利参展展品展后结转为保税仓储货物；同时，面向参展单位提供业务指引，提前做好企业评估、事前验核、货物备案申报等准备工作，增强企业的实际获得感。

第四，继续深化认证认可、检验检测领域的改革，减少国际市场壁垒、强化国内市场准入、促进国际贸易便利化，建立信任经济。全面加强认证检测市场监管，维护认证认可检验检测的公正性和公信力，优化市场竞争环境；鼓励外资扩大在华认证检测领域投资，优化市场准入环境，吸引更多资金和人才进入认证检测市场；运用认证认可手段强化产品安全准入管理、完善企业质量管理体系、提高产品和服务质量，优化市场消费环境；积极推动合格评定领域国际合作互认，强化认证认可国际交流，解读和宣介相关政策，搭建境内外企业间合作信任的服务平台，为企业提供信息、培训、咨询等综合性服务，为增进市场信任、促进国际贸易便利化作出更大贡献。

二、支持自贸新片区大力发展离岸经济

进博会的召开为上海自贸区新片区先行先试离岸贸易服务提供了绝佳机会。离岸经济是国际贸易与投资中的高端业态，是发达国家控制全球资源配置贸易的重要手段。离岸贸易以及带来的国际航运、维修、仓储等附加值业务，连带衍生出的离岸投资、离岸金融等离岸经济形式，推动着商品流动自由化向资金、技术、税收要素流动自由化演变，对不少发达国家的经济增长作出相当明显的贡献。上海自贸试验区新片区有望着力发展离岸经济，打造适应转口贸易、离岸贸易、服务贸易发展的制度安排；而进博会则有可能为离岸经济这一创新型经济模式的发展加速键。具体途径包括：

第一，在自贸区新片区探索设立"离岸贸易服务平台"。向参与进博会的境外企业开放，建设国内外货源中心，为国外企业之间商贸活动提供包括

信用评级、第三方国际支付计算、跨国争议解决在内的各项特色离岸贸易服务。同时，重点推进在贸易、金融、本币结算等领域试点贸易自由化和投资便利化政策，逐步完善贸易、物流、资金、信息等监管系统，争取在离岸业务税收政策及监管制度上实现创新突破。

第二，加速推动自贸试验区离岸保险业务规模的扩大。离岸保险市场是离岸金融市场的一个重要组成部分，作为我国最先开放的自贸试验区，上海自贸区离岸保险业务发展已经开始起步，但仍旧相对稚嫩而弱小。此次进博会展台展品丰富、各国参展商众多，必然有大量国际客户在中国市场寻找承保能力，这将成为本土直保公司开展离岸业务的契机。基于当前自贸区离岸保险业务的发展仍然处于摸索阶段，可以采取先易后难的原则，例如先从货物运输保险、船舶保险这一类的传统险种起步，通过逐步建立再保险结算中心，提升离岸业务的经营风险能力，包括航运保险协会等行业协会在内的专业机构，可以对国内企业加强规则指导，比如指导企业使用港口贸易中的离岸价进行进口，引导中国的进口方掌握市场主导，另外，可以利用进博会每年的筹备策划、招商招展、推广等阶段，推动国内保险企业主动与外国参展商对接，加强保险业服务贸易的输出，同时，在业务发展的过程中逐步推动自贸区的具体离岸业务税收立法、优惠政策与监管法规的出台及完善。

第三，促进自贸试验区内商业银行离岸业务与在岸业务联动。在建设自贸区过程中，使商业银行离岸业务与在岸业务形成联动将是一种重要且有意义的尝试，纵观新加坡、中国香港等自贸港离岸贸易的发展，其相同点都是以离岸贸易融资为核心，因此，离岸银行业务创新将对海南自贸区（港）建设中离岸贸易的发展有着促进作用。而进博会则可以为以下几类银行离岸业务的开展提供平台和机遇。首先是开展离岸外汇存款质押在岸授信业务。当贸易企业需要在上海采购商品或原材料，开展离岸业务的银行可将此类贸易企业在银行的离岸存款作为质押品，为贸易企业提供所需的资金。此业务可以合理地解决贸易企业不愿将离岸资金转入境内使用的情况，无论是对企业获取资金，还是便于商业银行业务操作，该业务创新都起到了极大的帮助。其次是针对如何使用离岸存款提高收益的情况，商业银行可开展在岸担保离岸融资业务将此资金用于在岸进出口企业。此类业务需要在岸企业在相关金融机构反担保的前提下，向商业银行在岸机构申请贸易融资，银行在岸机构向本行离岸业务出具"融资性保函"，离岸机构随后向在岸企业授信。此外商业银行可根据离岸贸易融资面临风险的不同程度，联合保险机构，推出离岸贸易融资保险，既可丰富保险市场产品种类，又可为商业银行提供一定的保护。

第四，助力自贸区新片区深化金融开放创新。在新片区将试行更加开放、更加便利、更加自由的金融政策，打造金融开放创新的新高地。而进博会一方面能够督促银行不断开发各类创新型跨境金融产品，境内外企业参加进博会或者从事后续进口活动可能遇到各种新的跨境资金业务或需求，这便为自贸区新片区开发各类创新型跨境金融产品如展品担保、短期贸易融资、跨境金融对接、外汇风险管理、地区风险管理等提供了需求和土壤。另一方面，能够促进金融机构及相关政府部门不断改革完善中小企业金融支持政策，中小企业、轻资产类企业参加进博会、采购产品，以及发展后续衍生合作都需要系统性的资金支持，包括：增强征信贷款能力、提升贸易议价能力、提供专业汇率管理服务等。通过以上两条途径有序推进各项金融开放创新，这一措施将有效激发市场活力。

三、提升自贸区集聚配置全球资源能力

进博会这样的大型国际展会能够在特定的时间和空间范围内实现资源和市场信息共享，能够极大提高信息交流的扩散效应作用，必然会促进物质、技术、人才、金融、文化等各种生产资源在全世界市场范围内重新进行配置，推动全球产业链的深化分工和合作。此外，随着上海土地成本、劳动力成本、居住成本和生活成本的上升，以及产业规划等影响，上海很难再集聚大量的制造业企业。企业商业展有 130 余个国家和地区的 2 800 多家企业参加博览会，15 万国内外专业采购商到会积极参与采购交易。这些企业不仅包括装备制造业、生物医药、食品农产品等行业的跨国生产企业和贸易企

业,还有保税仓储、检测认证、会展物流、供应链服务、展示销售、商务咨询、专业金融等服务提供商,以及贸易方式、管理理念、技术手段和服务模式创新的数字企业。通过进博会汇聚全球高端生产要素,将极大地推动上海成为商品流、资金流、技术流、信息流、人才流的全球引擎,生产链、销售链、价值链的升级变压器,成为市场主体全球性关联建构的国际大平台,从而提升上海自贸区对全球资源配置能力。具体途径包括:

第一,建设一批覆盖生产和消费的进口交易市场。随着上海本地进出口规模的下降,建议上海充分发挥货物服务优势,加快推动包括大宗商品、中间品和消费品在内的各类进口商品交易市场建设。在进口交易市场标的物的选择上,不仅要瞄准能源资源、农产品等大宗商品,推动定价机制的形成,还要服务于我国高端生产制造所需,建立智能及高端装备(如机场设施、高铁装备)、人工智能、生物医药等进口生产资料技术交易市场和医疗、健康、宝玉石等消费品进口交易市场。

第二,完善包括保税、仓储、分拨、支付、结算、营销、追溯、售后等政策和功能配套。重点探索保税展示模式在进口交易市场中的运用,包括保税监管平台和交易市场之间的流动机制、定价机制、完税机制。还要抓住数字经济发展的前景,适应交易平台的数字趋势,探索线上和线下平台资源有效联动、互动,推动海量交易数据的挖掘、延伸和应用。

第三,拓展上海全球经济贸易合作伙伴城市网络。进口博览会除了国家展、企业展,城市贸易投资促进活动也是其中一个方面,参展城市围绕进口博览会开展的活动,将进一步强化上海与全球城市之间的经贸网络关系。上海可以借此机会与全球城市、国际贸易中心城市、港口城市等建立贸易合作伙伴关系,突出城市作为全球经济单元的作用,成为国际经贸新格局下贸易投资活动的新通道。重点以进口博览会参展国城市为目标,增加上海友好城市合作范围,扩大友好城市合作网络,推进与友好城市的政策沟通、设施联通、贸易畅通、资金融通。此外,进口博览会举办以后,境外贸易商会、协会、促进机构落地需求明显,上海可依托大虹桥地区,抓住进口博览会契机,建设标志性的贸易性机构集聚空间,制订相关政策,通过贸易性机构的连接能力推动城市之间贸易网络的联通。

四、倒逼自贸区扩大及深化服务业开放

进博会是一轮触发我国服务业开放进一步上规模、优结构、促改革、增效益的"总体战"。首届进博会及其规划的大规模服务贸易展示交易均属于世界贸易史上的创新之作,而加强深化服务业开放的制度建设和政策设计是自贸区新片区承担的制度创新重任之一。进博会彰显了中国扩大开放的决心,对于跨国公司而言,中国的"消费升级"将带来一系列新机遇,尤其是服务领域,将有更为广阔的发展契机,对于准备利用这些新机遇的海外企业而言,进博会是其拓展业务规划的一个绝佳起点。特别是进博会能够在上海最有优势的医疗、教育、养老、文化等领域,邀请甚至引进境外服务产品及服务机构,逐步扩大外资在我国民生领域服务市场中的参与度。为使进博会发挥服务贸易及服务业开放发展的重要引擎作用,需要做到以下几点:

第一,借助进博会号召力,重点聚焦全球价值链的增值主体,通过国外服务贸易先进技术和管理、最新专利和著名商标等知识产权在进博会上的集中展示交易,增强上海自贸区在全球和区域贸易网络中的影响力,充分挖掘大国的服务贸易潜力。制造业的离散会在一定程度上导致本地货物贸易的分流,为了避免上海国际贸易中心地位受到动摇,需要重点塑造贸易服务功能,通过连接生产和市场两端,体现上海对贸易集散的核心能力。服务作为全球价值链的重要投入要素,一是吸引为贸易提供服务的企业。改革开放40多年来,上海贸易服务能力主要体现在货物出口方面。进口博览会持续举办带来进口持续扩大机遇,而进口货物入境更强调检测、分拨、批发、营销和金融服务,以及市场调研、法律、咨询等专业服务,因此,在新的历史机遇下,上海要形成此类贸易服务主体的集聚。二是加快吸引能够产生跨境贸易的服务企业。推动服务业细分行业开放,吸引包括研发设计、建筑和工程服务、融资租赁服务、宾馆和酒店服务,以及能够实现跨境交付的医疗、

教育等领域服务企业。

第二，以满足进博会的需求为契机，适时而审慎地出台数字开放、信息便利、贸易数字化处理等创新举措，推动数字类服务贸易新技术、新产业、新业态、新模式加快发展。《中国（上海）自由贸易试验区临港新片区总体方案》明确了以投资自由、贸易自由、资金自由、运输自由、人员自由、互联网接入便利以及具有国际竞争力的税收制度和全面风险管理制度为主要内容的"6+2"政策制度体系。进博会期间会衍生大量的交易数据信息，会带来大数据、云计算等基于数据挖掘的数字企业集聚，进口货物跨境交易平台还会带来物联网、区块链、软件服务和硬件支撑的数字企业集聚。由于我国数字领域开放度不高，目前上海数字主体主要来源于国内企业。作为国际贸易中心城市，只有集聚具有跨国经营能力的主体，才能真正实现连接国内外两个市场、两种资源的目标。与贸易相关服务企业集聚的路径不同，数字企业集聚的首要路径是推动开放。在国家安全和风险防控的总原则下，数字领域开放的有效路径是以自贸试验区深化改革开放为契机，探索建立数字主体集聚中心。在自贸试验区中落实中澳自贸协定、CEPA 有关数字主体准入条款，允许符合条件的境外数字贸易企业在新片区内设立分支机构，提供数字内容、在线交易、搜索引擎、社交媒体等平台服务，对跨境数字业务准入的开放及要素自由流动进行压力测试。通过跨国公司主体的集聚带动相关合作企业、配套企业的集聚，使得自贸试验区成为上海数字贸易主体创新创业集聚中心，待试点成熟后在上海其他地区进行复制推广。

第三，逐步完善适用于服务贸易和离岸贸易的监管模式。进博会在上海举办，进一步确立了上海作为中国最大贸易口岸的地位。随着制造功能的转移，上海外贸发展并不是主要服务于本地生产和消费，而是服务于长三角和全国，甚至是亚洲区域和全球市场，由此形成了大量与货物流动相关的服务贸易发展，例如研发、维修、会展等服务贸易。对于研发、会展、拍卖、维修、演艺等服务贸易中涉及的试剂、仪器、展品、艺术品等物品通关不畅的问题，核心是采取主体资格备案、电子底账管理和后续核查稽查叠加的贸易监管模式，以企业信用等级为基础，实行分类管理。对于离岸贸易和转口贸易等，核心是解决货物流、资金流和信息流三流分离以后海关如何有效监管的问题。上海自贸试验区成立以后，试点的货物状态分类监管允许非保税与保税货物、国内采购和境外采购物品一同参与集拼、分拨，有效解决了离岸贸易、转口贸易和国内外分拨业务的监管问题。但是由于试点政策的时效以及试点主体的数量限制，并没有成为推动离岸贸易和转口贸易发展的常态化制度安排。建议积极争取在进博会参与者中间选取有条件的企业进行复制推广，对全球采购、全球分拨企业推进货物状态分类监管制度。根据对新业务新模式监管的"包容审慎"原则，以单个企业复制推广为主，不从某个区域层面突破，以便于监管部门控制风险，提高复制推广的成功率，探索形成畅通高效的转运作模式，推动离岸贸易和转口贸易规模化发展，释放上海贸易服务的优势和潜力。

第四节　以进博会为动力，加速推进上海科创中心建设

在上海深化推进建设具有全球影响力科技创新中心的背景下，进博会的举办是中国坚定不移扩大开放的平台，更是推进经济结构调整、追求高质量发展和建设创新型国家的动力。习近平总书记在首届国际进口博览会上强调坚持创新引领，加快新旧动能转换。尤其在当前国际经贸摩擦和单边主义抬头的局势下，经济形势尚不稳固，迫切需要各国共同推动科技创新，培育新的增长点。习近平总书记进一步指出，各国应该把握新一轮科技革命和产业变革带来的机遇，加强数字经济、人工智能、纳米技术等前沿领域合作，共同打造新技术、新产业、新业态新模式；上海作为改革开放排头兵、创新发展先行者，要坚持推动高质量发展的要求，生物医药、集成电路、人工智能、高端装备、新能源等领域是上海着力发展的关键领域和优势产业。首届进博会上国家展和七大企业展馆分别展示新产品、亮相新技术，为培育新业态，使上海更好地对标国际科技前沿，加快科技创新的前瞻布局，聚焦装备制造、医疗器械、电子信息等关键领域，集合精锐力量，使创新成为高质量

发展的强大动能。进博会在推进具有全球影响力的科技创新中心建设方面的溢出效应可归纳为以下三个方面。

一、信息共享促进全球价值链上下游整合与延伸

进博会促进信息共享表现在两个方面：其一，参展企业的信息透明化，通过大数据和移动终端平台分类、参展，能够促进各行业细分领域行业龙头和相关企业的信息共享，能帮助全球价值链上下游企业合作交流，最终达到价值链的整合与延伸；其二，进博会在展会期间成功举办了"2018数字经济国际合作论坛"，以论坛的形式搭建平台，以"共创数字新动能·共享智慧新时代"为主题，相关领域的专家学者和企业信息共享、交流，促进产学研合作。进口博览会还为消费电子及智能制造企业搭建桥梁，数字平台作为进博会的拓展和延伸，能让参展企业甚至未参展的企业及广大的中国消费者都能获得新技术、新产品、新业态、新模式的相关信息，使得进博会在提高我国价值链的全球竞争力方面有更广泛和深远的影响。为进一步促进信息共享，推动全球价值链上下游整合与延伸，打响"上海制造"品牌，具体途径包括：

一是发挥信息共享功能，持续举办进博会配套论坛，促进企业合作和交流。在进博会举办期间，"虹桥国际经贸"论坛和200多场现场配套活动同时开展，大大促进了政府与企业、企业与企业间的交流和合作。进博会开展短短6天，企业集中的参展应与开放论坛相互结合，为进一步发挥进博会"6+365"的溢出效应，可以鼓励上海相应的行业协会、经济园区共同参与承办与进博会配套的论坛，促进行业间企业的交流和合作。推动张江高科技园区与医疗器械及医疗保健展区、智能及高端装备展区的企业相互合作，承接进博会在集成电路、人工智能、生物医药"三大产业"方面的溢出效应，在展会闭幕期间举办各类产业相关论坛，对接进博会所展示的新产品、新技术，加快提升张江科学城、张江综合性国家科学中心的集中度和显示度，促进上海"三大产业"的发展。

二是发挥信息共享功能，发展数字经济，为工业经济转型升级服务。数字经济的发展在我国已上升到国家战略，习近平总书记多次强调发展数字经济，建设制造强国、网络强国，发展数字经济不仅是全球发展的趋势，更是落实国家战略的关键力量，对实施供给侧结构性改革和创新驱动发展具有重要意义。发展数字经济的关键在于融合，即技术融合是核心，其目的是提升制造能力，切实为工业经济转型升级服务。首先，促进数字基础设施的建设，可以将 5G 设施建设和进博会相结合，为进博会数字平台赋能，从而为智能及高端装备区、汽车展区、医疗器械及医药保健展区的新产品展示提供更高效的融合网络。其次，推动数字经济创新商业模式，助力经济转型，促进进博会企业向以消费者为中心的商业模式转变，从而带动新商业模式改革浪潮。最后，提高数字公共服务的能力，数字经济不仅为企业创造新的商业机会，也可以提高政府及进博会举办方的服务效率和服务实体经济的能力。

二、重视基础研究原创成果的前瞻布局

在累计 578.3 亿美元的意向成交额中，智能及高端装备展区成交额最高达到 164.6 亿美元，占总成交金额的 28.5%，排名首位；汽车展区 119.9 亿美元成交额占总成交金额的 20.73%。参会企业的各种新产品、新技术频频亮相，比如全球首款"会飞的汽车"、最重的 200 吨"金牛座"龙门铣、最贵的价值 2 亿元 AW189 型直升机、会与人协作的机器人等令人耳目一新，总计共有 100 多项新技术和新产品在进博会上发布，200 多家世界 500 强及行业龙头企业在进博会平台上汇聚，共同交流新产品和新技术，其中美国企业近 180 家，位居参展国家中第三位，高通公司、通用电气等多家美国全球 500 强和跨国公司也参与新技术新产品的发布中。聚焦先进制造业的新产品和新技术，重视基础研究原创成果的前瞻布局，推动上海打响制造品牌，推动上海先进制造业发展和全球合作，具体途径有以下三点：

一是推动智能和高端制造领域发展，供给侧改革创造需求。汽车展区从

材料、零件、系统到整车囊括了汽车产业上下游的顶尖企业，在 3 万平方米的展区内，有 17 个国家和地区近 70 家汽车业相关企业参展，包括超过 30 家世界 500 强和行业龙头企业，汇聚飞行汽车、氢燃料电池车、自动驾驶汽车等众多前沿和概念性产品。比如丰田展台的"e-Palette"概念车，应用电动化、互联化、自动驾驶等先进技术；由斯洛伐克科技公司研发的"会飞的汽车"，融合近 40 项专利技术，能在 3 分钟内"变身"，两侧车门开启后不断延展变成机翼，汽车模式最高时速 160 公里，飞行模式最高时速可达 360 公里。智能及高端装备展区是世界 500 强企业较为集中的展区，以科技创新和智能制造为主题，展品汇集材料加工、成型装备、航空航天、机器人自动化，例如欧姆龙乒乓球机器人"FORPHEUS"能与人协作，最先进的仿真五指手能在太空中或者具有腐蚀性又要求精密操作的环境中，完成人手无法进行的维修工作。进博会展示新产品新技术，引领基础研究重点领域前沿，有助于上海打响制造品牌。

二是重视基础研究原创成果，上海需要以更具竞争力的人才政策，为产业创新发展提供人才支撑。具有全球影响力的科创中心建设的核心是创新技术，而创新的源泉是人才，政府相关部门需要进一步建立和完善人才落户、扶持机制，健全和完善人才支持体系。上海的高校、科研院所提供其他区域无法比拟的人才优势，尤其是金融、生物医药等行业，但是由于上海的企业快速发展，出于对商务成本的考量，企业做大后会去更低成本的地方发展而离开上海，使得研发人员存在流失的隐忧。人才是创新的动力。因此，上海能够借助进博会的平台，大力推进国际创新人才汇聚、创新产品和创新技术落地本土，从而增强上海的国际创新汇聚功能，以更具竞争力的人才政策吸引创新人才留在上海为产业创新发展提供支撑。

三是加强知识产权保护，优化完善科创中心建设的机制保障。建设具有全球影响力的科技创新中心的制度基础是知识产权保护，严格科学的知识产权保护和管理制度不仅能够激发创造者的创新动力和活力，更能够推动国内外高端人才间、企业与企业间的先进技术和产品的交流与合作，这是发挥进博会溢出效应的制度保障，也是推进上海科创中心建设的基本要求。进博会持续开展知识产权保护活动，上海知识产权局为进博会参展商品提供专利优先审查服务，使得首届进博会实现知识产权保护"零投诉"。知识产权保护是激发基础研究原创成果的制度保障。为更好地发挥"6+365"溢出效应，推动科创中心建设，上海市应当全面提升知识产权保护的综合能力，加快下放科技成果的使用、处分和收益的权利，促进创新研发的成果向创新创造者转移转化，最大程度激发创新人才的创造积极性和成果转化能力；此外应当加大侵权赔偿和制裁力度，探索实施惩罚性赔偿制度，加强对商业秘密的保护，完善司法保护，建立知识产权多元化解决机制，从而为新产品、新技术的交流与合作提供机制保障。

三、直接引进与相互合作并举，深化推进关键领域核心科技成果产业化

上海市委书记李强指出，"上海制造"重在彰显美誉度，最紧要的是抓牢关键核心技术、高端产业集群、过硬质量品质三个环节。一方面，可以通过直接引进新设备，从而帮助研发新产品，达到产品升级；另一方面，加强对外联合合作，通过与产学研、新技术企业的合作，从而激发企业科技创新的活力，实现技术创新。为深化推进关键领域核心科技成果产业化，进博会企业直接引进与相互合作并举，具体途径有以下三点：

一是增强进博会促进上海全球城市的资源要素集聚功能和优化配置的效应。以进博会为平台，诸如传统机械、机电等行业能采购在国际上更有竞争力的原材料和零部件，利用智能及高端装备展区平台采购国外更先进的技术设备，提高企业生产效率，推动国内传统制造企业产品从低附加值价值链环节向中高附加值环节迈进。技术的合作和交流有力推动上海生物医药产业的发展。医疗器械及医药保健展区有来自51个国家和地区的300多家企业参展，包含药品、医疗器械、保健品、医疗美容等细分领域，是科技研发产品较为集中的展区，集中近30家500强企业及行业龙头，其中最著名的有罗氏、强生、阿斯利康、赛诺菲、拜耳、飞利浦、诺华、赛默飞等，而德国阿

特蒙集团、富士胶片、西门子医疗、日本永远幸医疗集团等已签约2019年第二届国际进口博览会，企业在展会上分享全球医疗行业最新技术与产品，比如全球首台高场强磁共振放疗设备、cobase801全自动化学发光免疫分析仪等，寻求技术交流与合作，从而对上海生物医药产业发展有溢出效应和带动作用，促进资源要素的集聚和优化配置。

二是提升进博会为全球创新合作提供广阔平台的功能。进博会七大展区均展示世界各个领域最前沿的新产品和新技术，从而能匹配潜在的客户和合作伙伴，共同开发新技术市场，这也助力中国企业向高端制造业转型，比如进博会为上海生物医药企业对标国际一流企业提供合作交流的平台，世界500强生物医药企业罗氏、阿斯利康、诺华等企业纷纷在进博会上展示其新产品，从全球最小的心脏起搏器到全世界最薄的血压仪，作为糖尿病领域的排头兵诺和诺德发布"以干细胞疗法治愈糖尿病正在成为可能"等都为上海生物医药产业的发展提供合作机会。上海生物医药龙头企业——复星医药在会展上与诺华等国际企业交流癌症领域的CAR-T疗法。展会同期举办数十场行业论坛和贸易配对活动，不仅为企业和中国消费者提供相遇的平台，更是全球企业之间，乃至全球企业和全球市场之间提供交流合作的平台，未来进博会需要进一步提升为全球创新合作提供广阔平台的功能，吸引更多更优质的研发企业与本土企业开展合作交流。

三是延续进博会推进国内外企业合作的效应。生物医药行业的国药健康实业（上海）有限公司与国际投资机构赛德思集团签署协议，国药健康实业收购海外尖端生物医药技术、吸引海外顶尖生物医药人才来华，着力于研发眼科保健和治疗、骨科器械及其新的治疗方案。全球领先制药公司阿斯利康设立上海全球研发中心总部，借助进博会溢出效应，进一步扩大在沪投资，将新项目新技术放在上海，也为上海生物医药企业合作交流提供更方便的途径。生物医药是技术密集和人才密集型行业，技术研发到临床实验，最后到市场化需要历经漫长的时间，能够在合作中促进创新，引进和研发并举，才能推动本土优秀产品产生和走出去，从而加快上海生物医药产业的发展。

第五节　借进博会之力，全面助推上海国际会展之都建设

会展业是构建现代市场体系和开放型经济体系的重要平台，在促进经贸合作、技术交流、信息沟通、城市发展、产业转型升级和服务国家战略等方面发挥着重要作用。从全球会展业的发展格局来看，老牌会展业发达国家德国、法国、意大利以及后起之秀美国，近乎包揽了所有国际知名展会，在全球会展业中占据主导地位，汉诺威、法兰克福、科隆、巴黎米兰、拉斯维加斯是国际知名的会展之都，国际知名会展的举办给这些城市带来了巨大的资源和经济价值。

近年来，我国会展业发展步入快车道，各省市招展办展积极性高，不同级别、不同规模的会展数量增长迅猛，办展质量良莠不齐。2015年，为了规范会展业的总体发展，指明我国会展业发展的长期目标，国务院出台《关于进一步促进展览业改革发展的若干意见》。该意见明确提出我国展览业要加快转型升级，推动中国从展览业大国向展览业强国迈进。

上海是我国会展业发展的排头兵，无论是会展数量、规模还是影响力，在全国都居于领头羊地位。根据上海市会展行业协会提供的数据，2016—2018年，上海会展行业总规模从1 604.8万平方米增长到1 906.31万平方米，年均增长率为9%。仅2018年，上海共举办国际、国内展览会以及各类会议、活动合计994场，展会总面积1 906.31万平方米。在经济全球化、新科技革命、产业转型升级的背景下，上海会展业正面临着由高速增长向高质量发展的挑战。2018年9月《上海市建设国际会展之都专项行动计划（2018—2020年）》率先提出到2020年上海要基本建成国际会展之都，让"上海会展"成为国际知名的城市名片。

进博会的召开为上海建设国际会展之都带来了重要契机。在做强做大进博会的同时，进一步发挥进博会带来的首创效应、标杆效应、虹吸效应和衍生效应，运用创新思维和实践，巩固上海会展业的发展基础，提升会展质

量，办出会展特色、打造会展经济，是进博会释放溢出效应，推动上海国际会展之都建设最重要的体现。

一、发挥进博会首创效应，创会展品牌特色

享誉国际的全球知名展会总是抓住"新"这个概念，"新"是"特色"，也是国际品牌展会的生命力所在。进博会的"新"体现在：一是会展理念的首创。进博会是世界首个以"进口"为主题的博览会，是在全球贸易壁垒增加的背景下，彰显中国坚定维护多边贸易体制的平台。二是会展展示技术的首试。国家会展中心采用了世界最先进的5G技术覆盖场馆，为无人驾驶、智能机器人服务等提供了示范应用场景。三是全球创新产品和技术的首发。大到"会飞的汽车""金牛座"铣床，小到透明电视、3D面膜打印，101件具有代表性的先进产品、技术或服务为全球首次公开展示，全面呈现了国际最尖端、最前沿、最具代表性的产品和服务趋势。

进博会作为展示上海国际会展能力的旗舰产品，在场馆设计、展会布局、展会内容上不断求新求变，是塑造国际会展城市风格和特色的关键。进一步放大进博会的首创效应，可以从三个方面入手：

第一，将绿色低碳节能环保理念和做法全方位融入展会。在场馆设计上使用绿色节能环保材料，专门开辟展区用于宣传节能环保理念，展示节能环保产品和技术，对研发能效项目的参展企业予以参展补贴，举办以绿色环保为主题的行业研讨会和论坛，将绿色低碳发展理念融入展会。展会后，根据会议用电量、用水量、厨余量、纸张使用量等指标，发布绿色展会运营报告。

第二，会展业与新技术融合升级，全面打造数字会展和智能会展。通过引入智能化展会管理系统，为会展主办方、参展商和参展观众搭建信息交换和实时互动平台，全面提升会场的组织、管理和服务效率；通过VR虚拟展厅，为不在现场的参展商和参展观众提供三维虚拟现实展厅，既可以观看展会产品演示和介绍，又可以参与在线研讨，增强用户的体验感和参与度。

第三，用好首发地概念和创新的集聚效应，将汇集创新、展示创新、引

领创新作为上海会展最重要的品牌特色。从法律、政策、营商环境等方面全方位保障创新产品和理念在上海各类会展首发的全球市场推广效应和品牌扩张效应，尤其是在中国市场的推广，培育国内外品牌对在上海各类会展发布创新的信任度和美誉度。

二、树立进博会标杆效应，立会展行业标准

国际会展之都除了要有一定数量展会产生的规模效应，更要有一批被业内认可的高质量展会作为支撑。从会展业的安全性和可持续发展来讲，会展业亟待形成统一标准。我国在会展业国家标准、行业标准和企业标准的制定、实施和实践上还处于探索阶段，2018 年 11 月《绿色展览运营指南》《会议管理导则》等一批国家标准建议项目审议通过。上海目前还没有专门的规范或指标体系用于评定展会的质量和会展企业的资质。进博会向国内外展示了中国最高的办展水平，也是国内外展会参考的重要范例。以进博会为标杆，推动上海研究和制定一套会展行业标准化体系，是一个重要的契机。

第一，依托上海市会展行业协会，在上海建立会展行业研究中心。搜集全球会展业发展信息，整理最新的会展运作案例，研判会展业发展趋势，为上海和全国会展业的运营和发展提供参考和借鉴。

第二，依托会展行业协会，在上海建立会展监测统计系统、会展企业服务资质评定体系，以及展会质量评价制度。根据展出规模、参展商数量、国际参展商比例、观众人数、展会服务质量和展会成交额等指标，监测展会质量，对会展企业的展会运营和服务资质进行评定；发布会展质量评估报告，加快淘汰劣次展会项目，推动同质展会合并重组，以全面整合会展资源，实现不同级别展会、不同展览场馆多元化错位发展和规范化运作。

三、利用进博会虹吸效应，建国际会展市场

国际会展之都建设离不开一个开放活跃的国际会展市场。进口博览会坚

持开放合作办展，其体量、规模和影响力必将产生极强的虹吸效应：一是吸引成熟展览项目移师上海，潜在会展项目选址上海；二是吸引全球会展企业、人才集聚上海，将上海作为拓展业务的重点市场，这无形之中扩大了上海会展市场的规模和能级，也使上海成为国内会展企业的"练兵场"。

继续发挥进博会的虹吸效应，在上海把优秀的会展企业"引进来"，探索会展企业"走出去"的路径，将对上海乃至我国会展业的发展产生深远影响。

第一，围绕上海的产业优势和产业结构升级要求，积极推动工业4.0、人工智能、生物医药、创意设计等战略性新兴产业、具有国际知名度和行业影响力的大型展会项目和高端国际会议落户上海。

第二，构建政策引领、金融适配的会展产业发展体系，在上海集聚、扶持和培育一批获得国际会展组织认证的会展机构和具有国际竞争力的组展商、会展配套服务企业。具体措施包括：（1）积极与国外知名展览公司和国际知名会议公司，如德国汉诺威展览公司、英国励展博览集团等进行交流合作，引入相对成熟的展会资源。通过合作办展，加快提升我国会展企业的国际化和专业化水平。在"引进来"的基础上，积极进行海外会展市场的开拓。（2）建立会展产业投资基金，利用政府资本、企业资本和金融资本，重点投资会展行业有发展潜力的初创企业、新技术与会展业结合应用的示范企业以及国际大型会展项目的并购。（3）采取收购、兼并、控股、参股等方式，加快会展企业洗牌，将优质的会展资源进行整合，在上海打造具有国际竞争力的展览业集团。

第三，全面建设以上海为中心的国际会展人才高地。一方面，进一步发挥国内外高等院校在培养会展专业人才中的主体作用。借助国内高校人才培养体系，开设与会展策划、设计、营销、管理相关的课程，同时引进国外高校毕业的会展专业人才，为我国会展业发展输送高水平的复合型人才。另一方面，以会展行业协会和会展企业为主体，建立会展专业人才培训基地。通过会展业务实训、会展项目实操、专业资格考核认证等，培养一批会展专业人才队伍，与会展项目直接对接。

四、挖掘进博会衍生效应，享会展资源红利

国际会展之都之所以会展业发达，主要原因在于背后有强大的会展产业链和会展经济作为支撑。进博会是大规模的综合性展会，承载着庞大的物流、人流、资本流和信息流，能够产生多元衍生效应：一是衍生出不同题材的专业性展览、论坛和会议；二是衍生出新的商机和经贸投资机会；三是衍生出新的会展关联产业。用好这笔资源，不但可以为后续进博会的举办提供经验和便利，还可以辅助政府决策，带动关联产业的发展。

第一，将进博会衍生出的各类专业性展览放到上海展览中心以及其他中小型展馆进行深度展示，推动中小型展馆向专业化、特色化转型发展，与大型展馆和会议中心形成错位发展，优化不同规模展馆之间的功能布局，增强展馆之间的配合性，丰富上海地区展会的层次性和多元性。

第二，借进博会的辐射效应，进一步打通会展业与交通、通信、物流、广告、设计、租赁、金融、保险、旅游、住宿、餐饮等行业的前向和后向联系，增强上海会展产业链上下游企业的协同，构建会展经济圈。

第三，进一步挖掘和利用进博会的大数据资产。利用大数据技术，建立进博会客户资源数据库，为国内外客商到上海参加各类专业性展会提供精准导向服务；利用上海高端服务业发达的优势，在展前、展中、展后为进博会参展的初创企业、中小型企业通过上海进入中国市场提供安全便利的金融服务、项目咨询服务以及市场推广服务，全面开拓与参展企业的潜在合作机会。

第四，利用进博会期间获取的商贸信息，搜集归整上海不同行业、不同类型企业的进口信息，辅助上海全面掌握各类行业和企业的进口动态，便于上海制定更有针对性的贸易便利化举措和产业发展规划。

执笔人：沈开艳　张晓娣　文　雯
　　　　李培鑫　谢婼青

图书在版编目(CIP)数据

上海"十四五"发展战略思路研究 / 张道根等著
. — 上海:上海社会科学院出版社,2021
 ISBN 978 - 7 - 5520 - 3505 - 6

Ⅰ.①上… Ⅱ.①张… Ⅲ.①区域经济发展—研究—上海 ②社会发展—研究—上海 Ⅳ.①F127.51

中国版本图书馆CIP数据核字(2021)第032480号

上海"十四五"发展战略思路研究

著　　者：张道根　朱国宏　等
出 品 人：佘　凌
责任编辑：董汉玲
封面设计：周清华
出版发行：上海社会科学院出版社
　　　　　上海顺昌路622号　邮编200025
　　　　　电话总机021-63315947　销售热线021-53063735
　　　　　http://www.sassp.cn　E-mail: sassp@sassp.cn
排　　版：南京展望文化发展有限公司
印　　刷：上海天地海设计印刷有限公司
开　　本：787毫米×1092毫米　1/16
印　　张：44
字　　数：648千
版　　次：2021年8月第1版　2021年8月第1次印刷

ISBN 978-7-5520-3505-6/F·650　　　　　　　　定价：168.00元

版权所有　翻印必究